A Literatura
no Brasil

Afrânio Coutinho

Foi professor, fundador, diretor, organizador da
Faculdade de Letras da Universidade Federal
do Rio de Janeiro (UFRJ).

Criou e presidiu a Oficina Literária Afrânio Coutinho (OLAC),
localizada em sua residência,
com uma biblioteca de 100 mil volumes.

Afrânio Coutinho
DIREÇÃO

Eduardo de Faria Coutinho
CODIREÇÃO

A Literatura no Brasil

6 *Relações e Perspectivas*
Conclusão

global
editora

© Afrânio dos Santos Coutinho, 1996

8ª Edição, Global Editora, São Paulo 2023

Jefferson L. Alves – diretor editorial
Jiro Takahashi – editor executivo
Flávio Samuel – gerente de produção
Jefferson Campos – assistente de produção
Victor Burton – capa
A2 Comunicação – projeto gráfico e diagramação
Danilo David – arte-final

Dados Internacionais de Catalogação na Publicação (CIP)
(Câmara Brasileira do Livro, SP, Brasil)

A Literatura no Brasil : relações e perspectivas : conclusão : volume 6 : parte III : relações e perspectivas / direção Afrânio Coutinho ; codireção Eduardo de Faria Coutinho. – 8. ed. – São Paulo, SP : Global Editora, 2023. – (A literatura no Brasil ; 6)

ISBN 978-65-5612-380-6 (obra completa)
ISBN 978-65-5612-367-7

1. Literatura brasileira - História e crítica I. Coutinho, Afrânio. II. Coutinho, Eduardo de Faria. III. Série.

22-130514 CDD-B869.09

Índices para catálogo sistemático:
1. Literatura brasileira : História e crítica B869.09
Eliete Marques da Silva - Bibliotecária - CRB-8/9380

Obra atualizada conforme o
NOVO ACORDO ORTOGRÁFICO DA LÍNGUA PORTUGUESA

global editora

Global Editora e Distribuidora Ltda.
Rua Pirapitingui, 111 — Liberdade
CEP 01508-020 — São Paulo — SP
Tel.: (11) 3277-7999
e-mail: global@globaleditora.com.br

- globaleditora.com.br
- @globaleditora
- /globaleditora
- @globaleditora
- /globaleditora
- /globaleditora
- blog.grupoeditorialglobal.com.br

Direitos reservados.
Colabore com a produção científica e cultural.
Proibida a reprodução total ou parcial desta obra sem a autorização do editor.

Nº de Catálogo: **2046**

"Tudo pelo Brasil, e para o Brasil."
GONÇALVES DE MAGALHÃES

"Since the best document of the soul of nation is its literature, and since the latter is nothing but its language as this is written down by elect speakers, can we perhaps not hope to grasp the spirit of a nation in the language of its outstanding works of literature?"
LEO SPITZER

"Não há dúvida que uma literatura, sobretudo uma literatura nascente, deve principalmente alimentar-se dos assuntos que lhe oferece a sua região; mas não estabelecemos doutrinas tão absolutas que a empobreçam. O que se deve exigir do escritor, antes de tudo, é certo sentimento íntimo, que o torne homem do seu tempo e do seu país, ainda quando trate de assuntos, no tempo e no espaço."
MACHADO DE ASSIS

Este tratado de história literária complementa a Enciclopédia de Literatura Brasileira, *dirigida por Afrânio Coutinho e J. Galante de Sousa.*

São Paulo, agosto de 1997

SUMÁRIO

A LITERATURA NO BRASIL

VOLUME 6

PLANO GERAL DA OBRA (Seis volumes) VIII

TERCEIRA PARTE
RELAÇÕES E PERSPECTIVAS

53. NOTA EXPLICATIVA 4
54. EVOLUÇÃO DA LITERATURA DRAMÁTICA 10
55. EVOLUÇÃO DO CONTO 45
56. LITERATURA E JORNALISMO 64
57. ENSAIO E CRÔNICA 118
58. LITERATURA E FILOSOFIA 145
59. LITERATURA E ARTES 184
60. LITERATURA E PENSAMENTO JURÍDICO 192
61. LITERATURA INFANTIL 200
62. O VERSO: PERMANÊNCIA E EVOLUÇÃO 223

CONCLUSÃO

63. O PÓS-MODERNISMO NO BRASIL 238
64. A NOVA LITERATURA BRASILEIRA (O romance, a poesia, o conto) 246
65. A NOVA LITERATURA (Década de 80/Anos 90) 275
66. VISÃO PROSPECTIVA DA LITERATURA NO BRASIL 281
67. HISTORIOGRAFIA LITERÁRIA EM NOVO RUMO 291
68. AINDA E SEMPRE A LITERATURA BRASILEIRA 299
69. AINDA E SEMPRE A LÍNGUA BRASILEIRA 309
70. VISÃO FINAL 353
BIBLIOGRAFIA SOBRE CRÍTICA LITERÁRIA 358
BIOBIBLIOGRAFIA DOS COLABORADORES 377

PLANO GERAL DA OBRA
(Seis volumes)

VOLUME 1

PRELIMINARES

Prefácio da Primeira Edição (1955)
A questão da história literária. A crise de métodos. Conceitos. Relações com a crítica. Métodos histórico e estético. Tipos de história literária. A periodização. Conceito de geração. Comparação entre as artes. Historiografia e estilística. Estilo individual e estilo de época. Periodizações brasileiras. Definição e caracteres da literatura brasileira. Influências estrangeiras. Conceito, plano e caracteres da obra.

Afrânio Coutinho

Prefácio da Segunda Edição (1968)
Revisão da história literária. Conceito literário da obra. Que é estético. A obra literária em si. Estética e Nova Crítica. Periodização por estilos literários. História literária e trabalho de equipe. Conciliação entre a História e a Crítica. História e Literatura. Autonomia e Literatura. Literatura e vida. Arte e social. A Crítica e o problema do Método. O método positivo. A Crítica não é gênero literário. A Nova Crítica. Para a crítica estética. Equívocos sobre a Nova Crítica. Forma e conteúdo.

Espírito profissional. Princípios no Princípio. Concepção estilística. O demônio da cronologia. Vantagens da periodização estilística. O início da literatura brasileira. Literatura colonial. O Barroco. Bibliografia.

Afrânio Coutinho

Prefácio da Terceira Edição (1986)
Encerramento do Modernismo e início do Pós-Modernismo. As vanguardas. Novos rumos da Literatura Brasileira. Autonomia e Identidade Literárias.

Afrânio Coutinho

Prefácio da Quarta Edição (1997)
1. LITERATURA BRASILEIRA
   (INTRODUÇÃO)
Origem. Barroco. A literatura jesuítica. Neoclassicismo, Arcadismo, Rococó. Nativismo. Romantismo. Realismo-Naturalismo. Parnasianismo. Simbolismo. Impressionismo. Regionalismo. Sincretismo e transição. Modernismo. Gêneros Literários. Lirismo. Ficção. Teatro. Crônica. Crítica. Outros gêneros. Caráter do nacionalismo brasileiro.

Afrânio Coutinho

Primeira Parte
GENERALIDADES

2. O PANORAMA RENASCENTISTA
Que é o Renascimento. Mudanças operadas. O humanismo em Portugal.
Hernâni Cidade

3. A LÍNGUA LITERÁRIA
A transplantação da língua portuguesa e a expressão literária no Brasil-colônia. A consolidação de uma norma linguística escrita. A feição brasileira da língua portuguesa e os movimentos literários: a polêmica nativista no Romantismo; a posição dos escritores e o purismo dos gramáticos no Realismo-Naturalismo; a língua literária no Modernismo e sua plenitude e maturidade pósmodernista.
Wilton Cardoso

4. O FOLCLORE: LITERATURA ORAL E LITERATURA POPULAR
Colheita e fontes da literatura oral. Importação europeia. Os contos. As lendas e os mitos. A poesia. O desafio. A modinha. Os autos populares. Os jogos infantis. A novelística.
Câmara Cascudo

5. A ESCOLA E A LITERATURA
A educação na história da literatura. O ensino colonial. Missionários e civilizadores. O aprendizado da língua. Meios de transmissão de cultura. Escola humanística. D. João VI. Ensino superior. Tradição literária do ensino.
Fernando de Azevedo

6. O ESCRITOR E O PÚBLICO
A criação literária e as condições da produção. Literatura, sistema vivo de obras. Dependência do público. Diversos públicos brasileiros. Literatura e política. Nativismo e associações. Indianismo. Independência. O Estado e os grupos dirigentes. Escritor e massa. Tradição e auditório.
Antonio Candido

7. A LITERATURA E O CONHECIMENTO DA TERRA
Literatura de ideias e literatura de imaginação. Literatura ufanista. Retratos do Brasil. Política e letras. Modernismo e folclore. Nacionalismo linguístico.
Wilson Martins

8. GÊNESE DA IDEIA DE BRASIL
A descoberta do mundo novo aos olhos dos europeus renascentistas. Pero Vaz de Caminha e sua *Carta*. O mito do paraíso terrestre. A catequese dos índios. A antologia cultural e a revelação do Brasil. A exaltação da nova terra. Visão edênica. As repercussões na Europa. Primeiras descrições.
Sílvio Castro

9. FORMAÇÃO E DESENVOLVIMENTO DA LÍNGUA NACIONAL BRASILEIRA
Período de formação. Pontes culturais. Os jesuítas. Humanismo novo-mundista. Os indígenas. Processos linguísticos. Consolidação do sistema: séc. XVII. A reação lusófila: Pombal, o Arcadismo, as escolas régias, o séc. XIX. O Modernismo e a língua brasileira. Enfraquecimento da norma gramatical. Conclusão.
José Ariel Castro

VOLUME 2

Segunda Parte
ESTILOS DE ÉPOCA
Era barroca

10. O BARROCO
Ciclo dos descobrimentos. Quinhentismo português. Mito do Ufanismo. Caráter barroco da literatura dos séculos XVI a XVIII. O termo classicismo. O conceito da imitação. Gregório de Matos e a imitação. O primeiro escritor brasileiro: Anchieta. O Barroco, etimologia, conceito, caracteres, representantes. Barroco no Brasil. O Maneirismo.
Afrânio Coutinho

11. AS ORIGENS DA POESIA
Raízes palacianas da poesia brasileira. Anchieta. A sombra da Idade Média. Os Cancioneiros. Poesia épico-narrativa: a *Prosopopeia*. Início do Barroco. *A Fênix Renascida. Júbilos da América*. Início do Arcadismo.
Domingos Carvalho da Silva

12. A LITERATURA JESUÍTICA
O jesuíta. O teatro hierático medieval e o auto. A estética jesuítica. O Barroco. Gil Vicente. Anchieta. A língua tupi. A obra anchietana. Nóbrega.
Armando Carvalho

13. ANTÔNIO VIEIRA
Vieira brasileiro. As transformações da língua portuguesa. O estilo de Vieira. O barroquismo de Vieira. A arte de pregar. Traços estilísticos. Pensamento e estilo. Alegorismo. Antíteses. Hipérbole. Originalidade.
Eugênio Gomes

14. GREGÓRIO DE MATOS
O Recôncavo no século XVII. Barroquismo. Gregório e a sátira. Visualismo. Estilo Barroco. Caracteres Barrocos.
Segismundo Spina

15. O MITO DO UFANISMO
Aspectos do Barroquismo brasileiro. O ufanismo. Botelho de Oliveira e o Barroco. Polilinguismo. Cultismo. Estilo barroco de Botelho. Nuno Marques Pereira e a narrativa barroca.
Eugênio Gomes

Relação do Naufrágio
Cândido Jucá Filho

16. A ORATÓRIA SACRA
Importância da oratória na Colônia. O Barroquismo. Eusébio de Matos. Antônio de Sá. Características estilísticas.
Carlos Burlamáqui Kopke

17. O MOVIMENTO ACADEMICISTA
Papel das academias no movimento cultural da Colônia. Barroco acadêmico. Principais manifestações, cronologia e variedades do movimento academicista. Academia Brasílica dos Esquecidos. Academia Brasílica dos Renascidos. Academia dos Seletos. Academia Científica. Academia dos Felizes.
José Aderaldo Castelo

Era neoclássica

18. NEOCLASSICISMO E ARCADISMO. O ROCOCÓ
O Classicismo e as escolas neoclássicas. Correntes racionalistas e "ilustradas". O Brasil do século XVIII. A diferenciação e consolidação da vida na Colônia. O surgimento de novos cânones. A origem da Arcádia e a influência dos árcades italianos. A Arcádia lusitana. Os "árcades sem arcádias". O Rococó.
Afrânio Coutinho

19. A LITERATURA DO SETECENTOS
O Setecentismo: Neoclassicismo e reação antibarroca. A ideologia da época. O Iluminismo. A ideia de Natureza. O Bom Selvagem. Pré-romantismo.
António Soares Amora

20. O ARCADISMO NA POESIA LÍRICA, ÉPICA E SATÍRICA
O lirismo arcádico. O Rococó. Cláudio, Gonzaga, Alvarenga, Caldas Barbosa, Sousa Caldas; poesia narrativa: Basílio. Durão. *As Cartas Chilenas*. Melo Franco.
Waltensir Dutra

21. PROSADORES NEOCLÁSSICOS
Matias Aires, Silva Lisboa, Sotero.
Cândido Jucá Filho

22. DO NEOCLASSICISMO AO ROMANTISMO
Hipólito, Mont'Alverne, João Francisco Lisboa.
Luiz Costa Lima

VOLUME 3

Segunda Parte

ESTILOS DE ÉPOCA

Era romântica

23. O MOVIMENTO ROMÂNTICO
Origens do movimento. Definição e história da palavra. O Pré-romantismo. A imaginação romântica. Estado de alma romântico. Caracteres e qualidades gerais e formais. Os gêneros. As gerações românticas. O Romantismo no Brasil: origem, períodos, caracteres. O indianismo. Significado e legado.
Afrânio Coutinho

24. OS PRÓDROMOS DO ROMANTISMO
Início do Romantismo. O Arcadismo e o Préromantismo. A vida literária na Colônia. A era de D. João VI: a renovação cultural nos diversos aspectos. José Bonifácio. Borges de Barros. A imprensa. As revistas literárias. Maciel Monteiro. Gonçalves de Magalhães.
José Aderaldo Castelo

25. GONÇALVES DIAS E O INDIANISMO
Gonçalves Dias e o Romantismo. O Indianismo: origem e diversos tipos. O lirismo gonçalvino. O poeta dramático e o poeta épico. Linguagem poética. Intenções e exegese. A poética de Gonçalves Dias. Originalidade e influências. *Sextilhas de Frei Antão*. Prosa poemática. Contemporâneos e sucessores. Bittencourt Sampaio, Franklin Dória, Almeida Braga, Bruno Seabra, Joaquim Serra, Juvenal Galeno.
Cassiano Ricardo

26. O INDIVIDUALISMO ROMÂNTICO
Ultrarromantismo e individualismo lírico. Álvares de Azevedo. Imaginação, psicologia, subjetivismo. O byronismo. Junqueira Freire, Casimiro de Abreu, Fagundes Varela,

Bernardo Guimarães, Aureliano Lessa, Laurindo Rabelo, Francisco Otaviano.
  Álvares de Azevedo (*Eugênio Gomes*)
  Junqueira Freire (*Eugênio Gomes*)
  Casimiro de Abreu (*Emanuel de Morais*)
  Fagundes Varela (*Waltensir Dutra*)

27. CASTRO ALVES
Antecessores. A década de 1870. Hugoanismo. Pedro Luís, Tobias Barreto, Vitoriano Palhares, Luís Delfino. A poesia e a poética de Castro Alves. Realismo. Narcisa Amália, Machado de Assis, Quirino dos Santos, Carlos Ferreira, Siqueira Filho, Melo Morais Filho. Sousândrade.
Fausto Cunha

28. JOSÉ DE ALENCAR E A
    FICÇÃO ROMÂNTICA
Romantismo e Romance. Precursores. O primeiro romance brasileiro. Lucas José de Alvarenga, Pereira da Silva, Justiniano José da Rocha, Varnhagen, Joaquim Norberto, Teixeira e Sousa, Macedo, Alencar. A obra alencariana: romances urbano, histórico, regionalista. Bernardo Guimarães, Franklin Távora, Taunay, Machado de Assis. Características estruturais do romance romântico: influências da literatura oral, do teatro, do folhetim. Características temáticas: solidão, lealdade, amor e morte, natureza, nacionalidade. Legado do romance romântico.
Heron de Alencar

29. A CRÍTICA LITERÁRIA ROMÂNTICA
Origens. O ideário crítico: sentimento da natureza; ideias da nacionalidade e originalidade: Santiago Nunes Ribeiro, Joaquim Norberto. Indianismo. Macedo Soares, José de Alencar. Definição de "escritor brasileiro". Início da historiografia literária. Literatura da fase colonial. Problema da periodização. Sociedades e periódicos. Machado de Assis crítico: sua doutrina estética, sua prática. Outros críticos.
Afrânio Coutinho

30. MANUEL ANTÔNIO DE ALMEIDA
Romantismo ou Realismo? Influência de Balzac. Obra picaresca, influência espanhola. *As Memórias* e *O Guarani*. O Romantismo dominante. Fortuna da obra.
Josué Montello

VOLUME 4

Segunda Parte

ESTILOS DE ÉPOCA

Era realista

31. REALISMO. NATURALISMO.
    PARNASIANISMO
Movimentos literários do século XIX. Critério de periodização literária. Realismo e Naturalismo. Sistema de ideias da época: o materialismo, o cientificismo, o determinismo. Estética e poética do Realismo e do Naturalismo: definição e caracteres. O Parnasianismo. Histórico da situação no Brasil. As academias. Introdução das novas correntes no Brasil.
Afrânio Coutinho

32. A CRÍTICA NATURALISTA
    E POSITIVISTA
Ideário crítico da era materialista. Fundo filosófico: Comte, Taine, Spencer. Positivismo, evolucionismo, monismo, mecanicismo, determinismo, ambientalismo, cientificismo. A geração de 70 e a renovação brasileira. A Escola do Recife. Rocha Lima, Capistrano de Abreu, Araripe Júnior, Sílvio Romero.
Afrânio Coutinho

José Veríssimo (*Moisés Vellinho*)

Outros críticos: Franklin Távora, Valentim Magalhães. A herança romeriana. A História Literária: Ronald de Carvalho, Artur Mota. João Ribeiro. Impressionismo crítico.
Afrânio Coutinho

33. A FICÇÃO NATURALISTA
Origens do Naturalismo no Brasil: Inglês de Sousa, Aluísio Azevedo, Celso Magalhães, José do Patrocínio. Do Realismo ao Naturalismo: de Balzac a Zola. Influxo da ciência. A polêmica naturalista no Brasil. Papel de Eça de Queirós. Anticlericalismo, combate ao preconceito racial, à escravidão, à monarquia e ao puritanismo da sociedade em relação ao problema sexual. Aluísio Azevedo, Inglês de Sousa. Júlio Ribeiro. Adolfo Caminha. Outros naturalistas. Naturalismo e regionalismo.
Josué Montello

34. A RENOVAÇÃO PARNASIANA NA POESIA
A reação antirromântica. Poesia filosófico-científica. Teixeira de Sousa, Prado Sampaio, Martins Júnior. Poesia realista urbana: Carvalho Júnior, Teófilo Dias, Afonso Celso, Celso Magalhães. Poesia realista agreste: Bruno Seabra, Ezequiel Freire. Poesia socialista: Lúcio de Mendonça, Fontoura Xavier, Valentim Magalhães. Advento do Parnasianismo: Artur de Oliveira, Machado de Assis, Gonçalves Crespo, Luís Guimarães; Alberto de Oliveira, Raimundo Correia, Olavo Bilac, Vicente de Carvalho; Machado de Assis, Luís Delfino, B. Lopes. Poetas menores e epígonos: Rodrigo Otávio, Artur Azevedo, Filinto de Almeida, Silva Ramos, Mário de Alencar, João Ribeiro, Guimarães Passos. Venceslau de Queirós, Emílio de Meneses, Zeferino Brasil, Augusto de Lima, Luís Murat, Raul Pompeia, Francisca Júlia, Magalhães de Azeredo, Goulart de Andrade. Características da forma parnasiana.
Péricles Eugênio da Silva Ramos

35. MACHADO DE ASSIS
Importância do escritor, sua vocação artística. Atitude em face das escolas literárias. As fases de sua evolução estética. O poeta. Os primeiros romances: desenvolvimento do seu processo narrativo. Contar a essência do homem. Os grandes romances. O contista.
Barreto Filho

36. RAUL POMPEIA
Formação e iniciação literárias. Classificação. Impressionismo. Técnica da composição. Doutrina estética e processo de captação da realidade. Prosa artística: os Goncourts. Visualismo: influência da pintura. A técnica da miniatura. Estilo.
Eugênio Gomes

37. JOAQUIM NABUCO. RUI BARBOSA
O Parnasianismo na prosa: a oratória, o gosto pelo estilo requintado. Joaquim Nabuco e a campanha abolicionista. Nabuco escritor, estilista, pensador, orador.
Luís Viana Filho

Rui Barbosa e a campanha republicana. Rui, político ou homem de letras. O escritor, o orador, o homem público. A reação vernaculizante e a pureza da língua. Primado da eloquência. Missão social. Mestre da arte de falar e escrever.
Luís Delgado

38. EUCLIDES DA CUNHA
Definição de Euclides e de *Os sertões*. Obra de arte da linguagem, epopeia em prosa. Realismo, espírito científico. O estilo euclidiano. O poeta e o ficcionista em *Os sertões*. Seu senso do coletivo, a obsessão da palavra. Expressionismo e impressionismo. Interpretação do Brasil.
Franklin de Oliveira

39. LIMA BARRETO. COELHO NETO
O Naturalismo retardatário. Lima Barreto: o homem na obra. Conflito entre a estética e a revolução. O romancista. Sentimento de inferioridade racial e social.
Eugênio Gomes

Coelho Neto: posição do escritor. Obsessão com o Brasil. Seu realismo. A sua teoria da palavra, seu vocabulário. Retrato nacional.
Otávio de Faria

40. O REGIONALISMO NA FICÇÃO
Conceito de Regionalismo: evolução da ideia de incorporação do *genius loci* à literatura. Regionalismo e Realismo. As regiões culturais e os ciclos literários regionais. Influência das regiões no desenvolvimento da literatura brasileira. Ciclos: nortista, nordestino, baiano, central, paulista, gaúcho.
Afrânio Coutinho

Ciclo nortista
Caracteres. Fases: naturalista, com Inglês de Sousa e Veríssimo; do "inferno verde", com Euclides, Alberto Rangel; ufanista, com Raimundo Moraes, Carlos Vasconcelos, Alfredo Ladislau, Lívio Cesar, Jorge H. Hurly; modernista, com Abguar Bastos, Lauro Palhano, Dalcídio Jurandir, Eneida de Morais, Araújo Lima, Gastão Cruls, Osvaldo Orico, Francisco Galvão, Viana Moog, Peregrino Júnior, Aurélio Pinheiro, Ramaiana de Chevalier, Oséas Antunes, Nélio Reis, Ildefonso Guimarães, Lindanor Celina, Odilo Costa Filho. Ferreira de Castro.
Peregrino Júnior

Ciclo nordestino
Caracteres. Franklin Távora e a "Literatura do Norte". Adolfo Caminha, Rodolfo Teófilo, Antônio Sales, Domingos Olímpio, Araripe Júnior, Emília de Freitas, Pápi Júnior, Francisca Clotilde, Oliveira Paiva, Ana Facó, Fonseca Lobo, Gustavo Barroso, Teotônio Freire, Carneiro Vilela, Faria Neves Sobrinho, Zeferino Galvão, Olímpio Galvão, Mário Sete, Lucílio Varejão, Carlos D. Fernandes.
Aderbal Jurema

Ciclo baiano
Características: As diversas áreas: san-franciscana, cacaueira, garimpo, pastoreio, alambique, praia. Rosendo Muniz Barreto, Xavier Marques, Lindolfo Rocha, Fábio Luz, Cardoso de Oliveira, Afrânio Peixoto, Anísio Melhor, Nestor Duarte, Martins de Oliveira, Rui Santos, Dias da Costa, Jorge Amado, Clóvis Amorim, Herberto Sales, James Amado, Emo Duarte, Elvira Foepell, Santos Morais. (Adonias Filho).
Adonias Filho

Ciclo central
Características: Bernardo Guimarães, Felício dos Santos, Afonso Arinos, Avelino Fóscolo, Aldo Luís Delfino dos Santos, Amadeu de Queirós, João Lúcio, Abílio Velho Barreto, Godofredo Rangel, Aristides Rabelo, Afonso da Silva Guimarães, Guimarães Rosa, Mário Palmério, Nelson de Faria, Carvalho Ramos, Bernardo Élis, José J. Veiga, Gastão de Deus, Ivan Americano, Veiga Neto, Pedro Gomes de Oliveira, Domingos Félix de Sousa, Eli Brasiliense.
Wilson Lousada

Ciclo paulista
Garcia Redondo, Batista Cepelos, José Agudo, Ezequiel Freire, Monteiro Lobato, Veiga Miranda, Amando Caiubi, Valdomiro Silveira, Cornélio Pires, Albertino Moreira, Jerônimo Osório, Oliveira e Sousa, Leôncio de Oliveira, Salviano Pinto, Léo Vaz, Hilário Tácito. Os modernistas.
Edgard Cavalheiro

Ciclo gaúcho
Caldre Fião, Bernardino dos Santos, Apolinário Porto Alegre, Aquiles Porto Alegre, Alberto Cunha, Carlos Jansen, Oliveira Belo, Alcides Maia, Roque Calage, Simões Lopes Neto, Darci Azambuja, Ciro Martins, Érico Veríssimo, Ivan Pedro Martins, Contreiras Rodrigues, Otelo Rosa, Vieira Pires, Viana Moog.
Augusto Cesar Meyer

Era de transição

41. SIMBOLISMO. IMPRESSIONISMO. MODERNISMO
Uma literatura em mudança: oposição Parnasianismo – Simbolismo. Valorização do Simbolismo e sua influência. Origens do Simbolismo. Definição e caracteres. Cronologia do Simbolismo no Brasil: os diversos grupos e figuras. Impressionismo: gênese, caracteres, influências. O Impressionismo no Brasil. A incorporação do nacional à literatura. Desintegração e aventura: preparação do Modernismo: antecedentes europeus e nacionais. Expressionismo. O "moderno" em literatura: definição e caracteres. A Revolução Moderna no Brasil: definição, antecedentes, eclosão. A Semana da Arte Moderna. Futurismo e Modernismo. Modernismos brasileiro, português e hispano-americano. Graça Aranha. Os grupos e correntes do Modernismo. Regionalismo. Gilberto Freyre. As revistas e os manifestos teóricos. Cronologia e caracteres do Modernismo. Mário de Andrade. Saldo e legado do movimento: problema da língua; poesia; ficção; crônica; teatro; crítica.

Afrânio Coutinho

42. PRESENÇA DO SIMBOLISMO
A explosão Cruz e Sousa. A primeira e a segunda gerações simbolistas. No Paraná, Minas Gerais, Bahia. Nestor Vítor, Gustavo Santiago, Oliveira Gomes, Colatino Barroso, Antônio Austregésilo, Neto Machado, Carlos Fróis, Artur de Miranda, Silveira Neto, Tibúrcio de Freitas, Saturnino de Meireles, Félix Pacheco, Carlos D. Fernandes, Gonçalo Jácome. Narciso Araújo, Pereira da Silva, Paulo Araújo, Cassiano Tavares Bastos, Castro Meneses, Rocha Pombo, Gonzaga Duque, Mário Pederneiras, Lima Campos, Dario Veloso, Emiliano Perneta, Silveira Neto, Guerra Duval, Júlio César da Silva, Leopoldo de Freitas, Venceslau de Queirós, Batista Cepelos, Jacques D'Avray, José Severiano de Resende, Alphonsus de Guimaraens, Viana do Castelo, Edgard Mata, Adolfo Araújo, Mamede de Oliveira, Pedro Kilkerry, Francisco Mangabeira, Álvaro Reis, Durval de Morais, Astério de Campos, Marcelo Gama, Ernâni Rosas, Eduardo Guimarães. O poema em prosa: Raul Pompeia. A ficção simbolista: Virgílio Várzea, Alfredo de Sarandi, Graça Aranha, Rocha Pombo, G. Duque. O teatro simbolista. Legado do Movimento.

Andrade Murici

43. O IMPRESSIONISMO NA FICÇÃO
O Impressionismo: caracteres. Penetração no Brasil. A ficção impressionista: Raul Pompeia, Graça Aranha, Adelino Magalhães. Influências e repercussões.

Xavier Placer

44. A CRÍTICA SIMBOLISTA
Os críticos do Simbolismo. Nestor Vítor. A crítica de arte: Gonzaga Duque, Colatino Barroso. Outros críticos: Gustavo Santiago, Frota Pessoa, Elíseo de Carvalho, Pedro do Couto, Severiano de Rezende, Tristão da Cunha, Felix Pacheco.

Andrade Murici

45. SINCRETISMO E TRANSIÇÃO: O PENUMBRISMO
O fenômeno da transição em história literária. Sincretismo. Epígonos do Parnasianismo e do Simbolismo. Penumbrismo. Ronald de Carvalho, Mário Pederneiras, Gonzaga Duque, Lima Campos, Álvaro Moreira, Felipe D'Oliveira, Eduardo Guimarães, Homero Prates, Guilherme de Almeida, Ribeiro Couto. (Rodrigo Otávio Filho).

Rodrigo Otávio Filho

46. SINCRETISMO E TRANSIÇÃO: O NEOPARNASIANISMO
Os epígonos do Parnasianismo e o Neoparnasianismo. Júlia Cortines, Francisca Júlia,

Carlos Magalhães de Azeredo, Belmiro Braga, Amadeu Amaral, Luís Carlos, Martins Fontes, Humberto de Campos, Da Costa e Silva, Artur de Sales, Gilca Machado, Hermes Fontes, Augusto dos Anjos, Raul de Leôni, Olegário Mariano, Adelmar Tavares, Batista Cepelos, Catulo Cearense, Luís Edmundo, Múcio Leão, Nilo Bruzzi, Bastos Tigre, José Albano.

Darci Damasceno

47. A REAÇÃO ESPIRITUALISTA
A Reação Espiritualista e seus antecedentes. A Companhia de Jesus e o humanismo espiritualista. A educação na Colônia. Desenvolvimento das Letras. Sentido religioso da vida. Espiritualismo definido e indefinido. Romantismo: ecletismo e sentimentalismo espiritual. A Escola do Recife e a desespiritualização da inteligência. A Questão Religiosa. Início da Reação Espiritualista: Carlos de Laet, Padre Júlio Maria. No Simbolismo. Farias Brito. No Pré-Modernismo. No Modernismo. Leonel Franca, Jackson de Figueiredo. O grupo de *Festa*. Durval de Morais. O espiritualismo contemporâneo. (Alceu Amoroso Lima).

Alceu Amoroso Lima

VOLUME 5

Segunda Parte

ESTILOS DE ÉPOCA

Era modernista

48. A REVOLUÇÃO MODERNISTA
Antecedentes do Movimento Modernista. Atualização das letras nacionais. A Guerra de 1914. Os futuristas de 1920. A palavra "futurismo". A Semana de Arte Moderna de 1922: organização, realizações. Depois da Semana: consequências e repercussão. Os diversos grupos modernistas: "Antropofagia", "Pau-Brasil". "Verdamarelo", "Anta". Congresso Brasileiro de Regionalismo, no Recife, 1926. Principais livros do Modernismo. Encerramento do ciclo revolucionário: 1930.

Mário da Silva Brito

49. O MODERNISMO NA POESIA
Modernismo em poesia: definição. Fase da ruptura: a geração de 1922. Periodização. A Semana de Arte Moderna. Diretrizes da Renovação. Futurismo. Grupo paulista: "Pau-Brasil", "Verdamarelo", "Anta", "Antropofagia". Mário de Andrade. Oswald de Andrade. Menotti del Picchia, Guilherme de Almeida. Sérgio Milliet. Cassiano Ricardo. Raul Bopp. Luís Aranha. Rodrigues de Abreu. Grupo carioca: Manuel Bandeira. Ronald de Carvalho. Álvaro Moreira. Ribeiro Couto. Felipe D'Oliveira. Manuel de Abreu. Grupo de *Festa*: Tasso da Silveira. Murilo Araújo. Cecília Meireles. Francisco Karam. Grupo mineiro: *A Revista*. Carlos Drummond de Andrade. Emílio Moura. Abgar Renault. João Alphonsus. Pedro Nava. Grupo *Verde*: Ascânio Lopes. Rosário Fusco. Enrique de Resende. Guilhermino César. Francisco Peixoto. Grupo gaúcho: Augusto Meyer. Grupo do Nordeste: Ascenso Ferreira. Joaquim Cardoso. Gilberto Freyre. Câmara Cascudo. Jorge Fernandes. Jorge de Lima. Grupo baiano: Eugênio Gomes. Carvalho Filho. Hélio Simões. Pinto de Aguiar, Godofredo Filho. Sosígenes Costa. Expansão do Modernismo: Américo Facó. Dante Milano. Edgard Braga. Segunda fase: Augusto Frederico Schmidt. Murilo Mendes. Vinicius de Moraes, Mário Quintana. Henriqueta Lisboa. Geração de 45:

Bueno de Rivera. João Cabral. Domingos Carvalho da Silva. Geraldo Vidigal. José Paulo Moreira da Fonseca. Geir Campos. Lêdo Ivo. Maria da Saudade Cortesão. Péricles Eugênio da Silva Ramos. Concretismo: Haroldo de Campos. Augusto de Campos. Décio Pignatari. Ronaldo Azevedo. Ferreira Gullar. A forma da poesia moderna.
Péricles Eugênio da Silva Ramos

50. VANGUARDAS
Concretismo. Neoconcretismo (*Albertus da Costa Marques*)
Poesia-Práxis *(Mário Chamie)*
Poema-Processo *(Álvaro Sá)*
Arte-Correio *(Joaquim Branco)*

51. O MODERNISMO NA FICÇÃO
   I. Antecedentes:
   As duas linhagens da ficção brasileira: legado do século XIX. O Modernismo. Pioneiros do ciclo nordestino: Franklin Távora, José do Patrocínio, Rodolfo Teófilo, Oliveira Paiva, Domingos Olímpio, Gustavo Barroso, Mário Sette. Outros precursores do regionalismo modernista. O romance carioca do Modernismo. Adelino Magalhães. Classificação da ficção modernista: corrente social e territorial; corrente psicológica e costumista. A explosão modernista. Rachel de Queirós. Gastão Cruls. Marques Rebelo. Ciro dos Anjos.
   Afrânio Coutinho

   II. Experimentalismo:
   Mário de Andrade, Oswald de Andrade, Menotti del Picchia, Plínio Salgado, Alcântara Machado (*Dirce Côrtes Riedel*)
   Ribeiro Couto (*J. Alexandre Barbosa*)

   III. Regionalismo:
   José Américo, José Lins do Rego, Jorge Amado (*Luiz Costa Lima*)
   Graciliano Ramos (*Sônia Brayner*)

   IV. Psicologismo e Costumismo:
   José Geraldo Vieira (*Antônio Olinto*)
   Cornélio Pena (*Adonias Filho*)
   Érico Veríssimo (*Antônio Olinto*)
   Lúcio Cardoso (*Walmir Ayala*)
   Otávio de Faria (*Adonias Filho*)
   Josué Montello (*Bandeira de Melo*)

   V. Instrumentalismo:
   Guimarães Rosa (*Franklin de Oliveira*)
   Clarice Lispector, Adonias Filho (*Luiz Costa Lima*)

   VI. Situação e Perspectivas:
   José Cândido de Carvalho, Herberto Sales, Mário Palmério, Bernardo Élis, Jorge Medauar, Ascendino Leite, Macedo Miranda, Geraldo França de Lima, João Antônio, Rubem Fonseca, José Louzeiro, Nélida Piñon, Samuel Rawet, Osman Lins, Autran Dourado, Jorge Moutner, Dalton Trevisan, José J. Veiga, Geraldo Ferraz, Assis Brasil.
   Ivo Barbieri

52. A CRÍTICA MODERNISTA
A crítica e o Modernismo. As várias gerações e os gêneros modernistas. A crítica sociológica. Tristão de Athayde. João Ribeiro e Nestor Vítor. As Revistas. A crítica Social. Mário de Andrade. Outros críticos. A crítica estética. Eugênio Gomes.
Wilson Martins

A Nova Crítica. Congressos de Crítica. Movimento editorial.
Afrânio Coutinho

VOLUME 6

TERCEIRA PARTE

RELAÇÕES E PERSPECTIVAS

53. NOTA EXPLICATIVA
Divisão da obra. Características. Conceitos sociológico e estético. Literatura literária. O valor da História Literária.
Afrânio Coutinho

54. EVOLUÇÃO DA LITERATURA DRAMÁTICA
Inícios do teatro: os jesuítas, Anchieta. Alencar, Martins Pena, Gonçalves de Magalhães. No Naturalismo: França Júnior, Artur Azevedo, Machado de Assis, Roberto Gomes, Coelho Neto, Cláudio de Sousa. Joracy Camargo, Oswald de Andrade. O teatro moderno. A renovação: o Teatro Estudante; Pascoal Carlos Magno, Guilherme Figueiredo, Oduvaldo Viana, Magalhães Júnior, Ariano Suassuna, Jorge Andrade, Dias Gomes, Millôr Fernandes, Nelson Rodrigues, Silveira Sampaio. O teatro infantil: Maria Clara Machado. Lúcia Benedetti. Os atores: João Caetano, Apolônia Pinto, Leopoldo Fróes, Procópio Ferreira, Cacilda Becker, Maria Della Costa, Tônia Carrero, Fernanda Montenegro, Sérgio Cardoso, Paulo Autran, Jardel Filho. Dulcina de Morais. Principais companhias.
Décio de Almeida Prado

55. EVOLUÇÃO DO CONTO
Primeiras manifestações. No Romantismo: Álvares de Azevedo, B. Guimarães. Machado de Assis: sua técnica. No Naturalismo: Aluísio Azevedo, Medeiros e Albuquerque, Coelho Neto, Domício da Gama, Artur Azevedo. Regionalistas: Valdomiro Silveira, Afonso Arinos, Simões Lopes Neto, Alcides Maia, Darci Azambuja, Telmo Vergara, Viriato Correia, Gustavo Barroso, Eduardo Campos, Monteiro Lobato, Carvalho Ramos. No Modernismo: Adelino Magalhães, Mário de Andrade, Alcântara Machado, Ribeiro Couto, João Alphonsus, Marques Rebelo, Guimarães Rosa. Novas tendências.
Herman Lima

56. LITERATURA E JORNALISMO
No jornalismo político: a era da Independência. A era regencial. O Segundo Reinado. A imprensa acadêmica. A propaganda republicana. A era republicana. Polemistas e planfletários.
Américo Jacobina Lacombe

57. ENSAIO E CRÔNICA
Ensaio e crônica – gêneros literários. Definição e caracteres. Conceito de crônica. A crônica e o jornal. Histórico e evolução da crônica – Romantismo. Francisco Otaviano, Manuel Antônio de Almeida, José de Alencar, Machado de Assis, França Júnior, Pompeia, Bilac, Coelho Neto, João do Rio, João Luso, José do Patrocínio Filho, Humberto de Campos, Orestes Barbosa, Álvaro Moreira e a *Fon-Fon*. Berilo Neves, Osório Borba. Genolino Amado, Benjamim Costallat. Henrique Pongetti, Peregrino Júnior, Manuel Bandeira, Antônio de Alcântara Machado, Carlos Drummond de Andrade, Rachel de Queiroz, Rubem Braga. Classificação da crônica. Problemas da crônica: linguagem e estilo, crônica e reportagem, literatura e filosofia. Autonomia do gênero. Importância na literatura brasileira. Outros gêneros afins: oratória, cartas, memórias, diários, máximas, biografia. Gilberto Amado, Lúcio Cardoso.
Afrânio Coutinho

58. LITERATURA E FILOSOFIA
Incapacidade para os estudos filosóficos. Ausência de correntes de pensamento. Filosofia e Literatura. Século XIX, marco inicial. A

independência intelectual. Romantismo. Silvestre Pinheiro Ferreira, Gonçalves de Magalhães, Mont'Alverne, Eduardo Ferreira França, Tobias Barreto, Soriano de Sousa, Sílvio Romero. Os Positivistas. Capistrano de Abreu, Euclides da Cunha, Farias Brito, Jackson de Figueiredo, Vicente Licínio Cardoso, Graça Aranha, Paulo Prado, Tristão de Athayde, Euríalo Canabrava, Miguel Reale, Artur Versiane Veloso. *Revista Brasileira de Filosofia. Kriterion.*

Evaristo de Morais Filho

59. LITERATURA E ARTES
Os estilos de época. Inter-relações das artes. Barroco e Pós-Barroco. Neoclassicismo. Romantismo, Realismo, Parnasianismo. Impressionismo e Simbolismo. Modernismo.

José Paulo Moreira da Fonseca

60. LITERATURA E PENSAMENTO JURÍDICO
O século XVIII e a transformação jurídica do Estado. A vinculação da literatura com o direito. O arcadismo mineiro e os ideais jurídicos da burguesia. Gonzaga. *As Cartas Chilenas* e os Direitos Humanos. As eleições e a ideia da representação e assentimento popular. O constitucionalismo liberal. José Bonifácio. As faculdades de Direito de Recife e São Paulo focos de produção literária. Escritores e juristas. Rui Barbosa.

Afonso Arinos de Melo Franco

61. LITERATURA INFANTIL
Que é Literatura Infantil? Fontes. Folclore. Evolução e principais autores e obras. O século XIX e a moderna literatura infantil. Uso na educação. Aparecimento no Brasil: Livros didáticos e traduções. Diversos gêneros. Monteiro Lobato. Teatro infantil. Literatura religiosa. Histórias em quadrinhos. Revistas e jornais.

Renato Almeida

62. O VERSO: PERMANÊNCIA E EVOLUÇÃO
Debate histórico: a metrificação. Os tipos de verso. As regras. Do Barroco ao Simbolismo. O Modernismo e a mudança no sistema. Conclusões.

Mário Chamie

CONCLUSÃO

63. O PÓS-MODERNISMO NO BRASIL
Pós-Modernismo e a produção literária brasileira do século XX: Guimarães Rosa, Clarice Lispector, João Cabral de Melo Neto. A ficção brasileira dos anos 70 e 80: José J. Veiga, Murilo Rubião, Lygia Fagundes Telles, Nélida Piñon, Edla van Steen, Maria Alice Barroso. O Poema-Processo e a Arte-Postal.

Eduardo de Faria Coutinho

64. A NOVA LITERATURA BRASILEIRA
(O romance, a poesia, o conto)
Definição e situação da nova literatura brasileira. O ano de 1956: a poesia concreta, Geraldo Ferraz, Guimarães Rosa. No Romance: Herberto Sales, José Cândido de Carvalho, Osman Lins, Autran Dourado. Os novos. Adonias Filho, Clarice Lispector. Na Poesia: João Cabral. Poesia Concreta: Décio Pignatari, Haroldo de Campos, Augusto de Campos, Ferreira Gullar, José Lino Grunewald, Reinaldo Jardim, Ronaldo Azeredo. Edgard Braga, Pedro Xisto. Invenção. Poesia-Práxis: Mário Chamie. Poemas-Processo: Wlademir Dias Pino. No Conto: Samuel Rawet, Dalton Trevisan, José J. Veiga, José Louzeiro, Luís Vilela, Jorge Medauar, Rubem Fonseca, José Edson Gomes, Louzada Filho.

Assis Brasil

65. A NOVA LITERATURA
(Década de 80 / Anos 90)
Escritores de maior atividade nesse período. Escritores veteranos pós-modernistas.

Romancistas e contistas mais novos. Poetas veteranos em atividade. Poetas de província. Poetas novos com ligação com as vanguardas. A Poesia Alternativa dos anos 80.

Assis Brasil

66. VISÃO PROSPECTIVA DA LITERATURA NO BRASIL

Uma história predominantemente nacional. A crise da transição. Morfologia da exaustão. Emergência da paraliteratura. A voragem do consumo. A crônica. Alternativas vanguardistas. O signo radical. Indicações prospectivas.

Eduardo Portella

67. HISTORIOGRAFIA LITERÁRIA EM NOVO RUMO

Posição desta obra na historiografia literária brasileira. As várias fases da história literária no Brasil: a antológica e bibliográfica, a historicista, a sociológica. Varnhagen. Sílvio Romero. Outros historiadores. Orientação estética: *A Literatura no Brasil*, um compromisso anti-romeriano. Sua posição, suas características, suas consequências. O ensino literário. A crítica e a história literária.

Afrânio Coutinho

68. AINDA E SEMPRE A LITERATURA BRASILEIRA

As teorias das origens. A expressão da Literatura Brasileira. Nossa Literatura. Independência literária. Uma literatura emancipada. Raízes culturais. O Barroco na América.

Afrânio Coutinho

69. AINDA E SEMPRE A LÍNGUA BRASILEIRA

Língua Portuguesa. Denominação da língua. Que é Língua Brasileira? Ensino da Língua. O professor de Língua. O processo de descolonização. Busca de identidade. Nossa língua. Por uma filologia brasileira. A revolução linguística. A nossa língua. O Português do Brasil. A língua que falamos. A língua do Brasil. O idioma e a constituição. Purismo e classe. Purismo linguístico.

Afrânio Coutinho

70. VISÃO FINAL

O "neoparnasianismo" da geração de 45. A procura de novos cânones. As revistas de vanguarda. A fase transitória dos congressos. As décadas de 50 e 60 – *Grande sertão: veredas*. A nova feição da crítica. A Poesia Alternativa pós-60. Fim do Modernismo.

Afrânio Coutinho

BIOBIBLIOGRAFIA DOS COLABORADORES

Aderbal Jurema. Adonias Filho. Afonso Arinos de Melo Franco. Afrânio Coutinho. Albertus Marques. Alceu Amoroso Lima. Américo Jacobina Lacombe. Álvaro de Sá. Andrade Murici. Antonio Candido. Antônio Olinto. Antônio Soares Amora. Armando Carvalho. Assis Brasil. Augusto Meyer. Bandeira de Melo. Barreto Filho. Cândido Jucá Filho. Carlos Burlamáqui Kopke. Cassiano Ricardo. Darci Damasceno. Décio de Almeida Prado. Dirce Côrtes Riedel. Domingos Carvalho da Silva. Edgard Cavalheiro. Eduardo de Faria Coutinho. Eduardo Portella. Emanuel de Morais. Eugênio Gomes. Evaristo de Morais Filho. Fausto Cunha. Fernando de Azevedo. Franklin de Oliveira. Herman Lima. Hernâni Cidade. Heron de Alencar. Ivo Barbieri. João Alexandre Barbosa. José Aderaldo Castelo. José Ariel Castro. José Paulo Moreira da Fonseca. Josué Montello. Luís da Câmara Cascudo. Luiz Costa Lima. Luís Delgado. Luís Viana Filho. Mário Chamie. Mário da Silva Brito. Matoso Câmara Jr. Moisés Vellinho. Otávio de Faria. Peregrino Júnior. Péricles Eugênio da Silva Ramos. Renato Almeida. Rodrigo Otávio Filho. Segismundo Spina. Sílvio Castro. Sonia Brayner. Xavier Placer. Walmir Ayala. Waltensir Dutra. Wilson Lousada. Wilson Martins. Wilton Cardoso.

ÍNDICE DE NOMES, TÍTULOS E ASSUNTOS

A
LITERATURA
NO BRASIL

Neste Volume
PARTE III / RELAÇÕES E PERSPECTIVAS
CONCLUSÃO
Biobibliografia dos Colaboradores
Índice de Nomes, Títulos e Assuntos

No Volume 1
PRELIMINARES
PARTE I / *GENERALIDADES*

No Volume 2
PARTE II / *ESTILOS DE ÉPOCA*
Era barroca / Era neoclássica

No Volume 3
PARTE II / *ESTILOS DE ÉPOCA*
Era romântica

No Volume 4
PARTE II / *ESTILOS DE ÉPOCA*
Era realista / Era de transição

No Volume 5
PARTE II / *ESTILOS DE ÉPOCA*
Era modernista

Terceira Parte
RELAÇÕES E PERSPECTIVAS

53. *Afrânio Coutinho*
NOTA EXPLICATIVA

Divisão da obra. Características. Conceitos sociológico e estético. Literatura literária. O valor da história literária.

Esta obra é constituída de três partes.

A primeira — *Generalidades* — visou ao estudo de diversos problemas genéricos ou introdutórios à compreensão da literatura brasileira. Seguiu-se à "Literatura Brasileira (Introdução)", de formulação doutrinária. E em vez de estudar os condicionamentos e fatores extrínsecos do meio e momento, objeto da sociologia e da história social, procurou analisar os problemas da língua literária, da literatura oral e popular, da escola, do público, das obras de conhecimento da terra, além de tentar um quadro do Renascimento, época em que se produziu o descobrimento do Brasil, e mais um quadro geral da evolução da literatura brasileira. São questões fundamentais, pela importância que tiveram no início e no desenvolvimento da literatura brasileira. O transplante da língua portuguesa criou um problema de expressão peculiar e local, que os escritores da nova civilização tiveram que resolver. A literatura oral e popular serviu amiúde de ponto de partida para a literatura erudita, e, como a língua, foi um instrumento de intensa nacionalização, ainda hoje válido e atuante. A escola e a educação foram fatores decisivos na formação e aperfeiçoamento da consciência literária. O público, desenvolvendo-se, foi um incentivo sem o qual a literatura não teria subsistido em sua forma autonômica. Paralelamente à literatura de imaginação, cresceu de importância, e constitui ainda hoje uma área intelectual das mais válidas, a literatura de conhecimento da terra, "a brasiliana", que, não sendo literatura no sentido estrito, ocupa um vasto posto na cultura brasileira, influenciando a literatura de imaginação.

A segunda parte — *Estilos de época* — incluiu os seguintes estudos: Era barroca, Era neoclássica, Era romântica, Era realista, Era de transição e Era modernista. O método de análise foi pôr a ênfase sobre as obras, procurando-lhes a interpretação nas suas características intrínsecas, e deixando para segundo plano a consideração da biografia dos autores, da cronologia e da sociologia, do meio, raça ou momento.

Esta terceira parte — *Relações e perspectivas* — estuda alguns gêneros isoladamente: o gênero dramático, o conto, a crônica, a literatura infantil, e, ao lado destes, outros capítulos dedicam-se a analisar a produção literária em relação com outras atividades, que sobre ela exerceram marcada influência: o jornalismo, a filosofia, as demais artes, o pensamento jurídico. Por último, a título de conclusão, procura-se dar um quadro da atual e nova literatura brasileira, suas tendências e expressões mais marcadas, bem como o horizonte que se abre perante ela em perspectivas para o futuro.

Com tudo isso, ofereceu-se um panorama da literatura no Brasil, desde o início aos dias atuais (1986). Procurou-se empregar uma visão estética e não sociológica, já que a literatura é um fenômeno estético. Todavia, não se concebeu a literatura como um bólide isolado, mas sim situada no tempo e no espaço, embora compreendida a sua natureza específica de fenômeno artístico. Esta foi a filosofia ou a doutrina que norteou a concepção e realização desta obra.

Assim, respeitando-o sem embargo, colocou-se seu organizador em posição frontal à doutrina adotada por Sílvio Romero em sua monumental *História da literatura brasileira*, que é antes uma história da cultura ou uma história social do Brasil, vista através de sua literatura.

No Prefácio da segunda edição, há uma discussão de pontos de doutrina e método, levantada pela crítica à primeira edição.

*

O estudo da história da literatura brasileira havia muito estava a exigir revisão e atualização. As velhas histórias de Sílvio Romero, José Veríssimo, Artur Mota, Ronald de Carvalho detiveram-se em períodos passados e, pela própria época em que foram redigidas, não estudaram a produção literária do século XX.

Além disso a concepção doutrinária que as inspirou vinha do positivismo, sociologismo e naturalismo do século XIX, revelando-se, por isso, superadas e inadequadas em face das atuais tendências da historiografia e crítica literárias. Preocupavam-se mais com o meio social e histórico, procurando explicar por ele o fenômeno literário. Eram antes histórias da cultura. Em nosso tempo, as investigações e interpretações sobre o passado literário brasileiro haviam crescido sobremaneira, impondo uma revisão de sua reavaliação conjunta.

Os problemas da historiografia literária, conforme está exposto na "Introdução" desta obra, vinham sofrendo, desde o começo do século, completa reformulação. Haja vista os debates ocorridos no Primeiro Congresso de História Literária realizado em Budapeste, em 1931, precisamente dedicado aos métodos da história literária. Ficou então patenteado o inconformismo das maiores autoridades e cultores da especialidade, que exigiram uma retomada de posição.

A matéria teria que ultrapassar a fase do empirismo, em que a história literária se limitava à armazenagem bruta de fatos, segundo uma ordenação puramente cronológica, o fato literário interpretado à luz de uma visão sociológica, histórica e política.

Baseando-se numa concepção e numa metódica, como já se acentuou, a filosofia dominante nesta obra é de natureza estética. Isso quer dizer que a literatura é concebida *qua* literatura, e não como veículo de outros valores — políticos, religiosos, sociais, morais, econômicos. Foi o que compreendeu bem o crítico português José Régio, ao dedicar ao livro um artigo muito significativamente intitulado "A literatura literária". As obras literárias é que importam acima de tudo ao estudioso literário — crítico ou historiador — e as obras literárias encaradas em si mesmas e não como propaganda, nem pelas diversas mensagens extraliterárias que possam conter, mas como expressões, como disse José Régio, de "uma atividade que a si própria se justifica" e que "se manifesta irredutível a quaisquer outras nossas atividades". A primeira consequência dessa formulação do problema é o reconhecimento do prestígio da literatura.

A outra característica é a que se refere à periodização. Todas as histórias literárias do Brasil, até hoje, de Fernandes Pinheiro a Wolf, a Sílvio Romero e a Ronald de Carvalho, adotaram divisões periódicas baseadas em critério político, de mistura com a seriação puramente cronológica, inclusive nas denominações dos períodos. É assim que se misturavam denominações como fase colonial e fase nacional com outras como período de formação, autonômico, de desenvolvimento, de reação, de transição, de reforma, etc., de mistura com puras denominações cronológicas, como primeira metade do século, ou fases limitadas por duas datas (1870-1900), ou com alguns termos literários como período de reação romântica, etc.

O critério periodológico aqui adotado, de acordo com as mais recentes tendências no assunto, foi o da divisão estilística, isto é, como está dito na introdução, "a descrição do processo evolutivo como integração dos estilos artísticos", e assim a sua divisão periódica corresponde aos grandes estilos artísticos que tiveram representação no Brasil: Barroco, Neoclassicismo, Arcadismo, Romantismo, Realismo, Naturalismo, Parnasianismo, Simbolismo, Impressionismo, Modernismo. A história literária é a descrição desses estilos nas suas manifestações mais importantes, nas suas características, o sistema de normas literárias que o constituiu, as mudanças de um para outro sistema, etc. Essa periodização liberta a história literária da tirania cronológica, da tirania sociológica e da tirania política, colocando-a sob o signo estético. É o que explica a "Literatura brasileira (Introdução)".

O método estético aboliu os famosos capítulos, constantes nas histórias antigas, sobre meio, raça, momento, antes pertencentes à história geral ou à sociologia.

Por outro lado, a adoção do critério crítico, em vez do puramente descritivo, fez com que a ênfase e o espaço fossem reservados para a crítica das obras, e estas encaradas como "monumentos" literários e não como "documentos" culturais.

Ainda outra característica da obra é a atenção especial posta na bibliografia, no pressuposto de que ela é o ponto de partida essencial da historiografia literária. Assim, não só quanto aos autores e temas isolados em notas de rodapé, como também quanto a assuntos gerais em listas de referências bibliográficas, procura-se oferecer a informação do estado presente dos estudos sobre o problema, subsídio aos estudiosos. Isso é, por outro lado, um indício da progressiva integração de uma consciência bibliográfica entre nós, pelo que se deve dar graças, pois é impossível conceber o trabalho intelectual, e de crítica e história literárias, sem o apoio bibliográfico.

Outra solução original e nova no Brasil foi a da cooperação e equipe. Os diversos capítulos foram entregues a críticos e especialistas de diversos pontos do país, visando-se, com isso, não só a dividir as responsabilidades da execução pelo critério da competência e especialização, como também a estabelecer uma média do que pensa a atual geração brasileira de críticos a respeito do passado literário do país, a mostrar o estado a que chegaram os estudos e questões de nossa história literária. A história literária é um *work in progress*, a cada geração cumprindo rever os juízos e aferições. Essa tarefa, no estado atual da cultura, é impossível de ser executada por um só homem. Por isso, é grande a responsabilidade dos colaboradores — e eles foram escolhidos dentre o que há de melhor no país, novos e consagrados — cabendo-lhes corresponder, com substância crítica e compreensão estética, aos objetivos intrínsecos da obra. Assim, *A literatura no Brasil* é uma nova ordenação e hierarquização de valores, uma reinterpretação da literatura brasileira, trazida até os nossos dias, pois não se recusa a encarar inclusive a literatura que está sendo feita no momento.

Para concluir, será lícito e pertinente transcrever o pronunciamento de Wilson Martins, que bem define a natureza e finalidades da obra:

> Pretendendo ser, no método e na matéria, a primeira história da literatura brasileira rigorosamente literária, a obra coletiva dirigida pelo Sr. Afrânio Coutinho inaugura um período. Qualquer que seja o grau do seu sucesso como realização, o que importa considerar, antes de mais nada, é essa *atitude* correta diante dos problemas. (...) Estamos assistindo a uma profunda modificação dos nossos estudos literários.

*

Ao termo do longo itinerário que aqui se cumpriu, pode-se levantar a questão: Para que serve o estudo da história literária? Que traz ela de válido à compreensão da cultura brasileira?

O estudo da história pela história é coisa para antiquários e não oferece, à mente moderna, o interesse que lhe emprestavam o eruditismo e o fatualismo do século XIX. O estudo histórico ou serve ao presente, abandonando a posição estática, simplesmente retrospectiva, ou é vazio de sentido construtivo.

O presente é a ponta extrema do passado, disse Paul Valéry. O estudo do passado só importa se for relacionado ao presente, se servir à gênese e compreensão da contemporaneidade. Mostrou T. S. Eliot que a literatura é um produto da interação constante da tradição e da revolta, e que todos os atuais autores são contemporâneos dos que fizeram a literatura do passado. O passado literário é nosso contemporâneo. Mas, ao mesmo tempo, incorporando a tradição, os atuais modificam-na para criar o novo, enriquecendo-a com obras diferentes. Proust, Joyce e Kafka pertencem à tradição da narrativa ocidental, mas o romance que eles criaram são obras novas na linhagem. Novas obras de arte sempre surgem da tradição e da revolta individual.

O homem não é um ser a-histórico, a despeito de, modernamente, ciências como a sociologia, a antropologia, a biologia, a psicologia proporem o estudo do homem fora de qualquer contexto histórico. Mas o passado só vale quando dele retiramos material útil para modelarmos nosso próprio sistema de normas e significados, e quando usamos o passado à nossa maneira. Ele deve inspirar-nos a ser presentes, a ser contemporâneos, e essa exigência implica o direito de aceitá-lo na sua diversidade, corrigi-lo ou rejeitá-lo.

O estudo do passado é uma forma de humanismo, ao qual nada de humano deve ser estranho. Esse estudo fornece elementos para se atuar sobre o presente, recriando a tradição. A tradição carreia valores que as vanguardas transformam criando o novo, diverso de tudo o que o passado realizou.

Esta obra, ao compor um quadro da literatura brasileira desde os seus albores, mostra que já existe uma tradição literária no Brasil. A literatura brasileira existe, rica e viva, das maiores.

O propósito destas páginas não é a contemplação ufanista. Visam, isto sim, a tornar evidente aquela tradição, a fim de que o presente, assim revigorado pela inspiração no passado útil, contido em textos histórica e artisticamente válidos, seja levado à consequência natural, que é a criação de obras significativas. O passado literário brasileiro está contido nas obras modernistas, sem embargo das novas roupagens formais.

Seu objetivo precípuo é, portanto, uma visão do passado com vistas ao presente e ao futuro. É fazer um relato do passado para servir à situação presente. É mostrar como o presente justifica o passado, e como este enriquece aquele.

E, por ser uma história do fenômeno literário, seu plano e sua metódica tinham que ser literários, enfatizando os seus aspectos intrínsecos, veículos da tradição. O romance, o conto, a poesia, o teatro, a crônica, a crítica, nas suas ricas manifestações presentes, mergulham nas tradições criadas pelo passado. E o passado existe como semente geradora do presente, que o inova, por sua vez, criando formas originais. É o que pretendem documentar estas páginas, através da pena dos mais representativos críticos e ensaístas contemporâneos. É o pensamento da geração atual. A outra geração futura cabe recomeçar a revisão constante que constitui a tarefa essencial da história literária.

54. Décio de Almeida Prado
EVOLUÇÃO DA LITERATURA DRAMÁTICA

Inícios do teatro: os jesuítas, Anchieta. Alencar, Martins Pena, Gonçalves de Magalhães. No Naturalismo: França Júnior, Artur Azevedo, Machado de Assis, Roberto Gomes, Coelho Neto, Cláudio de Sousa. Joraci Camargo, Oswald de Andrade. O teatro moderno. A renovação: o Teatro do Estudante; Pascoal Carlos Magno, Guilherme Figueiredo, Oduvaldo Viana, Magalhães Júnior, Ariano Suassuna, Jorge Andrade, Dias Gomes, Millôr Fernandes, Nelson Rodrigues, Silveira Sampaio. O teatro infantil: Maria Clara Machado, Lúcia Benedetti. Os atores: João Caetano, Apolônia Pinto, Leopoldo Fróes, Procópio Ferreira, Cacilda Becker, Maria Della Costa, Tônia Carrero, Fernanda Montenegro, Sérgio Cardoso, Paulo Autran, Jardel Filho, Dulcina de Morais. Principais companhias.

O teatro brasileiro, como atividade contínua, alicerçado nos três elementos constitutivos da vida teatral — atores, autores e público estáveis — só começa, de fato, com a Independência. Não nos faltam, é certo, desde os primeiros séculos, espetáculos teatrais. Mas são manifestações isoladas, esporádicas, insuficientes para afirmar a existência de um verdadeiro teatro.

De início, na segunda metade do século XVI, são os autos jesuíticos, escritos para a catequese do gentio, dos quais os de Anchieta (1530-1597) sobressaem como os mais famosos. Mas nada nestes últimos, seja a intenção, seja o teor literário, revela a obra teatral propriamente dita, fruto de uma vocação ou de uma experiência específicas. Nem chegam propriamente a ser autos, na acepção rigorosa do termo, se considerarmos a ideia de unidade que a palavra *auto* suscita. Serão antes uma série de episódios esparsos, alinhavados por um fio de enredo quase inexistente, ilustrações piedosas da vida dos santos, redigidas em duas, em três línguas diversas, que talvez alcançassem junto ao público os seus fins edificantes, sem possuir, em virtude disso, maior força dramática ou sabor poético. Constituiriam, quando muito, germe para um desenvolvimento futuro — que nunca veio. A tradição teatral jesuítica entre nós jamais passou de uma importação europeia, mal assimilada por um meio ainda não preparado para recebê-la.

No século XVII já aparecem representações profanas, feitas usualmente para comemorar alguma data ou alguma personagem particularmente ilustre. O teatro confunde-se então com as festividades públicas, das quais não é senão um aspecto um pouco mais refinado, ao lado dos bailes e das cavalhadas. E no século seguinte, a partir de 1770, principiam mesmo a surgir uma ou outra tímida tentativa para estabelecer companhias em caráter permanente a exemplo da "Casa da Ópera", dirigida no Rio de Janeiro pelo Padre Ventura, mulato cantor de lundus e dançador de fadinhos, além de regente de orquestra. As poucas informações que possuímos sobre esses primeiros elencos, vagas e imprecisas, são completadas pelas descrições deixadas pelos viajantes europeus, ajudando-nos a recompor um quadro cheio de primitivismo: teatrinhos apinhados por uma multidão sem qualquer homogeneidade, atores de recursos artísticos modestíssimos, negros ou mulatos, representações rústicas. A atividade teatral não deveria ser das mais prezadas nessa sociedade de senhores e escravos, de sólida hierarquia e rígidos preconceitos, numa época em que os artistas se recrutavam exclusivamente nas camadas plebeias, sendo conhecidos por apelidos tão brasileiramente familiares e populares como a "Lapinha" ou o "Capacho" — este, José Inácio da Costa por nascimento, uma espécie de continuador do Padre Ventura.

Dos três séculos de colônia quase nada nos fica: nomes de meia dúzia de escritores secundários, cuja produção teatral se perdeu, e referências, sem maiores detalhes, à representação ocasional de alguns mestres europeus — um Metastásio, um Calderón, um Molière. Possuímos, é verdade, a obra de dois autores, nascidos no Brasil, que conseguiram atravessar os séculos chegando até nós: a de Botelho de Oliveira e a de Antônio José, o Judeu.[*] Mas, por

---

* Antônio José da Silva, o Judeu (Rio de Janeiro, 1705-Lisboa, 1739). Foi queimado pela Inquisição em 18 de outubro de 1739.

Bibliografia

TEATRO: *Vida de D. Quixote de la Mancha*. 1733; *Esopaida*. 1735; *Anfitrião ou Júpiter e Alcmena*. 1736; *O labirinto de Creta*. 1736; *As guerras do Alecrim e da Manjerona*. 1737; *As variedades de Proteu*. 1737; *O precipício de Factonte*, 1738.

Principais edições:
Teatro cômico português. Lisboa: F. L. Ameno. 1744. 2 v.; *Obras*, editadas por João Ribeiro. Rio de Janeiro: Garnier, 1910-11. 4 v.; editadas por J. Pérez. São Paulo: Cultura, 1945. 2 V.

infelicidade nossa, a primeira pertence ao teatro espanhol, inclusive pela língua em que foi escrita, e a segunda ao português, onde o escritor se formou e onde adquiriu as suas qualidades. De todo esse teatro, portanto, podemos dizer, com José Veríssimo, que "de brasileiro só tem a circunstância de estar no Brasil" — acidente geográfico sem qualquer expressão superior.

Uma cidade talvez reunisse condições excepcionais para o teatro: Ouro Preto, a Vila Rica da Inconfidência, de fins do século XVIII. Lá se encontrava, como em nenhum outro lugar, um conjunto de elementos privilegiados: um teatrinho, um centro literário de importância, uma sociedade habituada à vida artística, e a aliança pouco comum da riqueza e do bom gosto. A mesma civilização, alicerçada sobre o lazer proporcionado pelo ouro e pelo trabalho escravo, que nos deu as obras-primas arquitetônicas do Aleijadinho e as obras-primas poéticas da escola mineira, acrescendo alguma coisa à arte portuguesa que imitava, poderia ter dado ao Brasil o seu primeiro grande ciclo teatral. E há, realmente, notícias de tragédias escritas por inconfidentes, por Cláudio Manuel da Costa e Alvarenga Peixoto, algumas das quais representadas em Ouro Preto. Ainda aqui, entretanto, não temos sorte: nenhuma das peças dos poetas arcádicos resistiu ao tempo. De novo, vemo-nos com as mãos vazias: tentamos agarrar a realidade e, no entanto, só conseguimos obter nomes e datas, sem vida, nem consistência.

Com a chegada de D. João VI tomam-se providências para dotar o Rio de Janeiro de um teatro à altura de suas novas prerrogativas reais. E com a Independência e o Romantismo surge, finalmente, o teatro brasileiro, consciente do seu nacionalismo e orgulhoso de sua missão. É uma espécie de eclosão, de florescimento súbito. Aparecem, de chofre, não uma apenas, mas logo três figuras de primeira plana, abarcando praticamente todas as formas de atividade teatral: um grande ator e dois autores que vão fundar a tragédia e comédia nacionais. São eles João Caetano dos Santos (1808-1863), Domingos José Gonçalves de Magalhães e Luís Carlos Martins Pena.[*] Em 1838, quando

---

Consultar

Braga, Teófilo. *História do teatro português*. Porto: Imp. Port. 1871; Capistrano de Abreu, João. "Antônio José, o Judeu" (*in Ensaios e estudos*. Rio de Janeiro: Soc. Capistrano de Abreu, 1931); Jucá Filho, Cândido. *Antônio José, o Judeu*. Civ. Bras., 1940; Machado de Assis, J. M. "Antônio José" (*in Crítica*. Ed. Jackson. 1936); Ribeiro, João. Prefácio às *Obras*. Rio de Janeiro: Garnier, 1910.

[*] Luís Carlos Martins Pena (Rio de Janeiro, 1815-Lisboa, 1848). Formou-se em comércio, frequentou aulas de artes plásticas mas dedicou-se ao funcionalismo público, inclusive na legação do Brasil na Inglaterra.

Bibliografia

TEATRO: *O juiz de paz na roça*. 1838; *O judas em sábado de aleluia*. 1844; *Os irmãos das almas*. 1844; *O noviço*. 1845; *O caixeiro da taverna*. 1845; *Os namorados*. 1845; *Os três*

se unem, têm, respectivamente, 30, 27 e 23 anos de idade, como convém a uma nação jovem.

A obra teatral de Gonçalves de Magalhães é uma série de equívocos: equívoco de clássico que se deseja romântico; equívoco de poeta que se julga dramaturgo. O primeiro não é grave: o futuro Visconde de Araguaia, apesar de sua viagem pela Europa, onde escreveu a sua primeira peça e onde triunfava a escola de Victor Hugo, jamais foi no teatro o "romântico arrependido" descrito por Alcântara Machado. Os seus prefácios mostram-no, embora indeciso, mais propenso à sisudez clássica que à "bacanal", à "barafunda", à "orgia de imaginação", aos "horrores da moderna escola". E as suas peças intitulam-se tragédias, não dramas, distinção que, naquele momento e num escritor tão cioso de suas ideias, corresponde a uma verdadeira definição. O segundo equívoco é fatal. Gonçalves de Magalhães, por mais que tente, nunca chega a criar uma pessoa real, uma criatura independente do criador, alguém que não seja feito à sua imagem e semelhança. Falta-lhe a objetividade do dramaturgo, sobra-lhe a expressão das ideias pessoais do poeta. As suas personagens são invariavelmente graves, patrióticas, magnânimas, bem-intencionadas. Se sobrevivessem ao 5º ato, chegariam todas a visconde. Em vez de viver, limitam-se a perorar em linguagem nobre, a discursar em tom acadêmico, substituindo os sentimentos pelos bons sentimentos, as imagens concretas pelas ideias abstratas, a análise psicológica pela eloquência, a força verbal pela má retórica. Se ao menos tivessem sido inventadas por um poeta autêntico, talvez se salvassem. Mas, nesta última qualidade, Gonçalves de Magalhães é somente um precursor. O seu mérito foi o de ter vindo antes dos nossos grandes românticos, não o de se igualar a eles. Podemos até imaginá-lo necessitando reivindicar o título, a exemplo de uma de suas personagens:

---

médicos. 1845; *Quem casa quer casa.* 1845; *Os dois ou O inglês maquinista.* 1845; *A barriga de meu tio.* 1846.

Principais edições:
Teatro, editado por Melo Morais Filho e Sílvio Romero. Rio de Janeiro: Garnier, 1898; *Teatro cômico*. Ed. Cultura, 1943; *O juiz de paz na roça* e *O judas no sábado de aleluia*. Ed. Amália Costa. Rio de Janeiro: Org. Simões, 1951. Está a cargo do INL a impressão de 14 peças inéditas.

Consultar

Figueiredo, Guilherme de. "Introdução a Martins Pena" (*in Dionysos*, Rio de Janeiro, v. 1, pt. 1, p. 73-86, out. 1949.; Romero, Sílvio. *Vida e obra de Martins Pena*. Porto: Lello, 1901; Silva, Lafaiete. "Martins Pena, o comediógrafo dos nossos costumes" (*in Anais do 3º Cong. de História Nacional*. Rio de Janeiro: Imp. Nac. 1942. p. 255-269, v. 7); Veiga, Luís Francisco da. "Carlos Martins Pena, o criador da comédia nacional" (in *Revista do IHGB*, t. 40, pt. 2, p. 375-407, 1877).

"— Posto que seja conde, sou poeta!"

O autor de *Olgiato* (1841) ficou na história do teatro unicamente por uma circunstância histórica, que ele foi o primeiro a apontar, com o cuidado que punha no seu papel de precursor e a atenção que dava à sua glória futura: "Lembrarei somente que esta é, se me não engano, a primeira Tragédia escrita por um Brasileiro, e a única de assunto nacional." Não há a negar: *Antônio José ou O poeta e a Inquisição* (1839) foi, se não nos enganamos, a primeira tragédia escrita por um brasileiro e a única de assunto nacional. Que a terra lhe seja leve.

Martins Pena é o antivisconde por excelência, até na maneira por que se inicia no teatro. Nenhuma solenidade encasacada, nenhuma impressão de estar cumprindo um honroso e penoso dever histórico: as suas primeiras comédias, nos anúncios dos jornais da época, nem sequer trazem o nome de quem as escreveu. Motivou-as apenas a vocação do palco, o desejo de divertir inocentemente o público, descrevendo cenas e tipos que todos, autor, atores e espectadores, conheciam como a palma da mão. Não se sabe em que modelos se inspirou, onde foi buscar os seus processos cômicos. Mas o problema da filiação estética não tem aqui maior significado, porque a sua obra, pela natureza e intenções, é por assim dizer aliterária, desenvolvendo-se à margem das discussões teóricas e das polêmicas de escola. Em escala menor, trata-se do mesmo milagre de espontaneidade de *As memórias de um sargento de milícias:* tanto no romance de Manuel Antônio de Almeida como nas pecinhas em um ato de Martins Pena, escritos quase contemporaneamente, sobressai o mesmo realismo ingênuo, natural, alterado aqui e ali pelo dom da sátira, pelo gosto da deformação cômica.

Martins Pena começa pela comédia de costumes, e costumes roceiros, mais pitorescos e menos conhecidos. *O juiz de paz na roça*, *A família e a festa na roça*, não perdem ocasião de descrever roupas, comidas e maneiras de comer, hábitos sociais, deformações linguísticas, com algo da minúcia de um naturalista — e não admira que um crítico como Sílvio Romero, tendente à ciência e à sociologia, tenha dedicado ao nosso primeiro autor cômico um livro de elogios entusiásticos: Depois, à medida que as peças se sucedem, com uma celeridade que dá bem a ideia da avidez com que o público as recebia, processa-se certa evolução: o campo cede lugar à cidade, a descrição cuidadosa ao movimento e teatralidade, a comédia de costumes, à farsa. Algumas de suas últimas produções, escritas, é de se imaginar, da noite para o dia (dez peças novas encenadas só no ano de 1845), não passam de um bate-boca exasperado e, às vezes, exasperante, resumindo-se o conflito neste tipo de diálogo, travado entre sogra e nora:

> Paulina, batendo o pé — Hei de mandar!
> Fabiana, no mesmo — Não há de mandar!
> Paulina, no mesmo — Hei e hei de mandar!
> Fabiana, no mesmo — Não há e não há de mandar!

A oposição dramática, não é preciso dizer, forçada talvez pelo gosto dos atores e do público, virou briga, descompostura, pancadaria em cena. A combatividade é, de resto, a maior arma destas criaturas medíocres em tudo, exceto em discutir, em enganar, em mentir, em opinar, em usar expedientes escusos. As filhas desobedecem às mães, as sogras enfrentam os genros, os namorados disfarçam-se como podem, em mulher, em irmãos das almas, em Judas em sábado de Aleluia, os armários enchem-se de pessoas escondidas às pressas, prontas a desabar lá de dentro e sair em perseguição umas das outras. Daí o prazer que tais peças proporcionam aos atores, prazer físico de representar, prazer de absorver no corpo esse ritmo teatral que se transforma, no fim do ato, em galope desenfreado, prazer da vivacidade e da gratuidade do jogo.

Martins Pena não chegou a dedicar ao teatro dez anos de vida — a tuberculose não lhe deixou tanto tempo. Foi o suficiente, toda via, para que legasse ao nosso teatro a sua única tradição possuidora de alguma vitalidade — a tradição cômica popular. Os tipos que descreveu, o matuto ingênuo, o estrangeiro esperto e embromador, a velha ranzinza, o malandro simpático, ficaram para sempre em nossos palcos.

João Caetano é o elo a unir Gonçalves de Magalhães e Martins Pena: foi na sua companhia, a primeira a se formar tendo brasileiros como intérpretes principais, que se estrearam um e outro. Mas os dois autores passaram pelo teatro de forma mais ou menos rápida, enquanto João Caetano dominou-o perto de 25 anos, impondo-lhe a marca de seu temperamento. É o ator, pois, quem realmente encarna e representa o espírito da época. A análise do seu repertório, constituído quase só de peças estrangeiras, seria uma verdadeira síntese, uma verdadeira súmula do nosso teatro em meados do século passado, revelando-nos não as figuras literárias exponenciais, raras por natureza, mas as atividades de todos os dias, o gosto mediano do público. Em três fontes, diversas como inspiração e valor literário, ia João Caetano buscar as suas peças. Dos clássicos e neoclássicos, representou pouca coisa: o *Cinna*, de Corneille, a *Zaira*, de Voltaire, a *Nova Castro*, de Gomes Júnior, o *Otelo* e o *Hamlet*, adaptados por Ducis, em fins do século XVIII, às unidades de tempo, lugar e ação. Dos românticos franceses, preferiu a teatralidade de Alexandre Dumas (*Kean, Ricardo D'Arlington, Catharina Howard*) ao lirismo de Victor Hugo, de quem só encenou *O rei se diverte*, e interpretou, sobretudo nos primeiros anos de sua carreira, alguns românticos espanhóis e portugueses: Mariano José Larra, Martinez de la Rosa, Almeida Garrett (*Frei Luís de Sousa*), Silva Abranches, Mendes Leal. O seu grande manancial, todavia, estava fora da literatura. O melodrama francês, nascido do teatro popular, no começo do século XIX, com Pixerécourt, foi resumido por Paul Ginisty em palavras que iluminam por completo o panorama do subteatro francês e brasileiro do século passado: "Quatro personagens essenciais: o terceiro papel, tirano ou vilão, manchado de todos os vícios, animado de todas as paixões inconfessáveis; uma mulher infeliz, ornada de todas as virtudes;

um homem honesto, protetor da inocência; e o cômico que fará ressurgir o riso entre o pranto. O vilão perseguirá a vítima, esta sofrerá até o momento em que, chegando ao auge o seu infortúnio, o homem honesto aparecerá oportunamente para libertá-la e impor ao inimigo vingança exemplar." Quando João Caetano inicia a sua carreira, o melodrama francês, sem perder o seu caráter de baixo sensacionalismo, já está na segunda ou terceira geração, sendo confundido, no Brasil, com o drama romântico, sob o nome genérico de "dramalhão". É em Bouchardy, em D'Ennery, em Arago, em Anicet-Bourgeois, que o ator fluminense encontra, via de regra, os seus êxitos mais retumbantes — *Os seis degraus do crime, A gargalhada, A dama de St. Tropez.*

Infelizmente jamais teremos ideia exata da maneira de João Caetano representar e nem mesmo do seu valor: a arte do intérprete não deixa vestígios a não ser na memória dos homens. Sabemos que foi considerado genial pelos contemporâneos, colhendo triunfos jamais repetidos por qualquer outro ator brasileiro — e isso nos deve bastar. Às vezes, entre a massa de elogios reponta um ou outro reparo, criticando-lhe a "afetação e o artifício", os "gritos ou vagidos selvagens e desentoados". Um crítico português, Júlio César Machado, ouvindo-o em Lisboa, longe do seu meio e do fanatismo que inspirava, julgou-o nas seguintes palavras, que parecem trazer o cunho da sinceridade e do equilíbrio: "Como talento, porém, cumpre dizê-lo, era de primeira ordem, era da grande raça: a natureza destinara-o a formar ao lado dos Rossi e Salvini. Mas não estudara, não pudera estudar como eles."

Nenhuma das três figuras acima estudadas, portanto, sobre as quais, por motivo de precedência histórica, se alicerça o nosso teatro romântico, pertence exclusivamente, estritamente, à nova escola. Em nenhum deles brilha, sozinha, a inconfundível flama romântica. Esta existe, sem dúvida, mas vamos encontrá-la ao lado do teatro oficial, em autores que não pertencem propriamente à história do teatro, como instituição coletiva, porque, ou não foram representados em vida, ou o foram por companhias secundárias, em centros menores, não chegando a repercutir e a exercer influência. É o caso de três dos nossos maiores poetas: Manuel Antônio Álvares de Azevedo (1831-1852), Antônio Gonçalves Dias (1823-1864) e Antônio Castro Alves (1847-1871). Álvares de Azevedo não é mais do que uma promessa: o seu *Macário*, na opinião dele próprio, não chega a ser uma peça, destinada ao palco: "É apenas uma inspiração confusa, rápida, que realizei à pressa como um pintor febril e trêmulo." Mas a extraordinária qualidade literária do seu diálogo, a um tempo lírico e natural, imaginoso e límpido, rico de poesia e fácil de ser pronunciado pelo ator, deixa-nos interditos, a pensar no que poderia ter sido a trajetória desse menino de vinte anos que sonhava, nada menos, que realizar "alguma coisa entre o teatro inglês, o teatro espanhol e o teatro grego: a força das paixões ardentes de Shakespeare, de Marlowe e Otway, a inspiração de Calderón de la Barca e Lope de Vega, a simplicidade de Ésquilo e Eurípedes" — isso sem esquecer Victor Hugo,

Schiller e Goethe... Faz-nos sorrir, talvez, a candura do adolescente, a quem todas as ambições, mesmo as mais altas, são ainda permitidas, não se pejando em invocar, com tanta facilidade, a propósito de si mesmo, nomes como esses. O que mais nos impressiona, entretanto, é a maturidade e severidade crítica desse adolescente, que não se contenta senão com a genialidade, escolhendo sempre o melhor. o eterno, sem nunca errar, sem se impressionar com os ídolos do momento, sem se deixar perverter pela mediocridade teatral do meio em que vive.

Gonçalves Dias, ao contrário, é a realização. Nada lhe faltava para o teatro: inteligência crítica, compreensão psicológica, equilíbrio, disciplina de pensamento. *Leonor de Mendonça*, no meio das complicações de enredo usuais na época, é um modelo de construção simples e elegante; no meio da incontinência verbal desencadeada pelo Romantismo, um modelo de força e contenção de estilo. Um drama austero, enfim, nobre, verdadeiro e comovente como conteúdo humano, digno da história e das personagens que evoca com tanta dignidade.

Quanto a Castro Alves, seria melhor, talvez, esquecer a sua única peça, se o seu nome fosse desses que se podem passar em silêncio. O teatro, arte de cálculo, de premeditação, de técnica, de paciência artesanal, não servia ao seu gênio, feito de inspirações fulgurantes, desigual, sem autocrítica, capaz de escrever muitos dos melhores e também alguns dos piores versos da língua portuguesa. *Gonzaga ou A revolução de Minas* é uma peça confusa, melodramática, iluminada, vez ou outra, por certos achados verbais, certas imagens, certo jogo de antíteses, que, apesar de sua beleza, parecem vagamente deslocados, pertencendo mais à poesia lírica do que ao teatro. O pobre Gonzaga e a pobre revolução de Minas, de resto, entram antes como pretexto meio anacrônico: o autor só se inflama, só desencadeia a sua emoção, quando esquece o assunto e fala em seu próprio nome, tocando no único tema que trazia dentro do pensamento: a libertação dos escravos. Felizmente Castro Alves não precisa da peça para a sua glória.

Mas voltemos ao palco, centro de gravidade da vida teatral.

João Caetano já não representava a vanguarda literária. O gosto, aliás, evoluíra, desde que Alexandre Dumas Filho resolvera tomar o público para confidente de seus tristes amores com Marie Duplessis. Em 1852, aparece *A dama das camélias*, esse "monstro de inexperiência", como diz Thibaudet, que a peça nenhuma se assemelhava: "mas o público achou imediatamente que aquilo se assemelhava à vida". Nada de novo, artisticamente, havia surgido. Para o grande público, entretanto, estava lançado um novo tema e o nome de uma nova escola. O tema era o da cortesã, uma das figuras centrais na sociedade da época. A escola, vinda do romance, era o Realismo. O problema da alta prostituição, retomado e discutido exaustiva e ardorosamente por dezenas de outras peças, iria ainda firmar ante as plateias um novo gênero: a peça de tese, munida do seu *raisonneur*, porta-voz do autor e encarregada de encarar uma questão social e defender um ponto de vista. Nunca uma palavra de ordem partida da França repercutiu aqui com tanta rapidez e intensidade. Brotam, logo, na nossa dramaturgia incipiente, os "anjos decaídos" ou "as mulheres de bronze" (conforme as opiniões pró ou contra), a ponto de em 1861, uma década apenas depois da estreia da peça de Dumas Filho em Paris, um crítico nacional poder exclamar, sem qualquer exagero: "Hão de acabar, espero em Deus, os dramas do *demi-monde*. Há de passar a moda das loureiras, mina já demasiado explorada pela escola realista."

O Realismo, todavia, não passava frequentemente de um rótulo. O que havia, de fato, eram "os dramas de casaca", como os chamava o povo, isto é, peças às vezes de espírito não tão afastado do dramalhão mas de assunto e personagens inequivocamente modernos. Nesse período indeciso, de transição entre o Romantismo e o Naturalismo, uma casa de espetáculo — o Ginásio Dramático — congrega todas as forças renovadoras, agrupando à sua volta encenadores como Emílio Doux, que nos vinha da França depois de uma longa permanência em Portugal, e intérpretes como Joaquim Augusto, rival mais moço de João Caetano, e Furtado Coelho, ator português, expoente do novo credo. De Furtado Coelho, escrevia em 1859 um crítico de vinte anos, Machado de Assis: "O que se nota neste artista, e mais que em qualquer outro, é a naturalidade, o estudo mais completo da verdade artística. Ora, isto importa uma revolução; e estou sempre ao lado das reformas." E acrescentava, a propósito do seu "querido Ginásio": "É um livro para escrever, e eu o lembro aqui a qualquer pessoa em disponibilidade, *As noites do Ginásio*. Em sua vida laboriosa ele nos tem dado horas aprazíveis, acontecimentos notáveis para a arte. Indiciou ao público da capital, então sufocado na poeira do Romantismo, a nova transformação da arte — que invadia então a esfera social." A naturalidade quanto ao desempenho (a naturalidade até certo ponto, um certo tipo de naturalidade, como sempre sucede no teatro), a esfera social quanto ao alcance da peça — eis as armas com que se procurava liquidar o Romantismo. Em defesa das novas ideias acorre um grupo extremamente aguerrido de jovens autores, do qual fazem parte Quintino Bocaiúva, Pinheiro Guimarães, Aquiles Varejão, Sizenando Nabuco e outros, num desses surtos criadores, comuns ao nosso teatro, que desaparecem tão abruptamente como surgiram, sem ter tido tempo de se desenvolver e de transformar as promessas em realizações. Entre os escritores do Ginásio Dramático, dois merecem menção especial, pela obra e pelo nome deixado na história da literatura: Joaquim Manuel de Macedo e José Martiniano de Alencar.

Macedo não cabe, na verdade, em escola nenhuma. Passou pelo teatro como livre-atirador, um oportunista pronto a abordar qualquer gênero dentro de qualquer estilo, não por cálculo mas por temperamento, conduzido irresistivelmente pela ausência de preocupações doutrinárias e pela incrível facilidade de escrever. Durante trinta anos, de 1850 a 1880, produziu de tudo: dramas em verso branco, de caráter indianista, como *Cobé*; dramas sacros, como *O sacrifício de Isac*; dramas pseudorrealistas, como *Lusbela*, no qual o tema do momento, a prostituição, serve apenas de subterfúgio para mascarar o velho dramalhão; melodramas, como *Luxo e vaidade*, a que não falta nenhum dos matadores do gênero, nem as maquinações infernais do vilão (no caso uma mulher sedenta de vingança), nem as ciladas armadas à inocência, nem o triunfo da virtude e a perdição do crime; farsas, como *A torre em concurso*, sátira, em muitos trechos ainda atual, às nossas eleições e aos nossos costumes políticos; burletas brejeiras, como *Antonica da Silva*, encenadas quando a moda se inclinou para assuntos mais apimentados. De toda essa produção abundantíssima, quase nada restou, os dramas ainda menos do que as comédias, porque estas têm ao menos uma despretensão, um apego às coisas da vida diária, que as põe mais facilmente a salvo das tremendas falhas de gosto da época.

Tais peças são típicas de um determinado teatro, sem qualquer valor humano ou artístico maior, não tendo outra função senão a de alimentar os palcos, prendendo o público mercê da movimentação constante, das alternativas do enredo, do jogo das peripécias. Escritas com facilidade, não conseguem ir além disso: as lágrimas, as risadas, as emoções que despertam, são lágrimas, risadas e emoções fáceis, destinadas a nascer num instante e a perecer noutro, sem deixar qualquer resíduo no pensamento ou na sensibilidade do espectador. No teatro, Macedo nunca teve o golpe de sorte ou o acesso de genialidade (embora genialidade fácil) que o levou a imaginar, num dia mais feliz, *A moreninha*.

A parábola descrita por José de Alencar, como dramaturgo, é bem representativa de certo tipo de relação entre os nossos escritores e o teatro. Quando moço, atira-se ao palco com o ímpeto criador que o caracterizava: dos 28 aos 31, escreve sete e faz representar quatro peças. Depois, desilude-se, ficando praticamente nesse entusiasmo de juventude.

O que o seduziu no palco, a princípio, foi a possibilidade, aberta pelo Realismo, de participar na discussão dos problemas sociais do momento. *As asas de um anjo* (título romântico para um drama que não quer ser romântico), por exemplo, inspira-se evidentemente no desejo de dar solução própria às questões humanas levantadas por *A dama das camélias*. A reabilitação da mulher perdida é possível — tal parece ser o sentido do desenlace — mas à custa do sacrifício do amor físico. O casamento será permitido à heroína, não a comunhão carnal. Assim ficarão satisfeitas ambas as exigências morais: a de punir a falta e a de conceder nova oportunidade à criatura arrependida. A peça, entretanto, quanto ao aspecto artístico, falha exatamente onde Dumas filho mais convencia: na pintura de certo meio social, curioso e pitoresco, e na evocação de um amor que fora realmente sentido e vivido. Não há nada mais triste, mais perturbado pela ideia de culpa, do que a vida alegre descrita por Alencar, e nem se compreende por que senhores de moral tão ilibada, de sentimentos tão delicados, insistem em frequentar tais senhoras, ainda que seja para fulminá-las com seus anátemas: "Tu és um desses flagelos, não faças caso da palavra... um desses flagelos que a Providência às vezes lança sobre a humanidade para puni-la dos seus erros. Começaste punindo teus pais...", etc., etc. O intuito moralizante, escolho da peça de tese, obscurece o próprio caráter da protagonista, que nunca se define. Vale notar que todos esses problemas, de ordem moral, psicológica e estética, seriam retomados e resolvidos com mão de mestre por Alencar três ou quatro anos mais tarde, em 1862, num romance admirável — *Lucíola*. A pudicícia da peça, a sua falta de vida, o seu estilo hirto, solene, que se comunica até às personagens, fazendo-as falar através de sermões, contrastam com a naturalidade de tom, a espontaneidade, a ousadia do romance. Começamos a perceber então até que ponto a presença do público pode agir como força inibidora. Nas primeiras páginas de *Lucíola* lê-se: "O pudor vexa em face de um homem; mas a face do papel, testemunha muda e impassível..." — e nestas palavras está com certeza uma das razões do súbito emudecimento do dramaturgo: a face muda e impassível do papel oferece ao escritor outra liberdade, não o submetendo, como acontece no teatro, ao julgamento imediato de pessoas de carne e osso. O próprio Alencar escreveu anos depois: "Já tinham passado as veleidades teatrais que produziram *Verso e reverso*, *Demônio familiar*, *Crédito*, *As asas de um anjo*, *Mãe*, *Expiação*; e já me havia de sobra convencido que a plateia fluminense estava em anacronismo de um século com as ideias do escritor."

A análise de *As asas de um anjo* serve esplendidamente para realçar o vício original da maior parte do chamado teatro realista: o de substituir a psicologia pela moral, o estudo dos seres humanos pela defesa de ideias. O que no romance pode passar, disfarçado e perdido entre os comentários pessoais do autor, no teatro choca, posto na boca de personagens que se tornam sentenciosas em demasia. Não é outro o caso de *Mãe*, drama sobre a questão do negro no Brasil. Um rapaz de vinte e poucos anos, aparentemente branco, estudante de Medicina, vem de uma hora para outra a saber que a escrava que o servira desde pequenino era a sua própria mãe. Qual a sua reação? Corre a abraçá-la, sem a menor hesitação, sem o menor conflito interior: "Não sei me conter!... Quero abraçá-la! Minha Mãe!... Que prazer supremo que eu sinto em pronunciar este nome!... Parece-me que aprendi-o há pouco!..." Mais ainda: fazem o mesmo a sua noiva e o seu futuro sogro. Um final desses, berrante de falsidade psicológica e social no Brasil escravocrata de quase cem anos atrás, torna-se lógico, entretanto, se adotarmos as premissas da peça, o ângulo em que se coloca: os preconceitos são injustos, logo, não existem. Se a realidade é imoral, corrija-se a realidade. A função da arte é estabelecer normas, abandonando o campo desinteressado da arte para invadir outra esfera — "a esfera social", na frase de Machado, que dizia preferir a nova escola ao Romantismo por ser "de mais iniciativa moralizadora e civilizadora". Nesse sentido o Realismo teatral, pelo menos tal como foi entendido entre nós, é o inverso do que viria a ser o Naturalismo: é otimista, espiritualista, comprazendo-se em descrever sentimentos elevados, em reconhecer no homem as melhores qualidades. As personagens de Alencar só respiram pureza, dignidade, idealismo, e os poucos vilões que aparecem, apesar da sua insignificância, são invariavelmente castigados.

Felizmente, o escritor de teatro não era menos versátil que o romancista, indo com igual facilidade da comédia burguesa ao drama histórico. E talvez as suas melhores produções estejam nestes gêneros menos ambiciosos, mais presos às finalidades puramente teatrais. *O demônio familiar,* por exemplo, sem deixar de possuir o seu fundo de pensamento e o seu *raisonneur*, oferece-nos uma visão delicada e exata da vida burguesa, onde o casamento para as moças e a posição social para os rapazes são as grandes preocupações. O factótum, o leva e traz dessa comédia de pequeninas intrigas sentimentais que se fazem e se desfazem durante quatro atos, dessas sucessivas tempestades em copo de água com açúcar, é um moleque, espécie de criado da comédia antiga, de Fígaro desastrado, que, artisticamente, só tem o defeito de ser um pouco fabricado, um pouco consciente demais da sua missão, referindo-se inclusive ao seu ilustre antecessor, ao verdadeiro Fígaro, de Beaumarchais e Rossini.

O jesuíta está para *O demônio familiar* assim como *O guarani,* ou *As minas de prata,* para *Senhora.* É um belo drama histórico, arquitetado e realizado de acordo com todas as regras do gênero. Mantém a tensão de princípio a fim, vai de expectativa em expectativa, de surpresa em surpresa, e entrelaça habilmente, conforme a praxe, vários diferentes interesses: um enredo de amor; uma história de segredos e mistérios; uma causa nobre e patriótica, a independência do Brasil; e uma ideia moral, a relação entre os meios e os fins, tema jesuítico posto de novo em circulação pelas reviravoltas da política moderna. Se a peça talvez pareça irrepresentável é porque perdemos o hábito dessas grandes construções cênicas, no fundo ingênuas, tão do gosto dos nossos avós. Não poderíamos passar adiante sem uma rápida referência à excepcional qualidade do diálogo de Alencar, nos seus melhores momentos, cheio de nervo, de colorido, de musicalidade, forte e eloquente sem se tornar precioso.

O teatro brasileiro parecia estar pronto para receber o Naturalismo: contava com um núcleo relativamente forte de autores dramáticos e passara pela indispensável iniciação realista. Mas esse passo, lógico e natural, nunca chegou a ser dado. O novo movimento de ideias, apesar da imediata influência que exerceu sobre o romance brasileiro, e sobre a poesia, jamais alcançou os nossos palcos. Tivemos discípulos de Zola romancista; não de Zola dramaturgo, e muito menos de Antoine. É que o gosto do pública dera nova guinada, preferindo desta vez importar de Paris, diretamente ou via Portugal, outros gêneros de espetáculo, de natureza bem menos literária: o *vaudeville*, a revista, o café-concerto, a mágica (adaptação nacional da *feérie*) e a opereta. Ao ritmo da música mais saltitante do mundo, acabáramos de fazer a nossa entrada triunfal, como personagem, nos palcos da Europa. "Le brésilien" (ou "le péruvien" ou qualquer coisa semelhante), rico, dedos cobertos de diamantes, gastador, mulherengo, extrovertido, alegríssimo, irremediavelmente simpático e rastaquera, passa a ser uma das figuras inconfundíveis da opereta de Offenbach. Nada mais justo, portanto, a título de intercâmbio, que nós também recebêssemos, de braços abertos, o teatro parisiense em nossa terra. As casas de espetáculo subitamente começam a mudar de aspecto, a se chamar "Varietés", "Alcazar", "Bouffes-Parisiens", "Vaudeville", funcionando não infrequentemente com atores e atrizes franceses, muitos dos quais se radicaram em definitivo no Brasil. Entre os escritores e tradutores locais foi um deus nos acuda, uma corrida para ver quem faria funcionar mais depressa o seu senso paródico e o seu pendor para trocadilho barato. Num abrir e fechar de olhos, *A grã-duquesa de Gerolstein* se transformara em *A baronesa de Gaiapó* e, mais tarde — perdoem-me os leitores — em *A grã-duquesa de Giz-olaré-so-tem*, o *Orfeu nos infernos* virara *Orfeu na roça*, o *Barba-Azul* se abrasileirara em *Barba de milho*. *A bela Helena* se duplicara em *Abel, Helena*. As revistas de maior êxito, anos depois, chamar-se-iam, por exemplo, *O Bilontra*, *Rio Nu* — e foi nessa época que começou a *Inana* (revista de Moreira Sampaio, aproveitando a propaganda feita em torno de uma mulher que se exibia suspensa no ar, sem qualquer espécie de apoio material). O triunfo da gaiatice nacional não se fez, está claro, sem protestos. Em 1873, Machado de Assis, tendo de traçar um quadro da literatura brasileira, assim se referia ao teatro: "Hoje, que o gosto do público tocou o último grau de decadência e perversão, nenhuma esperança teria quem se sentisse com vocação para compor severas obras de arte. Quem lhas receberia, se o que domina é a cantiga burlesca ou obscena, o cancã, a mágica aparatosa, tudo o que fala aos sentidos e aos instintos inferiores?" De nada valeria, entretanto, a indignação dos homens de letras. Ainda uma vez era o palco, a bilheteria, que ditava o rumo dos acontecimentos. Após trinta anos de dramalhão, e dez anos de peças de tese, o povo queria descansar, rir, ver mulheres bonitas, ouvir canções maliciosas e ditos picantes, tudo envolto num enredo cuja principal exigência era não dar trabalho ao cérebro. Quase toda a produção até o fim do século, traduzida ou original, coloca-se fora da literatura, sob o signo da música ligeira. O teatro progredia como empreendimento comercial, gastava dezenas e às vezes centenas de contos numa só encenação, multiplicavam-se as companhias, mas, apesar disso, a época parece pobre quando comparada às anteriores. Os atores mais famosos — Xisto Bahia, Vasques, Brandão — são agora, naturalmente, atores cômicos, trazendo para o palco a verve popular, chula e grosseira, com a sua irreverência, a sua espontaneidade, o seu espírito de improvisação e a sua transbordante riqueza mímica. De um deles, Brandão, "o popularíssimo", escreveu o empresário português Sousa Bastos o seguinte, em palavras que dão uma ideia muito viva do modo de representar da época: "Faz umas coisas extraordinárias mas que ao seu feitio não ficam mal. Enterra o chapéu até as orelhas, deixa cair as calças, deita fora a fralda da camisa, chega a ver-se-lhe a carne, esbugalha os olhos, escancara a boca, ajoelha, dá pernadas, grita, gesticula exageradamente; mas tudo isto que era insuportável noutro, nele faz-nos rir a valer."

Para uma plateia que gostava de rir a valer, que outra coisa senão autores cômicos? Serão eles, principalmente, Joaquim José da França Júnior e Artur Azevedo, um na comédia, outro mais na peça musicada, na opereta ou na revista.

França Júnior* começa refazendo Martins Pena, traçando pequenas cenas cômicas, quase sem enredo, observadas ao vivo. Até as personagens dos dois autores se assemelham: o fazendeirão paulista, sem qualquer refinamento social, desastrado mas sincero, de *O barão da Cutia*, descende visivelmente do paulista de *O diletante*, de Martins Pena. Também o John Read, de *O barão da Cutia*, e o Mr. James, de *Caiu o ministério*, inspiram-se em Gainer, protagonista de *Os dois ou O inglês maquinista*.

Todos os três são velhacos, só pensando em explorar a credibilidade nacional, mediante uma ideia sem pé nem cabeça, feita sob medida para evidenciar o nosso grau de estúpido deslumbramento perante qualquer coisa que venha de fora: o primeiro quer encanar cajuada na cidade do Rio de Janeiro, o segundo, construir um trenzinho para o Corcovado, puxado a cachorros, o terceiro extrair açúcar de ossos de defuntos. Todos falam a mesma língua, cuja gramática se compõe de três regras fundamentais: os pronomes são sempre oblíquos, exceto quando o deveriam ser; os verbos estão sempre no infinito, salvo quando deveriam estar; os substantivos e adjetivos limitam-se a trocar de sexo, sempre que possível. O que dá pouco mais ou menos isto: "mim falar negócia", etc. É claro que se trata de convenções de palco, comuns a vários escritores (a Macedo

---

* Joaquim José da França Júnior (1838-1890). Jornalista e comediógrafo.

Bibliografia

TEATRO: *Amor com amor se paga*. Rep. 1882; *O defeito de família*; *Direito por linhas tortas*. Rep. 1882. *A república modelo*. Rep. 1861; *Meia hora de cinismo*. Rep. 1861; *Ingleses na costa*. Rep. 1864; *Um tipo brasileiro*. Rep. 1882; *Tipos da atualidade*. Rep. 1862; *O beijo de Judas*; *Bendito chapéu*; *Caiu o ministério*. Rep. 1882; *O carnaval no Rio*; *Como se fazia um deputado*. Rep. 1882; *De Petrópolis a Paris*. Rep. 1884; *As doutoras*. Rep. 1889; *Duas pragas familiares*; *Entrei para o clube*; *A lotação dos bondes*; *A maldita parentela*; *Portugueses às direitas*. Rep. 1890; *Os candidatos*. Rep. 1881; *O triunfo às avessas*; *Teatro de França Jr.* 1980.

Consultar

Mota, Artur. "França Júnior, perfil" (*in Revista da Academia Brasileira de Letras*. n. 83). Sacramento Blake, A. V. A. do. *Dicionário bibliográfico brasileiro*. Rio de Janeiro: Tip. Nacional, 1883.

também) e úteis porque já aceitas pelo público: Martins Pena, entretanto, no nosso teatro, foi quem as criou.

As comédias de França Júnior têm, em relação às de seu antecessor, duas desvantagens: surgem trinta anos depois, batendo nas mesmas teclas; e não possuem igual espontaneidade cômica, esse ar de coisa inventada na hora, com absoluta despreocupação, como se um jato irresistível de fantasia guiasse as personagens e os acontecimentos. A sua graça é um pouco fabricada, deixando perceber o ranço do folhetinista, da pessoa espirituosa por profissão. Diga-se, todavia, em defesa do escritor, que ele estava ainda evoluindo quando morreu, aos 52 anos. A sua última comédia, *As doutoras*, é a melhor e a mais original, desenvolvendo de forma sólida, embora convencional, sem surpresas de psicologia ou de forma, um tema bem caro ao momento: o feminismo (a moral da peça é conservadora: no fim as duas heroínas contentam-se em ser boas mães de família, para gáudio, ao que parece, das imutáveis leis da natureza).

Artur Azevedo** nasceu homem de teatro. Aos nove anos escreve e representa, com os irmãos, o seu primeiro drama, aos onze, a sua primeira tragédia, e

---

* Arthur Nabantino Gonçalves de Azevedo (São Luís do Maranhão, 1855-Rio de Janeiro, 1908). Fez carreira regular de amanuense a diretor geral de contabilidade no Ministério da Viação, dedicando-se ao mesmo tempo ao jornalismo e ao teatro. Pertenceu à Academia Brasileira de Letras.

Bibliografia

TEATRO: *Uma véspera de reis*. 1876; *Amor por anexins*. 1879; *A filha de Maria Angu*. 1876; *A casadinha de fresco*. 1876; *Abel Helena*. 1877; *O galo de ouro...*; *Amor ao pelo*. 1877; *A pele do lobo*. 1877; *A joia*. 1879; *A princesa dos cajueiros*. 1880; *Os noivos*. 1880; *O Liberato*. 1881; *A mascote na roça*. 1881; *A flor de lis*. 1882; *Casa de Orates*. 1882, com Aluísio de Azevedo. *O anjo da vingança*. 1882, com Urbano Duarte; *O mandarim*. 1884; *O escravocrata*. 1884, com Urbano Duarte; *Cocota*. 1885, com Moreira Sampaio; *O bilontra*. 1886, com Moreira Sampaio; *A donzela Teodora*, 1886; *A terra das maravilhas*, 1886, com Eduardo Garrido e Ribeiro da Silva; *Mercúrio*. 1887, com Moreira Sampaio; *O carioca*. 1887, com Moreira Sampaio; *A almanjarra*. 1888; *Fritzmac*. 1889, com Aluísio Azevedo; *O triboje*. 1892; *O major*. 1895; *A fantasia*. 1896; *A capital federal*. 1897; *Confidências*. 1898; *O jagunço*. 1897; *O badejo*. 1898; *Gavroche*. 1899; *A viúva Clark*. 1900; *Comeu!* 1902; *A fonte Castália*. 1904; *O dote*. 1907; *O oráculo*. 1907; *Entre a missa e o almoço*. 1907; *Vagabundo*. 1907; *Vida e morte*. 1932. E numerosas traduções do francês, de autores clássicos e modernos. CONTOS: *Contos possíveis*. 1889; *Contos fora da moda*. 1894; *Contos efêmeros*. 1897; *Contos cariocas*. 1928; *Vida alheia*. s. d.

Consultar

Autores e livros. Rio de Janeiro. 1941. v. 1, n. 10; Magalhães Júnior, R. *Artur Azevedo e sua época*. Rio de Janeiro, 1953; Redondo, G. *Artur Azevedo*, conferência. São Paulo, Soc. de Cultura Artística, 1914, pp. 97-148. Saidl, R. *Artur Azevedo*, ensaio biobibliográfico. Academia Brasileira de Letras, 1937.

aos quinze, uma pequena peça de um ato, com duas personagens apenas, *Amor por anexins*, que corre imediatamente o Brasil inteiro. Aos vinte anos, acompanhando a voga, adapta aos costumes brasileiros uma opereta, *La fille de Mme. Angot*, de Lecocq, sob o título de *A filha de Maria Angu*. O seu destino está traçado. A peça agrada tanto que, meses depois, o próprio autor pode dar-se ao luxo de pedir, coberto prudente e maliciosamente por um pseudônimo, que substituam "a exaurida e já de si tão gasta Maria Angu, coisa burlesca, lírica e típica, que há perto de um ano atravessa imperturbável por entre o público que topa tudo". A frase de espírito é também, sem o saber, uma sentença condenatória: o público de Maria Angu, o público que topa tudo, eis o público a que o jovem escritor se verá ligado até o último dia de sua vida, preso pela fatalidade do êxito. Durante mais de trinta anos a sua figura gorducha e bonacheirona irá encarnar, aos olhos da nação, a própria imagem do teatro ligeiro, que ele retrata de forma admirável, tanto nos defeitos como nas qualidades. A simples reunião dos subtítulos de suas peças já constitui uma espécie de catálogo precioso e pitoresco de todos os gêneros característicos. De 1875 a 1908, escreve ou traduz óperas cômicas, *vaudevilles*, dramas, entreatos, revistas, operetas, comédias, dramas fantásticos, paródias, óperas burlescas, revistas cômico-fantásticas, cenas cômicas, pachouchadas, burletas e fantasias.

Artur Azevedo não sofreu a tirania do público sem se julgar, às vezes, nos raros momentos em que fraquejava o seu natural otimismo, mais uma vítima do que um triunfador, chegando a escrever em defesa própria: "Em resumo: todas as vezes que tentei fazer teatro sério, em paga só recebi censuras, apodos, injustiças e tudo isso a seco; ao passo que, enveredando pela bambochata, não me faltaram nunca elogios, festas, aplausos e proventos." Mas, na verdade, o gosto da época antes o favoreceu do que o prejudicou: se ele quisesse fazer outra coisa, diferente e melhor, não o conseguiria, porque o seu talento possuía muitas das virtudes secundárias — a facilidade, a naturalidade — e nenhuma das virtudes essenciais do grande escritor. Era desses que só sabem improvisar, cujo primeiro impulso é excelente mas insuscetível de melhoria. Quer lhe dessem vinte dias ou seis meses para desenvolver uma ideia, o resultado seria provavelmente o mesmo. Daí só ter deixado obras menores também nos outros gêneros literários, onde não estava sujeito a ninguém: os seus melhores contos são os mais simples e a parte mais viva de sua poesia a menos ambiciosa, isto é, a humorística, a quadrinha improvisada no momento sobre uma mesa de redação. Faltava-lhe, sobretudo, fôlego: nunca o imaginamos escrevendo um romance ou um poema. Daí também não haver progresso, evolução, na sua carreira: as primeiras peças, as primeiras traduções, equivalem às últimas. Ele começou e terminou com algo de juvenil, de escritor que promete muito pela espontaneidade de inspiração. As suas peças sérias, essa é a verdade, têm muito menos valor artístico que a produção julgada desimportante, onde a sua verve podia expandir-se livremente, sem sentir a obrigação de ser artístico, de trabalhar para a posteridade. Comédias como *O dote* ou *O badejo*, dramas como *O escravocrata*, ferem-nos a atenção por serem pobres, esquemáticos. Não se aprofundam, seja como teatro, seja como conteúdo humano, limitando-se a desenvolver escolarmente cada personagem e cada situação, nem um palmo a mais, nem um palmo a menos do que o necessário para realizar a concepção inicial, deixando à mostra o planejamento, os andaimes da construção.

Artur Azevedo não tinha, de resto, nada de próprio ou especial a dizer, ganhando muito quando sustentado por material alheio. Por isso primava nas traduções, não se escravizando ao original, pondo à larga a sua excepcional habilidade, principalmente de poeta cômico. Nesta função tudo parecia estimular a sua fantasia, verbal por natureza. A ideia alargava-se ou retraía-se de maneira a caber exatamente no verso. A rima inesperada, excêntrica, irregular, burlesca, surgia por si mesma. Letras (há versos seus rimados com a letra C, com a letra R, com dois us), nomes próprios, alguns fáceis, outros difíceis, como Dunshee de Abranches, De Bardannes, De Thauzette, tudo lhe servia de rima, tudo era matéria com que ele jogava sem nenhum esforço.

Como escritor de teatro, a sua virtude mais evidente é a comunicabilidade, o dom de transmitir, de se fazer entender pelo público, embora sempre num plano mais ou menos terra a terra. O seu humorismo pouco requintado mas autêntico, a sua genuína falta de pretensão, o seu bom senso burguês, o seu à-vontade permanente, deixavam a plateia igualmente à vontade, encantada por se ver tratada com tanta sem-cerimônia por esse escritor que, em qualquer circunstância, não tinha outro tom a não ser o familiar, o caseiro. A consequência é que nenhum outro autor nacional, no teatro ou na poesia, no conto ou no jornalismo, possuiu igual público, tão amigo e fiel.

A sua obra-prima, significativamente, é uma opereta, ou melhor, uma movimentadíssima comédia *à couplets* — *A capital federal*, encenada em 1897. Nela encontramos, condensado e resumido, todo o teatro da época. Como personagens, o fazendeirão simplório, deslumbrado com a cidade, presente nos palcos desde Martins Pena; a mocinha ingênua; o filho de família, disfarçado, no momento, de poeta decadentista: a *cocotte* espanhola (os tempos haviam passado: as antigas cortesãs agora eram *cocottes* mesmo, descendo do drama à comédia, de Dumas Filho a Feydeau); a mulata pernóstica e metediça, versão feminina dos inúmeros moleques anteriores. Como fundo, as diversões e as novidades de uma grande capital: o velódromo, o hotel internacional, a vida alegre. E como forma, o *vaudeville* francês casado à farsa brasileira. Nenhum dos elementos da peça é talvez original, mas o que ela consegue admiravelmente é reuni-los num todo único e coeso, de vibrante teatralidade. *A capital federal* é o fecho de um período de nosso teatro — o fecho do século XIX.

Ainda de outro ponto de vista o fim de século é um ápice: em breve o teatro, minado pela concorrência do cinema, do gramofone, do rádio, do esporte, irá perder sua importância como centro da vida social do país, lugar onde as mulheres se exibiam, os homens tramavam negócios ou discutiam política, e onde a opinião pública, nos intervalos ou terminado o espetáculo, tinha ensejo de se manifestar livremente, transformando os camarotes e frisas em outras tantas tribunas populares, como na campanha abolicionista. A mania da ópera italiana, tão característica da segunda metade do século XIX, as vagas de entusiasmo delirante, suscitadas por cantoras como a Borghi-Mammo ou atrizes como Sarah Bernhardt, serão logo coisa do passado, relíquias de uma sociedade que via no teatro quase o seu único divertimento coletivo e de uma época em que a dificuldade de comunicações valorizava ao máximo cada acontecimento, fazendo-o vibrar e repercutir demoradamente na imaginação e na memória das cidades.

Antes de prosseguirmos caminho, entre um século e outro, poderíamos colocar os nomes de Joaquim Maria Machado de Assis e Roberto Gomes (1882-1922), dois escritores diferentes em tudo, exceto num ponto: são escritores isolados, sem mestres nem discípulos na literatura dramática brasileira, não figurando nem influindo na linha evolutiva do nosso teatro.

As primeiras peças de Machado de Assis seguem o modelo dos provérbios franceses. A observação é de Quintino Bocaiúva, em prefácio, como é dele também este juízo que para o tempo parecia definitivo: "As tuas comédias são para serem lidas e não representadas." Uma e outra coisa lembram o teatro de Musset, o teatro para ser apreciado numa poltrona — *"le spectacle dans un fauteuil"*. Mas acontece que as peças supostamente não representáveis de Musset são, hoje em dia, as únicas representadas de todo o repertório romântico. O mesmo teria acontecido a Machado de Assis? Em parte, sem dúvida. As suas duas primeiras comédias, *O caminho da porta* e *O protocolo*, apesar de pouco significativas, surgem como verdadeiros milagres de finura e simplicidade quando comparadas à turgidez declamatória então em moda. Custa crer que sejam contemporâneas de certas peças de Macedo, de *Luxo e vaidade* e *Lusbela*. Não representam ainda o melhor Machado mas já revelam a sua inteligência, a sua graça subjacente, o seu gosto característico pela parábola ("a parábola é a razão do evangelho, e o evangelho é o livro que mais tem convencido"), pela metáfora semipoética, semiprosaica, feita não inteiramente a sério, parece que se arrependendo a meio do impulso lírico tomado. Além disso, a heroína de uma delas é uma Penélope não da virtude mas do galanteio ("Olha, há Penélopes da virtude e Penélopes do galanteio") — como iríamos ver tantas outras mais tarde. Isto se passava em 1862, e o nosso autor tinha 23 anos, era fanático do teatro e não hesitava em confiar ao público, candidamente, os seus planos para o futuro: "Caminhar destes simples grupos de cenas à comédia de maior alcance, onde o estudo dos caracteres seja consciencioso e acurado, onde a observação da sociedade se case ao conhecimento prático das condições do gênero — eis uma ambição própria do ânimo juvenil e que eu tenho a imodéstia de confessar." A involuntária ironia de tais palavras é que esta foi a única ambição literária do autor a ficar sem realização. Não se afirma que o seu teatro restante seja de qualidade inferior. Ao contrário, uma peça como *Lição de botânica*, por exemplo, é uma pequena obra-prima de humor romântico, de ironia e delicadeza sentimental. Mas, apesar disso, vai uma distância enorme entre o nível dos seus melhores contos e romances e o destas comédias, de âmbito propositadamente limitado, quase gratuitas e inócuas dentro da sua graciosidade, como que respirando a atmosfera algo confinada e preciosa dos salões literários, onde qualquer ousadia de pensamento seria inconveniente, e das festinhas de sociedade para as quais foram imaginadas e escritas. No teatro, Machado nunca ultrapassou a fase de escritor para público feminino, por onde se iniciou em todos os gêneros. Mais ainda: nem sequer tentou qualquer coisa mais alta. Por quê? De quem a culpa? Da época, para começar. Se as suas comédias pareciam irrepresentáveis é que o público e os atores não estavam preparados para recebê-las. Não haverá, todavia, outra razão mais profunda? Talvez. O teatro, arte objetiva, mostra as pessoas por fora, em função da realidade exterior. Não pode fazer como Quincas Borba: "Tinha outro ar agora; os olhos metidos para dentro viam pensar o cérebro." Nada de comum, talvez, entre os dois universos, o primeiro repleto de palavras e ações, o segundo habitado pelas fantasias de Rubião ou pelas suspeitas de Bentinho. De um lado, o diálogo, as coisas que se dizem, ao menos indiretamente; de outro, o monólogo surdo e abafado, as coisas que não dizemos nem a nós mesmos, todo um mundo de sentimentos equívocos e sensações vagas, suspenso por um fio entre a existência e o nada: "Sabeis que pensamentos tais não se formulam como outros; nascem das entranhas do caráter e ficam na penumbra da consciência." É pouco provável que jamais a voz interior, a conversa das diferentes personalidades que coexistem em nós, o "cochicho do nada", o apelo da loucura, pudessem ser transmitidos, sem distorção, por essa imensa caixa de ressonância, por esse instrumento poderoso e, no fundo, pouco sensível, que é o palco.

    Roberto Gomes é quase um escritor francês — pela formação, pelos temas, pela técnica, pelo estilo. Não que escreva mal o português. Mas sempre deixa trair, por um tique de linguagem, por uma expressão traduzida quase ao pé da letra, a pessoa que está pensando e sobretudo sentindo em outra língua. Aliás, não poderia ser diferente, porque as suas próprias personagens já são, por assim dizer, traduzidas. Há nelas, na sua riqueza afetiva, na facilidade e elegância com que falam, no requinte com que se examinam, ecos de uma sociedade polida por séculos e séculos de arte e literatura. Soam um pouco falsos, em português, no Brasil, esses amantes, esses maridos e mulheres, prontos a se abrirem em confidências carinhosas, tratando-se mutuamente de "meu bom amigo" e "minha pobre amiga". A grande preocupação de todos é naturalmente o amor, concebido à maneira da dramaturgia francesa do começo do século, como uma paixão fulminante e devastadora, cultivada e alimentada pelo gosto das situações anômalas. Em suas peças há sempre qualquer coisa equívoca, uma diferença de idade, uma vergonhosa sujeição carnal, encaminhando o desenlace num sentido trágico. Os sentimentos abafados, reprimidos, libertam-se às vezes em explosões violentas, podendo chegar até ao suicídio. Isso quanto ao primeiro plano. Quanto ao segundo, um fundo permanente de pessimismo, assaz inesperado num teatro como o nosso, uma nota de desencanto, refletida pela passagem melancólica dos anos, pela sensação de vazio e de solidão, pela precariedade do amor.

De dramaturgos como Bataille e Bernstein, recebeu Roberto Gomes defeitos e virtudes. Entre os defeitos, uma inclinação para a grandiloquência sentimental, para as tiradas falsamente literárias, para um exacerbamento malsão da sensibilidade, ao mesmo tempo desfibrado e baixamente sensacionalista. Não há pudor, não há simplicidade, não há estofo moral e humano, nessas criaturas que exibem o seu amor, como uma chaga inconfessável e incurável, ou o encobrem, tecendo considerações lânguidas sobre a vida, acompanhadas, ao longe, por uma melodia triste, enquanto no jardim soluça um repuxo e as árvores se desfolham. *Berenice* é um exemplo da pior maneira do autor, a mais fora da moda, a que mais contrasta com o estilo brutal, seco, sarcástico, duro, dos autores pelos quais se afina a sensibilidade teatral moderna.

Entre as virtudes, um conhecimento, tanto do teatro como da criatura humana, sem paralelo entre nós. Este autor-crítico sabe preparar os efeitos, acelerar ou retardar o ritmo da ação, desenvolver uma cena, cruzar várias conversas num só ambiente. Além disso, é o único psicólogo de toda a história do nosso teatro, o único a não reduzir o indivíduo a meras categorias ou a simples arquétipos psicológicos. *Canto sem palavra* pertence à sua melhor veia: é um drama fino, sincero, na linha crepuscular de certa literatura de começo do século, ligeiramente narcísico no seu culto do "eu", ligeiramente mórbido no seu culto do sofrimento (quinze anos mais tarde o suicídio do escritor viria provar que nem tudo era atitude literária no seu pessimismo).

A falha fundamental de Roberto Gomes, porém, é o ter sido apenas o segundo em Roma. Entre os nossos escritores de teatro, tão simples e, num certo sentido, tão primários artisticamente, este sutil faz um pouco figura de civilizado entre primitivos. Mas a sua preeminência, a sua originalidade, tudo o que há nele de inconfundível, declina, desaparece, quando integramos a sua obra nas correntes artísticas e no país de onde proveio. Embora inteligente, embora culto, embora sensível, embora cheio das melhores qualidades, passou pelo nosso teatro como um estranho, sem marcá-lo, deixando-o exatamente no mesmo pé em que o encontrou.

A onda de teatro musicado, ao se retirar, depois de tocada a última valsa da última ópera vienense, deixou o nosso teatro dramático mais pobre e vazio do que nunca, sem público, sem autores, e até sem atores de drama ou comédia. Cortadas as amarras com a vanguarda literária da Europa, estabelecidas mal e mal pelo Realismo, permanecemos à margem de toda a revolução estética de fins do século XIX e princípios deste. Stanislawski, Gordon Graig, Copeau, são influências que não chegaram nem sequer a atravessar o oceano. Mais uma vez tivemos de recomeçar do início, por onde o nosso teatro sempre recomeça: pela comediazinha de costumes, de âmbito puramente local, a exemplo de Martins Pena.

Peças de grande êxito, como *Quebranto*, de Coelho Neto e *Flores de sombra*, de Cláudio de Souza,* *A bela Madame Vargas*, de João do Rio, já preparam o terreno. Mas o movimento só se estende, só se organiza de fato, por volta de 1920, quando as condições materiais o permitem, isto é, quando o sentimento nativista e as dificuldades de transporte, criadas pela Grande Guerra, propiciam a formação de companhias nacionais, libertas finalmente da tutela portuguesa. O nosso teatro torna a conhecer então um período de grande florescimento, reconquistando o prestígio perante o público. Entre muitos outros, três atores emergem, representando três gerações diferentes: Apolônia Pinto, Leopoldo Fróes e Procópio Ferreira.

Apesar de versáteis, cada um tem a sua especialidade: a avó cuja rabujice esconde tesouros de ternura; o estroina de coração de ouro; e o vadio irresistivelmente simpático e sem-vergonha, tão esperto em se safar quanto bobo em se meter em constantes enrascadas. À volta deles, valendo-se do seu prestígio e inclusive da facilidade com que improvisam, acrescentando ao texto com a maior liberdade, renasce a nossa comédia, inocente de tudo o que se passa no resto do mundo, mal-informada sobre a evolução dos outros gêneros literários, tal qual sempre fora, doméstica, ingênua, afável, pitoresca, despretensiosa, superficial, mais urbana do que rural e ainda mais suburbana do que urbana. A ideia, quase única, é o nacionalismo, expresso por duas personagens prediletas: a do estrangeiro bobo, que usa monóculo e se exprime através de três ou quatro frases,

---

* Cláudio de Sousa (São Roque, São Paulo, 1876-Rio de Janeiro, 1954). Médico, professor, ficcionista e sobretudo dramaturgo.

Bibliografia

TEATRO: *Mata-a ou ela te matará*. 1896; *Eu arranjo tudo*. 1915; *Flores de sombra*, 1916; *A renúncia*. 1917; *O assustado das Pedrosas*. 1917; *Um homem que dá azar*. 1918; *Outono e primavera*. 1918; *A jangada* 1920; *As sensitivas*. 1920; *O turbilhão* 1921; *O milhafre*. 1921; *O exemplo de papai*. 1921; *Os bonecos articulados*. 1921; *Uma tarde de maio*. 1921; *Ave Maria*. 1921; *O conto do mineiro*. 1923; *A escola da mentira*. 1923; *A matilha*. 1924; *A arte de seduzir*. 1927; *Os mestres de amor*. 1928; *Os arranha-céus*. 1929; *Rosas da Espanha*. 1933; *O grande cirurgião*. 1933; *Mariúza*. 1933; *Fascinação*. 1936.'

Consultar

Recepção de Cláudio de Sousa (*in Discursos acadêmicos*, 1924-1927, Rio de Janeiro: Civ. Bras., 1936, v. 6).

sempre as mesmas; ou com mais frequência, a do brasileiro viajado e cínico, morrendo de tédio na pasmaceira nacional, suspirando por Paris, e que no fim se casa com uma moça da terra, talvez não requintada como as francesas, porém simples, boa e pura. Um segundo tema é uma variante e um aprofundamento do primeiro: o sertão é preferível à cidade porque é mais brasileiro. Lá os homens não mentem, as mulheres não enganam, os corpos são mais fortes, as almas mais sadias, a alimentação melhor. (Nada de subnutrição, de seca, de doença, de palavrões, misérias impatrióticas que o romance nordestino teria a impertinência de revelar logo a seguir.) Este esquema é desenvolvido indiretamente, por intermédio de uma pessoa ou de uma família do interior, de preferência do Amazonas ou do Nordeste (Minas e São Paulo já não servem mais), que quase se perdem nos vícios da cidade grande, recuperando-se a tempo de reconhecer o erro e voltar ao sertão benfazejo, de onde nunca deveriam ter saído. Um terceiro tipo de conflito surge de vez em quando: a oposição entre as classes médias, apenas remediadas, e os ricos, simbolizados na figura detestável do milionário, dado a grandezas, a títulos nobiliárquicos, a ter mordomos, a falar francês ou inglês, a fumar charuto e a usar flor na lapela e colete trespassado.

A nota predominante de tais comédias será talvez a nostalgia de uma simplicidade que já se vai perdendo, visível em tantos nomes deliberadamente evocativos — *Onde canta o sabiá*, *Nossa gente*, *Manhãs de sol*, *A juriti*, *Terra natal*. Em face de um Brasil em crescimento, significam o adeus a um tipo de existência em que a pequena burguesia ainda podia dar-se ao luxo de viver relativamente bem. Uma salinha de visitas, um par de mocinhas casadoiras, o pai farrista, a mãe burro de carga, a avó bondosa, a sogra execrável, o rapaz que se regenera, os amigos funcionários públicos, o agregado petulante, a criadinha sapeca — eis as personagens desse mundo medíocre e simpático, onde a pequenez parece a chave da virtude e da felicidade. Todos estes motivos já se encontravam, sem dúvida, em Martins Pena, em França Júnior, em Macedo, em Artur Azevedo; porém não orquestrados com a mesma amplitude e veemência.

Do ponto de vista teatral, escritores como Gastão Tojeiro, Armando Gonzaga, Viriato Correia, Oduvaldo Viana caracterizam-se por serem homens da profissão, pessoas cuja atividade literária, via de regra, principia e termina no palco. Não é o valor artístico que os singulariza, mas a carpintaria, o conhecimento das regras de construção, a técnica de fazer entrar e sair personagens de maneira a manter o público desperto, o senso do jogo de cena, do que pode render tal ou tal frase na boca de um ator competente — e assim por diante. Lidas, as suas peças perdem a razão de ser, revelando-se pelos ângulos menos favoráveis: convencionais como enredo, banais como psicologia, vulgares como comicidade. Representadas, teriam, evidentemente, outra vida, outro sabor. Apesar de tantas limitações, são obras de teatro — esse é o maior elogio que se lhes pode fazer. Quanto ao estilo têm o mérito, não pequeno, de procurar uma língua de palco especificamente brasileira, expressiva sem deixar de ser familiar. Usa-se, por exemplo, a gíria, e começa-se a substituir o "tu" português pelo "você" nacional.

A partir de 1930 a comédia de costumes entra em crise, procurando renovar-se ocasionalmente através de uma técnica simultaneísta de inspiração e pretensão já cinematográficas: cenas curtas, ações múltiplas e entrecruzadas, palco subdividido em vários locais (*Amor*, de Oduvaldo Viana). Ou então voltam à cena, em montagens cuidadas e faustosas, se nem sempre do mais apurado gosto, os dramas históricos (*A Marquesa de Santos*, de Viriato Correia, com Dulcina e Odilon Azevedo; *Carlota Joaquina*, de Raimundo Magalhães Júnior, tendo Jaime Costa no papel de D. João VI) e as peças de fundo histórico mas com personagens e enredos fictícios. *Iaiá boneca* (interpretada por Eva Todor) e *Sinhá moça chorou* (Dulcina e Odilon), ambas de Ernani Fornari, impressionam o público por seu romantismo temporão, enxergando o passado nacional por um prisma ao mesmo tempo róseo e melodramático, piegas (veja-se a dengosidade feminina dos títulos) e fortemente teatral. Referem-se a um tipo de sensibilidade que vem do folhetim e do romance para mocinhas do século passado e que se dirige sem o saber para a atual telenovela. Dentro desses limites, não deixam de ser dramas habilmente confeccionados.

De toda esta fase, duas peças se destacam, por sua importância histórica. Uma, *Deus lhe pague*, de Joraci Camargo, por ter ampliado de alguma forma o alcance da comédia brasileira, trazendo até nossos palcos um reflexo, ainda que longínquo, das preocupações políticas nascidas da revolução russa e da crise econômica mundial. A outra, *Vestido de noiva*, de Nelson Rodrigues, pela soma de inovações que enfeixou: inovações de fundo, pela revelação da psicologia pós-freudiana e pela importância dada à sexualidade, tema central de nossa época; inovações de forma, pelo uso de técnicas expressionistas, tais como focalização e desfocalização da imagem, aceleração ou retardamento do ritmo. Com a primeira, bem ou mal, olhamos para o mundo contemporâneo. Com a segunda, acolhemos as correntes estéticas que se vinham manifestando na Europa desde o começo do século.

Era o espírito da Semana de Arte Moderna chegando ao teatro com vinte anos de atraso. Entre os próprios modernistas da primeira hora já se poderia observar uma sufocada inclinação dramática, evidenciada nas numerosas crônicas dedicadas ao assunto por Antônio de Alcântara Machado, nas óperas destinadas a permanecer praticamente inéditas de Mário de Andrade, e, sobretudo, nas peças publicadas em livro, na falta de quem se dispusesse a montá-las, por Oswald de Andrade. *O homem e o cavalo* e *A morta* ainda continuam virgens para o palco. *O rei da vela* somente em 1967 enfrentou a prova decisiva da encenação, demonstrando que 30 anos não foram suficientes para amortecer o seu altíssimo teor explosivo, tornado ainda mais atual, em seu agressivo vanguardismo político e estético, pelas últimas experiências da dramaturgia moderna. Mas todas essas vocações dramáticas modernistas frustraram-se na medida em que nem o público nem o teatro estavam aparelhados para acolhê-las, não obstante as bem-intencionadas mas tecnicamente algo limitadas tentativas de renovação cênica empreendidas em fins da década de 20 e inícios da década de 30 por escritores como Álvaro Moreira ou homens de teatro como Renato Viana.

Tal tarefa caberia à década de 40, seja porque o país tivesse crescido econômica e culturalmente, seja porque a Segunda Grande Guerra houvesse forçado a migração para o Brasil de quase uma dezena de jovens encenadores europeus. O primeiro a chegar foi o polonês Zbigniew Ziembinski, revelando-nos, em alguns poucos anos de vertiginosas surpresas, o Simbolismo e o Expressionismo; os cenários sintéticos, não realistas; a importância do som e da luz; as marcações emprestadas à dança e à mímica; a estilização nos gestos e nos movimentos; o teatro teatral, à maneira russa ou alemã, e o teatro integralmente naturalista, que nunca chegáramos a ter. Revelando-nos, antes e acima de tudo, a própria ideia de direção, essa ideia, de consequências fecundíssimas, de que o espetáculo deve possuir uma unidade total, capaz de fundir, numa só e mesma visão artística, texto, cenários e intérpretes.

Começava o teatro moderno no Brasil. O problema agora era alcançar a Europa em alguns saltos de gigante, refazendo excitada, desordenadamente, em quatro ou cinco anos, quatro ou cinco décadas de experiência estética estrangeira. Função desempenhada com grande brilho pelos encenadores italianos (Adolfo Celi, Luciano Salce, Ruggero Jacobbi, Flaminio Bollini) que vieram logo a seguir, alguns dos quais permaneceram em definitivo entre nós, a exemplo de Gianni Ratto e dos cenógrafos Aldo Calvo e Túlio Costa.

A bandeira da renovação foi desfraldada de início pelos amadores, pelo Teatro do Estudante, de Pascoal Carlos Magno, e Os Comediantes, de Santa Rosa, no Rio de Janeiro; por Alfredo Mesquita, em São Paulo, através do Grupo de Teatro Experimental, semente de onde brotaria a Escola de Arte Dramática, considerada com justiça a melhor do país; e pelo Teatro dos Amadores de Pernambuco, de Valdemar de Oliveira, em Recife. Mas a vitória teria sido mais longa e penosa sem o apoio e a chefia de alguns artistas profissionais de grande prestígio, como Dulcina de Morais e Henriette Morineau, que durante vários anos souberam conciliar com habilidade o teatro comercial e o teatro de arte. Pode-se dizer que essa fase heroica culminou em 1947 com a fundação em São Paulo, pelo industrial Franco Zampari, do Teatro Brasileiro de Comédia, forja por onde passaram, em alguma fase de suas carreiras, quase todos os chefes de fila da nova geração: Cacilda Becker e Maria Della Costa, Tônia Carrero e Fernanda Montenegro, Sérgio Cardoso e Paulo Autran, Jardel Filho e Walmor Chagas.

O teatro brasileiro estava finalmente em dia com a Europa, mas à custa, forçoso é confessar, de uma certa perda do caráter nacional. Os originais nossos tornaram-se raros, os encenadores e cenógrafos locais não se sentiam prestigiados pelas empresas e pelo público. O próprio modo de representar procurava às vezes adequar-se a modelos franceses, norte-americanos ou ingleses (conhecidos diretamente ou por intermédio do cinema).

A reação nacionalista não tardou a manifestar-se, coincidindo, de resto, com as tendências políticas do momento. A dramaturgia iria descrever em 1950-60 trajetória muito semelhante à do romance nordestino de 1930-40: o mesmo interesse pelos temas e personagens populares, a mesma inclinação para a esquerda, a mesma emocionante descoberta de um Brasil pobre, feio, infeliz, mas fecundo de pitoresco social e de virtualidades revolucionárias, o mesmo esquematismo quanto às proposições e posições políticas.

A esse movimento nacionalista devemos filiar o Teatro de Arena, de São Paulo, propagador incansável do novo evangelho (Marx é grande, Brecht é o seu profeta), e também, possivelmente, o Tablado, do Rio de Janeiro, e o Teatro do Estudante de Pernambuco, de Hermilo Borba Filho, estes dois últimos menos por preocupações doutrinárias do que por terem dado efetivamente oportunidade às vocações nacionais. Surge, assim, um pouco por toda parte, uma vigorosa geração de encenadores — João Bethencourt, José Renato, Augusto Boal, Antunes Filho, Geraldo Queiroz, Martim Gonçalves, Cláudio Correia e Castro, Flávio Rangel, José Celso Martinez Corrêa, Ivan de Albuquerque, Antônio Abujamra, Ademar Guerra — que parece representar a parte mais viva e atuante do teatro brasileiro contemporâneo.

Poderíamos talvez, para efeito de clareza expositiva, distribuir os nossos dramaturgos mais recentes pelas cidades de origem. Teríamos, então, forçando um pouco os termos, três escolas, correspondentes aos três maiores centros teatrais do país: Recife, São Paulo e Rio de Janeiro.

O teatro pernambucano mantém-se sempre muito próximo de suas raízes populares, inspirando-se não poucas vezes nos romances de cordel, nos espetáculos de feira, formas primitivas de arte de que é muito rico o Nordeste. Ariano Suassuna é o único destes escritores, que poderíamos chamar de deliberadamente regionalistas, a transcender por completo o regional, como é também o único cuja obra já alcançou ampla repercussão em todo o país. *O auto da compadecida*, peça que o celebrizou da noite para o dia, constitui uma síntese do seu teatro, mesclando, à maneira de Gil Vicente, irreverência social e genuína fé religiosa. Trata-se de uma farsa que é igualmente uma reflexão sobre as relações entre Deus e os homens: um Milagre de Nossa Senhora, como os medievais, apresentado sob a forma de uma pantomima de circo. Até o seu catolicismo é popular, favorecendo os humildes contra os ricos, menos por influência política do que por uma profunda simpatia cristã pelos fracos e desprotegidos. Bem-aventurados os pobres (e não apenas os de espírito) porque deles será o Reino dos Céus — eis o seu modo peculiar de interpretar a justiça e a misericórdia divina. Quanto ao estilo, é o de um teatro não realista, procurando exprimir, em linguagem supostamente ingênua, caricatural, os arquétipos sociais da coletividade.

A dramaturgia paulista, de acordo com a índole da cidade, já é mais preocupada com questões econômicas ou políticas. Abílio Pereira de Almeida abriu o caminho, com as suas peças toscas, pouco literárias, mas atentas às transformações de uma sociedade em marcha para o capitalismo industrial, traçando um retrato no fundo pessimista e amargo da Grande São Paulo.

Nesta mesma direção social, mas com outro alcance e outra variedade de recursos, inscreve-se o teatro de Jorge Andrade, certamente o mais amplo como conteúdo e o mais diversificado como técnica que possuímos, abrangendo num vasto painel o passado mítico (*Pedreira das almas*) e o presente (*Os ossos do barão*), a cidade (*A escada*) e o campo (*A moratória*), gente rica (*Rastro atrás*) e gente pobre (*Vereda da salvação*). A medida comum a todas estas peças, a tantas e tão diversas personagens, será porventura o desajuste em relação à realidade, que pode ir desde um mórbido apego ao passado, um fundo saudosismo social (de que o autor nem sempre se mostra imune), por parte dos antigos donos da terra em vias de perdê-la, até o messianismo religioso, a histeria coletiva, como solução de fuga à miséria, por parte dos marginalizados pela ordem econômica. Jorge Andrade confessa as influências formais que recebeu — Ibsen, Tchecov, Arthur Miller — mas nem por isso a matéria dramática com que lida deixa de ser unicamente sua, observada ou vivida de primeira mão.

Gianfrancesco Guarnieri e Augusto Boal vão bem mais longe no terreno das reivindicações revolucionárias: rejeitam sumariamente tanto a estrutura capitalista, em nome do marxismo, como o realismo burguês, em nome das experiências de teatro político de um Piscator e de um Brecht. Guarnieri partiu da peça naturalista de fundo social (*Eles não usam black-tie*) e Boal da farsa épica (*Revolução na América do Sul*), para em seguida trabalharem, em conjunto, uma nova fórmula de dramaturgia, já experimentada em *Arena conta Zumbi* e *Arena conta Tiradentes*, que permitisse conjugar satisfatoriamente os interesses artísticos com os ideológicos. Buscar, em suma, uma nova linguagem de palco, amparada no apelo popular da música, suficientemente flexível para abraçar a um só tempo o documento histórico e o comentário moderno bordado à sua volta — alguma coisa, quanto aos objetivos, entre o teatro documentário e o teatro épico, mas com soluções técnicas próprias e originais.

Ainda na dramaturgia paulista poderíamos talvez colocar Dias Gomes, embora haja nascido na Bahia e more no Rio de Janeiro. Mas foi em São Paulo, significativamente, dentro desse contexto de teatro político, que foi encenada a sua peça mais famosa, *O pagador de promessas*, dando início à segunda fase de sua carreira, a única que merece registro crítico.

Completamos o circuito e voltamos ao Rio de Janeiro, o berço da gíria e das anedotas políticas de âmbito nacional, a cidade dos humoristas mais sutis e dos cronistas mais leves e fantasiosos. Não é de admirar que nela continue a florescer, hoje como ontem, a nossa melhor comédia, reatando em termos atuais aquele fio de comicidade que parece ser a única constante do nosso teatro.

Na década de 40 já poderíamos destacar algumas peças espirituosas mas talvez demasiado presas à herança europeia. É assim que Guilherme Figueiredo evocava com malícia carioca a Grécia clássica (*Um deus dormiu lá em casa*), Henrique Pongetti celebrava ironicamente o anarquismo *fin de siècle* (*Amanhã, se não chover*) e Raimundo Magalhães Júnior divertia-se com episódios picantes ocorridos à sombra da Revolução Francesa (*A canção dentro do pão*).

Silveira Sampaio, ao contrário, concentrava-se no Rio de Janeiro: o que o fascinava, como matéria cômica, eram os usos e costumes do *homo copacabanensis*. *A inconveniência de ser esposa*, *Da necessidade de ser polígamo* e *A garçonnière de meu marido* — ou seja, a Trilogia do Herói Grotesco — retratam com agudo senso de ridículo as perplexidades do varão brasileiro em face das últimas reviravoltas da moral sexual burguesa. A linguagem cênica, ajudada pela presença do autor, excelente intérprete das próprias peças, ia do paradoxo ao *nonsense*, introduzindo em nosso teatro um novo tipo de comicidade: o grotesco, a graça do absurdo. Faltava-lhe apenas, para se completar como comediógrafo, um pouco mais de técnica, ou de paciência, para deixar amadurecer até a plenitude os esplêndidos achados de que viviam tanto texto quanto representação.

Millôr Fernandes (*Um elefante no caos*) e João Bethencourt (*Mister Sexo*) prolongam esta linha de humorismo sofisticado, de grande centro urbano, tocado aqui e ali pela tentação surrealista, através da qual a nossa antiga comédia de costumes vai-se transformando aos poucos numa atualíssima farsa de maus costumes.

A tonalidade lúdica, quando não a disponibilidade lírica, participa tão naturalmente da atmosfera literária carioca que acaba por influir inclusive sobre dois outros gêneros teatrais, distintos da comédia sofisticada e opostos entre si: a peça política e a peça infantil. Como exemplos da primeira citaríamos *Pedro Mico*, de Antonio Callado, tratamento aparentemente farsesco do problema terrível das favelas, e *Se correr o bicho pega, se ficar o bicho come*, de Ferreira Gullar e Oduvaldo Viana Filho, saborosa fusão de teatro engajado, pantomima popular nordestina e comicidade pós-surrealista. Como representantes do teatro infantil lembraríamos as peças de Lúcia Benedetti, e, mais ainda, as de Maria Clara Machado, docemente fantásticas, impondo-se a crianças e adultos ao demonstrar, na prática, que senso de humor e senso poético são muitas vezes uma só coisa.

Não escapa de todo a esta filiação nem mesmo o teatro de Nelson Rodrigues, certamente a mais poderosa e específica vocação dramatúrgica do Rio de Janeiro. Saudado como gênio do teatro universal por ocasião da rumorosa estreia de *Vestido de noiva*, a que já nos referimos, e isso por escritores do quilate de Manuel Bandeira, Gilberto Freyre, Tristão de Athayde, persiste ainda hoje, incontestavelmente, a espantar o público e a desconcertar a crítica.

Romancista de escândalo, jornalista que não desprezava o sensacionalismo, tradutor de *best-sellers* americanos mal disfarçadamente pornográficos, teatrólogo em perpétua luta contra a censura, é uma contradição em termos, um autor ao mesmo tempo comercial e maldito, popularíssimo e renegado — em parte Pitigrilli, em parte Jean Genet.

A frase de efeito, em que é mestre, o enredo mórbido, o humor negro, a denúncia (mas não será comprazimento?) de taras inconfessáveis visam tanto a repelir como atrair o espectador, numa ambiguidade que é a própria base do seu sistema dramatúrgico, no qual amor e ódio, desejo e aversão, pureza e impureza, aparecem sempre como termos antinômicos da mesma realidade. O que ele vê, e nos obriga a contemplar, são as coisas que gostaríamos de esquecer, desde o suor, o eczema, o câncer, no plano físico, até, no plano moral, o incesto, suprema proibição e aspiração suprema. A sua escala psicológica vai da neurose, da obsessão de fundo sexual, até a loucura, concebida como reversão ao estado de inocência infantil, libertação lírica. O prazer impuro com que as suas personagens aprofundam o próprio sentimento de culpa, revolvendo e cultivando esse terreno pantanoso que medeia entre o pecado e o remorso, permitem-nos porventura colocá-lo na categoria dos puritanos às avessas, dos que vomitam sem cessar o seu horror infantil pela descoberta da abjeção do ato sexual.

Há em sua obra duas vertentes: a que poderíamos intitular "a vida como ela é" (rubrica da sua célebre seção jornalística), realista, na medida em que ele o consegue ser, descrevendo, em rápidos instantâneos, o Rio de Janeiro suburbano, entrevisto através dos grandes mitos populares alimentados pelo rádio e pela imprensa de escândalo: o futebol, o jogo do bicho, a cartomante, o crime passional. É a paisagem social de *A falecida*, *Boca de ouro*, *Bonitinha mas ordinária*. Chamaríamos a outra vertente, por oposição, "a vida como ela não é": francamente onírica, voltada para os subterrâneos da vida psíquica, para as matrizes obscuras do comportamento humano. Peças como *Anjo negro*, *Senhora dos afogados*, *Álbum de família*, *Doroteia*, desenvolvem-se em atmosfera de pesadelo, chegando mesmo a propor, nos momentos de maior ousadia, uma suprarrealidade, ou realidade mágica, antecipando temas e processos do teatro do absurdo.

Duas peças cariocas devem ainda ser mencionadas: *A raposa e as uvas*, exercício de retórica de Guilherme Figueiredo em torno da palavra liberdade, tendo como pretexto a vida e a obra de Esopo (papel criado por Sérgio Cardoso); e *As mãos de Eurídice*, o primeiro e o mais teatral da longa série de peças de Pedro Bloch, quase todas de intenso agrado popular, e que, na celebrada interpretação de Rodolfo Mayer, percorreu o Brasil inteiro contando a história de um neurótico altamente histriônico. São peças que fizeram época, chegando inclusive a ser traduzidas e representadas com alguma frequência no estrangeiro, não podendo, por esse motivo, permanecer esquecidas, senão pelo crítico, que confessa lealmente o seu pouco entusiasmo por elas, ao menos pelo historiador teatral.

Na mesma ordem de ideias caberia uma rápida referência a alguns artistas, como Oscarito, Dercy Gonçalves, Alda Garrido, que passaram do circo ou do teatro de revistas para a comédia, com enorme êxito de bilheteria, mas sem dar origem, infelizmente, a um repertório cômico à altura de suas excêntricas e nacionalíssimas personalidades.

Ao fecharmos este balanço, correndo os olhos mais uma vez pela história do nosso teatro, a primeira impressão é de melancolia; a última quase de orgulho.

Tivemos no passado, não há dúvida, obras teatrais de algum mérito; mas nada que se possa comparar, nem de longe, em quantidade e qualidade, ao nosso conto, romance e poesia. Eis o que cada época não cessa de proclamar, por intermédio de suas vozes mais representativas. Basta apurar o ouvido para perceber esse coro de lamentações, esse queixume coletivo, erguendo-se monotonamente, geração após geração. No Romantismo, é Álvares de Azevedo: "É uma miséria o estado do nosso teatro: é uma miséria ver que só temos João Caetano e a Ludovina. A representação de uma boa concepção dramática é impossível." Trinta anos mais tarde, José de Alencar: "Se algum dia o historiador da nossa nascente literatura, assinalando a decadência do teatro brasileiro, lembrar-se de atribuí-la aos autores dramáticos, este livro protestará contra a acusação. A representação do *Jesuíta* é a nossa plena justificação. Ela veio provar que o afastamento dos autores dramáticos não é um egoísmo mas um banimento. O charlatanismo expulsou a arte do templo." Ou Machado de Assis: "Se o teatro, como tablado, degenerou entre nós, o teatro como literatura é uma fantasia do espírito. Não se argumente com meia dúzia de tentativas, que constituem apenas uma exceção; o poeta dramático não é ainda aqui um sacerdote, mas um crente do momento que tirou simplesmente o chapéu ao passar pela porta do templo. Orou e foi caminho." No começo do século, Sílvio Romero: "Uma das afirmativas mais constantes da crítica brasileira, infelizmente em grande parte exata, é a de não existência entre nós duma verdadeira literatura dramática." No Modernismo, Antônio de Alcântara Machado: "Diante do teatro universal o brasileiro forma um contraste que põe tristeza na gente. Tão grande ele é. O estudo daquele só cabe num livro bem gordo e pede tempo. O estudo das tendências do nosso é impossível. O teatro brasileiro não tem tendências. Não tem nada. Nem está provado que existe."

Lendo tais palavras, em face de tanto desalento, não conseguimos esconder um sorriso de superioridade, esse leve sorriso complacente que os netos costumam reservar aos pais e aos avós. Não podemos sonhar, é certo, em restituir ao teatro uma posição de predomínio que já foi sua e hoje pertence às artes de comunicação mecânica: rádio, cinema, televisão. Se a presença viva do ator, o entrelaçamento de relações e influências entre palco e plateia constituem as armas mais preciosas do teatro, assegurando-lhe a sobrevivência histórica, limitam-lhe, por outro lado, o raio de ação, tornando-o uma arte cara, produzida em escala artesanal e não industrial. O teatro tende, no mundo moderno, a transformar-se num produto de luxo, apreciado por uma elite relativamente pequena — e é nesse sentido que se torna compreensível o esforço realizado nos últimos anos por tantas companhias em favor de um teatro popular, como meio para escapar a esta vocação aristocratizante que, se numa primeira etapa permite sem dúvida um refinamento de repertório (compare-se o repertório dos grandes atores do século passado com o dos seus êmulos atuais), é provável que com o correr do tempo venha a revelar-se restritiva e esterilizadora.

Mas, dentro desse quadro de âmbito universal, é inegável que o teatro, no Brasil, passa por um dos seus períodos de maior vitalidade criadora — o mais fecundo talvez de toda a sua história. Pela primeira vez, desde João Caetano, demos aos nossos atores a possibilidade de desenvolver vocações dramáticas ou trágicas, de representar, por exemplo, Sófocles e Shakespeare. Em relação ao espetáculo diminuímos consideravelmente a distância que nos separava da Europa: se nem sempre as nossas representações são primorosas, ao menos não nos falta, como antes, informação estética.

Quanto à dramaturgia, em dois setores parecemos fraquejar: não temos nem comediógrafos e dramaturgos da eficiência profissional dos americanos, nem escritores de vanguarda como os europeus. Mas entre esses dois pontos extremos há toda uma vasta região em que se inscrevem os nossos melhores autores, imperfeitos talvez como técnica (o que na arte de nossos dias vem perdendo gradativamente a importância), ainda sem força de originalidade e confiança em si para modificar a fisionomia da dramaturgia universal, mas nem por isso menos capazes de exprimir em termos próprios e vigorosos os problemas morais, psicológicos e sociais que afetam o país. Porque, após tantos decênios, praticamente um século, de preponderância de formas e fórmulas comerciais, voltamos a uma concepção mais larga, mais nobre, mais generosa, mais literária, e sobretudo mais ligada aos destinos do Brasil, do que seja teatro.

A situação histórica atual não deixa de apresentar semelhanças marcantes com a que vigorou no alvorecer do teatro nacional, aproximadamente de 1840 a 1870. Repetem-se, em termos diversos, as mesmas esperanças, as mesmas aspirações, o mesmo empenho em criar um teatro expressivo do ponto de vista social e moral, que pense e exprima cenicamente a nacionalidade. Se os autores do Romantismo e do chamado Realismo têm muito maior significação literária global (Gonçalves de Magalhães, Gonçalves Dias, Macedo, Alencar, Castro Alves), os atuais ganham possivelmente em vocação teatral específica. São homens de teatro e não poetas e romancistas que às vezes também escrevem peças.

Como se vê, a pretensão dos que elaboraram ou acompanharam a criação do teatro brasileiro moderno nos últimos trinta anos não é pequena: pretendemos, como coletividade, como obra impessoal de toda uma geração, ter integrado o teatro nos outros gêneros literários, livrando-o da posição de inferioridade em que se encontrava. A obra certamente não está acabada, mas temos a sensação reconfortadora, que o futuro confirmará ou desmentirá, de havermos cumprido razoavelmente bem o nosso papel. Depois de dois séculos de pessimismo, talvez não seja mera bravata terminar com uma nota de mitigado otimismo.

NOTAS BIOBIBLIOGRÁFICAS DE AUTORES CONTEMPORÂNEOS

Nelson Rodrigues (Recife, 1912-1985). *Vestido de noiva* (com *A mulher sem pecado*). 1944; *Álbum de família* (com *Vestido de noiva*), 1945; *Anjo negro* (com *Vestido de noiva* e *A mulher sem pecado*), 1946; *Senhora dos afogados* (com *A falecida*), 1954. Peças representadas: *A mulher sem pecado*, em 1942, no Carlos Gomes, com direção de Rodolfo Maier, cenários de José Gonçalves; elenco da Comédia Brasileira. *Vestido de noiva*, 1943, no Teatro Municipal, pelos COMEDIANTES, direção de Ziembinski, cenários de Santa Rosa. *Anjo negro*, em 1946, no Fênix, pela Companhia Sandro Polônio — Maria Della Costa, direção de Ziembinski, cenários de Sandro Polônio. *Doroteia*, em 1948, no Fênix, por um elenco independente, com direção de Ziembinski, cenários de Santa Rosa. *A valsa n. 6* no Serrador, com direção de Motineau, interpretação da irmã do autor, Dulce Rodrigues, em 1951. *A falecida*, no Teatro Municipal, com direção de José Maria Monteiro e cenários de Santa Rosa, elenco da Companhia Dramática Nacional, em 1953. *Senhora dos afogados*, no Teatro Municipal, sob a direção de Bibi Ferreira e cenários de Santa Rosa, com elenco da Companhia Dramática Nacional, em 1954. A consultar sobre Nelson Rodrigues: Pimentel Antônio Fonseca. *O teatro de Nelson Rodrigues*, 1951; Estudos de: Pompeu de Sousa; Sábato Magaldi; Prudente Morais Neto; Manuel Bandeira; Álvaro Lins; Gilberto Freyre; José César Borba; Sérgio Milliet; Menotti Del Picchia; José Geraldo Vieira, *Teatro quase completo*. 1965.

Joraci Camargo (Rio de Janeiro, 1898-1973). 1927: *A menina dos olhos*; *Santinha do pau oco*; *O macaco azul*; 1928: *O irresistível Roberto* e traduções; 1929: *O amigo da família*, *Bazar de brinquedos. Mania de grandeza. Tenho uma raiva de você... Chofer*; 1930: *O bobo do rei* (prêmio da Academia em 1932), *O sol e a lua. A velha guarda*; 1931: *Boneco de trapo*, *Meu soldadinho, Uma semana de prazer*; 1932: *Deus lhe pague. O neto de Deus*; *Anástacio. O anjo da meia-noite*; 1933; *O sábio, O burro, Maktub. O homem que voltou da posteridade, Maria Cachucha*; 1934: *Marabá, Em nome da lei*; 1935: *A máquina infernal*; 1936: escreveu um ensaio sobre o teatro soviético e o teatro da criança, em colaboração com Henrique Pongetti; 1937: *A lei áurea. O grito do Ipiranga. O fim do 1º reinado. O duque de Caxias, Tamandaré. A proclamação da República. A retirada da Laguna, A festa das personagens de Machado de Assis*, peças radiofônicas; 1938: *Fora da vida. Mocidade*; 1939-1940; *Sindicato dos mendigos, A pupila dos meus olhos*; 1943: *Bonita demais, Nós, as mulheres, Mocinha*; 1941: *Encruzilhada*; 1945; *Lili do 47*; 1946: *Bagaço*; em 1953: *A santa madre, Rainha Elizabeth. Bodas de aurora*; 1954: *A figueira do inferno*.

Henrique Pongetti (Juiz de Fora, MG, 1898-Rio de Janeiro, 1979). *A noite mil e dois* (revista) 1926; *Nossa vida é uma fita* (comédia); *Sem coração* (peça musicada); *Tibério* (sátira) 1932; *História de Carlitos*. 1933; *Uma loura oxigenada; Champagne para... ti!* (revista com Vítor de Carvalho); *Baile de máscaras* (com Luís Martins); *Malibu* (comédia); *Maridos de segunda mão; Os homens já foram anjos; Amanhã se não chover; Manequim* (comédia) 1951; *Os maridos avisam sempre*. 1953; *Morreu na véspera. Tragédia sem lágrimas* e *A bela adormecida* (comédias inéditas).

Viriato Correia (Pirapemas, MA, 1884-Rio de Janeiro, 1967). *Sertaneja*. 1915; *Manjerona*. 1916; *Morena*. 1917; *Sol do sertão. 1918*; *Juriti*. 1919; *Sapequinha*. 1920; *Nossa gente*. 1924; *Zuzu*. 1924; *Uma noite de baile*. 1926; *Pequetita*. 1927; *Bombonzinho*. 1931; *Sansão*. 1932; *Maria*. 1933; *Bicho papão*. 1936; *O homem da cabeça de ouro*. 1936; *A marquesa de Santos*. 1938; *Carneiro de batalhão*. 1938; *Tiradentes*. 1939; *O caçador de esmeraldas*. 1940; *Rei de papelão*. 1941; *Tiradentes*. 1941; *Pobre diabo*. 1942; *O príncipe encantador*. 1943; *O gato comeu*. 1943; *À sombra dos laranjais*. 1944; *Estão cantando as cigarras*. 1945; *Venha a nós*. 1946; *Dinheiro é dinheiro*. 1949; *E desse amor se morre* (vida amorosa de Gonçalves Dias). 1952.

Guilherme Figueiredo (Campinas, SP, 1915-Rio de Janeiro, 1997). 1948, *Lady Godiva*, pela Cia. Procópio Ferreira, no Teatro Serrador, Rio de Janeiro; 1949. *Greve geral*. Cia. Procópio Ferreira, Teatro Carlos Gomes, Porto Alegre; 1949. *Um deus dormiu lá em casa*. Cia. Fernando de Barros, Teatro Copacabana, Rio de Janeiro, peça premiada com a Medalha de Ouro de "melhor original brasileiro do ano", da Associação Brasileira de Críticos Teatrais e "Prêmio Artur Azevedo" da Academia Brasileira de Letras; 1950, *Dom Juan*. Cia. Fernando de Barros, Teatro Cultura Artística, São Paulo; *Pantomima trágico*. Teatro Experimental, Teatro Cultura Artística. São Paulo; 1953, *A raposa e as uvas*, Cia. Dramática Nacional, Teatro Municipal, Rio de Janeiro, Medalha de Ouro de "melhor original do ano", da Associação Brasileira de Críticos Teatrais e "Prêmio Municipal" da Prefeitura do Distrito Federal.

Raimundo Magalhães Júnior (Ceará, 1907-1984). No gênero de reconstituição histórica: *Vila Rica*; *Carlota Joaquina*; *O imperador galante*; *Um judeu* (dramatização da vida de Disraeli). Teatro de costumes: *A família lero-lero*; *Novas aventuras da família lero-lero*; *O testa de ferro*; *Casamento no Uruguai*; *Trio em lá menor...*; *Palmatória do mundo* (em colaboração com Batista Júnior); *A indesejável*; *Essa mulher é minha*; *Mentirosa*; *O homem que fica*; *Fugir, casar ou morrer*; etc. Peça que constitui uma experiência à parte e não se filia a qualquer daqueles grupos; *Canção dentro do pão*, adaptada de um *récit* de Diderot, no romance *Jacques, le fataliste, et son maire*, publicada na revista *Dyonisos*.

Lúcia Benedetti (São Paulo, 1914-Rio de Janeiro, 1998). Começou, no Brasil, o movimento do teatro infantil por atores adultos. Teatro infantil: *O casaco encantado*; *Josefina e o ladrão*; *Simbita e o dragão*; *A menina das nuvens*; *Joãozinho anda pra trás*; *Branca de neve*; *A princesa dos cabelos de prata*. Teatro para adultos: *O banquete* (adaptação de uma crônica de Diná Silveira de Queirós).

Ernani Guaragna Fornari (Rio Grande, RS, 1899- Rio de Janeiro, 1964). *Iaiá boneca* (comédia), 1939; *Sinhá moça chorou*. 1941.

José Silveira Sampaio (Rio de Janeiro, 1914-1964). Diplomado em medicina (1935) exerceu a profissão, tendo dado à publicidade vários trabalhos relacionados com a pediatria. Em 1931, quando estudante, concorreu a um concurso para autores teatrais inéditos, patrocinado pelo *Jornal do Brasil*, com a peça *Foot-ball em família*, em colaboração com Arnaldo Faro (estudante de direito), conquistando o 1º prêmio. A peça foi representada pela primeira vez em agosto de 1931, no teatro de S. José. Em 1934, escreveu e representou no Teatro Carlos Gomes a peça *Reginaldo, costureiro*, remontada e aumentada em 1954. Depois de abandonar o teatro, em 1935, para exercer a profissão, em 1947 reiniciou suas atividades como autor, e, em 1948, como autor, ator e diretor, abandonando definitivamente a medicina. Em 1949, montou companhia própria, estreando o Teatro de Bolso, de Ipanema. Em 1948, entre as peças que escreveu, *Um homem magro entra em cena*, *A inconveniência de ser esposa* e *A vida imita a arte*, a segunda foi levada a cena pela companhia de Aimée e Carlos Frias, com o próprio autor representando. Depois, no Teatro de Bolso, representou as seguintes peças: *Da necessidade de ser polígamo*, 1949; *Paz entre os bichos de boa vontade* (sátira), 1949; *A garçonnière de meu marido*,1949; *O impacto*, 1950; *Só o faraó tem alma*, 1950; *Flagrantes do Rio n. 1*, 1951 (no Teatro Alvorada); *Deu Freud contra*, 1952; *Flagrantes do Rio n. 2*, 1952; *O cavalheiro sem camélias*, 1953; *O diabo em 4 corpos*, 1953 (no Teatro Serrador); *S. Exª em 26 poses*, 1954, em colaboração com Teófilo Vasconcelos. De 1951 em diante, organizou e levou a cena diversos *shows* para *boites*.

Jorge Andrade (Barretos, SP, 1922-São Paulo, 1984). Filho de fazendeiros, teve infância típica de gente do interior. Aos 20 anos, mudou-se para São Paulo, estudou Direito, trabalhou no comércio. Começou a carreira teatral em 1951. Ganhou o Prêmio Fábio Prado. Sua obra está publicada em *Textos em Teatro*. São Paulo, Editora Perspectiva, 1970.

BIBLIOGRAFIA DE APOIO

Albright, M. D. et al. *Principles of Theatre Art*, 1955; Andersen. M. *The Essence of Tragedy*, 1939; Baker, H. *Introduction to Tragedy*, 1939; Baron, A. *Histoire de l'art dramatique*, s.d.; Beare, W. *The Roman Stage*, 1951: Bentley, E. *The Playwright as Thinker*, 1946; Blanchart, P. *Histoire de la mise en scène*, 1948; Boulton, M. *The Anatomy of Drama*, 1960; Bradley, A. C. *Shakespearean Tragedy*, 1904; Brooks, C. e Heilman, R. H. *Understanding Drama*, 1945; Brooks, C. (ed.). *Tragic Themes in Western Literature*, 1955; Castagnino, R. H. *Teoría del teatro*, 1959; Chancerel, L. *Panorama du théâtre des origines à nos jours*, 1955; Charlton, H. B. *Shakespearean Comedy*, 1938; Cheston, L. *La philosophie de la tragédie*, 1926; Clark, B. H. *European Theories of Drama*, 1947; Corvin, M. *Le théâtre nouveau en France*, 1936; idem. *Le théâtre nouveau à l'étranger*, 1964: Craig. E. G. *On the Art of the Theater*, 1957; Disher, W. *Melodrama*, 1954; Downer, D. S. *Fifty years of American Drama*, 1951; Downs, H. *The Critic in the Theatre*, 1953; Dubech, L, *Histoire Générale ilustrée du théâtre*, 5 vols., 1931; Dukes, A. *Drama*, 1947; Dumesnil, R. *L'opéra et l'opéra comique*, 1947; Ellis-Fermon, U. *The Frontiers of Drama*, 1945; Esslin, M. *The Theater of the Absurd*, 1961; Evans, *Shakespeare's Comedies*, 1960; Fergusson, F. *The Idea of a Theater*, 1949; Fergusson. F. *The Human Image in Dramatic Literature*, 1957; Gassner, J. *Master of the Drama*, 1940; Gaster, T. H. *Thespis*, 1950; Ginestier, P. *Le théâtre contemporain dans le monde*, 1961; Goffin, P. *The Art and Science of Stage Managemant*, 1953; Goldman, L. *Le dieu caché*, 1959; Gouhier, H. *L'essence du théâtre*, 1943; idem. Le *théâtre et l'existence*, 1952; Granville-Barker, G. *On Dramatic Method*, 1931; Haigh, A. E. *The Tragic Drama of the Greeks*, 1896; Harrison, J. E. *Ancient Art and Ritual*, 1943; Hartnoll, P. *The Oxford Companion to the Theater*, 1951; Harriso n, J. E. *Themis*, 1912; Henn, T. B. *The Harvest of Tragedy*, 1956; Herrick, M. T. *Tragicomedy*, 1955; Jacobbi, A. *A expressão dramática*, 1956; Jaeger, W. *Paideia*, 1939; Lalou, R. *Le théâtre en France depuis 1900*, 1951; Kitto, H. D. F. *Form and Meaning in Drama*, 1956; Krieger, M. *The Tragic Vision*, 1960; Lamm. *Modern Drama*, 1962; Lever, K. *The Art of Greck Comedy*, 1950; Littlewood, S. R. *Dramatic Criticism*, 1939, Littlewood, S. R. *The Art of Dramatic Criticism*, 1952; Loure, M. *Le Drame*, 1963; Lucas, F. L. *Tragedy*, 1927; Magaldi, Sabato. *Iniciação ao teatro*, 1965; Marshall, N. *The Producer and the Play*, 1957; Matthews, B. *Papers on Acting*, 1958; MacCollam, W. G. *Tragedy*, 1957; Michel, L. e Sewall, R. B. *Tragedy: Modern Essays in Criticism*, 1963; Muller, H. *The Spirit of Tragedy*, 1956; Myers, H. A. *Tragedy, a view of Life*, 1956; Nicoll, A. *World Drama*, 1949; Nietzsche, F. *A origem da tragédia*, 1871; Olson, E. *Tragedy and the Theory of Drama*, 1961; Ortega y Gasset, J. *Idea del teatro*, 1958; Otto W. F. *Dionysos. Mithos und Kultur*, 1933; Peacock, R. *The Art of Drama*, 1957; Pignare, R. *Histoire du théâtre*, 1949; Priestley, J. B. *The Art of the Dramatist*, 1957; Prior, M. E. *The Language of Tragedy*, 1947; Raphael, D. D. *The Paradox of Tragedy*, 1960; Rosset, C. *La philosophie tragique*, 1960; Russel, T. W. *Voltaire, Dryden and the Heroic Tragedy*, 1946; Saint-Victor P. *Les deux masques*, 1830; Segond, J. *La signification de la tragédie*, 1943; Sewall,

R. B. *The Vision of Tragedy*, 1959; Siasson, C. J. *Shakespeare's Tragic Justice*, [s.d.]; Steiner, G. *The Death of Tragedy*, 1961; Styan, J. L. *Elements of Drama*, 1960; Styan, J. L. *The Dark Comedy*, 1962; Thompson, A. R. *The Anatomy of Drama*. 1942; Thieghem, P. van. *Les grands comédiens*, 1960; idem. *Les grands acteurs contemporains*. 1960; idem. *Technique du théâtre*, 1960; Touchard, P. A. *Dionysos*, 1949; Untersteiner, M. *Le origini della tragedia e del tragico*, 1955; Villiers, A. *La Psychologie de l'art dramatique*, 1951; Villiers, A. *L'art du comédien*, 1953; Voltz, P. *La comédie*, 1964; Webster, T. B. L. *Greek Theater Production*, 1951; Williams, R. *Drama from Ibsen to Eliot*, 1952; Wimsatt Jr., et al. *English Stage Comedy*, 1955.

Estudar também os grandes autores de teatro, pois literatura se aprende no texto: os gregos e romanos, os elisabetanos, Shakespeare à frente, os trágicos e cômicos da era neoclássica francesa e inglesa sobretudo, o teatro do século de ouro espanhol, os italianos, os escandinavos, os românticos e realistas, os contemporâneos. Sobre eles há vasta bibliografia. Ésquilo, Sófocles, Eurípedes, Shakespeare, Ben Jonson, Dryden, Racine, Corneille, Molière, Calderón, Lope de Vega, Tirso de Molina, Quevedo, Goethe, Schiller, Victor Hugo, Dumas, Ibsen, Strinderg, Maeterlink, Benavente, Pirandello, Hauptman, Wedekind, Tchecov, Gorki, Synge, Shaw, O'Neil, Elliot, Sartre, Brecht, Ionesco, etc.

Sobre o teatro brasileiro, ver:

Academia Brasileira de Letras. *Curso de teatro*. Rio de Janeiro, 1954.

Magaldi, S. *Panorama do teatro brasileiro*. São Paulo, 1962

Mendonça, C. S. *História do teatro brasileiro*. Rio de Janeiro, 1926.

Paixão, M. *O teatro no Brasil*. Rio de Janeiro, 1936.

Prado, Décio A. *Apresentação do teatro brasileiro moderno*. São Paulo, 1956.

Silva, Lafaiete. *História do teatro brasileiro*. Rio de Janeiro, 1938.

Sousa, J. Galante de. *O teatro no Brasil*. 2 v. Rio de Janeiro, 1960.

55. *Herman Lima*
EVOLUÇÃO DO CONTO

Primeiras manifestações. No Romantismo: Álvares de Azevedo, B. Guimarães. Machado de Assis: sua técnica. No Naturalismo: Aluísio Azevedo, Medeiros e Albuquerque, Coelho Neto, Domício da Gama, Artur Azevedo. Regionalistas: Valdomiro Silveira, Afonso Arinos, Simões Lopes Neto, Alcides Maia, Darci Azambuja, Telmo Vergara, Viriato Correia, Gustavo Barroso, Eduardo Campos, Moreira Campos, Monteiro Lobato, Carvalho Ramos. No Modernismo: Adelino Magalhães, Mário de Andrade, Alcântara Machado, Ribeiro Couto, João Alphonsus, Marques Rebelo, Guimarães Rosa. Novas tendências.

Ocupando-se da evolução do romance e do conto no Brasil, na sua *História da literatura brasileira*, Sílvio Romero cita, como primeiras manifestações do gênero, entre nós, no período que ele chama de precursor (época colonial), os contos populares e a literatura de cordel, cujo melhor exemplo é *O peregrino da América*, por Nunes Marques Pereira, enumerando a seguir, na fase de início direto com o Romantismo (1840-1856), *Romances e novelas*, de Joaquim Norberto de Sousa e Silva, e *O filho do pescador, Tardes de um pintor, Maria ou A menina roubada, A providência* e *As fatalidades de dois jovens*, de Antônio Gonçalves Teixeira de Sousa. Assim, o romance, o conto e a novela, como forma literária, só teriam começado no Brasil pouco antes de findar a primeira metade do século XIX.

Realmente, os contos populares, mais tarde coligidos pelo próprio Sílvio Romero, Couto de Magalhães, João Ribeiro, Silva Campos, Lindolfo Gomes e, ultimamente, por Luís da Câmara Cascudo, não obstante seu frequente conteúdo filosófico, seu profundo simbolismo humano, a malícia e o imprevisto de sua finalidade deliberadamente moralizadora, pertencem antes à nossa literatura oral. Quanto aos mencionados trabalhos de Norberto de Sousa e Silva e aos de Teixeira de Sousa "são hoje ilegíveis, por escritos em detestável estilo, incorreto, incolor", para citar ainda o iniciador da crítica brasileira. Em todo caso, ao primeiro pertence, no sentir de Edgar Cavalheiro, a glória de ser o pai do conto brasileiro, com a narrativa, de 1841, "As duas órfãs".[1]

Entretanto, posteriormente, ao cabo de longas pesquisas nas coleções de periódicos da Biblioteca Nacional, de antes da metade do século XIX, Barbosa Lima Sobrinho apresentou um trabalho notável,[2] pela reconstituição de um passado inteiramente desconhecido, no que diz respeito ao conto.

Revela-nos ele que, a partir de 1836, foram numerosas as produções, aparecidas na imprensa cotidiana, senão de contos verdadeiros, muito próximas desse gênero, intermediárias do conto e da crônica, pela sua feição de narrativa, tendente a despertar o interesse do leitor do tempo. Esse já estava acostumado à publicação de folhetins traduzidos do estrangeiro, especialmente de revistas e jornais franceses e ingleses, no que eram férteis os periódicos da década de 1830-40.

Diz Barbosa Lima que o conto se divulgou no Brasil "como um gênero autônomo, no período de influência romântica. Seus primeiros escritores foram os melhores jornalistas da época, Justiniano José da Rocha, Pereira da Silva, Josino Nascimento Silva, Firmino Rodrigues da Silva, Francisco de Paula Brito, Vicente Pereira de Carvalho Guimarães, Martins Pena, João José de Sousa e Silva Rio. Esses é que foram, efetivamente, os precursores do conto no Brasil", embora observe que "não eram a rigor vocações espontâneas. A primeira impressão que eles nos dão é a de jornalistas, habituados com os modelos europeus, e interessados em transportar para o Brasil um tipo de ficção que estava sendo um dos fatores de êxito dos periódicos literários ou políticos do Velho Mundo. Essa razão, porém, é antes jornalística do que propriamente literária".

O primeiro desses "contos", embora realizando ainda aquele gênero intermediário "que não é bem a crônica e se aproxima do conto" — seria "A caixa e o tinteiro", publicado por Justiniano José da Rocha, em seu jornal *O cronista*, em 26 de novembro de 1836. Com as suas iniciais, no mesmo jornal, em 11 de janeiro de 1838, Barbosa Lima assinala também o escrito "Um sonho", que, este sim, tem realmente as características do gênero, isto é, trata-se de uma narrativa breve, envolvendo um *plot* dramático, altamente romântico, muito ao sabor da época.

Depois dos jornalistas citados é que apareceram alguns ficcionistas, como Joaquim Norberto de Sousa e Silva, Carlos Emílio Arder e muitos outros, "difíceis de identificar, através das iniciais com que se ocultavam, numa atividade literária possivelmente efêmera ou transitória".

A partir de 1840, ainda segundo o mesmo autor, o cultivo da ficção teria significação maior, por ser, com a poesia e o teatro, "a manifestação mais ajustável ao papel que a imaginação deveria desempenhar na fase romântica".

Mais certo seria talvez dizer-se que o conto brasileiro, como expressão verdadeiramente literária, viria da segunda fase do romantismo, posterior ao indianismo de Gonçalves de Magalhães, Basílio da Gama e Gonçalves Dias, com as narrações de cunho fantástico da *Noite na taverna*, de Álvares de Azevedo, muito embora o estilo e a inspiração desse livro de um poeta exacerbadamente romântico nada tenham a ver com o Brasil, dado o seu influxo direto de Musset e Byron. A importância desse livro decorre de que as diversas histórias que o compõem, algumas de perene beleza literária, como o conto de Bertram, obedeciam já aos requisitos duma composição depurada, de plano definido e proporções equilibradas, a despeito da delirante concepção das suas personagens e de suas situações em permanente paroxismo.

Ainda de citar, da mesma época, são as *Lendas e romances* (1871), de Bernardo Guimarães pelo seu sentido já nitidamente tradicionalista, fixando pela primeira vez, de modo objetivo, costumes e coisas do sertão, sob a marca incipiente do realismo brasileiro. Escritor copioso, natural da antiga Vila Rica (Minas Gerais), tendo percorrido demoradamente o interior de Goiás, que pôde observar muito bem, deixou, além daquele livro, romances e novelas até hoje muito populares, como *O garimpeiro* (1872), *O seminarista* (1872) e *A escrava Isaura* (1875). O conto "A dança dos ossos", pela fluência e movimentação da narrativa, pela sua densidade e pelo tom dramático, além do despojamento do estilo, bem dentro da linguagem coloquial do nosso *hinterland*, pode ser considerado o precursor de toda a literatura regional do gênero. Realmente, vinte anos depois é que surgira o paulista Valdomiro Silveira, cujas produções, embora numerosamente publicadas na imprensa de São Paulo e do Rio de Janeiro, a partir de 1891, só em 1920 começaram a sair em livro. Em 1898, o também mineiro Afonso Arinos, com o volume *Pelo sertão*, passaria a ter inegavelmente muito maior repercussão e influência entre os seus contemporâneos. A assinalar-se, também, Lúcio de Mendonça, que, embora não se dedicando exclusivamente ao regionalismo, escreveu pelo menos duas obras-primas, incluídas em *Esboços e perfis* (1889), os contos largamente reproduzidos até hoje — "João Mandi" e "Coração de Caipira". Não se esqueça igualmente, quanto a Bernardo Guimarães, a opinião de José Veríssimo, quando o proclama "o criador do romance sertanejo e regional, sob o seu puro aspecto brasileiro" — no que seria seguido logo mais por Franklin Távora, Inglês de Sousa e outros nortistas.[3]

O grande nome, porém, a fixar, desde os começos do conto brasileiro, não só cronologicamente como pela incomparável altura da sua arte, é Machado de Assis. "Se o nosso conto literário não começou com Machado de Assis — já dizia em 1922 Alberto de Oliveira, no prefácio da nossa primeira antologia do conto nacional — firmou-se com ele, recebendo-lhe das mãos trato que nenhuma das outras anteriormente lhe haviam dado e feição nova e característica com o interesse dos temas e alinho e cuidado do estilo."

Quer pela temática, quer pela técnica, quer pelo estilo, ninguém, na verdade, compreendeu melhor o gênero, desde as suas primeiras produções, a partir de 1860. É verdade que, nos primeiros espécimes enfeixados nos *Contos fluminenses* (1870) e nas *Histórias da meia-noite* (1873), ainda está preso aos moldes românticos, não só quanto aos tipos como também quanto ao sentimentalismo. Mas, entre aquelas histórias e as reunidas nos *Papéis avulsos* (1882), o salto é grande para o domínio perfeito do gênero.

Ao apresentar em livro os contos aparecidos antes nos jornais e revistas da época, Machado de Assis, que lhe votou sempre uma particular predileção, costumava explicar a razão dessas coletâneas, como no caso de *Papéis avulsos*, quando invoca igual preferência de Diderot:

> Ninguém ignora que ele não só escrevia contos, e alguns deliciosos, mas até aconselhava a um amigo que os escrevesse também. E eis a razão do enciclopedista: é que, quando se faz um conto, o espírito fica mais alegre, o tempo escoa-se, e o conto da vida acaba, sem a gente dar por isso.

A lição de Diderot volta ainda na epígrafe de *Várias histórias* (1896), e não deixa de ser impressivo o apelo que à alegria de contar fazia, já naqueles remotos idos, o mestre da ironia e do amargo humorismo sem piedade.

Por outro lado, nas palavras de abertura daquela mesma coleção de contos, a quinta que oferecia ao público, em pouco mais de dez anos, dava Machado de Assis, sem o querer, uma das chaves da sua mestria dessa arte, na qual se faria sem rival entre nós, ao ressaltar que seus contos "não são feitos daquela matéria, nem daquele estilo que dão aos de Mérimée o caráter de obras-primas, e colocam os de Poe entre os primeiros escritos da América".

A referência aos dois mestres do conto fantástico não é casual, fortuita reminiscência de leitura, mas revela, antes, uma evidente preferência por essa espécie de literatura, como é fácil de verificar-se pela repetição de páginas como "A igreja do diabo", "Entre santos", "A chinela turca" e, acima de tudo, por ser uma verdadeira obra-prima a admirável narrativa que é "Sem olhos". Mais ilustrativo ainda é o fato de uma de suas mais antigas produções, ainda hesitante e sem maiores méritos literários, "O país das quimeras", aparecido no *Futuro*, de 1862, trazer mesmo o subtítulo de "conto fantástico".

Além desse elemento, de tanta importância indireta, como se vê, na evolução do conto brasileiro, pela fixação primordial de alguns dos seus fatores preponderantes, em especial quanto à forma, apresentação das personagens, exposição dos episódios, preparação do clímax, é ainda digno de reparo o fator de transição representado pela crônica de costumes, como observa Alfredo Pujol no seu livro *Machado de Assis*, citando os folhetins de Francisco Otaviano, Joaquim Manuel de Macedo, José de Alencar, Ferreira de Meneses, "os quais eram às vezes obra de ficção e de dourada fantasia, burilada ao acaso da imaginação e da sensibilidade", sem esquecer, naturalmente, as produções mencionadas por Barbosa Lima Sobrinho, no seu referido ensaio sobre os precursores do conto no Brasil.

De fato, nessas crônicas ou folhetins, a que se devem acrescentar ainda os de França Júnior e os do próprio Machado, na sua forma de relatos de acontecimentos atuais, muita vez simples *fait-divers*, a que o autor dava o toque da sua arte literária, é que ia tomando corpo e forma definitiva o genuíno conto brasileiro. No caso do mestre de *Quincas Borba*, é curioso assinalar-se mesmo, como o faz José Maria Belo em seu *Retrato de Machado de Assis*, a gênese de certos contos, como "Teoria do medalhão" e "A igreja do diabo", vindos do desdobramento de simples conceitos anteriormente fixados em velhas crônicas de *A Semana* e de *A Gazeta de Notícias*.

A predileção de Machado de Assis pelo conto firma-se, como se nota, desde os seus inícios literários, sendo interessante lembrar o que a seu respeito dizia ele, em 1873: "É gênero difícil, a despeito de sua aparente facilidade, e creio que essa mesma aparência de facilidade lhe faz mal, afastando-se dele os escritores e não lhe dando, penso eu, o público, toda a atenção de que muitas vezes é credor."

É ele, portanto, inegavelmente, o fixador das principais diretrizes do conto brasileiro, a vigorarem durante meio século, pelo menos, quer seguindo o roteiro dos românticos, sem perder de vista, no entanto, o signo nascente de Maupassant, com suas histórias de cruel realismo, de que não seria difícil achar nítidos reflexos em páginas como "Pai contra mãe" ou "A causa secreta", quer prenunciando o que seria o conto moderno, a cristalização dum estado de alma, da atmosfera de certo ambiente moral, desde que, muito antes de Tchecov firmar-se sequer na Rússia, já ele se tornara mestre insuperável do gênero no Brasil. Lúcia Miguel Pereira chega a dizer, em *Prosa de ficção*, que, "embora qualquer de seus melhores romances, *Memórias póstumas de Brás Cubas*, *Quincas Borba*, *Dom Casmurro*, seja superior a tudo o que em seu tempo se escreveu e à imensa maioria dos livros que depois se publicaram, possa e deva perdurar em nossa literatura como modelo em seu gênero, foi, incontestavelmente, como contista que Machado de Assis fez as suas obras-primas", enumerando nada menos de quarenta desses primores, reunidos em *Papéis avulsos* (1882), *Histórias sem data* (1884), *Páginas recolhidas* (1899), *Várias histórias* (1896) e nos dois volumes de *Relíquias de casa velha* (1906) onde "quase tudo é de primeira ordem e a maior parte é de páginas perfeitas". Em confronto com essa galeria de obras-primas, é claro que qualquer autor haveria de sair diminuído, se pretendêssemos medir nossa produção dessa espécie pela mesma craveira de exceção. Mesmo assim, no entanto, não é de se desprezar a contribuição dos demais contistas brasileiros, não somente contemporâneos do ourives de tantas gemas, como daqueles que se lhe seguiram.

O Naturalismo foi a pedra de toque do nosso conto, a partir do final do século passado, até o Modernismo de 22. Todo conto, com princípio; meio e fim, descrições minuciosas de ambiente e flagrantes fotográficos de situações e tipos, haveria de conter uma intriga absorvente, desenrolar-se num plano de suspense, firmando as características psicológicas de certo indivíduo, para o final mais ou menos imprevisto, o que não andava longe, num tempo de preciosismo de forma, da chave de ouro do soneto parnasiano. A despeito dessa aparente uniformidade de meios, pela riqueza de temas, originalidade dos tipos, fixação de aspectos urbanos ou rurais, e inventiva muitas vezes exuberante dos nossos autores de contos, no correr de meio século, foi possível fugir à monotonia, sendo mesmo digno de nota o fato de raramente um deles se aparentar com outro, não fosse num que outro cacoete de estilo.

A primeira figura de relevo no conto naturalista é Aluísio Azevedo, com as páginas de intensa dramaticidade de *Pegadas e demônios* de estilo tão sóbrio e de tão aguda psicologia: "Heranças" e "A Serpente" devem figurar permanentemente em qualquer antologia do gênero. Medeiros e Albuquerque (1867-1934) deixou também vários livros de contos na sua maioria de boa qualidade: *Um homem prático* (1898); *Mãe tapuia* (1900), *O assassinato do general* (1926), *Se eu fosse Sherlock Holmes* (1932), *Contos escolhidos* (1907), *O umbigo de Adão*, *Surpresas* (1931), dentre os quais não é difícil escolher meia dúzia de páginas magistrais, como "Flor seca", "Vidas estragadas", "Um vencido", "A confissão", "Tique-taque" e, principalmente, "As calças do Raposo". Viriato Correia (1884-1967), com os seus livros *Minaretes* (1903), *Contos do sertão* (1911), *Novelas doidas* (1921) e *Histórias ásperas* (1928), particularmente os contos de ambiente sertanejo a que se mistura um ardente lirismo, uma forte sensualidade, nos tipos e nas situações e uma poderosa textura dramática, sabe animar as suas narrativas dum intenso interesse e dum profundo sentido universal, que fazem de várias de suas páginas, como "Terras malditas", "O outro", "A desfeita", "A desforra", "Madrugada negra", exemplares do que de melhor temos produzido no conto à Maupassant.

Dentre os numerosos livros de Coelho Neto, *Banza* (1913), *O jardim das oliveiras* (1908), *Sertão* (1896), *Treva* (1906), *Água de juventa* (1905), *Apólogos* (1904), encerram com alguns romances, como *A conquista*, *Miragem*, *Inverno em flor*, e *Rei negro*, a parte mais perdurável de sua obra, não obstante a permanente preocupação do adjetivo e a ardente imaginação do autor, incapaz de conter os excessos de seu temperamento genuinamente tropical, com muito de sua ascendência de índio amazônico. "Assombramento", "Praga", "Os velhos", "Casadinha", "Cega". "Fertilidade", "Bom Jesus da Mata", "Banzo", são contos de mestre, muita vez vizinhos da perfeição, por aquele sopro de poesia selvagem, aquela exacerbação de instintos rudes, aquela aguda sensibilidade mestiça, em que se fundem crenças, superstições, anseios duma raça curtida de dores e de fracassos, ao fatalismo do meio, o que lhe dá a muitas páginas um frêmito épico.

Do mesmo tempo, haveria que citar ainda a produção de um Domício da Gama (1862-1925) e de um Pedro Rebelo (1868-1905), os quais muito embora autores de restrita produção, respectivamente os volumes de *Contos a meia-tinta* (1891), *Histórias curtas* (1901) e *Alma alheia* deixaram páginas perduráveis, dum sabor nitidamente machadiano muita vez, sem contudo o servilismo do pasticho; Júlia Lopes de Almeida (1862-1934) e Carmen Dolores, cujos livros de contos, *Ânsia eterna* (1938) e *Um drama na roça* (1907) contêm excelentes narrativas: "A caolha" e "A valsa da fome", da primeira; "Nos bastidores", "A mãe" e "O derivativo", de Carmen Dolores; de Tomás Lopes (1878-1913) são os livros de contos — *Histórias da vida e da morte* (1907), *Um coração sensível* (1907) e *O cisne branco* (1913), nos quais figuram páginas ainda hoje de perfeita atualidade, como "O marinheiro", "A aposta", "São José" e a narrativa que dá o título ao segundo volume citado. Virgílio Várzea (1862-1941), marinhista de largos recursos, na evocação das paisagens costeiras do sul do país, foi chamado com os seus contos de *Mares e campos* (1894) e *Nas ondas* (1910), o Pierre Loti brasileiro.

Digna de nota especial é a contribuição de Artur Azevedo (*q.v.*) ao nosso conto do começo do século, tão importante quanto a sua produção teatral diversa e vasta. Duma linguagem simples e correntia, numa forma despretensiosa a que não falta, entretanto, aquela graça imanente que faz de alguns de seus versos humorísticos verdadeiras obras-primas, o que distingue a arte de Artur Azevedo, nos *Contos possíveis* (1889), *Contos fora da moda* (1894), *Contos efêmeros* (1897), *Contos cariocas* (1928), é, de par com seu dom de narrador, a exceção que constitui o seu estilo desataviado, num tempo de prosa atormentada e sobrecarregada de ouropéis. "Plebiscito", dentre tantos de seus contos, é uma página de psicologia e de alegre sátira, digna de figurar em qualquer literatura.

O conto tratado até aqui, com raras exceções, é o conto psicológico, de ambiente universal, sem compromisso com a paisagem. Paralelo a ele, porque iniciado igualmente pelos fins do século passado, como vimos, há que se considerar também o conto regional, mormente quando foi tão larga sua projeção em nossas letras, a ponto de predominar quase exclusivamente na produção dos Estados.

A figura mais importante desse setor, onde permaneceu irrivalizado por várias décadas, é Afonso Arinos, não obstante o restrito volume de suas composições do gênero, reduzidas a nove contos dos livros *Pelo sertão* (1898) e *Histórias e paisagens* (1921). É que, além de genuíno escritor, de estilo claro e singelo, ao mesmo tempo que duma aguda sensibilidade pela paisagem brasileira, duma grande ternura pelo sertanejo, foi verdadeiro criador do nosso conto regional, trabalhando-o com uma fluidez de linguagem, uma densidade psicológica, um sentido de síntese objetiva, uma fabulação intensamente dramática, um teor poético, não atingidos antes. Daí que sua contribuição ao conto brasileiro seja da mais alta categoria, pode-se dizer que não ultrapassada por nenhum dos que se lhe seguiram, permanecendo "Joaquim Mironga", "Pedro barqueiro" e "À garupa", até hoje insuperáveis.

Já os contos de Valdomiro Silveira, reunidos em *Caboclos* (1920), *Nas serras e nas furnas* (1931), *Mixuangos* (1937) e *Lereias* (1945), duma urdidura simples e atraente, duma ingenuidade comovida, duma ternura comunicativa, ao mesmo tempo que penetrados de leve ironia maliciosa, que lhes dá um encanto particular, pecam pelo excesso de modismos, ininteligíveis sem a ajuda do numeroso vocabulário de que se acompanham obrigatoriamente, com prejuízo evidente da emoção e dos valores estéticos.

No mesmo plano coloca-se o regionalismo de Simões Lopes Neto, autor de *Contos gauchescos* (1912), *Lendas do sul* (1913) e *Casos do Romualdo* (1952). Nessas páginas, de tão profundo conteúdo humano e de tão bela forma literária, o escritor gaúcho realiza, mesmo ainda mais profundamente do que Afonso Arinos, o verdadeiro conto regional, pela sua criação de figuras telúricas, mais do que personagens, legítimos padrões da raça e do meio.

Outros contistas de relevo no Rio Grande do Sul, onde o regionalismo sempre predominou nas letras, são Alcides Maia, com *Tapera* (1911) e *Alma bárbara* (1922), a despeito do rebuscado preciosismo da forma longamente trabalhada; Roque Calage, que em *Terra gaúcha* conta episódios muito vivos e característicos do pampa, e Darci Azambuja, escritor moderno, com uma bela galeria de narrações cheias de sabor local, *No galpão* (1925) e *Coxilhas* (s. d.). Excelente evocador de ambiente urbano da província, ágil e lírico, é Telmo Vergara (1909), autor de *A lua nos espera sempre* (1946), *Seu Paulo convalesce* (1934), *Cadeiras na calçada* (1936), *Nove histórias tranquilas* (1938) e *Histórias do irmão Sol* (1941). A lembrar ainda, os nomes de João Fontoura e Ezequiel Ubatuba.

No Norte, o conto regional, além da produção já citada de Coelho Neto e Viriato Correia, é representado pelas *Cenas da vida amazônica* de José Veríssimo, que deixou nesse livro, com os contos "O boto", "O crime da tapuia" e "A morte da Vicentina", obra capaz de atravessar o tempo, outro tanto acontecendo com certas páginas de *Inferno verde,* de Alberto Rangel (1871-1945), como "Hospitalidade" e "Maibi", prejudicadas apenas por uma viva influência de Euclides da Cunha; mais recentemente, há que ressaltar ainda a contribuição de Aurélio Pinheiro, em *Gleba tumultuária* (1927): *Sapupema,* de José Potiguara, e, em especial, os contos de Peregrino Júnior (1898-1983), reunidos em *A mata submersa e outras histórias da Amazônia* (1960), onde o assunto se renova, numa prosa moderna e sacudida, em flagrantes de dramática violência, dum vigoroso realismo forrado de aguda observação dos usos e da paisagem assoberbante dos igarapés e seringais, particularmente nos contos "Ritinha", "Sobejo da cobra-grande", "Areia gulosa" e "Putirum de fantasmas".

Gustavo Barroso (1888-1959) é o grande nome do conto cearense, isolado no panorama das letras de sua província literária, até o recente advento de

Eduardo Campos e Moreira Campos, duas vocações integrais de contistas modernos. Durante muitos anos, nossa mais bela produção de gênero estava realmente enfeixada nos livros de Gustavo Barroso, *Praias e várzeas* (1915), *Mula sem cabeça* (1922), *Alma sertaneja* (1924), de ásperos cenários sertanejos e praianos, dum encanto imperecível, como é o caso de "Velas brancas", "Pescadores", "Luíza do seleiro" e *Mapirunga* (1924), ao lado de outras coletâneas de âmbito universal, como *O bracelete de safiras* (s. d.), *Ronda dos séculos* (1920), *Pergaminhos* (1922), *Livro dos milagres* (1924), *Cinza do tempo* (s. d.) e *Mulheres de Paris* (1933). Outro excelente contador de histórias do Norte é Mário Sete (1886-1950), que nos deixou, nos livros *Sombra de baraúnas*, *João Inácio* e *Quem vê caras* (1922), algumas páginas de primeira ordem, como a admirável "Clarinha das rendas", "Rastro de sangue" e "Outros olhos", havendo que citar ainda, dentre os nortistas de várias épocas, Xavier Marques, com *A cidade encantada* (1919), Lucilo Varejão (1892), com *Adão* (1924), e *Teia dos desejos* (1924), Ranulfo Prata (1896-1942), com *A longa estrada* (1945), Alberto Deodato (1896-1978), com *Canaviais* (1922), Saboia Ribeiro, com *Rincões dos frutos de ouro*, Domingos Barbosa, com os *Contos da minha terra*, Humberto de Campos (1886-1935), que ao lado de sua grande bagagem de crônicas deixou também um livro de narrativas, *O monstro e outros contos* (1932), na maior parte prejudicados pelo artifício dos temas.

Não se pode porém esquecer, na primeira plana do conto regional, um mestre, como o foi Monteiro Lobato, pela originalidade das suas criações, pelo imprevisto das imagens, pelo vigor do estilo caldeado numa língua de longo trato com os clássicos da mais pura fonte portuguesa, a que se mistura o saboroso linguajar do caboclo paulista. Em *Urupês* (1918), *Cidades mortas* (1919), *Negrinha* (1920), *O macaco que se fez homem* (1923) estão alguns dos nossos melhores contos de todos os tempos, como acontece com "Boca torta", "Os faroleiros", "O estigma", "Matapau", "A vingança da peroba", "O comprador de fazendas", nos quais figuras e paisagens do sertão e da zona rural se retratam magistralmente, na sua arte insólita de narrador.

De muito relevo também foi o goiano Hugo de Carvalho Ramos, autor de *Tropas e boiadas* (1917). Muito embora não sendo um renovador, permanece em nossas letras como um jovem mestre, pela força humana de suas criações impregnadas de energia da terra semibárbara dos seus sertões remotos, poderosamente evocados por uma prosa viva e colorida, vinte anos depois renovada por outro conterrâneo, uma grande figura de contista moderno, que é Bernardo Élis (1914-1997) com o seu livro estranho, fascinante e doloroso, *Ermos e gerais* (1944).

Nomes a lembrar ainda, no conto anterior ao Modernismo, são os de Lima Barreto e João do Rio, dois escritores substancialmente diversos, pela natureza de suas criações; o primeiro, na evocação da vida suburbana do Rio de Janeiro, cinzenta e monocorde, com as suas pequenas tragédias da meia burguesia, a sua amarga e sutil anotação da pobreza espezinhada, sua ternura pelos humildes, a sátira agudamente cerebral, de que servem de exemplo algumas histórias do mais alto nível, como "Cio", "Clara dos Anjos", "A biblioteca", "Nova Califórnia", O homem que sabia javanês"; o segundo, João do Rio (1881-1921) com o seu mundo de nevrose e artifício, o extravagante mimetismo de modas e vícios de importação, a extravasar dos contos de *Dentro da noite* (1910) e *A mulher e os espelhos* e *Rosário da ilusão* (s. d.), dentre os quais não é difícil, no entanto, encontrar-se alguma página de alta emoção e de vigorosa dramaticidade, dum autêntico narrador, como sejam "O milagre de São João" e "O fim de Arsênio Godard".

Já nos dias do Modernismo, porém infenso a ele, por temperamento e formação literária, deve ser ainda citado Gastão Cruls (1888-1959), autor dos excelentes livros de contos *Coivara* (1920), *Ao embalo da rede* (1923), *História puxa história* (1938). Contos de poderosa dramaticidade, duma construção ao mesmo tempo sólida e harmoniosa, alguns como "G.C.P.A.", "Noites brancas", "Abscesso de fixação" e "O noturno nº 03", têm o cunho dos grandes exemplares universais.

Com o Modernismo, o conto brasileiro que até então se apresentava com as características comuns do gênero, tratado com segurança, algumas vezes de modo excepcional, muito embora, é certo, conservando no conjunto certa monotonia pela inevitável uniformidade do processo (do que não estão isentos também os contos da mesma época, na França, na Espanha ou na Itália), teve de logo meia dúzia de novos mestres, desses que o tempo há de conservar, a despeito dos cacoetes e extravagâncias de alguns deles, por força do próprio sentido de renovação destinado a marcar-lhes a produção da primeira fase.

Precursor destacado do Modernismo foi, porém, Adelino Magalhães, com seus contos de *Casos e impressões* (1916), *Visões, cenas e perfis* (1918) e *Tumulto da vida* (1920), nalguns dos quais, como "Um prego! Mais outro prego!" datado de 1918, se antecedeu a tudo o que de mais expressivo e característico se tem feito até hoje, depois da famosa Semana de Arte Moderna de 1922.

Os primeiros nomes a citar, pelo menos cronologicamente, serão, a seguir, Mário de Andrade e Antônio de Alcântara Machado (1901-1935), embora os livros de Mário, da fase vermelha do início, *Primeiro andar* (1926) e *Belazarte* (1934), se ressintam mais duma exuberância de cacoetes do que mesmo duma revolução formal da arte de contar, sendo mesmo de observar que a quase totalidade de suas histórias de então acaba como os contos de fadas: "Nísia era muito feliz", "Só sei que Carmela foi muito infeliz". É somente no seu livro póstumo, *Contos novos* (1947), no qual se reúnem produções longamente trabalhadas, algumas em duas e três versões, como as de Kafka, que o multimodo papa do movimento se revela em toda a sua força de autêntico criador, muita vez com verdadeiras obras-primas, como é o caso de "Frederico Paciência", "O peru de Natal", "Atrás da catedral de Ruão" e "O poço". Nessas páginas, nas quais o conto retoma um ar de extrema novidade, pela pureza da língua, pelo corte em profundidade das situações psicológicas, pela emoção lindando com o patético, por uma genuína ciência de dizer e de contar, o autor de *Macunaíma* (1928) se eleva a um plano dificilmente atingido por outro escritor nacional, com exclusão de Machado de Assis . Alcântara Machado (1901-1935), que, nas páginas de seus primeiros livros *Brás, Bexiga* & *Barra Funda* (1927) e *Laranja da China* (1928), se revelou de logo um prosador dos mais plásticos recursos, pela agilidade do processo formal, se apresentaria mais depurado e completo em certos contos de *Mana Maria* (1936), donde os recursos ao modismo quase se acham ausentes, sendo mesmo, além de "Caetaninho" e "Carmela", dos primeiros tempos, a parte mais perdurável de sua criação literária.

A partir de então, surgiriam outros grandes cultivadores do conto moderno, podado do excesso, do recurso à *ficelle,* da preocupação do adjetivo. Muito embora sem o intuito preconcebido de alijar Maupassant, o certo é que, por intuição ou pelo conhecimento da obra de Tchecov, Katherine Mansfield, Saroyan e Kafka, outra modalidade de narrativa haveria de predominar no cenário das letras nacionais, com prejuízo não raro, é certo, do interesse da história, embora acentuando-se o sentido poético, a sutileza da emoção, uma atmosfera de aguda sensibilidade posta em foco pela arte desses renovadores do gênero.

Em primeiro plano, por ter sido mesmo talvez o que primeiro chamou entre nós a atenção para a obra literária da autora de *Garden Party*, devemos situar Ribeiro Couto (1898-1963), com os seus contos de tão intenso lirismo e de tão funda sensibilidade, reunidos em *O crime do estudante Batista* (1922), *A casa do gato cinzento* (1922), *O clube das esposas enganadas* (1933), *Prima Belinha* (1940) e *O largo da Matriz* (1940). Renovador do conto, devemos considerá-lo, sem dúvida, pelo teor poético de suas páginas, impregnadas do mesmo sentimento que empresta às narrativas de Katherine aquele tom de irrealidade transfiguradora do cotidiano, de suas novelas mais perfeitas, como *Na enseada* ou *A casa das bonecas*. Para isso contribui, inegavelmente, o fato de Ribeiro Couto continuar poeta em tudo o que escreveu, prolongando-se nas suas narrações a arte sutil de poeta penumbrista.

Figura admirável de contista, moderno e atual, sem recurso a qualquer extravagância de escola, pela profunda humanidade de suas criações originalíssimas, pela densidade interior de suas criaturas, bípedes ou pobres bichos mesquinhos, é o autor de *Galinha cega* (1931), *Pesca da baleia* (1941), o mineiro João Alphonsus (1901-1944). Suas histórias de animais criaram o gênero entre nós, permanecendo insuperadas até hoje. Ao lado dessas páginas, nas quais o autor verdadeiramente se interioriza nos bichos de sua invenção, há que se assinalar o profundo enternecimento pelas suas personagens, sem o menor risco, no entanto, de sentimentalismo. Há neles, antes, uma angústia cheia de suspiros, uma dorida e permanente indagação, uma torva melancolia, que faz de alguns de seus contos, como "Eis a noite" e "Foguetes ao longe", páginas irrivalizáveis no setor do conto de nossos dias.

Outro grande do conto moderno, despido de qualquer prurido de rol de roupa suja e de mexerico sentimental, porque descarnado ao extremo, enxuto e denso, é Graciliano Ramos. As histórias que ele nos dá em *Insônia* (1947), *Dois dedos* (1945) e *Histórias incompletas* (1946), são cortes verticais da vida, numa frieza de método técnico, numa parcimônia que seria indigência, não fosse a sua arte de contar das mais ricas em sugestões, pelo teor da palavra direta, da imagem justa, da ciência dum mestre da ficção interiorizada, convizinha, pela primeira vez no Brasil, da arte dostoievskiana.

Embora autor de um só livro, é Rodrigo de Melo Franco de Andrade (1898-1969) outro mestre do conto moderno. *Velórios* (1936), na sua temática monocorde, na qual, todavia, não há perigo de repetição, pelo mundo de reações díspares que determina aquela fúnebre sarabanda de defuntos e carpideiras, constitui livro ímpar em nossa novelística, pela mordacidade de conceitos, pela ironia das situações, pelo clima de ambiguidade muito à Machado de Assis, com que o autor tece a trama desses destinos truncados ou libertados pela Morte.

Nomes a acrescentar em relevo, numa relação quase que apenas informativa, pela extensão compulsória, temos ainda Marques Rebelo (1907-1973) considerado muito justamente o atual romancista da cidade do Rio de Janeiro, da mesma família de um Machado de Assis e de um Lima Barreto, entrosando-se ademais no tronco tradicionalista de Manuel Antônio de Almeida, de quem deu, por sinal, uma excelente biografia. Com os seus flagrantes da metrópole pequeno-burguesa, suas histórias irônicas e enternecidas ao mesmo tempo, a sua funda simpatia pelos humildes e desajustados, caixeiros de armarinhos, fuzileiros navais, postalistas, mulatas capitosas, mocinhas do subúrbio, reunidas em *Oscarina* (1931) e *Três caminhos* (1935), Marques Rabelo ficou irrivalizado nessa categoria das nossas letras contemporâneas. "Na maneira incisiva e calma, na atitude meio zombeteira, meio piedosa, a posição espiritual de Marques Rebelo — disse Ribeiro Couto — é a de um continuador da tradição desses mestres admiráveis da novela urbana, homens para quem a vida citadina de todos os dias existe — a vida humilde, burguesa, monótona, difícil, de toda gente e de todos nós."[4]

Aníbal Machado (1895-1964), muito antes de aparecer com o livro *Vila feliz* (1944), apenas com dois ou três contos, entre eles "A morte da porta-estandarte", colocou-se também na vanguarda dos nossos mestres do conto moderno; mais tarde, em *Histórias reunidas* (1959), onde reaparecem os contos daquele livro, acrescidos de alguns inéditos, dois realmente admiráveis — "O iniciado do vento" e "Viagem aos seios de Duília", o criador de João Ternura firma-se definitivamente como um dos nomes mais altos dos cultivadores daquela espécie entre nós. "Aníbal Machado explora o sentido transitivo de tudo, o destino itinerante de suas personagens — escreveu com muita argúcia Fábio Lucas, a respeito da versatilidade desse grande manipulador de mitos e de símbolos do cotidiano. Sua urdidura é feita de unidades somadas, de adições de aspectos do mesmo problema. Não há fixação de um leito, de uma diretriz, porque o contista prefere o processo associativo, sua ficção se destaca de um tipo de imaginação intermitente, entrecortada de acidentes descontínuos."[5]

Luís Jardim (1901-1987), cujo livro *Maria Perigosa* (1938), em segunda edição (1959), acrescida de seis novas produções da mesma alta qualidade, premiado em concurso da Livraria José Olympio Editora, de larga repercussão nacional, teve grande parte no rejuvenescimento e no interesse que o conto vem despertando nos últimos tempos no Brasil, não se esquecendo que Monteiro Lobato considerava aquele livro uma das coisas mais importantes aparecidas no setor do conto, entre nós.

Afonso Schmidt (1890-1964), com as histórias de *Curiango* (1935), na maioria de violenta e sombria intensidade; Orígenes Lessa (1893-1986), certamente o mais numeroso e dos mais seguros do mesmo setor, já nos deu *O escritor proibido* (1929), *Garçon, garçonnette, garçonnière* (1930), *A cidade que o diabo esqueceu* (1931), *Passa três* (1935), *Omelete em Bombaim* (1946), *A desintegração da morte* (1948), *Balbino, homem do mar* (1960) e *Zona Sul* (1964). Histórias de humor negro e, mais recentes, de pura malícia muito carioca, de surda pungência em muitos casos, mas sempre de temas imprevistos e originais, em sua emoção devidamente policiada, renovada em cada livro, tornaram-no um dos autores mais *à la page* entre os mais modernos dos nossos contistas.

Joel Silveira (1918-2007), em *Onda raivosa* (1939), *Roteiro de Margarida* (1940) e *A lua* (1945); Dias da Costa (1907-1979), com os contos da *Canção do beco* (1939) e, mais tarde, de *Mirante dos aflitos* (1960) e José Cavalcanti Borges (1910-1983), autor de *Neblina* (1940) e *Padrão* G (1948), são os três representantes verdadeiramente credenciados da chamada "família mansfieldiana" do Brasil, da sutil classificação de Valdemar Cavalcanti, porque, a despeito da inegável afinidade de maneira da sua temática, em verdade conservam-se autênticos, alheios aos exageros e deficiências do *décalque* com que tantos outros vêm tentando a renovação formal do gênero. Lia Correia Dutra , premiada também como Luís Jardim, com seu livro *Navio sem porto* (1943), é narradora vigorosa, de forte cunho dramático e denso sentido humano. R. Magalhães Júnior (1907-1981), em particular com as excelentes histórias de *Fuga e outos contos* (1936); Miroel Silveira (1914-1988), autor de *O clube dos nudistas* (1941) e *Bonecos de engonço* (1940); Osvaldo Alves (1912-1985) com *Uma luz na enseada* (1944), enfileiram-se ainda entre os bons contistas das últimas décadas.

Em 1946, surgiu *Sagarana*, de João Guimarães Rosa (1908-1967), até então completamente desconhecido e que, com esse livro, atingiu de golpe situação idêntica à de Monteiro Lobato, com o aparecimento de *Urupês*. Convizinhando desde já, certas vezes, perigoso verbalismo, de que o salvam, naquelas páginas, intenso teor plástico e linguagem saborosamente nacional, *Sagarana* contém histórias como "O burrinho pedrês", "Sarapalha" ou "Conversa de bois", do mais alto nível no conto regional, à mesma altura em que se colocaram, por mais de cinquenta anos, os contos de Afonso Arinos. Posteriormente, com as novelas de *Corpo de baile* (1956) e o seu livro talvez fundamental, embora o mais controvertido, *Grande sertão: veredas* (1956), Guimarães Rosa passou a ocupar um posto específico em nossas letras, sendo hoje o prosador brasileiro mais copiosamente citado e referido, traduzido para o inglês, francês, italiano e alemão. Mais recentemente, publicou *Primeiras estórias* (1962) e *Tutameia* (1967), onde se concentram todas as singularidades de uma arte literária, diante da qual ainda se manifesta muita perplexidade por parte de alguns críticos.

Haveria que citar ainda outros nomes, os da chamada geração de 45 — que por sinal apareceram reunidos em número de 36, na *Antologia de contos de escritores novos do Brasil* (1949), muitos deles, na verdade, firmados de preferência e com segurança maior no romance, no ensaio e na poesia; quando não ancorados, alguns, no único espécime do gênero incluído no livro. A destacar, no entanto, Almeida Fischer (1916-1991), autor de *O homem de duas cabeças* (1951); Breno Acioli (1921-1966), estreante de *João Urso* (1944), prosseguiu em *Cogumelos* (1949), *Maria Pudim* (1955) e na recente coletânea *Os cata-ventos* (1963). De seus contos, de sombria e trágica atmosfera, em sua maior parte, diz Adonias Filho que "não há como escapar às situações, pesadelos ou sonhos, que, se por um lado lembram Gerard de Nerval, pelo outro se fundem na angústia existencial de Marcel Johandeau";[6] Carlos Castelo Branco (1920-1993), autor de *Cantinhos brasileiros*, de excelente contextura e substância; Murilo Rubião (1916-1991), autor de *O ex-mágico* (1917); Xavier Plácer (1916-2008), autor de *Doze histórias curtas* (1946), de leve trama e sutil tratamento; Vasconcelos Maia (1923-1988), autor de *Fora da vida* (1946), *Contos da Bahia* (1951), *O cavalo e a rosa* (1959), é hoje o contista mais representativo da Bahia: Francisco Brasileiro (1906-1989), laureado de *Terra sem dono* (1935); Constantino Paleólogo (1922-1966), autor de *Histórias verídicas* (1946); Macedo Miranda (1920-1974), com *Pequeno mundo outrora*.

No Ceará, do antigo grupo de Clã, surgiu um excelente conjunto de autores de muitas composições das melhores da atualidade, como sejam Braga Montenegro (1907-1978), também crítico de primeira plana, ensaísta agudo e sensível, que tinha em preparo há vários anos uma *Estética do conto* de que nos deu já uma boa amostra em *O conto brasileiro* e *Evolução do canto cearense*, autor de *Uma chama ao vento* (1946), duas vezes premiado, no Ceará e pela Academia Brasileira de Letras. Recentemente publicara *As viagens* (1966), que fez questão de classificar como novelas de cenários amazônicos, onde convivera rapazinho, admiravelmente estruturadas, entre as quais se encontra uma verdadeira obra-prima, de densidade no melhor teor conradiano, mas de absoluta originalidade, "Os cárceres verdes". Dele diz com muita propriedade Paulo Rónai: "Se um Caldwell, um Hemingway, um Pirandelo e um Sartre conseguem pôr nervos e profundidade antinarrativísticos em sua ficção média, atendendo mais no subjetivismo e nas reações por assim dizer estáticas das suas criaturas e dos seus ambientes, que condicionam aquelas e não apenas servem de *background*, do que no desenrolar da ação, B. Montenegro não vai menos além nas suas novelas, onde a estória cede lugar — sem entretanto deixar de existir, e viva, e palpitante — não somente à ação psicológica, subjetiva, como à presença de meio ambiente".[7] Eduardo Campos (1923-2007), autor de *Águas mortas* (1943), *Face iluminada* (1917) e *A viagem definitiva* (1949), folclorista de altos méritos, tem, naqueles livros, alguns contos regionais e psicológicos da melhor marca, a exemplo de "Os abutres" e "O casamento", o último, principalmente, na sua força bem da terra cearense, dos mais belos da atualidade brasileira; Fran Martins (1913-1996), autor de *Noite feliz* (1946), *Mar oceano* (1948) e *O amigo de infância* (1959), tem-se revelado um excelente fixador das paisagens e das almas da sua *gens*, particularmente na transfiguração poética das suas muitas vivências sertanejas do alto *hinterland* cearense. Quanto a Moreira Campos, é um mestre do conto moderno, desde o aparecimento do seu primeiro livro, *Vidas marginais* (1949), no qual há pelo menos uma obra-prima do conto universal desta hora, "Lama e folhas". Passados sete anos, voltou com outro livro do mesmo gênero — *Portas fechadas* (1956), levando igual período, para nos dar sua última coletânea, *As vozes do morto* (1963). Todas as suas qualidades de contista nato (pois é também um narrador oral verdadeiramente notável) vêm apuradas nesses dois livros. As pequenas ou grandes tragédias, as comédias ocultas do cotidiano burguês, fixadas por ele, ganham, em sua mão experiente, uma especificidade que o aproxima dos maiores nomes do conto psicológico de todos os tempos, de Machado de Assis para cá, inclusive e principalmente Tchecov, de sua íntima e fiel convivência, ou, mais perto de nós, de um Joyce dos *Dubliners* ou um Sherwood Anderson, de *Winesburg Ohio*.

Embora não figurando na *Antologia de contos* atrás referida, cumpre ainda citar estes nomes: Lúcia Benedetti (1914-1988), com uma série de narrativas deliciosamente irônicas e sentimentais, *Vesperal com chuva* (1950), Osman Lins, José J. Veiga, Nelson Coelho, Leonardo Arroyo, Antônio d'Elia, Luci Teixeira, Samuel Rawet, Renard Perez e outros que continuam a manter, neste momento, com segurança e cunho pessoal, a tradição do conto no Brasil.

Observa-se, ultimamente, no particular, que o conto brasileiro, praticado por escritores que vão surgindo, e que estão constituindo já uma legião, em especial nos suplementos literários, se ressente muito vivamente de marcadas muletas de Katherine Mansfied, Franz Kafka e William Saroyan, do que decorre, em grande parte, a transformação do gênero "numa teia leve de abstração, pois é certo que, se essa ascendência empresta-lhe certo cunho de originalidade, concorre também. para o seu desvigoramento psicológico, para a deformação da realidade até o ponto de se transformar num lirismo vago e ideal", como observa muito bem Braga Montenegro. Há uma tendência exagerada pelo cultivo do conto de situação, ou ainda mais nítido, pelo aspecto puramente formal, alheio a qualquer sugestão de *plot*, levando realmente essa queda pelo incorpóreo, pela *nuance*, pelo indefinido de situações, muita vez a uma completa adulteração do conto, a decair em simples trecho de prosa inconsistente, de duvidosa perenidade. Apresentando seu conterrâneo Ariovaldo Matos, por sinal autor de uma boa coleta de contos — *A dura lei dos homens* (1960), impressivamente estruturados e vigorosamente narrados, Jorge Amado observava do mesmo modo que "vem realmente o conto adquirindo uma grande importância. Hoje é talvez o gênero preferido pelos jovens. No entanto, é necessário constatar a existência de uma tendência a levar ao exagero o tratamento formal, abandonando quase por completo (em certos casos completamente) o tema e aquilo que é, no fundo e sempre, a essência mesmo da narração: a história e a emoção que dela decorre. Certos jovens contistas são frios como o polo norte e seus temas não passam, por vezes, de anedotas truncadas".

Curiosamente, essas palavras não se afastam muito das que, em artigo publicado em *A Semana*, de Valentim Magalhães, em 1894, dizia Araripe Júnior: "Quem examina os livros de contos que circulam pelas livrarias verá que, na maior parte, eles não passam de começos de romances abortados, de aspectos físicos ou morais, deslocados de livros por fazer, marinhas ou paisagens, perfis, páginas dispersas, que estão muito longe de realizar o tipo completo dessa espécie de literatura. Nesse caso, acham-se quase todos os contos que foram dados à estampa durante o ano transato, no Brasil."

A principal característica da subversão atual do gênero seria justamente essa de fugir de modo sistemático ao episódico, a qualquer elemento de surpresa, a qualquer fim imprevisto, que durante tantos anos predominaria na maioria dos contos, especialmente nas letras europeias. Daí, a adoção da cronologia arbitrária, a simultaneidade da ação, quando não das simples reações psicológicas, o *flashback*, a técnica do contraponto, a busca superlativa da situação, enfim, todos os recursos da movimentação do tempo e da *mood*, trazidos à literatura em grande parte pelo cinema.

Assim, o enredo, o assunto, o incidente, foram deixando de ser significativos, para a ênfase do transitório, dos reflexos psicológicos, da ambivalência do passado e do presente, tumultuando a vida e o ambiente em que se movem os personagens. Tudo ficaria restringido "a uma visão instantânea, uma impressão por assim dizer atmosférica, que já é, em miniatura, uma visão completa da vida" — segundo as palavras de Otto Maria Carpeaux, ao ocupar-se certa vez do conto de Tchecov "Um acontecimento".

Entretanto, não é menos certo que o conto, para ser conto, deve contar alguma coisa, mesmo que seja um acontecimento sem importância, como o tema de Tchecov (uma ninhada de gatinhos é morta por um cão de passagem pela casa onde se dera "o acontecimento": as crianças sofrem terrivelmente com o caso, porém os adultos apenas acham graça na ocorrência) — e é esse truísmo que vai arrepiar com certeza aqueles que, ao contrário, procuram ver no conto moderno justamente a ausência total de qualquer *plot*, por mais difuso que seja, para focalizar apenas os reflexos do automatismo individual, nuanças de situações, tudo isso que veio derivando nas letras universais, desde que o mesmo Tchecov deu uma virada radical no modelo fixado, indelevelmente, por muito tempo ainda, por Guy de Maupassant, depois de Edgar Allan Poe e Prosper Mérimée.

Ocorreu também que o conto, que havia perdido o *élan* dos tempos do naturalismo brasileiro e do regionalismo posto em voga por Afonso Arinos, veio ter novo surto entre nós, inegavelmente, a partir dos concursos realizados por José Olympio, quando foram lançados os nomes de Lia Correia Dutra, Luís Jardim e Telmo Vergara, tendo também os suplementos literários dos jornais parte preponderante nessa revivescência.

É preciso não esquecer, entretanto, que todos os que têm feito contos modernos, sem nenhum compromisso com o modelo clássico (perene e impermeável ao tempo), não foi pelo desprezo aos elementos implícitos do gênero que sua obra há de perdurar, sendo ainda mais impressivo pensarmos que de Mário de Andrade, por exemplo, a parte talvez mais viva da sua ficção seja a coleção de *Novos contos*, entre os quais alguns sofreram modificações em variantes de mais de dez anos de uma para outra, eliminados pouco a pouco, por inúteis, todos aqueles cacoetes que lhe pareciam essenciais, nos primeiros dias da vibração modernista.

Não se vai tirar a ninguém, é claro, especialmente aos jovens, o direito de procurar qualquer inovação, desde que seja motivação genuína, sincera e natural do seu próprio temperamento e mentalidade. Daí, porém, a aceitar tudo o que se tem feito desde certo tempo para cá, em matéria de conto, pelo simples fato do seu tratamento insólito, vai muita distância.

Realmente, essa queda pelo incorpóreo, pela *nuance*, pelo indefinido de situações, a que se aludiu já, em muitos casos leva a uma completa adulteração do conto, decaindo não raro não muito longe do famigerado poema em prosa, ainda menos consistente, de duvidosa perenidade, a que escapam ainda, felizmente, muitas obras recentes, ainda assim, no entanto, insuficientes para se afirmar que esta seja mesmo a idade de ouro do conto brasileiro.

De qualquer modo, as duas formas do moderno conto universal, a que deriva de Maupassant, ou forma naturalista, com as restrições inerentes à época atual, e a representada por Tchecov, ou forma psicológica, encontraram sempre no Brasil clima altamente favorável. As duas categorias estéticas tiveram seus representantes máximos no passado em Afonso Arinos, Simões Lopes Neto, Coelho Neto e Machado de Assis, chefes de fila das duas correntes. A estética psicológica ensina que a realidade essencial reside no homem, no seu próprio coração e na sua própria alma, onde se passam os maiores conflitos e onde está a essência trágica da vida. Era essa a concepção de Machado. A tradição naturalista de Maupassant procura captar a realidade no seu aspecto externo, como a sede e o motivo dos conflitos entre os homens. Ela teve no Regionalismo o principal estímulo e a atmosfera que a ajudariam a produzir entre nós algumas obras-primas no gênero, pela pena de Monteiro Lobato, Hugo de Carvalho Ramos, Valdomiro Silveira ou Guimarães Rosa. Sem embargo, o conto naturalista não foi só no contato da terra que se construiu entre nós. O ambiente social das cidades, dos centros operários, da vida burguesa e mundana serviu-lhe excelente matéria-prima de que souberam tirar partido um Lima Barreto, um Marques Rebelo, um Orígenes Lessa, um Luís Jardim, uma Lia Correia Dutra.

Na busca exclusiva do formal, na porfiada procura de novos meios expressionais, puramente estéticos, em detrimento do *pathos*, da emoção, do drama ou do simples núcleo psicológico inerente a todo conto, é que reside o maior equívoco de muitos dos seus cultores novos. Ao final de poucas páginas de leitura cerrada de produções dessa natureza, é fácil verificar a inanidade de tais esforços, a esterilidade emocional, a inocuidade anímica de tantas distorções, rodeios, repetições, voltas e reviravoltas estilísticas, para a fixação de um quase nada, sem que ao menos as tiradas do monólogo interior em que se resumem tantas dessas páginas, de mistura com incidências de ações pretéritas, dispersas e difusas no ambiente ou no tempo, sejam capazes de dar a nitidez de qualquer corte vertical, seja de certo personagem, seja de certa situação.

Já estamos longe daquela *boutade* de Mário de Andrade, quando dizia que conto é tudo aquilo que o autor chama de conto.

A semelhantes equívocos escapam ainda hoje muitos autores, por sinal que apresentando por outro lado um parentesco bem evidenciado em suas características melhores — e é o caso de uma Lygia Fagundes Telles (1918-2022), autora de *Porões e sobrados* (1938), *Praia viva* (1944), *O cacto vermelho* (1949) e *Histórias do desencontro* (1958); de uma Clarice Lispector, com *Alguns contos* (1952), *Laços de família* (1960) e *Legião estrangeira* (1964); de um Otto Lara Resende (1922-1992), autor de *O lado humano* (1952), *Boca do inferno* (1956) e *O retrato na gaveta* (1962); ou Dalton Trevisan, contista copioso de *Novelas nada exemplares* (1959), *Lamentações de Curitiba* (1961), *Cemitério de elefantes* (1962) e *O anel mágico* (1964), além do citado Moreira Campos, são verdadeiros mestres do conto moderno, manejando um vocabulário terrivelmente nítido, donos de um mundo de perdição e desengano, de personagens duma vida irreversível, duma força intrínseca, muitas vezes de chocante brutalidade, quando não de contagiante frustração, mas todos compondo uma humanidade que ficará marcando sem nenhuma dúvida nas letras contemporâneas do Brasil.

Sem esquecer que a enumeração não tem nada de limitado nem de restritivo de alguém mais, bem próximo ou do mesmo porte, como seria ainda o caso de um Osman Lins de *Os gestos* (1957) ou de dois que vêm renovando o conto regional na melhor categoria, Jorge Medauar, com *Água preta* (1958) e *A procissão e os porcos* (1960) e Caio Porfírio Carneiro com *Trapiá* (1961). Na mesma linha de renovação do conto regional é José Sarney (1930), com *Norte das águas* (1970), também autor de livros de poesia: *A canção inicial* (1955) e *Marimbondos de fogo* (1979).[8]

NOTAS

1   *Evolução do conto brasileiro*. Rio de Janeiro. Ministério da Educação e Cultura, 1954. Sobre o conto moderno, ver o cap. 63 desta obra.
2   *Os precursores do conto no Brasil*. Introdução, pesquisa e seleção de Barbosa Lima Sobrinho. Rio de Janeiro: Civilização Brasileira, 1960, p. 19.
3   *História da literatura brasileira*. Rio de Janeiro, Livraria José Olympio Editora, 1954, 3.ª edição, p. 241.
4   In: *Descobrimento*. Lisboa, 1931.
5   "Realismo e suprarrealidade" (in "Suplemento Literário" de *O Estado de S. Paulo*, 10 out. 1959).
6   In *Cata-ventos*. Rio de Janeiro, 1963.
7   "Um cearense viaja pela Amazônia" (in *O Correio Paulistano*, 5 mar. 1961).
8   Sobre o Conto ver os caps. 40, 41 e 51. Ver também: Gomes, Celuta Moreira e Aguiar, Teresa da Silva. *Bibliografia do conto brasileiro*. Rio de Janeiro, Biblioteca Nacional, 1968. 2 vols.
Neste estudo é claro que não podia figurar o contista Herman Lima, autor de dois volumes de contos, *Tigipió* (1924) e *A mãe d'água* (1928), filiado à tradição de Maupassant, embora com um regionalismo leve e uma atitude nada violenta ou agressiva no trato das personagens.

56. *Américo Jacobina Lacombe*
LITERATURA E JORNALISMO

No jornalismo político: A era da Independência. A era regencial. O Segundo Reinado. A imprensa acadêmica. A propaganda republicana. A era republicana. Polemistas e panfletários.

I — NO JORNALISMO POLÍTICO

O jornalismo não pode viver dissociado da literatura, pois não é senão a expressão palpitante da mesma, como força cultural, agindo mais de perto sobre o povo. Félix Pacheco (*Robles e cogumelos*. Rio de Janeiro, 1932, p. 34).

A ERA DA INDEPENDÊNCIA

A introdução da imprensa no Brasil não corresponde ao início do jornalismo, como veículo de manifestações literárias.[1] O primeiro jornal fundado no Brasil apareceu no Rio de Janeiro, em 10 de setembro de 1808: foi a *Gazeta do Rio de Janeiro*. Era privativa dos oficiais da Secretaria de Estrangeiros e Guerra e dirigida por um deles: Frei Tibúrcio José da Rocha. Seus primeiros números consistiam unicamente em noticiário.[2] Só em 1823 passou a circular como *Diário do Governo*. Seguiu-se a *Idade d'ouro*, publicada na Bahia na oficina de Silva Serva, em 13 de maio de 1811.

Em breve, porém, as folhas impressas, regulares ou avulsas, ganharam o público. Dezenas e centenas de órgãos, nos quais dificilmente se pode distinguir o órgão permanente ou, ao menos, com pretensões a tal, dos panfletos publicados em fascículos irregulares, incorporam-se aos hábitos da população letrada. Logo surgem, na multidão dos escritores, algumas figuras que se haviam de ligar não só à indústria da divulgação da notícia, mas ainda ao jornalismo como revelação de um sentimento literário.

Paradoxalmente a maior figura da fase de implantação da imprensa em nosso país não escreveu no Brasil.

HIPÓLITO JOSÉ DA COSTA PEREIRA FURTADO DE MENDONÇA[3]

Publicou em Londres seu *Correio Brasiliense ou Armazém Literário*, o primeiro periódico brasileiro, escrito por brasileiro, em vista do bem do Brasil, e o primeiro a circular sem censura. Começou em junho de 1808, antes, portanto, do aparecimento do primeiro jornal impresso no Brasil, e terminou em dezembro de 1822.

A parte de noticiário no *Correio Brasiliense* era realmente limitada. Em compensação, a contribuição para o enriquecimento do pensamento político brasileiro é das mais importantes de toda nossa literatura. Era Hipólito sincero monarquista constitucional do tipo britânico e adepto convicto da união do Brasil com Portugal. Coerentemente manifestou-se contra os movimentos de tendência republicana e separatista. Mas no conflito entre o príncipe e as cortes portuguesas, viu na atitude destas um desafio à unidade brasileira. Aplaudiu o *Fico* e pôs-se ardentemente a favor do Império. Eis por que é proclamado patriarca não só de nossa imprensa, mas um dos autênticos construtores da ideologia do império brasileiro.

Autor de uma gramática comparada e bom conhecedor de clássicos gregos e latinos, com bom lastro de cultura humanística e sólidos conhecimentos científicos, dotado ainda de vigoroso raciocínio, Hipólito utiliza uma linguagem nobre e adequada, ainda que nem sempre perfeita, em face de raros anglicismos, resultantes da influência do país em que residia. "Foi uma das mais completas organizações intelectuais de sua geração", diz Mecenas Dourado. "Redigia em estilo oral, simples, espontâneo, à altura da compreensão sintática e vocabular do povo ou da média da população luso-brasileira" (ib.). Seu estilo era "mais correntio, menos sobrecarregado de torneios acadêmicos e citações clássicas" que alguns contemporâneos, diz Sílvio Romero (*Hist. Lit.* 4ª, II, p. 328).

Mencione-se ainda, a título de curiosidade, que o gosto pelas letras puras levou-o também à poesia, em que deixou um drama cômico à moda clássica, inspirado em Correia Garção (*O amor d'estranja*), manuscrito inédito pertencente ao Sr. Plínio Salgado, que devia ser seguido de outros. "Não insistindo na tentativa", observa com razão o Prof. Dourado, "reconhecia, até certo ponto, a sua fraqueza dramática". Três poemas publicados no *Correio Brasiliense* (duas odes horacianas e um soneto à moda de Bocage) revelam, como observa o mesmo autor, que seus conhecimentos literários superavam o sentimento poético. De qualquer maneira, sob o ponto de vista literário, Hipólito da Costa revela-se um homem a par da cultura de seu tempo, não indiferente aos ideais políticos, mas também aos estéticos de sua geração.

A maior figura, entre os que se serviram da arma poderosa da imprensa para a propaganda política no Brasil foi o velho conselheiro de D. João VI, espécie de ministro sem pasta e respeitadíssimo autor de livros famosos de economia e de política, José da Silva Lisboa, barão e visconde de Cairu (Salvador, 1756-Rio de Janeiro, 1835). O respeitável professor, membro da direção da Impressão Régia e da Mesa Censória, mais tarde senador do Império, foi dos que mais creram no poder da letra de fôrma e atiraram-se à competição nas lides da imprensa, superando a todos os contemporâneos pelo número de publicações e pelo fervor no combate. Nove jornais e trinta e dois panfletos políticos, talvez outros ainda não identificados, representam sua contribuição para a numerosa bibliografia de nossa *pequena imprensa*. É enorme a dificuldade para catalogar sua imensa produção por gêneros. Vários, como observa Hélio Viana, não passam de panfletos em fascículos, que, pelas normas clássicas de biblioteconomia, não constituem propriamente periódicos.

Foi Cairu o primeiro jornalista brasileiro proprietário no Brasil: o *Conciliador do Reino Unido*, que não é senão um só estudo, repartido por sete números entre 1º de março e 25 de abril de 1821. Parece que não visava o sábio Silva Lisboa à manutenção de um periódico permanentemente, mas ao lançamento de espécie de manifestos em pequenos fascículos. Tanto que os nomes se sucedem a curto intervalo e houve momentos em que publicava duas séries ao mesmo tempo. O segundo da série foi a *Sabatina familiar de amigos do bem comum*, que era quase só o prospecto de uma "sociedade doméstica de homens de letras" com objetivos culturais, inclusive a fundação da Universidade, então muito falada. *A Reclamação do Brasil* acompanha os acontecimentos políticos do "Fico" até maio de 1822, e compõe-se de 14 partes, que é como significativamente o autor considera os seus fascículos, além de vários números extraordinários contendo réplicas às críticas suscitadas pelas suas teses. O *Roteiro brasílico* ou *coleção de princípios e documentos de direito político em série de números*, iniciado em 23 de agosto de 1822, compõe-se de 11 partes e é a rigor um ensaio em defesa do constitucionalismo. De outubro de 1822 a janeiro de 1823 aparece Cairu com outra série de escritos com o nome de *Império do Equador na Terra de Santa Cruz*, em 15 partes, também sem os característicos de jornal, sustentando o imperador e a fundação do Império, defendendo os economistas e publicistas ingleses e atacando violentamente o "sofista de Genebra" e a galomania brasileira. Ao mesmo tempo publicava Cairu a *Causa do Brasil no juízo dos governos e estadistas da Europa*, em 16 partes, de outubro de 1822 a março de 1823, com um prefácio. A simultaneidade da publicação e a continuidade do assunto retira, para muitos, o caráter jornalístico ao trabalho. Do mesmo gênero é o *Triunfo da legitimidade contra a facção de anarquistas*, 14 números, de fins de 1825 a princípio de 1826, em defesa da política imperial em face de incorporação de Montevidéu pelo governo argentino. A *Honra do Brasil desafrontada de insultos da "Astreia" espadachina*, é mera resposta polêmica a um jornal do tempo. Compõe-se de 31 números em 1828. Empenhando-se em luta com diversos órgãos da imprensa brasileira, pela diversidade de assuntos, tem mais a feição jornalística. Trinta e dois panfletos publicados entre 1821 e 1828, ora em um só opúsculo, ora em partes seriadas, completam a coleção de intervenções através da imprensa de um dos mais altos expoentes da cultura brasileira, sem falar dos artigos publicados em folhas alheias. Defende sempre coerentemente a unidade do Império contra o separatismo da Confederação do Equador, o reconhecimento da independência em face das cortes europeias, a ortodoxia católica contra as reformas propostas por Feijó, a legitimidade de D. Pedro IV contra a usurpação de D. Miguel.

Cairu é um profundo conhecedor do latim, do grego e mesmo do hebraico, que ensinou em Coimbra após concurso. Seus escritos são áridos e carregados de citações. Sua leitura, pela complexidade do plano, é fatigante. A erudição, porém, não exclui a simplicidade da forma, nem a paixão política que o move. Na febre de atacar os adversários do *bem comum* (expressão tão de seu agrado) vai até a perpetrar alguns poemas satíricos que não honram o literato, nem o cristão. Deve ser um autêntico e digno patrono dos eruditos brasileiros, não só pela profundeza dos conhecimentos como pelo verdadeiro patriotismo que o levou sempre a pôr seus conhecimentos fervorosamente a serviço das grandes causas nacionais.[4]

Sob o ponto de vista cultural a publicação mais importante da época da independência foi o *Revérbero constitucional fluminense*, jornal essencialmente político, que já foi qualificado de *super-retórico*, em cuja direção estava um dos maiores nomes da literatura brasileira no momento: o Cônego Januário da Cunha Barbosa (Rio de Janeiro, 1780-1816). Seu companheiro de redação Joaquim Gonçalves Ledo (Rio de Janeiro, 1781-Macacu, RJ, 1847), se tinha menos títulos acadêmicos, estava longe de ser um simples acólito. O que um redigia, o outro revia e editava, declararam anos depois a Varnhagen. Durou o jornal de setembro de 1821 a outubro de 1822, compreendendo 48 números ordinários e três extraordinários.

Representou o *Revérbero* brilhantemente a facção democrática e maçônica da política brasileira, pois o Cônego Barbosa, famoso orador sacro e professor do seminário, era, como tantos sacerdotes de então, fervoroso e sincero sectário da maçonaria nascente. *O Trinta de Julho*, um dos numerosos pasquins do tempo, em 27 de janeiro de 1833 chama-o de "imitador do Pe. José Agostinho de Macedo", conceito não destituído de verdade. O jornal é noticioso, e não somente doutrinário. Contém extratos dos grandes órgãos nacionais e notícias do estrangeiro. A princípio unionista em relação a Portugal, e sincero crente na obra das Cortes Gerais, vai caminhando, através da defesa da integridade e autonomia do Brasil, para a tese da independência total. Coube a esse órgão da imprensa a iniciativa de várias medidas aceitas e postas em prática pelo príncipe. Mas no choque com a facção andradista foram os redatores derrotados e deportados. Joaquim Gonçalves Ledo, advogado e político, só tem como títulos à literatura essa colaboração. Além das representações e manifestos políticos, alguns célebres, terá deixado memórias e um drama, ambos desaparecidos. O Cônego Januário, porém, é dos mais operosos contribuintes para as nossas letras. Autor dos artigos doutrinários do *Revérbero* (é fácil distingui-los das páginas mais exaltadas de Ledo), foi depois diretor do *Diário Fluminense*, órgão oficial, em que continuou de pena em punho combatendo contra vários jornais, e finalmente, em 1834, fundador do jornal político e satírico *Mutuca*

Picante. Era este um jornal de luta, em que perseguiu valentemente o *Sete de Abril*, jornal do mesmo feitio, orientado por Bernardo Pereira de Vasconcelos. Enfrentou igualmente Evaristo da Veiga, com a sua *Aurora Fluminense*. É escusado dizer que é difícil elaborar um julgamento acerca deste gênero de jornais. O desconhecimento das minúcias da *pequena história* faz com que nos escape a maior parte das possíveis piadas. O que nos assalta, ao percorrer as páginas das publicações do tipo dessas, é a ideia de que tão altos espíritos como seus grandes redatores não aumentam suas glórias com a feitura daquelas amargas páginas. O mesmo sentimento de polêmica levou o Cônego Barbosa a escrever duas peças satíricas: *Rusgas da Praia Grande ou o quixotismo do general das massas*, comédia em prosa, com três atos, publicada no Rio de Janeiro em 1834 (escrita para ridicularizar o General Abreu e Lima) e *Os garimpeiros*, poema herói-cômico em quatro cantos (Rio de Janeiro, 1836), em resposta a um poema no mesmo gênero (*O pesadelo*, por Filipe Alberto Patroni Maciel Parente, por outros atribuído a Francisco Pinheiro Guimarães). Se não atingiam o chiste de Nicolau Tolentino ou a mordacidade de Gregório de Matos, honram a cultura filológica e retórica do padre-mestre, autor também de um poema clássico: *Niterói* (1822), o Cônego Barbosa foi diretor da Biblioteca Nacional e um dos fundadores do Instituto Histórico.[5]

Manuel Ferreira de Araújo Guimarães (Salvador, 1777-1838), militar e professor de matemática, após ter sido diretor da *Gazeta do Rio de Janeiro*, fundou o jornal mais noticioso da época, e, por isso mesmo, de maior aceitação na corte e nas províncias: *O Espelho*. Não teve a importância doutrinária dos escritos de Cairu, nem o brilho do *Revérbero*, mas habilmente soltando as velas conforme o vento, manteve-se o jornal de 1821 até 1823.

Luís Augusto May (Lisboa, 1782-Rio de Janeiro, 1850), famoso redator do jornal *A Malagueta*, não mereceria menção neste capítulo a não ser como representante da imprensa exaltada, e, por isso mesmo, temida e castigada. Foi por duas vezes agredido violentamente e provocou terríveis discussões parlamentares, mas em toda essa primeira fase do nosso jornalismo foi ele "o mais destro e pertinaz polemista", "culto vaidoso e destemido", diz Rizzini: "expoente dos defeitos e das qualidades do jornalismo personalista e desregrado do tempo, obstinou-se em sua trincheira. Dela saiu velho, pobre e mutilado".[6]

João Soares Lisboa, português integrado em nossa vida política, foi redator do *Correio do Rio de Janeiro*, que circulou em 1822 e 1823; faleceu lutando contra o imperador, em plena revolução pernambucana de 1824. Foi, no juízo de Rizzini, apesar de não ter qualquer título acadêmico, "o melhor jornalista do tempo", "quem melhor escrevia". Em compensação o sábio pregador Frei Francisco de Santa Teresa de Jesus Sampaio (Rio de Janeiro, 1778-1830), não conseguiu, por seu temperamento tímido, alçar-se ao nível de um jornalista de primeira plana. Seu jornal, *O regulador brasílico-luso*, depois *Regulador Brasileiro*, que durou de 1822 a 1823, foi a primeira folha oficiosa no Brasil, sustentada pelo governo que ela defendia sistematicamente. Não era noticiosa, limitando-se a publicar artigos doutrinários traduzidos e a transcrever os sermões do rdator.

Ao mesmo tempo que, na corte, a imprensa se utilizava amplamente da liberdade e contribuía para o estabelecimento do regime democrático, alguns órgãos provinciais começavam a tecer a rede de jornais livres que vai ser, daí por diante, uma das principais linhas de nossa fisionomia política.[7]

Em Pernambuco a primeira revelação do jornalismo nativo foi o monge beneditino, depois secularizado, Pe. Miguel do Sacramento Lopes Gama (Recife, 1791-1852), orador sacro, professor de retórica e diretor, por algum tempo, da Faculdade de Direito. Redigiu, a princípio, *O Conciliador Nacional* (1822-1825), no qual defendeu os princípios do governo representativo e democrático. Não aceitou o republicanismo revolucionário de 1824, mas combateu o reacionarismo em 1829, no *Constitucional* e em 30, n'*O Popular*. Escreveu um curso com o nome de *Lições de eloquência nacional* (Rio de Janeiro, 1846), em 2 volumes, uma *Seleta clássica* (Pernambuco, 1866), vários compêndios, um poema cômico contra os reacionários (*A coluneida*, 1832), o periódico *Sete de Setembro* (1845-1846), e alguns relatórios importantes. Mas é como redator em 1832 do *Carapuceiro* "periódico sempre moral e só *per accidens* político", como se lê em seu cabeçalho, que há de ser sempre famoso. Disposto a criticar e a combater os vícios do tempo, o erudito censor está longe de ser um enamorado dos "belos tempos de outrora". Ataca mesmo acerbamente os passadistas. "Não posso tolerar a lamúria de alguns velhos e rabugentos, que nos cansam os ouvidos e a paciência com as belas coisas de outros tempos, sem que metam em conta as muitas ruins que houveram" [sic]. "Deixemos pois chorarmingar os velhos gabadores das coisas antigas, certos de que em todos os tempos têm havido virtudes e vícios, que já houve século mais morigerado e também já houve século muito mais corrompido do que o nosso." Com extraordinária acuidade registra traços de nossa vida social amplamente aproveitados para os modernos estudos sociais. Sua pilhéria, comenta Sílvio Romero, "não trazia o riso franco e formidável de Rabelais, nem o travor melancólico de Thomas Wood, mas era folgazã e bem-humorada" *(Hist. lit.*, 4ª II, p. 356). Suas observações sobre os efeitos da escravidão, sempre se referindo "ao fato social e não ao étnico", são "material de primeira ordem".[8] Longe de ser um moralista insulso, é um realista, sem o travo do passadismo e sem temor da verdade.[9] "Impõe-se corrigir a injustiça do esquecimento de que ele está hoje recoberto"[10] é a palavra final da excelente introdução à sua antologia organizada inteligentemente por agudo espírito crítico.

O *Diário Constitucional* fundado na Bahia por Francisco José Corte Real e, sucessivamente Corte Nacional e Corte Imperial, propiciou o surgimento do jornalista Francisco Gomes Brandão (que por sua vez passou a ser Francisco Gomes Brandão Montezuma e, afinal, Francisco Gê Acaiaba de

Montezuma, nome que mais tarde deixou de usar para ostentar o de Visconde de Jequitinhonha), um dos mais estranhos e surpreendentes talentos nativos surgidos na época, misto de cabotino, impostor, estadista e autêntico patriota.[11] Enfrentando cinco folhas de orientação portuguesa, imprimiu ao jornal a espantosa veemência que lhe caracterizou a oratória e o jornalismo, até que o periódico, que era o décimo surgido na Bahia, foi o primeiro a ser empastelado, num movimento de fúria das tropas do General Madeira.

Vindo à corte, muniu-se Montezuma de apetrechos e volta à província onde inicia novo periódico em Cachoeira, *O Independente Constitucional*. Foi um grande lutador da pena, retumbante, mas na verdade eloquente. Serviu-se, mais tarde, novamente da imprensa para sua campanha, mas nunca mais com o brilho de sua fase inicial. Num capítulo de imprensa não é possível deixar de mencionar que nenhum homem público no Brasil teve mais em conta a importância da publicidade para a vida política, e seguindo a máxima que lhe atribui Suetônio,[12] "no Brasil antes injuriado que esquecido", elaborava falsas acusações para ter oportunidade de aparecer com arrasadoras e documentadas defesas.

A figura mais significativa da imprensa do Pará era Filipe Alberto Patroni Martins Maciel Parente (Belém, 1798-Lisboa, 1866), redator d'*O Paraense*, erudito, poeta, político, meio tresloucado, mas pitoresco. Seu sucessor foi o Cônego João Batista Gonçalves Campos, uma das maiores figuras dos agitados tempos revolucionários da regência no Pará, homem culto, mas que não hesitou em recorrer à mais desenfreada demagogia. A imprensa paraense reflete as violências e as infâmias da época revolucionária que atravessou a infeliz província.

O PRIMEIRO REINADO

O progresso da vida política e o hábito da liberdade tornaram a imprensa um elemento fundamental nos acontecimentos do primeiro reinado. A convocação da Constituinte, sua dissolução, o juramento da Carta Constitucional, a Guerra Cisplatina, o caso da sucessão portuguesa, e, finalmente, a abdicação, são fatos pontilhados de jornais, de panfletos e folhas avulsas que raramente apresentam qualquer interesse além do político. Os jornais da época, como observa Armitage, eram, sem exceção, deploráveis pelo desmando de linguagem, pelo feitio pasquineiro, incapazes de discutir uma questão sem personalismo, oscilando entre o fraseado servil dos órgãos ministeriais e a licenciosidade e anarquismo da oposição.[13]

É nessa ocasião que surge o *Espectador Brasileiro* sucedido a 1º de outubro de 1827 pelo *Jornal do Commercio*, fundação do tipógrafo francês Pierre Plancher. É o decano de nossa imprensa.[14] Nele brilharam grandes nomes de nosso jornalismo, que a seu tempo serão mencionados: Júlio César Muzzi, Adet, Luís de Castro, Sousa Ferreira, José Carlos Rodrigues, Tobias Monteiro e Félix Pacheco.

Jornais de ideias nesse momento foram o *Tamoio*, jornal que refletia as opiniões dos Andradas, redigido por seus íntimos amigos Francisco da França Miranda e Antônio de Meneses Vasconcelos de Drummond, "pequeno jornal vibrante" que consumiu a "vida de três meses em campanhas apaixonadas".[15] "A nota patriótica, nacionalista, antiportuguesa, era explorada de todos os modos." Este jornal e *A Sentinela da Liberdade à beira do mar da Praia Grande*, redigida pelo italiano Giuseppe Stephano Grondona, demagogo e agitador, investiam contra a preponderância dos antigos colonizadores, como precursores de um desvairado jacobinismo.

O *Tamoio*, de vida efêmera, era um jornal bem redigido e vivo. Inaugurou, com José Bonifácio, as entrevistas com as personalidades, falando estas em primeira pessoa. "In my opinion", diz a escritora inglesa Maria Graham, "it is the best written of all". Não é nenhum primor literário, comenta O. Tarquínio de Sousa, "mas é bem mais acessível a leitores de hoje".[16] Mas a verdade é que a imprensa estava ainda longe de desempenhar uma função nas letras. Comentando uma discussão ouvida em salão carioca em 1823, a inteligente e culta inglesa Maria Graham observa em seu *Diário* exatamente a falta de jornais que fornecessem matéria para conversas de ordem literária. "Seria de incalculável valor," diz ela, "que os novos autores, precisando de estímulo, tivessem os seus poemas postos em destaque" pela imprensa. Aqui, pobres deles, os curiosos das novidades literárias "limitam-se a comparar as passagens rivais do *Correio* e da *Sentinela* ou a advogar a causa do editor do *Silfo* ou do *Tamoio*".[17] Mencione-se, porém, a *Astreia*, entre 1823 e 1826, redigida por Antônio José do Amaral (Rio de Janeiro, 1782-1840) e José Joaquim Vieira Souto, folha de oposição moderada e de nível assaz superior, dada a qualidade dos redatores. Amaral era catedrático de matemática da Academia Militar, mas não se dedignou de redigir igualmente (de 1831 a 1833) uma folha humorística. *Simplício*, que deu origem a uma série imensa de periódicos com títulos a ele relacionados: *O Simplício da roça, A verdadeira mãe do Simplício, A mulher do Simplício, A filha única do Simplício*, etc...

Outra figura representativa do jornalismo da época é Cipriano José Barata de Almeida (Salvador, BA, 1762-Natal, RN, 1838), "o que melhor mereceu o título de agitador popular", no dizer de Hélio Viana.[18] Pasquineiro e insultador, várias vezes preso, várias agredido, foi a própria encarnação do espírito de luta através do jornal.[19] Começando como colaborador da *Gazeta Pernambucana* (1822-1824), fundou em 1823 a sua primeira *Sentinela*, cujo título completo era *Sentinela da liberdade na guarita de Pernambuco*, jornal antiandradista e de oposição à junta local, violentíssimo. Depois de incríveis tribulações em prisões de Pernambuco e Rio de Janeiro funda novo jornal em sua província: *Sentinela da liberdade hoje no quartel-general de Pirajá, na Bahia de Todos os Santos* (1831) até ser novamente preso, passando a denominar seu pasquim: *Nova sentinela da liberdade na guarita do forte de S. Pedro na Bahia de Todos os Santos*. E assim foi sucessivamente alterando o nome de seu jornal até falecer aos 76 anos. Barata era um temperamento de demagogo, pasquineiro e conspirador, inteligente e bravo, mas sua linguagem é confusa, baixa e primária. Às vezes seus artigos encerram-se com uma série de objurgatórias: "Fora pés de chumbo! Fora marotos! Ó das províncias, alerta!" Recorre, como quase todos os contemporâneos aos versos — quadrinhas de sete sílabas, — nem sempre aceitáveis, e muito menos louváveis. O nome de *Sentinela* vai surdir em vários pontos do país, encimando jornais que pretendiam responder ao brado de *alerta* do lutador baiano. Nenhum teve o renome da *Sentinela do Serro*, fundada na então Vila do Príncipe em 1830 por Teófilo Otoni, que iniciava sua gloriosa ascensão no mundo liberal. "O grande mineiro, deixando as palestras patrióticas de Evaristo, trasladava para o fundo de sua província um prelo, de onde saiu a lume a *Sentinela do Serro*, uma das forjas da agitação, que produziu o movimento de 1831. Pregadas dali, as suas ideias democráticas moldaram a reforma constitucional de 1834." São palavras de Rui Barbosa no *Diário de Notícias* de 1889.[20]

Outros escribas do tempo não têm ingresso na história literária.

EVARISTO DA VEIGA[*]

O jornalismo tem contudo uma súbita ascensão no plano da inteligência e do gosto literário no fim do primeiro reinado com o surgimento da figura de Evaristo da Veiga, a segunda culminância do gênero após Hipólito da Costa.

"Formado na universidade da livraria de seu pai", como dele disse Macedo, filho de um professor régio a quem deveu a boa formação clássica,

---

[*] Evaristo Ferreira da Veiga (Rio de Janeiro, 1799-1837), livreiro e autodidata, foi jornalista, deputado e líder incontestável da corrente liberal moderada, figura principal e decisiva em vários momentos da política regencial.

Bibliografia

Além da coleção da *Aurora Fluminense* (1827-1835) e dos *Anais* da Câmara dos Deputados (1830-1836), ver ainda as *Poesias de Evaristo da Veiga* (Separata dos Anais da Biblioteca Nacional, Rio de Janeiro, 1915).

Consultar

Otávio Tarquínio de Sousa, *Evaristo da Veiga* (in *História dos fundadores do Império do Brasil*, V. VI, Rio de Janeiro, 1957); José Eduardo da Fonseca, *O patriarca da Imprensa*, Rio de Janeiro, 1920; Félix Pacheco, *O publicista da Regência*, Rio de Janeiro, 1899 (2ª ed. 1937); *Honras e saudades à memória de E. F. da Veiga*, Rio de Janeiro, 1837 (e seu complemento: *Coleção de diversas peças relativas à morte do ilustre brasileiro E. F. da Veiga*, Rio de Janeiro, 1837); além da obra citada de Armitage, de cujo segundo tomo Evaristo, na palavra do autor, "é o herói".

Evaristo, dotado de gosto inato pelas letras, reuniu em alto grau as suas grandes qualidades do jornalista, bom estilo e afinidade com o público — donde repercussão na massa. É um fato essencial para compreensão da época, diz Armitage, com a dupla autoridade de historiador e testemunha, a influência excepcional da imprensa na direção dos acontecimentos. "Muitos dos jornais de oposição", continua ele, "eram tão exagerados no tom quanto insensatos nas conclusões, mas o espírito em que eram vazados visava a satisfazer o gosto popular, e a influência deles por toda a extensão do Império era prodigiosa. Na Europa, onde os meios de informação são numerosos e variados, a influência da imprensa periódica é sensível e confessada por todos; mas no Brasil, onde ainda não se alcançara um nível razoável na produção literária, e os jornais políticos representavam quase a única forma de obtenção de conhecimentos, a força das gazetas era ainda mais poderosa".[21]

É nesse ambiente que se faz sentir a influência de Evaristo, "fundamentalmente um moderado, natureza que aborrecia os extremos, fadado à posição de equilíbrio entre a conservação e o progresso, entre a tradição e a novidade".[22] Se é verdade o que dele diz Agripino Grieco,[23] ter sido "maior pelo civismo que pela possança intelectual", não há dúvida que o benefício de trazer ao campo do jornalismo a moderação e o equilíbrio teve como consequência a criação de um clima propício à germinação de um autêntico espírito jornalístico. Inaugurou, no meio de energúmenos, um estilo enxuto e decente. E isto não é um traço unicamente moral. É também uma tomada de posição intelectual, ou, ao menos, de uma posição que se reflete no sentido da inteligência.

A timidez inicial do jornalista e do orador político, resultado talvez do fato de ser um dos únicos vultos da época que não devia sua posição ao *droit de naissance*, foi sucedida por uma firmeza e uma moderação que exigiu, em certos momentos, esforços heroicos. Terminou por ser "o doutrinador da Revolução de 1831 e das reformas constitucionais de 1834, o publicista da Regência".[24]

A renovação da imprensa é a grande obra de Evaristo. "O jornalismo brasileiro tomara uma feição completamente nova com o aparecimento da *Aurora Fluminense* em 1827", diz Nabuco. "O estilo da *Aurora*, como criação de uma só inteligência, é realmente um fenômeno notável. São os dois acontecimentos intelectuais da época: a pena de Evaristo da Veiga e a palavra de Bernardo Pereira de Vasconcelos. Uma e outra têm os mesmos característicos de solidez e de força que nenhum artifício pode substituir. Uma e outra são a ferramenta simples, mas poderosa, que esculpe o primeiro esboço do sistema parlamentar no Brasil".[25] Foi esta inseparabilidade do homem público e do escritor que levou seguramente Rui Barbosa, que com ele foi tantas vezes posto em cotejo, a escolhê-lo como patrono da cadeira nº 10 da Academia Brasileira.

A imprensa das províncias afinava com a da corte. Em Minas Gerais, *O Universal*, orientado por Bernardo Pereira de Vasconcelos e o *Astro de Minas*, mantido pela benemerência de Batista Caetano de Almeida, se digladiam no mesmo nível em que se travam os debates no Rio de Janeiro. Mencione-se, pela repercussão que obtiveram, *O Farol Paulistano*, dirigido por José Antônio da Costa Carvalho, baiano que chegou a Regente do Império e fez jus ao título de marquês de Monte Alegre, e o *Observador Constitucional*, cujo redator João Batista Líbero Badaró, pela tragédia de seu assassínio político, transformou-se em mártir do liberalismo.

FREI CANECA[*]

Em Pernambuco o jornalismo revolucionário extremado tem seu apogeu no *Tífis pernambucano*, órgão do frade carmelita Joaquim do Amor Divino Rabelo e Caneca, consagrado pelo martírio e que não se caracteriza, apesar de sua erudição, por nenhuma superioridade, nem na correção nem no gosto, sobre seus contemporâneos. A imprensa maranhense no primeiro reinado tem a característica do espírito dos habitantes da província: o apreço pela superioridade da forma. Em 1824 surgiu o jornal *O Amigo do Homem*, fundado por João Crispim Alves de Lima, do partido dos *Corcundas*, que era como se chamavam os recolonizadores. Em 1825 surgiu, porém, *O Censor*, dirigido por Garcia de Abranches,[**] português que adotara a nacionalidade brasileira. O jornal caracterizava-se pela elevação de linguagem e pelas maneiras nobres.

---

[*] Frei Caneca (Recife, 1779-1825) é um exemplar típico do clero da época, revolucionário, indisciplinado, culto e ligado às sociedades secretas. Professor de geometria e retórica, foi orador e jornalista. Foi fuzilado por não encontrar-se algoz que se prestasse a enforcá-lo.

Bibliografia

Obras políticas e literárias de frei Joaquim do Amor Divino Caneca, colecionadas pelo comendador Antônio Joaquim de Melo — Recife, 1876-1877 — 2 tomos (Compreende poesias, compêndio de gramática, tratado de eloquência, dissertações, sermões, polêmicas, o itinerário das forças revolucionárias e os 28 números do *Tífis pernambucano*, que foi o órgão da doutrina revolucionária).

Consultar

Lemos Brito (José Gabriel) de: *A gloriosa sotaina do primeiro império*, São Paulo, 1937; Pereira da Costa, *Frei Caneca* (*Revista Americana*, VII, 8); Mário Melo, *Frei Caneca* (*Rev. do Inst. Arqueológico Histórico e Geográfico Pernambucano*, n. 31); Ulisses de Carvalho Soares Brandão, *Id.* (*Ib.* 27).

[**] João Antônio Garcia de Abranches (Maceira, Portugal, 1769-São Luís do Maranhão, 1845), negociante e agricultor, estudou em Coimbra e fixou-se em São Luís. Acompanhou D. Pedro I na sua campanha pela reconquista do trono de D. Maria II e voltou ao Maranhão, onde era conhecido como *O Censor*.

ODORICO MENDES[*]

Poucos dias antes d'*O Censor* aparecera também o *Argos da Lei*, jornal redigido por Odorico Mendes. Em pouco tempo, estava formada uma forte polêmica entre *O Censor* e o *Argos da Lei*. É curioso notar que no combate entre o emigrado português, sem títulos acadêmicos e apaixonado pela política, a ponto de abandonar tudo para seguir o duque de Bragança na luta contra o reacionarismo, e o erudito brasileiro, cultor dos clássicos e que renunciará à política para se entregar exclusivamente às letras, os excessos estão no lado do último. Jornalista fogoso, deputado extremado, colaborou ainda com o escritor francês Pierre Chapuis na redação do *Verdadeiro Liberal*, também na *Astreia* e, finalmente, no *Farol Paulistano*, arrastado para São Paulo por Costa Carvalho. Era, assim, considerado um mestre disputado do jornalismo. Há um curioso contraste entre o poeta e tradutor "clássico atrasado", "genuíno representante do falso classicismo português", no dizer de Sílvio Romero[26] e o jornalista violento e litigante.[27]

Bibliografia

Espelho crítico-político da Província do Maranhão, Lisboa, 1822; *O Brasileiro Emigrado* (telescópio brasiliense nos Açores) Porto, 1831.

Consultar

Dunshee de Abranches, *Garcia de Abranches, o Censor* — São Paulo, 1922.

[*] Manuel Odorico Mendes (São Luís do Maranhão, 1799-Londres 1864), erudito tradutor de clássicos latinos e gregos, estudou filosofia em Coimbra e ingressou no jornalismo e na política no Maranhão, retirando-se mais tarde da vida pública e fixando-se na Europa entregue totalmente a seus trabalhos de tradução e de pesquisas.

Bibliografia

Trads. de *Mérope e Tancredo*, de Voltaire (Rio de Janeiro, 1831-1838); *A Eneida brasileira* (Paris, 1854); *Virgílio brasileiro* (Paris, 1858), *Ilíada*, de Homero (Rio de Janeiro, 1871); *Odisseia* (Rio de Janeiro, 1928).

Consultar

Antônio Henriques Leal, *Pantheon Maranhense*, 4 vols. (Lisboa, 1873-1875): Joaquim Serra (pseud.: *Ignotus*) *Sessenta anos de jornalismo. A imprensa no Maranhão*, Rio de Janeiro, 1883 — Afonso d'E. Taunay, *M. Odorico Mendes* (Anais do Museu Paulista, IV, p. 385); Otávio Tarquínio de Sousa, *Odorico Mendes* (*História dos fund. do império do Brasil*), IX. Rio de Janeiro, 1957, p. 191: *A glorificação de O. M.* (Polianteia) S. Luís, 1913.

A ERA REGENCIAL

Com a queda do imperador começou a era mais agitada da história do Brasil. Evidentemente não seria nesse ambiente que a imprensa iria mudar de rumo. Mais disseminadores de paixões do que de ideias, os jornais "carecem de virtudes literárias", como observa José Veríssimo.[28] A exacerbação de ânimos atingiu o máximo. "Os jornais daquele tempo", diz Vieira Fazenda, "foram a válvula de onde partiram ofensas e calúnias contra os governantes. A linguagem cáustica e desabrida de alguns artigos ainda hoje provoca verdadeiras náuseas".[29]

Como exemplo do estilo torpe da época cita o mesmo autor um artigo (se pode merecer o nome) de um jornaleco, o *Esbarra*, um dos mais exaltados do momento: "Com efeito, o sanguinário governo da Regência, composto dos mais abjetos dragões, desafia cada vez mais contra si a execração do povo que, pasmado, admira a audácia e insolência com que ele o acomete! Não é possível encontrar-se um composto de tal malvadeza e bestialidade. Mais estúpidos e selvagens e mais ferozes que tigres, os nossos capoeiras governamentais só atendem às suas particulares paixões e a uma incompreensível cobiça! Órgão e escravos da ladra facção chimanga... o raio da vingança nacional breve vibrará sobre os salteadores, piratas, alcoviteiros, pelintras, sevandijas, bandalhos e estúpidos, embusteiros, petulantes, incestuosos e malcriados camelos... não haverá a mínima contemplação com os renegados, descarados, sem-vergonhas, adotivos patifes e néscios que até contra os seus conterrâneos conspiram..."

Não é de admirar, assim, que alguns pasquins tenham chegado ao cúmulo de pôr em leilão as filhas de um presidente de província, indicando no anúncio as qualidades que tinham.[30] Por isso Justiniano José da Rocha, no célebre opúsculo *Ação, reação e transação*, diz que a imprensa na fase inicial da Regência se caracterizou "pela fúria da paixão, pela violência do estilo e pelas ameaças de subversão".[31]

Os grandes nomes da imprensa são, por isso, os mesmos da política, dominados pela figura solar de Evaristo da Veiga, que combate pela moderação até o último alento e talvez tenha morrido de tristeza ao ver que não conseguia convencer seu amigo, o regente Feijó, que afinal, sem ele, precipitou a facção liberal do poder e passou-o aos adversários.

A maior figura desta reação conservadora, Bernardo Pereira de Vasconcelos, não foi somente um parlamentar, mas também um jornalista. Já o era em Minas. Seu órgão principal é agora o *Sete de Abril*, pequenina folha cáustica que empregava frequentemente a poesia satírica entremeada com pequenos artigos venenosos, de acordo com os conselhos de Vasconcelos: "Artigos curtos, rapazes, artigos curtos, que são os que o povo lê".[32]

José Maria do Amaral (Rio de Janeiro, 1813-Niterói, 1885), diplomata de carreira e republicano, dirigiu diversos jornais entre 1831 até 1873, com orientação política assaz contraditória, inclusive um deles rigorosamente absolutista. Salvador de Mendonça, que o conheceu nos últimos tempos, porém, a ele se refere com respeito, como "o jornalista mais culto e mais viajado que conhecemos".[33]

A *Nova Luz Brasileira*, mantida por Ezequiel Correia dos Santos e João Batista de Queirós, era federalista, lusófoba (chamando aos portugueses de "canalha colonizadora") e tratava "não sem leviandade generosa, comenta Otávio Tarquínio de Sousa, "questões que, suscitando ódios de raça e conflitos de classes, minavam ao mesmo tempo os fundamentos da sociedade brasileira de então: o trabalho escravo e a grande propriedade".[34] Foram a júri mais de uma vez por fomentar a revolução (e realmente pregavam a proclamação pacífica e legal da confederação republicana). Valha a favor de Queirós a circunstância de não se deixar vencer com a nomeação para a diplomacia. Foi ainda redator de dois violentos pasquins: *Jurujuba dos Farroupilhas* e *Matraca dos Farroupilhas*.

A polêmica religiosa provocada pela atitude do Padre Feijó em favor da abolição do celibato clerical na Igreja, no Brasil, e de rompimento com a Santa Sé, ganhou a imprensa, como era natural. O campeão da ortodoxia foi então uma nobre figura do clero quase desconhecida, mas pelo volume dos trabalhos e pela qualidade dos escritos mereceria dos católicos um estudo em profundidade: Monsenhor Luís Gonçalves dos Santos, mais conhecido pelo cognome de Padre Perereca.[35] O excesso de retórica não chega a empanar o brilho da exposição e a coragem do quase solitário lutador.

O SEGUNDO REINADO

A agitação política na Regência chegou a tal paroxismo que provocou a reação conservadora, afinal vitoriosa. O ideal republicano, forte em 1831, comenta Nabuco, desaparecera em 1837. A nação aspirava por reconstituir-se material e politicamente. O golpe liberal para retornar ao poder foi assim curiosamente ultramonárquico: a antecipação do governo pessoal do imperador menino.

O segundo reinado iniciou-se com um grande fervor pela monarquia — símbolo da unidade, da estabilidade e de nosso prestígio aos olhos do mundo. Foi uma circunstância providencial a de ser o imperador, por temperamento, um sincero liberal. A ascensão do ideal monárquico, porém, centralista e autoritário não correspondeu a um declínio da liberdade individual e, especialmente, a de imprensa. Pelo contrário, no testemunho insuspeitíssimo do republicano sincero José Veríssimo escrevendo no *Jornal do Brasil* de 8 de dezembro de 1891: "Quantos neste país têm a honra de empunhar uma pena convencida e honesta, por modesta que seja, reconhecerão que jamais durante o longo reinado tiveram de deixá-la cair por falta de liberdade, ou sequer de iludir ou velar o seu pensamento. Todos pensávamos como queríamos e dizíamos o que pensávamos". E um dos cardeais do jornalismo brasileiro, escrevendo em 1889 um verbete sobre Imprensa assim se exprimia: "Em nenhum país se poderia achar mais liberdade que as de fato existem no Brasil. Tudo é lícito dizer na imprensa, na tribuna, contra a política, contra a magistratura, contra o governo, contra o Imperador. A imprensa é livre no Brasil, livre até a licença, livre até a pouca-vergonha, até a calúnia, a injúria, o desrespeito à família, livre até o anônimo, que é a última palavra da covardia."[36]

Esta sensação de que a imprensa livre era essencial à civilização do país se enraíza fundo na alma do povo. Uma demonstração um tanto chocante deste sentimento vamos ter na extensão desta liberdade aos estrangeiros a ponto que hoje nos chocaria. Assim em 1838, portugueses miguelistas e profundamente antiliberais, mas realmente homens de cultura superior, mantêm um jornal em que sustentam livremente suas ideias ainda que em choque com toda a atmosfera brasileira. *O Despertador* data de 1838 e vai até 1841. É dirigido por José Marcelino da Rocha Cabral, publicista de pulso, e José da Gama e Castro, um dos mestres do reacionarismo português. É este que escreve em 1839 um curioso artigo sustentando a inexistência da literatura brasileira. É no Brasil que ele escreve, em 1841, a edição definitiva d'*O novo príncipe*, evangelho da monarquia integral, que Gilberto Freyre gostaria que D. Pedro II tivesse lido um pouco mais.[37] Não menos interessante é a *Memória sobre a nobreza no Brasil*. De 1842 é o *Novo Carapuceiro, ou tipos da nossa época*.

Caso espantoso de respeito à liberdade de imprensa levado ao absurdo é o da publicação francesa: *Bataclan, pamphlet hebdomadaire illustré*, surgido em 1866, que se permitiu não só criticar e caricaturar as autoridades brasileiras, mas ainda tomar atitudes francamente insolentes contra a política internacional do Brasil e fazer o panegírico de Lopez do Paraguai, cujo retrato estampava na capa, no momento que o Brasil encerrava uma campanha em que sacrificava 33 mil vidas.

JUSTINIANO JOSÉ DA ROCHA[*]

* Justiniano José da Rocha (Rio de Janeiro, 1812-1862), de origem pobre, mestiço, estudou em Paris (Lycée Henri IV e na Faculdade de São Paulo). Foi a vida inteira jornalista e professor de História do Colégio Pedro II. Foi por algum tempo deputado, mas não tinha o dom da oratória. Era alegre e folgazão, amigo da boa mesa e da boa prosa.

Bibliografia

– *Considerações sobre a administração da justiça criminal no Brasil*, Rio de Janeiro, 1835.
– *Compêndio de geografia elementar*, Rio de Janeiro, 1838.
– *Compêndio de Hist. Universal*, Rio de Janeiro, 1860, 4 v. (diversas edições).
– *Inglaterra e Brasil*. Rio de Janeiro, 1845.
– *A política brasileira na Rep. Oriental do Uruguai*, Rio de Janeiro, 1854.

A maior figura do jornalismo da época é indubitavelmente Justiniano José da Rocha: "O maior jornalista que até hoje teve o Brasil", diz Salvador de Mendonça;[38] "príncipe dos jornalistas brasileiros", segundo Sílvio Romero;[39] "o primeiro dos jornalistas brasileiros do seu tempo", no juízo do Barão do Rio Branco.[40] Segundo Macedo "o cetro do jornalismo político no Brasil passou das mãos de Evaristo Ferreira da Veiga para as de Justiniano José da Rocha". É bem conhecido o panfletário autor da *Ação, reação e transação*. Algo de mais sério deve ser dito acerca do jornalista. Se, como autor daquele famoso estudo, Justiniano da Rocha tornou-se um dos "nossos primeiros ensaístas, verdadeiro precursor dos estudos de sociologia política no Brasil", no dizer de Hélio Viana, ao jornalista devemos "as páginas de mais forte relevo e de ressonância mais vibrante", no juízo de Alfredo Pujol.[41] Sílvio Romero entende que uma coletânea de seus melhores artigos "fora inestimável serviço à História". A maior parte de sua obra "anda tresmalhada" em diversos jornais e opúsculos. É um milagre da sua poderosa inteligência que ela conserve uma clareza e uma ordem, quando foi produzida, toda ela, dentro da mais forte paixão do momento e em condições de desconforto inacreditável em face da vida trabalhosa e difícil do autor. Salvador de Mendonça, que o conheceu, depõe que ele chegava a ditar a dois escreventes ao mesmo tempo, escrevendo sem parar, "na Câmara dos Deputados, no teatro, sobre as costas de uma cadeira, sobre a perna, em um peitoril de janela, no silêncio do gabinete, na sua varanda, no meio do chilrear dos pássaros e das correrias e barulhos das crianças".[42] Numa ocasião em que lutava pelo *Correio do Brasil* com um poderoso adversário (que era Sales Torres-Homem — no *Correio Mercantil*) ficaram patenteadas suas incríveis qualidades de periodista. "Enquanto Sales Torres-Homem escrevia um artigo", comenta Sacramento Blake,[43] Justiniano "escrevia dois e três, e — pode-se dizer — os escrevia sobre a perna com habitual facilidade. Enquanto que para compreender um artigo de

---

– *Monarquia e democracia*, Rio de Janeiro, 1860.
– *Biografia de M. J. Nogueira da Gama, marquês de Baependi*. Rio de Janeiro, 1851.
– *Coleção de fábulas imitadas de Esopo e La Fontaine*, Rio de Janeiro. 1852, além de diversas traduções e inéditos (diversas edições).
Dos jornais que redigiu ou nos quais colaborou mencionem-se *O Atlante* (1836), *O cronista* (1836-1839), *O Brasil* (1840-1852), *Correio do Brasil* (1852-1853), *O Velho Brasil* (1853-1854), *O Constitucional* (1854-1855), *Três de Maio* (1857-1858), *O Regenerador* (1860-1861).

Consultar

Nota biobibliográfica do Alfarrabista Brasileiro (*Anuário do Colégio Pedro II*, IX, p. 139); Prezalindo Lery dos Santos, *J J. da Rocha* (*Pantheon fluminense*, Rio de Janeiro, 1880); Hélio Viana, *J. J. da Rocha* (*Rev. Inst. Geogr. Bras.*, v. 243, 1959, p. 20); R. Magalhães, Jr. *J. J. R. e Ação, reação e transação* (*Três panfletários do Segundo reinado*, São Paulo, 1956, p. 127).

Sales era preciso a maior atenção, e até repetir a leitura, os artigos de Justiniano José da Rocha tinham a maior clareza, eram fáceis de compreender, sem circunlóquios, sem dificuldades, em boa linguagem". Porque, explica Sílvio Romero, ninguém o excedia "na ductilidade do talento, na espontaneidade da exposição e do estilo, na capacidade de interpretar os sinais dos tempos, a corrente das ideias, a evolução das cousas políticas".

Rocha foi sempre um jornalista dependente do governo[44] e sofreu em sua vida parlamentar uma espetacular humilhação por isso. Esteve, porém, coerentemente a serviço das ideias e correntes conservadoras, que sempre defendeu. Se recebeu favores e vantagens do poder, não acumulou fortuna, nem conseguiu qualquer posição realmente rendosa.

Francisco de Paula Brito (Rio de Janeiro, 1809-1861) é nome imprescindível num estudo sobre o jornalismo pela atuação que teve no meio intelectual incipiente, promovendo talvez o primeiro "salão" de escritores na loja que precedia a tipografia. Fundou *A Mulher do Simplício* (1832-1844), jornal em versos joco-sérios, e manteve durante doze anos *A Marmota* (1849-1861), periódico recreativo, satírico e social em que publicou algumas despretensiosas composições, postumamente reunidas em livro (*Poesias*, Rio de Janeiro, 1863).

FRANCISCO OTAVIANO[*]

Outra figura de primeira grandeza no jornalismo do segundo reinado é Francisco Otaviano, que deixou em todos os contemporâneos uma impressão

---

[*] Francisco Otaviano de Almeida Rosa (Rio de Janeiro, 1825-1889), um dos maiores vultos do partido liberal, diplomata, político, jornalista, jurista e poeta. Teve imenso prestígio nos meios intelectuais. Era talvez o maior epistológrafo do Brasil.

Bibliografia

Obra jornalística em jornais que dirigiu ou nos quais colaborou: *Gazeta Oficial* (1846-1848), *Gazeta de Instrução Pública* (1851-1852), *Jornal do Commercio* (1851-1854), *A Semana* (1851-1954) e *Correio Mercantil* de 1855 a 1875. Oratória parlamentar (1853-1889) com vários discursos publicados em avulso. Obra jurídica constante de vários pareceres e razões forenses. *Traduções e poesias* publicadas por Amorim Carvalho, Rio de Janeiro, 1881, tiveram tiragem reduzidíssima. Uma grande produção poética constante de poemas e traduções acha-se esparsa em diversos jornais e coletâneas.

Consultar

Xavier Pinheiro, *Francisco Otaviano* (escorço biográfico e seleção), Rio de Janeiro (1926); Mário de Sousa Ferreira, *F. Otaviano* (*Jornal do Commércio*, 26 de junho de 1925); Hélio Lobo, *O cantor que venceu as sereias*, Rio de Janeiro, 1929; Phocion Serpa, *F. Otaviano*, ensaio biográfico, Rio de Janeiro (Academia Brasileira), 1952.

de deslumbramento. Salvador de Mendonça, amigo íntimo, em suas recordações, entende que Otaviano excedeu a Justiniano na beleza da forma, a José Maria do Amaral igualou na cultura e a Quintino venceu no calor da frase, que lhe denunciava a sinceridade e chegava às vezes a explodir como uma granada.[45] Considerava-o Lafayette "o brasileiro que neste século escreveu o português com mais pureza, propriedade, graça e elegância, reunindo o dom da clareza à excelência da concisão".[46] Nabuco, no *Um estadista do império*, a ele só se refere como oráculo do Partido Liberal, a "pena de ouro", talento que apresentava em 1857 "o seu mais perfeito desenvolvimento". Além de sua atuação direta como escritor, Otaviano, na escola de Paula Brito, quis fazer de seu jornal (*Correio Mercantil*) não somente o órgão de seu partido, mas o centro da atividade intelectual dos políticos, o cérebro dos liberais, tornando "o escritório dessa folha o principal centro literário e artístico do Rio de Janeiro", como depõe Rio Branco.[47] Os estudiosos da época são unânimes na classificação de Otaviano na culminância da vida política da época: "Modelo verdadeiramente inimitável. Os seus artigos de fundo no *Correio Mercantil*, curtos, vibrantes, incisivos, com uns toques de imaginação e poesia e uma eterna seiva de mocidade, hão de sempre ser lidos com intensa comoção. Machado de Assis, surgindo na vida literária naquela quadra, recebeu com suas primeiras impressões de arte, a influência daquele culto e fino espírito de ateniense, educado no senso de harmonia e da produção, e no instinto da sobriedade e do equilíbrio, que formam toda a tradição da beleza antiga".[48] "Francisco Otaviano é uma culminância nesses anos de domínio liberal. É uma figura que merecia um olhar demorado e carinhoso", diz Câmara Cascudo. "Foi uma das mais lindas amostras de que o partidarismo não exclui a polidez de maneiras nem a cavalheiresca nobreza de sentimentos. Francisco Otaviano realizava o mais completo tipo de jornalista político que tivemos no Segundo Império. Dele era a claridade meridiana dos períodos, a simplicidade da frase que não significava pobreza, mas um milagre de bom gosto sóbrio e preciso num ambiente de estilo foguete de festa e bombo de arraial. Liam-no todos e todos nele encontravam o chiste leve e gracioso, a ironia fina e perfeita, a imagem oportuna e insubstituível, a riqueza educada num idioma que nas suas mãos era plástico, amoldável e cintilante".[49]

Rui Barbosa classifica-o como "tipo intelectual de contornos gregos pela nitidez, pela firmeza, pela doçura, pela idealidade que a poesia das nossas recordações transmitirá suave e reflorida à memória de nossos filhos".[50]

É a este mesmo vulto, porém, que Sílvio Romero refere-se com evidente desprezo. Reunindo os termos de um caloroso libelo acusa-o de "meticuloso e indeciso, natureza essencialmente cética"; "no jornalismo", continua, "exibiu-se nesse caráter. Suas poesias foram sempre curtas, leves; seus artigos de jornal, também rápidos, breves. Foi sempre alheio aos grandes desenvolvimentos de análise e de doutrina". "Não foi jornalista por vocação, fez caminho pela imprensa como necessidade política. É bem difícil saber se ele foi um temperamento literário transviado na política, ou um temperamento político imiscuindo-se de vez em quando na literatura, ou uma coisa e outra ao mesmo tempo".[51]

Ora, parece que tal contradição é mais aparente que real. O que nem os apologistas nem os acusadores sentiram é que Otaviano sofreu ele próprio o conflito terrível entre o homem de pensamento e homem político, conflito tão bem analisado por Ortega y Gasset. Há uma contradição essencial entre o escritor cuja plena realização está na enunciação do seu pensamento, e que tanto mais se realiza quanto mais claramente proclama o fundo de suas ideias — e o estadista, que, ao revelar os planos, pode comprometer precisamente a realização política, que é a sua missão fundamental. A enunciação dos planos de ação pode ser só inconveniente, como ainda irrealizável para o homem de ação. O político atua muitas vezes sob o impulso de simples intuição e os contornos de suas metas só com o tempo se vão tornando perceptíveis.

O pensador, ou o literato, conduzido, pela pequenez do meio social em que vai atuar, à luta política,[52] não consegue libertar-se de seus compromissos de homem de pensamento. Daí a frieza que os temperamentos exaltados exprobrarão sempre aos homens públicos do tipo de Otaviano, sua ausência entre os "combatentes de todas as opiniões", que lhe exprobra Sílvio Romero, o não assumir "jamais uma posição definitiva na política e na literatura brasileira". É Otaviano, ele mesmo, quem se queixa do desvio imposto pela política em sua vocação. Eis como se refere ele à tentação política: "saiu-me de encontro *a política*, a *infecunda Messalina*, que de seus braços convulsos pelo histerismo a ninguém deixa sair senão quebrantado e inútil" (citado pelo próprio Sílvio Romero, *ib.*).

Ora, o intelectual "não sente a necessidade da ação. Ao contrário, sente a ação como um empecilho que convém afastar, e só quando é forçosa, aceita-a a contragosto. Compraz-se, pelo contrário, em colocar dificuldades entre a excitação e a atuação. Há homens que é preciso não ocupar com cousa alguma: são os intelectuais. Esta glória é talvez a superioridade deles".[53]

Este drama psicológico parece evidente no caso de Otaviano. Em carta inédita a Salvador de Mendonça, no arquivo deste, recolhido à Biblioteca Nacional, e datada de 1878, confessa este que era precisamente quando ascendia ao poder o seu partido que se sentia ele mais fraco. Evidentemente porque a posição de oposicionista e de crítico sorria mais a seu temperamento essencialmente intelectual. Por isso, talvez, tendo indicado tantos ministros, nunca aceitou um ministério, apesar de nomeado.

Com tal temperamento e tais qualidades de inteligência estava indicado a Otaviano um gênero em que certamente haveria de distinguir-se: o da crônica, ou melhor, do seu precursor, que foi o folhetim. A imprensa brasileira não era mais a mofina distribuidora de notícias e descomposturas. Já não estávamos na situação lamentada por Maria Graham no primeiro reinado, quando os bons leitores dificilmente poderiam encontrar nas escassas folhas pasto para a fome intensa de literatura. O *Jornal do Commercio* já se firmara como órgão das classes conservadoras e oferecia a um público cada vez mais numeroso as primeiras páginas de boa literatura leve. O folhetim, que não é senão um aspecto particular da crônica, foi delineado, sem dúvida, por Otaviano. Amoroso Lima considera-o fundador desse gênero que é "uma forma de existencialismo literário".[54] Foi especialmente na seção denominada *A Semana*, que manteve no *Jornal do Commercio* de 1852 a 1854, que Otaviano criou o tipo de colaboração que vai ter como dois grandes luminares Alencar (que talvez por isso sempre o tratou por *Mestre*) e Machado de Assis, que do folhetim passou insensivelmente à crônica e desta, ao conto e, depois, ao romance.

Xavier Pinheiro considera a inauguração das colunas *d'A Semana* como o maior acontecimento da vida jornalística do momento. E o foi, realmente. Segundo Lafayette, foram elas modelo no gênero. Este, aliás, uma das maiores figuras intelectuais do Brasil imperial, talvez não tenha tido uma posição muito diversa de Otaviano.

Na excelente resenha sobre os folhetins que ocorre no número especial do *Jornal do Commercio* comemorativo do centenário do jornal[55] há material para um estudo a respeito. O folhetim nasceu por influência da imprensa francesa, especialmente sensível no caso do jornal dirigido por franceses. A simpatia e o aspecto inocente dos rodapés permitiam aos autores liberdades que o poder encararia de má sombra nas solenes colunas dos artigos de fundo.

Os primeiros folhetins, anônimos, somente serviram para provar a receptividade do gênero no Brasil. Os primeiros assinados de 1846 a 1848 são de autoria de Luís Carlos Martins Pena, falecido logo em 1848.[56] Referem-se, porém, somente a assuntos de teatro, de que era especialista o autor. O verdadeiro criador do folhetim versando os diversos acontecimentos da semana e bordando sobre eles comentários leves foi realmente Otaviano. A ele sucedeu Justiniano José da Rocha, por pouco tempo, porém. Em 1861 é Joaquim Manuel de Macedo que ocupa o mesmo rodapé. Sob essa forma apareceram duas de suas obras: *Um passeio pela cidade do Rio de Janeiro* e *Memórias da Rua do Ouvidor*. Seguiram-se, no mesmo jornal, Ferreira de Meneses, Raul Pompeia, Urbano Duarte. Entretanto, passava Otaviano a sua atividade jornalística para o *Correio Mercantil*, cuja direção assumiu em 1854, e prosseguiu no gênero lançando alguns folhetins que figuram na coletânea de Xavier Pinheiro. Ali teve como sucessor e por sua própria indicação, a José de Alencar. Deriva desses folhetins o volume *Ao correr da pena*.[57]

No dizer de Amoroso Lima, Alencar, tendo tido como precursor brilhante Francisco Otaviano, foi nessa ocasião o verdadeiro iniciador da crônica, representativa de um dos aspectos mais típicos de nosso temperamento nacional "porque participa, ao mesmo tempo. de duas tendências muito comuns em nosso temperamento nacional — o espírito lírico e o espírito crítico".[58]

Lafayette Rodrigues Pereira,* o "espírito mais límpido da jurisprudência brasileira", no dizer de Mendes Pimentel, o "civilista profundo que versou a ciência do direito revestindo-a de pureza helênica", na frase de Pujol, também foi atraído para a política talvez pelos mesmos motivos, passando de republicano a monárquico liberal, quando seu temperamento o conduzia às mais altas atividades intelectuais, sendo um excelente conhecedor de filosofia e um dos mais profundos estudiosos dos clássicos latinos. Era um dos mais terríveis humoristas na tribuna e na imprensa. Mas num momento em que a nação se sentiu ameaçada pela prepotência imperialista, escreveu uma série de artigos notáveis pela energia e são patriotismo.[59]

O Visconde do Rio Branco,** talvez a maior figura na galeria dos estadistas imperiais, foi jornalista como quase todos; uma contingência da carreira. Mas foi como folhetinista que se distinguiu. Ainda que não aparecessem na forma do clássico rodapé, é neste gênero que se podem classificar as *Cartas ao amigo ausente* saídas no *Jornal do Commercio* em 1850 e 1851. Constituem estas crônicas documento de tal valor como documentação que, ao planejar a *Coleção Eduardo Prado — para melhor conhecer o Brasil* em 1926 — pensava Capistrano de Abreu nela incluí-las.

Trata-se realmente de excelentes folhetins, ou *revistas*, que era como também se chamava o gênero, versando a vida social, a vida política — nacional e estrangeira —, a vida literária, especialmente de teatro. Foram reeditadas em 1953 por iniciativa do Instituto Rio Branco, com prefácio de José Honório Rodrigues.

Firmino Rodrigues da Silva (Rio de Janeiro, 1816-Paris, 1879) foi jornalista a vida inteira. Foi pelo jornal que fez a carreira política, chegando a senador

---

*   Lafayette Rodrigues Pereira (Queluz, MG, 1834-Rio de Janeiro, 1917), político, jurista, ministro e presidente do Conselho. Além das obras jurídicas, clássicas, pareceres e razões, foi redator *d'A Atualidade* (1858-1864,) do *Diário do Povo* (1867-1869) e *d'A República* (1870-1874).
Foram reunidas em opúsculo: Lafayette Rodrigues Pereira, *Inglaterra*, prefácio de Pedro Lafayette, Rio de Janeiro, 1942.

**   José Maria da Silva Paranhos (Visconde do Rio Branco) (Salvador, 1819-Rio de Janeiro, 1880), foi militar, professor da Escola Central (depois fundador da Politécnica), deputado, senador, diplomata, ministro várias vezes e, finalmente, presidente do Conselho, no mais longo e mais profícuo gabinete do Império. Além dos trabalhos parlamentares e técnicos, foi redator do *Novo Tempo* (1844-1845) e do *Marimbando* (jornal joco-sério, 1849), donde passou ao *Correio Mercantil*, no mesmo ano.

Consultar

A biografia pelo filho (Barão do Rio Branco), nas *Obras completas* deste (v. VIII, 1947), pelo Visconde de Taunay (2. ed., São Paulo, 1930) e por Lídia Besouchet: *José Mª Paranhos*. Rio de Janeiro, 1945.

por Minas Gerais quase sem ocupar a tribuna. Amigo de Justiniano José da Rocha e seu correligionário no partido conservador, além de panfletário, autor da *Facção áulica*, foi redator do *Cronista* (Rio, 1836-1837), d'*O Brasil* (1840-1852) pertencente a Justiniano José da Rocha e d'*O Constitucional* (1862-1864). Era um dialeto perigoso e um bom conhecedor da língua, como revelou em sua produção poética.

Joaquim Francisco Alves Branco Moniz Barreto (Salvador, 1800-Rio de Janeiro, 1885), conhecido como *Barreto velho* e *Barreto cego*, foi um dos vultos mais respeitados da imprensa carioca. Era sogro de Francisco Otaviano, ao qual passou o grande órgão liberal que fundou e a que se dedicou totalmente, abandonando a magistratura: o *Correio Mercantil* (1848-1868). Era um grande animador dos moços de talento aos quais fornecia livros e notas pessoais para desenvolvimento das questões.

Ângelo Tomás do Amaral (Rio de Janeiro, 1822-1921), de uma família de intelectuais, foi político e administrador. Dirigiu um excelente *Jornal da Tarde* (1869-1872).

José Carlos de Sousa Ferreira (Rio de Janeiro, 1831-1907) foi dos mais assíduos cooperadores da imprensa carioca. Folhetinista no *Diário do Rio de Janeiro*, em 1855 fez parte igualmente do *Correio Mercantil* e terminou como redator-chefe do *Jornal do Commercio*. Era profundo conhecedor da língua.

As grandes questões políticas no final do regime puseram em evidência grandes figuras de polemistas. Na imprensa e no parlamento o conflito com os bispos, a questão servil e a questão militar ganharam a consciência pública, tornaram-se realmente questões nacionais.

O grande campeão do anticlericalismo na chamada questão religiosa, líder maçônico e radical, foi Saldanha Marinho,[*] liberal que passou a republicano e foi signatário do manifesto de 1870. Era um panfletário exaltadíssimo e apaixonado que atacou a vida inteira as forças conservadoras, especialmente a Igreja. Sob o pseudônimo de *Ganganelli* escreveu uma série extensa de artigos no *Jornal do Commercio*, mais tarde reunidos sob o título de *A Igreja e o Estado*, 4 v. Rio, 1873-1876. O ardor e a firmeza de caráter, louvada por todos os contemporâneos, procuram compensar a falta de profundidade e de perfeição na linguagem.

A fortaleza da ortodoxia era o jornal católico *O Apóstolo* (Rio 1866-1881), dirigido pelo Cônego José Gonçalves Ferreira, e onde se destacou Monsenhor João Esberard, mais tarde arcebispo do Rio de Janeiro.

---

[*] Joaquim Saldanha Marinho (Olinda, Pernambuco, 1816-Rio de Janeiro, 1895). Deputado e presidente de províncias, conselheiro no Império, senador na República. Além de muitos panfletos colaborou em diversos jornais do Rio e de São Paulo. Seus *Discursos* parlamentares estão reunidos em volume (Rio de Janeiro, 1880).

Do lado católico revelou-se, logo após, também uma grande figura: Carlos de Laet (Rio de Janeiro, 1876-1928) adiante estudado como panfletário. Surgiu como folhetinista no *Diário do Rio de Janeiro* (1876-1878) e no *Cruzeiro* (1878) e consagrou-se imediatamente como astro de primeira grandeza no mundo jornalístico. Foi o criador no *Jornal do Commercio* da seção de folhetins denominada *Microcosmo* desde 1878 até 1888, quando na *Tribuna Liberal* (1888), fundada pelo Visconde de Ouro Preto para defesa do partido, lançou alguns artigos de fundo que fizeram época. D'*O Microcosmo* emigrou para *O País* em 1889. A ele voltou em 1907 e aí permaneceu até 1916. Ainda como polemista político e doutrinário foi Laet colaborador permanente do *Brasil* (1890-1891), *Jornal do Brasil* (1849-1896), *Comércio de São Paulo* (1896), *Liberdade* (1897), todos de orientação monárquica. Finalmente, no *Correio da Manhã* (1901), de novo no *Jornal do Brasil* (1904-1918 e 1926-1927) e *O Jornal* (1925-1927). É um dos mais fortes e capazes jornalistas, cujas páginas podem figurar entre os melhores de nossas letras, mesmo ao tratar dos assuntos mais triviais. Conseguia o milagre de ser um clássico e ao mesmo tempo um atualizado em linguagem. A correção e a pureza nunca lhe diminuíram o voo nem a graça.

O abolicionismo teve na imprensa, como seus grandes campeões, Nabuco, Patrocínio, Luís Gama, Ferreira de Meneses, Joaquim Serra.

Nabuco fora correspondente do *Jornal do Commercio* em 1882 e 1884 e enviara algumas crônicas londrinas modelares. Em 1884 participara, com o pseudônimo de *Garrison*, do grupo de abolicionistas defensores do gabinete Dantas nos "A pedidos" do *Jornal do Commercio* (*Grey* era Rui Barbosa e *Clarkson*, Gusmão Lobo). Formavam o grupo denominado "os ingleses do senhor Dantas", de gloriosa memória nos anais do abolicionismo. Em 1886 manteve Nabuco uma coluna n'*O País* sob o título de *Sessão Parlamentar*.

Gusmão Lobo* ali referido, passou também da política, para a qual ingressou pela fama de bom orador, para a imprensa a que se dedicou até o fim da existência. Foi conservador, mas fiel ao movimento abolicionista, companheiro e amigo de Nabuco e Rodolfo Dantas, que fizeram a campanha em defesa de Dantas em 1884. Teve uma entrada brilhante na política e um fim obscuro de jornalista exímio, mas desesperançado.

Mas se Nabuco foi a primeira figura do movimento abolicionista quanto à inteligência e à cultura, o seu campeão na alma popular foi o negro.

---

* Francisco Leopoldino de Gusmão Lobo (Recife, 1838-Rio de Janeiro, 1904), político e jornalista. Além de discursos parlamentares, dirigiu *O Progresso*, em Pernambuco (1857-1859); *A Nação* (Rio de Janeiro, 1872-1876) juntamente com Paranhos Júnior, depois barão do Rio Branco, e finalmente ingressou no *Jornal do Commercio*, do Rio de Janeiro, onde trabalhou até falecer.

José do Patrocínio,* um dos mais autênticos representantes do talento nativo e ao qual se aplica, melhor que a ninguém, o gasto qualificativo *telúrico*. Para poder-se apreciar devidamente a arte de Patrocínio é preciso enquadrá-lo no ambiente em que floresceu. "Homem da rua", disse Lúcio de Mendonça, em nítido perfil, "que só está no seu elemento no seio da multidão agitada". "Numa sala discreta faz o efeito de deslocamento que produziria, entrando num belo aviário de luxo, uma procelária selvagem."[60]

A impressão deixada por Patrocínio em todos que o ouviram, ou o leram no calor das campanhas é incompreensível para o leitor contemporâneo.

"Suas orações plutonianas" diz Batista Pereira, exprimiram uma "eloquência arrancada às raízes da vida".[61] Não era somente a impressão de força e de espontaneidade que irradiava de sua produção, mas igualmente de estética.

"Ainda que mestiço", comenta Araripe Júnior, "José do Patrocínio recebera a força inteira da civilização mediterrânea e no seu cérebro, ao mesmo tempo que irradiava o verbo latino, levantaram-se os sirocos das terras adustas da África, os quais varriam tudo nos dias de cólera e acabavam por consumi-lo reduzindo o seu talento em cinzas.[62] Artista autêntico, dele disse Filinto de Almeida que "nunca a palavra humana alcançou mais fulgente e fecunda conquista" porque era poeta e "batalhador, apóstolo e guerreiro". "Viveu servindo a arte e a poesia", disse dele Bilac. Contra ele levantaram-se duas objeções. A primeira dos excessos do temperamento "que por vezes ultrapassava as raias da verdade", como elegantemente resumiu o conde de Laet.[63] A segunda é que "nas suas mãos nervosas e grossas de negro bárbaro", "nem sempre a forma lhe saía em tudo gramaticalmente bem cuidada".[64] Poucas vezes, de fato, a obra jornalística de Patrocínio teve o acabamento mais ligeiro. Escrevia, a maior parte das vezes, fora de seu gabinete, enchendo "as tiras que mal chegava a reler e ia atirando para o lado".[65] De modo que "a forma não era forma, era rajada". Poucas vezes tem tanto cabimento a recomendação de julgar-se a obra, na expressão de Phileas Lesbegue, *au-delà des grammaires*. Suas páginas não se admiram sentindo-se "a retórica de um virtuose", na expressão de Sílvio Romero, mas palpando as fibras d'alma do escritor, sentindo as suas dores, vivendo a sua vida, no meio de seu

---

* José Carlos do Patrocínio (Campos, RJ, 1853-Rio de Janeiro, 1905), de origem humilde, diplomou-se em farmácia, mas foi a vida inteira jornalista. Como jornalista trabalhou a princípio na *Gazeta de Notícias*, depois na *Gazeta da Tarde*. Fundou afinal em 1887 *A Cidade do Rio*, que foi o seu grande órgão. Como romancista deixou três obras pouco divulgadas: *Mota Coqueiro* (1877), *Os retirantes* (1879) e *Pedro Espanhol* (1884).

Consultar

Discurso de Mário de Alencar, sucedendo-o na Academia Brasileira; Félix Pacheco, *Robles e cogumelos*, Rio de Janeiro, 1932; Osvaldo Orico, *O tigre da Abolição*, ed. do Centenário, Rio de Janeiro, 1953.

coração torturado. "Nunca entre nós a palavra escrita tinha tomado essa forma de ferro em brasa, continua o crítico, "mas ferro burilado, e como que envolto em flores de luz".[66]

A raça negra teve no jornalismo da abolição um representante não tão retumbante quanto Patrocínio, mas um artista igualmente eloquente, e ainda inatacável no campo da fidelidade aos princípios; e este foi Luís Gama,[*] de quem disse Rui Barbosa que tinha "um coração de anjo, a harpa eólia de todos os sofrimentos da opressão, um espírito genial, uma torrente de eloquência, de dialética e de graça; um caráter adamantino, cidadão para Roma antiga... personalidade de granito".

Manejando a ironia e a sátira melhor que seu companheiro de ideias do Rio, dispunha de dedicações extremas por parte de grandes figuras da abolição e da república. Mas faleceu antes de ver coroados os seus esforços.

José Ferreira de Meneses (Rio de Janeiro, 1845-1881), romancista e comediógrafo, foi jornalista do *Ipiranga*, em São Paulo, onde colaborou com Salvador de Mendonça, mais tarde, fundador da *Gazeta da Tarde* e folhetinista do *Jornal do Commercio* e da *Gazeta de Notícias*. Dele disse Quintino Bocaiúva que "não conheceu o ódio e teve sempre o esquecimento para todas as amarguras que lhe causaram". Teve a celebridade efêmera do jornalismo elegante e inteligente, mas não viu a vitória dos ideais abolicionistas que abraçou com toda a sua geração da Academia de São Paulo, fiel ao mestre José Bonifácio, o Moço.

Joaquim Maria Serra Sobrinho (São Luís, 1838-Rio de Janeiro, 1888) de quem Joaquim Nabuco traça um perfil tão simpático na *Minha formação*, foi poeta campesino e lírico, autor de uma vasta e dispersa obra poética e dramática, e um dos mais indefessos batalhadores da causa desde a sua província, onde redigiu *Ordem e Progresso* (1881), *A coalizão* (1867-75) e o *Semanário Maranhense* (1867). No Rio de Janeiro redigiu *O Abolicionista* (1880-1883), órgão da Sociedade Brasileira contra a escravidão. Foi como

---

[*] Luís Gonzaga Pinto da Gama (Salvador, 1830-São Paulo, 1882); filho de um fidalgo baiano e de uma africana livre, foi criminosamente vendido como escravo. Libertado, foi escrevente de cartório, rábula e jornalista. Distinguiu-se na oratória forense e na campanha abolicionista e republicana. Colaborou no *Ipiranga*, no *Polichinelo* e no *Radical Paulistano*. Deixou um livro de versos: *Primeiras trovas burlescas* de Getulino, 2ª edição. Rio de Janeiro, 1851, onde figura *A bodorrada*, que Manuel Bandeira reputa "a melhor sátira da poesia brasileira".

Consultar

Sud Menucci, *O precursor do abolicionismo no Brasil*, São Paulo, 1938; Oliveira Ribeiro Neto, "L. Gama, o libertador", in *O Comentário*, São Paulo, maio 1931, II, p. 16; Aureliano Leite, *Retratos a pena*. Nova série, São Paulo, 1930.

colaborador da *Reforma*, da *Gazeta de Notícias* e d'*O País* que ficou famoso, batendo-se lado a lado com Joaquim Nabuco pela abolição e com Quintino Bocaiúva pela República. Foi o publicista que mais escreveu contra os escravocratas.[67]

No fim do segundo reinado surgiu no Rio Grande do Sul *A Federação* (1881) dirigida inicialmente por Júlio de Castilhos, republicano sistemático e positivista ortodoxo.

A república teve alguns propagandistas históricos como Quintino Bocaiúva, Ferreira de Araújo, Salvador de Mendonça, Rangel Pestana, Américo Brasiliense, Aristides Lobo e Silva Jardim, sem mencionar os que fizeram do jornalismo um eventual instrumento de suas ideias.

Quintino Bocaiúva[*] foi maior personalidade que escritor. Amigo de Machado de Assis, e de grandes figuras de várias correntes políticas, tanto no jornalismo quanto no teatro, sua produção está abaixo da influência pessoal que exerceu. Machado de Assis, seu amigo e colega de imprensa, recorda-lhe o aspecto elegante "de gestos lentos" e "um pouco daquele *distant* que Taine achou em Mérimée". Compara-o a Challemel-Lacour, "*très républicain de conviction et très aristocrate de tempérament*". A esse tempo Bocaiúva era simplesmente liberal. Mas "bastante para dar um republicano".[68] Foi realmente republicano, signatário do *Manifesto de 1870*, mas conservou sempre o traço que fixou Machado, das boas maneiras, que lhe valeram o cognome de *Príncipe dos jornalistas*. Chamado a dirigir em 1873 o jornal *A República*, nele escrevia com grande moderação, com o que se danavam os jacobinos da época, é o depoimento valioso de Lúcio de Mendonça.[69]

Outro republicano, companheiro de Quintino Bocaiúva n'*A República* e colaborador na redação do *Manifesto de 1870*, foi Salvador de Mendonça,[**] que

---

[*] Quintino de Sousa Bocaiúva (Rio de Janeiro, 1830-1912), foi teatrólogo e jornalista. Na República foi ministro do Exterior e senador. Além de muitas peças teatrais e ensaios críticos colaborou no *Acaiaba* jornal literário, (São Paulo 1852-1859); *A honra* (São Paulo, 1852-1853); *Diário do Rio de Janeiro; A República* (1870-1889); *O Globo* (1864-1878) e finalmente *O País* (1884-1889).

[**] Salvador de Meneses Drummond Furtado de Mendonça (Itaboraí, RJ, 1841-Rio de Janeiro, 1913), Diplomata e jornalista.

Bibliografia

Além de imensa produção de romances, panfletos, ensaios e traduções, no campo do jornalismo deixou mais de três centenas de dispersos entre os quais: *Cartas americanas* (*O Cruzeiro*, Rio de Janeiro, 1878-1883); *Cartas dos Estados Unidos* (*Diário da Bahia*, 1880-1881); *Coisas do meu tempo* (*O Imparcial*, Rio de Janeiro, 1913). Entre os ensaios destaca-se *Trabalhadores asiáticos*, Nova York, 1879. Importantes contribuições para história de nossas relações internacionais são: *Ajuste de contas*, Rio de Janeiro, 1904, e *Situação internacional do Brasil*, Rio de Janeiro, 1913.

é um dos escritores mais profícuos de nossa literatura. Escreveu desde jovem até morrer. Homem de cultura extensa e senhor de uma elegância e clareza excepcionais, foi um polígrafo dos mais brilhantes do Brasil. Cônsul e, em seguida, Ministro nos Estados Unidos, foi dos que mais contribuíram para a aproximação brasileiro-americana.

Ferreira de Araújo, ainda que republicano de convicções, fez uma discreta propaganda em seu jornal *Gazeta de Notícias*, chegando a apoiar alguns gabinetes monárquicos. Dele diz Sílvio Romero,[70] que se caracterizava pela "trama delicada, tecida de bom senso e *humour* inocente".

"Não era o homem oceano, como Rui Barbosa, nem como José do Patrocínio, o homem catadupa. Foi o homem-rio, rio profundo e sonoro, tranquilo e fertilizador."[71] Não teve grandes rasgos nem grandes momentos. Mas soube fazer do seu jornal um grande órgão de interesse literário. Nele colaboraram grandes nomes da literatura brasileira, como Machado de Assis e Bilac, e portuguesa, como Eça de Queirós e Ramalho Ortigão. "Nunca voltou as costas a nenhum intelectual que o procurasse", diz Félix Pacheco, "e ajudou com o seu favor e amizade uma brilhante plêiade de literatos". Foi a vida da cidade, o interesse do leitor, a alma eclética, o jornalismo moderno, a vida nova do meio mental, precursora e promotora da nova vida de progresso material da capital."

O movimento pela mudança do regime em São Paulo conseguiu conquistar uma trincheira importante com a fundação d'*A Província de São Paulo* (que se transformou na república em *O Estado de S. Paulo*), jornal republicano, "mas fora de qualquer compromisso faccionário".[72] São figuras centrais desse núcleo, que em breve se torna o maior jornal do Brasil, Rangel Pestana** e Júlio de Mesquita.***

Consultar

Carlos Sussekind de Mendonça, *Salvador de Mendonça*, Rio de Janeiro, INL, 1960: Múcio Leão, *S. M. Ensaio bibliográfico*. Acad. Bras. 1952.

* José Ferreira de Sousa Araújo (Rio de Janeiro, 1846-1900), foi médico e jornalista, atividade que acabou por absorvê-lo completamente, mantendo algumas seções célebres em seu jornal, como *Cousas políticas* (crônica dos acontecimentos parlamentares e governamentais de alto nível) e *Balas de estalo*, artigos humorísticos, publicados sob o pseudônimo de *Lulu Sênior*.

** Francisco Rangel Pestana (Iguaçu, RJ, 1839-São Paulo, 1903), republica no histórico, professor e político, foi senador e um dos autores do projeto de Constituição da República. Segundo seu amigo Lúcio de Mendonça. Rangel Pestana nunca foi senão um expositor "apenas gramaticalmente correto", e "não deixa uma única página literária" (*Caricaturas instantâneas*, p. 118). É mencionado, pois, como fundador do maior órgão da imprensa do país.

*** Júlio César Ferreira Mesquita (Campinas, SP, 1862-São Paulo, 1927), também jornalista acima de tudo, já tinha preocupação da forma. Fora contista na mocidade, advogado, político e parlamentar. Tudo abandonou para dedicar-se exclusivamente à

Américo Brasílio de Campos (Bragança, SP, 1835-Nápoles, Itália, 1900) dirigiu primeiro o *Cabrião* (São Paulo, 1866-1967), jornal ilustrado por Ângelo Agostini, irreverente e desabusado, passando para o *Correio Paulistano* (1867-1874) e para *A Província de São Paulo* (1874-1884), donde saiu para fundar com o jornalista português José Maria Lisboa o *Diário Popular*, com extraordinário êxito.

Flávio Farnese da Paixão (Serro, MG, 1835-Rio de Janeiro, 1871) advogado e jornalista, redigiu com Lafayette Rodrigues Pereira e Pedro Luís Pereira de Sousa a *Atualidade* (Rio, 1858-1864) e entre 1862 e 1863 o jornal *Le Brésil*, escrito em francês e destinado a circular na Europa. Preocupou-se grandemente com a literatura.[73]

Aristides da Silveira Lobo (Alagoas, 1838-Barbacena, 1896), político e republicano ardente, redigiu *A República* em 1870, atacando rudemente Lafayette. Mais tarde colaborou no *Diário Popular* de São Paulo, onde escreveu algumas cartas famosas relatando os acontecimentos da proclamação da República.

Lúcio Drummond Furtado de Mendonça (Piraí, RJ, 1854-Rio de Janeiro, 1909) foi fervoroso propagandista da república e colaborou n'*O Rebate* (S. Paulo, 1874), *A República* (S. Paulo, 1877) e *Colombo* (Campanha, MG, 1879-85).[74] Suas "Caricaturas instantâneas" aparecidas na *Gazeta de Notícias* sob o pseudônimo de Juvenal Gavarni, provocaram alguns sérios incidentes políticos.[75]

Mas o jornalista que mais decisivamente contribuiu para a mudança do regime não foi nenhum dos republicanos históricos. Ao menos no testemunho valioso do Visconde de Ouro Preto, a maior responsabilidade na queda da monarquia cabe a Rui Barbosa, especialmente pela sua campanha no *Diário de Notícias*.[76] Esta campanha, Veríssimo, no capítulo sobre a Imprensa que escreveu para o *Livro do centenário* (Rio de Janeiro, 1900, I, p. 31), considera equivalente à de Evaristo da Veiga em 1831 com idênticos resultados.

A IMPRENSA ACADÊMICA

Não se deve deixar de mencionar, no desenvolvimento da imprensa durante o regime imperial, a imprensa acadêmica, caracterizada por menor responsabilidade e maior ousadia.

Como é natural, foi nas duas escolas de Direito (de Pernambuco e São Paulo) que surgiram as mais significativas manifestações de vocação jornalista precoce.

---

imprensa. "Sua frase bitolava-se pela de Rui Barbosa. Gostava das imagens soberbas e da sonoridade dos períodos. Mas gostava, também, das pequenas notas, curtas e incisivas..." Na estreiteza de um tópico esgotava às vezes todo um assunto (Aureliano Leite, *Retratos a pena*, 1ª série. São Paulo. 1929).

É dificílimo acompanhar a história do jornalismo acadêmico. Sua bibliografia é das mais trabalhosas. São jornais efêmeros que vivem o período breve das associações e grupos de estudantes.

Mencionam os cronistas da Academia de São Paulo o ano de 1847 como o do início de uma publicação significativa, os *Ensaios literários*, em que luziram suas armas um grande poeta e um grande jurista: Bernardo Guimarães e Antônio Joaquim Ribas. É da mesma época *A Violeta*, dedicada às senhoras paulistanas, tendo por divisa "Dames et pleurs".[77]

Já na década seguinte a preocupação política e filosófica passa a dominar. Mencionem-se, por exemplo, *O Guaianá*, de feição científica, de que eram redatores Couto de Magalhães, já então revelando sua vocação de indianólogo, Duarte de Azevedo, futuro estadista, Bittencourt Sampaio, poeta, e Homem de Melo, futura glória de nossa ciência geográfica. Dominam os ensaios históricos e crítica literária. Da *Academia*, jornalzinho igualmente raro, só se sabe que era filosófico, jurídico e literário.

A partir de 1856, "esquecidas a filosofia e a história, a poesia passa a absorver completamente as atividades literárias" dos estudantes.[78]

Das mesmas décadas assinala Clóvis Beviláqua, na Faculdade do Recife, o *Ensaio Literário*, órgão do Ateneu pernambucano e o *Phileidemon*, órgão da Sociedade Phileidêmica.[79]

Dos primeiros tempos do Recife são também *O Olindense*, dos irmãos Teixeira de Macedo e *O Eco de Olinda*, em que Nabuco de Araújo revelava-se quase republicano, o que não o impediu de aparecer, poucos anos depois, como quase reacionário dirigindo *O Velho de 1817*. O futuro às do parlamento imperial, Ângelo Moniz da Silva Ferraz, revelou-se em 1832 no *Equinoxial* do Recife, e o paraense B. de Sousa Franco estreou em 1835, n'*A Voz do Biberibe*.

Ao aproximar-se a era de 50, mais cedo que em São Paulo, predominou a literatura. A grande influência filosófica no final desse período foi a primeira revista socialista *O Progresso*, de 1847, dirigida por Antônio Pedro de Figueiredo, professor de português no Liceu. Revista não acadêmica, mas de pessoa muito chegada aos estudantes, teve grande repercussão na Faculdade.[80]

O *Polimático*, do mesmo ano, é o precursor do movimento literário que se acentua com a mudança da Faculdade de Olinda para o Recife.

No fim da década surge o primeiro jornal dos estudantes da Bahia, *O Ateneu*, dirigido por Sacramento Blake. Seguem-se o *Acadêmico* (1853), *O Estudante* (1856), de caráter progressista, e as publicações da Sociedade 2 de Julho, a primeira sociedade de estudantes libertadora.

1848 é o ano da estada de Alencar no Recife. O clima é do mais puro romantismo. A *Aurora*, de 1849, de J. M. Brandão Castelo Branco e Sousa Carvalho, e o *Álbum dos Acadêmicos Olindenses* (1849-1890), bem como *A Estrela* (de Franklin Dória, futuro barão de Loreto), de 1851, o *Clarim Literário* (56) e o

Ateneu Pernambucano (de Lucena e Franklin Távora) estão na linha dos jornais românticos de São Paulo.

Na era de 60 ressurge o ideal político. Enveredam os órgãos estudantis pela política partidária, e nesta vão a extremos. O deputado Saião Lobato, depois Visconde de Niterói, atacara a classe da tribuna da Câmara, cognominando-a de devassa, ateia e revolucionária. Reagem os estudantes de Pernambuco com órgãos jacobinos, como *O Timbira*, ou a *Legenda*, ainda mais violento. *A Lei* era o órgão dos conservadores (Melo Matos, Francisco Belisário, Tomás Coelho).

Era dominantemente literário ainda o ambiente paulista. A *Revista Mensal* da sociedade acadêmica Ensaio filosófico; os *Ensaios Literários* do Ateneu Paulistano; os *Exercícios Literários* do Clube Científico; e as *Memórias e Murmúrios Juvenis*, das associações de secundaristas Culto à Ciência e Amor à Ciência; o *Ensaio* da Sociedade Acadêmica Brasília; e o *Forum Literário* de A. J. de Macedo Soares, todos de 1860, revelam que a mocidade de São Paulo estava mais voltada para as letras que para a política.

No ano de 63 volta-se outra vez o Recife para as letras: *A Primavera* publicou nesse ano a "Canção do africano" de Castro Alves. Este ano é de furor poético todo dominado pela influência de Vitor Hugo. *O Futuro* (de 1864) encerra o ciclo do velho romantismo e concretiza os esforços para nacionalizar o panteísmo e o hugorismo.[81]

Desse mesmo ano data o mais importante jornal estudantil de São Paulo, *A Tribuna Acadêmica*, que foi dirigida por dois futuros presidentes da República: Rodrigues Alves e Afonso Pena.

Nesta década trava-se um ardoroso combate literário no Recife entre folhas acadêmicas. *O Futuro* (em que colaborava Castro Alves) enfrentava a *Revista Ilustrada* (em que escrevia Tobias Barreto). Também n'*O Acadêmico* lança Tobias em 1865 famosos ensaios de crítica literária.

De 1870 é a *Crença*, de Sílvio Romero, que dirige, em seguida, o *Movimento*. A escola do Recife ganhava definitivamente o caminho da filosofia e do direito até 1875, quando Jerônimo Moniz divulga Spencer pelo jornal *Autoridade*.

Não é possível falar em imprensa acadêmica de São Paulo sem mencionar dois jornais que, sem serem acadêmicos, tiveram, pela colaboração dos estudantes, ou pelo prestígio de seus redatores nos meios acadêmicos, enorme influência nos meios da mocidade; foram eles: *O Ipiranga*, dirigido por Salvador de Mendonça, de que já se tratou, o *Radical Paulistano*, que girava em torno de Luís Gama, e a *Tribuna Liberal*, de Joaquim Nabuco, Leôncio de Carvalho, Martim Cabral e outros.

Na década de 70 São Paulo assiste a um largo debate pela imprensa acadêmica. Os campeões destas lutas vão refulgir mais tarde. São eles Lúcio de Mendonça e Américo de Campos na *República das Letras*, Afonso Celso n'*A Consciência* e na *Opinião Republicana*, Fernando Mendes de Almeida na *Reação* (órgão do Círculo dos Estudantes Católicos), Eduardo Prado no

Labarum, Luís Murat n'*O Ensaio Literário*, Raimundo Correia, na *Revista de Ciências e Letras*.

A era de 80 é um incêndio pela abolição, e em seguida pela república. Em São Paulo, *A Onda* (de Vitor Ariosa) tem um título significativo; *A Luta* (de Osório Duque Estrada, Mário Pederneiras, Mário de Alencar e Pardal Mallet) são dos mais ricos mananciais de ideais acadêmicos.

A vanguarda tobiana brilha em 1883 na *Folha do Norte*, dirigida por Martins Júnior e Francisco Campelo.

Na Bahia o abolicionismo estudantil encontrou seu líder em Brício Filho, autor de inúmeros panfletos e animador de diversos grupos de estudantes de medicina.

O mesmo movimento inflama os politécnicos do Rio, que são guiados por um grupo de professores: Rebouças, Frontin e Enes de Sousa.

A ERA REPUBLICANA

O novo regime não diminui o clima de liberdade que permitiu a expansão de imensa rede de jornais. É bem verdade que o período ditatorial do Governo Provisório registrou algumas violências contra órgãos de imprensa, geradoras, aliás, de crises políticas no seio do governo. Mas aprovada a Constituição de 24 de fevereiro de 1891, e após os dois primeiros quatriênios, voltaram a vigorar as plenas garantias de liberdade.

Os monarquistas, valendo-se dela, organizaram no Rio de Janeiro o *Jornal do Brasil*, no qual reaparece Rodolfo Dantas, com a colaboração de Laet, Joaquim Nabuco, Constâncio Alves, Sancho de Barros Pimentel, Gusmão Lobo e Ulisses Viana. Para esse órgão começa Rio Branco a enviar as suas efemérides. O ambiente ainda não permitia uma oposição nesse plano. Em fins de 1891 o jornal encerrou as suas atividades.

Mais tarde organizaram-se novos jornais monarquistas como *A Liberdade* e a *Gazeta da Tarde*, em que colaboravam Afonso Celso e Laet.

Em São Paulo, organizou Eduardo Prado outro órgão monarquista, o *Comércio de São Paulo*, de que foi redator-chefe Afonso Arinos e em que se revelou Antônio Batista Pereira(Pelotas, RS, 1880-São Paulo, 1960). Cessaram, por sua vez, todos com o movimento ultrarrepublicano chamado jacobinismo, que em 1879, aproveitando-se da rebeldia de Canudos, atacou e destruiu os jornais monarquistas. O órgão jacobino mais inflamado — *A República* — que teve como sua principal figura Alcindo Guanabara,* lúcido e hábil publicista,

---

* Alcindo Guanabara (Magé, RJ, 1865-Rio de Janeiro, 1918), foi político, parlamentar e jornalista. Colaborou na *Cidade do Rio*, de Patrocínio e no *Novidades*. Em 1890 foi redator-chefe do *Correio do Povo* e, em 1892, do *Jornal do Commercio*. Em 1896 fundou e dirigiu *A República* e, em 1898, *A Tribuna*. De 1904 a 1906 foi redator-chefe d'*O País*,

ainda que nem sempre preocupado com o estilo, cessou de circular, vítima do mesmo mal que tanto incitara. Procuraram manter-se acima da confusão o *Jornal do Commercio* e o *Jornal do Brasil*. Assumiu a direção do primeiro o conselheiro José Carlos Rodrigues,* que manteve o *Jornal do Commercio* o mais possível acima das facções exaltadas que se digladiavam. Procurou obter, como obteve, colaboração nacional e estrangeira das primeiras figuras do mundo literário. Nele publicou Rui Barbosa as *Cartas de Inglaterra*. Sua ação como diretor e orientador do *Jornal* foi mais relevante que a atuação direta como jornalista. Pode-se assinalar como sua influência direta ou através de seus imediatos auxiliares, a introdução de anglicismos tanto lexicais como sintáticos; resultado de sua estadia em países de língua inglesa.

Entre os seus auxiliares diretos figura Tobias do Rego Monteiro (Natal, RN, 1866-Rio de Janeiro, 1952) que fizera seu aprendizado com Rui Barbosa no *Diário de Notícias* (1889), e *Jornal do Brasil* (1893). Tobias Monteiro passou do jornalismo para a história, através das entrevistas com personalidades (*Pesquisas e depoimentos para a história*, Rio de Janeiro, 1913) e terminou como um dos maiores nomes de nossa historiografia.[82]

Outro grande órgão de imprensa que se desenvolve com a normalização da vida republicana é o *Correio da Manhã*, surgido das cinzas d'*A Imprensa* de

---

quando adquiriu *A Imprensa*, que redigiu até 1914. Foi membro da Academia Brasileira como legítimo expoente de sua classe. Escreveu também livros sobre história política como *La révolution brésilienne*, 1894 e *A presidência Campos Sales*, Rio de Janeiro, 1901: *Palavras fora da Câmara*, 1910.

Consultar

O elogio de seu sucessor na Academia, Dom Silvério Gomes Pimenta.
* José Carlos Rodrigues (Cantagalo, RJ, 1844- Paris, 1923), exilou-se nos Estados Unidos logo no início da carreira jurídica. Grande homem de negócios, prosperou e ali fundou um jornal, *O Novo Mundo*, onde fez excelente divulgação do progresso americano para brasileiros. Nele colaboraram Teófilo Braga, Latino Coelho, Cândido Mendes e Machado de Assis. Publicou ainda a *Revista Industrial*, auxiliado por André Rebouças, e a *Musical Review*. Colaborou em *The Nation*, ocupando-se de assuntos latino-americanos, ao mesmo tempo que enviava correspondência para o *Jornal do Commercio* do Rio de Janeiro. Mudou-se depois para a Inglaterra. Com a República fixou-se no Rio de Janeiro e adquiriu o *Jornal do Commercio*, ao qual imprimiu um espírito moderno e liberal. Além dos artigos deixou memórias históricas: *Religiões acatólicas* (*Livro de Centenário*, 1900), estudos bíblicos e o célebre (*Catálogo* de sua biblioteca, livro básico na bibliografia brasileira(*Biblioteca Brasiliense*, Rio de Janeiro, 1907).

Consultar

Elmano Cardim: "J. C. Rodrigues, sua vida e sua obra", *Rev. Inst. Hist. Geogr. Bras.*, v. 185 (X-XII, 1944), p. 126.

Rui Barbosa. Resulta do ânimo combativo e audaz de Edmundo Bittencourt, gaúcho que passou do foro à imprensa. Foi neste órgão que se distinguiram Pedro Leão Veloso, com o pseudônimo de Gil Vidal, cronista leve e polemista perigoso, Antônio José Azevedo do Amaral, mais tarde diretor de revistas de debates sociais, políticos, e de um livro respeitável (*Ensaios brasileiros*, Rio de Janeiro, 1930), Coelho Neto, Medeiros e Albuquerque, Sousa Bandeira e José Veríssimo.

No entanto, *O País* mantinha as velhas tradições conservadoras, contando com a colaboração de Nuno de Andrade, antigo conselheiro do antigo regime, autor de crônicas sob o pseudônimo de Felício Terra, atualizadas ao gosto do tempo, Carmen Dolores, que segundo Agripino Grieco, "era uma argumentadora máscula", Eduardo Salamonde, veterano na imprensa e Gilberto Amado que ali recebeu as esporas de cavaleiro. A direção cabia a um português integrado em nosso meio político em que influía poderosamente: João (de Sousa) Laje.

Carlos de Oliveira Rocha iniciou também um gênero de jornalismo vespertino e leve n'*A Notícia*, dando grande destaque à colaboração literária.

Uma grande novidade foi o aparecimento de *A Noite*, jornal de tipo popular, iniciativa de Irineu Marinho que dali saiu para fundar *O Globo*, com uma excelente equipe em que brilhava um homem de letras que a profissão não deixou expandir-se, que foi Euricles de Matos (Salvador, 1888-Rio de Janeiro, 1931).

Outro grande iniciador na indústria jornalística, organizador da maior rede de jornais e de publicidade do Brasil, foi Francisco de Assis Chateaubriand Bandeira de Melo, professor de direito, publicista, político.

Em São Paulo, Casper Líbero fundou a *Última Hora* em 1917 e adquiriu a *Gazeta* em 1918, transformando-a não só num grande órgão popular, mas num núcleo de cultura.

No Rio Grande do Sul, o *Correio do Povo*, fundado por Caldas Júnior em 1845, foi o "jornal que mais serviços tem prestado à cultura intelectual e ao desenvolvimento do espírito literário".[83]

*

A indústria do noticiário, desenvolvendo-se no ritmo do progresso do país, transformou os jornais em fonte de lucro para os escritores. Em vez de serem resultado do sacrifício dos políticos que necessitavam da imprensa para suas campanhas, os jornais passaram a ser apoio para os que neles escreviam e influência sobre os políticos. Esta transformação do seu papel econômico e social fez com que a imprensa passasse a ser o maior veículo de comunicação intelectual não só entre os brasileiros como ainda entre o Brasil e o mundo da cultura. A maior parte de nossos ensaios foram provocados e recebidos inicialmente pela imprensa. Tavares Bastos, Euclides da Cunha, Oliveira Viana, Gilberto Amado, deram à luz seus escritos, suas primícias, ou seus primeiros esboços, através das colunas dos jornais. Grandes nomes universais da literatura entraram em contato com o público através das colunas locais.

O que se deve à imprensa desse ponto de vista é incalculável.

Este papel de veículo das produções propriamente literárias foi exercido em todo o país conforme o grau de cultura e de estabilidade política local. Na maior parte dos estados do Brasil ele se exerceu com ampla vantagem. Já no Rio Grande do Sul, na opinião de João Pinto da Silva "os periódicos [...] não deixaram nunca de ser, predominantemente, instrumentos de ataque e defesa de partidos ou facções", desempenhando "imperfeitamente, sob o ponto de vista literário, a função direta e estimuladora que constituiu sempre uma das suas características noutras circunscrições do país". "Os jornais, na sua maior parte, consideravam os assuntos de ordem literária como incompatíveis com a sua sisudez, e só por exceção os admitiam em suas colunas."[84]

Esta alteração nos dados do problema que Bilac exprimia no prefácio de *Ironia e piedade* pelas afirmações "a minha geração [...] fez da imprensa uma profissão remunerada", "antes de nós os que traziam a literatura para o jornalismo eram apenas tolerados,"[85] levantou um problema: a profissão jornalística é um fator bom ou mau para a literatura? Foi este um dos pontos mais curiosos do precioso inquérito realizado pelo grande jornalista que foi João do Rio, depois reunido no volume *O momento literário*, Rio de Janeiro, 1905.

Alguns dos entrevistados foram francamente favoráveis à influência da imprensa como profissão, na literatura: "Toda a melhor literatura nos últimos 35 anos fez escala pela imprensa," disse Félix Pacheco. A resposta de Medeiros e Albuquerque parece a Brito Broca a mais lúcida: Se ninguém conseguia viver da atividade puramente literária e todos tinham que adotar outro emprego (no comércio ou na administração), por que considerar nociva a atividade chamada *cozinha* da imprensa, do fornecimento de notícias?

A evolução do jornalismo que se procurou esquematizar nestas páginas, desde o simples noticiário político e comercial até grandes organizações industrializadas modernas, que ultrapassam de muito o âmbito da imprensa, abrangendo outros modos de difusão da notícia, pode ser estudada sob vários aspectos em relação à literatura. Em primeiro lugar, o jornal se apresenta veículo do pensamento político e social. Sob este aspecto a atividade jornalística às vezes reveste a forma de um autêntico ensaio. Muitas vezes reaparece mesmo revestindo o aspecto ensaístico, outras avizinha-se do gênero e utiliza seus meios. Pode ser ainda autêntica sátira, em prosa ou verso.[86]

Em segundo lugar, por meio dos folhetins e dos suplementos, o jornal faz o papel de verdadeira revista literária, difundindo peças de literatura pura.

Em terceiro lugar, proporciona aos homens de letras uma atividade lucrativa que mais facilita a produção literária. O próprio noticiarismo, por sua vez, em mãos de literatos, sem ter a estética como objetivo principal, ganha um tom harmônico que se avizinha, muitas vezes, da crônica.[87]

É assim, impossível, no estudo do desenvolvimento literário de um país, fazer abstração do jornalismo, o maior contribuinte para a formação de literatos até agora. Sob esse ponto de vista, nenhum estudo de conjunto foi feito. Esta tentativa deve ressentir-se de falhas e erros. Será provavelmente em próximos trabalhos um capítulo extremamente desenvolvido. A dificuldade de pesquisa pela dispersão das fontes é imensa, mas pelo menos tentou-se aqui focalizar os problemas que estudo tão complexo está reclamando.

II — NA POLÊMICA

A polêmica, como observa Hermes Lima,[88] foi outrora mais praticada no Brasil. Quando as instituições científicas e os instrumentos generalizadores da cultura eram mais deficientes, parece que a polêmica atendia melhor as possibilidades de divulgação d certos assuntos.

Com a criação da Imprensa Régia, realmente, e com o regime de liberdade que se estabeleceu desde o movimento constitucionalista, começaram a surgir séries de panfletos, nem sempre de caráter literário, mas que indicam o despertar deste gênero de ação política. O número das intituladas *respostas* a artigos portugueses, especialmente aos jornais publicados em Lisboa, revela o ânimo dos brasileiros de empregarem a perigosa arma em defesa do nacionalismo nascente.

É frequente também o recurso aos chamados *diálogos*, pela evidente repercussão da falsa polêmica na opinião pública.

Abreu e Lima (José Inácio de), 1796-1869, filho do célebre Padre Roma, fuzilado na Bahia como participante da Revolução de 1817, foi aluno da Academia Militar do Rio de Janeiro, e tomou parte nas campanhas de Bolívar com o título de general. Daí a alcunha de *General das massas*, com que pretendiam ridicularizá-lo os adversários. Foi um dos primeiros a divulgar, de forma um tanto ingênua, os princípios do socialismo no Brasil (*O Socialismo*, Tip. Universal, 1855).

Publicou várias obras de história, mas a que deu origem a uma famosa polêmica foi o *Compêndio de história do Brasil* (Rio de Janeiro, 1843).[89] Oferecido ao Instituto Histórico, foi distribuído a Varnhagen, que apresentou um severo "Primeiro juízo", publicado na revista daquela instituição. Indignado, publicou Abreu e Lima a *Resposta do general J. I. de Abreu e Lima ao Cônego Januário da Cunha Barbosa ou análise do primeiro juízo de Francisco Adolfo Varnhagen acerca do Compêndio de história do Brasil* (Pernambuco, 1844). Esta resposta está em termos tão violentos que o Secretário do Instituto, Cônego Januário da Cunha Barbosa, alegando ter ela ultrapassado os limites da decência, propôs ao instituto que se publicasse nota nos jornais declarando que não lhe seria dada contestação. É a esta peça que se refere Sílvio Romero como "uma das publicações polemísticas mais formidáveis pela mordacidade das que se conhecem em língua portuguesa" *(Hist. lit.*, p. 220).

Também com Evaristo da Veiga manteve Abreu e Lima uma triste polêmica cobrindo de insultos a maior glória do jornalismo no Brasil.[90]

Em 1866 e 1867 polemizou o general Abreu e Lima com o Pe. Pinto de Campos, escritor de categoria, acerca de religião, do que resultaram dois livros seus: *As Bíblias falsificadas* (Recife, 1867) e *O deus dos judeus e o deus dos cristãos* (Recife, 1867). Morto, ainda provocou polêmica: se tinha ou não direito a sepultura católica. Acabou sendo enterrado no Cemitério dos Ingleses.[91]

Polemista por temperamento era o pai de nossa história, Francisco Adolfo de Varnhagen, barão e visconde de Porto Seguro (1816-1878). Já foi referida a polêmica com Abreu e Lima. Mas a vida inteira de Varnhagen foi de polêmica. Polemizou com Joaquim Norberto de Sousa e Silva, ao qual tratou duramente em sua *História*; polemizou na Europa com D'Avezac, ilustre historiador e geógrafo francês, sobre o qual levou indiscutível vantagem; polemizou igualmente com o Cônego Fernandes Pinheiro, com o erudito inglês Richard Henry Major, biógrafo do infante D. Henrique, com Teófilo Braga e Adolfo Coelho a propósito de literatura medieval portuguesa, com o holandês Pieter Marinus Netscher, a propósito da invasão holandesa no Brasil, com o senador Cândido Mendes, a propósito da história do Maranhão, e finalmente, com João Francisco Lisboa e Antônio Leal — a mais intensa e a mais fecunda de suas polêmicas — sobre a civilização dos índios.

Atacado em seus princípios por Lisboa no *Jornal de Timon* (n. 11 e 12), Varnhagen foi defendido por um cunhado, Pereira de Morais, enquanto o maranhense recebia apoio de Gonçalves de Magalhães. Em breve a discussão se generalizava. Era realmente um ponto fundamental de nossa formação ventilado nessa vasta discussão.

Em Lima, onde se achava como Ministro, publicou em 1867 Varnhagen um virulento panfleto: *Os índios bravos e o Sr. Lisboa, Timon 3.0*, pelo autor da *História geral do Brasil*; apostila e nota aos n. 11 e 12 do *Jornal de Timon*, contando 26 cartas inéditas do jornalista..., etc.

Lisboa falecera desde 1863 e a polêmica deveria encerrar-se quando Antônio Henriques Leal, conterrâneo de Lisboa, apanhou a luva e lançou um dardo contra Varnhagen em simples nota à *Revista do Instituto Histórico*.

Ferido em seus brios, replicou logo o árdego polemista com um folheto: "*Ofício-protesto dirigido ao Instituto Histórico do Brasil pelo seu antigo 1º secretário F. Ad. de Varnhagen, barão de Porto Seguro, contra várias asserções injustas, insólitas e infundadas do dr. Antônio Henrique Leal em certa pequena nota de uns seus Apontamentos* etc. etc... Viena. 1874."

Respondeu-lhe Antônio Henriques Leal em 34 páginas do *Pantheon Maranhense*, Lisboa, 1875.

Em todas as numerosas polêmicas demonstrou cabalmente Varnhagen o conceito que dele faz Capistrano de Abreu: que raramente fora benévolo ou, pelo menos, justo para com os compatriotas que adquiriram alguma notoriedade nos estudos históricos. Em todas elas debateu e comprovou (com proveito para os estudiosos) os pontos em debate, mas em nenhuma usou o humor dos anglo-saxônicos, ou o espírito dos latinos. Revelou-se integralmente germânico, na massa dos escritos e no furor do combate.[92]

José de Alencar (1829-1877), replicando a um artigo de crítica assinado por Joaquim Nabuco (1849-1910) na seção "Aos domingos" de *O Globo*, assinala o ano de 1875 com uma das mais famosas polêmicas de nossa vida literária.[93] Inaugura, no mesmo jornal, a seção "As quintas". Semana por semana, no correr de mais de dois meses, atacam-se com azedume o romancista célebre, a dois passos da sepultura, e o jovem jornalista que, pela sensação provocada, atrai sobre seu nome a atenção geral. As decepções e amarguras que um temperamento vaidoso, como era Alencar, colheu em sua vida, explicam a irritação que o leva a dar importância a uma crítica infundada como foi a de Nabuco, praticamente um desconhecido por esse tempo.[94] No entanto Alencar não recuou diante da tentação de ridicularizar o adversário, qualificando-o como "filho querido da fortuna, a quem o papai arranja o berço de flores onde soltem os primeiros vagidos literários".

Também era um desconhecido o jovem Alencar quando vinte anos antes iniciara nos artigos do *Diário do Rio de Janeiro*, assinados com o pseudônimo *Ig*, o debate a respeito da *Confederação dos tamoios*, e que deu lugar a uma das mais sérias polêmicas literárias do Brasil, rica de consequências em nossa formação.[95]

O velho polemista, que anos antes resistira bravamente às investidas caturras do lusitano José Feliciano de Castilho, viu assim, nos últimos anos de existência, surgir contra si um adversário, com menos razão, porém, semelhante ímpeto.[96]

Tobias Barreto (1839-1889), "iconoclasta audaz", inicia-se numa tumultuosa vida intelectual polemizando com Castro Alves, ambos ainda estudantes no Recife em 1866, polêmica que teve a particularidade de iniciar-se por um desafio poético em um teatro.

"Tobias enfileira-se entre os nossos maiores polemistas. As polêmicas por ele travadas compõem um dos mais grossos volumes de suas obras."[97] A polêmica era uma de suas atividades favoritas, chegando mesmo a enunciar alguns princípios que seguiu gostosamente: "Ao polemista, não incumbe apreciar o lado bom e aproveitável de qualquer adversário; sua missão está concluída quando consegue tornar sensíveis os defeitos da parte adversa e atrair sobre eles o juízo severo do leitor."[98]

Desse princípio resultou o emprego da violência nas discussões, que, no mais das vezes, desviou completamente os discutidores da finalidade da discussão. Disso foram exemplo duas polêmicas famosas: a que travou com os padres do Maranhão, que tinham a seu lado o Dr. Antônio Carneiro da Cunha, escondido sob o pseudônimo de *Hunger*. Tobias defendia publicamente o monismo na conferência *A ideia do Direito*. Saiu-lhe à frente o Padre Joaquim Albuquerque da Fonseca. A polêmica, segundo Hermes Lima, perde desde os encontros iniciais o interesse doutrinário que pudera ter no debate das duas interpretações do mundo que os contendores representavam e resvala para a discussão de passagens da Bíblia, nonadas gramaticais "que mandavam num mar de descomposturas recíprocas". Sua última polêmica, já no fim da existência, travou-a com José Higino Duarte Pereira, seu colega de faculdade, em que também interferiu o mesmo Dr. Antônio Carneiro da Cunha, já então com o pseudônimo de *Beslier*. O contendor limitou-se a defender-se em três artigos doutrinários bastante comedidos, a respeito da interpretação de uma doutrina de Gneist. Irritado com uma série de verrinas provocadas pelo conflito, Tobias recorreu ao ridículo, até em versos, aliás espirituosos, para combater o adversário.

Júlio Ribeiro (1845-1889), depois de publicado seu romance *A carne*, é atacado pelas colunas do *Diário Mercantil* pelo sacerdote português naturalizado brasileiro Sena Freitas, escritor e polemista de rara habilidade, cuja prosa, no dizer de Mendes dos Remédios era modelo de lídima linguagem. Foi longa a polêmica, mas o brasileiro teve a última palavra, como prometera. Pode ser acompanhada no livro *Uma polêmica célebre*, compilação de Vítor Caruso e prefácio de Orígenes Lessa (São Paulo, 1935).

Sílvio Romero (1851-1914) foi dos homens de pensamento que mais fortemente atuaram em nosso meio. Das numerosas polêmicas que travou ficaram livros como *Uma esperteza* (Rio de Janeiro, 1887), protesto mordaz contra uma opinião do português Teófilo Braga, e *Passe recibo* (Belo Horizonte, 1904), contendo a réplica ao mesmo Teófilo; *O vampiro do Vasa-Barris* (Rio de Janeiro, 1895), resposta ao vigário Olímpio de Campos, mais tarde senador pelo Sergipe; *Zeverissimações ineptas da crítica* (Porto, 1909), contra José Veríssimo, que leva por subtítulo "Repulsas e desabafos". "A arremetida furiosa de Sílvio [...] ultrapassa todos os excessos e destemperos camilianos."[99]

Não foi Sílvio Romero poupado, contudo, por um homem de espírito, o Conselheiro Lafayette Rodrigues Pereira (1834-1917), que o contraditou com vantagem no livro *Vindiciae* (Rio de Janeiro, 1899), já em terceira edição, assinado com o pseudônimo *Labieno*, considerado um dos mais perfeitos modelos de trabalho polêmico publicado no Brasil. Duas teses do filósofo sergipano contraditaram o ático mineiro: a do *Machado de Assis* (Rio de Janeiro, 1897), em que Sílvio procurou desfazer do merecimento de Machado como escritor: e a dos *Ensaios de Filosofia do Direito* (Rio de Janeiro, 1895), escritos sob a inspiração da doutrina evolucionista. Sílvio, mostrando desprezo, não replicou a Lafayette, que se revelou argumentador tão poderoso como ele mesmo e ainda dotado de raciocínio mais metódico e sutil, que fazia honra ao notável jurisconsulto que era.

Carlos de Laet (1847-1927), ainda que formado em engenharia, foi um dos que melhor souberam manejar a língua portuguesa, mas não se confinou na paixão da gramática. Foi participante em todas as disputas de opinião, quando se mostrava afirmativamente o que era: conservador, monarquista e católico ortodoxo. Sabia polemizar: era duro, sarcástico, ferino. E demonstrou sê-lo sempre que foi à liça, sem importar que fosse o adversário um simples Álvaro Reis, ministro protestante, nomes consagrados como um Camilo Castelo Branco e um Castilho, ou companheiros de crença e colegas de luta, adversários seus em polêmicas famosas.[100]

Rui Barbosa, temperamento polêmico por excelência, iniciou sua carreira de imprensa com bulhentas discussões no *Diário da Bahia* a propósito da questão religiosa ou casos políticos, mas também com um agitado conflito literário em torno de Castro Alves (cástridas e anticástridas, chamavam-se os contendores). É dessa luta que resultou o *Elogio do poeta* (1881) cheio de farpas dirigidas aos adversários. Também com um irmão de Sílvio Romero, Joviniano Ramos teve ruidoso embate literário, encerrado por um artigo escrito em português, alemão, línguas africanas e tupi, tudo em torno do transformismo, darwinismo, provocado pela tese do Dr. Guedes Cabral sobre as funções celebrais. Todos esses embates, aquém dos méritos do polemista, visivelmente "emaranhado, graças às contingências locais, na pequena luta de lagartos", "mesquinhas rixas partidárias" que lhe estiolavam a produção, como se expressa Luís Viana Filho.[101]

Em compensação, em 1902, no caso da redação do Código Civil, Rui Barbosa provocou "a mais séria disputa gramatical entre nós verificada". "Com lampejos de sarcasmo e numa absoluta firmeza de tom, o debate se manteve sempre num certo nível que não seria evidentemente aquele em que costumavam colocar-se um Laet e um Júlio Ribeiro, quando discutiam."[102] Os objetivos eram políticos, como demonstrou San Tiago Dantas[103] mas as armas foram as da literatura e da gramática. Na luta envolveram-se Rui Barbosa, Clóvis Beviláqua, Carneiro Ribeiro, José Veríssimo, Medeiros e Albuquerque e Anísio de Abreu.[104]

Medeiros e Albuquerque (1867-1934) foi polemista que usava punhos de renda, preocupado em não passar da "discussão cortês", como chama ele mesmo a um de seus artigos polêmicos. Não esconde, às vezes, o gesto de enfado: utiliza, de outras, a ironia sorridente. E previne o adversário: "Eu sou um tipo de humor raramente alterável." Materialista e anticlerical, republicano histórico, era capaz de argumentar com segurança, agilidade e graça; suas páginas de polêmica são interessantes e por outro lado numerosas. Acham-se reunidas, quase todas, no volume *Polêmicas* (Rio de Janeiro, 1941), coligidas e anotadas por seu neto Paulo de Medeiros e Albuquerque.

A questão religiosa, que provocou a maior produção de panfletos e polêmicas no Brasil, pela intensidade do conflito e paixão de seus personagens, deu lugar a várias polêmicas paralelas, ao lado do debate entre o governo, os bispos e o Vaticano.[105] Mas nenhuma assumiu a importância da que se travou entre dois dos principais personagens da questão: o bispo do Paraná Dom Antônio de Macedo Costa e o enviado especial ao Vaticano, Barão de Penedo. Sendo o primeiro considerado o maior orador sacro e escritor de nosso clero, ao mesmo tempo que temível dialeta, e o segundo a flor de nossa diplomacia, a polêmica teve uma repercussão enorme. A primeira publicação foi a do Barão de Penedo; *Missão especial a Roma em 1873*, Londres, 1881, que provocou a réplica do Bispo: *A questão religiosa perante a Santa Sé* ou *A missão especial a Roma em 1873 à luz de documentos publicados e inéditos*, Maranhão, 1886 (2. ed., Lisboa, 1886, com um apêndice de 1887). Voltou o barão à liça com a publicação: *O bispo do Pará e a missão a Roma*, Rio de Janeiro, 1888. O alto nível em que paira o debate não impediu que o sagaz prelado escrevesse páginas famosas de ironia e boa literatura.

Oliveira Viana, considerado o discípulo mais qualificado de Alberto Torres, ao publicar o seu *O idealismo da Constituição*,[106] provocou da parte de Batista Pereira uma série de artigos a que respondeu com abundância e que despertaram enorme interesse. Estávamos nos últimos anos da primeira república e a descrença nas formas democráticas encaminhava muitas inteligências para as soluções totalitárias. Batista Pereira ousava sustentar alguns princípios liberais e apontar o perigo do abandono de certas garantias individuais. O brilho do debate atraiu a atenção da classe culta e muito conceito acerca de república e liberdade foi reexaminado nos comentários paralelos provocados pelo debate.[107]

III — NO PANFLETO

Surgidos com a divulgação da imprensa, como foi dito acima, dentro do clima de liberdade mantido durante o movimento da Independência, os panfletos vão constituir perigosa e eficiente arma de propaganda política. Nas campanhas nacionalistas, nas discussões de caráter doutrinário entre ortodoxos e dissidentes em religião, na atividade maçônica, na luta entre a Coroa e a Assembleia, nas acesas polêmicas políticas da Regência, na propaganda pela maioridade, o panfleto medra e frutifica. O próprio tipo da maioria dos jornais da primeira parte do século, de pequeno formato e sem quase noticiário, faz com que a imprensa não passe afinal de panfletos. Alguns jornais têm mesmo vida efêmera, outros não passam de um número. É impossível traçar um limite entre eles e os folhetos caracterizados com o nome de panfleto. É assim, de fato, um panfleto cada número do *Tomoio*, da *Malagueta*, do *Correio do Rio*, do *Desengano Brasileiro*, do *Revérbero Constitucional*. Nessa imprensa, pois, alguns de seus luminares pertencem mais ao gênero panfletário que ao jornalístico. Evaristo da Veiga deve ser estudado entre os construtores do nosso jornalismo.

Mas outros nomes, ora se servindo das colunas de periódicos, ora do folheto avulso, são antes propriamente panfletários. Por ocasião das eleições, o observa Joaquim Nabuco,[108] ambos os partidos incumbiam desclassificados, e até criminosos condenados, da campanha de difamação dos adversários. Era uma onda de pasquins. Resta-nos apontar alguns nomes que apresentam caráter realmente literário.

Antônio Borges da Fonseca (Paraíba, 1808-1872) foi o mais persistente panfletário e verrineiro do tempo do Império. Redigiu nada menos de 25 periódicos, todos em tom violento, além de uma série de proclamações e folhetos avulsos. O mais famoso de seus jornais — *O Repúblico* — teve cinco fases e seu título passou a ser considerado cognome do autor. Várias vezes processado por crime de imprensa, teve a cabeça a prêmio. Polemizou com inúmeros contemporâneos inclusive com Justiniano José da Rocha.[109]

Os primeiros anos do reinado de D. Pedro II foram agitados. A rápida sucessão dos partidos deu origem à crença na existência de um clùbe político de validos que constituiria uma espécie de *kitchen-cabinet*. Contra este grupo apareceu em 1847 o célebre panfleto anônimo *A dissolução do gabinete 5 de maio ou a facção áulica,* reproduzido várias vezes. Seu autor era o desembargador, e mais tarde senador, Firmino Rodrigues Silva, poeta e escritor de primeira plana, natural do Rio de Janeiro e político em Minas Gerais. Íntimo amigo e correligionário de Justiniano José da Rocha, foi considerado dos maiores jornalistas do Império.[110]

A queda dos liberais em 1848 e a revolta chamada *praieira*, em que tomou parte Borges da Fonseca, dão origem ao mais célebre panfleto da época, o *Libelo do Povo*, por Timandro (Rio de Janeiro, 1849), pseudônimo de Francisco de Sales Torres Homem, mais tarde senador do Império e visconde de Inhomirim (Rio de Janeiro, 1812-1876). Mestiço de origem humilde, mas com estudos superiores feitos em França, Torres Homem revestiu o virulento panfleto de tom erudito e foi acusado de plagiário, tal o eco dos grandes documentos mundiais no gênero que imprimiu ao trabalho. A conversão do autor aos princípios conservadores, em nome dos quais chegou ao Senado, aos Conselhos da Coroa e, finalmente, à fidalguia do Império, foi dos mais rumorosos casos da monarquia.[111]

Ao consolidar-se o regime parlamentar, o marquês de Paraná (Honório Hermeto Carneiro Leão) lançou o termo *conciliação* para a sua política. Foi o apogeu do poder civil na monarquia, segundo observa Euclides da Cunha: com ele extinguiram-se partidos em cujo antagonismo havia desde 48 a força dispersiva do ódio, e sob o seu influxo iam aparecer partidos modelados pela força construtora das ideias.[112]

A *conciliação* foi, no dizer de Paraná, um "pensamento augusto". O divulgador desse pensamento foi o grande jornalista e professor de História do Colégio Pedro II, Justiniano José da Rocha (Rio de Janeiro, 1812-1862), o maior jornalista brasileiro, no conceito de diversos historiadores, através do célebre opúsculo *Ação, reação e transação* (Rio de Janeiro, 1855). Trata-se de um estudo muito mais de pensador político e historiador do que de simples jornalista, diz Otávio Tarquínio de Sousa.[113] O documento tende mais para o ensaio do que para o panfleto, porque visa mais à compreensão do momento político do que ao combate.[114]

Em 1867 lançou José de Alencar um pequeno opúsculo contra o imperador, imaginando um diálogo entre o fundador do Império e seu sucessor e atribuindo a D. Pedro II toda responsabilidade pela degenerescência do regime: *O juízo de Deus — Visão de Joh*. Dado o caráter conservador de Alencar, o escrito não poderia deixar de causar escândalo. Voltou ao gênero o mesmo glorioso autor, lançando duas séries de panfletos: *Ao imperador — Cartas políticas de Erasmo* (1865-1867), apelando novamente para o soberano no sentido de usar de seus amplos poderes para solucionar os grandes problemas nacionais.

Outra grande figura do parlamento imperial, considerado um expoente da oratória política — e o que é mais interessante — também fervoroso conservador, é o autor de novo panfleto contra o imperador: *A conferência dos divinos* (Rio de Janeiro, 1867). O autor ocultou-se sob anonimato mas foi logo identificado pelo estilo inconfundível. O conselheiro Antônio Ferreira Viana (Pelotas, 1832-Rio, 1903) escreveu outros panfletos como *A fusão* (1854) e *Libelos políticos* (1878), foi na tribuna parlamentar de uma violência inexcedida contra o monarca (a quem ousou chamar de príncipe conspirador e César caricato), mas nenhuma das suas produções teve a repercussão das escassas oito pequenas páginas do panfleto de 1867.[115]

Luís Francisco da Veiga (Rio de Janeiro, 1834-1899), sobrinho de Evaristo da Veiga, escreveu o mais vultoso dos libelos contra a monarquia em geral e contra o primeiro imperador em particular: *O primeiro reinado estudado à luz da ciência ou a revolução de 7 de abril de 1831 justificada pelo direito e pela história* (Rio de Janeiro, 1877, 520 p.), estudo minucioso, mas apaixonado, dos acontecimentos que levaram à abdicação de D. Pedro I. É a fonte de quase todos os que atacam o primeiro reinado.[116]

Em 1886 publica Joaquim Nabuco o panfleto chamado *O erro do imperador*, seguido de uma série de outros: *O eclipse do abolicionismo, Eleições liberais e eleições conservadoras, escravos* etc.[117] O primeiro chamou particularmente a atenção popular pela ousadia do título. O erro consistia em ter o monarca entregue a chefia do gabinete ao liberal progressista Dantas para, em seguida, abandoná-lo e confiar o posto ao reacionário Saraiva, ou, como dizia o autor, o erro de paralisar o movimento nacional.

Anfriso Fialho, depois de escrever uma biografia laudatória do imperador em 1876, transformou-se em violento demolidor do regime e autor do *Processo da monarquia brasileira* (Rio de Janeiro, 1886), panfleto muito utilizado na propaganda republicana.

Eduardo Prado (São Paulo, 1860-1901) foi das personalidades mais bem dotadas para a vida cultural do Brasil, e seria um de nossos mais completos escritores se não fosse colhido pela morte em meio a excelentes trabalhos em preparo. Sua orientação era do mais sincero e coerente conservantismo. Monárquico, católico ortodoxo, nunca se conformou com o novo regime, que combateu de todos os modos, principalmente pela imprensa, mantendo o *Comércio de São Paulo*, órgão monarquista, afinal empastelado pelo jacobinismo enfurecido em 1897. Dois grandes panfletos deixou Eduardo Prado. O primeiro, *Fatos da ditadura militar no Brasil* (Lisboa, 1890), compõe-se da série de artigos publicados na *Revista de Portugal*. É uma série de comentários, às vezes impiedosos, sobre a instituição da República. O segundo, *A ilusão americana*, é um combate à aproximação com os Estados Unidos, de cuja sinceridade no pan-americanismo duvida. É perfeito modelo de panfleto político. Polemista espirituoso, gostava de vencer o adversário com bom humor, que revelou abundantemente no debate com o médico Luís Pereira Barreto.[118]

João Brígido dos Santos (São João da Barra, 1829-Fortaleza, 1922) foi, segundo Agripino Grieco, "o mais rude, muitas vezes o mais inclemente e não raro o mais espirituoso dos nossos panfletários",[119] além de historiador notável. Político e professor, estudou a fundo a terra cearense em que se fixou e combateu a vida inteira pela imprensa seus adversários.

Mantendo a velha tradição dos pasquins, no sentido primitivo do vocábulo, não é possível deixar de mencionar a *Carta ao Marechal Deodoro: A Ré Pública*, por Pinheiro Viegas, Bahia (1891), protestando contra o militarismo dos primeiros tempos da República e anunciando uma explosão revolucionária "pela miséria, o terror, a fraude e a corrupção". Pinheiro Viegas é autor de vários panfletos e poemetos que despertaram interesse no Rio e na Bahia, os dois centros onde exercia sua atividade de jornalista.

Do lado oposto fica Raul Pompeia, temperamento visceralmente republicano, com sua *Carta ao autor das festas nacionais* (Rio de Janeiro, 1893), incluída como introdução ao referido livro de Rodrigo Otávio, verdadeiro libelo jacobinista contra a monarquia.

Martim Francisco (Ribeiro de Andrada), o terceiro do nome (São Paulo, 1853-1927), foi considerado pelos contemporâneos como um expoente da inteligência de sua estirpe.[120] Mas era, acima de tudo, "um original, um espírito de sarcasmo incessante, de ditos espirituosos a jato contínuo".[121] Anticlerical e republicano, defendeu sob a monarquia o separatismo paulista através de uma chamada *comédia-panfleto*: *O casamento do mano*. Da mesma época é um panfleto contra a administração imperial denominado *Carta-careta* (1888). Também vigoroso libelo, desta vez contra a república e em defesa da monarquia, é o panfleto *Pátria-morta: de Pombal a Pires Ferreira* (Santos, 1902). Sua série de livros: *Rindo* (1919), *Viajando* (1913-1915), *Contribuindo* (1919), *Gracejando* (1934) criaram-lhe a fama de o espírito agudo e independente.

Raimundo de Farias Brito (1862-1917) deixou certa vez as altitudes das especulações filosóficas e publicou um folheto que constituiu "algo de absolutamente insólito na sua bibliografia".[122] Sob o pseudônimo de Marcos José apareceu O *panfleto*, onde após uma curiosa autobiografia, passa a atacar severamente algumas figuras da Academia Brasileira, especialmente Rui Barbosa e Félix Pacheco. É visível que a linguagem do filósofo não se coaduna com o gênero. Tudo não passou de um desabafo causado por uma derrota em uma candidatura àquele sodalício.

José Severiano de Resende (1871-1931) nascido em Mariana, estudou direito em São Paulo onde colaborou com Eduardo Prado e ordenou-se sacerdote em 1897. Entre 1906 e 1910 teve extraordinário prestígio no Rio de Janeiro como panfletário e polemista. Em 1908 abandonou o sacerdócio e foi exercer uma função em Paris, onde faleceu. Escreveu *Eduardo Prado, notas de crítica e polêmica* (São Paulo, 1905), livro essencialmente doutrinário, católico e reacionário. No livro *O meu flos sanctorum* (Porto, 1908), ainda dentro do tema religioso e ortodoxo, mantém as características do temperamento agressivo e irreverente.[123]

Antônio Torres (1885-1934) foi cronista de imprensa e panfletário ousado. Mineiro e sacerdote como Severiano de Resende, forrado de boa cultura clássica, reuniu em *Pasquinadas cariocas* (Rio de Janeiro, 1921), em *Verdades indiscretas* (Rio de Janeiro, 1924) algumas de suas ferinas crônicas visando diversas altas personalidades do momento. Mas foi n'*As razões da Inconfidência* (Rio de Janeiro, 1925) que se consagrou como modelar no libelo, atacando a colonização portuguesa.[124]

Paulo Silveira (Rio de Janeiro, 1891-1957) foi cronista da imprensa diária e se satisfez com o papel de intimidador de mediocridades. Fundou em 1917m com Gustavo Barrosom o *Brás Cubas*, semanário em que se revelou violento panfletário. Em 1924 publicou *Asas e patas*, com alguns dos mais agudos exemplos de sátira.

Dois panfletos caracterizam a oposição violenta a dois presidentes na fase final da Primeira República: o de Mário Rodrigues, *O meu libelo* (Rio de Janeiro, 1925), e o de Assis Chateaubriand, *Terra desumana* (A vocação revolucionária do presidente Arthur Bernardes. Rio de Janeiro, 1926).

A revolução de 1930, o movimento paulista de 1932, o Estado Novo e sua queda deram origem, como é natural, a uma série de panfletos. Nenhum tem o valor, sob o ponto de vista da forma, do *Acuso*, de João Neves da Fontoura (1933), mais tarde repudiado pelo autor.

Panfletos de natureza religiosa não poderia deixar de haver no Brasil. Podem-se incluir neste gênero alguns opúsculos da propaganda positivista no Brasil de autoria de Miguel Lemos (1854-1917) e Teixeira Mendes (1855-1927) constantes das publicações do Apostolado Positivista do Brasil.

Contra a igreja há sempre uma contínua publicação de panfletos. Merece destaque, porém, a publicação de Carlos Sussekind de Mendonça, *O catolicismo, partido político estrangeiro* (Rio de Janeiro, 1934), autor igualmente de um curioso panfleto contra o esporte: *O esporte está deseducando a mocidade brasileira* (Rio de Janeiro, 1922).

NOTAS

1   Fomos dos últimos países a introduzir a imprensa, ferrenhamente proibida durante a era colonial. Só a 13 de maio de 1808 foi fundada a Impressão Régia, sob a direção de José Bernardes de Castro, Mariano J. Pereira da Fonseca (futuro marquês de Maricá) e José da Silva Lisboa (depois visconde de Cairu) e logo estabelecida a Mesa Censória, suprimida em 1821.
2   "A *Gazeta do Rio de Janeiro*, hoje excelente documento histórico, era... o que dela disse Armitage: um órgão oficioso, que informava fielmente o público do estado de saúde de todos os príncipes da Europa, inseria o texto de atos do governo e não se esquecia de noticiar, entre odes e panegíricos, os aniversários dos membros da família reinante... A julgar-se o Brasil pelo seu jornal único devia ser considerado como um paraíso terrestre, onde nunca se ouvia um só queixume." Otávio Tarquínio de Sousa. História dos fundadores do Império. IX, Rio de Janeiro, 1957, p. 26.
3   Nascido na Colônia do Sacramento em 13 de agosto de 1774, estudou preparatórios no Rio de Janeiro e bacharelou-se em Coimbra. Viajou pelos Estados Unidos e México em missão do governo português (de que deixou diário), foi membro da Junta da Impressão Régia, em Lisboa. Indo a Londres, também a serviço público, foi preso ao voltar como pedreiro-livre graduado, que realmente era. Fugiu em 1805 para a Inglaterra onde viveu sob a proteção maçônica. Faleceu em Kensington, arrabalde de Londres, em 11 de setembro de 1823, sem ter exercido, senão por breve tempo, as funções diplomáticas de que fora incumbido pelo Governo Imperial.
    O patriarca da Imprensa brasileira foi objeto de dois estudos de fôlego, ambos com a mesma data (1957) e o mesmo título: *Hipólito da Costa e o Correio Brasiliense*. O primeiro de autoria de Carlos Rizzini pertence à coleção *Brasiliana* (Comp. Ed. Nacional, São Paulo). O segundo, de Mecenas Dourado, integra a *Biblioteca do Exército* (v. 234). 2 vols. Rio de Janeiro.
4   A melhor análise da complexa produção jornalística e panfletária de Cairu é feita por Hélio Viana na *Contribuição à história da imprensa brasileira*. Rio de Janeiro, 1945, parte III. A biografia feita pelo filho, o 2º barão de Cairu, e que ocorre na Rev. do Inst. Hist. T. I. é assaz incompleta. Excelente síntese é a de Alceu Amoroso Lima, aparecida na revista *A Ordem*, no de setembro-outubro de 1936.
5   Sobre o Cônego Januário da Cunha Barbosa escreveu seu sobrinho-neto, Antônio da Cunha Barbosa, extenso e minucioso estudo na *Rev. do Inst. Hist.*, tomo LXV, II, (Rio, 1903), p. 197.
6   *Coleção fac-similar de Jornais Antigos* (direção de Rubens Borba de Morais). *A Malagueta* — tomo I — Introdução de Hélio Viana — Rio, 1945; V. ainda: Carlos Rizzini, *O livro, o jornal e a tipografia no Brasil*, Rio, 1945, p. 389. J. Amador Bueno, *Influência do panfleto na Independência e no Primeiro Reinado* (*A Manhã*, 4 de dezembro de 1949).
7   Já dispúnhamos em 1821 de 17 jornais regulares em 6 cidades, enquanto Portugal só os tinha em Lisboa, Porto, Coimbra e Funchal.
8   Gilberto Freyre, *Casa-grande & senzala*. Rio de Janeiro, 1958, p. 489.
9   Múcio Leão, "*O Carapuceiro*", in *Jornal do Brasil*, 20 de agosto de 1955.
10 Luís Delgado, *Lopes Gama* (Nossos Clássicos), Rio de Janeiro, 1958.
11 Filho de uma escrava africana e de um oficial de marinha mercante português, foi médico, bacharel em Coimbra, jornalista, diplomata e político, alcançando o Senado

do Império e o Conselho de Estado. Foi herói da guerra da Independência, e precursor do abolicionismo. V. Américo Jacobina Lacombe, "O visconde de Jequitinhonha", *Revista Brasileira*, ano 6, n. 19, 1947, p. 80, e Hélio Viana, "Francisco Gê Acaiaba de Montezuma", *Rev. do Inst. Hist.*, v. 244, 1959, p. 104.

12   Pseudônimo de Antônio Ferreira Viana F., *O antigo regime* (Homens e coisas). Rio de Janeiro, 1896.
13   Eis um trecho de artigo da *Gazeta do Brasil* de 1827, citado por Otávio Tarquínio de Sousa: "Tenho duas mãos e muita vontade de lhas assentar na cara. Já o procurei; recusou-se: em querendo experimentar apareça de dia ou de noite; toda a hora é boa, todo o lugar é bom. Sou, senhor patife, João Maria da Costa". *Hist. dos fund.*, VI, p. 46.
14   A história dos jornais, dos impressores e editores não está em nosso âmbito. Mas pela importância que tem tido em nossas letras e como palco de grandes acontecimentos de nossa história cultural parece-nos cabível menção ao mais antigo órgão da imprensa do Brasil. V. Félix Pacheco. *Um francês brasileiro*. Rio de Janeiro, 1917, Pierre Plancher, Nouveaux renseignements. Paris, 1930 e *Jornal do Commercio*, número do centenário, 1º de outubro de 1927, depois reunido em volume.
15   Otávio Tarquínio de Sousa, *História dos fundadores do Império*, I (José Bonifácio). Rio de Janeiro, 1957, p. 270.
16   *Hist. dos fundadores do imp.*, IX, p. 27.
17   *Diário de uma viagem ao Brasil*, trad. de A. J. Lacombe. São Paulo, 1956, p. 347. Os jornais referidos são o *Correio do Rio de Janeiro*, de João Soares Lisboa, *A Sentinela da Liberdade à Beira-mar da Praia Grande*, de Giuseppe Stephano Grondona; *O Sylpho*, jornal aparecido em 1823, e *O Tamoio*, de Meneses de Drummond.
18   *Op. cit.*, p. 447.
19   Bacharel em filosofia pela Universidade de Coimbra, conspirador em 1798, maçom, deputado às cortes de Lisboa, deputado várias vezes à Assembleia Brasileira, cirurgião e professor, agricultor, foi acima de tudo jornalista. V. Antônio Osmar Gomes. "Cipriano José Barata", *Jornal do Commercio*, 12 de julho de 1942.
20   *Obras completas* (Queda do Império), v. XVI, tomo VI, Rio de Janeiro, 1948, p. 140.
21   John Armitage, *The history of Brazil...* Londres, 1836, II, p. 2.
22   Otávio T. de Sousa, *op. cit.*, p. 13.
23   *Evolução da prosa brasileira*, p. 37.
24   S. Romero, *História da literatura brasileira*, 4a, II, p. 342.
25   *Um estadista do império*, 4ª, 1, p. 13.
26   *História da literatura brasileira*. 4. ed., Rio de Janeiro, 1949, III, p. 32.
27   *Um processo de jornalismo na época da independência* (Publicação do Arquivo Nacional – Direção de Escragnolle Dória, XVII, Rio de Janeiro, 1917, p. 7).
28   *História da literatura brasileira*, 1. ed., 1916, p. 390.
29   José Vieira Fazenda, *Aspectos do período regencial* (*Rev. do Inst. Hist, tomo* LXXVII, p. 1, 1915, p. 55).
30   Nabuco, *Um estadista do império*. 4. ed., I, p. 385.
31   Transcrição na *Revista do Brasil*, 3ª fase, n. 15 (IX-1939), p. 87.
32   Xavier da Silveira Jr. *A imprensa no Brasil* (*Rev. Inst. Hist. Geogr. Bras.*, tomo LXXI, 1908, II, p. 543).
33   Memórias publicadas n'*O Imparcial* de 23 de janeiro de 1913.
34   *Op. cit.*, IX, p. 243.
35   Mons. Luís Gonçalves dos Santos (Rio de Janeiro, 1767-1844). Cônego da capela imperial, sócio do Inst. Histórico e da Real Academia das Ciências de Lisboa, professor do seminário e professor régio de filosofia. Escreveu no Revérbero e deixou

inúmeros livros e panfletos, além da obra principal *Memórias para servir à história do reino do Brasil*, Lisboa, 1825. *O antídoto salutífero* (1825) é combate à maçonaria, contra o *Despertador constitucional; O celibato clerical e religioso defendido dos golpes da impiedade* (1827) é contra a *Astreia; A voz da verdade* (1829) é do mesmo teor; *A apologia dos bens dos religiosos* (1828) é a defesa da propriedade dos regulares; *O 'desagravo do clero* (1837) e *O católico e o metodista* (1838) contra os protestantes.

36 Ferreira de Araújo, "Cousas políticas" (*Gazeta de Notícias*, outubro de 1883).
37 "Pode-se com justiça desejar que D. Pedro II tivesse sido um monarca... mais leitor de Gama e Castro", *A propósito de D. Pedro II*. Conferência na Biblioteca Pública, Recife, 1925 (*Revista do Norte*, n. 1).
38 *Coisas do meu tempo* (*O Imparcial*, RJ, 23 jan. 1913).
39 *História da literatura*, 4. ed., V. p. 238.
40 *Efemérides brasileiras*, Rio de Janeiro, 1946, p. 320.
41 *Apud* R. Magalhães Júnior, *Três panfletários*, p. 127.
42 *Coisas do meu tempo* (*O Imparcial*, 2 de março de 1913).
43 *Dicionário bibliográfico brasileiro*, V. p. 270.
44 M. de Araújo Porto Alegre a ele dirigiu um poema satírico: *O ganhador*, Rio de Janeiro, 1844.
45 *O Imparcial*, 23 jan. 1913.
46 *Efemérides* (1946), p. 261.
47 *Apud* Laudelino Freire, *Clássicos brasileiros*, Rio de Janeiro, 1923, p. 228.
48 Alfredo Pujol, *Machado de Assis*, São Paulo, 1917, p. 20.
49 Luís da Câmara Cascudo, *O marquês de Olinda e seu tempo*, São Paulo, 1938, p. 254.
50 Artigo no *Diário de Notícias* de 29 maio 1889 (*Queda do Império, Obras Completas*, v. XVI, tomo III, p. 153).
51 S. Romero, *op. cit.*, 4. ed., III, p. 197.
52 Foi esse um fenômeno muito generalizado na política, como observa o próprio Sílvio Romero. "No Brasil, mais ainda do que noutros países, a literatura conduz ao jornalismo e este à política, que, no regime parlamentar e até no simplesmente representativo, exige que seus adeptos sejam oradores" (*op. cit.*, 4ª, V. p. 203). Enquanto isso "a literatura era então uma atividade marginal e até desconsiderada... A poesia e principalmente o romance eram considerados ainda como simples passatempo, que não augurava nada de bom para quem se entregasse a atividades tão pouco respeitáveis" (Tristão de Athayde, "Alencar, fundador da crônica" — *D. Notícias*, 18-IX-60). O parlamento era o verdadeiro centro não só da vida política como da vida intelectual. O homem de espírito público não tinha outra maneira de atuar sobre a sociedade senão a ação direta da política para a qual não dispunha às vezes de temperamento adequado.
53 Ortega y Gasset, "Mirabeau o el político" (*Obras completas*, 1. ed., 1947, III, p. 616).
54 Tristão de Athayde, "Machado cronista" (*Diário de Notícias*, 23 de outubro de 1960).
55 1º de outubro de 1927, p. 59.
56 Estão publicados por Maria Filgueiras na *Revista do Livro* (INL), Rio de Janeiro, n. 6, jun. 1957, p. 163.
57 No *Jornal do Commercio* Alencar só publicou três folhetos assinados por AL, um dos quais consagrado a Monte Alverne.
58 "Alencar fundador da crônica" (*Diário de Notícias*, 18 de setembro de 1960).
59 Foram reunidas em opúsculo: Lafayette Rodrigues Pereira, *Inglaterra*, prefácio de Pedro Lafayette, Rio de Janeiro, 1942.
60 *Caricaturas instantâneas*, p. 51.
61 *O Brasil e a raça*, São Paulo, 1928, p. 88.

62 "Dois grandes estilos" (Prefácio de *Contrastes e confrontos* de Euclides da Cunha, 6. ed. p. XXIII).
63 Nota biográfica na *Antologia Nacional*. 6. ed., 1913, p. 124.
64 Félix Pacheco. *N. Robles e cogumelos*, p. 19 e 32.
65 Agripino Grieco. *Evolução da prosa*, p. 196.
66 Romero. *Hist. lit. brasil.*, *op. cit.*, 4. ed., V. p. 374.
67 Alberto Pizarro Jacobina, Joaquim Serra, conferência (*J. Commercio*, 12 de maio de 1929); Araripe Júnior, *Obra crítica*, Rio de Janeiro, CRB, 1960, II, p. 232.
68 "O velho Senado" (*Páginas recolhidas*). *Obras completas*. Rio de Janeiro, Aguilar, II, p. 614.
69 *Caricaturas instantâneas*. Rio de Janeiro, 1939, p. 62.
70 *Hist. lit. bras.* 4. ed., V, p. 448.
71 Leôncio Correia, Ferreira de Araújo (discurso na Academia Carioca de Letras, *Jornal do Commercio*, 18 nov. 1934): Félix Pacheco, Ferreira de Araújo (discurso na inauguração da herma no Passeio Público) 2. ed., Rio de Janeiro, 1933.
72 Paulo Duarte, "Cento e vinte e sete anos de imprensa paulista", in *Ensaios paulistas*, São Paulo, ed. Anhambi, 1958.
73 Martins de Oliveira, *História da literatura mineira*, B. Horizonte, 1958, p. 118.
74 Edgar e Carlos Sussekind de Mendonça, *L. de Mendonça* (Biobibliografia). Acad. Bras., Rio de Janeiro, 1934.
75 Reunidas em volume por Carlos Sussekind de Mendonça (Rio de Janeiro, 1939).
76 Reunidos em livro em 1921, os artigos de 1889, deu-lhes o nome de *A queda do Império*, mas não passou de dois tomos, interrompendo a publicação. Nas *Obras completas* compreendem 8 tomos.
77 Spencer Vampré, *Memórias para a História da Academia de São Paulo*, São Paulo, 1924, I, p. 482.
78 Renato Bahia, *O estudante na história nacional*, Salvador, 1954, p. 112.
79 Clóvis Beviláqua, *História da Faculdade de Direito do Recife*, v. II, Cap. XII. "O jornalismo acadêmico", p. 235.
80 Reeditada em volume pela Imprensa Oficial (Recife, 1950), com um prefácio de Amaro Quintas.
81 Renato Bahia, *op. cit.*, p. 128.
82 Acompanhando, como jornalista, o presidente eleito Campos Sales enviou ao jornal as narrativas constantes do livro *O Sr. Campos Sales na Europa*. Notas de um jornalista, Rio de Janeiro, 1900, (2. ed., Rio de Janeiro, 1928). A defesa do governo de Campos Sales, no *Correio Paulistano*, foi reunida também em um volume: *Cartas sem título por José Estêvão* (pseud.), Rio de Janeiro, 1902. Igualmente estão reunidos em opúsculo os artigos sobre política internacional: *As origens da guerra, O dever do Brasil*, Rio de Janeiro, 1918.
83 Sousa Doca. *História do Rio Grande do Sul*, Rio de Janeiro, 1954, p. 430.
84 História literária do Rio Grande do Sul. P. Alegre, 1924, p. 236.
85 *Apud* Brito Broca. *A vida literária no Brasil*, 1900, Rio de Janeiro, 1956, p. 206.
86 O que não é possível é aceitar a afirmação de Veríssimo quando sustenta que a literatura de questões políticas nunca se incorporou aqui à literatura propriamente dita, ou a enriqueceu com exemplares de maior valor que o ocasional e de emoção menos efêmera que a do momento" (*Hist. da lit.* 1ª, p. 400). Com esse critério excluiríamos da literatura as Cartas de Inglaterra, de Rui Barbosa, A ilusão americana, de Eduardo Prado, Balmaceda, de Nabuco, além das principais produções de Tavares Bastos, Gilberto Amado e, afinal, até *Os sertões*.

87 São problemas agudamente abordados pelo Sr. Barbosa Lima Sobrinho no seu ensaio "O jornalismo e a literatura", *Jornal do Commercio*, Rio de Janeiro, 2 ago. 1957.
88 *Tobias Barreto*. São Paulo, 1957, p. 258.
89' Clado Ribeiro de Lessa, "Vida e obra de Varnhagen — 5º cap.: O polemista", *Revista do IHGB*, v. 226, 1956.
90 Otávio Tarquínio de Sousa, *História dos fundadores do Império*. Rio de Janeiro, 1937, VI, p. 143.
91 Os artigos de Monsenhor Pinto de Campos na questão das bíblias falsificadas foram reunidos sob o título *Novas miscelâneas religiosas* (Recife, 1859). A resposta ao opúsculo O deus dos judeus e o deus dos cristãos foi impressa sob o título *Polêmica religiosa* (Recife, 1868). Também com o Cons. Pedro Luís Pereira de Sousa manteve o monsenhor uma polêmica impressa em livro sob o mesmo título (Recife, 1864). V. Solidônio Leite, *Uma figura do Império*. Rio de Janeiro, J. Leite, 1925 e P. Heliodoro Pires, "Uma figura do 2º Império, Monsenhor Pinto de Campos", *J. Commercio*, 25 abr. 1948.
92 Clado Ribeiro de Lessa, "Vida e obra de Varnhagen — 5º cap.: O polemista", *Revista do IHGB*, v. 226 e 227 (1956).
93 O artigo inicial de Nabuco: *O Sr. J. de Alencar e o Teatro brasileiro* é de 3 de outubro. Segue-se uma série numerada de 1 a 7, entre 10 de outubro a 21 de novembro de 1875, sob o título geral *Estudos sobre o Sr. José de Alencar* — Os artigos de Alencar começam a 7 de outubro. A polêmica está agora em: *A polêmica Alencar-Nabuco*. Apresentação Afrânio Coutinho, Rio de Janeiro, Tempo Brasileiro, 1965.
94 No Suplemento de *A Manhã e Artes*, RJ, 7 out. 1951 Brito Broca dá um excelente resumo histórico dessa polêmica.
95 José Aderaldo Castelo, *A polêmica sobre "A Confederação dos tamoios"*, São Paulo, Fac. Fil. Ciên. Let., 1953.
96 Gladstone Chaves de Melo, "Alencar e a língua brasileira", em apêndice à *Iracema*, ed. da Bibl. Popular Brasileira, Rio de Janeiro, INL. 1948.
97 Hermes Lima, *Tobias Barreto (A época e o homem)*, 2. ed., São Paulo, C. Ed. Nac. Brasiliana, 1957, p. 260.
98 *Estudos alemães*, Sergipe, 1926, p. 450.
99 Brito Broca, *A vida literária no Brasil — 1900*. Rio de Janeiro, Serv. Doc. do MEC, 1956.
    Do mesmo autor v. ainda: "Carlos de Laet: síntese de suas atividades literárias e resumo bibliográfico" (*Verbum*. Rio de Janeiro, Tomo IV, fase 4, dez. 1947. Número dedicado ao centenário de Laet).
100 As suas principais polêmicas foram reunidas por Antônio J. Chediak na obra: *Carlos de Laet, o polemista*, 1ª série, São Paulo, ed. Anchieta, 1942; 2ª série, Rio de Janeiro, Liv. Ed. Z. Valverde, 1943. Do mesmo autor v. ainda: "Carlos de Laet: síntese de suas atividades literárias e resumo bibliográfico" (*Verbum*. Rio de Janeiro, tomo IV, fase 4, dezembro de 1947. Número dedicado ao centenário de Laet).
101 Prefácio ao v. VII (1881), tomo I, das *Obras completas*. Rio de Janeiro, 1957.
102 Brito Broca, *A vida literária no Brasil*, 1900. Rio de Janeiro, 1956.
103 *Rui Barbosa e o Código Civil*. Rio de Janeiro, 1949.
104 Um balanço desta rumorosa polêmica encontra-se em A. de Almeida Torres. *Comentários à polêmica entre Rui Barbosa e Carneiro Ribeiro*, São Paulo, 1959.
105 Hélio Viana, *Bibliografia da questão religiosa* (in *Estudos de história imperial*, São Paulo, Brasiliana, 1950) e *Bibliografia da q. religiosa* (*Verbum*, Rio de Janeiro, 1944, tomo 1, fase 4).

106 *À margem da história da República* (Ideais, crenças e afirmações). Inquérito, Rio de Janeiro, 1924; em volume no mesmo ano, sob o título de *O idealismo da Constituição*, Rio de Janeiro. Posteriormente incluído, em volume, juntamente com outros trabalhos, na Brasiliana. São Paulo, 1939.
107 Os artigos de B. Pereira ocorrem em *Figuras do Império e outros ensaios*. São Paulo, 1931. De grande importância para a história de nosso Direito Social foi a polêmica de Oliveira Viana com o prof. Valdemar Ferreira, da Universidade de São Paulo, a propósito do projeto de organização da Justiça do Trabalho, que provocou parecer contrário daquele professor, na qualidade de deputado. Os artigos publicados no *Jornal do Commercio* foram, mais tarde, reunidos em livro sob o título *Problemas de Direito Corporativo* (Rio de Janeiro, 1938).
108 *Um estadista do Império*, L. ed., I, p. 386.
109 O mais completo estudo da agitada vida de Borges da Fonseca encontra-se na obra de Hélio Viana. *Contribuição à história da imprensa brasileira*. Rio, 1945.
110 Nélson Laje Mascarenhas. *Um jornalista do Império (Firmino Rodrigues Silva)*, São Paulo, 1960.
111 R. Magalhães Júnior. *Três panfletários do segundo reinado*. São Paulo, 1956, p. 1-126. V. ainda o ensaio do visconde de Taunay: Sales Torres Homem, em *Reminiscências*, 2. ed., São Paulo, 1923.
112 "Da independência à República", in *À margem da História*, 2. ed., Porto, 1913, p. 343.
113 *História dos fundadores do Império*, Rio de Janeiro, 1957, IX, p. 243.
114 R. Magalhães Júnior, *op. cit.*, p. 127.
115 Provocou uma resposta: *A conferência dos humanos*, Rio de Janeiro, 1867, atribuído ao Dr. José Alves Pereira de Carvalho. Sobre Ferreira Viana ver ainda: R. Magalhães Júnior, *op. cit.*, p. 219, Primeiro centenário do nascimento do Cons. Antônio Ferreira Viana (polianteia), Rio de Janeiro, 1933; o ensaio de Batista Pereira em *Figuras do Império*, São Paulo, 1931 e o capítulo de Rodrigo Octávio nas *Minhas memórias dos outros*. II, Rio de Janeiro, 1935, p. 28.
116 Sobre ele escreveu minucioso estudo seu parente Veiga Miranda: *O panfletário d'O Primeiro Reinado*, Rio de Janeiro, 1936, 282 p.
117 A série provocou uma outra série de outros em resposta: *O erro do Sr. Joaquim Nabuco*, *O eclipse do patriotismo*, etc.
118 Batista Pereira, *Eduardo Prado, o escritor — o homem*, São Paulo, 1902 e Capistrano de Abreu, "Eduardo Prado", in Ensaios e estudos, I, Rio de Janeiro, 1931, p. 339.
119 *Evolução da prosa brasileira*. Rio de Janeiro, 1933, p. 190.
120 V. Hélio Viana, "Martim Francisco", *Rev. Inst. Hist. e Geogr. Bras.*, v. 186, 1º trim., 1945, p. 174.
121 A. Amoroso Lima, *Estudos*. 5ª série, Rio de Janeiro, p. 243.
122 Jônatas Serrano, *Farias Brito*, São Paulo, 1939, p. 243 e 248.
123 V. Cônego Raimundo Trindade: *A arquidiocese de Mariana*, 2. ed., Belo Horizonte, 1955, v., II, p. 195.
124 No excelente ensaio de Gastão Cruls; *Antônio Torres e seus amigos* (Notas bibliográficas seguidas de correspondência), São Paulo, 1950, verifica-se que o epistológrafo não era menos felino, nem menos brilhante que o cronista. V., ainda: Cônego Raimundo Trindade: *A arquidiocese de Mariana*, 2. ed., Belo Horizonte, 1955, v. II. p. 194.

BIBLIOGRAFIA DE APOIO

Amâncio Filho. "A imprensa no Espírito Santo", in *Revista do Inst. Hist. e Geogr. do E. Santo*, Ano IV, n. IV, "Vitória" 1925: Ano V, n. V, 1926; Ano VI, n. VI, 1927; Azevedo, Moreira de. "Origem e desenvolvimento da imprensa no Rio de Janeiro", in *Rev. do Inst. Hist. e Geogr. Bras.* XXVIII, 2ª parte, 1865; Barbosa, A. da Cunha. "Origem e desenvolvimento da imprensa colonial brasileira", in *Rev. do Inst. Hist. e Geogr. Bras.*, tomo LXIII, 2ª parte, 1900; Bellido, Remijio de. *Catálogo dos jornais paraenses, 1822-1908.* Belém do Pará, 1908. Belo, Oliveira. *Imprensa Nacional 1808-1908.* Rio de Janeiro, 1908; Berlinck, Cassius. "Informação sobre alguns periódicos da Biblioteca Nacional", in *Anais Bibl. Nac.*, v. 49, p. 393; Bessa, Alberto. *O jornalismo.* Lisboa, 1904; Boiteux, José. *A imprensa catarinense.* Rio de Janeiro, 1911; Cabral, Alfredo do Vale. *Anais da Imprensa Nacional do Rio de Janeiro.* Rio de Janeiro, 1881; Cabral, Alfredo do Vale. *Anais da Imprensa Nacional (1823-1831). Suplemento dos Anais da Imprensa Nacional* (1808-1823). Rio de Janeiro, MEC, 1954 (Separata dos *Anais da Bibl. Nac.* v. 74); Campos, Sandoval e Amynthas Lobo. *Imprensa mineira.* Memória histórica. Belo Horizonte, 1922; Cardim, Elmano. *Jornalistas da Independência.* Rio de Janeiro, 1958; Carvalho, Alfredo de. *Anais da imprensa periódica pernambucana de 1821-1908.* Recife, 1908; Carvalho, Alfredo de. *Gênese e progresso da imprensa periódica no Brasil* (Parte I do tomo especial da *Rev. do Inst. Hist. Geogr. Bras.* comemorativo do 1º Cent. da imprensa periódica no Brasil). Rio de Janeiro, 1908; Carvalho, Alfredo de. "Da introdução da imprensa em Pernambuco pelos holandeses", in *Revista do Inst. Arqueológico e Geogr. Pernamb.*, v. XI, março de 1904, n. 61. Recife, 1908; Carvalho, Alfredo de. "Jornais pernambucanos de 1821-1898". *Revista do Inst. Arqueológico e Geogr. Pernamb.*, n. 52, Recife, 1899; Carvalho, Alfredo de. "O primeiro jornal baiano", in *Jornal do Commercio*, Rio de Janeiro, 22 de abril 1908; *Catálogo da Exposição de História do Brasil.* 2 v., Rio de Janeiro, 1882, Suplemento, 1883; "Catálogo dos jornais e revistas, 1817-1941, existentes na seção do Arquivo Histórico", in Catálogos dos documentos... existentes na seção do Arquivo Histórico do Museu Júlio de Castilhos. Porto Alegre, 1941; Costa, Licurgo & Barros Vidal. *História e evolução da imprensa brasileira.* Rio de Janeiro, 1940; Cota, Odorico. "Origem e estabelecimento da imprensa em Goiás", in *Cultura Política*, n. V, 1944, p. 191; Costa, Pereira da. "Estabelecimento e origem da imprensa em Pernambuco", in *Rev. do Inst. Arq. Geogr. e Etnogr. Pernamb.*, n. 39; Duarte, Paulo. "Cento e vinte e sete anos de imprensa paulista", in *Ensaios paulistas.* São Paulo, 1958; *Ensaios paulistas.* Contribuição de *O Estado de São Paulo* às comemorações do IV centenário da cidade. São Paulo, Ed. Anhembi, 1958; Ferreira, Atos Damasceno. *Jornais críticos e humorísticos de Porto Alegre no século XIX*, Porto Alegre, s.d.; Figueiredo Filho, José e Pinheiro, Irineu. *Cidade do Crato.* Rio de Janeiro, MEC; Fleiuss, Max. "História da Imprensa". *Dicionário Histórico geográfico e etnográfico do Brasil.* Rio de Janeiro, IHGB, 1922, v. I; Fleiuss, Max. "Subsídios para a história da imprensa no Brasil", in *Páginas de história.* 2. ed., Rio de Janeiro, 1930, p. 589; Fonseca, Gondim da. *Biografia do jornalismo carioca, 1808-1908.* Rio de Janeiro, 1941; Freitas, Afonso A. de. *A imprensa periódica de São Paulo desde os seus primórdios em 1823 até 1914.* São Paulo, 1915; Freitas, Afonso A. de. "A imprensa periódica de São Paulo", in *Revista do Inst. Hist. e Geogr. de São Paulo*, v. XIX, 1914. São Paulo, 1915. p. 336 e 357; Gomes, Alfredo. "História literária", in *Dicionário geográfico e etnográfico do Brasil.* Rio de Janeiro, IHGB, 1922, vl. I; Gonzaga, Teófilo. *Subsídios para a história do jornalismo em Campos.* Rio de

Janeiro, 1927; *O Império do Brasil na Exposição Universal de 1873 em Viena d'Áustria*. Rio de Janeiro, Tip. Nacional, 1873; *O Império do Brasil na Exposição Universal de 1876 em Filadélfia*. Rio de Janeiro, Tip. Nacional, 1875; Iório, Leoni. *Valença de ontem e de hoje*. Valença, 1953; "Jornais do Ceará publicados em 1921", in *Revista do Instituto do Ceará*, v. 36, p. 90; *Jornais registrados em Porto Alegre de 1854 a 1899. Boletim municipal*. Pref. M. de P. Alegre, v. VIII, 1945; Leal, José. *A imprensa na Paraíba*. J. Pessoa, 1941; Lima, Raul. *Jornalismo e democracia*. Rio de Janeiro, MEC, 1960; Lima Sobrinho, Alexandre José Barbosa. *A ação da imprensa em torno da constituinte*. Rio de Janeiro, 1934; Machado Abílio. "Imprensa mineira". *O Jornal*. Número especial dedicado ao Estado de Minas Gerais, Rio de Janeiro, 1929; Magalhães, Basílio de. "Jornalistas da Independência", in *Rev. do Inst. Hist. e Geogr. Bras.*, tomo LXXX, n. 1917, 2ª parte, p. 771; idem. "A imprensa republicana em Minas Gerais", in *Estudos de história do Brasil*. São Paulo, 1940, p. 245; Maior, Mário e Souto, Moacir. "Imprensa de Bom Jardim", in *Jornal do Commercio*, Recife, 13 nov. 1953: Mariano, Júlio de. "História da imprensa em Campinas", in *Monografia histórica do município de Campinas*, Rio de Janeiro, IBGE, 1952, p. 301-314; Marques, César Augusto. "História da imprensa no Maranhão", in *Revista do Inst. Hist. e Geogr. Bras.*, tomo 51, 1888; Martins, Francisco de Sousa. "Progresso do jornalismo no Brasil", in *Rev. do Inst. Hist. e Geogr. Bras.*, VIII, 1846; Martins, Romário. *Catálogo dos jornais publicados no Paraná de 1854-1907*. Curitiba, 1908; Medeiros, Coriolano de. "Imprensa Paraibana", in *Anuário da Paraíba 1934*. João Pessoa, p. 60-66; Medeiros, José Augusto Bezerra de. *Seridó*, v. I, Rio de Janeiro, 1954; Morais, A. J. de Melo. "Jornais que se têm publicado no Brasil, desde o dia 10 de setembro de 1808 até 20 de outubro de 1862", in *Corografia histórica, cronográfica, genealógica, noticiária e política do Império do Brasil*. Tomo I, 2ª parte. Rio de Janeiro, 1863, p. 123; Nobre, Freitas. *História da imprensa de São Paulo*. São Paulo, 1950; Oliveira, João Batista Perdigão de. "A imprensa no Ceará", in *Catálogo dos jornais, revistas e outras publicações periódicas do Ceará*, 1824-1904, Fortaleza, 1905; Plaisant, Alcibíades César. *Cenário Paranaense*. Descrição geográfica, política e histórica do Estado do Paraná. Curitiba, 1908; Pontes, Eloi. *A imprensa na formação intelectual do Brasil*. Rio de Janeiro, MRE, mimeografado; Pontes, Elói. *La prensa en la formación intelectual del Brasil*. Rio de Janeiro, MRE, 1942; *Primeiro centenário do Jornal do Commercio*. Edição comemorativa. Rio de Janeiro, 1928; Queirós, Amadeu de. "Pouso Alegre e a sua imprensa", in *Revista do Inst. Hist. de São Paulo*, v. XXVIII; Ribeiro, Hortênsio de Sousa. "A imprensa em Campina Grande", in *Rev. do Inst. Hist. e Geogr. Paraibano*, v. XI, 1948. J. Pessoa, 1948; Rizzini, Carlos. *O livro, o jornal e a tipografia no Brasil*. Rio de Janeiro, Kosmos, 1946; Rodrigues, Alfredo F. *Notas para a história da imprensa no Rio Grande do Sul*. Rio Grande do Sul, 1889; Rodrigues, José Honório. *Teoria da história do Brasil*. 2. ed. São Paulo, Brasiliana, 1957. I, 262; Santa Cruz, Luís de. "A história literária do *Jornal do Brasil*", in *Jornal do Brasil*, Rio de Janeiro, 2 set. 1958; Santa Cruz, Luís de. "A história literária do *Jornal do Commercio*", in *Jornal do Commercio*, Rio de Janeiro, 23 fev. 1958; Serra, Joaquim (pseud. Ignotus). *A imprensa no Maranhão de 1820-1880*. Rio de Janeiro, 1883; Silveira Júnior. Joaquim Xavier da. "A imprensa no Brasil", in *Rev. Inst. Hist. e Geogr. Bras.*, tomo 71, 2ª parte, 1 p. 543; Sousa, Eusébio de. *A imprensa do Ceará dos seus primeiros dias aos atuais*. Memória elaborada para o 2º número do *Anuário do Ministério da Educação e Saúde*. Fortaleza, 1933; Sousa, J. Batista de Faria, Monteiro de Sousa, A. e Bahia, Alcides. *A imprensa no Amazonas*. 1851-1908. Manaus, 1908; Studart, Guilherme. *Catálogo dos jornais de grande e pequeno formato publicados no Ceará*. Fortaleza, 1898; Studart, Barão de. "Anais da Imprensa Cearense". *Primeiro centenário da imprensa no Brasil*, in Separata do v. 1, da parte II, tomo especial da *Rev. do Inst. Hist. Geogr. Bras.* Rio de Janeiro, 1908; Taunay, Afonso d'Escragnolle. "O primeiro centenário da imprensa paulista", in *Anais do Museu Paulista*, v. IV. São Paulo; 1931; Taunay, Afonso d'Escragnolle. "Os patriarcas da imprensa paulista", in *Anais do Museu Paulista*, v. IV, São Paulo, 1931; Toledo, Lafayette de. "Imprensa paulista", in *Revista do Inst. Hist. e Geogr. de São Paulo*, III. São Paulo, 1898; Torres, João Nepomuceno e Carvalho, Alfredo de. *Anais da Imprensa da Bahia*. 1º centenário, 1811 a 1911. Salvador, 1911; Uchoa, Waldery. *Anuário do Ceará*, 1952; Veiga, José Pedro Xavier da. *A Imprensa em Minas Gerais*. Ouro Preto, 1894; Veiga, José Pedro Xavier da. "A imprensa em Minas Gerais, 1807-1897". *Rev. do Arq. Públ. Mineiro*. III, 1897; Veríssimo, José. "A imprensa", in *Livro do Centenário*. Rio de Janeiro, 1900; Viana, H. de Brito. "Primórdios". *A Gazeta*, São Paulo, 6 fev. 1954; Viana, Hélio. *Contribuição à história da imprensa brasileira, 1812-1869*. Rio de Janeiro, INL, 1945; Viotti, Manuel. *The press of the state of S. Paulo*, Brazil, 1827-1904. São Paulo, 1904; Passos, Alexandre. *Um século de imprensa universitária*. Rio de Janeiro, 1971.

57. *Afrânio Coutinho*
ENSAIO E CRÔNICA

Ensaio e crônica — gêneros literários. Definição e caracteres. Conceito de crônica. A crônica e o jornal. Histórico e evolução da crônica — Romantismo. Francisco Otaviano. Manuel Antônio de Almeida. José de Alencar. Machado de Assis, França Júnior. Pompeia. Bilac. Coelho Neto. João do Rio. João Luso. José do Patrocínio Filho. Humberto de Campos. Orestes Barbosa. Álvaro Moreira e a Fon-Fon. *Berilo Neves. Osório Borba. Genolino Amado. Benjamim Costallat. Henrique Pongetti. Peregrino Júnior. Manuel Bandeira. Antônio de Alcântara Machado. Carlos Drummond de Andrade. Raquel de Queirós. Rubem Braga. Classificação da crônica. Problemas da crônica: linguagem e estilo, crônica e reportagem, literatura e filosofia. Autonomia do gênero. Importância na literatura brasileira. Outros gêneros afins: oratória, cartas, memórias, diários, máximas, biografia. Gilberto Amado. Lúcio Cardoso.*

1. De acordo com a concepção do fenômeno literário adotada como princípio diretor desta obra,[1] os gêneros literários dividem-se em dois grupos: aqueles em que os autores usam um método direto de se dirigir ao leitor e aqueles em que os autores o fazem indiretamente, usando artifícios intermediários. Ao primeiro grupo, em que há uma explanação direta dos pontos de vista do autor, dirigindo-se em seu próprio nome ao leitor ou ouvinte, pertencem: o ensaio, a crônica, o discurso, a carta, o apólogo, a máxima, o diálogo, as memórias. São os gêneros que se podem chamar "ensaísticos". Ao segundo grupo, conforme o artifício intermediário: o gênero narrativo, epopeia, romance, novela, conto; o gênero lírico e o gênero dramático.[2]

Esses são os gêneros de natureza estritamente literária, aos quais a poética contemporânea reduz a compreensão e o estudo da literatura. O presente capítulo estuda alguns gêneros pertencentes ao primeiro grupo, tal como se apresentaram na literatura brasileira.

2. Para o estudo do ensaio e da crônica, há que, primeiramente, estabelecer certas premissas teóricas quanto ao sentido das palavras, pois no uso geral ocorre confusão e imprecisão acerca do que significam na realidade. E, em crítica, impõe-se o rigor e a precisão no uso dos termos literários.

3. No que concerne a *ensaio*, a palavra é nova, porém a coisa é antiga. Foi o que afirmou Bacon ao fazer a dedicatória de seu livro de ensaios.[3] De fato o gênero possui ancestrais ilustres, como Sócrates, Platão, Teofrasto, os hebreus do Eclesiastes, dos Provérbios e outras peças da literatura bíblica; Cícero, Sêneca, Plutarco, Plínio, Marco Aurélio etc. Modernamente é a Montaigne, com os *Essais* (1596), que se deve a iniciação do gênero, novamente com o sentido que a etimologia da palavra indica: "tentativa", "inacabamento", "experiência"; dissertação curta e não metódica, sem acabamento sobre assuntos variados em tom íntimo, coloquial, familiar. Foi este o caráter que Montaigne, iniciando a voga moderna, comunicou ao gênero, de que sua obra é o modelo imortal.

Os ingleses adotaram-lhe a lição, e, adaptando a forma às qualidades peculiares do caráter britânico, elevaram-na às mais nobres expressões. É na língua inglesa que se encontram os mais perfeitos exemplares e cultores, numa larga família de artistas: Cowley, Thomas Browne, Burton, Addison, Steele, Hazlitt, Leigh Hunt, Charles Lamb, De Quincey, Carlyle, Coleridge, Macaulay, Pater, Ruskin, Chesterton, além do primeiro deles, Francis Bacon. Entre os espanhóis também o gênero floresceu: Unamuno, Ganivet, Azorín.

A essência do ensaio reside em sua relação com a palavra falada e com a elocução oral, como se depreende do estudo estilístico dos grandes ensaístas. O estilo do ensaio é muito próximo da maneira oral ou do pensamento que é captado no próprio ato e momento de pensar, tal como ocorre em Montaigne, Pascal ou Thomas Browne. É o estilo que marcha a passo com o pensamento e o traduz, como num orador, sem nenhum intervalo, diretamente, do pensamento à palavra, sem precisar de qualquer artifício intermediário para expressar a realidade que está na alma do artista. O ensaio é um breve discurso, compacto, um compêndio de pensamento, experiência e observação. É uma composição em prosa (há exemplos em verso), breve, que tenta (*ensaia*) ou experimenta, interpretar a realidade à custa de uma exposição das reações pessoais do artista em face de um ou vários assuntos de sua experiência ou recordações. Pode recorrer à narração, descrição, exposição, argumentação; e usar como apresentação a carta, o sermão, o monólogo, o diálogo, a "crônica" jornalística (no sentido brasileiro adiante analisado). Não possui forma fixa. Sua forma é interna, estrutural, de conformidade com o arranjo lógico e as necessidades da expressão. Curto, direto, incisivo, individual, interpretativo, o ensaio exprime uma reação franca e humana de uma personalidade ante o impacto da realidade. Gênero elástico, flexível, livre, permite a maior liberdade no estilo, no assunto, no método, na exposição. Forma de literatura criadora ou de imaginação, o ensaio, assim entendido na sua maneira tradicional, difere por isso da tese, monografia, tratado, artigo, editorial, tópico (de jornais), os quais têm sentido objetivo, impessoal, informativo.

Quanto ao assunto e à maneira, o ensaio pode ser de tipos diferentes. De um lado, há o grupo de ensaios irregulares, que os ingleses chamam *informal*, ou ainda pessoais *ou familiar*. Exprimem uma reação ou impressão pessoal, em linguagem coloquial ou familiar, sem qualquer estrutura clara. Revelam um espírito livre, reagindo diante de fatos, pessoas ou paisagens, escrevendo de seus cenários familiares, seus pertences, jardins, viagens, lembranças, as paisagens que amou, suas experiências passadas, recordações de homens, fatos e coisas, suas leituras, teorias do universo e do pensamento, tudo e nada. Os ensaístas sentam-se e observam o espetáculo da vida e do mundo, às vezes se divertem com ele, ou dele motejam, ou moralizam a seu respeito. Tudo o que é humano lhes interessa. Esse tipo de ensaio pode ser de *impressão* (de si mesmo, de outras pessoas, da ordem natural, das realizações humanas); *pessoal* (quando exprime a própria personalidade do autor); de *personagens* (quando se refere a outras pessoas, como "O velho Senado" de Machado de Assis); *descritivo* (de cenas naturais e artísticas); de *apreciação* (das realizações humanas).

É assim caracterizado o sentido do gênero *ensaio*, forma literária específica, tal como foi modernamente fixado por Montaigne e desenvolvido na literatura inglesa: tentativa, ensaio, dissertação breve, concisa, livre, em linguagem familiar.

Mais modernamente, o uso da palavra tem-se estendido, perdendo aquele sentido tradicional, de "tentativa". Tem-se desenvolvido em sentido inteiramente oposto ao original. E surgiu outro grupo de ensaios, chamados de *julgamento*, que oferecem conclusões sobre os assuntos, após discussão, análise, avaliação. Tem-se com eles uma interpretação, dentro de uma estrutura formal de explanação, discussão e conclusão e usando linguagem austera. É o grupo que os ingleses chamam *formal*. São formais, regulares, metódicos, concludentes. E nesse grupo se incluem os chamados ensaios críticos, filosóficos, científicos, políticos, históricos.

No Brasil, a prática vem restringindo o uso da palavra *ensaio* ao segundo tipo, justamente o oposto ao tipo original, fazendo-a sinônima de *estudo*: crítico, histórico, político, filosófico, etc. Na linguagem brasileira corrente, esses estudos recebem o nome de "ensaios". É o que ocorre também na França, onde a rubrica "ensaios" engloba, em periódicos literários como *Les Nouvelles Littéraires* por exemplo, livros de história, política, filosofia, etc. No Brasil, um estudo crítico, publicado em livro, é designado como ensaio, e ensaísta o seu autor. São assim, por exemplo, o livro de Augusto Meyer sobre Machado de Assis e o de Mário de Andrade, *Aspectos da literatura brasileira*. São livros de crítica, mas se referem como de ensaio. É que, no Brasil, *crítica* é geralmente entendida somente aquela que se exerce nos jornais, a chamada crítica militante, periódica, regular, no registro ou comentário dos livros do momento.

Em resumo:

a) A palavra *ensaio* designa no Brasil o *estudo* — crítico, filosófico, histórico, político, etc. Perdeu (como na França) o sentido original, assumindo o feitio do estudo, acabado, concludente, depois de análise e pesquisa.

b) Deteriorando-se o sentido original de ensaio, o gênero que primitivamente era denominado "ensaio" (tentativa, leve e livre, informal, familiar, sem método nem conclusão), gênero tradicional entre os ingleses, tornou-se no Brasil a *crônica*.

4. O significado tradicional da palavra "crônica" decorre de sua etimologia grega *(khronos* — tempo): é o relato dos acontecimentos em ordem cronológica.

O *Dicionário* de Morais assim define o termo: "História escrita conforme a ordem dos tempos, referindo a eles as coisas, que se narram." Frei Domingos Vieira assim a definiu: "Crônica — Anais pela ordem dos tempos, por oposição à história em que os fatos são estudados nas suas causas e nas suas consequências. — Atualmente, nos jornais, parte em que se contam os principais acontecimentos e se reproduzem os boatos numa terra; crônica política, a parte do jornal em que se referem as novas políticas."

Em outros idiomas, o sentido é o mesmo.

Assim, o *Grand Larousse Illustré:* "Les chroniques sont des récits historiques dont l'auteur est au moins pour partie contemporain". Acentua que é a forma histórica da Idade Média, primeiro em latim e depois nas línguas vulgares, feita sobretudo. nos mosteiros por escribas especializados. É uma "histoire dans laquelle les faits sont simplement enregistrés dans l'ordre de leur succession".

Sainz de Robles, em seu *Diccionario de la Literatura*, descreve:

> Se llama también cronista al escritor que en diarios y revistas comenta o interpreta sucesos o cosas, utilizando unicamente su cultura y sus propias fuentes de conocimiento por la redacción de sus artículos, en los que, generalmente, se delatam la agudeza, la experiencia, el estilo del cronista.

Portanto, em português, como se vê no verbete de Domingos Vieira, o termo adquiriu dois sentidos.

O primeiro, o primitivo, dá à crônica o caráter de relato histórico, sendo parenta de anais. Foi o feitio que assumiu a historiografia na Idade Média e Renascimento, em todas as partes da Europa, a princípio em latim e depois nas diversas línguas vulgares, inclusive o português, em que deu algumas obras-primas.⁴ Foi esse o sentido que prevaleceu até hoje nos vários idiomas europeus modernos, menos o português. Em inglês, francês, espanhol, italiano, a palavra só tem este sentido: *crônica* é um gênero histórico. E, assim como crônica, "croniqueiro" e "cronista" só se empregavam, relativamente a crônicas, naquele sentido: eram o indivíduo que escrevia crônica. O mesmo ocorre em francês: *chronique* e *chroniqueur*. É o significado tradicional.

Todavia, a partir de certa época, a palavra foi ganhando roupagem semântica diferente. "Crônica" e "cronista" passaram a ser usados com o sentido atualmente generalizado em literatura: é um gênero específico, estritamente ligado ao jornalismo. Ao que parece, a transformação operou-se no século XIX, não havendo certeza se em Portugal ou no Brasil. Publicavam então os jornais uma seção, via de regra semanal (daí Machado de Assis ter adotado o pseudônimo de "Dr. Semana" para as crônicas de *A Semana*), de comentário de assuntos marcantes (ou que marcaram o espírito do artista) da semana. O uso da palavra para indicar relato e comentário dos fatos em pequena seção de jornais acabou por estender-se à definição da própria seção e do tipo de literatura que nela se produzia. Assim, "crônica" passou a significar outra coisa: um gênero literário de prosa, ao qual menos importa o assunto, em geral efêmero, do que as qualidades de estilo, a variedade, a finura e argúcia na apreciação, a graça na análise de fatos miúdos e sem importância, ou na crítica de pessoas. "Crônicas" são pequenas produções em prosa, com essas características, aparecidas em jornais ou revistas. A princípio, no século XIX, chamavam-se as crônicas "folhetins", estampados em geral em rodapés dos jornais (*feuilletons* — folhetins).

Em crônica de 30 de outubro de 1859, Machado de Assis, definindo o "folhetim" e o "folhetinista", deu as características da crônica, tal como hoje é entendida. Mostra Machado que o folhetinista é originário da França, tendo-se espalhado graças ao grande veículo que é o jornal. De lá, O folhetim acomodou-se "às conveniências das atmosferas locais". E assim o define:

> ...o folhetim nasceu do jornal, o folhetinista por consequência do jornalista. Esta última afinidade é que desenha as saliências fisionômicas na moderna criação.
>
> O folhetinista é a fusão admirável do útil e do fútil, o parto curioso e singular do sério, consociado com o frívolo. Estes dois elementos, arredados como polos, heterogêneos como água e fogo, casam-se perfeitamente na organização do novo animal.
>
> Efeito estranho é este, assim produzido pela afinidade assinalada entre o jornalista e o folhetinista. Daquele cai sobre este a luz séria e vigorosa, a reflexão calma, a observação profunda. Pelo que toca ao devaneio, à leviandade, está tudo encarnado no folhetinista mesmo; o capital próprio.
>
> O folhetinista, na sociedade, ocupa o lugar do colibri na esfera vegetal; solta, esvoaça, brinca, tremula, paira e espaneja-se sobre todos os caules suculentos, sobre todas as seivas vigorosas. Todo o mundo lhe pertence; até mesmo a política.⁵

Pensa ele que o folhetim — diga-se hoje a crônica — não estava ainda adaptado, apesar das suas "páginas coruscantes de lirismo e de imagens"; só em raríssimas exceções tinha tomado a cor nacional. "Escrever folhetim e ficar brasileiro é na verdade difícil", acentua.

Entretanto, como todas as dificuldades se aplanam, ele podia bem tomar mais cor local, mais feição americana. Faria assim menos mal à independência do espírito nacional, tão preso a estas limitações, a esses arremedos, a esse suicídio de originalidade e iniciativa.

De qualquer modo, venceu e generalizou-se afinal o termo "crônica", ficando "folhetim" para designar mais a seção, na qual se publicavam não só crônicas senão também ficção e todas as formas literárias.

Mas o que designamos atualmente por crônica é o que, na literatura inglesa, se chama "ensaio", o do primeiro tipo, o original ou "familiar", informal. Se compararmos as características dos dois tipos, veremos que as da "crônica" brasileira são as mesmas que os ingleses atribuem ao *personal* ou *familiar essay*. Isso resultou certamente do uso que se generalizou no Brasil de tornar sinônimos "ensaio" e "estudo", abandonando-se o sentido primitivo, para o qual foi sendo reservado o termo "crônica". Essa a concepção que o termo "crônica" adquiriu finalmente em português, a segunda da definição acima citada de Frei Domingos Vieira.

Para a crônica — gênero que, na literatura brasileira corresponde ao *essay* inglês — nada mais justo do que as palavras de Carlos Drummond de Andrade ao referir-se ao cronista como alguém que "tem ar de remexer numa caixa de guardados, ou antes de perdidos".

5. Assim delimitados os termos "crônica" e "ensaio", esse capítulo se restringirá ao estudo da crônica. Os chamados "ensaístas", tornado *ensaio* no sentido de "estudo" fazem o objeto de capítulos especiais dedicados à crítica (ensaios críticos) ou a outras atividades (filosofia, história, sociologia, política), pois, em verdade, eles não são ensaístas, e sim filósofos, historiadores, sociólogos, pensadores políticos.

É mister insistir na relação da crônica e do jornalismo, para se isolar a sua condição de gênero literário. Como se viu, a acepção do vocábulo evoluiu, modernamente, designando também, e com mais frequência, o comentário ligeiro ou a divagação pessoal feita com bom gosto literário, ligada estreitamente à ideia da imprensa periódica, pois nela revela-se o cronista. Tão característica é a intimidade do gênero com seu veículo natural que muitos críticos se recusam a ver na crônica, a despeito da voga de que desfruta, algo durável e permanente, considerando-a uma arte menor. Para Tristão de Athayde "uma crônica num livro é como um passarinho afogado". De qualquer modo, aceite-se ou não a permanência da crônica, é certo que ela somente será considerada gênero literário quando apresentar qualidade literária, libertando-se de sua condição circunstancial pelo estilo e pela individualidade do autor.

A crônica, ligada à ideia da grande imprensa, como ficou dito, só vem a aparecer no Brasil com a feição que lhe é reconhecida hoje, nos meados do século XIX, quando os jornais evoluem para um tipo *sui generis* de empresa industrial. As crônicas de Machado de Assis já indicam a presença de cronistas categorizados que imitam o exemplo da imprensa inglesa. Mas a crônica vem a incorporar-se aos hábitos da nossa imprensa, quando se deu o desenvolvimento da imprensa com a sua modernização, ao serem adotadas as ilustrações a pena e os clichês fotográficos, quando se aumenta o número de páginas das edições. Dispondo de maior espaço o jornal se enriquece de atrativos e, com o noticiário, o grave artigo de fundo e as seções ordinárias, transforma a crônica em matéria cotidiana, como recreio do espírito, amável e brilhante cintilação da inteligência. Multiplicam-se por sua vez as revistas ilustradas e essas publicações semanais tendem a valorizar dois gêneros que só então adquirem expressão definitiva no território da imprensa brasileira: a caricatura e a crônica.

O jornal brotou e cresceu no Brasil sob a atmosfera do Romantismo, o que contribuiu para que o acento lírico tivesse predominado sobre a crônica desde as suas primeiras manifestações.

Quem percorrer os jornais desse período observará que, no seu bojo, atenuando as exuberâncias da paixão política, insinuava-se algo que tinha principalmente um objetivo: entreter. Era a crônica destinada a condimentar de maneira suave a informação de certos fatos da semana ou do mês, tornando-se assimilável a todos os paladares. Quase sempre visava sobretudo o mundo feminino, criando, em consequência, um ambiente de finura e civilidade, na imprensa, que exerceu sensível efeito sobre o progresso e o refinamento da vida social brasileira.

É perfeitamente compreensível que os cronistas literários fossem igualmente poetas, com a circunstância de que algumas de suas poesias narrativas não deixam de ter certo ar de crônica. Crônica em verso — para mencionar apenas um caso — era o que fazia Joaquim Norberto, quando, no poema "A confissão", descreveu o Rio de Janeiro do tempo do velho entrudo.

Cronistas foram também os primeiros romancistas, notando-se que o romance urbano ou de costumes era por assim dizer um desenvolvimento natural da crônica. O mais notável deles, a ficção picaresca das *Memórias de um sargento de milícias*, de Manuel Antônio de Almeida, surgiu em terreno fertilizado pela crônica e deste contém algumas características inconfundíveis, como assinalou Eugênio Gomes. Características negativas representadas pelo afogadilho da elaboração, pela vulgaridade de certas notações e pelo excesso de cor local, mas que contribuíram decisivamente para o êxito dessa movimentada narrativa.

Esse fenômeno de hibridismo, isto é, a crônica ou folhetim desdobrada em romance, mas deixando transparecer vivamente as suas características, seja no estilo nervoso do escritor, seja no entrecho de um ou outro capítulo, tornou-se mais ou menos comum naquela altura do século. Para isso concorreu naturalmente a circunstância de que ambos os gêneros iam convergir nos jornais sob o mesmo título geral de folhetim. Folhetim era a crônica, mas também a novela ou romance, quando publicado em jornal. O fator espiritual de comunhão entre os dois gêneros era a poesia, que dominava a literatura romântica, sendo por isso explicável a influência que o folhetim exerceu particularmente sobre o mundo social. O poeta, o romancista, o homem de jornal, todos cederam às suas seduções com maior ou menor assiduidade.

A crônica brasileira propriamente dita começou com Francisco Otaviano de Almeida Rosa (1825-1889) em folhetim no *Jornal do Commercio* do Rio de Janeiro (2 de dezembro 1852). Também no *Correio Mercantil* do Rio de Janeiro assinou ele o folhetim semanal até 1854. É o advento dos românticos.

Na época, foi José de Alencar (*q.v.*) que imprimiu à crônica a mais alta categoria intelectual. Foi ele quem substituiu Francisco Otaviano no folhetim do *Correio Mercantil* (1854). Suas crônicas apareceram alternadamente com algumas de Manuel Antônio de Almeida, sob o título geral de "Páginas menores", título que trai certo complexo de inferioridade, ainda subsistente em nossos dias com relação ao gênero. Por que "menores" as páginas que ambos escreveram naquela seção? Por serem circunstanciais? Por estarem destinadas a produzir efeito transitório? Por serem escritas apressadamente? Ambos os escritores, como tantos outros que já fizeram a mesma experiência nesse terreno, nutriam a natural desconfiança de que suas crônicas não subsistiriam muito tempo. E, contudo, foi a crônica que abriu caminho ao romancista, afeiçoando os leitores contemporâneos às suas fantasias de um lirismo transbordante.

Alencar não mudava de pena para escrever o folhetim da semana e a obra de ficção que passaria a publicar na mesma folha, com as sugestões que melhor consultassem às preferências da sociedade. Sua preocupação era portanto a de um cronista e, em consequência, a sua pena de escritor funcionou como a vareta de um mágico, sob cujo toque o que havia de sórdido e repulsivo na vida real era subitamente eliminado para ceder lugar a representações de pura beleza, idealidade e encantamento.

Foi esse o clima que Alencar criou habitualmente em suas crônicas, justificando-se disto, aliás, no folhetim de abertura, onde revela que sua pena tinha sido uma fada. Após narrar, em forma alegórica, a história desse antecedente maravilhoso, é que passou a comentar os acontecimentos da semana. O folhetim ainda estava muito longe do tempo em que seria subdividido em várias outras seções, segundo cada assunto, de modo que nele se acumulava uma porção de coisas diferentes, às vezes mesmo inteiramente díspares. Em suma, a sua coluna jornalística de comentários semanais tinha o aspecto de um bazar asiático, onde a imaginação poética dava imprevistas transfigurações às coisas mais vulgares ou prosaicas, por ser isso precisamente o que se exigia de um cronista naqueles ociosos tempos. "Não escreverei hoje minha revista, mas um romance", advertiu certa ocasião, para desconversar, passando a outra coisa, logo em seguida. Com esse e outros truques, que parecem hoje inocentes, um cronista do século passado enveredava à vontade pelo mundo da fantasia com enorme deleite para os seus leitores. As sugestões vinham de cronistas estrangeiros, mas principalmente de Almeida Garrett, cuja obra por ele mesmo havida como inclassificável — *Viagens na minha terra* — influiu de um novo espírito o folhetim, no Brasil.

Alencar não era sempre absolutamente melífluo. Em certas ocasiões, o folhetinista colocava mesmo um ramo de urtiga entre as suas flores mais mimosas. E, justamente por ter o *Correio Mercantil* cancelado um trecho de folhetim que fazia arder a pele a um protegido do jornal, o escritor reagiu, desligando-se daquele órgão por meio de uma carta em que acentuou: "Sempre entendi que a revista semanal de uma folha é independente e não tem solidariedade com o pensamento geral da redação, principalmente quando o escritor costuma tomar a responsabilidade de seus artigos, assinando-os." Esse incidente deixa perceber às claras que, se, em suas crônicas, Alencar dava a impressão de só querer mostrar o lado amável da vida, na verdade, possuía um espírito público resoluto demais para que não fizesse sentir de vez em quando a sua inconformidade com os grimpões da sociedade ou da política. A moralidade desse episódio é que a crônica pode tornar-se um poderoso agente de correção dos costumes, ainda quando tenha ares de um passatempo frívolo.

As crônicas de Alencar tinham o título de "Ao correr da pena", comentando com vivacidade e juventude, como diz Artur Mota, "os fatos da semana, desde um simples incidente policial até os acontecimentos da guerra do Oriente".[6]

Machado de Assis deixou numerosa e interessante bagagem de crônica, na qual se refletem acontecimentos do mundo e episódios da sociedade fluminense em largo período a partir de 1859, quando se iniciou no gênero em *O Espelho*. Essas crônicas ou folhetins apareceram em *O Espelho*, *Diário do Rio de Janeiro*, *O Futuro*, *A Semana Ilustrada*, *Ilustração Brasileira*, *O Cruzeiro*, *Gazeta de Notícias*, sob diferentes pseudônimos.

O folhetinista revela a mesma finura de observação, a ironia piedosa e cética que marcam a sua visão do mundo, tal como expressam os seus romances e contos.

A crônica exigia naturalmente participação direta e movimentada na vida mundana, de que era um eco ou o espelho na imprensa. Quando principiou a exercê-la, Machado de Assis frequentava todos os círculos, onde ia colher *de visu* a matéria-prima de suas crônicas: as reuniões da sociedade, o teatro, o parlamento. Seus folhetins não difeririam do gênero tal como este era praticado geralmente senão pela qualidade do estilo e também por um certo torneio de pensamento e ideias que extremava de seus confrades. Também cultivava a nota lírica, mas de maneira mais discreta e comedida que José de Alencar. Machado estava em seus vinte anos de idade quando se deu a essa arte, da qual revelou conhecimento meditado na crônica de 1859, acima citada, onde se podem colher algumas reflexões muito expressivas do que era o gênero nessa época.

Aliás, naquela crônica ele confessa que "escrever folhetim e ficar brasileiro é na verdade difícil". Era a moda da francesia a que não resistia o público de então e a que se tinham de submeter os escritores.

Quem deu o mais impressionante exemplo disto até então foi José de Alencar que, censurado na imprensa por abusar de francesias em seus folhetins, rebateu de maneira irónica a ideia da nacionalização da língua, numa atitude inteiramente oposta à que viria assumir algum tempo depois.

O criador de Brás Cubas, que também enxergara a crônica em alguns dos seus romances, consagrou-se ao gênero durante longos anos, contribuindo consideravelmente para a sua evolução na literatura brasileira. Sua obra folhetinesca reflete discretamente as variações por que o gênero veio passando, desde o Romantismo até o Realismo, com bifurcações pelo Parnasianismo e Simbolismo. Há um pouco de tudo isso em suas crônicas.

Conforme Eugênio Gomes,[7] as crônicas de Machado podem ser classificadas em quatro grupos, caracterizados pela tonalidade psicológica quanto pelo estilo": I grupo — 1861-1867; II grupo — 1876-1878: III grupo — 1883-1889; IV grupo — 1892-1900. As do último grupo são as de *A Semana*, sem assinatura, e compreendem as mais notáveis. No total escreveu 614 crônicas.

Para a composição dessa arte admirável, ainda é Eugênio Gomes quem aponta os vários recursos de que se valia o escritor: "a alusão histórica e literária; o epíteto imprevisto; a anedota; a citação erudita; algo que traía a curiosidade e inteligência do léxico; as formas paradoxais e o trocadilho". Esses os ingredientes com que destilava a sua essência espirituosa, a que não faltavam "as imitações de estilos os mais díspares: o estilo dramático, o estilo axiomático, o estilo antitético, o estilo épico, o estilo epistolar, o estilo forense, o estilo maçônico e tantos outros", diz ainda Eugênio Gomes.

Com isso, Machado atingiu a mais alta perfeição no gênero, uma arte requintada e sutil, em que se reflete o homem que era.

Ainda no século XIX outros escritores assinaram crônicas. Joaquim Manuel de Macedo (1820-1882); Quintino Bocaiúva (1836-1912); França Júnior (1838-1890), com os "Folhetins"; Araripe Júnior.

Para o final do século, o gênero sofreria transformações, além de ser o alvo de ataques por parte da crítica naturalista, infensa à estética expressa nos folhetins, em que se misturavam a fantasia e a realidade. É o que traduz a censura, referida por Eugênio Gomes, de Tito Lívio de Castro aos folhetins de Machado de Assis.

Ainda no século passado, ao lado da crônica de costumes com Melo Morais Filho (1844-1919) e França Júnior, assumiu o gênero um teor artístico, em que o Parnasianismo predominava sensivelmente. Nessa linha, tomou posição Raul Pompeia, que, entre as suas atividades jornalísticas, incluía a de agilíssimo cronista. Crônica, "crônica de saudades", chamou ele à sua obra máxima de ficção: *O Ateneu*, escrito dia a dia, no correr de três meses, para a *Gazeta de Notícias*, e de crônicas se aproximam as suas "Canções sem metro". Acusaram-no de influência francesa, mas é tão sabido que desse vírus nenhum escritor estava livre no Brasil de sua época. A infiltração dava-se até por via indireta, através de Eça de Queirós e Ramalho Ortigão, que colaboravam regularmente em jornais brasileiros. Eça, especialmente, contagiou de seus sestros e tiques estilísticos a crônica brasileira. Haja vista a obra folhetinesca de Coelho Neto (1864-1934), sobretudo a crônica narrativa que recebeu o título de *A capital federal*. Além desta, deixou ele vasta obra de cronista.

O certo é que, nessa altura, a crônica mostrava uma fisionomia diversa, contando-se entre os seus renovadores o poeta Olavo Bilac (1865-1918), com a circunstância bastante expressiva de que foi o substituto de Machado de Assis na sua coluna semanal da *Gazeta de Notícias*. A novidade que Bilac introduziu foi concentrar os seus comentários em determinado fato, acontecimento ou ideia, o que concorreu para dar a algumas de suas crônicas a feição de ensaios.

Nessa direção militava igualmente Constâncio Alves (1862-1933), a quem Carlos de Laet mimoseou com um epíteto revelador de sua vocação de cronista: "Macio dizedor de verdades ásperas."

Sob o influxo do parnasianismo, a crônica pecava quase sempre pelo rigor da forma, enquanto os simbolistas praticavam o inconveniente oposto, condicionando os fatos a divagações de caráter subjetivo que começavam por dar um certo entorpecimento à linguagem.

Nessa época, a crônica passou pelo risco de tornar-se flor de estufa, para cujo cultivo era necessário uma iniciação mais ou menos esotérica.

Sob o bafejo ou não da escola simbolista, predominava geralmente o imperativo estético.

JOÃO DO RIO[*]

---

[*] Paulo Barreto (Rio de Janeiro, 1881-1921). Sob o pseudônimo de João do Rio, que o popularizou, exerceu intensa atividade na imprensa do Rio de Janeiro, publicando reportagens e artigos. Foi o iniciador da crônica mundana. Trabalhou em vários jornais, e em 1920 fundou *A Pátria*. Escreveu romance, teatro e pertenceu à Academia Brasileira de Letras.

Bibliografia

CRÔNICAS: *As religiões no Rio*. 1906; *A alma encantadora das ruas*. 1908; *Vida vertiginosa*. 1911; *Cinematógrafo*. 1912; *Os dias passam*. 1912; *Crônicas e frases de Godofredo de Alencar*. 1916; *Pall Mall*. 1917; *No tempo de Venceslau*. INQUÉRITOS: *O momento literário*. 1905. CONTOS: *Dentro da noite*. 1910; *A mulher e os espelhos*. s.d.; *Rosário de ilusões*, s.d. TEATRO: *Chic-chic*, 1906; *A bela Mme. Vargas*. 1907; *Eva*. 1915. CONFERÊNCIAS:

Foi então que surgiu Paulo Barreto, popularizado pelo pseudônimo de João do Rio, a quem cabe inegavelmente o qualificativo de iniciador da crônica social moderna, no Brasil. Figura extremamente representativa da *belle époque*, o esteta que afrontava o ridículo com as extravagâncias de um hedonista tinha particular fascinação pelo paradoxo, como discípulo confesso que era de Oscar Wilde. O seu melhor paradoxo consistiu em ser homem de ação com todas as aparências de um simples impostor. A vocação de Paulo Barreto era o jornalismo, e o jornalismo pela reportagem. Nasceu repórter, como podia ter nascido poeta ou cientista. Suas primeiras realizações, no gênero, com a reportagem sobre as religiões no Rio já refletiam o dinamismo de um novo espírito jornalístico, desenvolvido com as aquisições do progresso material, entre as quais produziram enorme furor o automóvel e a cinematografia. A obra desse trepidante cronista representa a mais ousada tentativa para elevar a crônica à categoria de um gênero não apenas influente, mas também dominante. Tinha ele a impressão de que a crônica podia ser "o espelho capaz de guardar imagens para o historiador futuro". Opinião, seja dito, até certo ponto paradoxal, porque João do Rio narrava ou comentava os fatos a seu modo, quase inebriado pela fantasia. Produzir história social, através da crônica, foi contudo a sua diuturna preocupação, e não há dúvida de que, a esse aspecto, despertam seus livros um interesse nada desdenhável, por serem um espelho coruscante da sociedade contemporânea, com as mudanças sucessivas de hábitos, costumes e ideias que se operavam, em sua época.

Fustigado pela pressa de que já se queixavam os moradores do Rio de Janeiro em 1908, o cronista procurava adaptar sua percepção ao ritmo do progresso, de que o cinema e o automóvel eram duas ousadas expressões. Nesse afã, justificando-se de que a humanidade já estava cansada de pensar, achava que o cronista social devia imitar o operador cinematográfico que, projetando o filme do fundo de sua cabine, não se lhe dá que a fita seja agradável ou não. João do Rio não teve propriamente essa frígida atitude e suas crônicas, quaisquer que sejam os artifícios e futilarias, além de conciliar esplendidamente o jornalismo e a literatura, adaptaram-se com extraordinária maleabilidade ao ritmo acelerado da vida contemporânea. Isso importava uma revolução, mas não obstante, em outros domínios, o gênero continuou a ser explorado pela maneira habitual ainda por longo tempo. O beletrismo, de que João do Rio não pudera escapar,

---

Psicologia urbana. 1914; *Sésamo*. 1917; *Adiante*. 1919. Escreveu ainda livros de viagens, romances.

Consultar

Alves, Constâncio. Elogio. *Discursos acadêmicos*. V. Broca, Brito. *A vida literária no Brasil*. RJ, 1960; Leão, Múcio. *Autores e livros*. RJ, 7 mar. 1943, n. 85; Manta, Neves. *A arte e a neurose de João do Rio*. RJ, 1947.

jamais deixaria a crônica e, a julgar por sua permanência ainda em nossos tempos, parece inextirpável. As suas crônicas comentam de preferência tipos e ambientes da alta roda, que se exibe pelo inverno no Teatro Municipal e vai à serra em Petrópolis, pelo verão. Esnobe ele mesmo, procurando pelo escândalo das atitudes encontrar o lugar que pretendia na sociedade, Paulo Barreto legou--nos a caricatura do mundo social à cuja sombra quis acolher-se e o retrato verídico do próprio autor, talento frívolo e ambicioso.

Outros escritores tiveram atuação destacada no cenário da crônica.

João Luso (1875-1950), pseudônimo usado por Armando Erse, assinou por dilatado espaço de tempo o folhetim do *Jornal do Commercio*, do Rio de Janeiro. Desprovido de estilo original, suas crônicas não têm porém insipidez e espelham, ao longo de muitos anos, a fase das pessoas e dos acontecimentos de que se ocupou. *Ares da cidade* (Rio de Janeiro, 1935) é um de seus livros onde se enfeixam crônicas de jornal. José do Patrocínio, filho (1885-1929); talento carregado de ressentimentos, exprimiu-se em termo de uma fantasia desatada, de uma emoção carnal e triste ou de uma violência quase feérica. *O homem que passa* e *Mundo, diabo & carne*, cuja leitura ainda provoca prazer, revelam todavia o homem falhado que foi, possuído de clara tendência mitomaníaca. Humberto de Campos (1886-1934) desfrutou de largo favor público e alcançou o auge da popularidade no período da enfermidade que terminaria por vitimá-lo. As crônicas que escreveu (sem contar as páginas fesceninas assinadas Conselheiro XX), preferiram os temas sentimentais e dolorosos encontrados em *Os párias*, *Sombras que sofrem*, *Destinos* e outros livros. Orestes Barbosa (1895-1966) firma e desgasta, rapidamente, um nome literário bafejado por anos de curta mas intensa notoriedade. Seu estilo telegráfico, feito de períodos curtos, elípticos, nervosos, aparece nas crônicas de *Pato preto*, *Ban-ban-ban* e *Na prisão* como algo sedutor na fase de combate do movimento modernista, capaz inclusive de, como sucedeu, inspirar imitadores.

Após a revolução de João do Rio foi preciso que viesse a Semana de Arte Moderna, em 1922, para que, inaugurando o Modernismo, pudesse a crônica adquirir feição correspondente às solicitações e ao ritmo do momento. Nesse meio-termo, porém, o gênero produziu uma floração interessantíssima, especialmente através de algumas revistas ilustradas, como a *Fon-Fon*, onde Álvaro Moreira principiou a desfiar a encantadora melodia de suas crônicas.

Álvaro Moreira (1888-1964)* tem n'*O circo* (1929) e em *O Brasil continua* (1933) dois livros característicos de seu melhor período como cronista, quando exteriorizava as impressões recebidas do mundo cotidiano. Sua arte, cheia de imprevisto e sensibilidade, não raro lírica, nunca desmerece a qualidade literária. A influência que exerceu como cronista se fará sentir especialmente nos

---

* Ver nota biobibliográfica e estudo crítico no cap. 45.

jovens da geração modernista da primeira e da segunda fases, culminando em Rubem Braga.

Como sucedeu com outras escolas literárias, do Romantismo ao Parnasianismo, quase todos os adeptos do Modernismo exerciam a crônica, embora só alguns tivessem revelado maior interesse pelo gênero.

Se quisermos, porém, escolher aquele que, em seu tempo, teve papel semelhante a João do Rio, como renovador do gênero, será necessariamente para Antônio de Alcântara Machado (1901-1935) que haveremos de nos voltar. O escritor paulista, tão cedo arrebatado à vida, introduziu um estilo antiacadêmico na crônica que pôs em alarme os setores do alexandrinismo nacional. Suas crônicas entre 1926 e 1935 — os frenéticos solos de cavaquinho e saxofone — segundo o pitoresco e expressivo título que lhes deu (*Cavaquinho e saxofone*, 1941), desferiram enfim terrível golpe contra certo tipo de literatura modorrenta e afetada que teimava em sobreviver. Ainda não se tinha apagado o rastro lírico deixado por Humberto de Campos, que conseguiu abalar o país, atraindo uma atenção generalizada e comovida para as suas atribulações, principalmente por efeito do condimento sentimental de suas derradeiras crônicas. É claro que esse gênero não desapareceu nem desaparecerá; pode-se mesmo acrescentar que é o que adquire maior popularidade em qualquer época. Mas, como quer que seja, os solos bárbaros de Alcântara Machado deram um insólito toque de alarme e novo gênero de crônica surgiu, com a força, o desembaraço e a mobilidade de um corpo adolescente. Isso não significa dizer que a crônica tivesse passado a adotar instantaneamente determinada fórmula ou padrão; a sua renovação era um problema do espírito. E o espírito brasileiro nessa altura já palpitava por algo novo que justificava o desencadeamento de uma revolução nas letras. E a crônica reflete essa revolução. Alcântara Machado deixou a marca de uma vocação literária muito humana em livros como *Brás, Bexiga e Barra Funda* (1927) e *Laranja da China* (1928), nos quais criou "uma literatura meio dialetal" típica da fase da grande imigração em São Paulo. A semelhança existente, em alguns casos, entre gêneros diferentes como são o conto e a crônica, assinalada pelo português Albino Forjaz Sampaio, confirma-se na presença literária de Antônio de Alcântara Machado. Seus contos — assim os quis batizar o autor — são antes de tudo crônicas impressionistas, vivazes, nas quais se dissolvem os gizamentos da fabulação.

Outros cronistas da fase contemporânea são: Berilo Neves (1899-1974) que contou com público entusiasta na sua primeira fase de cronista, da qual é amostra o livro *A costela de Adão*, quando assumia *propos blagueur* diante dos velhos motivos femininos. O cronista leve, divertido e malicioso mudou-se depois para assuntos sérios. Osório Borba (1900-1960), em *Medalhões e medalhinhas* e *A comédia literária* revela, com seus dons de observação e malícia, a combatividade característica de todos os seus escritos. Quando essas qualidades se combinam em maior grau — disso constituem exemplo muitas páginas de *A comédia literária* (1937) e de *Sombras no túnel* (1946), escritas as últimas no período do Estado Novo —, a virulência de linguagem produz efeito de panfleto. Genolino Amado (1902-1989) tem nos simples os personagens que recolhe a sua pena para frequentemente contracenar com os poderosos e os cabotinos, as *bas-bleus* e os burguesões. Cronista inimitável da vida carioca, seus quadros surpreendem a trepidação, a ternura, a frustração e o sofrimento nos mil aspectos da cidade tumultuosa. Aqui com um otimismo saudável, adiante com indulgente doçura ou fina malícia, faz o cronista, dia a dia, em páginas como as do *Inocentes do Leblon* (1945) ou *O pássaro ferido* (1946), a fotomontagem que resume uma sociedade e uma época. Benjamin Costallat (1897-1961), cronista no *Jornal do Brasil* em largo número de anos, diariamente pinçou nos *faits-divers* o objeto de seu comentário leve, agradável, feito em linguagem desataviada e correta. Atingindo o perfeito domínio de sua técnica, chegou a produzir crônicas entre as mais festejadas em nosso meio. Sempre reservou Costallat para a mulher e as desditas do amor a melhor ternura de sua pena. Henrique Pongetti (1898-1979), colaborando diariamente em *O Globo*, manejou com elegância o comentário ao fato do dia. Sua prosa ágil, ferina, pontilhada de *trouvailles*, não faz maiores concessões ao chamado gosto popular. Leva o endereço certo de um público intelectualizado.

Não se pode esquecer os nomes de Gilberto Amado, Agripino Grieco, Vivaldo Coaracy como figuras não ligadas ou mesmo anteriores ao influxo modernista.

Embora seja temerário estabelecer-se um vínculo de geração ou escola, entre cronistas, não há dúvida de que foi a atmosfera de renovação pós-1930 que favoreceu o desenvolvimento desse gênero sob novos e múltiplos aspectos, com Ribeiro Couto, Mário de Andrade, Peregrino Júnior, Guilherme de Almeida, Manuel Bandeira, Marques Rebelo, Carlos Drummond de Andrade, Aníbal Machado, Rubem Braga, Odilo Costa Filho, Raimundo Magalhães Jr., Luís Martins, Pedro Dantas, Guilherme Figueiredo, Sérgio Milliet, Joel Silveira, José Lins do Rego, Brito Broca, Raquel de Queirós, Eneida, Elsie Lessa, Lúcia Benedetti, Cecília Meireles, Helena Silveira, Dinah Silveira de Queirós, Adelson Magalhães, Gustavo Corção.

Entre as gerações mais recentes logo ocorrem os nomes de Fernando Sabino, Ledo Ivo, Paulo Mendes Campos, José Condé, Almeida Fischer, Saldanha Coelho, Antônio Olinto, José Carlos Oliveira, Antônio Maria, Sérgio Porto, Carlos Eduardo Novaes, Otto Lara Resende, Affonso Romano de Sant'Anna.

Está visto que o número de cronistas designados representa simples amostra de uma brilhantíssima constelação de valores literários através do jornalismo nacional. Aliás, se existe problema embaraçoso é de querer-se estar em dia com todos os cronistas, notadamente com os que assinam crônicas diárias, dada a superabundância de publicações periódicas no país. Só um vespertino do Rio de Janeiro chegou a manter cerca de vinte espécies de crônica em cada edição! Acresce que o gênero é por sua natureza eminentemente individual. Sobretudo nestes últimos tempos , em que também prolifera a crônica falada, transmitida pelo rádio e pela televisão, o problema tornou-se ainda mais complexo, embora os cronistas em geral, refinados ou não, estejam adstritos a um mesmo objetivo, que é o de fixar o momento que passa com as suas desencontradas emoções, recolhendo dessas emoções o que possa interessar, empolgar, comover a determinado grupo da comunidade.

RUBEM BRAGA[*]

De todas as figuras de cronistas contemporâneos aquela que mais atrai a admiração é Rubem Braga, o escritor que entra para a história literária exclusivamente como cronista. Sua técnica é dar pouco apreço aos fatos do mundo real e muita vez os escolhe como simples pretexto para a divagação pessoal. É seguramente o mais subjetivo dos cronistas brasileiros. E o mais lírico: Muitas de suas crônicas são poemas em prosa. Apresentando a originalidade de uma imaginação poética e erradia, Rubem Braga, em seu lirismo, escreve

---

[*] Rubem Braga (Cachoeiro do Itapemirim, ES, 1913-Rio de Janeiro, 1990), fez os estudos primários em sua cidade natal e o curso jurídico no Rio de Janeiro e em Belo Horizonte (1932). Cedo dedicou-se ao jornalismo, como cronista e repórter. Trabalhou como jornalista em vários estados. Fundador de *Diretrizes* (revista). Viajou largamente pelo país e estrangeiro, como repórter, inclusive tendo feito a cobertura da guerra como correspondente junto à FEB.

Bibliografia

CRÔNICAS: *O conde e o passarinho*. Rio de Janeiro, José Olympio, 1936; *O morro do isolamento*. Brasiliense, 1944; *Um pé de milho*. Rio de Janeiro, José Olympio, 1948; *O homem rouco*. Rio de Janeiro, José Olympio, 1949; *Cinquenta crônicas escolhidas*. Rio de Janeiro, José Olympio, 1951; *Três primitivos*. Serviço de Documentação do MEC, 1954; *A borboleta amarela*. Rio de Janeiro, José Olympio, 1955; *A cidade e a roça*. Rio de Janeiro, José Olympio, 1957; *Cem crônicas escolhidas*. Rio de Janeiro, José Olympio, 1958; *Ai de ti, Copacabana*. Rio de Janeiro, Ed. do Autor, 1960; *Chroniques de Copacabana, de Paris et d'ailleurs*. Paris, Pierre Seghers, Editeur, 1963; *A traição das elegantes*. Rio de Janeiro, Sabiá, 1967; *Caderno de guerra*. Rio de Janeiro, Sabiá, 1969; *Pero Vaz de Caminha. Carta a el Rey Dom Manuel*. Versão moderna de Rubem Braga. Rio de Janeiro, Sabiá, 1969; *Os trovões de antigamente*. Lisboa, Livros do Brasil, 1973; *Duzentas crônicas escolhidas*. Rio de Janeiro, Record, 1980; *Crônicas do Espírito Santo*. Fundação Ceciliano Abel de Almeida, UFES, 1984; *Recado de primavera*. Rio de Janeiro, Record, 1984; *Coisas simples do cotidiano* (Literatura infantojuvenil). Ed. Nacional, 1984. CONTOS: *Os melhores contos de Rubem Braga*. São Paulo, Global, 1985. POESIA: *Livro de versos*. Recife, Ed. Pirata, 1980. REPORTAGEM: *Com a FEB na Itália*. Ed. Zélio Valverde, 1945.

sem ornatos e alcança às vezes a simplicidade clássica, numa língua despojada, melodiosa, direta.

6. Como classificar os cronistas brasileiros? Levando-se em consideração os seus diferentes tipos, podemos estabelecer as seguintes categorias:

a) a *crônica narrativa*, cujo eixo é uma estória ou episódio, o que a aproxima do conto, sobretudo entre os contemporâneos quando o conto se dissolveu perdendo as tradicionais características do começo, meio e fim. O exemplo típico é Fernando Sabino.

b) *a crônica metafísica*, constituída de reflexões de cunho mais ou menos filosófico ou meditações sobre os acontecimentos ou sobre os homens. É o caso de Machado de Assis e Carlos Drummond de Andrade, que encontram sempre ocasião e pretexto nos fatos para dissertar ou discretear filosoficamente.

c) a *crônica poema em prosa*, de conteúdo lírico, mero extravasamento da alma do artista ante o espetáculo da vida, das paisagens ou episódios para ele carregados de significado. É o caso de Álvaro Moreira, Rubem Braga, Manuel Bandeira, Ledo Ivo, Eneida, Raquel de Queirós.

d) a *crônica-comentário* dos acontecimentos, que tem, no dizer de Eugênio Gomes, "o aspecto de um bazar asiático", acumulando muita coisa diferente ou díspar. Muitas crônicas de Machado e Alencar pertencem a esse tipo.

e) a *crônica-informação*, mais próxima do sentido etimológico, é a que divulga fatos, tecendo sobre eles comentários ligeiros. Aproxima-se do tipo anterior, porém é menos pessoal.

Evidentemente, essa tentativa de classificação não implica o reconhecimento de uma separação estanque entre os vários tipos, os quais, na realidade, se encontram frequentemente fundindo traços de uns e outros. Há mesmo, entre os cronistas, os ecléticos, que se deliciam a borboletear em torno de diversos assuntos ou temas ou motivos, não se deixando jamais prender a nenhum deles permanentemente. É mesmo da própria natureza da crônica a flexibilidade, a mobilidade, a irregularidade.

7. Em relação à crônica, há alguns problemas que merecem esclarecimento.

a) Crônica e reportagem. A crônica que não seja meramente noticiosa é uma reportagem disfarçada ou antes uma reportagem subjetiva e às vezes mesmo lírica, na qual o fato é visto por um prisma transfigurador. Em consequência, o fato que é para o repórter em geral um fim, para o cronista é um pretexto. Pretexto para divagações, comentários, reflexões do pequeno filósofo que nele exista.

b) Crônica e linguagem. A crônica deve empregar de preferência a linguagem da atualidade, não evitando de maneira sistemática os idiomatismos, epítetos circunstanciais e certos jogos de palavras que se formam eventualmente para desaparecer algum tempo depois. Sem essa prática, a crônica deixaria de refletir o espírito da época, uma vez que a língua corrente constitui a mais viva expressão da sociedade humana, no tempo. A linguagem e, mais expressivamente a gíria social, é um tempero importantíssimo na confecção de uma crônica. Lembre-se que nisto consiste em grande parte o êxito incontestável das reportagens sociais ou mundanas de certos cronistas em nossos dias.

A crônica brasileira, como salientou Álvaro Moreira, tem dado uma contribuição notável à diferenciação da língua entre Portugal e Brasil, pois, ligada à vida cotidiana, ela tem que apelar frequentemente para a língua falada, coloquial, adquirindo inclusive certa expressão dramática no contato da realidade da vida diária.

c) Crônica e estilo. A capacidade de simpatia humana, eis a condição primordial para alguém exercer a crônica de modo plausível. E, por isso mesmo, o estilo do cronista deve tender para as formas simples e, sobretudo, para o tom comunicativo, de conversa, de bate-papo. Por esse modo haverá sempre possibilidade de um diálogo mais ou menos permanente entre o cronista e o leitor; em caso contrário, os seus comentários e reflexões correrão sempre o risco de perder-se no ar.

d) Crônica e literatura. A crônica será tanto mais literária quanto mais fugir às exigências do espírito de reportagem, atingindo o melhor de sua realização formal quando consegue fundir os supostos contrários — a literatura e o jornalismo — com um teor autônomo pela força da personalidade do escritor refletida em seu estilo e em suas ideias.

e) Crônica e filosofia. O cronista que tiver uma filosofia particular ou pública dará mais substância e unidade às suas crônicas, mas, tanto quanto possível, deve abster-se de assumir tom dogmático para não afugentar os leitores que não desejarem partilhar de seus princípios. O cronista hábil faz o leitor deglutir insensivelmente as suas ideias. Chesterton é um exemplo clássico de que as verdades mais contundentes podem ser diluídas numa crônica de maneira interessante e mesmo empolgante, a poder do paradoxo e da fantasia. Seu racionalismo místico tomava às vezes as direções mais aleatórias, porém a verdade de Chesterton era invariável e mesmo irredutível.

f) Autonomia da crônica. A crônica impõe-se, ainda que discretamente, pelo espírito de independência. E, encarada pelo cunho do individualismo que sempre a distinguiu, o pressuposto é de que o cronista aja sempre de maneira livre e desembaraçada. Não é raro o caso de, num jornal, o cronista revelar uma opinião em desacordo com a linha ortodoxa do mesmo órgão. Haja vista o exemplo de José de Alencar. O cronista deve procurar defender a sua independência moral, além do mais pelo efeito psicológico que essa atitude produz sobre os leitores. Por isso mesmo, alguns leitores, ou por que não dizer, os leitores em geral, procuram numa folha a crônica como se procura um conto, um poema ou um capítulo de romance. No bazar de vociferações que é o jornal moderno, com o escândalo diário de suas manchetes, a crônica de sabor literário é música de câmara para a qual sempre haverá uma escuta dedicada. Naturalmente, a música irá variando de acordo com as transformações do gosto de cada época.

g) A crônica e o livro. Pode-se sustentar que a crônica não pertence à literatura, e sim, ao jornalismo? Não será antes um gênero anfíbio que tanto pode viver na coluna de um jornal como na página de um livro? Há quem sustente o ponto de vista de que a crônica deve permanecer na folha para que foi escrita. E, por esse raciocínio, acredita-se que só o livro é que pode assegurar a permanência de um determinado gênero. É certo que o livro alarga consideravelmente o campo de divulgação, mas é enganoso supor que o livro é que dá qualificação definitiva a qualquer escrito. E a crônica que não haja pagado excessivo tributo à frivolidade ou não seja uma simples reportagem estará sempre a salvo, como obra de pensamento ou de arte, embora não saia nunca das folhas de um periódico.

8. Assim, a partir do Romantismo, a crônica (a princípio folhetim) foi crescendo de importância, assumindo personalidade de gênero literário, com características próprias e cor nacional cada vez maior. Foi esta última, aliás, a sua mais típica feição. É dos gêneros que mais se abrasileiraram, no estilo, na língua, nos assuntos, na técnica, ganhando proporções inéditas na literatura brasileira. Pelo desenvolvimento, categoria artística e popularidade é hoje uma forma literária de requintado valor estético, um gênero específico e autônomo, a ponto de ter levado Tristão de Athayde a criar o termo "cronismo" para a sua designação geral como gênero literário. É grande a importância do gênero na literatura brasileira, de tal modo que se apresenta esse fato singular de um escritor como Rubem Braga, como foi dito acima, entrar para a história somente como cronista.

9. Em suma, para caracterizar a crônica, é mister ressaltar de um lado a sua natureza literária, e do outro a natureza ensaística. Pelo primeiro traço, ela se distingue do jornalismo, o que é importante, porquanto a crônica é um gênero literário mais ligado ao jornal; mas, enquanto o jornalismo (artigos, editoriais, tópicos) tem no fato o seu objetivo, seja para informar divulgando-o, seja para comentá-lo dirigindo a opinião, para a crônica o fato só vale, nas vezes em que ela o utiliza, como meio ou pretexto, de que o artista retira o máximo partido, com as virtuosidades de seu estilo, de seu espírito (de *finesse*), de sua graça, de suas faculdades inventivas. A crônica é na essência uma forma de arte imaginativa, arte da palavra, a que se liga forte dose de lirismo. É um gênero altamente pessoal, uma reação individual, íntima, ante o espetáculo da vida, coisas, seres. O cronista é um solitário com ânsia de comunicar-se. Para isso, utiliza-se literariamente desse meio vivo, insinuante, ágil que é a crônica.

Pela sua natureza ensaística, a crônica aproxima-se do ensaio de tipo inglês, familiar, informal, coloquial.

De qualquer modo, como salientou Eduardo Portela, o fundamental na crônica é a superação de sua base jornalística e urbana em busca da transcendência, seja construindo "uma vida além da notícia", seja enriquecendo a notícia "com elementos de tipo psicológico, metafísico" ou com o *humour*, seja fazendo "o subjetivismo do artista" sobrepor-se "à preocupação objetiva do cronista".

A integração da crônica se dá quando ela atinge a transcendência literária.

Então ela se torna um gênero literário autônomo, tal como ocorre na literatura brasileira, em que ela substitui o *essay* dos ingleses.

OUTROS GÊNEROS AFINS

Participando da natureza do ensaio, isto é, de acordo com a concepção e classificação que orientam esta obra, há diversos outros gêneros literários que foram cultivados na literatura brasileira. São gêneros ensaísticos na medida em que o contato entre o autor e o leitor ou ouvinte se faz diretamente, sem artifícios intermediários. São eles a oratória, a epistolografia, as memórias, os diários, as máximas, a biografia.

10. A *oratória* é um gênero de grande cultivo no Brasil, desde os tempos coloniais, quando, na ausência da imprensa, era o meio mais acessível de atingir o povo.

A oratória, parte da retórica, compreende as composições pronunciadas de viva voz, através do *discurso*, ou exposição oral de uma proposição ou raciocínio destinado a *persuadir*. É um gênero estreitamente ligado à vida social do povo, às instituições públicas. Os principais tipos de discurso são: a oratória sagrada ou parenética (pregação, homilia, sermão, panegírico, oração fúnebre); a oratória forense ou judiciária perante os tribunais; a oratória política (parlamentar, tribunícia, comicial, deliberativa); a oratória de circunstância; a oratória acadêmica; a oratória didática ou de conferências (literárias, filosóficas, científicas, etc.).

No Brasil, a oratória se destacou em todos os ramos.

Durante o período colonial, foi sobretudo no campo da oratória sacra com os caracteres do estilo barroco então dominante. Citem-se os seguintes nomes, cujo estudo particularizado é feito em outros capítulos desta obra:[8] Antônio Vieira, Eusébio de Matos, Antônio de Sá, José Bonifácio, Mont'Alverne, etc. A oratória sacra desenvolveu-se com grande voga durante o século XIX, entrando a decair em seguida.

Durante o Império, sobressaiu-se a oratória parlamentar, de que são depositários os *Anais do Congresso*. Destacaram-se grandes oradores nas tribunas do Senado e da Câmara: Torres Homem, José Bonifácio, o Moço, Gomes de Sousa, Silveira Martins, Nabuco de Araújo, Rio Branco, Zacarias de Góis e Vasconcelos, Bernardo Pereira de Vasconcelos, os Andradas, Lafaiete Rodrigues Pereira, Martiniano de Alencar, Teófilo Otoni, Félix da Cunha, Paranhos, Maciel Monteiro, Cotegipe. Mais tarde, Rui Barbosa, Joaquim Nabuco, Epitácio Pessoa, César Zama, Pedro Moacir, Assis Brasil, Barbosa Lima, Seabra, Moniz Sodré e muitos outros. Também a oratória forense teve grandes cultores.

Outro gênero de alto valor é a oratória acadêmica, sobretudo a da Academia Brasileira de Letras, registrada nos *Discursos acadêmicos*. Outras academias também oferecem largo repositório expressivo.

11. *A carta* ou epístola (epistolar, epistológrafo, epistolografia, gênero epistolar) transita com facilidade da área estritamente privada e íntima — troca de informações e amabilidades entre duas pessoas distantes — para o plano público.

As primeiras são como uma conversa íntima entre amigos, no modelo das de Cícero.

No Brasil, o gênero não tem sido muito valorizado e as correspondências privadas só raramente são dadas à publicidade. Citam-se as cartas de Machado de Assis, importantíssimas pelo tom íntimo de um escritor sempre cioso em esconder-se. Outra de alto valor literário e expressão de pensamento é a de Monteiro Lobato com Godofredo Rangel em *A barca de Gleyre*. Como expressão de vida espiritual e doutrinação religiosa é notável também a *Correspondência* (1938) de Jackson de Figueiredo (1891-1928). Do ponto de vista literário e como expressão de pensamento crítico e estético, a mais importante é a de Mário de Andrade, de que já foram dadas a lume as dirigidas a Manuel Bandeira, Augusto Meyer, Alceu Amoroso Lima e outros. E constituirá por certo um dos maiores documentários literários do Brasil quando for totalmente publicada.

Outro tipo de carta é aquela endereçada a personagens imaginários, tratando de assuntos de interesse geral, encobrindo-se o autor sob pseudônimos ou mantendo-se no anonimato. No Brasil, o exemplo mais ilustre é o das *Cartas chilenas*, do século XVIII, de autoria discutida, mas geralmente atribuída a Tomás Antônio Gonzaga.

Outra variedade é a das cartas que encerram uma comunicação ou informação de interesse geral — científico, histórico ou político. Exemplo típico é o da *Carta* de Pero Vaz de Caminha a El-Rei D. Manuel relatando o descobrimento do Brasil. Ao gênero pertencem ainda as cartas jesuíticas dos primeiros séculos da colonização. As *Cartas da Inglaterra* (1896) de Rui Barbosa constituem um dos mais elevados marcos do gênero.

12. As *memórias* e *diários* não têm despertado a preferência dos escritores brasileiros.[9]

O grande representante no passado foi a *Minha formação* (1900), de Joaquim Nabuco, em que se aliam a alta sensibilidade do autor e seu acentuado gosto das coisas brasileiras num grande preito ao passado.

As *memórias* (1932-1935) de Humberto de Campos (1886-1934), juntas ao seu *Diário secreto* (1954), constituem o testemunho de um espírito atormentado, em que a doença e os ressentimentos não impedem uma grande carga lírica, sobretudo nas primeiras, de brotar com grande intensidade.

Álvaro Moreira é o memorialista de *As amargas, não...* (1954), que seduzem pelo tom lírico e amável com que encara as coisas e a vida.

Augusto Frederico Schmidt (1906-1965) escreve, em *O galo branco* (1948-1956), páginas de memórias de grande carga emocional e lírica, em que também aparece o poeta-pensador sensível aos desencontros e desencantos da vida. Graciliano Ramos (1892-1953) redigiu *Infância* (1945) e *Memórias do cárcere* (1953), em que aparecem o homem complexo e o escritor admirável num extraordinário documento sobre a sua época e sua experiência política. Também testemunho da rica experiência política e do escritor de estilo refinado são as memórias de Afonso Arinos de Melo Franco (1905): *A alma do tempo* (1961), *Escalada* (1965) e *Planalto* (1968), *Alto-mar mar alto* (1976), em que perpassam homens e acontecimentos da história contemporânea brasileira de maneira muito viva, ao lado de recordações de fatos pessoais, numa conciliação muito feliz. Carlos Drummond de Andrade (1902-1987) incursionou pelo gênero em *Fala, amendoeira* (1957). Eugênio Gomes (1897-1972), em *O mundo da minha infância* (1969) pintou, com lirismo e a graça de seu estilo, quadros da vida sertaneja de sua meninice.

Uma grande construção memorialística foi edificada por Gilberto Amado.* O ensaísta, romancista e poeta fundiram-se, realizando-se à maravilha no vasto afresco de suas memórias, as quais retratam cinquenta anos da vida brasileira através do olhar agudo, percuciente e inteligente de uma alta personalidade. A espinha dorsal de suas memórias é o mito da infância e de sua permanência no

---

* Gilberto Amado (Estância, SE, 1887-Rio de Janeiro, 1969). Jurista, diplomata, poeta, romancista, memorialista, ensaísta político. Fez os estudos primários em casa, e os superiores em Recife, onde se diplomou em Direito, depois de fazer o curso de farmácia em Salvador. Professor de Direito no Rio de Janeiro, onde fez jornalismo. Deputado Federal por Sergipe de 1915 a 1930. Entrou para a diplomacia, tendo representado o Brasil em diversas conferências internacionais, além de ter sido embaixador em vários países. Foi membro da Comissão Internacional da ONU (desde 1948). Membro da Academia Brasileira de Letras.

Bibliografia

ENSAIO: *Grão de areia*. 1919; *Aparências e realidades*. 1922; *Densidade e tenuidade*. 1928; *Eleição e representação*. 1932; *A dança sobre o abismo*. 1932; *O espírito do nosso tempo*. 1933; *Dias e horas de vibração*. 1933; *Tobias Barreto*. 1934. ROMANCE: *Inocentes e culpados*. 1941; *Os interesses da companhia*. 1942. MEMÓRIAS: *História da minha infância*, 1954; *Minha formação no Recife*. 1955; *Mocidade no Rio e primeira viagem à Europa*, 1956; *Presença na política*, 1958; *Depois da política*. 1960.

Consultar

Homero Sena, *Gilberto Amado e o Brasil* 1968.

homem: "Mas o menino continuou dentro de mim e é à sua presença militante e buliçosa no espírito do homem feito que atribuo haver encontrado, no fato de viver, a plenitude que a criança encontra no brinquedo." Esta a razão da sedução que essa figura exerceu nas gerações mais jovens, como o prova o êxito de suas memórias. Através do menino, em presença militante e buliçosa, seu espírito se manteve sempre em contato com a vida. Daí a generosidade ampla e gritante que encontramos em suas memórias. Daí esse calor de humanidade que delas ressuma. Daí o lirismo fabuloso de suas páginas. Daí o estuante senso de humor. É a criança no espírito do homem e o feitio de espírito de Gilberto Amado é justamente, na sua inquietude, agilidade, dinamismo, uma imagem viva de fidelidade aos valores da infância, mesmo em pleno fastígio de suas qualidades maduras e adultas, como o provam essas memórias. Depois de muito vagar pelo mundo volta sem que se notem as cicatrizes do caminho, o mais leve pessimismo. O que flui dos lábios é um puro sopro de generosidade humana. O que ressalta, sobretudo, é a liberdade do espírito, o intelectual infenso a ortodoxias e não enfeudado a grupos e compromissos. É o intelectual livre, da linhagem de Luciano, Montaigne, Swift, a família dos inortodoxos. Além de tudo, a significação de suas memórias ainda é mais alta se se considerar o seu estilo. É o grande escritor, senhor de uma língua dúctil, vivaz, rica, sugestiva, seivosa, em que se casam à maravilha a tradição e a originalidade, a índole tradicional e o mais audacioso coloquialismo e brasileirismo, um escritor dotado extraordinariamente do senso da língua e do sabor da palavra, tendo alcançado o equilíbrio ideal entre o velho e o novo, o universal e o local. Nesse escritor, encontra-se um exemplo daquele ideal de Mathew. Arnold da prosa como veículo natural dos méritos do pensamento poético. Nela se fundem a maior densidade humana e o mais intenso calor lírico, a profundidade da interpretação moral e a mágica natural da poesia. O lirismo, um imenso rio lírico, atravessa as páginas dessas recordações, especialmente, como no primeiro volume, no contato com a natureza, comunicando-lhes sem dúvida sua unidade, aquela unidade de vida que não se capta pela ciência, porém pela poesia, cuja interpretação da vida não se dirige a uma só faculdade, mas ao homem todo.

No gênero do *diário*, impõe-se o registro do *Diário* (1960) de Roberto Alvim Corrêa (1901-1983), repositório interessante sobretudo por suas impressões de leitura, e o *Diário* (1961) de Lúcio Cardoso (1913-1968), documentário impressionante de uma alma conturbada em luta com os problemas do ser, do destino, do homem.

13. No campo das *máximas*, não é forte a literatura brasileira. Mencionem-se obrigatoriamente as *Máximas, reflexões e pensamentos* (1837; edição crítica 1958) do Marquês de Maricá (Mariano José da Fonseca, RJ, 1773-1848). Delas deve-se aproximar *Reflexões sobre a vaidade dos homens* (1768), de Matias Aires Ramos da Silva D'Eça. Modernamente o gênero foi cultivado por Aníbal Machado (1894-1964), em *Cadernos de João* (1957).

O espírito brasileiro, pouco propenso à meditação filosófica, não é um campo fértil a esse tipo de atividade intelectual. No terreno moral, o pensamento se exerce com toda desenvoltura através do romance e do conto, como é o caso de Machado de Assis e outros.

14. *Biografia*. Gênero mais histórico do que literário, a biografia, subsidiária da crítica e história literária, pode ser útil ao trabalho da interpretação.

Tem sido cultivada no Brasil desde muito tempo. Inspirada na ideia do panegírico e da hagiologia, ou no princípio nativista da formação dos quadros nobiliárquicos e genealógicos, vicejou no século XVIII no seio das academias. O *Novo orbe seráfico* (1858) de Frei Antônio de Santa Maria Jaboatão (1695-1779) é o exemplo mais ilustre das obras oriundas dessa preocupação na época da Colônia. Ainda nessa época, foi publicado *Biblioteca lusitana* (1741-1759), de Diogo Barbosa Machado, portuguesa mas de interesse brasileiro.

Já em pleno século XIX, em meio ao movimento de emancipação intelectual, que produziu o indianismo, começam a aparecer ensaístas que se preocupam com a apreciação de obras e autores brasileiros e se lançam à tentativa de desenhar o quadro da evolução da literatura no Brasil, embora ainda sem transcender o espírito do panegírico. São, contudo, os primeiros de alguma significação. J. M. Pereira da Silva (1817-1894) publicou *Varões ilustres do Brasil* (Paris, 1858), refundição do *Plutarco brasileiro* (1847), cujo título encerra a ideia de mostrar que o Brasil já possui os seus "varões ilustres".

A própria história literária da época era um misto de antologia e notícia biográfica. Assim, a obra do Cônego Fernandes Pinheiro (1825-1876), *Curso elementar de literatura nacional* (Rio de Janeiro, 1862), e a de Sotero dos Reis (1800-1971), *Literatura portuguesa e brasileira* (São Luís do Maranhão, 1973), livros de cunho didático, ainda considerando as literaturas portuguesa e brasileira como uma só, obedecem a essa orientação.

Na linha da fonte biobibliográfica, as obras cuja referência se impõe são: Sacramento Blake (1827-1903), com o *Dicionário bibliográfico brasileiro* (1883-1902); Inocêncio, com o *Dicionário bibliográfico português* (1858-1923); J. M. Macedo, *Ano biográfico brasileiro*, 1876. Mais moderno é: Fernão Neves, *A Academia Brasileira de Letras*. Rio de Janeiro, ABL, 1940.

No gênero da biografia propriamente literária, ou de escritores, em que se aliam a descrição da vida e a crítica da obra, presumindo-se que o conhecimento de uma conduza à compreensão da outra, ressalta Araripe Júnior, com *José de Alencar* (1882) e *Gregório de Matos* (1894). Mais recentemente, o gênero floresceu e se multiplicaram os seus cultores. Assim: Homero Pires (1887-1962), com *Junqueira Freire* (1929); José Maria Belo (1885-1959), Artur Mota (1879-1936), Carlos Pontes (1885-1957), Elói Pontes (1888-1967), Sílvio Rabelo (1899-1992), Múcio Leão (1898-1970), Osvaldo Orico (1900-1981), Carlos Sussekind de Mendonça (1899-1970), Hermes Lima (1902-1978), Lúcia Miguel Pereira (1903-1959), Luís Viana Filho (1908-1990), Luís

Delgado (1906-1974), Ivan Lins (1904-1975), Viana Moog (1906-1988), Edgar Cavalheiro (1911-1958), Francisco de Assis Barbosa (1914-1991).[10]

NOTAS

1   Ver as Preliminares desta obra.
2   Ver Afrânio Coutinho. *Notas de teoria literária*. 2. ed. Rio de Janeiro, Civilização Brasileira, 1978.
3   *Apud* Cassel. *Encyclopaedia of Literature*. Londres, Cassel & Co., 1953, 2 v.
Ainda sobre o ensaio, ver: Dawson. *The Great English Essays*, 1932; Farrington. *The Essay*, 1924; Lima, Sílvio. *Ensaio sobre a essência do ensaio*, 1946; O'Leary. *The Essay*, 1921; Simonson and Coulson. *Thought and Form in the Essay*, 1946; Stewart. *The Essay*, 1952: Williams, O. *The Essay*, 1925.
Antologias do ensaio inglês encontram-se na coleção World's Classics, n. 172, 280, 406: e na Everyman's, n. 653.
4   Ê riquíssima e do maior valor a contribuição dos cronistas à historiografia portuguesa, desde o século XIII. Basta mencionar: a *Crónica Geral de Espaiza*, a *Crónica Geral de 1344*, as crônicas de Fernão Lopes, Gomes Eanes de Zurara, Rui de Pina, Garcia Resende, João de Barros, Damião de Góis, Diogo do Couto, Bernardo de Brito, etc.
5   Machado de Assis. Crônicas. Rio de Janeiro, Jackson, 1947, v. 1.
6   As crônicas de Alencar foram, posteriormente, reunidas em volume: *Ao correr da pena* (São Paulo, 1874) e, depois, em nova edição completa da Melhoramentos, por Francisco de Assis Barbosa. Sobre Alencar folhetinista ver: Brito Broca, in *Obra completa*. Rio de Janeiro, Aguilar, 1960. v. IV, p. 631.
7   "Apresentação" de *Machado de Assis. Crônicas*. Rio de Janeiro, Agir, 1963 (Col. Nossos Clássicos, n. 69). As crônicas de Machado de Assis foram reunidas nos seguintes volumes: *Páginas recolhidas*. RJ, Garnier, 1899; *A Semana*. Org. Mário de Alencar, RJ, 1914; *Obras completas: A Semana*. 3 v., e Crônicas. 4 v. RJ, Jackson, 1937; *Diálogos e reflexões de um relojoeiro*. RJ, Civ. Brasileira, 1956; *Contos e crônicas*. RJ, Civ. Brasileira, 1958; *Crônicas de Lélio*, RJ. Civ. Brasileira, 1958 (estes três últimos volumes foram organizados por R. Magalhães Júnior); *Obra completa*. RJ, Aguilar, 1959. 4 v. (Crônicas no 3º vol., com estudo de G. Corção).
8   Ver os capítulos 10, 11, 14, 16, do v. 1. Ver também: Hélio Sodré. *História universal da eloquência*. Rio de Janeiro, Forense, 1967. 3 vols.
9   Sobre as memórias no Brasil, ver: Nélson Werneck Sodré. *O que se deve ler para conhecer o Brasil*. Rio de Janeiro, INEP, 1960. p. 336.
10   Para mais informes bibliográficos sobre as biografias brasileiras, ver: *Introdução à literatura brasileira*. Org. Brito Broca e J. Galante de Sousa. Rio de Janeiro, Instituto Nacional do Livro, 1963, p. 79. Na mesma obra, para as obras de bibliografia, p. 85.

BIBLIOGRAFIA DE APOIO

Sobre a crônica e os cronistas no Brasil, ver:

Almeida, Paulo Mendes de. "A crônica", in *Est. São Paulo* (Supl. Lit.). SP, 13 out. 1956; Amado, Genolino. "Fim de semana", in J. *Commercio*. RJ, 28 maio 1950; Andrade, Carlos Drummond de. "O ensaio", in *Cor. Manhã*. RJ, 4 nov. 1954; Athayde, Tristão de. "Contos e crônicas", in *Estudos*. 5ª, RJ, 1933; idem. "Os três estilos", in *D. Notícias*. RJ, 21 ago. 1960; idem. "Ensaio e crônica", in *D. Notícias*. RJ, 28 ago. 1960; idem. "Alencarianos e machadianos", in *D. Notícias*. RJ, 4 set. 1960; idem. "Ainda Alencar e Machado", in *D. Notícias*. RJ, II set. I 960; idem. "Alencar fundador da crônica", in *D. Notícias*. RJ, 18 set. 1960; idem. "O cronista Alencar", in *D. Notícias*. RJ, 25 set. 1960; idem. "Machado folhetinista", in *D. Notícias*. RJ, 9 out. 1960; idem. "Machado cronista", in *D. Notícias*. RJ, 23 out. 1960; Braga, Rubem. "Pongetti", in *D. Notícias*. RJ, 23 dez. 1956; idem. "Sobre o ofício de cronista", in *Manchete*. RJ, 10 out. 1964; Brasil, Assis. "Na fronteira da crônica", in *J. Brasil*. RJ, 25 jun. 1960; idem. "História crônica da lit. bras.", in *D. Notícias*. RJ, 31 mar. 1963; idem. "A crônica é o limite", in *J. Brasil*. RJ, 7, 9 ago. 1963; Broca, Brito. "Crônica na atualidade literária francesa", in *Est. São Paulo* (Supl. Lit.). SP, 13 set. 1958; Eneida. "Stanislaw Ponte Preta", in *D. Notícias*. RJ, 19 ago. 1962; Gersen, Bernardo. "Grandeza e miséria da crônica (Rubem Braga)", in *D. Notícias*. RJ, 14 jul. 1957; idem. "A mulher e a crônica", in *D. Notícias*. RJ, 29 mar. 1954; Gomes, Eugênio. "Pródromos da crônica brasileira", in *Cor. Manhã*. RJ, 21 jun. 1958; Linhares, Temístocles. "O maior inimigo da crônica", in *Est. São Paulo* (Supl. Lit.). SP, 31 mar. 1957; idem. "Cronistas escritores", in *D. Notícias*. RJ, 6 out. 1957; idem. "Situação da crônica", in *Est. São Paulo* (Supl. Lit.). SP, 16 fev. 1963; idem. "Alguns cronistas", in *Est. São Paulo* (Supl. Lit.). SP, 7 mar. 1964; idem. "Da crônica e de um cronista (Rubem Braga)", in *Est. São Paulo* (Supl. Lit.), SP, 9 jan. 1965; Magalhães Júnior, R. "A crônica em 1957", in *Tribuna dos Livros*. RJ, 4-5 jan. 1958; Martins, Wilson. "Um cronista (Rubem Braga)", in *Est. São Paulo* (Supl. Lit.). SP, 11 ago. 1955; idem. "Cronistas", in *Est. São Paulo* (Supl. Lit.). SP, 17 set. 1966; Meyer, Augusto. "Francisco Otaviano", in *Cor. Manhã*. RJ, 22 abril, 1961; Montello, Josué. "O cronista João do Rio", in *O Globo*. RJ, 20 ago. 1960; Nascimento, Esdras do. "Cony rebelado; crônica é negócio", in *Tribuna da Imprensa*. RJ, 24 jul. 1968; idem. "Cony tem razão", in *Tribuna da Imprensa*. RJ. 31 jul. 1963; Oliveira, José Carlos. "Declaração de honestidade" in *J. Brasil*. RJ, 26 jul. 1963; idem. "Comédia não: drama", in *J. Brasil*. RJ, 8 ago. 1963; Pólvora, Hélio: "O lugar da crônica", in *J. Brasil*, RJ, 24 dez. 1969; Portela, Eduardo. *Dimensões I*. RJ. 1958; idem. "A cidade e a letra (Ledo Ivo)", in *J. Commercio*. RJ, 15 dez. 1957; idem. "Agora e sempre Raquel de Queirós", in *J. Commercio*. RJ, 11 jan. 1959; idem. "Notas complementares para uma teoria da crônica", in *J. Commercio*. RJ, 17, 24 jul. 1960; idem. "Até onde a crônica é literatura?", in *J. Brasil*. RJ, 13 jan. 1968; Rónai, Paulo. "Divagações sobre a crônica (Eneida)", in *D. Notícias*, RJ, 20 abril 1958; Silver, Ruth. "Conversa com R. Braga", *J. Brasil*. RJ, 21 jul. 1957; Simões, Roberto. "Da fixação da crônica", in *J. Commercio*. RJ, 8 set. 1957; Sodré, Nélson W. "Decadência da crônica", in *Última Hora*. RJ, 14 dez. 1956; Trigueiros, Luís Forjaz. "A crônica como gênero", in *Est. São Paulo* (Supl. Lit.). SP, 7 out. 1967.

E, ainda:

A crônica brasileira. *O Popular*. GO, 26 fev. 1978; "Adeus cronistas. Diversos", in *O Povo*. Fortaleza, 18 mar. 1972; Athayde, Tristão de. "Ensaio e crônica", in *D. Notícias*.

RJ, 28 ago. 1960; idem. "Alencar fundador da crônica", in *D. Notícias*. RJ, 18 set. 1960; idem. "O cronista Alencar", in *D. Notícias*. RJ, 25 set. 1960; idem. "Machado cronista", in *D. Notícias*. RJ, 21 out. 1960; Braga, Rubem. "Sobre o ofício de cronista", in *Manchete*. RJ, 10 out. 1964; Brasil, Assis. "História da crônica brasileira", in *D. Notícias*. RJ, 31 mar. 1963; "Crônicas", in *O Globo*. RJ, 8 set., 1973; Gomes, E. "Pródromos da crônica brasileira", in *Cor. Manhã*. RJ, 21 maio 1958; Linhares, T. "Alguns cronistas", in *Est. São Paulo*. 7 mar. 1964; Martins, W. "Cronistas", in *Est. São Paulo*. 17 ago. 1966; Musina, Lea S. S. "A crônica literária no Brasil", in *Cor. Povo*. P. Alegre, 31 mar. 1979; "O território livre da crônica. Diversos", in *J. Brasil*. RJ, 18 ago. 1973; Portela, Eduardo. "A cidade e a letra", in *J. Commercio*. RJ, 15 dez. 1957; idem. "A permanência da crônica", in *J. Commercio*. RJ, 16 mar. 1958; idem. "Notas para uma teoria da crônica", in *J. Commercio*. RJ, 17, 24 jul. 1960; Rebelo, G. Crônica, gênero em transformação", in *Est. São Paulo*. 30 set 1984; Rodrigues, E. F. "A crônica como gênero literário", in *Est. São Paulo*. 7 out. 1967; Roncari, L. "A crônica: duas ou três", in *Folhetim*. SP, 9 jan. 1983; Sá, Jorge de. *A crônica*. RJ, 1985; Távola, Artur da. "Há duas mil e tantas crônicas", in *O Globo*. RJ, 5 nov. 1978.

58. *Evaristo de Morais Filho*
LITERATURA E FILOSOFIA

Incapacidade para os estudos filosóficos. Ausência de correntes de pensamento. Filosofia e Literatura. Século XIX, marco inicial. A independência intelectual. Romantismo. Silvestre Pinheiro Ferreira, Gonçalves de Magalhães, Mont'Alverne, Eduardo Ferreira França, Tobias Barreto, Soriano de Sousa, Sílvio Romero. Os positivistas. Capistrano de Abreu, Euclides da Cunha, Farias Brito, Jackson de Figueiredo, Vicente Licínio Cardoso, Graça Aranha, Paulo Prado, Tristão de Athayde, Euríalo Canabrava, Miguel Reale, Artur Versiani Veloso. Revista Brasileira de Filosofia. Kriterion.

1. Constitui um dos lugares-comuns mais repetidos entre nós o que se refere à nossa reconhecida incapacidade para os estudos abstrativos e para a filosofia em geral. Não há um só possível *pensador* brasileiro, em todos os tempos, que não inicie a sua nova síntese dos conhecimentos humanos com esta observação. De constante, tornou-se um refrão, enfadonho quase sempre, mas nem por isso menos verdadeiro. Já dizia Chesterton que todas as verdades profundas são lugares-comuns. E esta é uma delas. Todos os ensaístas filósofos em nosso meio demonstram uma nítida consciência do esforço que estão realizando e talvez em vão.

Bastam alguns exemplos, dos espíritos mais representativos. Num de seus últimos ensaios, escrevia Tobias Barreto, desesperado — "Recordação de Kant" de 1887, in *Questões vigentes*, 1926, p. 245: "Não há domínio algum da atividade intelectual em que o espírito brasileiro se mostre tão acanhado, tão frívolo e infecundo como no domínio filosófico." E Sílvio Romero assim começa a "Nota inicial", datada de 1876, de *A Filosofia no Brasil*, 1878, p. VII: "O título deste pequeno ensaio talvez excite um sorriso de mofa em alguém que saiba qual o estado do pensamento brasileiro, qual a contribuição que o Brasil tem levado ao movimento científico da humanidade. Todavia, há sério naquelas palavras..." Por outro lado, confessava Farias Brito em *A Filosofia moderna*, 1899, p. 263: "Sinto-me até certo ponto esgotado e sem forças, e sem apoio nem estímulo nem consciência mesmo da utilidade do meu esforço."

Por falta de tradição, pelo curto período de vida independente como nação, por dificuldade da língua, pobre em termos conceituais abstratos, por falta de ressonância nas camadas ditas cultas, por ausência de agências de ensino especializadas — que só tardiamente foram surgindo através das escolas e faculdades de Filosofia —, a verdade é que salta aos olhos esta carência de um pensamento continuativo e suficientemente denso, rico, contraditório, tumultuoso, múltiplo, pouco importa, mas demonstrativo de uma particular franja na cultura nacional, passível de isolamento e de vida própria. Não chegamos a constituir duradouras correntes de pensamento, tão profundas e objetivas que acabem por se impersonalizar como concepções do mundo e da vida autônomas e autossuficientes. Vivemos sempre do imediato e do próximo, do comentário do dia a dia, do pragmático, enfim. Aparecem, sem dúvida, fortes cerebrações, espíritos voltados para os problemas da filosofia, lidos em autores europeus, mas que não fazem da sua meditação uma constante sistemática, em linha reta, ascensional. Filosofia é este esforço estrênuo, permanente, sempre dirigido para a compreensão das coisas, através de um estudo crítico e sistemático do conhecimento humano. Pelo menos é este o sentido predominante na filosofia moderna, depois de Descartes. Ainda num dos seus últimos livros, escrevia Edmund Husserl, *La Philosophie comme science rigoureuse*, tradução de Q. Lauer, Paris, 1955, p. 51-52: "É verdade que o caráter dominante da filosofia moderna consiste não em se abandonar ingenuamente à impulsão filosófica, mas, pelo contrário, na vontade de se constituir como ciência rigorosa, por intermédio da reflexão crítica, penetrando sempre mais profundamente seu próprio método." É bem verdade que esta observação não nos é particular, comum que é a todos os povos do Novo Mundo, como consequência da sua própria imaturidade intelectual. Há quase trinta anos perguntava o Professor Barton Perry se existia uma filosofia norte-americana, e respondia da seguinte maneira:

> Embora nos Estados Unidos não exista um corpo de doutrinas nem uma escola filosófica que possam ser considerados como norte-americanos, existe, entretanto, um molde intelectual que foi criado nos Estados Unidos como resultado de sua história, de sua origem étnica e de seu ambiente natural e que se refletiu no tipo de filosofia que tendeu a predominar e a prevalecer. (R. B. Perry, "Is there a North-American Philosophy?", in: *Philosophy and Phenomenological Research*, mar. 1949, p. 368)

Às voltas com idêntico problema andaram sempre os eruditos da península ibérica preocupados com esses estudos. Qual a vocação dos povos ibéricos para os estudos filosóficos? Há uma tradição filosófica em Portugal e Espanha ininterrupta, permanente e contínua? Várias são às respostas, umas negativistas absolutas, outras mais ponderadas, no sentido de que falta um balanço completo e exaustivo das fontes, e, finalmente, outras ainda mais otimistas. Entre os primeiros inclui-se Fidelino de Figueiredo, optando Joaquim de

Carvalho e Lotar Tomas pela segunda opinião. Menéndez y Pelayo parece ficar com a terceira posição. E já em 1868, ao escrever um pequeno ensaio da possível história da filosofia em Portugal, esclareceria o seu autor, o estudante de Coimbra Lopes Praça:

> Muita gente instruída qualificou de quimera o nosso propósito. Nenhum filósofo ilustre se conhecia nos fastos da história portuguesa. Não tínhamos um nome ilustre que nos guiasse, um fio de Ariadna que nos dirigisse, um luzeiro que nos norteasse. Edificamos no vácuo. Investigamos os materiais, e apuramo-los, na estreiteza do tempo, pelo calor das bibliotecas que pudemos visitar, algemados pela pobreza e singularidade dos nossos recursos morais e materiais. Neste labutar só um estímulo indefectível nos amparou — a santidade do pensamento que nos inflamava a inteligência. Sabemos como todo o mundo que um livro destes não tem compradores no nosso país.

É manifesto pessimismo do jovem escritor, que bem denuncia o estado de espírito que dominava naquela época. De lá para cá alterou-se um pouco a situação, com a instituição de faculdades de filosofia e com a publicação de mais de uma revista especializada, entre outras as de Coimbra e Braga. Contudo, é preciso não confundir, como faz muita gente, entre filosofia sistemática propriamente dita e concepção do mundo como estado de espírito coletivo, capaz de ser atribuível a cada povo. Com ou sem filósofos sistemáticos, há sempre uma particular maneira de encarar as coisas do mundo e do espírito, daí os estudos de folclore, os ensaios de interpretação nacional e de psicologia social. Segundo Dilthey, incluem-se na *Weltanschauung* todas as formas da arte, da religião e da filosofia. E os seus tipos podem ser sumariamente classificados através de sua manifestação mais intensa, seja pelo pensamento, seja pelo sentimento, seja pela vontade. Mas o assunto nos levaria longe. Basta deixar bem claro que a filosofia é uma das partes da *Weltanschauung,* não se confundem os seus limites. A filosofia é sempre uma meditação crítica, uma sistematização racional dos problemas totais que apresenta a realidade, mas sempre um exame da razão, mesmo quando se trate de uma filosofia irracionalista ou anti-intelectualista, como a de Bergson, por exemplo. Pois bem, a despeito de não existir uma continuidade histórica do pensar abstrato e conceitual do espírito brasileiro, não há como negar que se apresentam casos isolados, individuais, que irrompem aqui e ali, dando mostras das potencialidades da nossa cultura, mas morrem pouco depois por falta de estímulo e de ressonância.

Husserl contrapõe, frontalmente, a filosofia e a *Weltanschauung* como dois tipos opostos e antitéticos de pensamento; e tanto uma filosofia é mais rigorosa quanto mais se afasta desta última, confundida com uma vaga "sabedoria". Como se sabe, é de W. Dilthey que se trata, como tipo mais representativo desta opinião criticada. Deve-se, principalmente, ao autor dos *Studien zur*

Grundlegung der Geistwissenschaften, na filosofia contemporânea, uma completa teoria a respeito do que os alemães chamam de *Weltanschauung, Weltansicht* ou *Weltkonzeption*, isto é, uma cosmovisão ou uma concepção do mundo e da vida. Todas as criações humanas surgem da vida psíquica e de suas relações com o mundo exterior. Nesta reflexão associam-se a experiência da vida e a evolução da imagem do mundo. Surgem necessariamente interpretações da realidade: as concepções do mundo, que procuram solucionar o *enigma da vida*. A sua estrutura é um complexo em que se reúnem elementos de procedências diversas e de naturezas também diversas. Incluem-se aí a arte, a filosofia, a literatura, a religião, mas só a segunda procura compreender a própria concepção do mundo e da vida, classificando-lhe os tipos e descobrindo as leis de sua formação. K. Jaspers coloca a crença como fundo da *Weltanschauung*, diferentemente de Dilthey, adepto da compreensão direta e imediata.

Sem uma nítida linha divisória entre a filosofia e a literatura, em sentido estrito, é de fácil verificação que, no Brasil, sempre caminharam juntos e concomitantes os movimentos de ideias e as suas manifestações nas obras de ficção. Ou os mesmos motivos, naturais ou sociais, serviam para inspiração dos autores, sob forma de poesia, romance e ensaio; ou os próprios ficcionistas procuravam explicar a sua maneira de encarar a realidade, ou ainda, embora mais raro, eram os possíveis pensadores que tentavam concretizar numa obra de ficção as suas ideias estéticas. A verdade é que, com maior ou menor destaque, em todos os movimentos literários nacionais, para cada estilo de literatura, encontramos sempre um possível teórico. O romântico Gonçalves de Magalhães também fez filosofia, como também foi José de Alencar consciente do seu indianismo, do seu nacionalismo, do seu estilo e da sua mensagem. É bem significativa a polêmica entre ambos em torno de *A confederação dos tamoios*. O realismo e o naturalismo de Aluísio Azevedo, de Adolfo Caminha, de Domingos Olímpio foram encontrar em Tobias Barreto, Sílvio Romero, Capistrano de Abreu e Araripe Júnior a correspondente linha conceitual, entusiasta e exaltada. Por outro lado, constitui toda a obra de Machado de Assis, a de crítica e a de ficção, as crônicas, os prefácios, os romances e os contos, um belo exemplo de intercomunicação entre as diretivas estéticas e as suas manifestações no campo da ficção. O mesmo pode ser dito de Graça Aranha, de Mário de Andrade, de Oswald de Andrade e de todo o movimento modernista em geral, de certa maneira coerente, com uma completa divisão do trabalho intelectual, no qual não faltaram bons poetas, romancistas, contistas e críticos, como Tristão de Athayde, mostrando a simbiose perfeita do movimento e confirmando a tese a respeito dessa correspondência ideológica entre os ensaios de pensamento e a ficção literária em si mesma. Pouco importa que sempre tenhamos imitado ou mesmo copiado ideias europeias, que a nossa cultura tenha-se inspirado em concepções exóticas, que não possamos apresentar uma criação filosófica original, se os motivos diretos e imediatos não puderam deixar de refletir o meio e o momento nacionais. Em verdade, não apresentamos nenhum pensador unicamente afeito às ideias gerais, perdido no tempo e no espaço como um pêndulo sem atrito, inteiramente mergulhado nos domínios da ontologia ou da metafísica. E nem esse tipo tampouco é encontrado em parte alguma. Com razão, pode escrever João Ribeiro numa nota de maliciosa ironia que "o nosso idealismo não se alonga muito longe da terra nem vai além dos mais próximos planetas; e, fora da poesia condoreira ou do gongorismo dos epítetos, ninguém se preocupa do infinito". E na mesma linha de observação vaticinou com justeza Clóvis Beviláqua: "Se algum dia pudermos alcançar mais significativa produção filosófica, estou convencido de que ela não surgirá dos cimos da metafísica." (J. Ribeiro. "A filosofia no Brasil", in *Revista do Brasil*, set./dez. 1917, p. 255; C. Beviláqua. *Esboços e fragmentos*. 1899, p. 25.)

É praticamente impossível indicar a imensa quantidade de obras e ensaios dedicados ao longo da história do pensamento às relações entre a literatura e a filosofia. Basta dizer que desde as concepções estéticas de Platão e Aristóteles, principalmente na *Poética* e na *Retórica* deste último, nunca mais saíram tais questões do campo da estética propriamente dita. Sobre o belo dissertaram Tomás de Aquino, Descartes, Spinoza, Pascal, Leibniz, Kant, Schelling, Hegel, Schopenhauer, Nietzsche, Comte, Spencer, Bergson, etc. Atualmente, então, com a problemática da logística e da linguística científica, ainda mais próximos ficaram seus domínios. A mesma coisa pode ser dita da crítica estética, daquela que procura estudar axiologicamente, segundo uma escala de valores estéticos, as obras literárias. O conceito de significado e de valor são problemas filosóficos, em sentido amplo. A este respeito, esclarece B. Croce (*Aesthetica in nuce*, tradução de I. Q. de Marelli, Buenos Aires, 1943, p. 110): "Outra advertência merece não ser esquecida: é que a Estética, embora sendo uma particular doutrina filosófica, porque estabelece como princípio seu uma particular e diversa categoria do espírito, por isso mesmo que é filosófica, não se separa nunca do tronco da filosofia, já que seus problemas são de relação entre a arte e as demais formas espirituais e, portanto, de diferenças e identidade. Ela é, na realidade, toda a filosofia, iluminada com maior insistência pelo lado que se relaciona com a arte."

II. Neste rápido escorço da seriação dos possíveis pensadores brasileiros, não recuaremos além das primeiras décadas do século XIX, e por motivos óbvios. Seria impossível admitir-se vida mental própria em um povo que ainda vivia sob o regime de colônia. Por mais que se pretenda estabelecer a independência da história literária, e neste sentido se orienta a mais influente tendência da crítica contemporânea, não há como fugir-se à realidade de que o homem que escreve vive num determinado meio, num certo tempo histórico, sujeito a um sem-número de fatores concretos que o condicionam no momento de produção. Há um estilo traçado antes dele, há as experiências vividas e incorporadas à sua vida íntima sob a forma de vivência, há um público para o qual escreve, consciente ou inconscientemente. O próprio Richards, tratando da natureza da experiência estética, não pôde deixar de esclarecer:

> ... embora admitindo que essas experiências estéticas possam ser distintas, serei muito cuidadoso em demonstrar que são estreitamente semelhantes a muitas outras experiências, que diferem principalmente nas conexões entre seus constituintes e que são somente um desenvolvimento ulterior, uma organização mais refinada das experiências ordinárias, e não, afinal de contas, uma nova e diferente espécie de coisa. (I. A. Richards. *Principles of literary criticism*. 6. ed., New York, 1938, p. 16-17)

No conjunto da experiência humana, a atividade estética não é "de espécie fundamentalmente diferente". Assim, vivendo no mundo, não podiam os nossos homens de letras escapar às condições existenciais do seu próprio povo. Com a chegada ao Brasil de D. João VI, com a abertura dos portos aos navios das nações amigas, com as novas leis que nos permitiam a instalação de indústrias, alteraram-se completamente os quadros da nossa realidade econômica e social. Os efeitos foram imediatos, com a elevação do Brasil ao Vice-Reinado, com a sede da Corte Real no Rio de Janeiro, e de 1808 para diante, principalmente depois de 1822, com a independência, não cessou a ascensão da antiga Colônia em todos os campos da atividade humana, quer material, quer espiritual. É espantoso o desenvolvimento e entusiasmo que se apossaram do homem brasileiro e inclusive de muitos portugueses que aqui viam a sua segunda pátria. Chegou-se às raias do paroxismo, numa incontida alegria pela chegada de D. João VI, conforme testemunho de viajantes estrangeiros de passagem pelo Brasil. Foram ruidosas as comemorações, com festas públicas, procissões, queima de fogos e assim por diante. Além da abertura dos portos, era preciso elevar a antiga Colônia às culminâncias do novo papel histórico que as circunstâncias a condiziam a representar. É assim que o regente, logo depois da sua chegada, faz instalar cursos de cirurgia e medicina no Rio de Janeiro e na Bahia. Estabelece uma imprensa régia, que veio tornar possível a composição rápida e bem feita de numerosos trabalhos que nem encontravam onde ser editados. Funda uma academia de cadetes da marinha. Pouco depois, de 1810 a 1811, inauguram-se uma academia de comércio e outra de guerra. A primeira biblioteca, na Corte, é posta à disposição do público em 1814. Em 1818 criam-se a Escola de Belas-Artes e o Museu Nacional, assim como no mesmo ano começaram as providências para a instalação do Jardim Botânico. Com tudo isso preparava-se o Brasil para desprender-se da influência intelectual dominadora do Reino, entrando em contato com outras culturas e com outras ideias. A verdade, como assinala Sílvio Romero, é que, "desde os fins do século XVIII, o pensamento português deixou de ser o nosso mestre. Fomos nos habituando a interessar-nos pelo que ia pelo mundo". Mas foi principalmente depois da independência, com um governo próprio, personalidade nacional autônoma, instituição dos cursos jurídicos em 1827, em cujas escolas se concentraram os núcleos mais importantes do debate das ideias novas, foi depois desta época que a literatura brasileira começou a adquirir certa autonomia mental, sob a forma do Romantismo. Com o movimento romântico começa, realmente, a produção literária brasileira, com independência intelectual, inspirada em motivos brasileiros, procurando escrever numa língua mais viva e local. E ainda aí podemos surpreender o nascimento de outras agências sociais de cultura, organismos que vão tornar possível o debate e a transmissão desta herança cultural: em 1837 é fundado o Colégio Pedro II e em 1838 o Instituto Histórico. Por tudo isso é que somente a partir do Romantismo podemos apontar os homens representativos do pensamento brasileiro, com maior ou menor influência nos quadros da literatura nacional. E daí partimos. Embora as origens do movimento tenham sido exóticas, trazido notadamente por um grupo de brasileiros que haviam passado algum tempo na Europa, em contato direto com os mais lúcidos espíritos da época, os motivos e as preocupações já eram nacionais. Sentia-se em todos um frêmito de nacionalismo, a intenção confessa ou velada de traçar um retrato da pátria, de corpo inteiro. Tomava-se consciência do papel que devia representar a nova literatura e por ele se dirigiam os novos escritores, em plena ascensão do Romantismo. Respondiam, por assim dizer, ao apelo de nacionalização das letras brasileiras, paradoxalmente lançado por dois estrangeiros: Ferdinand Denis e Almeida Garrett.

III. Silvestre Pinheiro Ferreira, professor português e conselheiro de D. João VI. foi um dos que tiveram os seus trabalhos compostos na Imprensa Régia. É, rigorosamente, ainda um representante do período pré-romântico, mas a sua figura intelectual é curiosa, pelo que representou de singular naquele momento histórico brasileiro. Tendo abandonado a Congregação do Oratório, era amigo pessoal de José Bonifácio, vindo a patrocinar uma série de conferências filosóficas no Real Colégio de São Joaquim, iniciando ele próprio um curso de Filosofia a 26 de abril de 1813, publicado no mesmo sob a denominação de *Preleções filosóficas sobre a teórica do discurso e da linguagem, a Estética, a Diceósina e a Cosmologia*. Em livro do mesmo ano, escrito a pedido direto de D. João VI, bem compreendeu a evolução que se processava na Colônia, prevendo a sua emancipação caso o regente regressasse a Portugal. Indicava mesmo medidas que deviam ser tomadas a respeito, dada a precipitação dos acontecimentos. De certa maneira, foi Pinheiro Ferreira o renovador dos estudos de filosofia em terras brasileiras. Além do livro de 1813, publicou outro em 1839, com o qual procurava desbancar o compêndio de Genuense, admitido oficialmente aqui e além-mar como o livro de texto no ensino da filosofia. Disso não fez segredo Silvestre Pinheiro, antes referindo-se expressamente aos seus magnos propósitos na apresentação do novo livro. Nas *Preleções*, de 1813, são estudados longamente, segundo os conhecimentos da época, os princípios da lógica, da gramática geral e da retórica, o tratado das paixões, regras de estética, técnica da eloquência, inclusive um sistema do mundo ou cosmologia. A certo passo, dando a medida do seu critério e do seu senso crítico, escreve o nosso autor:

> Os filósofos que hoje respeitamos como mestres assentam suas doutrinas sobre a base de que a teórica do raciocínio e do discurso é inseparável da teórica da linguagem: e que não podendo ser inteligente aquele que não é inteligível, a abundância, a exatidão, e a clareza das ideias em toda e qualquer ciência, arte, profissão ou trato humano, está em rigorosa proporção com a abundância, exatidão, e clareza de linguagem ou nomenclatura própria da matéria de que se trata e do uso, que dela sabe fazer a pessoa que dela se serve.

Manifesta-se contra o estilo "alambicado, inchado, alcantilado, extravagante, por excesso de metáforas". E destacando já o papel da imaginação, principal função espiritual de que irão se servir os românticos na sua atividade literária:

> Se a imaginação, posto que ocupada, pela maior parte, em representar-nos os próprios objetos, os abandona por intervalos, para representar unicamente os seus nomes e [...] se exprime com as vivas cores da linguagem, toma o nome de Estro ou de Entusiasmo Poético.

No compêndio de 1839 confessa-se Silvestre Ferreira discípulo de Aristóteles, Bacon, Leibniz, Locke e Condillac e manifesta-se inteiramente adverso às ideias de Kant, Fichte, Schelling, os modernos da França e os ecléticos. Estuda, sucessivamente, a ontologia, a psicologia e a lógica, definindo deste modo o objeto da filosofia: "Portanto a arte de observar, o tratado da linguagem, o tratado dos sistemas, e o tratado das teorias no seu complexo, constituem o que se chama *filosofia geral*, ou comum a todas as ciências." Refletindo os assuntos da época, dedica-se também à *ideologia*, que "tem por objeto as faculdades de perceber e de pensar". No prefácio, no entanto, mais preocupado por substituir o compêndio de Genuense, então em uso nas universidades de Portugal, dirige-se sempre à gente de lá, dando-lhes conta das suas ideias: "É esta filosofia do senso comum dos homens, exposta em linguagem singela da razão humana, que neste Compêndio oferecemos à estudiosa mocidade portuguesa." Com este espírito filosófico haurido em Aristóteles, de quem traduziu as categorias diretamente do grego, era patente em Silvestre Pinheiro a sua orientação realista em teoria do conhecimento, tão contrário ao vago espiritualismo então reinante. Manifestava-se nitidamente contrário ao idealismo alemão, como nebuloso e metafísico. Quando Gonçalves de Magalhães funda em 1836, em Paris, *Niterói-Revista Brasiliense*, juntamente com Porto-Alegre, Torres-Homem e Azeredo Coutinho, aparece o nome de Silvestre Pinheiro Ferreira como seu colaborador da primeira hora, ao lado de C. A. Taunay, J. M. Pereira da Silva e Miguel Calmon Du Pin e Almeida. E serão esses exatamente os homens que estarão fazendo daqui a pouco a renovação literária brasileira, como se deve a este português a renovação dos nossos estudos filosóficos:

IV. Com igual bagagem filosófica e muito maior influência literária surge o nome de Domingos José Gonçalves de Magalhães, o futuro Visconde de Araguaia. Interessa aqui somente apresentar um rápido sumário das suas ideias filosóficas, já que é inegável e pacífico o reconhecimento da sua importância na criação do Romantismo entre nós. Voltado para o sentido da terra brasileira, firmemente determinado a fazer uma obra em que esses propósitos se patenteassem, foi muito favorecido pelas circunstâncias do momento. De muito lhe valeram também os conhecimentos diretos que possuía do movimento romântico e filosófico nos principais centros europeus. Representou, assim, o papel de coordenador e de centralizador que as dispersas manifestações de seus contemporâneos solicitavam. Através de sua viagem pela Europa, a partir de 1833, andou pela Itália, fixando-se em Paris. Aí entrou em contato com as mais recentes publicações dos românticos franceses, tendo conhecido pessoalmente Debret, vivendo numa atmosfera impregnada de Romantismo, no qual Deus e a natureza eram os temas prediletos. Para o restante da sua formação bastaram as lições de Jouffroy, eclético espiritualista, de que foi aluno, ou pelo menos ouviu as lições, em Paris. Essas ideias coadunavam-se com a influência que sobre ele exerceu Mont'Alverne, cujas aulas de filosofia assistiu, embevecido pelos dons retóricos e oratórios do eloquente prelado. Místico, católico, sofreu uma crise em sua mocidade, quando estudante da escola de medicina e cirurgia fundada por D. João VI, e chegou até a admitir o seu ingresso na carreira eclesiástica. De volta da Europa, foi nomeado pelo imperador lente de filosofia no Colégio Pedro II, cuja aula doutoral foi por ele proferida, perante um auditório solene e seleto a cuja frente se encontrava Sua Majestade. A plaquete vem dedicada ao imperador, iniciando-se a exposição sobre a filosofia e a verdade numa linguagem afetada e retórica, vazia e sem nenhuma profundidade. Declara que o currículo do novo colégio é exemplar, encontrando paralelo somente nos estabelecimentos de ensino da França e da Alemanha. Admite o conceito da filosofia como a ciência das ciências, esclarecendo: "Não há filosofia onde não há razão; e que a razão, só a razão, deve dominar sobre todos os nossos conhecimentos para que se possam denominar científicos." É de estranhar elogio tão entusiasta da razão por alguém que foi o mais alto represente da primeira fase romântica no Brasil, mas pouco adiante não deixa de aparecer também o elogio à imaginação como faculdade criadora e não simplesmente entregue à função de memorizar:

> Ávida a inteligência da verdade que tanto lhe importa, recorre a suas faculdades; na imaginação acha uma força criadora; ora, a imaginação não é só a faculdade de

reproduzir imagens, nem lhe foi dada só para iludi-la; ela aí se encontra, imagina, compõe, levanta hipóteses e forma sistemas; isso fazemos nós todos e nem podemos deixar de o fazer por mais experimentalistas que sejamos. [Mas], "não é só no domínio da filosofia que a inteligência se serve da imaginação". [E a filosofia é um conhecimento de absoluta necessidade] "... ao poeta, ao artista, e a todo o homem que no meio das maravilhas de Deus sentem sua alma abrasada no etéreo fogo do entusiasmo, e elevada nas asas da admiração a essas regiões puras, onde parece ocultar-se a verdade.

Resume Gonçalves de Magalhães a filosofia do seu tempo em quatro grandes sistemas: sensualismo, espiritualismo, ceticismo e misticismo. "Nenhum destes sistemas é totalmente falso." As suas predileções, no entanto, como ficará bem esclarecido em livro posterior, são para o ecletismo, então em moda, de Cousin e Jouffroy, com fortes tinturas do imaterialismo espiritualista de Berkeley. Esses nomes e mais os de Reid, Dugald Stewart, Maine de Biran, Malebranche surgem a todo instante em suas obras, embora pareça não tenha chegado a ler diretamente este último filósofo, cujas referências são feitas de segunda mão. Encantava-o a doutrina da "visão em Deus" de Malebranche, que tão bem completava o seu idealismo. A sua filosofia, diz,

> é justamente aquela que mais exalta o espírito humano, mais o eleva a Deus, mais moraliza o homem, e mais capaz é de tornar-nos melhores na sociedade em que vivemos, e para a qual trabalhar devemos com o amor e desvelo, como quem se desempenha de uma dívida de consciência, quando mesmo ninguém demande, nem agradeça o pagamento. (*Discurso sobre a importância da filosofia*. Rio de Janeiro, 1842)

Talvez um pouco agastado com as críticas lançadas contra a sua *A confederação dos tamoios*, de 1856, desabafa imprevistamente em meio a uma exposição filosófica:

> A ciência não é um dogma que se apresenta inteiro e sem provas; nem uma simples crítica literária que só destrói sem nada produzir, e vive como a parasita à custa do tronco em que se enrosca; é um trabalho arquitetônico como o da vida, que decompõe para compor. (*Fatos do espírito humano*, 1858)

Em matéria filosófica, apesar do que pensa Magalhães a respeito de si mesmo, como alguém que se "aventura em novas teorias, apartando-se dos seus mestres", não passou a sua filosofia de uma exposição exótica do ecletismo de Cousin, do imaterialismo idealista de Berkeley e do ontologismo da "visão em Deus" de Malebranche.

Só existe realmente o que é espírito... tudo o mais existe fenomenalmente, não em si, não para si, mas para quem o pensou e o fez aparecer a quem pode ver os seus pensamentos. [E depois:] Todo este imenso universo sensível que nos parece substancialmente existir entre nós e Deus, só existe intelectualmente em Deus como pensamentos seus, sem outra existência fora da inteligência mesmo de Deus que o pensou; nada tem existência material fora de Deus...

O que interessa, no entanto, fixar bem na análise da obra de Magalhães é o papel importante que representou na formação do movimento romântico brasileiro, procurando compreender a sua terra e dando-lhe tanto quanto possível uma literatura nacional, como já o demonstrava a epígrafe da sua revista de 1836: "Tudo pelo Brasil, e para o Brasil." No fim da vida, no seu último livro de ideias gerais, não se conformava com a mudança de gosto literário, com o aparecimento de novos estilos de romance:

O naturalismo, ou realismo de certa escola de literatura moderna, que se apraz nas descrições sem pejo das coisas mais indecentes, infames e ascorosas, é o complemento do grosseiro materialismo do nosso tempo, que afoitamente nega Deus e a moral, e converte o homem em um macaco transformado pela seleção; e o homem, assim desaforado, não se envergonha de assumir a impudência e a petulância do macaco. [E depois, mais azedo:] A indecência do assunto e da linguagem em obras literárias não é naturalismo; é depravação e cinismo.

Nesses pensamentos finais, como uma espécie de testamento, manifesta o velho Gonçalves de Magalhães todo o seu conservadorismo. Diz-se católico, pela fé contra a ciência, monarquista e contra a liberdade da imprensa. Os tempos eram outros...

V. Embora sem termo de comparação entre ambos, no que representaram na história literária brasileira, não pode deixar de ser lembrada aqui a figura de Frei Francisco de Mont'Alverne (1784-1859), que aliás, foi professor de Gonçalves de Magalhães, chegando alguns dos seus admiradores a admiti-lo como filósofo do nosso Romantismo e inspirador direto do autor de *Suspiros poéticos e saudades*. Sem que seja necessário exagerar, não há dúvida que a primeira geração romântica muito se aproveitou da ação educadora do grande orador sacro, um pouco estranho à ortodoxia tomista do catolicismo e sustentando um ecletismo espiritualista em voga no pensamento europeu daquela época. Os temas são comuns e os mesmos: Deus, a natureza e os sentimentos religiosos. Devido ao entusiasmo de D. João VI pelo púlpito, dados os seus predicados de eloquência sacra, foi Mont'Alverne designado pregador na capela régia em 1816. É esta, de resto, a nota tônica na personalidade do ilustre prelado: mais eloquência, oratória, retórica do que propriamente pensamento filosófico. Mas, por isso mesmo, é inequívoca a sua influência sobre os seus ouvintes, quer na cadeira de professor, quer no púlpito católico. Embora palavroso, aproveitava-se bem dos acontecimentos do tempo e das ideias em debate para lhes imprimir a paixão e o fogo do seu verbo. E entre nós até hoje é indiscutível o prestígio da oratória, valendo mais as belas palavras, as imagens de efeito, do que o conteúdo abstrato que possam oferecer. Em matéria de filosofia, tão estranha é a orientação de Mont'Alverne, que não deixa ele de criticar com veemência a *philosophia perennis*, como não o faria o seu mais ardente adversário:

Esta filosofia bárbara reinou em quase toda a Europa, até que, no meado do décimo sétimo século, apareceu Descartes, que, indignado contra tantos absurdos, sacudiu o jugo enorme e tenebroso do Peripatetismo, conseguiu dar-nos uma filosofia livre de todos os princípios absurdos, que despojando-se de todas as ideias que entenebreciam e maltratavam a razão, assegurou à Filosofia um novo império, e uma mais larga ilustração.

Ainda que publicado em 1859, obra póstuma, o seu *Compêndio de filosofia* foi escrito mais ou menos em 1833, reunindo as lições "ditadas, já nas aulas tradicionais do claustro, já no Seminário de S. José". São palavras do seu editor, Francisco Luís Pinto. Suas ideias são um misto de Locke com Descartes, de Condillac, de Leibniz e principalmente de Cousin, retórico como ele. Confessava, referindo-se a este último: "Eu forcejarei por aproveitar o que ele tem feito e restaurar com ele o sistema filosófico." Eclético espiritualista, não chegou Mont'Alverne a ser um pensador original e profundo, não podendo receber o qualificativo de filósofo, a despeito do que ele próprio escreveu a seu respeito: "Arrastado por a energia do meu caráter, desejando cingir todas as coroas, abandonei-me com igual ardor à eloquência, à filosofia e à teologia, cujas cadeiras processei algumas vezes simultaneamente." Há unanimidade no pensamento da crítica brasileira sobre a nenhuma valia do compêndio de Mont'Alverne, que, no dizer de Sílvio Romero, "foi atirado à margem, senão devorado pelo esquecimento, e o pensamento nacional passou-lhe adiante". Seu mérito maior, como destaca o próprio Sílvio, foi o de haver pertencido "a essa geração que, jovem e robusta no tempo de D. João VI, entre nós, tomou parte nos acontecimentos da Independência, e figurou nos tempos do primeiro reinado".

VI. Como continuador de Mont'Alverne, cabe ser aqui sumariamente lembrado o nome de Eduardo Ferreira França (1809-1857), baiano de nascimento e professor de medicina em Salvador, laureado na Faculdade de Medicina de Paris. Publicou uma tese de doutoramento, *Essai sur l'influence des aliments et des boissons sur le moral de l'homme* (Paris, 1834) e *Investigações de psicologia* (1854, 2 v.). Seu valor como filósofo é praticamente nulo, bastando para ridicularizá-lo a sua classificação pitoresca das faculdades psicológicas em número de 12, além da sua imensa proliferação de instintos, tais como a *astúcia*, a *secretividade*, a *habitatividade*, a *aquisitividade*, a *aprobatividade*, os instintos da *fantasia*, da *crença*, do *reconhecimento*, da *sujeição* e assim por diante. Vindo de Condillac e Cabanis, depois da leitura das obras de Maine de Biran e Jouffroy, acabou num ecletismo espiritualista; Sílvio Romero acha-o, sem embargo, superior a Mont'Alverne e Gonçalves de Magalhães. Não teve, contudo, segundo parece, nenhuma influência literária. Como não teve por igual o pequeno *Compêndio de filosofia racional* do bispo do Pará, D. José Afonso de Morais Torres (1805-1865), em dois pequenos volumes. Confessa o seu autor haver somente resumido as *Institutiones Logicae et metaphysicae* do jesuíta austríaco Sigismund Storchenau, apresentando "uma doutrina pura e expurgada dos princípios do sistema eclético de que se acham iscados quase todos os compêndios de filosofia racional, admitidos hoje na maior parte das escolas públicas". Poderia ser também lembrado o nome do pernambucano José Inácio Abreu e Lima (1796-1869), representativo do período pré-romântico, que se dedicou a alguns temas de filosofia, além de autor de mais de um livro interessante, já procurando àquela época (1836 a 1843) apresentar um quadro crítico e sintético da história geral do Brasil, inclusive em seus aspectos político e literário. Em 1855 publicou um ensaio sobre *O socialismo*, reunião de vários escritos esparsos anteriores, no qual defende o dogma da unidade do gênero humano como um "desígnio da Providência", apesar do engano que pode sugerir o título. Baseia-se principalmente em Lamennais, Cousin e Bellanche, com auxílio dos quais escreve o capítulo sobre "as escolas filosóficas". Segundo Gilberto Freyre, ainda está por se fazer o estudo completo da obra de Abreu e Lima, dando-lhe o lugar que merece na história do pensamento brasileiro. Meramente em respeito à cronologia, já que a sua obra não apresenta nenhuma importância na história das ideias do Brasil, deve ser aqui referido o *Compêndio de filosofia* (1851, 2 v.), de autoria de Manuel de Morais e Vale (1824-1886), professor da Faculdade de Medicina. Trata-se de um simples manual, para uso dos estudantes, como aliás confessa o seu próprio autor, inspirado ainda nas ideias do ecletismo espiritualista do começo do século, com umas tinturas sensorialistas de Condillac.

VII. Grandes foram as transformações econômicas e sociais no Brasil a partir de 1850, que vieram a culminar na abolição da escravatura e na proclamação da República. Tome-se o ano de 1850 simbolicamente por significar a data da abolição do tráfico negreiro. Com isso vai-se dar um deslocamento do centro econômico, que passa do Norte para o Sul; modifica-se igualmente o quadro da monocultura açucareira, surgindo um novo produto, que irá ter um futuro brilhante: o café. Desenvolve-se um grande surto econômico, com inversão de novos capitais. O Banco do Brasil passa a ser um estabelecimento de emissão, instala-se a primeira linha de telégrafo elétrico e abre-se o tráfego da Estrada de Ferro Central do Brasil. Os partidos políticos vivem um ambiente de compromisso e trégua momentânea em suas contendas. A Guerra do Paraguai de

1865 a 1870 vai significar grave crise social, culminando com a publicação do manifesto liberal deste último ano. Há como que uma revisão nas correntes do pensamento brasileiro, abrangendo todos os seus aspectos: literário, filosófico, político e mesmo religioso. Vale, a respeito, uma meia página de Sílvio Romero, contemporâneo dos acontecimentos, que registra:

> O decênio que vai de 1868 a 1878 é o mais notável de quantos no século XIX constituíram a nossa vida espiritual. Quem não viveu nesse tempo não conhece por ter sentido diretamente em si as mais fundas comoções da alma nacional. Até 1868 o catolicismo reinante não tinha sofrido nestas plagas o mais leve abalo; a filosofia espiritualista, católica e eclética, a mais insignificante oposição; a autoridade das instituições monárquicas, o menor ataque sério por qualquer classe do povo; a instituição servil e os direitos tradicionais do feudalismo prático dos grandes proprietários, a mais indireta opugnação; o romantismo, com os seus doces, enganosos e encantadores cismares, a mais apagada desavença reatora. Tudo tinha adormecido à sombra do manto do príncipe feliz que havia acabado com o caudilhismo nas províncias e na América do Sul e preparado a engrenagem da peça política de centralização mais coesa que já uma vez houve na história de um grande país. De repente, por um movimento subterrâneo, que vinha de longe, a instabilidade de todas as coisas se mostrou e o sofisma do Império apareceu em toda a sua nudez.

Aqui, mais uma vez, como sempre, iríamos refletir as correntes filosóficas e literárias em moda na Europa. Funcionaria o que já se chamou de "lei de repercussão", consistente no reflexo do pensamento europeu entre nós, com vários anos de atraso. Assim é que as correntes do positivismo, evolucionismo, naturalismo, materialismo iriam encontrar adeptos devotados: a mesma coisa acontecendo com o Realismo e o Naturalismo na literatura. Comte, Darwin, Spencer, Haeckel, Renan eram os nomes mais em voga nas diretrizes mais acessíveis do pensamento filosófico europeu e seus futuros discípulos nacionais já estavam com as antenas no ar, maduros para a fecundação.

VIII. Tobias Barreto — Tobias Barreto (1839-1889) vai significar e polarizar esta brusca mudança de sentido no pensamento brasileiro. Hoje, a distância, pouco importam as ideias que haja sustentado, com o calor do seu temperamento arrebatado; importa destacar somente o papel que representou, no meio brasileiro, as novas tendências que suscitou e principalmente o exemplo que deixou como curiosidade intelectual onímoda e inquieta. Tobias, disse com felicidade Gilberto Amado, "está no centro da cultura do Brasil". E prossegue: "Daí será impossível arredá-lo. Há uma fogueira ardendo no meio do deserto do Brasil... essa fogueira, em que se consome uma vida humana votada ao espírito e só ao espírito, é Tobias Barreto." Pois bem, esse homem curioso, inquieto, voltado para todos os assuntos, escreveu sobre estética, ética, direito, filosofia, religião, literatura, política. Fez crítica e poesia, não passando neste terreno de um romântico, como o seria também em política com pronunciado sentido liberal e social. Suas poesias ressentem-se daquela genialidade criadora, livre e intuitiva, que sobrava no seu competidor amoroso, Castro Alves. Manteve-se hugoanista, romântico e poeta medíocre. Mas é no campo do pensamento, pela sua presença física, pelo entusiasmo que despertou entre amigos e alunos, que se destaca a personalidade crítica de Tobias Barreto. Sacudiu o marasmo intelectual brasileiro, divulgando entre nós as modernas correntes do pensamento filosófico europeu. Se o francês e o inglês eram os idiomas dominantes na busca da cultura, voltou-se para o alemão e para tudo que vinha da Alemanha, chegando às raias do fanatismo, como ele próprio confessou. Carlos de Laet, ironicamente, denominou o grupo germanista pernambucano de *escola teuto-sergipana,* mas foi dela que surgiu a mais exuberante e homogênea corrente de pensamento brasileiro nos fins do século passado e princípios deste, com Tobias Barreto, Sílvio Romero, Fausto Cardoso, Clóvis Beviláqua, Martins Júnior, Artur Orlando, João Ribeiro, Capistrano de Abreu, Araripe Júnior, chegando mesmo a alcançar Farias Brito. Apesar de fazer dos problemas filosóficos o centro de sua atividade intelectual, bem avaliava Tobias Barreto quanto era ingrato esse esforço entre nós. Já em 1874 dizia: "Na verdade, o que é a filosofia entre nós? Simplesmente o nome de um preparatório, que a lei diz ser preciso para fazer-se o curso de certos estudos superiores. Fora disto, ninguém há que se interesse, que tome a sério qualquer esforço de aplicação e cultura filosófica." Fazendo obra de circunstância, tomando sempre partido no debate dos problemas em voga, contudo, merece Tobias o nome de pensador, agitando ideias, renovando o ambiente espiritual brasileiro. Agnóstico, chama-lhe Sílvio Romero, mas a verdade é que Tobias partiu de um espiritualismo eclético, à Cousin, por influência de seu primeiro professor de filosofia, Frei Itaparica. Manteve-se nesta linha de 1861 a 1868, sendo deste último ano o seu escrito sobre Santo Tomás de Aquino, no qual aparece, pela primeira vez, o nome de Augusto Comte, aceitando o nosso sergipano como "inacessível e intratável a questão da causa primeira". Mais tarde apaixonou-se pelas teorias evolucionistas de Haeckel, dando o pensamento de um seu discípulo, Ludwig Noiré, como a última palavra na história da filosofia ocidental. Foi a isso que João Ribeiro, há cerca de setenta anos, já chamava de germanismo *de segunda ou terceira ordem*, porque hoje em dia ninguém mais se lembra deste nome, nem sabe o que significou para a filosofia alemã. Mas, apesar de predominante, não se limitou Tobias à leitura atenta desses autores, sendo frequentes em sua obra as citações e a influência de figuras realmente representativas, como Kant, Goethe, Fichte, Schelling, Hegel, Schopenhauer, Hartmann e outros mais. Confessava-se Tobias "materialista, no bom sentido da palavra". Não era "espiritualista no sentido vulgar da palavra". Mais tarde, definia-se enfaticamente: "Sou relativista." Tudo isso vem mostrar as suas hesitações doutrinárias. Partindo do espiritualismo eclético, demorou-se mais fundamente no monismo de Ludwig Noiré, por ele denominado de filosófico, para não ser confundido com o puramente biológico de Haeckel. Kant ajudou-o a abandonar o que chamava de "materialismo nu e descarnado".

Tobias nunca foi materialista mecanicista, nem mesmo no período mais ardentemente monista de sua vida. Nos seus últimos ensaios, nota-se uma grande acentuação finalista na sua filosofia, com a predominância do pensamento kantiano. Aliás, ninguém mais do que o próprio Tobias reconhecia sua volubilidade intelectual ("Prólogo", dos *Estudos alemães*. Para as suas últimas posições filosóficas: *Questões vigentes*, p. 43-51, 245 e segs. e *Estudos alemães*, p. 423.)

Num ensaio datado de 1872 sobre o romance brasileiro, apresentava Tobias Barreto somente dois nomes: Macedo e Alencar, mas achava que já era tempo de realizar-se uma renovação no estilo e no assunto, aproximando-se mais a ficção da realidade e da ciência. Pois é exatamente desta década (isto é, até 1882) que vão surgir os primeiros romances naturalistas brasileiros, de autoria de Inglês de Sousa e de Aluísio Azevedo. A certa altura, escrevia Tobias sobre Alencar: "Que diremos porém do autor do *O guarani*?... Não há de falar quem opine, ao proferir-se tão alto nome, pisamos em terra santa; e que é preciso caminhar descalço. Mas eu não tiro os meus sapatos; confesso-me um pouco ímpio e irreverente." E forrado de imensa cultura filosófica e literária, pôde Tobias iniciar um novo tipo de crítica entre nós, objetiva e científica, em oposição à que dominava anteriormente, apologética e impressionista. Chamou-o Sílvio Romero de "a mais completa encarnação do espírito crítico moderno no Brasil". Mas esse papel viria a ser preenchido pelo próprio Sílvio, e ninguém mais o merece do que ele.

IX. Antes de estudarmos a importante figura do crítico de Lagarto (SE), deve ser aqui lembrado sumariamente o nome de José Soriano de Sousa (1833-1895), adversário de Tobias, professor da Faculdade de Direito do Recife e doutor em filosofia pela Universidade de Lovaina. Simples expositor, representa o reflexo brasileiro das correntes neotomistas que então começavam a florescer na Europa, sem que contenha nada de original. Prolixo, as suas obras são volumosas, como o *Compêndio de Filosofia ordenado segundo os princípios e o método do Doutor Angélico Santo Tomás de Aquino* (1867), com 632 páginas, adotado como livro de texto nos seminários do Brasil. As suas *Lições de Filosofia Elementar racional e moral*, de 1871, atingem a 566 páginas. "Seus escritos, diz com razão Leonel Franca, não são trabalhos originais, nem mesmo feitos de primeira mão pelo estudo direto dos grandes filósofos do século XIII." Nenhuma influência teve sobre as correntes literárias do seu tempo.

X. Sílvio Romero — Sílvio Romero (1861-1914) vai representar o amadurecimento no campo da crítica literária das ideias sustentadas pelo seu conterrâneo Tobias Barreto. Terá larga margem de pensamento próprio, não sendo, como querem alguns adversários seus — e ele próprio, a princípio, deu a entender isso — um simples discípulo do escritor de escada. Embora muito lido em autores alienígenas, exibindo cultura a cada passo, voltou-se Sílvio Romero para o estudo sistemático das nossas coisas, quer do ponto de vista social, quer do literário, quer do filosófico. A sua crítica procurou sempre compreender o escritor brasileiro em função do seu meio, diretamente ligado à terra, aos motivos nacionais. O problema da periodização da literatura brasileira foi encarado, numa tentativa de ordenar, segundo ideias estéticas preestabelecidas, o farto material já existente. Sejam quais forem as suas concepções estéticas, constata-se desde logo a presença de alguém que sabe o que quer e como quer. A crítica passa a ser um exercício literário específico e distinto das outras atividades meramente diletantes. À maneira germânica de então, engloba Sílvio dentro do conceito amplo de literatura todas as manifestações escritas de um povo (ficção, ensaio, poesia, filosofia, ciência, e assim por diante). Esta literatura é um produto histórico, natural, presa às suas origens e ao seu meio. É possível traçar uma história literária como quem faz o estudo evolutivo dos fenômenos da natureza. Mas não se pense que Sílvio Romero admitia um materialismo mecanicista, no qual o escritor seria absorvido e manietado pelos fatores externos da criação. É este um ponto que convém ser destacado, e não o fazem os seus expositores, principalmente os adversários: "Deve-se, neste assunto (o meio e a raça), contar com o *fator humano*, isto é, com uma força viva prestes a reagir contra todas as pressões por intermédio da cultura." Não o diria melhor o culturalismo contemporâneo, em qualquer das suas facetas. Como aconteceu com Tobias, também não se fixou Sílvio Romero em nenhum sistema ortodoxo de filosofia. Entusiasmou-se a princípio por Jouffroy, embora de passagem; sentiu depois a forte influência do pensamento de Comte, da primeira fase, sem admitir o apostolado da religião da Humanidade, chegando mesmo a polemizar com Miguel Lemos. Finalmente, predominou em sua vida intelectual o evolucionismo spenceriano e darwinista. Tudo isso, é claro, com grandes influências, na parte literária, de Taine e de todo o movimento realista e naturalista francês. Em nenhum momento escondeu o seu entusiasmo por Émile Zola, para ele o mais forte representante da nova corrente literária. Cada romance naturalista e realista que ia aparecendo era saudado por Sílvio Romero com alegria. A poesia e toda a literatura de ficção deviam inspirar-se nos ideais e ensinamentos da ciência. Não que fosse ciência rimada ou estilizada, mas emoção ou sentimento servindo como instrumento de realização do que representasse o último estado do conhecimento humano: o belo estaria de mãos dadas com o correto cientificamente. Combateu o Romantismo com todas as suas forças e tinha nítida consciência do que representou diretamente a este respeito no ambiente intelectual brasileiro. Em mais de uma oportunidade referiu-se ao fato: "Felizmente a doutrina, como a formulamos e expusemos, desde 1870, penetrou fundo no pensamento nacional, que já começa a apreciar devidamente suas consequências práticas e já a vai empregando até como base de obras artísticas e literárias: romances, contos, dramas, etc."

Às p. 1285-1286 da *História da literatura brasileira*, v. II, enumera Sílvio Romero 19 artigos seus de 1870 a 1873, com que contribuiu "para a morte do Romantismo e propaganda de novos ideais". Para os seus ideais da nova poesia, veja-se *Cantos do fim do século* (1869-1873), 1878, p. V-XXII. Especialmente de combate ao Romantismo. *O Naturalismo em literatura*, 1882, definições de p. 9-10. Em 1881, falando de *Idílios modernos* de João Ribeiro, fazia esta profissão de fé: "Há outra observação a fazer: o lado estéril do Realismo, quero dizer, a pintura exclusiva de imoralidades cruas, creio que não tem sido imitado no Brasil; nenhum de nossos moços tomou para si aquela tarefa ostensiva."

Infatigável trabalhador, para o qual não havia — como para seu admirado francês — um dia sem linha, poucos terão exercido nesta terra uma influência tão grande na orientação da crítica literária, como exame estrênuo de tudo que seja produto da cultura humana, mas à luz de um critério objetivo de verdade, admita-se hoje — pouco importa — como certo ou errado. De Sílvio, como de Tobias, ou se escreve de mais ou de menos, no conhecido juízo crítico de Alceu Amoroso Lima a respeito deste último.

XI. A partir do alvoroço intelectual em que Tobias meteu o Brasil, talvez não se possa encontrar outro período igual ao que se lhe seguiu, por influência sua direta ou indireta. Com pequenas variantes, predominava sempre o sentido determinista do Naturalismo do século XIX, através do positivismo, do evolucionismo ou do monismo. Em literatura, eram avassaladoras as concepções de Taine, acerca da obra de arte como produto da raça, do meio e do momento. A despeito de divergências de pormenor, não escapa José Veríssimo a esta classificação genérica. Essas ideias dominavam a todos e penetravam por toda a parte. O documento mais representativo daquela década a que se refere Sílvio Romero é o ensaio de Machado de Assis, "A nova geração", datado de 1879, a mais fiel e completa crônica das novas correntes literárias, sobretudo poéticas, e da inquietação que tomava conta da mocidade daquele tempo. A este período já se convencionou chamar de "Renascença Brasileira", pelo que significou na história cultural brasileira. Há como que uma revisão completa nas correntes do pensamento brasileiro, abrangendo todos os seus aspectos: literário, filosófico, político e inclusive religioso. Outros a chamam de "Ilustração Brasileira". É curioso destacar, de passagem, que Raimundo Correia faz parte dessa geração. Aprovado com distinção em filosofia, no Colégio Pedro II, em 1877, ingressa na Faculdade de Direito, de São Paulo, no ano de 1878, participando ativamente de todos os ideais do seu tempo. Raimundo é bem representativo dessa fase que se chamava de *Ideia Nova*, voltada para as ciências, para o mundo exterior, para o povo, para a República, contra os velhos cânones conservadores do Império. Já na sua estreia literária, com *Primeiros sonhos* (1879), aparece o soneto *A ideia nova*, dedicado ao seu amigo Barros Cassal. Apesar de suas explosões antirromânticas, o livro em conjunto permanecia ainda romântico. Já fora da faculdade, no seu segundo livro, *Sinfonias* (1883), que seria o de maior êxito em toda sua obra poética, aparecem na segunda parte do volume as poesias político-sociais, de cunho revolucionário: pelo povo, pela abolição da escravatura, pela República, pelo progresso, pelas novas conquistas da ciência. Com cerca de dúzia e meia de poemas, vêm todos dominados pelo mesmo espírito. E tudo isso no poeta talvez mais representativo do parnasianismo nacional e que conseguiu ser "o maior artista do verso" no Brasil. Araripe Júnior (1848-1911) pertence, pela afinidade de ideias, ao grupo de Recife. Determinista geográfico, adepto de Buckle e Taine, procurou valorizar o folclore nacional, a exemplo de Sílvio Romero. Deixou um interessante estudo sobre José de Alencar, inclinando-se sempre pelo estilo simples e direto, contra o abuso das figuras de retórica dos gongóricos. Foi uma das figuras marcantes nos movimentos de renovação e de agitação intelectual realizados em Fortaleza a partir de 1872, conhecidos por Academia Francesa e Padaria Espiritual, dos quais tomaram parte alguns jovens que viriam a celebrizar-se nas letras nacionais, bastando destacar, no mundo da ficção: Adolfo Caminha, Rodolfo Teófilo, Antônio Sales, Domingos Olímpio, etc. A característica comum era o espírito regionalista e nativista, admitindo Araripe como nota diferenciadora da nossa literatura os seus elementos naturais: os índios e o ambiente tropical. Mais próximo do pensamento de Tobias e de Sílvio andam: Tito Lívio de Castro (1864-1890), monista haeckeliano evolucionista, falecido ainda muito jovem, logo depois de se formar em medicina; Artur Orlando da Silva (1858-1916), adepto também do evolucionismo spenceriano e admirador ardente de Tobias Barreto; Fausto Cardoso (1864-1906) que, segundo Sílvio, foi um crítico da filosofia com autonomia de pensamento. Embora não apresente ideias originais, é um espírito forte, com intuições interessantes, seguindo um haeckelianismo sociológico, à maneira de Lillienfeld, Novicow, com fortes influências também de Buckle, Lange e Hartmann. Nesta mesma linha, em obra mais original, cabe ser aqui lembrada a figura de José Estelita Monteiro Tapajós, autor de *Ensaios de filosofia e ciência* (1898). Não viria fora de propósito incluir aqui também, embora pouco valor tenha como filósofo e representem suas ideias uma reação antipositivista, o nome de Pedro Américo (1843-1905). O título de seu trabalho, tese de doutoramento em ciências físicas e naturais da Universidade Livre de Bruxelas, é *La science et les systemes* (1869). Qual a filosofia do nosso autor? Responde Sílvio Romero: "Ele pertence à parte do ecletismo francês, é espiritualista, sectário da razão inerrável, um pouco refratário a teologia. Suas vistas históricas são tiradas de Michelet e Quinet, estes dois fundadores da escola histórica francesa da simetria e da declaração." Não escapa, contudo, Pedro Américo ao renanismo de sua época, escrevendo, com ênfase: "A religião aspira a preparar os homens para a vida futura, a ciência os prepara para a vida presente." Nenhuma influência teve o livro de Pedro Américo de Figueiredo e Melo, totalmente desconhecido entre nós, embora refletisse o seu entusiasmo, como pintor, pela natureza e pelas artes em geral. Merecem registros também os nomes de Luís Pereira Barreto (1840-1923), Miguel Lemos (1854-1917) e Raimundo Teixeira Mendes (1855-1927), positivistas os três, sendo que o primeiro dissidente, litreísta. Não tiveram, propriamente, influência direta sobre a literatura brasileira, do ponto de vista estético, mas são nomes que não podem ser esquecidos — principalmente os dois últimos —, pelo que representaram de agitação apostolar, de movimento de ideias e, sobretudo, de orientação política na vida nacional. O primeiro, médico, menos ortodoxo, deixou obras com maior cunho filosófico, como *As três filosofias* (v. I, 1874; v. II, 1876) e *O século XX sob o ponto de vista brasileiro* (1901). Embora não possua originalidade de pensamento, revela grande espírito crítico, objetivo, isento de preconceitos, no exame das questões do seu tempo. No terreno estritamente literário, sem que o seu autor pretendesse o cognome de filósofo, não deve ser ignorada a ação disciplinadora exercida pela crítica de Machado de Assis (1839-1908), liberto, em parte, da atmosfera saturada do cientificismo do seu tempo, devido à sua concepção da vida e às suas preocupações estéticas. Vindo do Romantismo, não se entregou aos exageros do Naturalismo, permanecendo num terreno somente realista, mas pregando uma teoria formal ou clássica na literatura. Ao seu lado, é digna de nota a seriedade crítica de José Veríssimo (1857-1916), também de caráter disciplinador, lido em todas as correntes de seu tempo, mas sem a ortodoxia desta ou daquela opinião. Referindo-se às fórmulas críticas rígidas, escreveu na 2ª série dos *Estudos brasileiros*: "Eu por mim cada vez acredito menos nelas."

XII. Capistrano de Abreu — Grande espírito, principalmente pelo que representou na historiografia brasileira, merece João Capistrano de Abreu (1853-1927) uma referência especial. Do mesmo círculo de ideias de Tobias, Sílvio e Araripe, tomou parte ativa e saliente na Academia Francesa no Ceará, de 1872-1875, da qual ele próprio dera extensa notícia. Grande conhecedor dos fatos da história brasileira, pesquisador incansável, teve a vantagem de trazer para o trato desses assuntos uma sólida base teórica, bem informada, que lhe dava um seguro critério crítico. Não foi um aturdido, mero pesquisador de fatos, distinguia bem o fato, que oferecia significação para o encadeamento da síntese histórica, daquele sem significação, simples acontecimento isolado, sem consequências. Mais preocupado com as correntes filosóficas e literárias no começo de sua vida intelectual, deu mostras de grande talento crítico. As suas primeiras impressões, as mais fortes, as que deveriam marcá-lo para o resto da vida, foram hauridas nas obras de Comte, Taine, Buckle, Spencer, Glennie, segundo ele próprio confessa. Dando o seu credo literário, escrevia num ensaio de 1875:

> Essas poucas palavras — *expressão da sociedade* — dizem muito quando aplicadas à literatura. Com efeito, não significam somente que a literatura é um fato social, que há estreita relação entre o elemento social e o elemento literário; que a evolução,

ou dissolução deste traduzem a evolução, ou dissolução daquele. Têm significação mais profunda e elevada: implicam a regularidade dos fenômenos sociológicos, a possibilidade de estudo científico. [E depois:] A crença no determinismo sociológico; a convicção de que a sociedade brasileira é regida por leis fatais; a esperança de descobrir estas leis — eis o que me anima e guia.

Mais tarde, com novas leituras, já agora de autores e historiadores alemães (Ranke, Bucher, Meyer, Sombart, Wundt, etc.), iriam abrandar-se esses arroubos de mocidade. mas sem que o abandonassem totalmente as primeiras e mais fortes diretivas na formação do seu espírito. Também, já agora, devotava-se mais Capistrano ao problema da pesquisa e da crítica histórica do que propriamente à crítica literária ou filosófica. Preocupava-o mais o problema da busca do documento, como ponto central da metodologia histórica, isto é, o problema das fontes. Por vocação e por doutrina, apontou Capistrano nos caminhos para o interior o verdadeiro método para o estudo da história brasileira. Foi o nosso mais alto representante do indianismo cultural, preocupado com o sertão, como tema central dos seus estudos. Era esta, de resto, a direção que tomavam os espíritos representativos da sua geração, e que irá culminar com Euclides da Cunha, cuja obra principal, *Os sertões*, foi publicada em 1902. Euclides da Cunha talvez tenha sido o escritor brasileiro mais representativo desse nacionalismo literário, com um arraigado sentido da terra e de sua gente. Engenheiro, de formação matemática, não deixou de sofrer forte influência positivista, através de Benjamin Constant. Mais tarde, pouco antes de falecer, viu-se na contingência de fazer um concurso para professor de lógica no Colégio Pedro II, tendo, assim, de voltar às pressas ao trato dos livros especializados de filosofia. Em carta a Oliveira Lima não escondeu, no entanto, a ojeriza que tais esforços lhe causavam, não sendo de sua índole, objetiva e prática no trato das ciências, os sistemas metafísicos do século passado:

Andei perdido dentro da caverna de Platão... Conhece com certeza a alegoria daquele máximo sonhador — de sorte que bem pode avaliar os riscos que passei. Volto à claridade, embora ainda sinta a repercussão formidável das rixas intermináveis dos filósofos e os últimos ecos irritantes da algazarra das teorias [...] Kant, sobretudo, assombra-me, não já pela incoerência (porque é o exemplo mais escandaloso de um filósofo a destruir o seu próprio sistema), senão pelos exageros aprioristicos que o reduzem. A minha opinião de bugre é esta: o famoso solitário de Koenigsberg, diante do qual, ainda hoje, se ajoelha a metade da Europa pensante, é apenas um Aristóteles estragado [...] E quanto a Spinoza, surpreende-me que durante tanto tempo a humanidade tomasse a sério um sujeito que arranjou artes de ser doido com regra e método, pondo a alucinação em silogismo.

Estes poucos exemplos bem demonstram a nenhuma vocação de Euclides para os estudos abstratos e desinteressados da filosofia, o que não importa em dizer que lhe sejam estranhas as preocupações doutrinárias, que essas ele as demonstrou através de farta citação de livros de geografia, de ciências sociais, de história, terminando com a sua conhecida e clara exposição do socialismo marxista. Sua influência nas letras nacionais foi enorme, contra a alienação da cultura brasileira, e se fará sentir mais tarde nos próprios modernistas de 1922.

XIII. Na história do pensamento brasileiro, destaca-se Rui Barbosa (1849-1923), não como filósofo puro, por assim dizer, demorando-se em meditações abstratas e sistemáticas de filosofia. Não que lhe faltasse vocação para esses estudos, mas é que, sempre voltado para os problemas concretos do seu tempo, dos quais nunca deixou de participar, manifestava sua índole de homem prático, pragmático, realista, para o qual o melhor do problema era encontrar-lhe uma solução eficaz, e não ficar perdido num mundo longínquo de nebulosas metafísicas. Em toda a sua obra, talvez sem exceção de nenhuma, manifesta-se em Rui um forte sentido de religiosidade, de misticismo, que o vincula diretamente ao pensamento de Santo Agostinho. Entre os modernos, não há exagero em aproximá-lo de Kierkegaard, Dostoievski e Unamuno, como o demonstramos em ensaio. A totalidade dos seus escritos como que representa uma perfeita teodiceia, a busca constante de Deus, fonte e explicação de todo o universo. Em sua época, negava-lhe Capistrano de Abreu, com evidente má vontade, qualquer cultura filosófica, reduzindo-lhe a filosofia simplesmente à lógica e à dialética. Como vernaculista, estilista e orientador da nossa atividade política e jurídica, foi marcante a sua presença na vida cultural brasileira pela preocupação no apuro da linguagem, como representante dessa "literatura de permanência", voltada para os clássicos e fazendo do purismo motivo mesmo da nacionalidade. Contudo, frise-se mais uma vez, Rui não foi um especulativo, inclinando-se antes para a ação imediata e direta. Não fosse ele um homem da lei... Convém seja lembrado, todavia, que é de sua autoria, em 1882, a criação de uma cadeira de sociologia na escola secundária.

"Em suas lutas democráticas, no plano nacional e no internacional" — escreveu Fernando de Azevedo — e para a compreensão, cada vez mais lúcida e mais ampla de todos os problemas humanos e sociais, desde o da emancipação dos escravos até o das reivindicações operárias, Rui não foi senão, antes de tudo e acima de tudo, um humanista."

Também humanista, "antes de tudo e acima de tudo", foi João Ribeiro (1860-1934), homem curioso de todas as coisas, sempre lendo, sempre ocupado, sabedor emérito de todos os conhecimentos, mas sempre modesto, boêmio do espírito, irônico e desencantado. Trabalhou muito, incansavelmente, tendo participado, com sua opinião autorizada, em quase todas as dúvidas e polêmicas históricas ou literárias do Brasil. Se Rui representava aquela "literatura de permanência", autossuficiente, satisfeita de si mesma, João Ribeiro, pelo contrário, podendo ser quinhentista pelo saber direto que tinha das fontes, preferiu a linguagem simples e desafetada. Vindo das mesmas origens filosóficas de Tobias e Sílvio, saudado por este como um antirromântico confesso e como linguista de orientação científica, não se prende João Ribeiro a nenhum sistema, tendo, inclusive, ironizado o movimento da escola de Recife. Embora com uma cultura de formação europeia, com amplo domínio do latim e do alemão, não se pode dizer que João Ribeiro não se tenha voltado para os problemas e assuntos nacionais. Não foi menos nacionalista do que os seus ilustres contemporâneos, gramático, historiador e ensaísta de temas brasileiros. Num pequeno ensaio aparecido há quarenta anos, escrevia João Ribeiro, desencantado: "Não está no temperamento nem nas virtudes da nossa raça o culto da filosofia. Entre nós, um filósofo seria coisa anômala, sem antecedências normais, a classificar entre os produtos teratológicos da espécie." E não seria ele um desses "espíritos filosofantes" ou mero "pensador", produto nacional, sucedâneo do verdadeiro filósofo. Cético, sempre jovem de espírito, não estranhou nem deixou de compreender e aceitar o Modernismo, quando chegou a este "vastíssimo arquipélago de ilhas humanas", que é o Brasil.

XIV. Farias Brito — "Filosofante ilustre", na curiosa denominação de João Ribeiro, foi Farias Brito (1864-1917), a quem é dedicada a sua resenha crítica acima referida. Também de gosto germanizante, à maneira de Tobias, cuja influência sofreu profundamente, aceitou o finalismo deste. Distanciava-se das ideias dominantes do seu tempo entre nós, criticando acerbamente os sistemas positivistas, evolucionistas e todos os que com eles se aparentassem dentro da mesma linha de determinismo mecanicista. Mas, do primeiro ao último livro publicado, não seguiu Farias Brito uma linha ascensional de pensamento; muitas são as suas contradições, hesitações, embora se sinta subjacente a tudo a sua orientação para a fé, para o espiritualismo. Mais do que científica, de duas ordens foram as suas preocupações permanentes: estética e moral, esta mais do que aquela. Em mais de uma oportunidade, referiu-se a esta última, inequivocamente: "Daí a ideia que defendo: a moral é o fim da filosofia." E em outro local: "A função da filosofia é dupla: teoricamente, criar a ciência; praticamente, criar a moral." Nisto, não andava muito afastado de Comte, que, na segunda fase da sua vida, incluiu a moral como a sétima e a mais importante fase das ciências. Farias Brito colocava Deus no centro mesmo da moral, pois que "negar a Deus, dizia, é negar a ordem moral". E sendo espiritualista, finalista, deísta, a sua filosofia não chegava a ser propriamente católica. Tomás de Aquino foi objeto de suas leituras, mas não o mais importante ou o principal. Os filósofos gregos não lhe pareciam familiares, conhecendo-os através de exposições modernas e contemporâneas. Era muito forte a influência que sofrera de Spinoza, panteísta, para poder libertar-se dela sem esforço. Este caminho vai ser percorrido e facilitado pelo conhecimento que irá fazer da obra de Bergson, responsável pela conversão ao catolicismo de mais de um pensador. E aí reside uma das dificuldades do sistema de Farias Brito: procurar conciliar a sua primitiva orientação determinista, quase fatalista à maneira de Spinoza, com o intuicionismo criador e vitalista do filósofo francês. Confuso, hermético, permaneceu isolado e solitário no seu esforço de compor uma filosofia própria, no que não obteve êxito. Limitou-se a refletir as correntes dominantes na Europa e nos Estados Unidos, com Bergson e W. James à frente. Destaca-se no ambiente brasileiro do começo do século como um representante da reação espiritualista contra os sistemas cientificistas dominantes. E permaneceria ignorado, se dele não se aproximassem alguns espíritos mais jovens e entusiastas, como Jackson de Figueiredo, enxergando na sua obra o caminho para a Igreja e o instrumento necessário para uma renovação espiritual no Brasil. E neste momento, como que despertando de um longo sono metafísico, animou-se o taciturno estudioso e chegou até a ver-se como chefe de escola, agitador de ideias, renovador do pensamento brasileiro. Dizia em carta a Jackson:

> Estou agora convencido: havemos de vencer. Um homem nada representaria e teria fatalmente de desaparecer. Mas desde que a um homem se liga outro homem pelo laço das mesmas ideias, logo se forma uma cadeia, um centro de atração irresistível. [E ainda com mais entusiasmo, confessadamente quixotesco:] Confiemos, portanto. É esta a verdade: venceremos. Nem há mais razões para vacilações. É o que se verá. E assim, que ninguém duvide. Quasímodo reage eficazmente contra o mal. D. Quixote vencerá com os que hão de fazer a renovação espiritual do mundo. E que a multidão estremeça: porque terá fatalmente de ser subjugada, orientada em suas representações obscuras e incertas, esclarecida em sua cegueira, vencida em seus instintos selvagens.

Nem parece mais o mesmo ledor de metafísicas e o expositor enfadonho de teorias alheias. Ali estava um ignorado homem de ação, um chefe de seita, mas este não era o verdadeiro destino de quem confessava em momentos de serenidade: "É por isto talvez que apenas proponho questões e nada resolvo, guiado unicamente pela luz sempre vacilante e incerta da razão." E assim permaneceu Farias Brito até o fim, hesitante, incerto, perdido no meio dos sistemas, mas sem querer perder a sua fé. Se não chegou a formar escola, não se pode negar a grande influência que veio a ter mais tarde em Jackson de Figueiredo, Nestor Vítor, Alceu Amoroso Lima, mais próximos da fé católica, pela crença e pela graça, ultrapassando-o no caminho que Farias tentou mas que não chegou a vencer inteiramente.

XV. Jackson de Figueiredo — A esses escritores, e principalmente a Jackson de Figueiredo (1891-1928) é que se irá dever o reexame da obra de Farias Brito, já agora à luz confessa da doutrina católica. Através dele é que

Jackson se converteu, sendo-lhe por isso sempre grato, procurando emprestar ao seu antigo admirado a mesma fé inequívoca de que se achava possuído. Não chega, contudo, a ser um discípulo seu, por vários motivos, inclusive pela absoluta diferença de temperamentos e pela impossibilidade de poder aderir a um sistema filosófico único. Passando rapidamente pelo espiritualismo, fixa-se então, não num sistema meramente metafísico, mas na própria fé, profunda, definitiva, como irá confessar-se em 1922: "um católico, na mais rigorosa significação do nobilíssimo termo, um homem que conscientemente abdicou do seu individualismo intelectual nas mãos amantíssimas da Igreja católica". Começa aí o apostolado católico, cabendo-lhe renovar entre nós o movimento católico, pelo seu entusiasmo, sua ação, sua luta, que se comunicavam a todos quantos dele se aproximavam. Ninguém mais do que ele sentia a fraqueza de um verdadeiro catolicismo, íntimo e profundo, na sociedade brasileira. Não basta a simples tradição católica, é preciso um pouco mais, como claramente reflete este trecho de um dos seus inéditos: "Por mais que nos queiramos iludir, o certo é que sentimos quanto é morna e inexpressiva a atmosfera moral do catolicismo no Brasil." Nacionalista a seu modo, antissocialista, tradicionalista, além de visceralmente católico, tais são em resumo as ideias dominantes em Jackson de Figueiredo. Enorme, imensa foi a sua influência sobre os escritores católicos e espiritualistas seus contemporâneos, que lhe dedicaram vários ensaios de compreensão sobre os diversos aspectos do seu pensamento e da sua catequese, tais como Jônatas Serrano, Alceu Amoroso Lima, Ronald de Carvalho, Perilo Gomes, Hamilton Nogueira, Sérgio Buarque de Holanda, Virgílio de Melo Franco, Nestor Vítor, Leonel Franca, Alexandre Correia, Augusto Frederico Schmidt, Contreiras Rodrigues, Olegário Silva, Agripino Grieco, e outros. Foi fundador, em 1921, do Centro Dom Vital, e de sua revista, *A Ordem*.

XVI. Poucos anos depois de Jackson, em 1931, morriam dois escritores nacionais que não pertenciam ao seu círculo de influência: Vicente Licínio Cardoso (1889-1931) e Graça Aranha (1868-1931). Ambos, apesar da nova orientação que mais tarde este último viria a imprimir ao seu pensamento, ainda são produtos do movimento filosófico desencadeado no sul pelos positivistas e no norte por Tobias Barreto. E se não bastasse o exame geral das suas obras, vem o fato expressamente confessado por ambos. Vicente Licínio Cardoso era filho de uma família positivista, embora seu pai não o fosse ortodoxo. Ele próprio, fortemente marcado pelas ideias de Augusto Comte, quanto à parte científica de sua obra e de filosofia da história, não deixou em mais de uma oportunidade de criticá-lo, procurando corrigi-lo em alguns pontos fundamentais. Mas era esta, sem dúvida, a dominante em seu pensamento filosófico. Dos nossos escritores, sofreu Vicente forte influência das ideias de Euclides e de Alberto Torres no sentido de volta à terra pátria, a um nacionalismo cultural. Ele próprio denominou o seu possível sistema de *humanismo brasileiro*, na busca de uma interpretação nacional do Brasil e não puramente regional, "como tem sido abusivamente empregado o maior adjetivo da nossa raça — *brasileiro*". Americanos e brasileiros, precisávamos abandonar "essa posição falsa, e perigosa de querermos continuar a ser *bastardos espirituais* dos povos europeus". Mas é numa obra anterior à fase do seu humanismo, *Filosofia da Arte*, que aparece melhor a sua capacidade de abstração filosófica, numa tentativa que até hoje permanece quase única entre nós, inclusive pela aplicação que faz à arquitetura, frequentemente abandonada, como arte menor. Eis em suas próprias palavras as três "noções capitais e fundamentais para o estabelecimento da Filosofia da arte: a arte como função do meio, a variação do grau de ideal em arte e a arte como expressão das civilizações". Esses três esquemas ele os desenvolveu exaustivamente, apesar de sentir-se Comte como o seu inspirador intelectual. Vicente viveu o mesmo movimento de ideias modernas — da volta ao sertão, de conhecimento da terra, de rompimento com a Europa, de nacionalismo literário — que iria constituir a própria razão de ser dos últimos anos de Graça Aranha. Admirador de Tobias Barreto, de quem foi aluno, não pôde Graça Aranha fugir à sua influência direta e absorvente. Através dele entrou em contato com as modernas correntes do pensamento europeu, abandonando as antigas ideias nas quais tinha sido educado. É que em ambos havia o mesmo temperamento, vibrátil, ardente, inquieto, que se manifestava numa personalidade com inequívocas qualidades de liderança. Em *O meu próprio romance* diz que Tobias constituiu para ele o milagre da libertação. E, antes, definindo-se bem: "Toda a vez que uma ideia me toma, ela se converte em sentimento absoluto, exclusivo, e me governa. Assim fui abolicionista, republicano, anarquista, aliado, modernista e revolucionário." Se associarmos a isso uma confissão sobre a sua infância, perdidas páginas atrás, teremos o Graça de corpo inteiro: "Eu era o chefe do grupo e sob a minha inspiração inventavam-se as brincadeiras." Nele, como em Capistrano, Euclides e Licínio, dominava um forte sentido da terra, um sentimento telúrico de brasilidade. Trazendo para o *Canaã* o problema da imigração no Espírito Santo, tratava Graça Aranha de um tema regional sem deixar nunca de ser universal, era a descrição do drama do homem branco nos trópicos, feito por alguém que se revelava senhor de invejável poder descritivo. De volta da Europa, em 1921, trazia Graça Aranha as últimas novidades literárias e estéticas, que procurou desde logo aplicar ao Brasil, também inquieto, em ebulição e também conhecedor do que se vinha fazendo em terras de além-mar. O mérito maior de Graça, no movimento modernista, foi o de servir de elo intermediário entre a velha e a nova geração, papel este desempenhado — em outro plano, é claro — também por João Ribeiro, aliás grande amigo do maranhense até sua morte. Os jovens modernistas (Mário de Andrade, Oswald de Andrade, Di Cavalcanti, Tristão de Athayde, Ronald de Carvalho, Alcântara Machado, etc.) recebiam a adesão e compreensão de alguém que já vinha de volta na vida. De um escritor consagrado, acadêmico, que não queria transformar-se em medalhão de maneira alguma. Em futuro depoimento, dirá Mário de Andrade:

"E eis que Graça Aranha, célebre, trazendo da Europa a sua *Estética da vida*, vai a São Paulo, e procura nos conhecer e agrupar em torno de sua filosofia. Nós nos ríamos um bocado da *Estética da vida* que ainda atacava certos modernos europeus da nossa admiração, mas aderimos francamente ao mestre." Embora muito discutível esta chefia do movimento modernista, de caráter libertário, anárquico, no qual "cada um, isoladamente, procurava manifestar como podia suas tendências" (Sérgio Buarque de Holanda), não se pode negar o papel catalisador da intervenção de Graça. Com ele, o movimento penetrava a própria Academia, ganhava maior amplitude, além de uma tentativa de sistematização de ideias. Seu livro *Estética da vida* havia sido publicado em 1920, e nele se sente a predominância do pensamento de Schopenhauer, Nietzsche e do monismo de Haeckel, além de um imanente panteísmo spinozista. Sua preocupação constante é o Universo, através de uma *visão espetacular do mundo*:

> Só resta desse Universo, no nosso espírito, uma pura idealidade, e o sentimento da sua unidade infinita se impõe à nossa consciência, como a nossa razão de ser. Ele nos liga a todos os fenômenos universais e explica a nossa existência como uma aparência fenomenal da substância. E o Universo se projeta no nosso espírito como uma imagem, um espetáculo. Assim, toda ideia que se tenha do Universo, seja científica, matemática ou biológica, seja idealista ou religiosa, é espetacular. Pode-se afirmar que a função essencial do espírito humano é a função estética, e que só esta explica o Universo a nós mesmos.

Lido hoje a distância, afastado do momento em que foi escrito e sem a presença do seu autor, sente-se um certo enfado pelas longas e palavrosas tiradas do autor do *Espírito moderno*. As suas contradições são muitas, o que não impede lúcidos momentos de penetrante intuição sobre a gente e a terra brasileiras, como acontece no capítulo "Metafísica brasileira", em que se antecipa ao tema das três raças tristes de Paulo Prado.

Coube a este paulista ilustre desenvolver no *Retrato do Brasil* estas ideias de Graça, que também já apareciam em Capistrano, ambos mestres de Paulo Prado (1869-1943). Numa tentativa de interpretação do Brasil — como tantas que já se fizeram e cada escritor brasileiro tenta fazê-lo —, fixa-se o autor na cobiça, na luxúria, na imaginação e no romantismo como os quatro fatores da nossa cultura. Sobre esses dois últimos:

> No Brasil, do desvario dos nossos poetas e da altiloquência dos oradores, restou-nos o desequilíbrio que separa o lirismo romântico da positividade da vida moderna e das forças vivas e inteligentes que constituem a realidade social. Hipertrofia da imaginação e da sensibilidade, e pela lei das reações em que todo excesso se paga, misantropia e pessimismo.

Não fugiu Paulo Prado à determinante da sua geração, modernista e nacionalista. E foi através dessas características que se projetou o nome de Mário de Andrade (1893-1945), trazendo para o centro de sua obra as manifestações folclóricas da gente brasileira, a sua linguagem viva e regional. Essa preocupação linguística, juntamente com a musical, foi a dominante da sua concepção estética. E é curioso como o Modernismo vai representar, de certo modo, a continuação do que tivemos de mais autenticamente brasileiro no século passado — o indianismo. Não tentou Mário de Andrade fazer um retrato do Brasil, uma interpretação generalizadora do nosso caráter nacional. Achava ele que ainda era prematuro este ensaio, notadamente em matéria de literatura, sendo prematura qualquer tentativa de crítica sintética dos fenômenos culturais brasileiros, "porque, como sucede com todos os outros povos americanos, a nossa formação nacional não é natural, não é espontânea, não é, por assim dizer, lógica. Daí a imundice de contrastes que somos. Não é tempo ainda de compreender a alma-brasil por síntese" (*Aspectos da literatura brasileira*, 1943, p. 16-17). Sempre inquieto, não se contentando com a simples literatice — que ele tanto criticava nos nossos literatos... — realizava-se Mário de Andrade conscientemente, como quem se coloca uma prévia tábua de valores. Mas nunca pretendeu ser pensador ou filósofo, desgarrado de outros problemas mais concretos e imediatos. A respeito da nossa incapacidade para a filosofia, levantou estas indagações bem dentro das suas preocupações linguísticas:

> Reconhecem os portugueses não serem eles propensos à filosofia, e temos que reconhecer o mesmo do Brasil. Mas a dúvida me atormenta... A língua nossa é que ainda não me parece suficientemente cultivada para servir de expressão às ideias abstratas. Toda a nossa história prova exuberantemente que não há país no mundo mais cheio de homens abstratos que esta grande pátria brasileira. E a dúvida me atormenta. Será realmente por culpa da raça que nos faltam filósofos... Não será por culpa de língua?... Mas será por culpa da língua que nos faltam filósofos, ou por culpa dos filósofos que nos falta língua?... (*O empalhador de passarinho*, 1955, p. 177)

XVIII. Tristão de Athayde — Aí fica a indagação. E a ela tem procurado responder o representante da crítica espiritualista entre nós, Alceu Amoroso Lima (Tristão de Athayde, 1893-1983). Já muito antes que Mário formulasse a sua dúvida (1939), enveredou Alceu pelo caminho das ideias gerais, penetrando em todos os sistemas de filosofia, compreendendo-lhes a mensagem e o sentido, e talvez optando pela última das perguntas — é por falta de filósofos que nos falta língua. Haja pensadores autênticos, e o instrumento de comunicação das suas ideias abstratas será forjado por eles. Tristão de Athayde desempenhou, entre nós, o papel de crítico literário da ascensão e do triunfo do movimento modernista. Já em 1916 encontram-se artigos seus na *Revista do Brasil* denunciando em germe as ideias que iria sustentar poucos anos depois, artigos esses ainda sob a assinatura de Alceu, vindo a adotar o pseudônimo que o tomou célebre em 1919 ao assumir a seção semanal de "Bibliografia" de *O Jornal*. Com mais de uma viagem à Europa, com pleno domínio das suas correntes de pensamento, tendo mesmo assistido a cursos de Bergson em 1913, percebeu desde logo que o mundo era outro — insatisfeito, inquieto, na busca de novas orientações filosóficas, estéticas e literárias — ao findar o conflito (1918) deflagrado em 1914. Só nesses anos encerrava-se realmente o século XIX, como numerosas vezes escreve Alceu, pela guerra e pela revolução. Fechava-se o ciclo de uma literatura cética e desintegrada, gratuita, diríamos. Desde os seus primeiros escritos voltava-se Tristão para os temas nacionais, para a formação do Brasil nas suas diversas contribuições regionais, mas sem nunca desprezar os valores gerais da nacionalidade nem os universais das correntes vindas da Europa. Nunca admitiu uma oposição radical, reducionista, entre o clássico e o moderno, colocando-se a favor da renovação das letras brasileiras, mas sem os arroubos primitivistas e irracionalistas, falsamente representativos das raízes nacionais. Forrado de grande cultura e de critério seguro, não lhe foi difícil tornar-se o maior crítico literário das décadas de 20 e de 30, aceitando e elogiando o que via de bom no Modernismo, mas sem desprezar o que permanecia de válido nos clássicos de todos os tempos. Por isso mesmo, por essa atitude de equilíbrio, não deixou de manter polêmica com alguns modernistas mais extremados à época, como Oswald de Andrade, Mário de Andrade, Sérgio Buarque de Holanda, entre outros. Ainda no ano de 1924, pouco antes de carregar Graça Aranha nos ombros depois da conferência deste, na Academia, sobre o espírito moderno, Alceu e Jackson de Figueiredo, com o qual já mantinha correspondência (Jackson o chama de "queridíssimo amigo"), polemizaram também. O criador do Centro Dom Vital, chamando sua própria literatura de "reacionária", não aceitava qualquer manifestação do que chamava de "futurismo" e lamentava que a "inteligência de Tristão de Athayde, brilhantíssima aliás, se tenha deixado dominar pela moderna nevrose da novidade" (*Literatura reacionária*, 1924, p. 87). Nesta primeira fase, deveu a Benedetto Croce a direção maior da sua formação estética. Prega e pratica o que chamou de "expressionismo crítico", com superação do mero impressionismo. Adotando esse expressionismo, também por ele denominado de humanismo crítico, procura estudar a obra e o homem como um todo no seu valor literário e humano. Já muitas dessas ideias vinham expostas, sob o título de *A crítica de hoje*, do seu livro de estreia, *Afonso Arinos*, na qual admite: "A crítica é atividade intelectual e não afetiva, filosófica e não apenas psicológica, objetiva em seus fins e não puramente subjetiva." Mais tarde, virá a conceituar a crítica, dentro de uma linha de equivalência intrínseca entre os gêneros, como "a apreciação criadora da expressão verbal". Nesta definição estão contidos não só o autor e sua obra, principalmente esta, mas também a presença e a personalidade do crítico, daí a frase de Croce que admitiu como epígrafe desde o seu primeiro livro de 1922: "*Genio e gusto sono sostanzialmente identici.*" Alceu mais tarde substituiu *substancialmente* por *analogicamente*. (Assim, no prefácio ao *Afonso Arinos* (1922) e no artigo "Definição de crítica", artigo de 19 de março de 1961. Depois: "Crítica é apreciação, isto é, julgamento. Supõe, portanto, uma dualidade essencial: um objeto, a obra a julgar; e um juízo de valor que parte do sujeito do julgamento.") Do ponto de vista estritamente filosófico, havia Alceu sofrido inicialmente a influência do evolucionismo spenceriano, através do seu antigo professor de Filosofia do Direito, Sílvio Romero, paraninfo na formatura de sua turma em dezembro de 1913. Evolucionismo esse que se espiritualizou sob a influência de Bergson e do vitalismo de Ortega y Gasset. Do ponto de vista literário, como ele próprio o declarou várias vezes, incluía-se entre os mais ardentes admiradores e seguidores do ceticismo de Eça de Queirós, de Machado de Assis e de Anatole France. Com a leitura, porém, de Chesterton e principalmente de Maritain, já agora no plano filosófico e religioso, caminha para o neotomismo, aproximando-se da volta — por ele chamada de conversão — ao catolicismo, ao seio da Igreja. Depois de longa correspondência com Jackson de Figueiredo, que se iniciara em fins de 1919, também convertido recente, acaba por confessar-se e comungar com o padre Leonel Franca a 15 de agosto de 1928. Com a morte de Jackson a 4 de novembro do mesmo ano, assume a direção do Centro D. Vital e da sua revista, declarando, modestamente, que somente lhe iria suceder, nunca substituí-lo. Modifica-se a sua vida, com abandono do que ele próprio chamava de esteticismo e de sibaritismo literário, cessando a disponibilidade do seu espírito. Entrega-se à ação, à pregação católica, transformando-se no maior chefe espiritual leigo do catolicismo no Brasil. Sobre isso escrevia Alceu em 1936, dando o verdadeiro significado da sua conversão: "De que vale pôr um pouco de ordem no espírito; de que vale sofrer a influência do ambiente que muda — se não fazemos repercutir fora de nós, no terreno da ação aquilo que fomos preparar no fundo de nós mesmos e que respiramos no ar que nos cerca?" Coloca-se à frente da Ação Católica, organiza-a, lança-se todo à catequese e à doutrinação num ímpeto de recuperar o tempo perdido e de catolicizar a sociedade brasileira. Segundo suas próprias palavras, aqui resumidas: com a conversão, dava-se a *volta à razão*, apoiada e libertada pela fé; *a volta ao universal*, pelo catolicismo, que supera as nações, os continentes e os tempos; *a volta à revolução* espiritualizadora, pela caridade e pelo amor; *a volta à literatura*, humanizada, corroborada e iluminada pelo sentido da vida, que é trabalho, criação e sofrimento. Em 1931, na 4ª série de seus *Estudos* (p. 83), confessava, de passagem, que, na linha dos grandes pensadores da nossa história, estava empenhado na obra de renovação religiosa e de renovamento pela religião. A isso, à mesma época, retrucaria Mário de Andrade, lamentando que se haja perdido um crítico (*Aspectos da literatura brasileira*, 5. ed., 1975, p. 7). Desde então, esse espírito múltiplo, incansável e curioso de todas as coisas reforça o seu critério de julgamento estético, não mais baseado numa suposta e difusa metafísica implícita, e sim numa filosofia católica, espiritualista, baseada na fé. Não o abandonam as primitivas qualidades de crítico e pensador. Ainda em 1945, declarava, convicto: "Sustento e tenho tentado provar no exercício de uma longa atividade crítica, que uma fé viva e particularmente a Fé Católica, longe de ser um prejuízo para o exercício da liberdade crítica, é uma garantia para a sua autenticidade. A Fé não dá inteligência, mas tem de dar honestidade. Se não der é que se deixou vencer pelo que deve ser a sua contradição — o Fanatismo (*O crítico literário*, 1948, p. 252). Entre os escritos filosóficos de Alceu, destacam-se *Idade, sexo e tempo* (1938), *Mitos do nosso tempo* (1943) e *O existencialismo* (1951), reunidos estes dois últimos mais tarde numa só publicação, *O existencialismo e outros mitos do nosso tempo* (1956). Quando do centenário de Bergson, dedicou-lhe uma conferência em 1959, na Academia. Lá proferiria outra, igualmente substanciosa, em 1962, sobre Sócrates e Aristóteles. Em 1946, quando do terceiro centenário de Leibniz, publicou um extenso ensaio sobre a efeméride na revista *Verbum*. E, quando do quadragésimo aniversário da conversão de Maritain, não deixou de colaborar no livro que aqui se publicou em sua homenagem, sob o título de *A filosofia sintética de Maritain*. Em conclusão, podemos dizer que, depois da sua conversão de 1928, nunca se fechou Alceu às correntes renovadoras do pensamento católico. Pelo contrário, caminhou da filosofia aristotélica de Joseph Greedt, deixando-se influenciar por Sertillanges, Mounier, Teilhard de Chardin, Lebret e Gabriel Marcel, sempre numa postura aberta de amor e de esperança.

XIX. Uma das características do movimento modernista foi a imensa profusão de manifestos e de programas filosóficos, literários e estéticos. Para cada facção do movimento editava-se uma revista, na qual vinham expostos os fundamentos estéticos do grupo; quando não vinham expostos nas introduções das próprias obras. Nisto o movimento se assemelhava ao que se dera entre nós com o Romantismo. Apesar de se dizer poesia de exportação, como queria Oswald de Andrade (1890-1954) no *Manifesto do Pau-Brasil*, de 1924, inspirava-se ele quanto à forma e às ideias nos manifestos europeus da primeira e da segunda décadas do século. Sem nenhuma conotação política, como que tinha em vista assustar o burguês com o seu primitivismo e a sua antropofagia. Mais tarde isso será dito e confessado pelo próprio Oswald. Depois de 1930, como se vê de suas palavras de 1933, adere ele ao comunismo e à pregação marxista, filiando-se ao esquerdismo político, como já o havia feito ao que chamavam de esquerdismo literário. Com o fim da guerra, em 1945, coincidentemente na data em que se considera como esgotado o Modernismo, volta-se Oswald para o estudo mais aprofundado da literatura e da filosofia. Obtém, por concurso, a livre-docência de Literatura da Universidade de São Paulo, naquele mesmo ano. E em 1950 inscreve-se ao concurso para catedrático de Filosofia na mesma universidade, concorrendo com cinco outros inscritos. Acabou a escola por lhe negar inscrição e a quatro outros candidatos, por lhes faltar diploma de nível superior da disciplina. João Cruz Costa, que já vinha lecionando a disciplina, permaneceu como candidato único, com a tese intitulada *O desenvolvimento da Filosofia no Brasil no século XIX e a evolução histórica nacional*. A dissertação de Oswald teve por título *A crise da filosofia messiânica* (1950), dando mostras do muito que havia lido, da sua erudição filosófica, com completo domínio das mais recentes publicações especializadas. Sartre já aparece citado, diretamente, já se nota muito de existencialismo na sua exposição, numa fusão com as suas antigas pregações antropofágicas e as suas mais próximas doutrinações marxistas. É este, juntamente com o livro póstumo *A marcha das utopias*, o último estágio do seu pensamento. Dialeticamente constrói ele "a seguinte formulação essencial do homem como problema e como realidade: 1º termo: tese — o homem natural; 2º termo: antítese — o homem civilizado; 3º termo: síntese — o homem natural tecnizado". A civilização contemporânea encontra-se ainda no segundo termo, isto é, em estado de negatividade, porque, para superar o primeiro termo, tem de negá-lo pela cultura, pelo trabalho, pela liberdade. No primeiro termo dominava o matriarcado: o filho de direito materno, a propriedade comum do solo, o Estado sem classes, ou seja, a ausência de Estado. No patriarcado: o filho de direito paterno, na sua experiência russa, inclui-se entre as manifestações históricas de messianismo. A perspectiva utópica procura realizar sua dimensão revolucionária mediante a tecnologia concreta, alcançando assim as transformações sociais ao longo da história. Sonha Oswald com uma nova Idade de Ouro, com a volta ao matriarcado, numa sociedade sem classes e sem Estado, com a propriedade comum: "Só a restauração tecnizada duma cultura antropofágica resolveria os problemas atuais do homem e da filosofia." As ideias de Oswald mantêm estreito parentesco com as de Ernest Bloch sobre a Utopia, num caso exemplar de paralelismo cultural, pois o autor paulista nunca chegou a ler o pensador alemão.

XX. Embora o objetivo aqui seja a exposição da filosofia brasileira, mas só em suas relações com a literatura, não é possível deixar de incluir a figura do Padre Maurílio Teixeira Leite Penido (1895-1970). Nascido em Petrópolis, onde se acha sepultado, Penido foi muito cedo para a Europa, estudando em Paris e na Suíça (Friburgo), em cuja universidade se doutorou em Filosofia e Teologia. Frequentou cursos de Bergson, foi amigo de Maritain e dos maiores tomistas franceses e suíços, que lhe moldaram o espírito. Já em 1918, aparecia em Paris a sua tese sobre a teoria do conhecimento bergsoniano, numa exaustiva análise crítica. Somente em 1931 volta às livrarias com a sua tese de doutoramento em Teologia, que lhe valeu renome universal entre os maiores sabedores da doutrina católica. Em 1934, aparecem mais dois livros seus, sobre a consciência religiosa, na qual debate com muita erudição o problema da mística, versando o segundo a concepção bergsoniana de Deus, também numa análise crítica, embora de muito respeito diante da figura de Bergson e do que ele representa na filosofia contemporânea. Em fins de 1933 aparece a sua primeira colaboração em português na revista *A Ordem*, encimada por uma pequena explicação de Alceu Amoroso Lima, que começa assim: "*A Ordem* se honra, hoje, em publicar pela primeira vez uma página do nosso patrício, o jovem Abbé Penido, professor da Universidade de Fribourg, e cujo nome figura já entre autoridades da moderna filosofia escolástica." Chegado ao Brasil em 1938, a chamado do próprio Alceu, ensina no último ano de existência da antiga Universidade do Distrito Federal, passando, com a sua fundação, para a Faculdade Nacional de Filosofia em 1939, na qual ocupa a cátedra de Filosofia até sua aposentadoria por motivo de enfermidade. Os seus últimos livros foram todos sobre temas teológicos e religiosos, de catequese e de doutrinação. Padre Penido marcou os alunos que lhe ouviram as aulas, pela profundeza de seus conhecimentos e de sua firmeza de opiniões. Já de volta na vida, era um tomista puro mas aberto. Foi sem dúvida um grande filósofo e um grande professor, rigorosamente tomista, mas sem perder o sentido do moderno, voltado para a erudição e para o tradicional, mas atento aos problemas humanos, sociais e, sobretudo, religiosos do seu tempo. Tudo que fez e deixou foi bem feito, bem estudado, bem meditado, sem pressa nem afetação, mas voltado para Deus e para os homens, preocupado com a salvação do mundo moderno, e só no amor via a salvação à maneira de São João da Cruz.

XXI. Euríalo Canabrava — Embora com doutrinas diversas, até mesmo antitéticas, pode-se afirmar que Euríalo Canabrava (1904-1971) representou o mesmo papel no movimento filosófico e estético brasileiro da atualidade. Trata-se de um autêntico profissional da filosofia, que dela fez a matéria de seus estudos, não almejando nada mais em sua vida do que construir um sistema de ideias coerente e rigoroso. Desde cedo ainda na província mineira e dela mal chegado, sempre se dedicou Canabrava a esta ordem de trabalhos. A princípio, sofrendo forte influência do espiritualismo católico, chegou a colaborar em *A Ordem*, já sob a direção de Alceu. Antigo diretor do Instituto de Psicologia, da Universidade do Brasil, conferencista no estrangeiro, catedrático do Colégio Pedro II a partir de 1950, nunca se dispersou em atividades estranhas ao interesse maior da sua formação filosófica. Espiritualista a princípio, como foi dito, passou a defender mais tarde um objetivismo crítico, no qual se admite a filosofia como ciência rigorosa reduzida ao método, procurando indicar as raízes linguísticas desse método. Segundo o próprio Canabrava (em *Ensaios filosóficos*, 1957, p. 22-23), a sua primeira fase foi *dogmática*, rígida e intolerante para com as demais formas de atividade especulativa. Intentava formular uma "teoria filosófica baseada no contato direto e imediato como problemas da existência". Essa *filosofia concreta* colocava-se entre a fenomenologia husserliana e o existencialismo alemão, ainda que independente de ambos. Após uma fase de transição, alcança com *Elementos de metodologia filosófica* (1956) o período crítico e sistemático. Aqui então, numa atitude antidogmática, procura reduzir a atividade especulativa ao método e do método à linguagem. Ao identificar especulação e método, reconhecem-se as afinidades profundas entre a filosofia e a ciência. Abandona Canabrava a distinção kantiana entre juízos analíticos e juízos sintéticos, baseada na lógica clássica aristotélica; aceita igualmente como superada a posição neopositivista, que admite a identificação entre os juízos analíticos e as proposições das ciências dedutivas. Partindo da distinção proposta por Dewey entre método matemático-formal e método genético-funcional, dele discorda igualmente ao demonstrar que o primeiro pode também ser aplicado aos conteúdos empíricos, e o segundo pode ser empregado nas disciplinas dedutivas, no que diz respeito, pelo menos, à formação dos conceitos analíticos. Os dois métodos não são, assim, totalmente antitéticos entre si. Daí a base sistemática do seu objetivismo crítico, como síntese reflexiva, unificando os conceitos de verdade formal e verdade empírica, sem necessidade de uma atitude metafísica de qualquer espécie, quer de essências materiais, quer de natureza transcendental. Conclui Canabrava: "Admitindo-se, como hipótese de trabalho, a possibilidade de reduzir a filosofia ao método matemático-formal e ao método genético-funcional, será fácil concluir que todas as tentativas de contrapor o conhecimento especulativo ao conhecimento científico se considerariam irremediavelmente frustradas." E depois: "A análise crítica da linguagem é uma espécie de iniciação ao rigor e à precisão dos conceitos. sem concordar com a incontinência linguística ou semântica do neopositivismo, não parece elementar que o filósofo deve conhecer muito bem, anatômica e fisiologicamente, a natureza do instrumento que ele maneja?" Segundo Canabrava esse objetivismo crítico pode, como filosofia científica, ser aplicado a todos os campos da atividade especulativa humana, desde a física à teoria política, englobando unitariamente as ciências naturais e as chamadas ciências culturais. Bastam aquelas suas premissas para que se revelem as relações profundas e inextricáveis da filosofia com os problemas da arte e da crítica, com os problemas estéticos em suma, através da linguagem. A crítica literária é aí encarada como modalidade de julgamento estético, e, como todo juízo, "para tornar-se válida, deve satisfazer certos requisitos lógico-formais: objetividade, precisão e consistência". Identificando o método com a linguagem, e já que linguagem é um conjunto de normas sintéticas e semânticas que servem a objetivos de intercomunicação dos sentimentos e das ideias, "o filósofo recorre à análise das estruturas linguísticas a fim de lançar os alicerces das construções lógicas que, por sua vez, serviram de apoio à superestrutura das ciências matemáticas e naturais". A filosofia, como um jogo de regras, é um método para a construção das estruturas. Estendendo essa concepção da filosofia aos problemas estéticos, procede-se à análise estrutural da obra de arte, já que o "objeto estético apresenta uma estrutura (lírica, melódica ou pictórica) em que as partes se relacionam entre si, de acordo com certas normas de expressividade e rigor construtivo". O crítico, segundo essa concepção, põe a descoberto na tessitura do argumento as propriedades estruturais do objeto estético. Páginas adiante acrescenta Canabrava que a crítica literária ou artística "atém-se exclusivamente ao que a obra representa como realização de valores estéticos, estilísticos ou artísticos". Daí o abandono da crítica impressionista, sociológica ou mesmo histórica. Acabam por se confundir o julgamento estético e o julgamento científico, com satisfação de requisitos formais e empíricos ao mesmo tempo (*Estética da crítica*, 1963, *passim*). A obra de Canabrava constitui uma das meditações mais sérias e rigorosas no pensamento filosófico e estético brasileiro. Já desde a época em que manteve por muito tempo o rodapé de "Letras estrangeiras", na década de 30 em *O Jornal* — qualificada por Francovitch como "a tribuna de difusão filosófica mais interessante no Brasil" —, era notório o seu domínio das modernas correntes literárias, filosóficas e científicas da cultura contemporânea.

XXII. Dos pensadores brasileiros falecidos nos últimos vinte anos, merecem ainda destaque as obras de João Cruz Costa (1904-1978), historiador da filosofia, de tendência marxista e positivista; Ivan Lins (1904-1975), positivista; Francisco Cavalcanti Pontes de Miranda (1892-1979), neopositivista; Vicente Ferreira da Silva Filho (1916-1963), existencialista na linha de Heidegger; Luís Washington Vita (1921-1968), raciovitalista à Ortega y Gasset e marxista; Eduardo Prado de Mendonça (1924-1978), neotomista, com grande influência bergsoniana. Muitos outros autores poderiam ainda ter sido lembrados nesta rápida resenha, mas isto seria escapar ao assunto estrito das relações da filosofia com a literatura. São ensaístas, historiadores, críticos. São, realmente, grandes espíritos e suas obras revestem-se de contribuições definitivas incorporadas ao pensamento brasileiro. Podem ser aqui arrolados: Joaquim Nabuco, Oliveira Viana, Alberto Torres, Gilberto Amado ("se não fora Nietzsche, teria ficado positivista", confessa), Gilberto Freyre, Ronald de Carvalho, Renato Almeida, Tasso da Silveira. Dentre os vivos, numerosos também — mais ainda — são os autores que merecem comparecer a estas páginas pela sua contribuição valiosa na área filosófica, tais como: Caio Prado Júnior, marxista; Álvaro Vieira Pinto, marxista; Djacir de Lima Menezes, culturalista e neopositivista; Leonidas Hegenberg, adepto da filosofia analítica; Renato Cirell-Czerna, neo-hegeliano e marxista; Leonardo van Acke, neotomista; Henrique Lima Vaz, S. J., neotomista; Gerd Bornheim, heideggeriano; Ernildo Stein, Emanuel Carneiro Leão e Eudoro de Sousa, também comentadores e divulgadores do existencialismo heideggeriano; Roland Corbisier, marxista; Artur Versiani Veloso, neotomista, antigo criador e diretor da revista *Kriterion* (Belo Horizonte); Tarcísio Padilha, tomista, presidente do Centro D. Vital; José Guilherme Merquior, racionalista; Marilena Chauí, marxista, com grande influência spinozista; Antonio Paim, culturalista, grande animador do movimento filosófico nacional, na elaboração de uma biblioteca especializada (na Bahia) e de um catálogo o mais completo possível, aberto a todas as orientações; Evaristo de Morais Filho, racionalista e culturalista. Esta lista, meramente exemplificativa, não tem a pretensão de esgotar o universo dos autores que cuidam de temas e problemas filosóficos entre nós no momento. Nenhuma hierarquia de precedência existe na sua relação, nem qualquer menoscabo aos que, porventura, tenham deixado de nela participar. Em qualquer hipótese, não se faz nenhum juízo de valor.

XXIII. Finalmente, entre os vivos, vamos destacar duas contribuições na área da filosofia em suas relações com a literatura, uma mais inclinada para a segunda, Afrânio Coutinho, outra mais inclinada para a primeira, Miguel Reale, ambos membros da Academia Brasileira de Letras e professores universitários, formadores de discípulos e de escola, por longos anos. Vindo de outra direção, propriamente da literatura e não da lógica matemática ou da epistemologia científica, como Euríalo Canabrava, ninguém se constituiu em maior defensor entre nós da crítica puramente estética do que Afrânio Coutinho (1911). Forrado de sólida cultura literária e filosófica, propugnou em seus livros e insistentemente na imprensa por uma crítica estética rigorosa, em que a obra de arte seja analisada em si mesma, como objeto e material literário, e não como motivo de estudos filosóficos, sociológicos, históricos, etc. Católico, espiritualista, não confunde a sua concepção do mundo e da vida com os problemas de estética, já que lhe interessa penetrar o fenômeno literário, através da sua análise, explicação e interpretação, mas em si mesmo. A crítica literária não é normativa, esclarece. Desde os seus primeiros escritos, apesar de formado em medicina, sempre se preocupou Afrânio Coutinho com os problemas filosóficos. Destaquem-se, por exemplo, os seus dois primeiros livros, publicados ainda, respectivamente em 1935 e 1938, na Bahia, sua terra natal: *Daniel Rops e a ânsia do sentido novo da existência* e *O humanismo, ideal de vida*. Em 1940 vinha a lume a obra que o lançaria definitivamente nos meios culturais de todo o país, *A filosofia de Machado de Assis*, precedida por um trecho do mesmo Daniel Rops que atribuía a Péguy o desejo de realizar sínteses nas quais a política, a crítica literária, a história, a filosofia, a polêmica, a fé e a poesia se ordenassem segundo a lei de um vasto pensamento. Com exceção da poesia, ao que nos parece, encontrava-se profeticamente neste trecho toda a elaboração da própria obra de Afrânio Coutinho. Desde 1952, com *O ensino da literatura,* e 1953, com *Por uma crítica estética,* mergulhou numa árdua campanha contra qualquer tipo de crítica cujo objeto fosse outro, de qualquer natureza e espécie, que não a própria obra literária. Discorda, porém, da crítica puramente filosófica, de pura análise gramatical do texto, de palavra pela palavra. Fazendo da literatura disciplina universitária, sujeita a estudos sérios e rigorosos segundo métodos científicos, enquadra-se na vertente oriunda da *Poética* de Aristóteles, com abandono da doutrina defendida por Platão, ao atribuir à obra literária e à sua crítica outros valores que não lhe são intrínsecos, antes, lhe são estranhos. Não quer isso dizer que a crítica deve ficar alheia aos juízos de valor; muito ao contrário, o ato de julgar constitui o centro mesmo da crítica, mas segundo valores estéticos, numa operação complexa e integral, distinta do julgamento moral, religioso, político ou da simples impressão pessoal, subjetiva, de quem a exerce. Não são incompatíveis, porém, a crítica e o pensamento filosófico, a crítica e a análise objetiva. Profunda e fecunda tem sido a influência de Afrânio Coutinho na teoria e na crítica literárias entre nós, pela extensão da sua obra, pelo longo professorado que exerceu e agora, recentemente, pela criação da Oficina Literária que lhe leva o nome, verdadeiro laboratório de pesquisa e de cultura estética.

XXIV. Por motivos idênticos também profunda e duradoura tem sido a influência de Miguel Reale (1912-2006) nos meios filosóficos, jurídicos e culturais em geral, entre nós. Professor por muitos anos de Filosofia do Direito, autor de obra volumosa e criador do Instituto e da *Revista Brasileira de Filosofia* em 1949, que ainda perduram, ambos. Todos os seus trabalhos, desde a estreia em 1934, trazem sempre uma concepção filosófica subjacente, por mais afastado que se encontre aparentemente da filosofia em sentido estrito. Já em 1936, com *Atualidades de um mundo antigo,* fazia história da filosofia grega, mas vai ser com *A doutrina de Kant no Brasil* (1949) e logo depois com *Filosofia do Direito* (1953) que se vai demorar mais na temática filosófica propriamente dita. Os seus ensaios esparsos vêm periodicamente reunidos em livros de natureza vária, cuja constante é o substrato filosófico. Em 1962, aparece *Filosofia em São Paulo.* Em 1978 oferece ao público duas obras que reúnem escritos mais diretamente de natureza filosófica, *Estudos de filosofia e ciência do direito* e *Experiência e cultura.* Em 1983 aparece o seu ensaio mais estritamente de filosofia pura, *Verdade e conjetura.* Coincidentemente, dedicou um compreensivo estudo sobre *A filosofia na obra de Machado de Assis.* De forma muito feliz, assim Washington Vita lhe resume o pensamento, ele que foi o seu mais estrênuo e constante colaborador, enquanto viveu, no Instituto e na *Revista:*

> No plano da filosofia pura, insere-se na corrente culturalista, da qual é o chefe incontestе em nosso país, entendida a cultura como processo autônomo de criação especificamente humana, em cujo âmbito os valores adquirem sentido, numa relação de polaridade concreta e complementar entre natureza e espírito. Em seu pensamento a nota ou diretriz dominante é a postulação de *uma filosofia do concreto*, infensa às fórmulas vazias ou às formas abstratas, capaz de integrar o homem e as coisas numa unidade orgânica. (*A filosofia contemporânea em São Paulo,* 1969, p. 191-192)

Coube ao Instituto Brasileiro de Filosofia a convocação de congressos nacionais e internacionais de Filosofia, com publicação de Anais, sendo que o primeiro realizou-se em 1950. Reale dirigiu por muito tempo a coleção *Estante do Pensamento Brasileiro*, da Editorial Grijalbo (São Paulo), que deu à publicação textos clássicos e raros do pensamento filosófico brasileiro, como Farias Brito, Luís Pereira Barreto, Diogo Feijó, entre outros.

XXV. Atualmente, a partir da década de 30, com o ensino metódico de Filosofia, fornecido pelas diversas faculdades existentes no país, vai ganhando em seriedade, em nível superior e acadêmico, a preocupação ordenada dos estudos filosóficos. Começa a ser superada a fase puramente autodidática, substituída pela formação sistemática de professores especializados e profissionais, com desaparecimento do amadorismo e do diletantismo. Realizam-se congressos de filosofia, surgem revistas de orientações diferentes, agrupam-se os interessados, propiciando um período mais fecundo a este respeito. Grande também tem sido a obra de divulgação do pensamento filosófico em enciclopédias e publicações avulsas, nem sempre de qualidade satisfatória, é bom que se diga. Apesar do risco da massificação, com real prejuízo do nível de ensino, são agora numerosas as turmas dos que se formam em Filosofia, bastando recordar que, ainda em 1949, somente quatro alunos se licenciaram na Faculdade Nacional de Filosofia, quando lá se encontravam professores do nível do Padre Penido, Lourenço Filho, Nilton Campos, Frei Berge Damião, e só em 1945 haviam voltado à França René Poirier e Andre Ombredane, que aqui chegaram com a inauguração da Faculdade em 1939. Mas, já agora, nesta altura do século, não há de negar que se vai criando uma certa continuidade histórica entre as diversas correntes do pensamento que porventura existam da nossa produção literária, com vida própria e autêntica, e não mais simples imitação sincopada, com atraso, dos movimentos europeus. Filosofia não se improvisa, nem se faz nacional por imposição da crítica; adquire-se pelo estudo, pela meditação e pelo trabalho de muitas gerações. E nenhuma literatura verdadeiramente nacional é possível sem uma filosofia concomitante, que nada mais é do que a reflexão crítica dos próprios fundamentos que a informam, nada mais é do que a visão racional, tanto quanto possível coerente e sistemática, de todos os aspectos da vida. O que atualmente predomina é o esforço por criar uma vida filosófica independente, que atue na sua área e caminhe na sua linha, com rigor metodológico. O que ainda domina, no entanto, é a confusão entre filosofia e ensaio, com a predominância deste último, no que, não raro, tenha de pior pela facilidade de generalizações superficiais ou de fácil manipulação de ideias gerais. Embora possa ser útil e fecunda essa contribuição ensaística, como acontece em qualquer campo científico, tudo indica que essa etapa deve ser superada, com fortalecimento e nitidez dos campos da Literatura e da Filosofia, que muito lucrarão e muito precisam, sem se descaracterizarem, de suas relações recíprocas, sem perigo de confusão.

BIBLIOGRAFIA DE APOIO

Sobre os escritores referidos no texto, e que têm participação na literatura, como Sílvio Romero, Capistrano de Abreu, Araripe Júnior, João Ribeiro, Vicente Licínio Cardoso, Silvestre Pinheiro Ferreira, Euclides da Cunha, Tobias Barreto, Euríalo Canabrava, Alceu Amoroso Lima, Oswald de Andrade, ver os verbetes especiais no corpo da obra. 2. Bibliografia de temática filosófica: JOÃO CRUZ COSTA: *Ensaio sobre a vida e a obra do filósofo Francisco Sanchez*, tese, 1942; *O pensamento brasileiro*, 1945; *A Filosofia no Brasil*, 1945; *Augusto Comte e as origens do positivismo*, 1951; *Contribuição à história das ideias no Brasil*, 1956; *O positivismo na República*, 1956; "História das ideias na América e Filosofia no Brasil", in *Kriterion*, n. 39-40, 1957, p. 12; "História das ideias e valores", in *Revista Brasileira de Filosofia*, X, 1960, p. 527; *Panorama da história da Filosofia no Brasil*, 1960; *Panorama of the History of Philosophy in Brazil*, 1962; IVAN LINS: *Descartes: época, vida e obra*. 1940; *Escolas filosóficas ou introdução ao estudo da filosofia*. 1955; *É o positivismo ateu? Pode ser considerado uma religião?*, 1956; "O positivismo no Brasil", in *Decimália*, da Biblioteca Nacional, 1959; *História do positivismo no Brasil*, 1964; *Perspectivas de Augusto Comte*, 1965; PONTES DE MIRANDA: *A moral do futuro*, 1913; *A sabedoria dos instintos*, 1921; *Sistemas de ciência positiva do direito*, 2v., 1922; *A sabedoria da inteligência*, 1923; *Introdução à sociologia geral*, 1926; *O problema fundamental do conhecimento*, 1937; *Garra, mão e dedo*, 1953; VICENTE FERREIRA DA SILVA: *Obras completas*, 2v, 1966; L. WASHINGTON VITA: *Compêndio de filosofia*, 1954; *Introdução à filosofia*, 1964; *Monólogos e diálogos*, 1964; *Escorço da filosofia no Brasil*, 1964; *Que é filosofia*, 1965; *Tríptico de ideias*, 1965: *Tendências do pensamento estético contemporâneo no Brasil*, 1967; *Pequena história da filosofia*, 1968; *A filosofia contemporânea em São Paulo*, 1969; *Panorama da filosofia no Brasil*, 1969; "Introdução e seleção", Sílvio Romero, *Obra filosófica*, 1969; EDUARDO PRADO DE MENDONÇA: *O mundo precisa de filosofia*, 1970; *Filosofia dos erros*, 1977; MAURÍLIO TEIXEIRA PENIDO: *La métode intuitive de M. Bergson*, 1918; *Le rôle de l'analogie en théothologie dogmatique*, 1931; *La conscience religieuse*, 1934; *Dieu dans le bergsonisme*, 1934; *O corpo místico*, 1944; *O cardeal Newman*, 1946; *O itinerário místico de S. João da Cruz*, 1949; 2. ed., 1954; *Iniciação teológica*: I. *O mistério da Igreja*, 1953; II. *O mistério dos sacramentos*, 1954; III. *O mistério de Cristo*, 1968.

Consultar:
Acerboni, Lídia. *A filosofia contemporânea no Brasil*, 1969; Campos, T. A, *Tomismo e neotomismo no Brasil*, 1968; Costa, J. Cruz, *Contribuição à história das ideias no Brasil*, 1956; Cripa, Adolfo. *As ideias filosóficas no Brasil*, 1978; Franca, Leonel. *Noções de história da filosofia*, 1955; Francovich, G. *Filósofos brasileiros*, 1939; Lins, Ivan. *História do positivismo no Brasil*, 1964; Meneses, Djacir. *Teoria científica do direito de Pontes de Miranda*, 1934; Paim, Antônio. *História das ideias filosóficas no Brasil*, 1967; idem. *História das ideias filosóficas no Brasil*, 1974; idem. *O estudo do pensamento filosófico brasileiro*, 1979; Reale, Miguel. *Figuras da inteligência brasileira*, 1984; idem. *Filosofia em São Paulo*, 1976; Romero, Sílvio. *A filosofia no Brasil*, 1878; Tobias, José Antônio. *Ideias estéticas no Brasil*, 1967; Torres, João C. de O. *O positivismo no Brasil*, 1943; Vilaça, Antônio Carlos. *O pensamento católico no Brasil*, 1975; Vita, L. Washington. *Tríptico de ideias*, 1967; idem. *Tendências do pensamento estético contemporâneo no Brasil*, 1967; idem. *A filosofia contemporânea em São Paulo*.

59. *José Paulo Moreira da Fonseca*
LITERATURA E ARTES

Os estilos de época. Inter-relações das artes. Barroco e Pós-Barroco. Neoclassicismo. Romantismo, Realismo, Parnasianismo. Impressionismo e Simbolismo. Modernismo.

I — INTRODUÇÃO

Cada época e nação nos oferece um *gênero* de visão de mundo, de concepção de vida. Ocorre, digamos, um *timbre* que se manifesta nos vários campos da atividade humana, desde a culinária até a filosofia.

O termo *gênero* está aí usado para sublinhar que não se vai descobrir uma uniformidade. O panorama sempre se diversifica em múltiplos *subgêneros* e *espécies*, oriundos da classe social, dos aspectos regionais, da geração a que pertença o indivíduo, da personalidade de cada indivíduo. No campo estético, além dos fatores acima indicados, intervém o meio de expressão escolhido. Uma pintura não raro comunica algo que um poema não logra comunicar.

Focaliza-se aqui o caso brasileiro, e, dentro de tais limites, as relações entre a literatura e as demais artes, relações estas nas quais se tratará de investigar aspectos daquele *timbre* comum.

Interessam as traves mestras, os rumos fundamentais nesse ou naquele período, sem preocupação de citar nomes de escritores, artistas ou compositores a fim de expor um catálogo: os nomes comparecem apenas para exemplificar as referidas relações.

Por fim, cumpre insistir na importância do homem de cultura, que, ao mesmo passo, expõe a sua visão pessoal, e formula o que é um dado geral, torna-se a alma falante dos seus contemporâneos.

II — BARROCO E PÓS-BARROCO

Ultrapassadas as dificuldades de um simples estabelecimento na terra, o Brasil Colônia se desenvolveu sob o signo do Barroco.

Era o estilo da Europa, o estilo que se impunha além-mar, e que no Brasil encontrou uma aceitação natural. De fato, o Barroco, vegetal, exuberante, não obediente a uma contenção cristalina, bem se coadunava com a abundância, a desmedida tropical. A paisagem, a própria paisagem, não raro, era barroca: o esplendor cromático, a flora e a fauna opulentas. Um cipreste não é barroco, mas uma palmeira e uma orquídea são barrocas.

O poema "À ilha da Maré" bem exemplifica tal clima. Manuel Botelho de Oliveira (1636-1711) expressou em seus versos a riqueza em teor de ostentação, fiel ao cenário que a natureza cotidianamente concedia aos seus olhos. E Manuel Botelho de Oliveira não é caso único; lembremo-nos de Frei Manuel de Santa Maria Itaparica, de Rocha Pita (cuja prosa igualmente adota o timbre de ode para celebrar a terra). Lembremo-nos sobretudo da opulência de igrejas, como as da Bahia, nas quais os ornatos atingem à vertigem de uma selva capitosa.

Impõe-se igualmente notar que o Barroco não é uma parte difícil; ao contrário, seu esplendor consegue atingir a uma franja ampla de admiradores, interessava ao povo da Colônia, bem se coadunava com as manifestações da arte popular, inclusive com os elementos autóctones e os advindos da África. Como boa prova disso, o barroquismo do carnaval.

Mas, falar de Barroco é falar de contrastes, é aludir à *agonia*, à luta entre o desejo de posse do mundo e a esperança da eternidade. O homem do seiscentos (que no Brasil sobrevive ainda no setecentos) se digladiava entre a impaciência de chegar à plenitude na terra e a ascese que queria se privar, se penitenciar, a fim de lográ-la após a morte. Oito ou oitenta. Gregório de Matos em mais de um poema dramaticamente confessou tal *alma* sigilosa, aquele sofrimento--culpa que bruscamente irrompia em impulsos de absoluto desprendimento.

Na estatuária tal aspecto se evidencia nos crucifixos e nas virgens dolorosas, que exclamavam um grito de sofrimento no meio do esplendor mundano dos interiores das igrejas.

Com referência à da estatuária, surge um ponto básico: no Brasil Colônia a arquitetura, a estatuária e a pintura, integradas em conjunto bem concertado, superaram incomparavelmente a produção literária. A igreja era a sala de visitas da cidade, era o lugar da arte, que compensava a pobreza austera das habitações. Homens rudes viviam sacramente o luxo. Acrescente-se que a música completava o fausto, ou mesmo, em certas ocasiões, o solene lamento (Semana Santa, Missas de Réquiem). E tal riqueza, tal espetáculo, por ocasião das procissões, transbordavam pelas ruas das cidades ou vilas.

A poesia e a prosa do seiscentos e do setecentos são de um timbre que não suporta comparação com as igrejas baianas, pernambucanas, cariocas, mineiras, etc. E a citação de um nome: o Aleijadinho, é a citação de um gênio que não encontra entre os escritores figura alguma que dele se aproxime.

Não resta dúvida que a arquitetura, a escultura, a pintura e a música receberam incentivos, quer por parte da Igreja, quer por parte do Estado, benefícios esses que a literatura não obteve. E lembremo-nos de novo que tais artes obtinham uma comunicação bem mais efetiva do que a coisa escrita. Restam os sermões, que eram a literatura integrada no já aludido conjunto eclesiástico; e a importância de um Vieira dá-nos notícia desse aspecto que enfim é um aspecto literário.

Mas sermões são exceção; as letras, de fato, funcionavam para uma minoria, eram um luxo para poucos, um precário luxo, enquanto as demais artes se integravam na vida comum, cotidiana ou dominicalmente atendiam a uma necessidade constante, constituíam mensagem cujo significado era objeto geral de fruição.

Não havia consumo para a literatura e havia consumo para as outras artes. O escritor se encontrava, incontornavelmente, alienado do grupo social. Não recebia apoio, não tinha função, ficava cingido a pequenos salões, a saraus. Historicamente não existia, enquanto um Aleijadinho, um Manuel da Costa Ataíde, ou músicos como Manuel Joaquim, Domingos Simões, Padre José Maurício integravam intensamente a vida brasileira, expressavam muito do nervo desta vida.

Há que referir agora, expressamente, o gongorismo barroco e o Arcadismo mineiro, cujo culto pelo ornato, cuja preocupação formal oferece semelhança com todo o atavio que revestia a arquitetura (interiores e fachadas) e a estatuária (vestes). Já um José Basílio da Gama (1740-1795) com *Uraguai*, e um Frei José de Santa Rita Durão (1720-1784) com o *Caramuru*, empreendendo o longo poema, buscando a dimensão épica, repetiam a grandeza de certos planos arquitetônicos e fachadas, nos quais as partes se dedicavam à expressão de um todo, que se tornava o dado fundamental.

Retornando ao Arcadismo, parece que tal movimento deverá ser rotulado de Pós-Barroco, ou melhor, de Rococó, eis que já não nos encontramos diante das características fundamentais do estilo do seiscentos. Porém de época ainda posterior a tal literatura são os profetas de Congonhas (inícios do século XIX) de um robusto e magnífico barroquismo, com seu alento, suas contorções, seu desejo de ultrapassar os limites, o mundo, e chegar às franjas da eternidade.

Pós-barroca igualmente foi a música do final de Colônia e dos inícios do oitocentos, na qual Haydn era o modelo mais evidentemente procurado. Como está dito no capítulo desta obra sobre o Barroco, este estilo, no Brasil, é de manifestação mais tardia que na Europa.

III — NEOCLASSICISMO

A tempestade napoleônica exila o príncipe regente e a Corte para o Brasil. O Rio de Janeiro se torna a metrópole, um rico acervo de obras de arte e de livros emigra com a aristocracia afugentada.

Em 1816 chega ao Rio uma missão cultural francesa a convite do Estado. Chega trazendo o estilo em voga na Europa: o Neoclassicismo, que se tomará o estilo oficial no Reino Unido e no Império. Bom exemplo do mesmo são o edifício da reitoria na Praia Vermelha (Rio de Janeiro), o Palácio Imperial de Petrópolis.

A par de tal estilo, uma espécie de Pós-Barroco amenizado prossegue; são as construções privadas com seus gradis, seus azulejos, sua cantaria em curvas.

Haverá uma literatura que corresponda ao Neoclassicismo? Refira-se José Bonifácio de Andrada e Silva (1763-1838), a oratória no tempo da Independência, do Primeiro Império ou da Regência. Frases como "Se é para o bem de todos e felicidade geral da nação...", ou "Independência ou Morte" têm aquele timbre de um rigor romanamente grandioso do Neoclassicismo.

Por outro lado, românticos como D. J. Gonçalves de Magalhães (1811-1882) e Manuel de Araújo Porto-Alegre (1806-1879) expõem traços da grandeza severa típica do neoclássico.

Ao falar da Missão Francesa, salta à memória o nome de Debret, que recorda o de Rugendas e de outros viajantes empenhados em retratar o Brasil dos inícios do século XIX. Há nas gravuras e pinturas desses artistas uma forte busca do pitoresco, daquilo que era diferente da Europa, e o texto que recebia as ilustrações expõe uma literatura que será continuada pelas análises da realidade brasileira. É uma linha que irá culminar um século após com *Os sertões*, já integralmente expurgados do tom pitoresco, as aparências superadas quer--se o cerne.

Tem conexão com tal literatura a obra dos historiadores do oitocentos, que se pautam já num teor científico. E com o curso do século, a documentação iconográfica abandonou o veículo da gravura, pela fotografia, mais fiel e mais fácil.

IV — ROMANTISMO, REALISMO, PARNASIANISMO

Século XIX. O Brasil é uma nação independente, mas no campo das letras não conta com uma tradição independente; o que se escreveu no tempo de Colônia era tributário de Portugal, e Portugal tributário de outros países europeus.

Agora Portugal não mais é a metrópole, Coimbra não é mais Atenas, e assim o escritor brasileiro irá buscar modelos na literatura francesa, na inglesa, etc... O Romantismo se instaura e visível se torna a presença de modelos como Lamartine (Magalhães e Porto-Alegre), Byron, Musset (Álvares de Azevedo), Victor Hugo e outros.

O mesmo ocorre no campo das artes plásticas: um Pedro Américo, um Vítor Meireles empreendem viagens à Europa, criam na Europa, realizam obras análogas à pintura oficial europeia.

Em música, um Carlos Gomes igualmente acompanha o movimento de ultramar, integra-se na escola operística italiana.

Carlos Gomes, em *O guarani*, é indianismo. O que legaram um Gonçalves Dias, um José de Alencar, algumas telas mais conhecidas integrantes de museus insistem em escolher como tema um Brasil *originário*. Em todos, é a explosão romântica, na ópera, na literatura. O índio é o "autêntico" brasileiro.

Mas, estamos em pleno Romantismo, e o índio é romantizado, idealizado, há uma certa fidelidade ao pré-romântico *bon sauvage*.

Há também outra linha brasileira do Romantismo, a da poesia de um Casimiro de Abreu (1839-1860), do teatro de um Martins Pena (1815-1848), de um romance como *As memórias de um sargento de milícias*, que corresponde às naturezas-mortas de Agostinho da Mota ou de Estêvão Silva retratando o pomar da terra, tudo em tom antigrandiloquente, em linha simples como aquela arquitetura popular já referida.

Nessa linha há um aspecto realista, não ocorre aquela transfiguração por vezes forçada do Romantismo literário. Fala-se num tom menos retórico, fala-se como em conversa, e as conversas tendem para o Realismo. Aqui importa referência ao brasileirismo evidenciado pela música popular: as modinhas imperiais, os lundus, as valsas, etc... música essa na qual por vezes surgem elementos africanos, elementos que compareceram na formação da cultura brasileira desde o tempo de Colônia. E não se permanece apenas no terreno da música popular, compositores *cultos* como um Itiberê da Cunha, um Alexandre Levi já se valem de temas brasileiros prenunciando a plenitude de um Vila Lobos.

Romantismo, Realismo: a linha divisória entre ambos é uma fronteira sem marcos precisos, sem cercas, uma zona de metamorfoses.

Nessa fronteira se pode situar a figura de um Castro Alves, que realisticamente descreveu paisagens, que igualmente foi um genuíno romântico, que realizou a obra poética mais importante antes da Semana de Arte Moderna, poeta épico e lírico numa politonalidade que o aproxima de vários pintores contemporâneos seus como os já citados Pedro Américo e Vítor Meireles, como um Amoedo e outros, que não se cingiam a um *estilo*, partindo, ao contrário, em várias direções, tentando de diversas maneiras expor uma representação de mundo e de intimidade. E realisticamente romântica foi toda a sua obra abolicionista.

Realismo: um nome imediatamente se impõe: Machado de Assis, que se situa entre uma posição romântica (primeira fase) e uma atitude realista (sutilizada pelo *humour*), mas que se esquiva de classificações graças ao seu tom personalíssimo. Surgem os nomes de pintores como Rodolfo Amoedo (1857-1941), Belmiro de Almeida (1858-1935), que aliaram a observação da realidade com o imaginário e com uma argúcia de forma, que se vale (sobretudo o segundo) de significantes não usuais a fim de obter significados inéditos.

Já Almeida Júnior representa o aspecto robusto do Realismo, como Bernardelli, recordando a força de um Aluísio Azevedo. Na paisagem, um Batista da Costa (1865-1926) revela uma visão plástica do cenário brasileiro, que se lê, por exemplo, em certos poemas de Raimundo Correia.

Raimundo Correia: poesia parnasiana, poesia simultânea ao Realismo, poesia com aquela luxuosa finura notada em Amoedo. E cumpre uma alusão ao Parnasianismo arquitetônico, exuberante no estilo Renascença-Paris de tantos edifícios que se ergueram em nossa *belle-époque*, como o Teatro Municipal (Rio de Janeiro), a Escola Nacional de Belas-Artes, etc., que exibem algo como uma antologia de Alberto de Oliveira, Olavo Bilac, Vicente de Carvalho, algo de culto e suntuoso como a prosa de Coelho Neto.

V — IMPRESSIONISMO E SIMBOLISMO

Estamos nos fins do século XIX. Inicia a sua produção um dos mais importantes pintores brasileiros: Eliseu Visconti, que irá desenvolver uma aventura impressionista, intensificando, abrasileirando cada vez mais a sua palheta. O nome de Visconti sugere o de Parreiras, o dos irmãos Timóteo da Costa, o de Castagneto, o de Navarro da Costa, que viram o mundo como uma assembleia de manchas de luz-cor.

Imprecisão. Imprecisão na poesia de um Cruz e Souza, de um Alphonsus de Guimaraens, ainda que esses poetas escolhessem por tema não o mundo que nos cerca, mas ilimitada paisagem interior. Mas vemos a mesma tentativa de captar o dificilmente formulável, o não valer-se da nitidez porque a realidade transborda a nitidez das palavras ou do desenho.

Em música, um Henrique Oswald, fiel a Fauré, empreende busca análoga.

VI — 1922 E OS ANOS QUE SE SEGUIRAM

A Semana de Arte Moderna, ao mesmo passo, tornou público um processo que se operava silenciosamente na cultura brasileira e passou a exercer um efeito de catálise na mesma cultura.

Há dois aspectos contraditórios: uma conexão com a cultura europeia, um aprendizado com os vários "ismos" vigentes desde Londres até Roma (com centro em Paris) e, graças à liberdade que tais "ismos" outorgavam ao artista e ao escritor, uma desenvoltura para encontrar a forma mais hábil a fim de captar diretamente a realidade brasileira.

O segundo aspecto é mais importante, eis que o programa indiscutível era a representação de tal realidade. O Brasil como tema, o Brasil antes de tudo, só o Brasil.

Vamos encontrar a pintura telúrica de um Di Cavalcanti, de uma Tarsila, de um Cícero Dias, que opta por significantes estritamente fiéis à robustez da temática. Não as nuances, os refinamentos, mas a fixação de uma presença violentamente colorida. Instrumentos de sopro, música forte de coreto em praça pública.

Na literatura, a poesia de um Bandeira, de um Mário de Andrade, de um Cassiano Ricardo, entre outros, igualmente escolhe a expressão direta do Brasil, vale-se de nosso coloquial, quer uma linguagem corrente e não literária.

O espetáculo Brasil nos é apresentado em todo o seu generoso excesso: os quadros saltam das paredes; as frases, dos livros.

Nos anos 30 se verifica um aprofundamento. Busca-se o drama que se desenvolve dentro daquele cenário, as retinas se fixam nos homens que povoam as paisagens, e através do drama do brasileiro se chega a uma problemática universal. O brasileiro é um homem como outro qualquer homem.

A poesia de um Drummond, de um Murilo Mendes, de uma Cecília Meireles, as fases posteriores dos poetas de 22, o romance do Nordeste, o romance de um Jorge Amado, um sem número de ensaístas como um Alceu Amoroso Lima são alguns dos vários aspectos desse amadurecimento demonstrado pelo Modernismo de 1922.

Em pintura surge um Portinari, um Segall prossegue o seu trabalho severo, um Goeldi retrata o drama urbano.

E hão de vir um Guignard, um Pancetti, um Marcier e alguns outros, registrando a multiplicidade de tendências, análoga à mesma diversidade que se verifica na Europa ou nos Estados Unidos.

E em todos, como na literatura, na música, na arquitetura e escultura a já aludida tolerância dos "ismos" possibilita uma perspectiva brasileira para a observação do Brasil, permite a invenção de formas desligadas dos arquétipos europeus.

Em música uma figura congênere se impõe magistralmente: Villa-Lobos, que realiza aquela elaboração do dado brasileiro atingindo a um estilo que ultrapassa nossas fronteiras. Modernismo: o Brasil como *tema*, o Brasil, no *modo de ver*. A independência cultural comemora o centenário da independência política.

Em arquitetura, realizações de um Lúcio Costa vão se valer, como Guignard, Volpi, Djanira ou alguns poemas mineiros de Drummond, ou parte da poesia de Oswald de Andrade, de dados do acervo colonial, contudo sem nenhum saudosismo estéril, mas numa reformulação criadora. Reformulação criadora se dá igualmente, e obviamente em outras bases, no campo da própria paisagem, um Burle Max utiliza a nossa flora para a invenção de um jardim brasileiro. Praticamente inaugura o paisagismo brasileiro.

Continuemos na arquitetura: ao lado do nome de um Lúcio Costa, deve-se falar de um Niemeyer, dos irmãos Roberto, de um Reidy, um Jorge Moreira, um Mindlin e tantos outros que ergueram ou ainda erguem edifícios não mais *pastiches* do que se constrói além de nossas fronteiras.

Mas a arquitetura é uma arte de rigor e assim ela mais se aproxima do Pós-Modernismo, quando o escritor procurou inovar no campo do significante, preocupou-se em criar outras estruturas, em submeter o coloquial a uma filtragem mais rígida. Os valores ditos formais se tornaram relevantes. Destarte, nossa arquitetura está mais próxima da poesia de um João Cabral, das fases maduras de um Drummond, de um Cassiano, da severidade de um Dante Milano, das aventuras de vanguarda que sucederam à dita Geração de 45, como a poesia concretista, da prosa elaboradíssima de um Guimarães Rosa ou uma Clarice Lispector, do rigor no campo do ensaio, de juízos como os de um Afrânio Coutinho, um Eduardo Portela, além de múltiplas outras análises da realidade brasileira em todos os seus campos, efetivadas mediante o auxílio de novos critérios, novos instrumentos para entender, aprender o mundo e o fenômeno humano.

Em pintura, a obra de um Scliar, as várias experiências não figurativas, a adoção de novas maneiras de arte (os objetos situados entre a escultura e a pintura) são realizações que se enquadram em linhas análogas, saídas nas quais o rigor se alia à aventura. É o caso de nossa excelente gravura atual, com nomes como os de Fayga Ostrower ou Ana Letícia.

Sob certo aspecto a explosão vital de 1922 se cerebraliza, insiste na reflexão.

O fato, todavia, não impede o prosseguimento de uma arte e de uma literatura vital pura e simplesmente, como é a hipótese da música popular que tem amadurecido, sem dúvida, do lirismo de um Vinicius de Moraes (poeta *culto* ligado àquela música), da continuação da obra de vários pintores como Di Cavalcanti, Cícero Dias, Djanira, dia a dia encontrando maior aceitação, atingindo ao teor de *assunto grande público*, como comprovam as reportagens em revistas de altas tiragens. Há uma opção do brasileiro a favor dessa arte e literatura, que sendo líricas, melhor atendem à alma brasileira.

Na música erudita há igualmente a busca de formas de vanguarda e novas estruturas, como num Cláudio Santoro, num Marlos Nobre, num Krieger, entre outros.

Em escultura, Bruno Giorgi bem exemplifica a evolução do vital-vital (sua fase figurativa) para a estrutura-estrutura.

Por fim, uma alusão ao urbanismo, que culmina na barroca Brasília, e que bem nos dá sinal da importância da cultura brasileira, do seu amadurecimento, de sua riqueza atual, um pouco vertiginosa, graças à multiplicidade de tendências em pleno desenvolvimento.

60. *Afonso Arinos de Melo Franco*
LITERATURA E PENSAMENTO JURÍDICO

O século XVIII e a transformação jurídica do Estado. A vinculação da literatura com o direito. O Arcadismo mineiro e os ideais jurídicos da burguesia. Gonzaga. As Cartas chilenas *e os direitos humanos. As eleições e a ideia da representação e assentimento popular. O constitucionalismo liberal. José Bonifácio. As faculdades de Direito de Recife e de São Paulo focos de produção literária. Escritores e juristas. Rui Barbosa.*

É possível considerar-se o século XVIII, principalmente a partir dos seus meados, como época de caracterização do espírito nacional na literatura brasileira. As afirmações anteriores, como os cronistas, historiógrafos e o poeta do século XVI (Manuel da Nobrega, José de Anchieta, Bento Teixeira), bem como os historiadores, pregadores e o poeta da centúria seguinte (Diogo Lopes de Santiago, Frei Rafael de Jesus, Duarte de Albuquerque Coelho, Antônio Vieira, Gregório de Matos), denunciavam, já, sem dúvida, a existência de uma diferenciação brasileira, mas nela há mais a marca do social que do nacional. Exprimem a sociedade colonial em formação. Eram, por assim dizer, os elementos confusos de uma realidade nova que nascia, dentro das condições próprias da América austral, mas que ainda não tinha tomado consciência de si mesma, como um todo, a fim de manifestar-se por meio de uma literatura que pudesse ser considerada nacional.

O ambiente para isso tornou-se propício somente em meados do século XVIII, por duas razões principais, entre outras. Primeiro porque o progresso da integração histórica era patente, com o devassamento do interior e a fixação do território; com o aperfeiçoamento da administração, em todos os seus ramos; com a ação da Universidade de Coimbra, difundindo a cultura organizada em setores influentes dos grupos governativos, além de outros fatores. Em segundo lugar porque, na Europa e nos Estados Unidos, a Época das Luzes constituiu um movimento de forte ímpeto, cuja penetração em um meio social que apresentasse as condições do Brasil seria inevitável.

Encontraram-se, assim, os dois elementos: uma sociedade que já adquiria os contornos da nacionalidade, e um movimento intelectual que, pelo seu conteúdo essencialmente humanístico, tendia a se tornar nacional, dentro de qualquer nação cuja cultura tivesse as suas raízes no Ocidente, apesar do seu cunho universalista, ou talvez por isso mesmo.

Um outro dado importante é o de que a Época das Luzes, tendo como um dos centros principais a Enciclopédia, era uma revolução intelectual que trazia no bojo uma revolução política (a consciência da revolução social só se propagou em fins do século XVIII), e, na medida em que era política, não podia deixar de se interessar pela transformação jurídica do Estado.

Não sendo juristas profissionais (talvez por isto mesmo) os grandes escritores que marcaram o pensamento do século XVIII influíram na transformação do direito mais que os cultores desta ciência. Basta pensar em Locke, em Rousseau, em Kant, em Bentham, para ver que foram as ideias gerais e o pensamento filosófico contidos nas suas obras que influíram sobre as concepções jurídicas posteriores, e não a parte especificamente jurídica que nelas pudesse existir.

O que interessa ressaltar, no entanto, é a indiscutível conexão entre o movimento intelectual surgido na Europa e nos Estados Unidos, em meados do século XVIII, tomado na sua integridade, e os ideais jurídicos ligados à desejada transformação política do Estado. Por isso mesmo é que se explica que, tendo a literatura brasileira se afirmado nacionalmente por aquela época, era inevitável a sua vinculação com o direito.

A Inconfidência Mineira, tão ligada à Escola Mineira, foi a conscientização da Independência. E tanto o movimento político como o movimento poético foram orientados predominantemente por bacharéis de Coimbra. Aquele que muitos consideram o maior poeta do grupo, Gonzaga, era, ao mesmo tempo, o seu jurista mais aparelhado, técnica e doutrinariamente. É sabido que o futuro cantor de Marília, quando aluno da Universidade de Coimbra, além de escrever as primeiras poesias (das quais muitas, provavelmente, não foram conservadas), compôs, com assistência do pai, também jurista, o seu *Tratado de Direito Natural*, só publicado mais tarde. O estudo de Gonzaga comprova que o autor leu e meditou a mais autorizada literatura especializada disponível na época, e as ideias mestras do *Tratado* coincidem com as teses predominantes no pensamento geral da Época das Luzes, no tocante aos fundamentos e origens do Direito em geral. Pombal representava para os portugueses um bom exemplo do despotismo esclarecido e, no empenho de louvá-lo (possivelmente em benefício da carreira que entrevia) o ambicioso estudante-poeta enfatizava mais os riscos do obscurantismo eclesiástico do que os do poder civil.

Pode-se dizer que o primeiro movimento poético marcante da literatura brasileira, o Arcadismo mineiro, exprimiu também os ideais jurídicos da burguesia, que já se encontrava em condições de traçar rumos, tanto no Direito Público quanto no Direito Privado.

A nota de realismo descritivo (às vezes com manifesto exagero) dos aspectos da nossa natureza tropical, que vem desde um Gabriel Soares de Sousa, no século XVI, até um Manuel de Sarita Maria Itaparica, no começo do século XVIII, transformou-se com a Escola Mineira. A idealização da natureza, típica do Arcadismo, não tinha nada de descritiva, precisamente porque era uma idealização. Ela se prestava como cenário, como palco de teatro, para a manifestação de sentimentos civis, ligados basicamente às instituições sociais dominantes da propriedade e da família. Os pastores aspiravam ao amor de suas pastoras como esposas; pensam no lar feliz, em casais próprios, entre ovelhinhas, à beira de regatos floridos. Tudo dentro dos moldes estritos das Ordenações Filipinas. A importância da propriedade era fundamental no amor. Logo na primeira lira do seu livro o pastor Dirceu tranquiliza a amada pastora sobre as perspectivas econômicas da vida conjugal:

> Eu Marília, não sou nenhum vaqueiro
> Que viva de guardar alheio gado,
> ....
> Tenho próprio casal e nele assisto.

Nas *Cartas chilenas*, de Gonzaga, as questões jurídicas afloram a cada passo. Na Carta segunda são expostos vários casos de Direito Penal e Civil, bem como dos respectivos processos. As Cartas terceira e quarta verberam as violências praticadas contra os direitos humanos. A Carta oitava ocupa-se, relatando os desmandos do governador, de questões de Direito Administrativo. A Carta nona é um libelo contra a prepotência militar que espezinhava a lei. As *Cartas chilenas*, talvez ainda até hoje a nossa maior sátira, são, assim, obra de fundo eminentemente jurídico. Não fosse o seu autor um magistrado zeloso e revoltado.

As ideias sobre o Direito Público eram menos cultivadas pelos árcades por motivos óbvios. O realismo era a realidade incontrastável, e nem o Brasil nem Portugal estavam abertos aos ideais democráticos dos enciclopedistas. As investidas, embora prudentes (como no *Direito natural* de Gonzaga), eram mais dirigidas contra o poder eclesiástico, suspeitado de obscurantista. Mas se eles não se manifestavam abertamente por escrito, é fora de dúvidas que as suas leituras acompanhavam o que havia de mais avançado nas ideias políticas do século. O inventário da biblioteca do padre inconfidente Vieira da Silva é um elenco de obras desse tipo.

No entanto, as ideias em moda sobre o assentimento popular como base dos governos se insinuam aqui e ali na obra dos poetas da Escola Mineira. Por exemplo, tomemos os versos de Cláudio Manuel, colhidos no seu epicédio a Gomes Freire. Para ele o governador era:

> ... 9 mais reto varão, que aponta a História,
> ... que unir sabia

> As leis da temperança e da valia,
> Sustentando por modo estranho e raro
> Do monarca o amor, do povo o amparo.

Antes que a ideia das eleições fosse trazida ao terreno da formação dos governos (estas já existiam, havia séculos, dentro das ordens religiosas, para as escolhas dos representantes nas reuniões de autoridades monacais) prevalecia a noção de que a autoridade do rei, embora total, devia 'basear-se no assentimento do povo. Essa noção era também muito antiga, vinha da Idade Média, com Marcílio de Pádua, mas havia sido mais nitidamente estruturada por Jean Bodin, no século XVI. No século XVIII ela assume força irresistível, mais, como já avançamos, pela obra dos filósofos do que pela dos juristas, que só depois dela se apoderam para conformá-la tecnicamente através da evolução dos sucessivos sistemas eleitorais (do sufrágio unitário ao sufrágio universal, ou aos processos ainda em curso da democracia direta).

No princípio do século XIX, com a transferência da Corte, a instalação do Reino e a proclamação da Independência, era natural que o constitucionalismo liberal, que dominava a Europa, fosse a preocupação constante da poesia e da oratória brasileiras. Fator relevante nesse processo foi a influência dominadora de Benjamin Constant, que era, ao mesmo tempo, um grande constitucionalista e um grande homem de letras. Constant exprime mais que qualquer outro a união do Direito Público com a Literatura, e, por isto, a sua presença na vida intelectual do Brasil, na era da Independência, foi decisiva. Citações suas eram feitas amiúde nos discursos proferidos na Assembleia Constituinte de 1823, e é sabido que muitas das suas ideias (inclusive a do Poder Moderador) encontraram guarida na Constituição de 1824.

O maior homem público do tempo, José Bonifácio, não fugiu à regra de alimentar a sua literatura com ideias e ideais jurídicos. Quando, em seguimento à dissolução da Constituinte o Andrada se encontrava exilado em Talence (localidade próxima a Bordeaux), fez publicar, no mesmo ano de 1825, a representação que havia preparado em 1823 para a Constituinte, em favor da abolição da escravatura (editada por Firmin Didot, em Paris, e reeditada em Londres, no ano seguinte, em língua inglesa), bem como as *Poesias avulsas*, coletânea de versos de várias épocas, editadas em Bordeaux sob o nome arcádico de Américo Elíseo.

A representação se baseia nas ideias correntes na Inglaterra sobre a abolição do tráfico e da própria escravidão. É seguida de um projeto de lei e constitui importante documento na história do nosso Direito Público.

Entre as poesias destaca-se, pelo seu conteúdo político-jurídico, a *Ode aos baianos*, seguramente a mais conhecida produção poética de José Bonifácio. A *Ode* transmite, em forma literária, uma síntese fiel das ideias constitucionais do autor, que era, na linha dos povos então mais civilizados da Europa, partidário da monarquia parlamentar moderada.

A maior contribuição de José Bonifácio foi exatamente esta, de perceber, quando governo, que a monarquia constitucional era a única forma de se preservar a unidade nacional brasileira. Isto mesmo ele o disse, falando do futuro, e não observando o passado, como fazemos hoje.

José Bonifácio nunca cedeu à tentação do radicalismo militarista e republicano, de Bolívar e outros, que levaram a América espanhola à anarquia e à dispersão.

Veja-se como a *Ode aos baianos* é um verdadeiro manifesto, em favor do governo moderado e contra a demagogia e o despotismo:

>Altiva musa, ó tu que nunca incenso
>Queimaste em nobre altar ao despotismo;
>Nem insanos encômios proferiste
>De cruéis demagogos...

Se a poesia do tempo estava assim entremeada de ideias jurídico-políticas, os debates parlamentares não desprezavam as exibições de cultura literária.

Quando se percorrem os anais da Câmara dos Deputados e do Senado do Império, desde a primeira legislatura, encontram-se entre os parlamentares algumas das figuras mais representativas da vida intelectual, e mesmo literária, da época. Citemos, entre outros, o helenista Odorico Mendes, o poeta Maciel Monteiro (Itamaracá), os historiadores Monsenhor Pizarro e Araújo, o Cônego Januário da Cunha Barbosa, o polígrafo Bernardo de Vasconcelos. Essa tradição literária prosseguiu, sem interrupção, durante toda a vida parlamentar do Império.

O sedutor Maciel Monteiro, deputado e presidente da Câmara, orador festejado, diplomata e ministro dos Negócios Estrangeiros, era poeta medíocre, salvo o seu famoso soneto, mas não deixou de cantar a independência nacional e a liberdade, no seu "Hino ao 7 de setembro".

Mais tarde um deputado e professor querido da Faculdade de Direito de São Paulo, José Bonifácio, o Moço, dedicou outro poema ao mesmo assunto ("Ao dia 7 de setembro") no qual a ideologia política do Romantismo se fez sentir.

Álvares de Azevedo defenderia num dos mais belos poemas da língua portuguesa o princípio jurídico do direito contra a lei, da rebeldia contra a opressão, na sua "Ode a Pedro Ivo".

Pedro Luís, em versos de grande eloquência, que culminam talvez a fase da poesia romântica, exaltou a liberdade de pensamento em "Terribilis Dea", que o Visconde de Castilhos qualificou de "rugido de leão".

Os direitos humanos se apresentaram no Brasil, desde o século XVI, especialmente sob a forma da luta contra a escravidão. No princípio foi o esforço pela liberdade dos índios, já insinuada na bula *Veritas IpsaI* do Papa Paulo III, esforço que se transformou na admirável pregação dos padres jesuítas, principalmente o maior deles, Antônio Vieira. Mas, no século XIX, a oratória sacra cedeu lugar à poesia, principalmente à poesia condoreira, e então vemos o desfilar dos poetas batalhando em favor da raça negra.

Um grande jurista, como Tobias Barreto, no seu poema sobre "A escravidão" põe o poder civil progressista contra a Igreja retrógrada, que então pactuava, ou pelo menos silenciava ante a instituição infamante. E não precisamos lembrar o que foi a ação de Castro Alves, a que veio se juntar, mais tarde, um grande escritor como Nabuco, cuja obra literária e jurídica em defesa da abolição se equilibram pela força e pela beleza.

Castro Alves já glorificara a Independência política na "Ode ao Dois de Julho". Mas é em favor dos direitos humanos, lutando pela libertação dos escravos, que a sua poesia atinge aos mais altos cimos.

Incorporaram-se ao sentimento coletivo brasileiro os seus versos, quer na eloquência das "Vozes d'África", quer na doçura de "A cruz da estrada".

Todos nós guardamos na memória:

> Deus! ó Deus! onde estás que não respondes?
> Em que mundo, em que estrela tu te escondes
> Embuçado nos céus?

Ou então:

> Caminheiro! do escravo desgraçado
> O sono agora mesmo começou.
> Não lhe toques no leito de noivado,
> Há pouco a liberdade o desposou.

Quanto a Nabuco, sua obra jurídica fundamental é a grande defesa dos direitos do Brasil na questão perdida da Guiana Britânica, defesa elogiada sem reservas por Rui Barbosa. Mas também nos discursos e conferências abolicionistas, reunidas no livro *O abolicionismo*, se encontram páginas capitais relativas aos Direitos do Homem.

Cuidando de propósitos humanitários o que fizeram aqueles grandes espíritos foi pugnar pela prevalência dos ideais jurídicos ligados à concepção dos direitos humanos do século XIX. Era, de acordo com a tradição do século XVIII, unir Literatura e Direito, no contexto social.

Não podemos, por outro lado, esquecer as conexões entre o Direito e a Filosofia, muito mais importantes nos cursos jurídicos do século passado do que posteriormente, quando o ensino foi adquirindo caráter mais estritamente positivo e técnico.

Se procedermos a uma rápida síntese da História das Ideias nos nossos mais antigos institutos de ensino jurídico, que são as Faculdades de Direito de São Paulo e de Olinda, verificaremos que a evolução das mesmas ideias vai acompanhando fiel e progressivamente a marcha dos acontecimentos político--sociais do país.

A princípio, logo depois da Independência, apareceram os estudos de Direito Constitucional, pois o problema mais importante e urgente era a estruturação institucional do país, nos termos da Carta de 1824. Já foi referida a obra de José Bonifácio e dos constituintes de 1823, influenciados por Benjamin Constant. Frei Caneca, sem dúvida um escritor de marca e vigoroso panfletário, enche os seus panfletos (notadamente o *Tiflis pernambucano*) com os ideais constitucionalistas da época, e não esqueçamos que ele traduziu e publicou, sem indicar a origem, a declaração de direitos de uma das constituições revolucionárias francesas, para servir à revolução de 1824.

Em Recife e Olinda, depois da Constituição e antes da abdicação de Pedro I, em 1831, prevalecem os estudos desse tipo, sempre no empenho de caracterizar o constitucionalismo liberal e enfrentar o autoritarismo crescente de D. Pedro. A preocupação transborda o ensino jurídico, invade a imprensa, onde atuam escritores como o poeta Evaristo da Veiga, autor da letra do hino da Independência, musicada pelo Imperador, e chegou até ao púlpito, como, por exemplo, no famoso sermão de Mont'Alverne pronunciado diante do mesmo Pedro I pouco antes do 7 de abril.

Depois da abdicação começaram as preocupações com a Economia Política, através da tradução de obras de autores ingleses, campeões tanto do liberalismo político como do liberalismo econômico.

O *Tratado de direito mercantil* do Visconde de Cairu, ilustre polígrafo, é uma tentativa de sistematização jurídica dos problemas econômicos. Em seguida as necessidades do funcionamento adequado da magistratura, em todo o território nacional, se impuseram, pois não mais tínhamos de obedecer aos tribunais portugueses e às suas normas. Então vieram, em meados do século, os estudos de Processo Civil, com mestres como Paula Batista, em Olinda, e Ramalho, em São Paulo.

O Direito Político e os problemas partidários e eleitorais foram abordados de maneira até então sem precedentes por João Francisco Lisboa, que foi também polígrafo e historiador.

Mas a influência de Augusto Comte em breve deflagraria uma nova onda de interesses, dessa vez pela filosofia e pela sociologia, mesmo aos juristas que não eram positivistas.

A Filosofia teve o seu grande impulso na Escola do Recife, com Tobias Barreto, prosseguindo com Farias Brito, e a Sociologia encontrou cultores eminentes em escritores como Teixeira Mendes, Miguel Lemos, e, mais recentemente, Artur Orlando, Sílvio Romero e Alberto Torres.

Sílvio Romero, ao lado dos seus monumentais estudos críticos, foi, no Direito Privado, autor de um notável parecer sobre o projeto de Código Civil, e, no Direito Público, escreveu um livro memorável no qual já em 1893 prevê as crises do presidencialismo brasileiro e defende a implantação do regime parlamentar.

Alberto Torres, além de ser o verdadeiro fundador da nossa sociologia política, foi também constitucionalista. Não podemos esquecer que foi ministro do Supremo Tribunal, que um dos seus livros era, no fundo, um grande projeto de reforma constitucional, e que ele também se preocupou, no fim da vida, com o Direito Internacional.

O importante é acentuar o engrenamento permanente desses nomes ilustres das nossas letras com a matéria jurídica, nas suas várias apresentações, seja filosófica, seja social, seja econômica.

É justo que deixemos espaço para uma referência especial à figura excepcional de Rui Barbosa. Tendo percorrido vários domínios da Literatura, como a História, a Oratória, a Filosofia ou a Crítica, o gigantesco trabalhador perlustrou igualmente todos os caminhos do Direito Público e Privado, Internacional e Nacional. Rui Barbosa pode ser considerado como a expressão máxima da união entre a Literatura e Direito na História intelectual do Brasil. Seria ocioso recordar alguns exemplos escolhidos na sua obra imensa.

A tradição não se perdeu, antes prosseguiu, viva e necessária durante a fase já escoada do século XX. Clóvis Beviláqua foi insigne civilista, historiador e filósofo. Raimundo Correia, Augusto de Lima, Vicente de Carvalho foram poetas gloriosos e provectos juízes de direito.

Inglês de Sousa foi comercialista e romancista, Afonso Pena Júnior civilista, poeta e crítico.

Mais recentemente Gilberto Amado, memorialista, poeta, romancista, foi autoridade em Direito Internacional; Francisco Campos, um dos maiores juristas brasileiros (embora se possa divergir de suas ideias políticas), foi poeta, crítico e versado nos diversos aspectos da Filosofia.

Pontes de Miranda, fecundo autor em vários ramos jurídicos, versou também o Ensaio e a Filosofia. Prado Kelly, constitucionalista, cultivou a poesia. Hermes Lima, professor de Introdução à Ciência do Direito, foi biógrafo e ensaísta. Nestor Duarte, igualmente professor de Direito e romancista. Assim poderíamos enumerar ainda uma série de contemporâneos cuja obra jurídica não se dissocia da literária. Alguns são melhores juristas que escritores, outros o contrário. Mas a tradição brasileira, que fez nascer a Literatura e o Pensamento jurídico como irmãos gêmeos, não se destruiu. Antes permanece indefinidamente atuante, porque a Literatura e o Direito, em países como o nosso, são duas formas de expressão muito próximas dos anseios de uma sociedade em mudança: de uma sociedade nacional que ainda não encontrou os fundamentos adequados da sua coesão e da sua estabilidade.

61. *Renato Almeida*
LITERATURA INFANTIL

Que é literatura infantil? Fontes. Folclore. Evolução e principais autores e obras. O século XIX e a moderna literatura infantil. Uso na educação. Aparecimento no Brasil: livros didáticos e traduções. Diversos gêneros. Monteiro Lobato. Teatro infantil. Literatura religiosa. Histórias em quadrinhos. Revistas e jornais.

I

A caracterização da literatura infantil oferece um permanente embaraço: saber se inclui apenas o livro escrito para crianças ou, com mais justeza, se compreende também o que lê a criança, embora originariamente não lhe fosse dirigida nem se tornasse nunca sua exclusividade, como as *Fábulas*, de La Fontaine, as *Viagens de Gulliver*, de Swift, ou as *Aventuras de Telêmaco*, de Fénelon.

Neste estudo se evitará, tanto quanto possível, o debate das orientações e diretivas educacionais normativas dessa literatura. Ela será enfocada na sua realidade, nos seus valores, nas suas expressões, como um ramo da literatura e não como capítulo de pedagogia, e até de didática, embora tais reflexos devam ser acentuados e considerados, quase sempre, por serem essenciais.

A literatura infantil é funcional. Não podemos, portanto, estudá-la dissociada do seu leitor, que é a sua razão de ser. Enquanto o escritor pode produzir emoções diferentes, e uma mesma situação ou um mesmo personagem ser interpretado diferentemente, no livro infantil tem destino marcado recrear a criança, educando, se possível, e favorecendo o desenvolvimento de sua inteligência. Pelo menos isso. Não será estudada, contudo, a técnica dessa literatura, para se saber como realiza sua finalidade no plano brasileiro, mas sua formação e filiações, méritos e deficiências, orientação e diretiva, seus cultores e obras, para marcar o gênero no quadro geral de nossas letras.

Trata-se de literatura infantil e não didática, que visa a ensinar, em forma amena, mas com o fim precípuo de transmitir conhecimentos de uma disciplina. A literatura infantil é por essência desinteressada, no sentido do ensino sistemático, embora deva ser educativa e possa ser instrutiva. Seu fim é emocionar artisticamente a criança, pelo sublime, pelo cômico, pelo patético, pelo trágico, pelo pitoresco ou pela aventura e, ao mesmo tempo, despertar-lhe a imaginação, aperfeiçoar-lhe a inteligência e aprimorar-lhe a sensibilidade. Muitas vezes se projeta como fator importante no livro didático, como a *Série de Pedrinho*, de Lourenço Filho, cuja utilidade não é apenas a leitura, mas incutir na criança gosto por ela e lhe permitir um contato compreensivo com o mundo circunstante do seu interesse.

Nesse gênero de literatura, do qual já possuímos uma bibliografia numerosa, com contribuição de diversos escritores de renome, é preciso considerar ideia e estilo, tendo em vista as condições de idade e as determinantes da formação espiritual e moral e o desenvolvimento mental do menino e do adolescente. O livro deve ser um deleite para a criança, fazendo germinar o amor pela leitura e a curiosidade pelas coisas, através da estória e seu desfecho. Ser fácil sem ser banal, escolher termos compreensíveis, mas que alarguem o vocabulário, evitar o estímulo a cometer erros, mesmo que sejam afinal punidos. Os famosos *Desastres de Sofia*, da Condessa de Ségur, foram responsáveis por muitas travessuras...

De um relatório sobre concurso de literatura infantil, firmado por Lourenço Filho, Cecília Meireles e Lúcia Benedetti, ressaltam alguns conceitos valiosos, quando postula: "Não basta que o escritor redija de forma a atrair a candura dos pequenos leitores; será necessário compor com simplicidade, sim, mas com limpeza — sem plebeísmos grosseiros, sem expressões de gíria, nem insistentes modismos do linguajar infantil. Assim como a concepção, a forma há de ser bela e há de começar a revelar-se na estrutura ou composição geral, provida de equilíbrio".[1]

Cecília Meireles, depois de mostrar a dificuldade em apontar ao certo o que deve ser a literatura infantil, estabelece, no tocante aos assuntos, o seguinte quadro:

a) livros escritos para a infância (didáticos, recreativos e morais);

b) contribuição folclórica (canções de roda, brinquedos e parlendas, contos, lendas, etc.);

c) livros para adultos passados para o domínio infantil (Dumas, F. Cooper, Dickens, M. Reid) e as grandes obras da literatura universal.[2]

No tocante a assuntos, vários inquéritos têm sido feitos e, num deles, as preferências foram: de rapazes — *religião, banditismo, aventuras guerreiras* e *histórias universais*; e de meninas — *religião, família, amor, prazer orgânico* e *banditismo*.[3]

As grandes fontes da literatura infantil são universais, as do folclore, contos, fábulas, apólogos, estórias da carochinha, lendas; depois as aventuras, as gestas de heróis e bandidos, vidas de grandes homens, jogos e brinquedos, rodas e cantigas. A invenção do enredo não será fundamental, fundamental é seu modo de tratar, o relevo a ser dado, a ênfase a se atribuir aos episódios. O menino é mais ou menos inteligente, imaginoso ou sensível, portanto, o livro deve conseguir denominador comum, evitando-se a insistência em aspectos particulares, casos demasiadamente tristes, cruéis ou fabulosos. Isso não importa em monotonizar os livros, pois as preferências dos assuntos segundo o temperamento de cada um são normais.

II

O folclore tem sido a grande matriz da literatura infantil, não só pelo fabuloso, mas pelo trato dos assuntos e talvez por aquela semelhança entre a mentalidade infantil e a primitiva. Os seres sobrenaturais, fadas, bruxas, ogros, gnomos, gigantes, os objetos mágicos tocados de sortilégios, as metamorfoses e o animismo (que humaniza todas as coisas), as estórias de bichos faladores, todo esse mundo é uma permanente atração para as crianças.

As fábulas já vinham do mundo antigo, irradiaram da Índia ou talvez da Grécia. Depois das traduções latinas de Esopo e da versão para o francês do texto de Fedro, por Pierre Pithon, notável humanista e jurisconsulto do século XVI, vários fabulistas na França, nos quinhentos e seiscentos, como Giles Corrozet, Guillaume Haudent, Guillaume Gerérold, Pierre Boisset e outros cultivaram o gênero, sendo que na tradução de Esopo, por André Meslier (1629), *cela sonne déjà comme du La Fontaine*. E é preciso recordar o aparecimento, em 1644, da versão francesa de *Calila e Dimna*, tesouro de contos, onde La Fontaine iria encontrar entre outras *La Laitière et le pot au lait*, cujo tema era aliás universal, já o tendo Gil Vicente aproveitado no pote de azeite de Motina Mendes.

Podemos remontar um pouco antes, à Idade Média, cujo fabulário veio do velho Esopo, com achegas de toda parte, sobretudo das vertentes orientais.

Em 1180 a poetisa Marie de France traduziu o *Romulus anglolatim*, sob o título *Isopet*, com 137 fábulas do anglo-saxônico, atribuído hipoteticamente ao rei Alberto — *rex Angliae Afrus ou Afferus* — vertido por sua vez de uma coletânea latina, em cujo prólogo — segundo Gaston Paris — um certo *Romulus imperator* pretende traduzir em latim pelo seu filho Tiberius as fábulas gregas de Esopo, "que não é senão uma coleção de fábulas de Fedro postas em prosa na época extrema da decadência". Da versão inglesa foi feita outra latina. No século XII os cinco primeiros livros de Romulus, acrescidos de dois contos, foram publicados por *Esopus*, com grande êxito, tendo sido postos em verso, no século XIII, o *Isopet* de Lião, e no XIV, o *Isopet I*, de Paris. De um outro texto latino vieram o *Isopet* de Chartres e o *Isopet II*, de Paris. Todos com sentido moralista e "tributários dos modelos latinos".

O grande livro medieval no gênero é a coleção de narrativas, compostas do século XII ao começo do seguinte, por vários autores, o famoso *Roman de Renart*. Gerou mesmo o que se tem chamado o ciclo do *Renart*. Que romance é esse já chamado "epopeia animal"? É uma coletânea de 27 partes — poemas — uma "ilíada bárbara", cujos personagens são bichos.

Não como nas fábulas de Esopo, mas bichos com máscara pessoal, tanto que a golpelha se chamava Renart — e esse nome passou a denominar genericamente a raposa, posto já tivesse aparecido num poema latino do século XII. A ação se move em derredor desses animais, o rei leão Noble, o lobo Isengrin, o galo Chanteclair, o gato Tibet, o urso Brun, o burro Beaudoin e muitos mais. Vence sempre a astúcia da raposa contra a ferocidade ingênua do lobo.

O fundo da obra é de inspiração popular, sem dúvida, mas feita ao correr do tempo. À proporção que as peças iam sendo escritas perdiam em seu sabor folclórico para ganhar certo acento literário. Três dos seus autores — autores ou compiladores? — são conhecidos, Pierre Saint Cloud, um padre de Croix-en-Brie e Richard de Lison. Os demais teriam sido de preferência clérigos, é o que informam os entendidos. Mas a sua unidade provém apenas de aparecerem sempre os mesmos personagens.

Outros poemas se juntaram ao ciclo: *Couronnement de Renart*, 1255; *Renart le nouvel*, 1288, e, por fim, *Renart Contrefait*, de um padre de Tours, já no século XIV, que embora seja um texto mal-amanhado, espelha um pouco a época, revela quadros históricos e reconstrói velhas estórias e costumes do tempo. Na Espanha, o *Libro de les Besties*, de Remn Lull, recorda o *Renart* francês.

No século XIV fez-se em Portugal uma tradução de Fábulas de Esopo com o título *Livro de Esopo* ou *Esopete*, de autor desconhecido, cujo manuscrito Leite de Vasconcelos desencavou na Biblioteca Palatina de Viena, e o publicou em 1906. Na Espanha vale citar o Fabulário de Sebastião Ney.[4]

Foi La Fontaine, na França, quem deu grandeza ao gênero e fez da fábula

> une ample comédie à cent actes divers
> et dont la scene est l'univers

e pelo verso, números de ritmos, pela ternura para com os animais e pela maneira de insinuar a moralidade, a tornou viva e acessível às crianças. Como observou René Doumic, as de Esopo eram demonstrações quase geométricas da verdade moral, e as de Pedro secas e descarnadas. As de La Fontaine, humanas. Foi assim o grande, imenso precursor da literatura infantil.

Em 1699, apareceu na França o livro de Fénelon, bispo de Cambrai e preceptor do Duque de Borgonha, intitulado *Suite du quatrième livre de l'Odyssée ou Les aventures de Télémaque, fils d'Ulysse*, que teve enorme repercussão e imortalizou o autor. É verdadeiramente um livro de literatura infantil, pois Fénelon conseguiu o que deve pretender toda literatura infantil — instruir divertindo. A obra se baseia no livro IV da *Odisseia*, contando as aventuras do filho de Ulisses em busca de seu pai, acompanhado pelo preceptor Mentor, que no fundo é a sabedoria de Minerva. Não segue o roteiro do herói de Homero, na viagem de Telêmaco, leva-o também ao Egito, a Chipre, a Creta, aos infernos e à ilha de Calipso, onde relata a maioria de suas aventuras.

Charles Perrault, de nome escondido, nos deu, em seus *Contos de Mamère l'Oye* (1967), um mundo novo, não obstante já andassem as estórias na boca do povo. E mostra o efeito que delas quis tirar, no prefácio dos *Contes en Vers*:

> Por frívolas e bizarras que sejam todas essas fábulas em suas aventuras, é certo que excitam nos meninos o desejo de se parecerem com os que veem tornar-se felizes e, ao mesmo tempo, lhes infunde o temor das desgraças em que os maus caíram pela própria maldade. Não é louvável que os pais e mães, quando seus filhos ainda não são capazes de aprender verdades sólidas e despidas de quaisquer ornatos, os façam amar e, se se pode dizer, engolir essas verdades, envolvendo-as com descrições agradáveis e adequadas à sua tenra idade? É incrível a avidez com que essas almas inocentes e cuja retidão natural não foi ainda corrompida recebem essas instruções ocultas; ficam tristes e abatidas quando o herói ou a heroína do conto é infeliz e grita de alegria quando lhe chega a felicidade, da mesma maneira que, depois de ter suportado a prosperidade dos maus, se rejubila quando recebem eles o castigo merecido. São sementes que se lançam e de começo só produzem movimentos de alegria e de tristeza, mas que não deixam nunca de florescer em boas inclinações.[5]

Não se irão trazer aqui as doutrinas de exegese dos contos de Perrault, com as teorias solares, litúrgicas e simbólicas, pelas quais a *Borralheira* é a aurora, a estória do *Gato de botas* se associa ao ritual da investidura dos reis-sacerdotes dos primitivos e assim por diante. Qualquer que tenha sido a substância na qual se modelaram, nos prodígios da imaginação dos primitivos, que procuram reduzir a fórmulas singelas de sua compreensão o mundo ideal que os fascina e atemoriza, ou aquele sentido do sagrado que preside ao nascimento de todas as nossas ideias morais e religiosas, como falou Saintyves, essas onze estórias populares reunidas por Perrault, "tipos de contos que correm o mundo", possuem uma moral, um sentido explicativo que serve a todos os homens de todos os lugares, de todos os tempos.

Os *Contos de fadas*, de Madame d'Aulnoy, tiveram larga aceitação, bem assim os de Madame Leprince de Beaumont, cujo conto *A bela e a fera*, traduzido em todas as línguas, ainda hoje encanta as crianças.

Grande êxito da literatura infantil foram as *Aventuras do barão de Münchhausen* (1797) publicadas pela primeira vez, em forma anônima, em Londres, em 1785, por Rudolpho Erich Raspe, transportadas para o alemão por Burge, também anonimamente, em 1786. São estórias inverossímeis e fabulosas patranhas desse barão, que serviu no exército russo e cujo nome ficou sinônimo de mentiroso. Nas edições citadas se interpolaram episódios tradicionais.

No século XVIII, a literatura infantil aparece na Inglaterra em forma própria, com o livro destinado às crianças, nos pequenos volumes da Biblioteca Infantil, editado por John Newbery (1713-1769), encadernados em papel holandês dourado, cujo segredo se perdeu. Newbery escreveu ou adaptou estórias, não se sabe ao certo, entre as quais a do menino que viveu no país da aprendizagem, a de Tommy e seu cachorro Jowler e a de Giles Gingerbread.

Nesse século, dois livros ingleses haveriam de fascinar as crianças para sempre, ainda que não fossem dirigidos a elas: *Robinson Crusoe* (1719), de Daniel Defoe, e as *Viagens de Gulliver* (1726), de Jonathan Swift. Aquele, feito para instruir pelo exemplo e honrar a sabedoria da Providência, relata as aventuras de Robinson na sua ilha deserta, onde consegue ser feliz, graças ao trabalho de todas as horas, ao espírito inventivo, à habilidade espantosa de suas mãos, ao bom senso e ao esforço para resignar-se à vontade de Deus e lhe ser reconhecido.

No livro de Swift, o fantástico é maravilhoso, e tão maravilhoso nos pigmeus de Lilliput, nos gigantes de Brobdingnag, nos sábios adormecidos da ilha de Laputa e nos cavalos com raciocínio, que, através dele, os adolescentes nem veem a sátira cruel castigando a sociedade. Taine chamou esse livro de Tratado do homem.

O sortilégio da fantasia, nessas duas obras de sabedoria, edificação e misantropia, maravilhou a juventude pelas suas ficções, que transformaram em sonho e poesia a dura realidade.

A literatura infantil é um produto do século XIX, nascida de preocupações educacionais, quando se compreendeu a necessidade de despertar nas crianças o gosto pela leitura e de lhes facilitar conhecimentos gerais, tudo dentro de uma expressão de arte.

Dois temas são constantes nessa literatura: o maravilhoso, substância de cuja torrente é o folclore, com figuras imaginárias, fadas, gênios, gnomos, duendes, gigantes, tipos prodigiosos, objetos mágicos, bichos faladores, o animismo das coisas, em suma, o reino infindável do sobrenatural, fora do tempo, porque sempre *diz que foi um dia...* O segundo é o simbolismo, fazer todos esses entes se moverem dentro de um conceito real, em que a vida circule concretamente. Há em tudo uma ordem humana, ensinando o bem, condenando o mal, socorrendo os desgraçados, exaltando os tenazes, fortalecendo a confiança no esforço ou mesmo na própria sorte, como o caso de *A gata borralheira*, exemplo edificante da esperança dos infelizes e da fé no destino.

Em poucos países a literatura infantil se desenvolveu tanto quanto na Inglaterra, onde Benjamin Tabart publicou, nos primeiros anos do século passado, *Fairy Tales on the Lilliputian Cabinet* e *A Collection of Popular Stories for the Nursery*, James Haaliwell, *Nursery Rhymes and Tales*, James Matthew Barrie deu às crianças *Peter Pan* e Lewis Carroll *Alice no país das maravilhas* e *Alice no país dos espelhos*, obras-primas estas no gênero, com "uma visão nova da vida, do segredo das leis que nos regem, do poder oculto das coisas, das relações entre fenômenos a que estamos sujeitos".[6] Eça de Queirós, escrevendo para a *Gazeta de Notícias* do Rio de Janeiro, no Natal de 1880, se mostra entusiasmado com "a verdadeira literatura para crianças" que lá encontrava, com "os seus clássicos e os seus inovadores, um movimento e um mercado, editores e gênios — em nada inferior à nossa literatura de homens sisudos". Mas o seu deslumbramento chega ao auge durante o Natal, quando essa literatura floresce e "as lojas dos livreiros são então um paraíso".[7]

Embora sem serem destinados às crianças, mas por elas recebidos com um interesse sem par, incluem-se os contos dos irmãos Grimm (Jacob e Wilhelm), *Kinder aus Hausmarchen*, fontes inesgotáveis do aproveitamento de contos populares que ainda hoje se multiplicam em todos os países e em todas as línguas e se constituíram em motivos prediletos da literatura infantil.

Mas foi o dinamarquês Hans Christian Andersen (1805-1875) o criador do gênero. Colheu as estórias na tradição oral, não as divulgou apenas, transformou-as para crianças, cuja mentalidade compreendeu, com aquela disposição para "conceituar irrealidades" que tanto atrai e fascina. Além de tirar contos do populário, inventou com qualidades excepcionais para descrever a natureza, conciliar a realidade com a fantasia e dar a lição constante de que é preciso vencer os perigos e os tropeços da vida pelo esforço. Tratou o maravilhoso com intenso lirismo, sem exagero contudo e sem esquecer nunca de que tinha os pés no chão. As estórias do *Patinho triste* e do *Príncipe pobre* revelam bem esse caráter da obra de Andersen, que é um dos autores mais divulgados entre as crianças de todo o mundo, traduzido em oitenta idiomas.

Andersen, utilizando o conto folclórico para a literatura infantil, criou o gênero que havia de desenvolver-se em todos os países, não só com o folclore, mas tal e qual ele o fez, pela invenção pessoal dos escritores. Pode dizer-se que as fábulas, as estórias de bicho, as moralidades são imemoriais. Sem dúvida. Mas a sua adaptação para a infância é que foi a conquista dessa nova expressão literária.

III

A literatura infantil começou a aparecer, no Brasil, nos livros didáticos e em traduções. Tudo no século XX, quando a escola se tornou risonha e franca... Os *Contos da carochinha*, do jornalista Alberto Figueiredo Pimentel (1867-1914), que foi o precursor dos cronistas sociais, com sua coluna "O binóculo", na *Gazeta de Notícias*, do Rio de Janeiro, apareceram em 1894, e foi nosso primeiro livro no gênero. Trata-se de uma adaptação de estórias do folclore mundial ou de outras por ele colhidas da tradição oral, em forma interessante, embora sem o necessário cuidado na linguagem, nem sempre perfeitamente adequada aos pequenos leitores a que se destinam. A sua acolhida, porém, foi extraordinária e as tiragens excederam a cem mil exemplares. Publicou também *Histórias da avozinha, Histórias da baratinha*, coleções de contos de fadas, *Teatrinho infantil* e *Meus brinquedos*.

Por esse tempo, já no começo deste século, houve, como observa Lourenço Filho, uma oscilação, verificada também em outros países, entre o livro escolar e o infantil, a exemplo dos livros de Hilário Ribeiro e da coleção de Felisberto de Carvalho.

Uma das primeiras coleções infantis foi a *Icks*, editada em Lisboa, da professora Alexina de Magalhães Pinto, de São João del-Rei, Minas Gerais, destinada a divulgar o folclore entre as crianças, através de cantigas, modas, brinquedos em geral, acalantos, provérbios, adivinhas, estórias, parlendas, poesias e hinos. A rigor esses livros não se podem incluir na literatura infantil, porque sua intenção é ensinar às mães e professoras a brincar com as crianças e a distraí-las. Revelam, contudo, intenção salutar e se valem de elementos de literatura infantil com finalidade educacional.

Cabe referência particular a este livro admirável que tanto deliciou os meninos de todo o mundo, o *Coração*, de Amicis, traduzido por João Ribeiro. Não se ignoram os reproches que lhe são feitos, mas também o seu encanto. Há que mencionar também o livro *Mestra e mãe*, da escritora baiana Amélia Rodrigues, de salutar influência para as jovens.

Em 1915, o professor Arnaldo de Oliveira Barreto (1869-1925) cria, em São Paulo, editada por Weisflog Irmãos, a Biblioteca Infantil, com cerca de cem livrinhos e uma das nossas grandes coleções, adaptando estórias das *Mil e uma noites*, de livros famosos como *D. Quixote* ou *As viagens de Gulliver* ou contos folclóricos em geral ou as versões dos Grimm, de Perrault, de Andersen e outros. Thales Castanho de Andrade foi um dos pioneiros do gênero no Brasil, com *A filha da floresta*, aparecido em 1918.

Um dos primeiros livros clássicos da nossa literatura infantil, no sentido de Blanche Weber, livro que o menino lê por prazer, devemos a Olavo Bilac, com as *Poesias infantis*. Em assuntos cívicos, para que a criança ame com fé e orgulho a terra onde nasceu, noções de História, ou de tradições, como na apresentação dos meses do ano, sentimentos de amor e de ternura e, sobretudo, pelo ritmo da poesia transmitido aos meninos, Olavo Bilac deu à nossa juventude obra de encanto artístico e proveito educacional. Uma poesia fácil e atraente flui de um verso com grande musicalidade, imagens simples e incisivas e um modo sempre sensibilizante de falar às crianças. Esse livro tem merecido salutar aproveitamento. Haverá porventura um pouco de ênfase, mas isso é tão do temperamento nacional que lhe aumentará talvez o atrativo.

Os nossos poetas não têm sentido grande pendor pela poesia infantil, e, salvo casos raros, como Olegário Mariano, *Tangará conta histórias*, Guilherme de Almeida, *O sonho de Marina* e adaptação dos livros de Wilhelm Bush, Murilo de Araújo, *A estrela azul*, e de poesias esparsas de um ou outro poeta, como Manuel Bandeira, Cecília Meireles e Carlos Drummond de Andrade, a poesia infantil na maioria das vezes se limita a contar estórias, como acontece, por exemplo, nos livros de Alceu Masson, Gastão Nogueira, Elisa de Rezende, Manuel Vítor de Azevedo, Bastos Tigre e outros mais. Os exemplos de José Corrêa Júnior, Presciliano de Almeida, Martins d'Álvares e poucos mais, que fizeram poesias para as crianças pelo valor delas e não como meio de historiar, mostra como é pequena nossa vocação poética para o gênero. Assim, a poesia infantil brasileira é demasiadamente pobre e de interesse secundário, exceção dos pontos altos acima indicados. Curioso é que mesmo grandes poetas preferem a prosa, como foi o caso de Jorge de Lima, se têm de falar às crianças.

O conto é a forma predileta e a mais adequada em toda parte do mundo. Do grande manancial que temos, muita coisa é adaptação de contos famosos ou de livros célebres, diretamente ou de modo velado, sem embargo de obras originais. A adaptação não é nem pode ser condenada, é um processo de retomar temas universais que constituem atrativos das crianças e adaptá-los às condições de idade e às vezes de ambiente. Não direi que a nossa ficção seja de grande importância, mas tem aproveitado figuras de nosso folclore, ambientes de nossa vida, tradições nacionais, além do fabulário, incorporando nossos bichos com engenho e habilidade.

O terem os escritores tomado a si colaborar na literatura infantil teve as vantagens de estimular vocações e de dar originalidade ao gênero, até então circunscrito a traduções, não raro portuguesas e, portanto, com vocabulário um tanto diferente, o que levou certa mamãe a se irritar e pedir que se traduzissem "esses livros portugueses".

Aliás, como vimos, em todas as literaturas, escritores ou escrevem intencionalmente para crianças, ou suas obras são por elas aceitas com o maior encanto. O caso de Júlio Verne é significativo, e podemos citar, entre outros, Rudyard Kipling, na Inglaterra, e Selma Lagerlöf, na Suécia.

O número de autores de contos e novelas infantis é muito grande, mesmo porque é a forma para os contos de fadas, estórias de aventuras, fábulas, lendas, etc. Podem-se citar figuras como Olavo Bilac e Coelho Neto, *Contos pátrios*; Érico Veríssimo, *Rosamaria no castelo encantado*; Júlia Lopes de Almeida, *Livro de contos*; Viriato Correia e João do Rio, *Era uma vez...* Viriato Correia, em vários livros, narra em forma de contos a História do Brasil, além das obras *Quando Jesus nasceu* ou *No reino da bicharada*; Orígenes Lessa, *Desventuras de um cavalo de pau* e *O sonho de Prequeté*; Lourenço Filho, em vários livros modelares para crianças de 6 a 9 anos, como *Maria do Céu, O indiozinho ou Totó*, ou para as de 3 a 6 — *Papagaio real, A formiguinha* e *Tão pequenininho*; Raimundo de Morais, *Histórias silvestres*; Osvaldo Orico, *Contos da mãe preta, Histórias de pai João, Mãe da lua* e *Viagem de Papá Noel ao Brasil*; Lúcia Miguel Pereira, *Na floresta mágica, A filha do rio verde, Fada menina* e *Maria e seus bonecos*; Afonso Schmidt, *O carantonha*; Menotti del Picchia, *João Peralta e Pé de*

Moleque e *No país das formigas*; Leonor Posada, *História de Carlitos* e *O reizinho descalço*; Oswald de Andrade Filho, *Um conto e um cantinho*; Gondim da Fonseca, *Histórias de João Mindinho*, *Conto do país das fadas* e *O reino das maravilhas*; Graciliano Ramos, *A terra dos meninos pelados*; Godofredo Rangel, *Histórias do tempo da onça*; Josué Montello, *As aventuras de calunga* e *O bicho do circo*; Osório Duque Estrada, *Histórias maravilhosas*; Wilson Rodrigues, *Livro da infância de Pai João*; Humberto de Campos, *Histórias maravilhosas*; e os livros de Max Yantok, em que o contador se desdobra no ilustrador, pois foi um caricaturista de traço singular e humorístico. E os numerosos especialistas em literatura infantil a exemplo de Tales Castanho de Andrade, Armando Brussolo, Hernani Donato, Renato Sêneca de Sá Fleury, Luís Gonzaga Fleury, Ofélia Fontes, Leonor Posada, Vicente de Paulo Guimarães, Nina Salvi, Itacy Pelegrini, Walda Paixão, Elos Sand, Franklin Sales, Jaçanã Altair e muitos e muitos mais. Como foi dito, há muita coisa adaptada de livros famosos e da tradição folclórica universal. Os temas folclóricos brasileiros propriamente ditos não são constantes, como acontece em livros de Monteiro Lobato, em *Lendas e mitos do Brasil*, de Theobaldo Miranda Santos, em *Sacizinho anda à solta*, de Mariana Jolowicz, *Saci-pererê*, desenhos de Acquarone; *Lendas do Brasil*, de Wilson Rodrigues; *Contos do povo brasileiro*, de Aluísio de Almeida; *Lendas da terra do ouro*, de Lúcia Machado de Almeida; *Uma, duas angolinhas*, de Leonor Posada e Mariza Lira. Há ainda muito conto de bicho e, nesses, o folclore está presente continuadamente. O folclore brasileiro é sempre um tema a considerar com maior desvelo, já que o universal tem sido adaptado com abundância, sobretudo em estórias de fadas.

As fadas constituíram sempre atração considerável para as crianças. Muitas deixaram de ser gênios exclusivamente do mal e passaram a amigas e protetoras dos guris. Segundo Langdon Brown, a atual concepção das fadas procede de Shakespeare, que fez de Puck um geniozinho alegre, eliminando os terrores que o caçador tinha do bosque, criando Falstaff e fazendo as fadas ainda menores para torná-las agradáveis à gente. Felix Martí Ibañez, de quem é a citação acima, observa: "Os contos de fadas são úteis à criança porque sua estrutura é a mesma das imagens infantis.

Se os gigantes satisfazem ao desejo que toda criança tem de ser grande e poderosa, alta e forte como uma torre — tal a noção que faz do adulto — a fada boa e o gênio do mal, como símbolos externos do bem e do mal, ajudam a criança a distinguir e criar um sentido moral da vida. Outra característica infantil é não aceitar a realidade tal como existe, é deformá-la em seus jogos, amoldando-a aos secretos anseios de sua fantasia."[8] Eis indicado o problema dessa literatura e daí seu caráter psicológico, por ter de atuar nesse modo de conciliar a realidade da criança com o mundo fantasioso que lhe dá o livro, evitando choques, conflitos e complexos. Mesmo discordando dela, não é possível silenciar a opinião em contrário de quantos consideram as fadas portadoras de um sentido de fatalidade, que acarreta resignação e leva ao pessimismo, ao medo da luta, à inutilidade do esforço. Nada mais falso, porque se esta interpretação pode ser dada por adultos, nunca pelas crianças, quando se veem as fadas operando os sucessos mais imprevistos para realizar o bem, enquanto as más são inapelavelmente vencidas e todos os artifícios da sua maldade se perdem numa inútil porfia. Não são pois maluquices para falsear o espírito das crianças, para incliná-las à credulidade e exterminar o senso crítico, como já foi dito, antes procedem essas observações, como diz Jesualdo, "ou de um verdadeiro desconhecimento da intimidade da psique infantil, ou de um agudo sentido de verismo ou de materialismo racionalista, ou de ambas as coisas ao mesmo tempo".[9]

Os contos de fadas constituem o assunto mais versado na nossa literatura infantil, embora quase tudo adaptado, e convenhamos que, no assunto, mesmo com suprimentos do folclore local, bem pouco se adiantará ao que já existe. Fica a originalidade do modo de apresentar a fada e sua ação. Mas, de novo, nada criamos.

O campo das aventuras é interminável e de estranho sortilégio para as crianças, que admiram os heróis e os valentes, os audazes e os destemidos, em suma, toda a gama da coragem, de qualquer forma que se apresente, inclusive nos bandidos. Por isso mesmo, não é de preocupar aquele resultado citado de um inquérito, que revela a preferência dos dois sexos, entre outros assuntos, pelo banditismo. Parece que essa predileção não denota desvios morais ou inclinações perversas. Seduz no bandido a audácia, a coragem, o destemor. É um pouco da gesta, da aventura, do amor ao perigo, sem muito indagar das razões determinantes. Robin Hood ou Lampião impressionam quando protegem os fracos, quando distribuem dinheiro, ainda que roubado, quando fogem às perseguições por artimanhas, quando não perdem golpes e vencem com suas estratégias primárias e empíricas. Os mesmos motivos que fazem as crianças admirarem os cavaleiros e os espadachins. O episódio vivido é que as atrai e comove. O espírito aventureiro, afinal, fascina todas as idades.

Excessiva periculosidade tem revelado a novela policial, francamente condenada pelos pedagogos como capaz de despertar uma excitação emocional e de comprometer a sua adaptação à vida comum, tomando os colegiais turbulentos e agressivos, quando não é responsável por casos de criminalidade infantil. Fica apontada a importância do tema, preocupação constante de quantos se empenham com a educação ou mesmo a preservação da juventude.

Não será talvez demais recordar que, embora seja difícil enumerar condições ou exigências para o livro infantil, algumas são fundamentais. Desde logo a idade, de sorte que o livro seja uniforme e com o assunto apropriado ao desenvolvimento do leitor a que se destina, não contenha episódios que estejam abaixo ou acima do seu alcance. O segundo problema — o da linguagem — talvez seja o mais delicado entre nós, pois muito escritor se embaraça no modo de falar aos meninos. Deve ser simples mas corrente, usar formas familiares, ser correto, evitar erros e impropriedade de palavras (esse ponto é muito importante, dada a influência no vocabulário infantil), não empregar palavras difíceis e não levar as preocupações gramaticais a ponto de fazer um menino pedir uma bola dizendo: *dê-me essa bola*... A importância da linguagem não é só o aspecto instrutivo, porque, se o garoto não entende, fecha o livro e vai perdendo o amor à leitura, como coisa enfadonha e desinteressante. Isso sem falar na sua função precípua, que não é educar nem ensinar, mas recrear. "Não será, porém, a de recrear pela excitação de impulsos de violência e com a exposição de temas reais ou fantásticos, que leva a estados emotivos de perigosa intensidade, caminho de conflitos íntimos e de desajustamento social. Recrear — no seu sentido etimológico — é *criar de novo*, liberar no indivíduo as forças que possam levá-lo a atitudes construtivas de sua mente e de seu próprio caráter."

O nosso grande escritor, na obra de ficção para as crianças, foi Monteiro Lobato.* Monteiro Lobato criou um estilo próprio, acessível e gracioso, que faz o primeiro encanto de seus livros. Infelizmente, a linguagem não pode merecer o mesmo louvor. Se se compreende e justifica o emprego de plebeísmos infantis (e Andersen tirou tantas palavras da boca do povo), o emprego de certos termos, como sorriso caramujal e fera espirradeira, é pitoresco, não se explica, porém, o uso de expressões grosseiras e vulgares, xingamentos, como Emília trata Anastácia, a pobre da cozinheira do *Sítio do Picapau Amarelo*.

O elemento linguagem é essencial na literatura infantil e, não só no plano educacional, como no artístico, não se justifica esse palavreado desagradável, quando não grosseiro. A explicação de que é usual não prevalece, toda educação é uma forma de constrangimento e não é possível às crianças desnecessariamente infundir os aspectos desagradáveis da existência.

Em 1921, publicou Monteiro Lobato seu primeiro livro infantil *Narizinho arrebitado*, ainda com indicação de "livro de leitura", quer dizer, destino escolar. Mas libertou-se dessa função, para se tornar um livro clássico na literatura infantil. E criou o tipo que se familiarizou com as crianças e afinal com todo o

---

* José Bento Monteiro Lobato (Taubaté, São Paulo, 1882-São Paulo, 1948). Sobre Monteiro Lobato, ver esta obra, cap. 40, ciclo paulista.
A obra de literatura infantil de Monteiro Lobato compreende 17 volumes ilustrados dos 30 de suas *Obras completas* (São Paulo, Editora Brasiliense, 1946). Além disso, há numerosas edições avulsas, com enormes tiragens, e traduções para o inglês e o espanhol.
São as seguintes: *Lúcia, ou a menina do narizinho arrebitado*. 1921; *O saci*. 1921; *Fábulas*. 1922; *O marquês de Rabicó*. 1922; *A caçada da onça*. 1924; *Viagem ao céu*. 1932; *História do mundo para crianças*. 1933; *Novas reinações de Narizinho*. 1933; *Aritmética de Emília*. 1935; *Geografia de Dona Benta*. 1935; *Memórias de Emília*. 1936; *Serões de Dona Benta*. 1937; *Histórias da tia Anastácia*. 1937; *O poço do Visconde*. 1937; *O Minotauro*. 1939; *O pica-pau amarelo*. 1939; *A chave do tamanho*. 1942; *Os doze trabalhos de Hércules*. 1944.

Brasil. Foi saudado como "o começo de uma grande biblioteca a construir". E assim o foi, quaisquer que sejam os reproches possíveis e acertados.

Onde a obra de Lobato ganha relevo é na criação das figuras que saíram de seus livros para viver na intimidade dos meninos. Narizinho, Dona Benta, Emília, o Visconde de Sabugosa, o Rabicó, toda essa gente do *Sítio do Picapau Amarelo*. Porque Lobato fez também seu país maravilhoso e tão real que, na correspondência que seus pequenos leitores lhe dirigiam, conforme o testemunho de Edgard Cavalheiro, vários deles queriam ir ao sítio, conhecer Emília ou falar com o Dr. Caramujo. Quando um autor consegue que seus personagens abandonem as páginas de suas obras para viver livremente, sempre recriados na imaginação de cada um, realizou o supremo milagre da criação. Lobato sabia contar e distinguir com grande habilidade o maravilhoso e o real. Não deve ser censurado por não esconder a dureza da vida, mas empana a sua obra ter desabafado no *Sítio do Picapau* as suas amarguras e revoltas, que não raras vezes sobressaem em expressões ou conceitos chocantes. Essa preocupação moralizante de muitos escritores infantis se torna pueril, mas nem por isso devemos esquecer que o menino não possui um espírito capaz de estimular a realidade em conceitos próprios. Daí os livros que leem serem modelares da sua formação. O leitor comum julga o livro, a criança o aceita. A literatura infantil é quase sempre normativa. Claro, não se vai dizer aos meninos que o dinheiro é vil metal, porque a realidade lhe mostrará a insinceridade do conceito, mas também dizer que o dinheiro é tudo, está errado — uma ideia é tão falsa quanto a outra. Por sentir talvez necessidade de comunicar-se com as crianças, exagerou o que lhes devia dizer e exatamente porque sabia contar e tinha excepcional poder comunicativo, possuía uma fantasia numerosa e atraente, é que muitos de seus conceitos são perigosos e lhe prejudicam a obra.

Aproveitava bem narrativas fabulosas, mitos e lendas para a realidade dos guris. A gente do *Sítio do Picapau Amarelo* se mete com Hércules, recebe príncipes encantados, se move no tempo e no espaço livremente, catapulta centauros, em suma vive a fantasia colocada no seu plano. Outras vezes é gente como todo mundo, é João Nariz, é o Pedrinho com suas caçadas espetaculares, é Jeca Tatuzinho se regenerando, é o guloso Marquês de Rabicó. Ou são as estórias de nosso folclore, com o saci ou a cuca. Enquadrava os temas universais na realidade nacional, caipira, de suas figuras, fossem personagens míticos, históricos, ou de ficção. A criança não necessita maior esforço de imaginação para se mover no mundo das maravilhas ou no país do Barão de Münchhausen, ou para se encontrar com Esopo e La Fontaine e conversar com muitos bichos, ou viajar a regiões fabulosas, acompanhando Narizinho e seus companheiros, quando para lá se dirigem graças ao pó mágico do Pirlimpimpim.

A grande sabedoria de Lobato foi saber contar, com vivacidade, colorido, simplicidade. A atração não se limita às figuras e sua ação, as crianças acompanham o que escreve, sentem sua maneira de dizer, partilhando assim diretamente a realidade literária que lhes oferece. Essas qualidades é que acentuam os pontos vulneráveis da sua obra, que não estão no plano literário, mas no educacional. Emília é um modelo de inteligência e argúcia, mas é mal-educada como ela só.

Monteiro Lobato é o nosso escritor infantil mais lido e com a maior predileção das crianças, atestada em diversos inquéritos.

A história do Brasil tem sido tratada em forma demasiadamente didática, nem sempre com a segurança e precisão necessárias. Viriato Correia o tem feito de maneira muito louvável, embora na sua *História do Brasil para crianças* por vezes o tom do conto — é um avô quem conta a História do Brasil aos netos — perca a naturalidade e se tome texto de livro de estudo. As suas obras, contudo, possuem uma atração marcada, mantendo vivo o interesse dos meninos. Nos *Contos pátrios* e em *Pátria brasileira*, de Olavo Bilac e Coelho Neto, há vário trechos relativos à História do Brasil, sendo que os de Coelho Neto se ressentem da linguagem literária pouco familiar. Na bibliografia infantil escreveram ainda sobre a nossa vida, além dos já citados, Júlia Lopes de Almeida, Francisco Acquarone, Tales Castanho de Andrade, Agnelo Rodrigues de Melo, Álvarus de Oliveira, Jaçanã Altair, Rita Rialva, Erico Veríssimo, Wilson Rodrigues, Donatelo Grieco, Jaime Altavila e outros ainda, sem mencionar os que dela se ocuparam através de biografias de figuras e heróis brasileiros, onde se desdobra a historiografia. Entre elas, cabe destacar essa obra de arte que é *Rui, pequena história de uma grande vida*, de Cecília Meireles, modelar na espécie e no gênero. Além de biografias esparsas, as séries *Grandes brasileiros* e *Grandes vultos das letras*, lançadas pela editora Melhoramentos de São Paulo, constituem um louvável empenho em divulgar a vida e a obra das grandes figuras de nossa História. Entre os nossos biógrafos para crianças, desde logo se salienta Renato Fleury, com qualidades muito apreciáveis, podendo citar-se ainda Tales de Andrade, Hernani Donato, Carneiro Leão, Ofélia Fontes, Alberto Leal, Leda de Vasconcelos, Carolina Nabuco, Brito Broca, Alberto Leal, Paranhos Antunes, Sebastião de Almeida Neves, Guiomar Rocha Rinaldi, Acquarone, Walter Prestes, Carlos Maul, João Guimarães, Raimundo de Menezes, Paulo Cerqueira, Luís Pinto, Breno Ferreira, Maria Aparecida Campos, Olga Rehl, Leilá Leonardos, e Narbal Fontes.

A viagem é outro centro de interesse para a criança e, pelo seu aspecto instrutivo, pelo elemento fantasia, sem excitar por demais a imaginação, pela variedade de quadros e pela atração do exotismo, tem sido gênero preferencial de todas as literaturas infantis, e, no assunto, não se demarcam bem as fronteiras das obras para adultos desde que não se tratem de obras científicas ou técnicas ou demasiadamente simples. Por exemplo, na série *Viagem através do Brasil* (Edição Melhoramentos), o livro sobre São Paulo, de Lourenço Filho, sendo especificamente para jovens, pode ser lido em todas as idades, e moços e velhos nele têm muito que aprender e se encantar, na variedade dos temas, no comentário agudo, na informação segura e na linguagem elegante e apropriada. Nessa série são muito apreciáveis os livros de Ariosto Espinheira, que tem tratado também problemas de ciências sociais para os jovens. Tirante traduções e adaptações de obras célebres, conta a nossa biblioteca infantil sobre viagens, entre outros, com livros de Lúcia Machado de Almeida, Glorinha de Moura Novais, Telda Belmonte, Luís Martins, Luís Fleury, Joaquim Thomas, Ilka Labarthe, Menotti del Picchia e Kurt Gregorius.

O teatro infantil, que por muito tempo visou de preferência ao texto, vai agora assumindo aspecto mais importante, com a valorização da ação dramática e do elemento cénico. A preocupação inicial era a do teatro para as crianças representarem e só agora se verifica que o que importa é o teatro para as crianças assistirem. As nossas obras em geral preenchiam o primeiro fim, com possibilidades muito restritas e só podiam ter a preocupação da brincadeira. Ao passo que, no teatro infantil moderno, nas peças de Maria Clara Machado, de Lúcia Benedetti, de Oswald de Andrade Filho e outros ainda, a representação constitui um atrativo por si mesma, pela movimentação dramática (que só artistas podem fazer), de sorte que, em vez de um teatro imitado, passa a ser um teatro real.

Naturalmente é preciso uma adaptação de textos, já que se cuida de variar os atores. Entre nós, por muito tempo, o teatro infantil se limitava às festas escolares, e as peças de Olavo Bilac e Coelho Neto, de Figueiredo Pimentel, os monólogos de Eustórgio Wanderley e outras mais, muitas de amadores ou adaptações estrangeiras, constituíram o repertório. Mas, para que o teatro infantil possa preencher sua função de divertir, instruir e educar, deve sair dos colégios e vir para os teatros. Não significa que a encenação de peças por alunos se deva abandonar, mas não deve ser essa a essência do gênero, que está no clima cênico, e este não se improvisa nas escolas. Da mesma forma, o teatro folclórico para as crianças, dos bonecos, dos mamulengos, dos joões-redondos, não é feito por crianças, senão por adultos, destinados porém à gurizada. Assim os palhaços e todos os personagens dos circos. Depois, os elementos de fantasia e sobrenatural, tão aproveitáveis em peças infantis, dificilmente podem ser interpretados pelas crianças e em condições de exercerem sobre as outras, que estão na plateia, a sugestão desejada. O teatro tem de ir à criança e não ser feito por meio delas. E é sem dúvida um grande centro de interesse para os meninos e hoje se dramatizam contos, fábulas, estórias e cenas de livros célebres, considerando que o instrumento dramático é de incomparável emotividade. Nesse sentido a televisão pode ter, e já vai tendo, função muito importante no teatro para crianças. Um dos elementos fundamentais do teatro infantil, como de todo teatro, aliás, é a montagem, o que só pode ser feito com segurança, capaz de permitir os efeitos cênicos desejados, em teatro de verdade e não em improvisações colegiais. A pantomima continua a ser uma atração de muita densidade sugestiva.

Entre os que têm versado o gênero no Brasil, citaremos ainda Carlos Góis, Godofredo Cocconi, Murilo de Araújo, Alice Odando, Edessa Aducci e José Anselmo.

A literatura religiosa foi sempre preferida pelas crianças, que se emocionam com a Paixão de Cristo, adoram a fantasia dos taumaturgos como Santo Antônio, sensibilizam-se com a vida do Menino Jesus, divertem-se com episódios bíblicos, como a história de Noé e da arca com todos os bichos, e se edificam com as forças de devoção e os ensinamentos espirituais. A literatura religiosa figura sempre, nos inquéritos, em lugar de destaque, entre as preferências infantis.

No Brasil, além de traduções e adaptações de obras estrangeiras, quais as admiráveis do Cônego Schmid (Christoph von Schmid), temos os livros de Frei Ildefonso, os de Jorge de Lima, sobre *Santo Antônio* e *São Francisco*, de Carolina Nabuco, de Osvaldo Mates, Graziela Martins, de Frei Sebastião da Silva Neiva, de Valdo Paixão, de Frei Pedro Zinzig, Câncio Berri, Maria Marta, Glória Regi, Márcio Néri, Guaraci Ribeiro, Arlete Soares Silva, Ivone Mota, Coelho Neto, Gustavo Barroso, Maria Cecília Calabresi, Viriato Correia, Emília de Sousa Costa, Leyguarda Ferreira, Érico Veríssimo, Luís Jardim e tantos outros que têm trazido os temas bíblicos ou hagiológicos ao conhecimento da infância e da juventude, além de abundante produção de contos de fundo moral e ensino religioso.

A divulgação científica, que se confunde por vezes com a literatura didática, teve em Lobato, com as lições de Dona Benta, apreciável modelo, e ainda os nomes de Júlio César de Melo e Sousa e Ariosto Espinheira devem ser mencionados com relevo, mas em geral é nos livros de ensino que encontramos tratado o gênero, de forma não raro amena, como na coleção de Felisberto de Carvalho.

Cabe aqui indagar se se incluem ou não no conceito de literatura infantil as enciclopédias, cuja importância para os adolescentes é considerável, embora em algumas os autores se esqueçam às vezes do leitor, e o texto não se diferencie de livros semelhantes escritos para adultos. Nesse tipo possuímos traduções e adaptações, como *O tesouro da juventude* (Ed. Jackson), em 18 volumes; *O mundo da criança* (Ed. Delta), em 15 volumes, e *O mundo pitoresco* (Ed. Jackson), em 15 volumes. A Editora Martins, de São Paulo, lançou no mercado em 1955 a Enciclopédia *Trópico*, ilustrada em cores, em fascículos quinzenais. Valem, sobretudo, como lições de coisas. Toda forma de ensinar e educar pelo deleite espiritual, fazendo com que o menino se sinta interessado pelo assunto a ponto de querer conhecê-lo melhor e, através dele, abranger maior soma de informações intelectuais, é altamente produtivo, pois já foi dito com acerto que as crianças aprendem por meio da literatura, que, acentua Cecília Meireles, não é, como muita gente pensa, um passatempo, é uma nutrição. Além de que tais obras, pela variedade de matérias tratadas, arte, ciência, literatura, costumes, viagens, biografia, favorecem ao pequeno leitor acompanhar suas predileções ou norteá-las. Aliás, em *O mundo da criança*, traduzido e adaptado pela professora Isa W. Bonow, com orientação para pais e mestres, há a indicação de uma biblioteca infantil padrão, de 900 volumes.

Fator essencial na literatura é a apresentação do livro. Entre nós, já se nota a tendência de melhorá-la, com os editores empenhados em aprimorar a feição material dos volumes e preocupados técnica e artisticamente com o assunto. Não se cuida apenas da ilustração, mas por igual do tamanho, da escolha dos caracteres, da mancha tipográfica e demais elementos gráficos para tornar o livro atraente. Os ilustradores ainda não se afirmaram de modo convincente, sendo que a maioria procura o quadro de referência em desenhos explicativos do texto, sem se convencerem (como também os autores) de que na mentalidade infantil os dois elementos aparecem conjugados, se é que o fator artístico não prevalece com maior intensidade. Isso sem falar dos álbuns para as crianças não alfabetizadas, ou que apenas começam a ler, ou ainda em livros didáticos, em que elas aprendem mais pelas figuras do que pela leitura. Note-se que não é só o interesse de despertar na criança um sentimento estético; não, é facilitar-lhe pelo elemento decorativo a compreensão do que está lendo, alargando sua imaginação e ferindo sua sensibilidade.

Chegamos assim às famosas estórias em quadrinhos, contra as quais se move sobretudo o protesto dos educadores, vendo nessa linguagem um prejuízo sério e grave para a criança. Trata-se de um fato novo, de uma linguagem nova que, infelizmente, venceu e já é impossível extirpar. Portanto, necessário é corrigir nos limites do possível, minorar os males que causa. Raquel de Queirós observou que os quadrinhos tiram o prazer da leitura, mas que constituem linguagem nova e que todos os escritores estão-se "enquadrinizando". Um editor do gênero fez uma observação de que os livros da nossa literatura, depois que aparecem em quadrinhos, são ainda mais vendidos. Será? Raquel de Queirós entende que não se deve acusar de preguiça intelectual os meninos escolherem os quadrinhos.

> A leitura dos livros e revistas quadrinizados exige, senão uma especialização formal, pelo menos um aprendizado específico. Tente qualquer um de nós ler qualquer uma das complicadíssimas narrativas apresentadas nas revistas de quadrinhos: a primeira coisa que se consegue é uma boa dor de cabeça. O enredo é mais complicado que um romance de Dumas, os personagens são numerosíssimos, as aventuras obedecem a um plano tão dinâmico quanto o de cinema, sem falar nos nomes próprios quase todos americanos; e do desenho, que de tão miúdo e detalhado, exige atenção minuciosa e bom golpe de vista para localizar rapidamente a situação, e para que se percebam, de quadro para quadro, as alterações, acompanhando a marcha sempre acelerada da ação.[10]

Já agora o mal é inevitável, e mesmo que se procure remediar, será, sem dúvida, um dos prejuízos mais sérios dos tempos modernos causados à infância e à juventude. Quanto aos assuntos, nesse ponto é fácil sempre procurar bons temas. O próprio desenho, via de regra detestável, poderia ser aperfeiçoado, mas nada se pode fazer quanto à limitação intelectual que representa o processo. As coisas reais ou fantásticas aparecem aos olhos dos pequenos leitores esquematizadas pela ilustração excessiva. Nenhuma possibilidade de imaginar, de fazer um personagem mais bonito ou mais feio, uma paisagem mais viva ou mais decorativa, em suma, da criança penetrar na estória, como acontecia geralmente, pois a ilustração era apenas sugestiva. Apassiva as imaginações, que recebem tudo pronto e acabado, como lhes é ministrado. O texto por igual não serve mais para contar, diz apenas o que está desenhado, a leitura é precária, a mais sucinta possível, sem provocar qualquer meditação, e sua trivialidade decorre do próprio desenho. Não há a emoção artística das ilustrações, nem abre caminhos elucidativos no espírito do menino. Já não direi pedagogicamente, mas espiritualmente é um dano imenso.

Acredito tenha sido o cinema o inspirador dos quadrinhos. Mas o cinema é outra coisa e tem outras possibilidades. Por exemplo, mediante a arte admirável de Walt Disney, na tela, criou um mundo novo para as crianças na interpretação de velhas estórias e fábulas, na criação de novas resultantes de seus tipos excepcionais como o pato Donald, o camundongo Mickey, o cachorro Pluto, o veadinho Bambi. Note-se, contudo, que essas mesmas figuras em quadrinhos se vulgarizaram e banalizaram, perdendo originalidade e poesia.

Walt Disney é um artista extraordinário para as crianças. A graça, o encanto, a variedade de seus desenhos, o caráter dos seus tipos, a maneira com que se projetam na alma das crianças o tomam um dos grandes criadores do gênero, abrindo um elemento novo. Mas é preciso não esquecer que seu instrumento é o desenho animado, onde pode ser sentido em sua plenitude, na realidade descritiva, plástica, dinâmica, sonora e colorida. Já na ilustração, a cores embora, só aparece com alguns elementos em destaque. Nos quadrinhos, sobretudo em branco e preto, é uma má tradução de um grande original. Walt Disney, além de sua equipe de desenhistas, tem tido seguidores e imitadores de toda espécie, que nem sempre honram o grande modelo.

Não é de crer que os quadrinhos possam ser aperfeiçoados, já ficou dito, pois o mal está na sua própria essência. Foi um impacto tremendo de vulgaridade no mundo das crianças, mas já pelo prestígio que adquiriram e pelos interesses materiais que representam, não desaparecerão, e o protesto é um clamor no deserto... Como contrabalançar o mal? Não basta aperfeiçoar o desenho e a estória, ou melhor o enredo da história — é o máximo que se pode fazer — porque o processo continuará a afastar o menino do livro e a prejudicá-lo de todo jeito. O texto pode ser de quem for, um conto de Perrault, uma fábula de La Fontaine, uma estória dos Grimm ou de Andersen, mas então aparece ressequido, desprovido de todas as suas sugestões sem que possa o guri nele se transpor, pois tudo já vem trocado em miúdo...

Hoje, além de livros e revistas, os jornais publicam suplementos e páginas infantis em quadrinhos, via de regra traduzidos e nem sempre bem. Algumas de suas figuras se popularizaram como Brucutu, Flash Gordon, Pafúncio e Marocas e a bicharada de Walt Disney. Sérgio Marcelo organizou uma *Enciclopédia* em quadrinhos. Aliás, todos os assuntos servem, literários, históricos, científicos, religiosos, porque do que se trata é de uma linguagem nova, infelizmente pobre e limitada, senão prejudicial. E o mal cresce; os que na infância se habituam a essa linguagem continuarão a utilizá-la quando adultos. Por isso mesmo, já se estão enquadrinhando livros de toda espécie.

A música é um grande elemento de diversão e de ilustração, mas os livros que tais têm de ser mais dirigidos aos professores do que aos alunos. Eles só poderão ter a sua prática, e em geral os textos musicais lhes são incompreensíveis. No entanto, há um papel da música na literatura infantil, nos brinquedos e diversões. Na literatura, como elemento de ilustração, muitas histórias podem ser dramatizadas com o auxílio musical e, assim, utilizadas da melhor forma. Com o nosso rico cancioneiro musical infantil, essa contribuição pode ser inestimável, na escola ou mesmo em casa, e livros como o *Guia prático*, de Villa-Lobos, ou as obras de Fabiano Lozano, Ceição Barros Barreto, ou de Alexina de Magalhães Pinto podem ser de grande proveito, posto não pertençam à literatura.

Os cantos infantis, desde os acalantos, depois as rodas, os jogos com música, as danças e cantigas, "pelo ritmo dos versos e a música das palavras repetidas podem levar a interesse pela letra e ao sentimento pelas formas em que são usados" (Ethel Bauzer). Mas, no caso, é preciso distinguir o que é utilizado ora na escola ora na vida comum do menino, porque aquela parte é orientada e esta inteiramente livre. O canto de base folclórica nas escolas das zonas de imigrantes é fundamental para atrair a criança ao meio e afastá-la das reminiscências dos países originários, de tal forma o ritmo se impregna na alma infantil e contribui para sua nacionalização. Merecem também ser citados, posto que didáticos, os livros que ensinam rudimentos de música em forma suave e divertida, já hoje numerosos.

A revista infantil — que nasceu na Inglaterra no começo do século XVIII, com *Juvenile Magazine* e aparece na França com *Le Journal des Enfants*, em 1833 — surgiu, no Brasil com o *Tico-Tico*, em 1905, com êxito extraordinário. Logo as figuras de Chiquinho, com seu cachorro Jagunço, de Juquinha e depois de Zé Macaco entraram na intimidade de todas as crianças do Brasil. Impresso a cores, foi a delícia dos velhos de hoje, sem esquecer a emoção dos concursos que publicavam os nomes dos que haviam enviado respostas certas.

Essas revistas depois se multiplicaram e já existem em número avultado, além dos suplementos e páginas infantis dos jornais, quase sempre em quadrinhos e em geral traduzidas.

Os jornais e revistas têm maior penetração ainda do que o livro. Mais acessíveis às crianças, por isso mesmo despertam maior preocupação entre educadores e pais. Fez o INEP um inquérito para apurar o valor e a influência de tais publicações.[11] De modo geral, são lidas por 79% de escolares, que em maioria acreditam nas suas vantagens. A predileção é por contos e narrativas, mas verificaram que apresentam apenas um décimo de humorismo sadio e só um centésimo de estórias tem personagens dignos de imitação. O mais são aventuras violentas, viagens e desportos, cenas da vida comum. Muita briga, agrssão, rapto e crimes em geral, sendo que frequentemente os criminosos e aventureiros superam as criaturas normais. Ambiente quase sempre estrangeiro, por proceder do exterior a matéria estampada aqui, traduzindo-se simplesmente o texto. Enquanto a maioria de alunos e mães reconhecia valor educativo nessas leituras, menos de um quarto de professoras o aceitava e 40% opunham restrições bem fundamentadas. Na resposta ao quesito para saber se essas leituras melhoravam os alunos, 27% das professoras as consideraram prejudiciais e 33% faziam depender do caso.

A minúcia do inquérito e o cotejo das respostas não nos levam a conclusões otimistas, tendo o assunto sido estudado com seguro critério: enredo, ambiente, atos e fatos principais, personagens, ilustrações e linguagem, além da feição material. A conclusão a que se chega é que estão longe de atender às suas finalidades, inclusive porque a linguagem é eivada de erros, inclusive de concordância gramatical, de regência em geral, além de gíria e plebeísmos grosseiros.

Nos Estados Unidos, e isso tem muita importância para nós, porque de lá vêm tais revistas, cresce uma onda de revolta contra as más publicações infantis, e os educadores têm sido infatigáveis em denunciar a sua ação deletéria, capaz mesmo de comprometer o futuro da nação. Na França o grito de alarma foi dado pelo então presidente Vincent Auriol, e uma lei estabeleceu a sua fiscalização.

É preciso não esquecer que a literatura infantil tem sido indicada ainda como instrumento de colaboração internacional e tendência pacifista. O Centro Internacional de Educação de Genebra fez uma pesquisa sobre literatura infantil em geral, em 26 países, com itens especiais relativos aos que procuravam desenvolver a amizade das crianças por outros povos, do que deu conta no volume em francês e inglês — *Literatura infantil e colaboração internacional* (Genebra, 1932). No prefácio, Blanche Weber não se mostra muito inclinada a uma literatura de tendência pacifista, cujo aspecto de propaganda se tornaria sensível, prefere antes se procure fazer com que as crianças de um país conheçam melhor a vida, os costumes, os jogos, as cantigas e danças das de outras terras. Esse trabalho pode ser obra de associações internacionais mas resultará custoso e difícil, além do problema das línguas. Creio que os grandes feitos a favor da paz, a obra dos benfeitores da humanidade, dos que se têm empenhado pela concórdia entre as nações podem e devem ser levados à juventude, mas não nos esqueçamos de que as façanhas guerreiras são sempre mais atraentes e os temas cívicos as exploram continuadamente. Nem por isso o empenho para despertar, por meio da literatura infantil, as tendências pacifistas na mocidade deve esmorecer, antes ser estimulado com livros como *Nils Holgerssons*, de Selma Langerlöf, e *Cease Firing and other stories*, contando a história da Liga das Nações habilmente misturada à vida de meninos de todos os países, e outras tentativas mais, sobretudo nos países anglo-saxônicos.

IV

No panorama geral da literatura infantil brasileira desde logo nos surpreende o número ainda reduzido de especialistas no gênero. A maioria dos autores se compõe de escritores que *também* escrevem para crianças, não raro acidentalmente. Outros são improvisadores. Poucos possuem técnica e orientação, nem sempre supridas por pendor legítimo. Resultam livros, às vezes de valor artístico, bem urdidos e bem encaminhados, mas falhos na intenção, na forma, no critério, na originalidade sobretudo. No próprio Monteiro Lobato, a sua vocação nem sempre foi bem dirigida. A circunstância de ser uma literatura rendosa, por isso mesmo com grandes tiragens na relatividade editorial brasileira, tem levado muita gente a utilizar-se dela, sem vantagem para os leitores. Daí aquele apelo angustioso de Cecília Meireles, Lúcia Benedetti e Lourenço Filho aos que não forem portadores de nenhuma mensagem para as crianças, para que não escrevam para elas — "elas lhe ficarão a dever por isso..."

Dir-se-á que o gênero está muito esgotado, os temas já foram admiravelmente utilizados em várias literaturas, de sorte que o terreno original se limitou em extremo. Esta parece réplica ingênua. A fantasia humana em tempo algum deixou de ter um desdobramento infinito, e bastaria a variação dos centros de atração para justificar todos os prodígios de imaginação. A obra de Lewis Carroll, com sua *Alice no país das maravilhas*, a de Carlos Lorenzini, com seu *Pinóquio*, e os bichos de Walt Disney constituem a melhor resposta. Nada justifica que continuemos na mesma monotonia dos temas, em geral adaptações nem sempre bem tramadas. Poucos escritores vieram ao mundo das crianças e sentiram de perto sua sensibilidade. Assim modelam seus livros em outros e os concebem dentro de suposições estabelecidas e não vividas por experiência direta ou por intuição segura e definida, como foi o caso de Monteiro Lobato nas figuras e ambientes que criou, infelizmente nem sempre completados pelos conceitos e pela linguagem.

A literatura infantil não é como a didática, para ser explicada; atua diretamente no espírito da criança, onde tem de ser recriada, por assim dizer. O assunto parece secundário, qualquer deles oferece um mundo de sugestões capazes de distrair e emocionar o leitor. A tarefa desses escritores é de uma perpétua adivinhação, para descobrir quer o tema, quer o enredo, quer o desenvolvimento capazes de entreter o menino, sem prejudicá-lo nunca, sem comprometer-lhe a formação e, se possível, educando e instruindo.

É necessário atender melhor à evolução da criança, a transformação da fase egocêntrica ao período de socialização, verificar com exatidão os processos literários, em especial o modo de sensibilizá-la artisticamente e a maneira de falar-lhe pela linguagem inteligível, simples e variada e atender ainda a condições psicológicas, porque a literatura infantil é sempre formadora e conformadora da criança.

"Ainda nos falta" — para citar novamente palavras do mestre Lourenço Filho — "mais precisa conceituação de gênero literário especialíssimo, que é a literatura infantil; e, para sermos francos, têm-nos faltado medidas sistemáticas tendentes à sua elevação ou significação social, digamos assim, e que ensejem maior número de escritores de alta qualificação a juntar-se aos que, do mesmo valor, de modo continuado ou acidentalmente, tenham já dedicado a necessária atenção ao assunto".[12] Por esta ou por aquela razão só recentemente se vem sentindo uma maior preocupação pela literatura infantil, no Brasil.

A Comissão Nacional de Literatura Infantil, criada em 1936 pelo então ministro da Educação, Gustavo Capanema, não teve continuidade, infelizmente. Levantou então 253 obras em português, editadas no Brasil e em Portugal. Mais tarde, em 1943, esse número já se elevava a 605 e a excelente *Bibliografia de literatura infantil em língua portuguesa* (São Paulo, 1955) chegou a 2.388, maior testemunho do incremento que vai obtendo o gênero. Não há certeza contudo sobre se o crescimento numérico está sendo acompanhado pela melhoria da produção.

Uma crítica justa da literatura infantil só poderia ser feita pelas próprias crianças... porque os adultos ou a sentem no plano da literatura geral ou no terreno pedagógico. Não têm aquela ingenuidade, irrecuperável na vida, através da qual veem as coisas no mistério que ainda não lhes foi revelado, a menos nas suas aparências. A experiência dessa crítica, pela predileção que revela, quando são livres de escolher as obras nas bibliotecas infantis, é muito proveitosa, mas não são muitos os que os leem em bibliotecas, em geral os pais é que escolhem e compram. Essa orientação, porém, embora restrita, seria a melhor possível, pelo menos como ideia geral, pois já foi possível estabelecer, pelas pesquisas dessa natureza, segundo o depoimento de Cecília Meireles, uma curva de preferências, que não é a mesma nos dois sexos.

Essa observação é da maior importância e quantos escritores nossos a verificaram antes de fazer seus livros? Só no convívio com as crianças as conheceremos e poderemos saber como orientá-las.

NOTAS

1. Relatório da Comissão de Literatura Infantil, ano de 1956 (in *Diário Oficial*, 5 junho 1956).
2. Cecília Meireles. "Literatura infantil" (in *O Jornal*, 5 junho 1957).
3. Irene Lustosa, comentando a organização de uma coleção infantil (in *Revista do Ensino*, Belo Horizonte, VII, maio 1954).
4. Cf. Renato Almeida. *Inteligência do folclore*. Rio de Janeiro, 1957, p. 77-78.
5. Charles Perrault. *Contes en vers*. Paris, 1948, p. 24.
6. Cecília Meireles. *Problemas da literatura infantil*. Belo Horizonte, 1951, p. 107.
7. Eça de Queirós. "Literatura de Natal" (in *Cartas de Inglaterra, Obras Completas*, v. IX), Porto, 1947, p. 45 e 47.
8. Félix Martí Ibañez. "Psicopatologia dos mitos e das lendas e dos contos infantis". Tradução de Célia Neves (in *Revista Brasileira de Estudos Pedagógicos*, Rio de Janeiro, n. 37, 1949, p. 30).
9. Josualdo. *Literatura infantil*. Buenos Aires, 1955, p. 194.
10. Raquel de Queirós, "A nova literatura" (in *O Cruzeiro*, Rio de Janeiro, 27 julho 1957).
11. "Uma investigação sobre jornais e revistas infantis" (in *Revista Brasileira de Estudos Pedagógicos*). V. II, 5 e 6 e v. III, 7 e 8. Rio de Janeiro.
12. Lourenço Filho. "Como aperfeiçoar a literatura infantil" (in *Revista Brasileira*, Rio de Janeiro, n. 7, 1943, p. 165).
    (NOTA) A Fundação Nacional do Livro Infantil e Juvenil edita um Boletim Informativo sobre literatura infantil, com artigos, opiniões, noticiário. Ainda sobre o assunto, ver: Leonardo Arroyo, *Literatura infantil brasileira*, São Paulo, Edições Melhoramentos, 1968.

62. *Mário Chamie*
O VERSO: PERMANÊNCIA E EVOLUÇÃO

Debate histórico: a metrificação. Os tipos de verso. As regras. Do Barroco ao Simbolismo. O Modernismo e a mudança no sistema. Conclusões.

1. UM DEBATE HISTÓRICO

No debate de programas ou na definição de cânones estéticos de nossas escolas literárias, o verso e sua nomenclatura retórica sempre ocuparam um lugar de relevo. Pode-se dizer que até o advento do Modernismo brasileiro, em 1922, o verso, em suas diferentes espécies métricas, constituía a base fundamental das sucessivas "poéticas" de nossa poesia, do Barroco ao Simbolismo.

Na evolução desse debate, em língua portuguesa, o ano de 1851 representa uma data-chave. Nesse ano, o poeta português Antônio Feliciano de Castilho publicou o seu *Tratado de metrificação portuguesa*.

Até Castilho e sua obra teórica, a tradição retórica da poesia brasileira se pautava pelas lições de tratadistas europeus, de modo geral italianos e espanhóis. Essa tradição se reflete, à evidência, nos sistemas de contagem de sílabas e a consequente determinação e classificação rítmica dos versos, através da incidência de seus acentos. Péricles Eugênio da Silva Ramos resume com precisão o assunto: "É fato bem sabido que antes da publicação do *Tratado de metrificação portuguesa* (1851) de A. F. de Castilho, os versos de nossa língua eram designados à italiana ou espanhola: contava-se uma sílaba além da última acentuada, quer o final do verso fosse grave (e assim existisse a sílaba), quer fosse agudo (e assim a sílaba não existisse), quer fosse esdrúxulo (e assim houvesse duas sílabas, que se contavam por uma). Dizia-se, pois, que eram hendecassílabos (isto é, de 11 sílabas) os seguintes versos, que hoje chamamos decassílabos (de 10 sílabas):

> Ali na multidão desses heróis;
> Em turbilhão de eternos resplendores;
> A noite, o mais tranquilo dos narcóticos.

A reforma de Castilho acabou vitoriosa, e hoje contamos os versos até a última sílaba acentuada, desprezando as demais para efeito de designação".[1]

Se a reforma de Castilho passou a reger o sistema de versificação em nossa poesia, do Romantismo ao século XX, não significou isso nem a suspensão do debate nem a uniformização de normas e princípios inquestionáveis. Ao contrário, embora tenha acabado por se impor o processo de Castilho, sua contestação e mesmo seu aproveitamento parcial ou misto sempre acompanharam a sua trajetória de adoção progressiva e generalizada. Tanto no Brasil como em Portugal, tratadistas e poetas de diferentes épocas e escolas levantaram suas dúvidas, discordâncias e rejeições.[2]

No Brasil, a adoção definitiva do processo de Castilho acontece no Parnasianismo, a ponto de Olavo Bilac e Guimarães Passos, em seu famoso *Tratado de versificação*, sequer considerarem as denominações ou a terminologia designativa dos versos utilizados anteriormente ao tratado do poeta português. Revogada essa terminologia, o método de Castilho impôs-se como orientação autorizada e inconteste não só para a análise da metrificação pós-parnasiana, mas também para a análise da poesia pré-parnasiana, não obstante tenha esta seguido os cânones tornados supostamente arcaicos ou obsoletos. Nesse sentido, Manuel Bandeira, ao estudar a métrica de alguns versos de Casimiro de Abreu, deixa claro o poder de influência dessa orientação: "Pessoalmente, prefiro o critério de Castilho, isto é, a contagem até a última sílaba tônica. As sílabas átonas dos versos graves e esdrúxulos não influem na estrutura dos mesmos: podem influir na do verso seguinte. Assim na poesia "Valsa", de Casimiro de Abreu:

> Pensavas,
> Cismavas,
> E estavas
> Tão pálida
> Então;
> Qual pálida
> Rosa
> Mimosa,
> No vale,
> Do vento
> Cruento
> Batida...

No sexto verso a última sílaba de "pálida" pertence na realidade ao verso seguinte "Rosa", que tem uma sílaba a menos, como era de necessidade, sem o que se quebraria o ritmo uniforme do poema.[3]

No domínio desse debate, porém, arcaizar regras não corresponde a eliminar a sua presença reatualizada, nem a desconhecer o fato de que regras novas também se arcaízem pela descoberta de sua presença e preexistência no passado. É o que ocorre com o verso alexandrino exercitado preferencialmente pelos nossos poetas parnasianos.

Considerada a distinção entre o alexandrino clássico e o alexandrino arcaico, compreendemos esse jogo de recorrência entre arcaização e atualização. O alexandrino arcaico ou espanhol tem algumas conceituações diversas. Predominantemente, em língua portuguesa, antes da reforma de Castilho, era definido como aquele verso de 12, 13 ou 14. Sérgio Buarque de Holanda, que subscreve esse entendimento, assinala que nesse verso não se dava nenhuma "obediência a algum princípio métrico verdadeiramente uniforme, pois abrange em sucessão arbitrária, versos de doze, treze e até quatorze sílabas, tudo dependendo do primeiro hemistíquio, que pode ser indiferentemente agudo, grave ou esdrúxulo".[4]

O ponto de vista de Sérgio Buarque de Holanda é correto, se consideramos o sistema métrico pré-Castilho, o qual contava sempre, depois da tônica final de cada verso, as sílabas seguintes (uma ou duas), existissem essas ou não. Imaginemos estes exemplos:

> Esmeralda apanha a tâmara.
> Isabela alisa a pele.
> Carolina esconde o véu.

Esses versos, segundo a preceptiva arcaica, teriam sucessivamente: 9 sílabas (o primeiro); 8 sílabas (o segundo) e 7 sílabas (o último). Pela preceptiva pós-1851, porém, os três versos (redondilhos maiores) têm, igualmente, 7 sílabas cada um, sendo o primeiro esdrúxulo, o segundo grave e o terceiro agudo.

O alexandrino arcaico, portanto, era um verso de 14 sílabas, formado pela duplicação do verso de 7 sílabas, já que, pela preceptiva pré-1851, contava-se a sílaba (existente ou não) posterior à 6ª acentuada, acontecendo o mesmo depois da última tônica do verso. Sua prática remonta aos séculos XII e XIII, na poesia de língua espanhola (Berceo); e, nos Cancioneiros galaico-portugueses, constata-se seu uso e presença.

O alexandrino clássico, por sua vez, consagrado pelo sistema métrico de Castilho, segue o critério francês pelo qual é ele a soma de dois hexassílabos, correspondentes a dois hemistíquios, perfazendo o verso doze sílabas e não mais quatorze.

Face aos dois tipos de alexandrino, e considerada a revolução castilhana, seria de se admitir, numa linha sequencial histórica, que o alexandrino de doze sílabas, adotado pelos poetas parnasianos, representaria a atualização de uma técnica, enquanto o alexandrino espanhol (14 sílabas) representaria a sua arcaização.

A rigor, isso não corresponde à realidade. Tomada a data-chave de 1851 e o movimento parnasiano como referência cronológica, verifica-se que tanto o alexandrino clássico retrocede, em seu uso, para períodos anteriores quanto o alexandrino arcaico avança, em seu uso, para períodos posteriores a todos esses marcos referidos. Bocage, por exemplo, antes da reforma de Castilho já exercitava o alexandrino clássico (forma de arcaizá-lo). Castro Alves, ao contrário, no Brasil, e depois da reforma, utiliza o alexandrino arcaico (forma de atualizá-lo). Castro Alves, aliás, pratica os dois sistemas sem nenhum compromisso com qualquer evolução ou substituição canônica de um para o outro. Esse compromisso canônico, assumido pelos poetas parnasianos, apesar de datado e proclamada a sua obediência, não representou, em si mesmo, nenhum estágio irreversível da evolução do sistema de metrificação e, muito menos, uma palavra de ordem homogênea para a prática do alexandrino clássico. A análise atenta da poética parnasiana nos evidenciará, primeiro, que o alexandrino clássico não é o resultado de uma transformação, digamos, morfológica do alexandrino arcaico; segundo, que a prática do alexandrino clássico pelos nossos poetas parnasianos não observa suas regras fixas e regulares.

No primeiro caso, a suposta passagem histórica de um verso de 14 sílabas para um verso de 12 é simples casuísmo nominal: a diferença de quantidade silábica sempre foi o critério de contagem após a tônica final de cada verso (no verso arcaico, contava-se a sílaba ou as sílabas pós-acento, no clássico não).

No segundo caso, a abundância da aplicação "irregular" dos acentos métricos na produção parnasiana (e pós-parnasiana) seria suficiente para ressaltar o caráter pendular, reversível e flutuante das técnicas de versificação, em nossa tradição literária. Exemplo: o alexandrino "regular", em princípio, é composto de dois hemistíquios; pela incidência do acento na 6ª sílaba do primeiro hemistíquio e do acento na 12ª, sua estrutura básica e típica é definida em sua formação de verso bimembre; no entanto, o que se tornou comum na poética parnasiana brasileira foi a ampla versatilidade de aplicação tônica dos acentos, fazendo trimembre a convencionada forma bimembre do verso. Tal versatilidade acentual alastra-se pelas obras de poetas "maiores" e "menores" de nosso Parnasianismo, a ponto de a própria denominação de "alexandrino" não identificar mais com precisão o verso de doze sílabas que, mais corretamente, deveria passar a chamar-se apenas de "dodecassílabo".

2. MUDANÇA RADICAL NO DEBATE

O debate métrico que sempre redundou na escolha prioritária de um tipo de verso pelas diferentes escolas poéticas, do Barroco ao Simbolismo, sofre, com o advento do movimento de 22, uma mudança radical. Se do Barroco ao Simbolismo é o arcabouço da retórica codificada, representada nos diferentes tipos métricos de verso, que vai oferecer as alternativas de expressão rítmica predominante para as poéticas daqueles movimentos, a partir de 22, esse arcabouço será contestado e substituído pela liberdade de todos os ritmos possíveis, à margem de qualquer escolástica ou dogma.

Em outras palavras: o verso metrificado que caracteriza, em suas espécies prioritárias, a poesia barroca (as redondilhas maior e menor — Anchieta e Gregório de Matos), a poesia árcade (o decassílabo — Cláudio Manuel da Costa, Gonzaga), a poesia romântica (o eneassílabo — Gonçalves Dias, Álvares de Azevedo), a poesia parnasiana (o alexandrino — Bilac, Alberto de Oliveira, Vicente de Carvalho), a poesia simbolista (os metros irregulares — Cruz e Sousa), deixa de caracterizar a poesia moderna ou modernista que coloca o verso livre no eixo e no centro de todo o discurso poético digno desse nome.

Esse deslocamento temático teve em Manuel Bandeira o seu profeta e praticante. Deixando de ser o verso e suas diferentes espécies de metro o parâmetro e o indicador das tendências poéticas das escolas literárias, os sistemas retóricos tradicionais perderam sua eficácia, e debater a partir deles ou sobre eles tornou-se obsoleto. Negados em bloco esses sistemas, cederam eles lugar ao seu extremo oposto: o das poéticas da antirretórica sem regras preceptivas que não fossem ditadas pelo livre ritmo individual, pela imaginação criadora do poeta e pelo arbítrio de uma inventiva de palavra e poesia.

A oposição *sistema retórico* versus *antirretórica sistemática*, na verdade mascarava, no deslocamento desse debate, a oposição entre "artes poéticas" e "poesia". Esta, estrangulada pelos critérios de versificação, abafava-se sob o império dos artifícios técnicos de versificadores convertidos, antes de tudo, em artífices da palavra e do verso.

Manuel Bandeira,[5] em 1918, captou a contraposição e no poema "Os sapos", de efeito mais contundente do que um tratado, a pôs a nu. O poema de Bandeira é um misto de plataforma e pré-manifesto dos tempos novos que se anunciam. Citemos este trecho:

> O sapo-tanoeiro,
> Parnasiano aguado,
> Diz: — "Meu cancioneiro
> É bem martelado.
>
> Vede como primo
> Em comer os hiatos!
> Que arte! E nunca rimo
> Os termos cognatos.
>
> O meu verso é bom
> Frumento sem joio.
> Faço rimas com
> Consoantes de apoio.

Vai por cinquenta anos
Que lhes dei a norma:
Reduzi sem danos
A fôrmas a forma.

Clame a saparia
Em críticas cépticas:
Não há mais poesia,
Mas há artes poéticas..."

Urra o sapo-boi:
— "Meu pai foi rei!" — "Foi!"
— "Não foi!" — "Foi!" — "Não foi!".

Brada em um assomo
O sapo-tanoeiro:
— "A grande arte é como
Lavor de joalheiro.

Ou bem de estatuário.
Tudo quanto é belo,
Tudo quanto é vário,
Canta no martelo."

(...)

Longe dessa grita,
Lá onde mais densa
A noite infinita
Verte a sombra imensa;

Lá fugido ao mundo,
sem glória, sem fé,
No perau profundo
E solitário, é

Que soluças tu,
Transido de frio,
Sapo-cururu
Da beira do rio...

Neste fragmento do poema, as oposições, que transcendem a mera controvérsia sobre preferências métricas no âmbito de uma escola literária, são claras. A contraposição central, de que decorrem todas as outras, indica que arte poética não é, necessariamente, poesia. A arte poética reduz "a fôrmas a forma". Vale dizer: sobrepõe o artifício à espontaneidade orgânica do dizer e da dicção. O artifício, cuja matéria-prima primordial é o verso metrificado, é "lavor de joalheiro / ou bem de estatuário". O castigo imposto à expressão poética livre "canta no martelo" que petrifica ou marmoriza o contorno de tudo, esquecendo-se que, atrás da aparência rígida da palavra escultural, lateja a "noite infinita" e "mais densa", fonte da subjetividade criadora, donde provêm os ritmos inumeráveis e imprevisíveis como a própria vida dos sentimentos e das paixões humanas. Longe dos "tratados de versificação" (ou "longe dessa grita"), o que Bandeira prevê e preserva é o ato "solitário" do poeta que fale por todos nós, emerso do "perau profundo" de sua sensibilidade sem fórmulas ou espartilhos restritivos. Ainda que se registre a parcela inevitável de utopia nesse desejo de liberdade individual, o fato é que ele representou uma vocação histórica que parece comprovar a não linearidade da suposta evolução do verso em nossa literatura.

Assim, profeta do movimento de 22, instaurado este, será o próprio Bandeira o proclamador de sua antirretórica poética, através, mais uma vez, de um poema e não de plataforma teórica. Por ironia ou não, o título de "Poética", que traz esse poema do livro *Libertinagem*, sublinha o obsoletismo do velho debate entre tipos prioritários de uso predominante de versos nas escolas literárias pré-modernistas. Solitário como o "sapo-cururu", mas falando por todos e pelos novos tempos, esquadrinha em definitivo o contraponto entre a retórica codificada da metrificação e a antimetrificação da linguagem, fora do diapasão dos tratados e das nomenclaturas do verso tradicional.

Em "Poética", Bandeira retrata a ruptura da poesia com o processo da suposta evolução do verso. Essa evolução deixa de existir para que, paradoxalmente, o próprio verso continue a atualizar-se e arcaizar-se, no jogo pendular de sua permanência. Concentrando no lirismo a identidade essencial do ato poético, Bandeira desenvolve as suas contraposições exemplares. De um lado, a saturação diante de todas as preceptivas retóricas e suas classificações:

>Estou farto do lirismo comedido
>Do lirismo bem comportado
>Do lirismo funcionário público com livro de ponto expediente
>>protocolo e manifestações de apreço ao sr. diretor
>
>Estou farto do lirismo que para e vai averiguar no dicionário
>>o cunho vernáculo de um vocábulo

> Abaixo os puristas
>
> Todas as palavras sobretudo os barbarismos universais
> Todas as construções sobretudo as sintaxes de exceção
> Todos os ritmos sobretudo os inumeráveis
>
> Estou farto do lirismo namorador
> Político
> Raquítico
> Sifilítico
> De todo lirismo que capitula ao que quer que seja fora de si mesmo.

De outro lado, a adoção dos ditados e pulsões do "perau profundo" da subjetividade desembaraçada da hierarquia, do conceito e da regra convencional:

> Quero antes o lirismo dos loucos
> O lirismo dos bêbados
> O lirismo difícil e pungente dos bêbados
> O lirismo dos clowns de Shakespeare
>
> — Não quero mais saber do lirismo que não é libertação.

Esvaziado, portanto, o velho embate de poéticas de nossas escolas literárias — do Barroco ao Simbolismo —, pela "libertação" de 22, o verso livre ganhou foros de rotina compositiva e erigiu-se em selo identificador da modernidade em voga. Acolhendo "todos os ritmos sobretudo os inumeráveis", segundo o próprio Bandeira, o verso livre abrigava todos os matizes de expressão. Não mais mensurável, a não ser pela intuição dos seus limites e fronteiras com a prosa, o uso fecundo do verso livre abriu espaço também ao reaproveitamento do verso metrificado, onde e quando este, sem a obrigatoriedade de sua canônica, correspondesse ao desejo de dicção do poeta moderno e de seu poema. A quebra da hierarquia canônica, cuja preceptiva era obedecida a rigor pelas poéticas dos movimentos anteriores ao Modernismo, comprovava mais uma vez a permanência do verso tradicional reatualizado por formas de uso, as quais não podem ser consideradas etapas ou momentos de sua linha evolutiva. Essas formas de uso representavam, na melhor das hipóteses, a opção indiscriminada e pessoal daqueles poetas que, em razão da peculiaridade específica de sua obra ou poema, as aplicavam com independência e autonomia.

Quase todos os poetas modernistas reatualizaram o verso tradicional, descomprometidos com a sua pureza retórica ou com os princípios rígidos de sua preceptiva. A começar por Manuel Bandeira e Mário de Andrade até Jorge de Lima e Drummond, cultores exímios do verso livre, a prática híbrida e mesmo anárquica do verso tradicional cobre todo um período pós-22. Bandeira em *A lira dos cinquent'anos,* Mário de Andrade em *Lira paulistana,* Jorge de Lima em *Invenção de Orfeu* (verdadeira carnavalização de tipos e gêneros de versos metrificados) e Drummond em *Claro enigma* (tercetos e sonetos com laivos camonianos) seriam, entre tantos outros, alguns exemplos inequívocos dessa prática.

Depois de 22, o processo pendular de arcaização e reatualização do verso tradicional, se não desapareceu por completo, sofreu, pelo menos, as consequências de uma reformulação drástica.

Mário de Andrade, já em 1930, advertira sobre a descaracterização do verso livre que passou a servir de panaceia à incompetência e à mediocridade.[6]

O reaproveitamento do verso metrificado pelos grandes poetas de 22 teria sido a primeira resposta a essa advertência. A geração de 45, porém, se incumbia de tomá-la ao pé da letra e, a pretexto de corrigir a desordem, repôs a retórica e a técnica de versificação entre os temas de seu programa estético. Essa retomada, sob certos aspectos neoparnasiana e neomodernista ao mesmo tempo, se fez ressurgir o interesse pelo estudo de técnicas de versificação,[7] ressuscitou também a atitude crítica radical contrária a tal ressurgimento. Nesse sentido, as vanguardas das décadas de 50 e 60, em suas divergências internas, foram além da "poética" de Manuel Bandeira, dos anos 20, e simplesmente arguiram a crise do verso do modo taxativo.

O Concretismo, ortodoxo em seu dogmatismo fechado, declarou, em resposta peremptória à Geração de 45, "encerrado o ciclo histórico do verso".[8] Mais do que isso: substituiu a preceptiva da sintaxe linear da palavra pela rígida preceptiva da enigmática sintaxe analógica-visual, cujo modelo era o ideograma chinês. Contra essa posição nominalista e esterilizante, absurda face à própria natureza do discurso verbal das línguas neolatinas, rebelou-se a Poesia Práxis, que, respeitando a articulação orgânica da frase, superou, na sua escrita poética, o verso tradicional pela estrutura nova do que denominou de "signos de conexão".[9]

Mesmo nesse novo patamar de um longo debate, a alternância uso/desuso ou arcaico/reatualização não deixou de se verificar, pouco importando que a palavra "verso" decaísse ou não de seu prestígio milenar. No âmbito do Concretismo, por exemplo, oito anos após a declaração bombástica do "fim do ciclo histórico do verso", voltou-se a ele, sob a capa extravagante deste prolixo eufemismo: verso-semântico-conteudístico-participante".

3. ALGUMAS CONCLUSÕES

Com este breve excurso expositivo, cabe-nos sugerir algumas possíveis conclusões a saber:

a) na poesia brasileira, em vez de uma evolução estrutural do verso, registra-se o emprego de técnicas e modelos de metro já prefigurados em nossa tradição retórica;

b) o emprego predominante de um tipo de verso e suas variações técnicas por determinada escola literária e seus poetas não significou nunca o abandono ou exclusão de outros tipos e outras variações pelos mesmos poetas da mesma escola;

c) no uso diferenciado de metros poéticos, através e ao longo de escolas e movimentos literários, prevaleceu sempre a lei pendular da alternância, pela qual um metro em desuso temporário volta a ser praticado, assim como um metro em vigor pode cair em desuso periódico.[10]

Essas possíveis conclusões nos levariam a crer, com efeito, que, na história da literatura brasileira, não há propriamente uma evolução do verso, mas um reaproveitamento cíclico de procedimentos retóricos que dão a tônica a determinadas tendências poéticas de época. Não escapa a essa característica histórica nem mesmo a fase pós-modernista, que confirma o paradoxo de que, decretada a morte do verso pelas vanguardas, ressurja ele, anacrônico mas redivivo, de sua imaginária falência. Essa estranha anacronia, às vezes afastada nos séculos, casa-se com a mais legítima contemporaneidade de criação poética. O palíndromo de Pedro Nava "Amor a Roma", na abertura do livro de mesmo título de Afonso Arinos de Melo Franco, o recurso recorrente da redondilha (maior e menor) de João Cabral de Melo Neto em qualquer de suas "duas águas" e os labirintos e palimpsestos do livro *Indústria*, de nossa autoria, não são testemunhos desse paradoxo instigante?

Finalmente, parece lícito admitir que a poesia, qualquer que seja a sua forma, põe sua sobrevivência na permanência de sua retórica, que, não sendo a "métrica" de seu ritmo e expressão, há de ser sempre a "medida" de sua linguagem.

NOTAS

1 Péricles Eugênio da Silva Ramos, *O verso romântico*, Conselho Estadual de Cultura, Comissão de Literatura, São Paulo, 1959. p. 33-34.
2 Manifestaram sua discordância, por exemplo, Delfim Maria d'Oliveira. Maya (*Manual de estilo*), Paulo Antônio do Vale (*Noções de arte poética*), Said Ali (*Versificação portuguesa*); aceitaram a autoridade de Castilho, entre outros, Eduardo Carlos Pereira (*Gramática expositiva*) e F. A. Duarte de Vasconcelos (*Compêndio dos princípios elementares de arte poética*).
3 Manuel Bandeira, transcrição em *O verso romântico*, de P. E. da Silva Ramos, op. cit., p. 35.
4 Sérgio Buarque de Holanda, *Antologia dos poetas brasileiros da fase colonial*, nota, 1953.
5 Manuel Bandeira, *Carnaval*, em *Poesias completas*, Edições CEB, Rio de Janeiro, 1948, p. 81-83.
6 Mário de Andrade: "a licença de não metrificar botou muita gente imaginando que ninguém carece de ter ritmo mais e basta ajustar frases fantasiosamente enfileiradas para fazer verso livre" (*Revista Nova*, n. 1, artigo "A poesia em 1930", p. 102-103).
7 A versificação voltou a ser tratada, academicamente, entre nós, por autores ligados à Geração de 45 como Péricles Eugênio da Silva Ramos, Geir Campos, Osvaldino Marques e outros. Geir Campos é autor do *Pequeno dicionário de arte poética*.
8 Ver "Plano-piloto para a poesia concreta", em *Noigandres*, 4, 1958.
9 Mário Chamie, "Poema-Práxis — manifesto didático", in *Instauração Práxis*, v. 1, 21 e 55. São Paulo, Edições Quíron, 1974.
10 Ver Péricles Eugênio da Silva Ramos, *Do Barroco ao Modernismo*, p. 207 e segs. São Paulo, Conselho Estadual de Cultura, 1967.

BIBLIOGRAFIA DE APOIO

GÊNERO LÍRICO

a) *Versos em português*:

Alencar, Mário de. *Dicionário das rimas portuguesas*. Rio de Janeiro: Garnier, 1906; Amora, Antônio Soares. *Teoria da literatura*. São Paulo: Saraiva, 1944; Araújo, Murilo. *A arte do poeta*. Rio de Janeiro: Liv. São José, 1956; Azevedo Filho, Leodegário A. *O verso decassílabo em português*. Rio de Janeiro, 1962; Bandeira, Manuel. *A versificação em língua portuguesa*. (Separata) Enciclopédia Delta-Larousse; Bilac, Olavo; Passos, Guimarães. *Tratado de versificação*. 6. ed. Rio de Janeiro: F. Alves, 1930; Câmara Jr., J. Matoso. *Para o estudo da fonêmica portuguesa*. Rio de Janeiro: Org. Simões, 1953; Campos, Geir. *Pequeno dicionário de arte poética*. Rio de Janeiro: Conquista, 1960; Carmo, Manuel do. *Consolidação das leis do verso*. São Paulo: Casa Duprat, 1919; Castilho, A. F. *Tratado de metrificação portuguesa*. Lisboa: Tip. Nacional, 1889; Cunha, Celso. *Língua e verso*. Rio de Janeiro: Liv. São José, 1963; Cunha, Celso. *Manual de português*. 3ª e 4ª séries. Rio de Janeiro: Liv. São José, 1964; Duque-Estrada, Osório. *A arte de fazer versos*. Rio de Janeiro, 1912; Juca Filho, C. *A leitura do verso*. (Separata) *Revista de Portugal*, XXV, 1960; Magne, Augusto. *Princípios elementares de literatura*. São Paulo, 1935; Oiticica, José. *Roteiros em fonética fisiológica, Técnica do verso e dicção*. Rio de Janeiro: Org. Simões, 1955; Oiticica, José. *Curso de Literatura*.

Rio de Janeiro: Germinal, 1960; Oliveira, Guimarães. *Fonética portuguesa*. Coimbra, 1927; Pimenta, Alfredo. *Tratado de versificação portuguesa*. Lisboa: Liv. Universal, s.d.; Proença, M. Cavalcanti. *Ritmo e poesia*. Rio de Janeiro: Org. Simões, 1955; Rocha, Pena da; Rocha Lima, C. H.; Lellis, R. M. *O programa de português no 2º ciclo*. Rio de Janeiro: Liv. Fr. Alves, 1947; Said-Ali, M. *Versificação portuguesa*. Rio de Janeiro: Instituto Nacional do Livro, 1949; Spinelli, Vincenzo. *A língua portuguesa nos seus aspectos melódico e rítmico*. Lisboa: Edições Quadrante, 1946; Tavares, Hênio. *Teoria literária*. Belo Horizonte: Editoria B. Alves, 1965; Melo Nóbrega. *Rima e poesia*. Rio de Janeiro: INL, 1965.

b) *Versificação em geral*:

Balaguer, J. *Apuntos para una historia de la métrica castellana*, 1954; Banville, T. *Petit traité de poésie française*, 1894; Barfield, O. *Poetic Diction*, 1928; BrookeRose, C. *A Grammar of metaphor*, 1958; Burguer, M. *Recherches sur la struture et l'origine des vers romans*, 1957; Cézard, E. *Métrique sacrée des Grecs et des Romains*, 1911; Dorchain, A. *L'Art des vers*, s.d.; Echarri, E. O. *Teorías métricas del Siglo de Oro*, 1949; Grammont, M. *Petit traité de versification française*, 1964; Hamer, E. *The Metres of English Poetry*, 1930; Hardie, W.R. *Res metrica* (Greek and Roman Versification), 1920; Havet, L., Duvan, L. *Cours élémentaire de métrique grecque et latine*, 1896; Herescu, N. I. *La poésie latine*, 1960; Le Hir, J. *Esthétique et struclure du vers français*, 1956; Hawczyinki, M. *L'origine et l'histoire des rythmes*, 1889; Lote, G. *Histoire du vers français*, 1951; Navarro, T. *Métrica española*, 1956; Nou garet, L. *Traité de métrique latine classique*, 1948; Quicherat, L. *Traité de versification latine?* Quicherat, L. *Nouvelle prosodie latine*, 1939; Romains, J., Chennevière, G. *Petit traité de versification*, 1923; Sanchez, A. M. *Poética española*, 1949; Schramm, W. L. *Approaches to a Science. of English Verse*, 1935; Sebeok, T. A. (ed.). *Style and language*, 1960; Sonnenschein, E. A. *What is Rhythm?*, 1925; Sousa, Robert. *Les rythmes poétiques*, 1892; Suberville, J. *Histoire et théorie de la versification française*, 1946; Thompson, J. *The Founding of English Metre*, 1961; Urena, P. H. *La versificación española irregular*, 1933; Verrier, P. *Le vers français*, 1932; Zambaldi. E. *Elementi di prosodia e di metrica latina*, 194 3.

c) *Obras especiais sobre poesia*:

Alden, R. M. *An introduction to poetry*, 1909; Alonso, Amado. *Materia y forma en poesia*, 1955; Alonso, Damaso. *Ensayos sobre poesía española*, 1944; Alonso, Damaso. *Poesía española*, 1950; Auden, W. H., Shapíro. K., etc. *Poets at Work*, 1948; Bacon, W. A. E. Breen, R. S. *Literature as experience*, 1959; Bateson, *English poetry and the English language*, 1934; Berry, F. *Poet's Grammar*, 1958; Bodkin, M. *Archetypal patterns in poetry*, 1934; Bodkin, M. *Studies of type images*, 1951; Boulton, M. *The anatomy of poetry*, 1953; Buosoño, C. *Teoría de la expresión poética*, 1952; Bosquet, A. *Verbe et vertige*, 1961; Bradley, A. C. *Oxford lectures on poetry*, 1941; Bremond, H. *La poésie pure to the French poetry*, 1956; Brett, R. L. *Reason and imagination*, 1960; Briggs, T. H. *Poetry and its enjoyment*, 1957; Brooks, C.; Warren, R. P. *Understanding poetry*, 1938; Brooks, C.; Purser, J. T.; Warren, R. P. *An approach to literature*, 1944; Brooks, C. *The Well Wrought Urn*, 1947; Burke, K. *A Grammar of motives*, 1946; Cassou, J. *Pour la poésie*, 1930; Caldwell, C. *Illusion and Reality*, 1937; Chamard, H. *Les origines de la poésie française de la Renaissance*, 1932; Claude, P. *Réflexions sur la poésie*, 1963; Coffin. R. T. *The substance that is poetry.* 1942; Cohen, G. *La poésie en France au Moyen Age*, 1952; Cooper, C. W. *Preface to poetry*, 1943; Cox, C. B.; Dyson, A. E. *Modern poetry*, 1963; Curtius, E. R. *European literature and the Latin Middle Age*, 1953; Daiches, D. *Poetry and the Modern World*, 1940; Daniels, E. *The Art of reading poetry*, 1941; Davie, D. *Purity of diction in English verse*, 1952; Deutsch,

B. *Poetry*, 1929; Dilthey, W. *Poética* (tr. esp.), 1945; Dilthey, W. *Vida y poesía* (tr. esp.), 1945; Drew, E. *Discovering poetry*, 1933; Dufrenne, M. *Le poétique*, 1963; Empson, W. *Seven types of ambiguity*, 1930; Empson, W. *The Structure of complex words*, 1951; Erskine, J. *The Kinds of Poetry*, 1920; Friedrich, H. *Estrutura de la lírica moderna*, 1959; Frye, N. Knights, L. C. etc. (ed.). *Myth and Symbol*, 1963; Frye, N. *Sound and poetry*, 1957; Gentil, G. L. *La poésie lyrique espagnole et portugaise à la fin du Moyen Age*, 1949; Grammont, M. *Le vers français*, 1947; Gregory, H.; Zaturenska, M. *A history of American poetry*, 1942; Grierson, H.; Smith, J. C. *A critical history of English poetry*, 1944; Heidegger, M. *La esencia de la poesía*; G. *The powers of poetry*, 1960; James, D. G. *Scepticism and poetry*, 1937; Jarrell, R. *Poetry and the age*, 1953; Jeanroy, A. *Les origines de la poésie lyrique en France au Moyen Age*, 1925; Johansen, S. *Le symbolisme*, 1955; Ker, W. P. *Form and style in poetry*, 1928; Knights, L. C.; Cottle, B. (ed.). *Metaphor and symbol*, 1960; Konrad, H. *Étude sur la métaphore*, 1958; Kreuzer, J. R. *Elements of poetry*, 1955; Lalou, R. *Les étapes de la poésie française*, 1947; Lanier, S. *The Science of English Verse*, 1901; Leavis, F. R. *Revaluation*, 1926; Leavis, F. R. *New bearings in English poetry*, 1942; Lehmann, A. G. *The Symbolist Aesthetic in France*, 1950; Levrault, L. *La poésie lyrique* ; Lewis, C. D. *The poetic image*, 1947; Lowes, J. H. *Convention and revolt in poetry*, 1919; Mackail, J. W. *Lectures on Poetry*, 1914; Mallarmé, S. *Propos sur la poésie*, 1953; Maitain, J. *Frontières de la poésie*, 1935; Maritain, J.; Maritain, R. *Situation de la poésie*, 1938; Marques, Osvaldino. *Teoria da metáfora*, 1956; Martino, P. *Parnasse et symbolisme*, 1925; Michaud, G. *Message poétique du simbolisme*, 1951; Miles, J. *The continuity of poetic language*; 1951; Moll, E. G. *The Appreciation of poetry*, 1933; Monnerot, J. *La poésie moderne et le sacrée*, 1945; Murray, G. *The classical tradition in poetry*, 1930; Murray, H. A. (ed.). *Myth and mythmaking*, 1960; Neff, E. *A Revolution in European poetry*, 1940; Neilson, W. *Essentials of poetry*, 1939; Perry B. *A study of poetry*, 1920; Pottle, F. A. *The idiom of poetry*, 1941; Raymond, M. *De Baudelaire au Surréalisme*, 1934; Reed, H. *Phases of English poetry*, 1928; Reed, H. *The true voice of feeling*, 1953; Reeves, J. *Teaching poetry*, 1958; Reneville, R. *L'expérience poétique*, 1938; Richards, I. A. *Science and poetry*, 1925; Richard, J. P. *Onze études sur la poésie moderne*, 1964; Rilke, R. M. *Cartas a um jovem poeta*; Rylands, G. H. *Words and poetry*, 1928; Said-Ali, M. *Acentuação e versificação latinas*, 1957; Scott, A. F. *The Poet's craft*, 1957; Servien, P. *Science et poésie*, 1947; Sewell, E. *The structure of poetry*, 1951; Shapiro, K. *Rime*, 1945; Skelton, R. *The poetic pattern*, 1956; Sitwell, E. *A Poet's notebook*, 1944; Souriau, M. *Histoire du Parnasse*, 1929; Spender, S. *The making of poetry*, 1955; Spire, A. *Plaisir poétique et plaisir musculaire*, 1949; Spurgeon C. *Shakespeare's Imagery*, 1935; Staceberg, N. C.; Anderson, W. L. *Poetry as experience*, 1952; Stauffer, D. *The nature of poetry*, 1946; Thomas, L. P. *Le vers moderne*, 1943; Thomas, N.; Brown, S. G. *Reading poems*, 1941; Tillyard, E. M. W. *Poetry direct and oblique*, 1934; Turbayne, C. M. *The myth of metaphor*, 1962, Tuve, R. *Elizabethan and metaphysical imagery*, 1947; Unger, L.; O'Connor, W. *Poems for study*, 1953; Verrer, P. *Les principles de la métrique anglaise*, 1909; Wain, J. *Interpretations*, 1955; Watz, R. *La création poétique*, 1953; Weber, H. *La création poétique au XVIe siècle en France*, 1956; Weber, J. P. *Genèse de l'oeuvre poétique*, 1960; Wells, H. W. *Poetic imagery*, 1924; Whalley, G. *Poetic process*, 1953; Wheelwright, P., Brooks, C., Richards, I. A., etc . *The language of poetry*, 1942; Wheelwright, P. *Metaphor and reality*, 1962; Williams, C. *Reason and Beauty in the poetic mind*, 1933; Wright, G. T. *The poet in the poem*, 1960.

Para o estudo da poesia, além dos livros constantes da sumária bibliografia acima, deve-se levar em conta as obras sobre os grandes poetas, como Virgílio, Horácio, Dante, Shakespeare, Góngora, Camões, Goethe, Victor Hugo, Baudelaire, Keats,

Wordsworth, Mallarmé, Rimbaud, Verlaine, Valéry, Yeats, Lorca, Pound, Eliot, Rilke, Whitman, Hopkins, etc., a propósito dos quais há bibliografia vasta e capital de crítica e análise poética. Não deve ser esquecida, tampouco, a obra dos críticos de poesia, como Dryden, Johnson, Coleridge, Poe, Eliot, Valéry, Croce, Dâmaso Alonso, etc.

Os poetas de língua portuguesa, é claro, têm lugar de destaque nesse estudo.

CONCLUSÃO

63. *Eduardo de Faria Coutinho*
O PÓS-MODERNISMO NO BRASIL

Pós-Modernismo e a produção literária brasileira do século XX: Guimarães Rosa, Clarice Lispector, João Cabral de Melo Neto. A ficção brasileira dos anos 70 e 80: José J. Veiga, Murilo Rubião, Lygia Fagundes Telles, Nélida Piñon, Edla van Steen, Maria Alice Barroso. O Poema-Processo e a Arte-Postal.

Falar de pós-modernismo no Brasil é algo bastante complexo e contraditório, que só pode ser feito com extrema cautela. A discussão sobre a questão, nos moldes em que vem sendo travada na Europa e na América do Norte, chegou até nós nos anos 80, sobretudo como decorrência da importância que vem adquirindo recentemente o discurso teórico-crítico norte-americano e da onda pós-estruturalista que já há algum tempo varria as nossas plagas. Contudo, o termo *per se*, usado em oposição ao Modernismo brasileiro, já se insurgira muito antes e com referência a obras e momentos distintos desta literatura, deixando atrás de si um rastro de dúvidas e indagações que ainda hoje perduram. Assim, a primeira questão que é preciso levantar ao falarmos de pós-modernismo no Brasil é a que conceito ou conceitos nos estamos referindo, e se nos estamos reportando às relações da literatura brasileira com o que vem sendo designado de maneira genérica de pós-modernismo no contexto euro-norte-americano, ou à questão, também discutida naquele contexto, da continuidade ou ruptura com relação ao Modernismo. Em ambos os casos, é indispensável levar em conta as especificidades do meio brasileiro.

A questão da conceituação de pós-modernismo já em si é bastante problemática, uma vez que se trata de um fenômeno fundamentalmente heterogêneo, que não pode jamais definir-se como algo coeso ou unânime. Na verdade, não há apenas um pós-modernismo, mas vários, e cada uma dessas construções foi cunhada num contexto distinto para servir a fins diferentes. Entretanto, a despeito de tais diferenças, que não podem, em hipótese alguma, ser deixadas de lado, diversos estudos sobre o assunto na Europa e na América do Norte têm apontado com frequência uma série de denominadores comuns que permeiam essas construções, dentre os quais a própria pluralidade e a desconstrução sistemática das grandes narrativas, que põem em xeque constantemente o papel do

Iluminismo para a identidade cultural do Ocidente e o problema da totalidade e do totalitarismo na episteme moderna. Tais aspectos, entre outros, têm servido geralmente como referenciais nos principais debates sobre o pós-modernismo na Europa e na América do Norte e são eles que conferem certa legitimidade ao termo.

Não sendo nosso propósito aqui discutir a conceituação de pós-modernismo — a complexidade do problema exigiria trabalho à parte — limitar-nos-emos a tomar o termo nesses aspectos mais ou menos consensuais com que ele vem sendo definido e procuraremos examinar a produção literária brasileira da segunda metade do século XX à luz de tais elementos. Todavia, antes de trilharmos estes rumos, dois problemas se apresentam de imediato, a que não pode faltar menção: as diferenças histórico-culturais que caracterizam o contexto brasileiro em relação ao euro-norte-americano e diferenças surgidas dentro do quadro da própria literatura brasileira, que tomam o momento mais recente — os anos 70 e 80 — mais permeável à *Weltanschauung* pós-modernista. A este segundo ponto, crucial para a compreensão da questão, acrescente-se outro já anunciado no início — o da continuidade ou ruptura a respeito da tradição anterior. Como todos estes problemas, embora de ordem distinta, se acham intimamente relacionados, procuraremos tratá-los ao mesmo tempo, à medida que forem aflorando da análise empreendida.

Costumeiramente dividido em três fases ou gerações pelas histórias literárias, o Modernismo brasileiro, eclodido em 1922 com a Semana de Arte Moderna, foi um movimento de importância capital para as letras no país. Tendo assimilado alguns dos ideais ou postulados das diversas correntes de Vanguarda provenientes da Europa, o movimento procedeu — ao contrário do que ocorrera com os anteriores, que não passaram *grosso modo* de meras adaptações de seus equivalentes europeus — a uma revisão criteriosa da literatura brasileira, que pode ser bem representada pela metáfora da antropofagia de que ele mesmo se valeu como bandeira. Assim, se nesse processo de assimilação seletiva, de um lado se expurgava a tradição autoritária, de teor colonialista e centralizador, de outro se valorizava a tradição popular e regional em suas múltiplas facetas, fatos que conferiram ao movimento um caráter *sui generis*, distinguindo-o do chamado Modernismo da tradição ocidental e até aproximando-o, de certo modo, de alguma vertente do que hoje vem sendo arrolado sob a designação genérica de pós-modernismo.

Esses fatores, somados a outros de relevância similar registrados também na produção literária de outros países latino-americanos e à heterogeneidade cultural que favorece a emergência de formas descontínuas, alternativas e híbridas, levaram inclusive alguns críticos a afirmar — tomando Borges como um dos referenciais — que o berço do pós-modernismo se situava na América Latina. Embora não nos pareça que as formações socioculturais referidas sejam o resultado de estratégias pós-modernas, mas ao contrário produtos da implementação desigual da modernização, e que as narrativas daí decorrentes são antes respostas alternativas ao grande *récit* da modernidade, a presença de tais elementos nas manifestações literárias do Modernismo brasileiro indica a fluidez das barreiras entre um momento e outro dessa literatura e acrescenta um complicador à já difícil tarefa de identificação de um pós-modernismo nessa seara. É com base nesses dados que autores tidos no Brasil como representantes da Terceira Geração Modernista — a também chamada Geração de 45 — são frequentemente citados pela crítica europeia e norte-americana como próceres do pós-modernismo brasileiro.

Não há dúvida de que uma análise minuciosa das obras de figuras como Guimarães Rosa e Clarice Lispector, no âmbito da ficção, e um João Cabral de Melo Neto, no da poesia, em comparação com as das de autores considerados representativos do que se vem designando de pós-modernismo no meio euro-norte-americano revelaria uma série de traços que poderiam justificar a aproximação. Mas, a despeito da presença de fortes denominadores comuns — que se estendem desde o uso constante da metalinguagem e da intertextualidade, e do questionamento do racionalismo pela exploração de outros níveis da realidade, até a substituição de uma lógica fundada no *ou*, própria do Modernismo ocidental, por uma lógica calcada no *e*, num ecletismo arrojante em que se contesta toda sorte de dicotomia e se anseia pela pluralidade — as diferenças entre os dois grupos de obras são ainda de tal modo relevantes, em decorrência muitas vezes das circunstâncias que fundamentam os contextos histórico-culturais onde sugiram, que a aproximação aludida adquire um quê de falaciosa.

Contudo, se a designação de pós-modernista com relação às obras mencionadas pode parecer-nos inadequada, o mesmo não ocorre no que diz respeito à literatura desenvolvida na fase posterior da vida do país — os anos 70 e 80, particularmente estes últimos. Aqui também, apesar das marcas de continuidade se acharem presentes, as transformações ocorridas com respeito à fase anterior foram muito expressivas, tanto no âmbito da ficção quanto no da poesia, e as aproximações com a produção literária contemporânea da Europa e da América do Norte tida como pós-modernista tornam-se mais viáveis. Do ponto de vista da crítica, no entanto, é só muito recentemente (de meados dos anos 80 para o presente) que se começa a designar essa literatura de pós-moderna no sentido euro-norte-americano. O termo já se encontra presente na crítica brasileira desde 1956, com o *Quadro sintético da literatura brasileira*, de Alceu Amoroso Lima, mas é apenas empregado no sentido puramente cronológico em oposição a um Modernismo que já se parecia estar esgotando naquela época. Antes disso, ele já fora empregado pelo mesmo autor, mas com relação à Segunda Geração Modernista, a Geração de 30.

A ficção brasileira dos anos 70 e 80 caracteriza-se por uma pluralidade de tendências, e, embora a maioria delas contenha uma série de aspectos em comum com o que poderíamos designar de estética do pós-modernismo, vale observar que tais aspectos variam significativamente de uma para outra, tornando-se nitidamente mais frequentes nos autores que se destacaram nos anos 80 ou nas obras mais recentes daqueles que já se haviam consagrado antes. Como não seria possível abordar separadamente aqui cada uma dessas vertentes, até porque elas nunca se configuraram como movimentos, mencionaremos apenas algumas das mais significativas, chamando atenção para o fato de que elas se encontram constantemente imbricadas. Assim, a título de amostragem, citem-se, nos anos 70, o romance ou ficção-reportagem de José Louzeiro, Aguinaldo Silva e João Antônio e o memorialismo de Fernando Gabeira, as incursões no fantástico, expressas — embora em menor escala do que na América de língua espanhola — por obras como as de José J. Veiga e Murilo Rubião, e a linha intimista da narrativa, sobretudo feminina, de Lygia Fagundes Telles, Nélida Piñon, Edla van Steen e Maria Alice Barroso; e, nos anos 80, a narrativa fragmentada, de incorporação da mídia e caráter predominantemente especular e autoindagador.

Cada uma das três primeiras correntes se aproxima de uma maneira ou de outra do código pós-modernista — pela ênfase no cotidiano e a utilização da mídia jornalística no primeiro caso, o questionamento da lógica racionalista e da estrutura linear da narrativa, no segundo, e a acentuação da fragmentação do texto e da polifonia de vozes, no terceiro. Mas é principalmente na última corrente mencionada, a da narrativa dos anos 80, que esse código se revela de maneira mais intensa. Agora, o que predomina é a narrativa metalinguística (que, aliás, nunca deixou de estar bem presente desde Guimarães Rosa — haja vista autores como Autran Dourado, Osman Lins e Nélida Piñon), marcada por ampla intertextualidade e acentuada fragmentação, com grande dose de pastiche, tintas hiper-realistas e presença expressiva da mídia extraliterária. É o que se verifica nas obras mais recentes de autores como Rubem Fonseca, Sérgio Sant'Anna, Victor Giudice, João Gilberto Noll, Silviano Santiago, Antônio Torres, João Ubaldo Ribeiro, Heloísa Maranhão, Lya Luft, Sonia Coutinho, Patrícia Bins, Moacyr Scliar, Ignácio de Loyola Brandão, João Almino, Márcio de Sousa e Zulmira Ribeiro Tavares, para citar alguns dos mais conhecidos. Contudo, é preciso assinalar que, mesmo nesses casos, a ruptura com o Modernismo brasileiro não foi radical. Continuam-se alguns dos traços já explorados por aquele movimento e modificam-se outros, mas não chega a verificar-se um corte semelhante ao que havia ocorrido com a Semana de Arte Moderna.

Os autores citados destacaram-se, a maioria deles, pela criação de romances, muitas vezes mistos e difíceis de serem classificados por uma óptica tradicional, mas é importante registrar que a contística brasileira, de tradição bastante significativa desde o final do século XIX (haja vista os contos de Machado de Assis e posteriormente dos modernistas, desde Mário de Andrade e Alcântara Machado até Clarice Lispector e Guimarães Rosa), manteve neste período sua posição de relevo, com autores já vindos de antes, mas ainda com grande verve. Citem-se entre estes Dalton Trevisan, Edilberto Coutinho, Caio Fernando Abreu, Ricardo Ramos, Maria Amélia Melo, Hilda Hilst, Márcia Denser e Júlio César Monteiro Martins. E, assim como a contística, também a crônica jornalística, gênero bastante corrente e de grande popularidade no país, continuou gerando frutos preciosos em autores como Fernando Sabino, Luis Fernando Verissimo e Artur da Távola, sem falar no mestre Carlos Drummond de Andrade, que atravessa quase toda essa década até sua morte, em 1987, presenteando três vezes por semana o leitor do *Jornal do Brasil* com suas crônicas de sabor inigualável.

Do mesmo modo que a ficção, a poesia brasileira também apresenta, desde o esmaecimento da Terceira Geração Modernista, nos anos 50, até o presente, uma pluralidade de movimentos, com tendências diversas e por vezes contraditórias, e uma diferença, embora menos marcada que na prosa, que separa as duas primeiras décadas dos anos 70 e 80. Os anos 50 e 60 foram o palco do Concretismo (dos Irmãos Campos e de Décio Pignatari, mas também de nomes como Ronaldo Azeredo, José Lino Grünewald, Edgard Braga, Pedro Xisto, José Paulo Paes e Luís Ângelo Pinto), do Neoconcretismo (de Ferreira Gullar e seu grupo — Lígia Clark, Ligia Pape, Amílcar de Castro, Franz Weissmann, Reinaldo Jardim, Theon Spanúdis e Aluísio Carvão), e da Instauração Práxis (de Mário Chamie, Armando Freitas Filho, Mauro Gama, Antônio Carlos Cabral, Ivone Gianetti Fonseca e Camargo Méier), e as décadas seguintes as que viram desabrochar a Poesia Marginal (Cacaso, Tavinho Paz) e a Arte-Postal ou Arte-Correio (P. J. Ribeiro, Samaral, Moacy Cirne, Neide Sá, José Cláudio, Joaquim Branco e Pedro Lyra). Na fronteira entre esses dois momentos e situados no final dos anos 60, acham-se ainda o Poema Processo (do grupo de Wladimir Dias-Pino — Moacy Cirne, Álvaro de Sá, Ronald Werneck, Lara de Lemos e Dayse Lacerda) e o Tropicalismo (Torquato Neto e Wally Salomão), este último, à diferença de todos eles, mais expressivo no âmbito da música popular, com as figuras de Caetano Veloso e Gilberto Gil, e com ramificações significativas no plano interdisciplinar: o teatro de José Celso Martinez Correia, o cinema de Glauber Rocha e as artes plásticas de Hélio Oiticica.

Embora em todos esses movimentos se registrem elementos que permitem certa vinculação à estética pós-modernista, como a ênfase sobre o ecletismo estilístico, a retomada de textos do passado, a intertextualidade acentuada, o tratamento parodístico e o exercício constante da metalinguagem, a intensificação, nos primeiros — Concretismo, Neoconcretismo e Práxis — de aspectos usados em abundância no Modernismo criam uma dialética de continuidade e ruptura, que torna as barreiras entre um momento e outro eminentemente tênues e reafirma a natureza duvidosa de qualquer tentativa de classificação rígida. A Poesia Concreta, por exemplo, acentua muito a preocupação formalista da geração de 45, mas acrescenta à exploração dos elementos fônicos do texto o uso de técnicas como a colagem, o grafismo, o desenho e a fotomontagem, amplamente empregadas pela literatura dita pós-moderna. O Neoconcretismo pronuncia-se contra o predomínio da tecnocracia, da máquina e da cibernética e procura resgatar dimensões metafísicas de momentos anteriores, dentre os quais o próprio Modernismo, mas serve-se abundantemente da interdisciplinaridade, sobretudo no que concerne às artes plásticas, e realiza amplos experimentos com materiais além do papel. E a Instauração Práxis, se de um lado retoma a dimensão conteudística e o tônus ideológico que nunca faltaram ao Modernismo brasileiro, de outro lança mão de recursos, como a construção em processo, o espaço intersemiótico e o envolvimento do leitor, mais frequentes na poesia dos movimentos posteriores, como o Poema Processo e a Arte-Postal.

Os movimentos poéticos dos anos 70 e 80, bem como os dois que situamos na fronteira entre um momento e outro, apresentam uma série de aspectos que os tornam mais próximos que os anteriores da produção contemporânea europeia e norte-americana. Do Poema Processo mencione-se a reação ao Estruturalismo literário e filosófico, a tendência ao ludismo e a exploração muitas vezes ousada do signo não linguístico, que aproxima a composição poética do desenho; do Tropicalismo, a preocupação com a dialética entre o nacional e o cosmopolita e a atitude de carnavalização, no sentido bakhtiniano do termo, expressa sobretudo pelo humor e a paródia; da Poesia Marginal, a dessacralização da obra poética e dos meios de produção expressa pelo caráter artesanal dos livros e folhetos, escritos frequentemente em equipe e vendidos em entrepostos culturais variados, como cinemas, bares e lojas; e, finalmente, da Arte-Postal, a associação do artesanal com o prático, a exploração de materiais os mais diversos e o seu cunho internacional, que a integra a movimentos semelhantes de todo o mundo ocidental, por meio de exposições, com a publicação de catálogos, e da correspondência entre os poetas. Citem-se ainda, em todos eles, a ampla liberdade de estilo, a fusão entre o erudito e o popular e o cunho interdisciplinar das composições. Contudo, aqui também, como no caso da ficção das duas últimas décadas, a ruptura com o Modernismo brasileiro não acarreta mudanças radicais. Tanto em um caso quanto em outro, as inovações introduzidas, embora de grande relevância, não tiveram o impacto que alcançou, em sua época, o Modernismo. À diferença deste movimento, que constituiu verdadeira revolução no quadro da literatura brasileira, a produção literária contemporânea, designemo-la ou não de pós-modernista, e a despeito de sua importância que é inegável, não logra expressar, como no caso dos países primeiro-mundistas, uma nova visão de mundo, que Fredric Jameson associou, em seus ensaios, a um estágio mais avançado do capitalismo.

Os demais gêneros literários, como o teatro, e as outras formas de manifestação artística — cinema, música e artes plásticas, especialmente a arquitetura

— também sofrem, nas últimas décadas da vida brasileira, uma série de transformações que as tornam de certo modo distintas da produção anterior e as aproximam de modificações semelhantes ocorridas no contexto ocidental em geral. E, assim como a ficção e a poesia, todas essas manifestações se acham vinculadas, de uma maneira ou de outra, à onda pós-estruturalista que passou a dominar, com certo vigor, o meio intelectual do país. Porém, à diferença do que se passou nos países da América do Norte, o conceito de pós-modernismo raras vezes foi associado ao teor filosófico dessa corrente. Como em termos de vinculações culturais, o Brasil, como toda a América Latina, sempre esteve de olhos mais voltados para o que acontece na França, e como essa associação se verificou nos Estados Unidos e no Canadá — contextos aliás marcados por uma estrutura socioeconômica em que ela caiu como a sopa no mel — é possível que, além das diferenças que separam a situação histórico-cultural dos dois universos, tal fato tenha contribuído para a pouca repercussão do Pós-Modernismo de modelo norte-americano ou europeu no Brasil. Os teóricos pós-estruturalistas sem dúvida exerceram alguma influência na produção literária e artística brasileira dos anos 70 e 80, mas as obras literárias do pós-modernismo euro norte-americano, embora em alguns casos traduzidas para o português (citem-se, por exemplo, os textos de John Barth e Thomas Pynchon), não tiveram até o presente grande fortuna aqui. O processo de modernização por que vem passando o Brasil na segunda metade do século XX, embora mais acelerado do que nunca, continua apresentando fortes contradições, decorrentes de uma economia dependente e de uma realidade social altamente matizada e diferenciada, e as manifestações estéticas aqui surgidas não podem deixar de expressar tais contradições. Assim, se de um lado se encontram, na sociedade brasileira, aspectos que a aproximam de uma era pós-industrial, característica das civilizações informatizadas do chamado Primeiro Mundo, de outro ainda abundam elementos que apontam para um estágio pré-industrial e conferem, em consequência, legitimidade a alguns dos grandes *récits* da modernidade. Nesse contexto múltiplo, em que computadores sofisticados convivem com alta dose de miséria e analfabetismo, o Pós-Modernismo como expressão literária e artística, só pode ser visto de modo também múltiplo, o que aliás vem ao encontro da heterogeneidade com que ele tem sido caracterizado nos contextos referidos. Ele se configura como um conjunto de traços que, na órbita da literatura nacional, distinguem a produção da segunda metade do século XX da que fora arrolada pelas nossas histórias literárias como modernista, mas ao mesmo tempo prolongando, e em alguns casos acentuando, aspectos dessa tradição, e, no plano internacional, aproximam essa literatura de suas contemporâneas na Europa e na América do Norte, mas mantendo também uma feição eminentemente própria.

É esta feição própria, singular, da literatura brasileira da segunda metade do século XX que torna problemática a sua inclusão *tout court* no âmbito geral do pós-modernismo, máxime se ao fazê-lo se toma como referência o modelo euro-norte-americano. Tal generalização, além de dar margem a uma visão falaciosa da questão, deixaria de lado aspectos fundamentais, que não podem faltar a uma discussão séria sobre o assunto no Brasil, como o da reemergência do barroco ou da literatura não oficial anterior à chamada cultura de massas — cordel e outras formas similares. O termo "pós-modernismo" e seus cognatos são evidentemente meros rótulos que, se não surgiram originariamente na América do Norte, ali se consolidaram, e seu código foi construído a partir de um *corpus* também específico e por oposição a outro que dominava anteriormente naquele universo. Assim, tomá-lo para designar outra literatura emergente de um meio distinto — marcada inclusive por violento processo de transculturação, como é o caso da brasileira — é tarefa delicada, que só pode ser realizada com muito critério. As manifestações literárias que têm surgido no Brasil constituem respostas estético-ideológicas específicas diante da situação socioeconômica, ou, melhor, histórica, que caracteriza o seu contexto; portanto, elas só podem ser estudadas levando-se em conta tais especificidades, e por meio de uma óptica comparatista que estabeleça um diálogo desierarquizado com as manifestações contemporâneas similares verificadas em outros contextos. O Modernismo brasileiro já foi um movimento marcado por matizes muito próprios, e é do mesmo modo que se vem desenhando a produção posterior, dos anos 50 até o presente. Assim, chamemo-la ou não de pós-modernista, seja com relação ao momento anterior dessa mesma literatura, seja com relação às manifestações contemporâneas do mundo euro-norte-americano, o importante é que ela seja sempre reconhecida na sua diferença.

64. Assis Brasil
A NOVA LITERATURA BRASILEIRA

(O romance, a poesia, o conto)

Definição e situação da nova literatura brasileira. O ano de 1956: a poesia concreta, Geraldo Ferraz, Guimarães Rosa. No romance: Herberto Sales, José Cândido de Carvalho, Osman Lins, Autran Dourado. Os novos. Adonias Filho. Clarice Lispector. Na poesia: João Cabral. Poesia Concreta: Décio Pignatari, Haroldo de Campos, Augusto de Campos, Ferreira Gullar, José Lino Grunewald, Reinaldo Jardim. Ronaldo Azeredo, Edgard Braga, Pedro Xisto. Invenção. Poesia-práxis: Mário Chamie. Poema-Processo: Wlademir Dias-Pino. No conto: Samuel Rawet, Dalton Trevisan, José J. Veiga, José Louzeiro, Luiz Vilela, Jorge Medauar, Rubem Fonseca, José Edson Gomes, Louzada Filho e outros.

INTRODUÇÃO

O que é a nova literatura brasileira? Existe ou é uma visão exagerada do crítico? Como situá-la?

Em recente congresso de escritores, em que foram discutidas as correntes "novas" da literatura brasileira, os conferencistas e debatedores não ousaram ultrapassar um ano-limite, o de 1945, com a preocupação de alguns de "enquadrar" as experiências mais novas e ousadas, como as de João Guimarães Rosa e Clarice Lispector, naquela fase. Também algumas antologias de autores brasileiros, feitas por alguns apressados editores, não ultrapassam aquele ano-limite, ficando o leitor sem saber, realmente, que rumos tomou a literatura das duas últimas gerações.

Observa-se, também, que até 1945 os "marcos" literários brasileiros, ou "correntes" ou "escolas", ou movimentos, têm sido assinalados a reboque de acontecimentos políticos, 1922, 1930 e 1945, que a história da literatura brasileira registra como três fases do movimento moderno, são datas-marcos de acontecimentos políticos e não estéticos, tomados por empréstimos da limitada política do país.

Defendemos em várias ocasiões e em recente trabalho sobre a situação da obra de João Guimarães Rosa, que já é tempo de se objetivar estudo e registrar fatos, em relação ao que aconteceu "depois" daquela trindade histórico-literária. E situar romancistas, poetas e contistas, que do ponto de vista estético nada têm a ver com aquelas "correntes" ou fases já estratificadas e inseridas na história literária.

O que aconteceu de importante na literatura brasileira de 1945 até 1970? Reafirma-se agora neste trabalho, que é o lançador oficial da tese, a proposta, feita anteriormente, do ano de 1956 para marco — sem nenhuma implicação política a reboque — do que se deve chamar a *nova literatura brasileira*.

Foi afirmado noutra oportunidade que o romance, a poesia e o conto brasileiro romperam, a partir daquele ano de 1956, com os últimos resquícios dos movimentos de 22, de 30 e de 45, ultrapassaram suas constantes estéticas e reformularam seus valores, pois em nenhum instante da "corrida" modernista brasileira, até então, a experimentação criadora satisfizera em plano de interesse universal. Principalmente a fase vinculada a 1945, quando toda uma geração de poetas desenterrou velhas fórmulas e empreendeu verdadeiramente um retorno ao tradicional mais cediço.

Para que nossos melhores poetas, romancistas e contistas de hoje não sejam "arrolados" — o que já está acontecendo, para espanto deles próprios — a esta "geração" envelhecida, é que se deve apressar em formular essa tese. Assim, o ano de 1956 teria três pontos básicos para a sustentação do que anunciamos. Três pontos básicos — e o que é importante — de natureza genuinamente estética:

A) O surgimento da Poesia Concreta e simultaneamente o aparecimento do Suplemento Dominical do *Jornal do Brasil* (SDJB);

B) A estreia de Samuel Rawet com o livro *Contos do imigrante*;

C) O aparecimento de dois romances: *Doramundo*, de Geraldo Ferraz, e *Grande sertão: veredas*, de João Guimarães Rosa.

Aí estão os marcos estéticos da nova literatura brasileira, devendo ser explicado que os outros autores, que aqui serão citados, participam sempre de um "clima" de renovação, de experimentação, que caracterizou esta nova fase da literatura nacional, e que eles, obviamente, não se inscrevem com rigidez naquele ano de 1956: há os que vieram de um pouco antes e outros que só surgiram anos depois, mas devem ser observados e estudados dentro daquele espírito do novo, cujos três marcos, assinalados atrás, servem de orientação ao crítico e ao historiador.

Numa rápida justificativa introdutória, devemos assinalar:

1 — O surgimento da Poesia Concreta no Brasil, uma verdadeira vanguarda poética, quebrava em definitivo as desgastadas fórmulas de nossos poetas, comprometidos com o passado, cultivando recursos que se chocavam com a dinâmica de nosso tempo, aberto a experimentações mais ousadas e radicais. E para mudar o ambiente literário de até então, surgia um Suplemento cultural, dirigido pelo poeta Reinaldo Jardim, entre 1956-1961, sem compromisso com escolas, "padrinhos" ou outros vícios da vida literária brasileira. E o SDJB, como assim ficou conhecido, fez um verdadeiro "levantamento" do *futuro* da literatura brasileira, não só apoiando o movimento de vanguarda dos poetas concretos como revelando os jovens e ainda trazendo, para a nossa empobrecida área cultural, informações da mais alta importância, para a formação e consolidação deste clima do *novo*, de novidade, de que estávamos carecendo urgentemente.

2 — A estreia de Samuel Rawet com o volume *Contos do imigrante* veio de repente abrir amplas perspectivas para o sempre machadiano conto brasileiro — quebrava os tabus da história linear, tradicional, de começo, meio e fim. E depois de Samuel Rawet, como se de fato este fosse pioneiro, anunciando um "novo mundo", o conto brasileiro tem passado por uma reformulação e revigoramento não encontráveis em muita literatura de outros países.

3 — Em 1956 aparecia o romance de Geraldo Ferraz, *Doramundo*, numa edição um tanto escondida, feita pelo Centro de Estudos Fernando Pessoa, de Santos. Era também um rompedor de fronteiras, e surgia para separar as águas turvas do comodismo das claras águas da experimentação. E ainda em 1956 — ano importante como estamos vendo — surgiu *Grande sertão: veredas*, de João Guimarães Rosa. Este escritor, como alguns outros que trazemos para esta fase nova, não estreava, é evidente, em 1956, mas só a partir deste ano suas experiências tomavam maior vulto e importância. Vejamos em seguida, separadamente, os vários pontos de contato e apoio da nova literatura brasileira.

I. O ROMANCE

A mudança, quase radical, de nossos métodos de aferição crítica, pode ser apontada como um dos sintomas mais fortes do revigoramento do romance brasileiro. A crítica é sem dúvida o reflexo de uma literatura, e a brasileira até então, com raras exceções, apresentava um cordão de jornalistas, autores de alguns artigos enfeixados em livros. O crítico, diante das novas experiências que surgiam, teve que se aparelhar, teve que se atualizar, o que era de suma importância. Alguns ainda torcem o nariz para a obra de João Guimarães Rosa e de Clarice Lispector, e outros, tidos como "críticos oficiais" da literatura brasileira, ainda ignoram a obra de Adonias Filho.

Geraldo Ferraz, antes de *Doramundo*, vinha de uma experiência ficcional com Patrícia Galvão, *A famosa revista*. Mas só com o segundo livro, como autor solitário, desenvolveria qualidades vanguardeiras: O seu processo se avizinha do de João Guimarães Rosa, motivador, sem dúvida, daquela "corrida" da crítica, assombrada diante de um fenômeno que exigia mais do que a sua apreciação impressionista.

Vindos de um passado próximo a 1956 e prosseguindo com outros livros importantes após este ano, estão Clarice Lispector e Adonias Filho, dois autênticos renovadores, que não poderiam de maneira alguma estar ou serem ligados a 1945. A obra destes dois ficcionistas contribui de maneira decisiva para mudar a feição do romance brasileiro.

Deve-se desligar Herberto Sales do chamado Romance do Nordeste, pois a sua experiência literária e o seu aparecimento (1944), com o romance *Cascalho* — embora traga as "constantes" da "escola" — já não podem situá-lo — exceção feita a Graciliano Ramos — entre romancistas cujas preocupações pela forma, pelo plano da criação, estavam fora de suas cogitações parassociais ou paraideológicas. Entre todos os romancistas citados aqui, talvez seja Herberto Sales aquele que fará a ligação mais distante entre o passado e o presente. Ligado por certas contingências ao que os críticos chamam de "regionalismo", os romances de Herberto Sales, no entanto, podem ser apreciados sem esta visão estrábica e limitada da década de 30. Embora suas raízes clássicas evidentes, ele pode sem escrúpulo ser integrado à nova literatura brasileira, talvez no único elo que pode ir da tradição ao novo.

Neste mesmo plano de concepção, vale a pena citar José Cândido de Carvalho: *O coronel e o lobisomem* (1964) — a rica experiência de linguagem, "o retrato do Brasil" interiorano, sem aproximações a escolas ou preconceitos literários. O interesse de renovação da prosa de José Cândido de Carvalho o credencia a prosseguir com os novos, em busca de maior projeção do romance brasileiro.

Entre alguns mais jovens, destacam-se Autran Dourado e Osman Lins. Este último vai da experiência parcimoniosa de *O visitante* (1955) ao formalismo exacerbado de *Nove novena* (1967), passando por *Os gestos* (1956) e *O fiel e a pedra* (1961). A melhor experiência, no entanto, entre os escritores mais novos, é *A barca dos homens*, de Autran Dourado e a sua bela e humana novela, *Uma vida em segredo*. É um dos poucos escritores seguro, consciente, trabalhador, que sabe o que quer.

Lígia Fagundes Teles e Macedo Miranda, deram, com mais comedimento, a sua contribuição. Agrada o romance da primeira, *Ciranda de pedra*, embora uma certa influência estrangeira marcante. Já no romance posterior, *Verão no aquário*, e em alguns contos, sente-se a escritora sair para novas pesquisas no reino da linguagem. Sua obra inclui ainda: *Histórias do desencontro* (1958), *Histórias escolhidas* (1961), *O jardim selvagem* (1965), *Antes do baile verde* (1970). Macedo Miranda é ainda o autor de *Lady Godiva*, romance sobre a adolescência, solitário na literatura brasileira, mesmo sem aceitar a opinião dos que o fazem passar por um "clássico". Em *A cabeça do Papa*, por uma curiosa sugestão do título, Macedo Miranda usa mais o cérebro do que a emoção, está presente mais a habilidade do artesão do que a do criador. Macedo Miranda já fez múltiplas experiências no romance e parece que, do ponto de vista técnico, o seu livro de 1967, *O Deusfamintu*, está à frente dos de mais. Neste romance ele desfocaliza a ação, através de personagens que dão a sua própria visão do drama. Outros romancistas, de um ou outro lado — as omissões aqui não são involuntárias — vão passando ao largo, sem referências necessárias.

Entre os novíssimos pode-se apontar, inicialmente, dois autores do Sul, Tânia Jamardo Faillace e Ricardo L. Hoffmann, e um do extremo Norte, Paulo Jacob (*Chuva branca*, 1968), uma nova experiência da linguagem no que diz respeito ao levantamento do coloquial. Tânia Faillace com *Fuga* (1964) e *Adão e Eva* (1965) e Ricardo L. Hoffmann com o romance *A superfície* (1967), merecem um crédito de confiança. Aguinaldo Silva talvez seja também um nome a se firmar, pois tem grande desembaraço narrativo.

Entre os jovens mais ousados — e devemos citar as boas experiências do poeta Walmir Ayala no gênero, *À beira do corpo* (1964) e *Um animal de Deus* (1967) — está Jorge Mautner, com uma obra já relativamente grande, quatro romances, em que se destaca a *Trilogia do Kaos*, e principalmente o romance *O Deus da chuva e da morte* (1962). Jorge Mautner procura seu próprio caminho, é um criador de grandes recursos, como se provou no *Vigarista Jorge* (1965).

Em 1968 surgiu um romance, *Bebeu que a cidade comeu*, de Ignácio de Loiola, que chamou a atenção da crítica. De fato ele pode ser citado aqui, pois seu livro é, de modo geral, um repúdio forte às formas gastas, embora ainda o cultivo de alguns cacoetes, como é o caso de não dar bom tratamento literário ao coloquial. Anteriormente publicara *Depois do sol* (1965). Com a publicação, também em 68, do livro *Entre o sexo: a loucura a morte*, vemos um José Alcides Pinto sair para a experiência, e ele também, entre os romancistas mais novos citados, põe o crítico na posição de "profeta", esperando que seus prognósticos sejam alcançados. Outros livros seus: *O dragão* (1964) e *O criador de demônios* (1967).

Entre os romancistas que já têm uma obra feita, apesar de alguns ainda atuantes, há que destacar, para apreciações mais detidas, Geraldo Ferraz, João Guimarães Rosa, Adonias Filho e Clarice Lispector.

GERALDO FERRAZ

O romance de Geraldo Ferraz, *Doramundo*, pouco conhecido, veio em 1956 abrir uma picada inexplorada na literatura brasileira de ficção: o romance como forma, o interesse estético da criação. O romance de Geraldo Ferraz não pode ser comparado nem com os "clássicos" nem com os "consagrados" romances da literatura brasileira, porque sua pesquisa estética é outra, sua procura do novo é mais decidida. O recurso vocabular na fase clássica e romântica, sempre esteve à superfície do sistema linguístico, sem os escritores procurarem subvertê-lo. Hoje esta atitude cedeu lugar a uma verdadeira "irreverência" sintática, de grande efeito para a prosa de ficção e de ressonâncias mais profundas para a valorização da arte de narrar. Não basta mais "secar" os períodos, reduzir os adjetivos ou ser "econômico" nos substantivos. Vamos agora desmembrar as palavras, recriá-las, inverter os termos, associá-los a outros planos da narrativa, planificá-los a novos conceitos de tempo e espaço artísticos; normalizar, assim, novas "regras" gramaticais e enriquecer consequentemente a literatura e a língua.

Fora *Doramundo* escrito num estilo direto, de descrição convencional, simplista, seu valor seria muito limitado. Geraldo Ferraz, o que fez em seu romance foi artificializar — no bom sentido — temas simples e repetidos na ficção, pois os temas não envelhecem, o que envelhece é a forma de apresentá-los. O amor, o crime e a morte, aí está a trindade em que se apoiou o romancista para criar o seu mundo. Para criar uma obra de arte não se deve filiar o escritor a nenhuma corrente da moderna ficção, pois mesmo tendo Geraldo Ferraz sido influenciado por alguns processos já conhecidos, o que fez foi amoldá-los à sua personalidade artística, tirando daí os efeitos necessários para a apresentação de uma obra nova no panorama de nossa literatura.

O ficcionista adota várias maneiras para desenvolver os episódios e apresentar os personagens de seu livro. Desde a superposição de planos para a narrativa, o monólogo — que não é bem o monólogo interior dos romancistas tidos por psicólogos —, a incronologia temporal, até à variação de pessoa na apresentação dos fatos romanescos. Começa a narrativa, não bem como um autor onisciente," mas como um narrador neutro — à moda de Faulkner —, apenas desenrolando os episódios. Mais adiante põe na boca ou na imaginação de alguns personagens o fio condutor da narrativa.

Mas uma das qualidades marcantes de Geraldo Ferraz está na sua capacidade de nos transmitir o humano, o instintivo, das criaturas que passam pelo seu livro. O ambiente de *Doramundo*: Cordilheira, uma cidade sitiada pelo crime e pelo amor. Homens que matam por ciúme de suas esposas — uma vindita dos casados contra os solteiros da pequena cidade. À falta de mulheres da região, um casado se sente no "direito" de liquidar um solteiro, resguardando-se assim de uma possível (e já suspeitada) infidelidade da sua esposa. Por isso cada solteiro assassinado é uma ameaça a menos.

O romance encerra ainda um sarcasmo feroz à condição humana. A "manobra" de seu Flores para acabar com os crimes hediondos, mandando buscar algumas prostitutas para Cordilheira, a fim de "esfriar" mais os solteiros e as suas investidas às mulheres casadas da região, é de uma mordacidade atroz.

Doramundo lembra-nos outro romance pungente — dentro de tema paralelo — o do escritor uruguaio Juan Carlos Onetti, *Junta-cadáveres*. Em ambos, a par da renovação técnica e de linguagem, está a viva denúncia de um sistema social e a face dolorosa da degradação humana. *Doramundo* não deve ficar apenas como uma referência bibliográfica, e aqui o apontamos como um dos marcos importantes do novo romance brasileiro.

GUIMARÃES ROSA

A obra de João Guimarães Rosa é situada também no marco de 1956, embora a sua estreia se tenha dado em 1946, com a coletânea de novelas, *Sagarana*. E foi desde essa estreia que a língua até então manipulada pelos nossos ficcionistas começou a sofrer reformulações num sistema que se estratificara havia muito tempo. Assim, a unidade "tradicional" da língua literária sofreria um impacto. O escritor mineiro quebra, definitivamente, toda e qualquer ligação entre as formas de expressão lusitanas (clássicas) e brasileiras. É evidente que a raiz comum da língua persiste, bem como a presença etimológica e uma certa erudição latinista. É exatamente o incomum, a forma nova da expressão, que tem levado leitores e críticos a torcer o nariz em relação à obra *Corpo de baile*.

Há uma íntima correlação entre *Sagarana* e *Grande sertão: veredas*. Entre esses dois livros sente-se toda a evolução criadora do romancista mineiro. Em ambos está presente a novidade narrativa, a estilização das formas linguísticas tradicionais ou novas, que por vezes deixa em segundo plano a ação dramática dos personagens. E nem por isso o leitor se sentirá logrado, pois penetrará num mundo estilístico novo, mais reconhecidamente nosso, bem brasileiro.

O livro de novelas, *Corpo de baile*, depois desdobrado em três volumes autônomos, *Manuelzão e Miguilim*, *No urubuquaquá, no pinhém* e *Noites do sertão* parece, de fato, o meio termo de sua investigação linguística, como que o ponto de ligação entre os livros.

Junte-se a experiência criadora destas narrativas à coletânea de *Sagarana* e ter-se-á *Grande sertão: veredas*. Nos dois últimos livros, publicados em vida do autor, *Primeiras estórias* e *Tutameia*, João Guimarães Rosa romperia com a narrativa longa, com o *plot* delineado e adotaria a narrativa de flagrante, de "estados" mentais, emocionais ou episódicos, mas a sua experimentação no sistema linguístico continua, às vezes mais exacerbada do que antes, e é onde, precisamente em *Tutameia*, que nos daria a "chave" de todo o seu processo criador, através de prefácios-ensaios, dignos de um exegeta.

Nas novelas, que João Guimarães Rosa chama também de romances, tanto em *Sagarana* quanto em *Corpo de baile*, já temos as experiências e as "novidades" linguísticas de *Grande sertão: veredas*, como também a temática, o complexo existencial, a dimensão do Bem e do Mal que perseguiria o escritor em todos os momentos.

As "falas" e expressões do *Grande sertão: veredas*, por exemplo, ainda não atingiram um estado estrutural fixo, e o que o ficcionista faz é fugir das frases feitas, dos lugares-comuns, que acabam empobrecendo a linguagem literária. O romancista como que nos apresenta o processo criador mesmo de uma língua, focaliza no ponto exato o "nascimento" de vocábulos e de expressões necessárias ao seu mundo. Processo que o escritor deve ter observado ao "vivo", ao natural, pois é comum ao caboclo inventar "na hora", por associações, lembranças ou por falta de expressão fácil, os vocábulos que possam preencher as suas necessidades de comunicação.

Para a transposição integral das fases primeiras de uma língua "nascente", Guimarães Rosa sentiu a necessidade de ficar "de fora", e deixar os fenômenos linguísticos se processarem espontaneamente, através de seus personagens. Eles é que fazem a "língua" de Guimarães Rosa. O autor leva-nos, assim, às raízes da linguagem literária, cujas relações entre o meio e o homem não podem ser dissociadas. Antes de as palavras serem "expelidas" passam no subconsciente por sucessivas associações com a realidade "conhecida" — objetos, passagens marcantes da vida, lembranças olfativas ou sonoras, cujas relações, sabemos, são da natureza íntima dos vocábulos, nessa aproximação entre pensamento e linguagem.

É preciso que se assinale, nesta rápida visão de conjunto do processo criador de Guimarães Rosa, que a sua pesquisa de ficcionista no sistema linguístico não vem dissociada da fabulação, que na verdade é o fator que exige as novas expressões e os novos vocábulos, para que seu mundo se apresente também novo.

Não é bom falar em recriação em relação a Guimarães Rosa, mas simplesmente em criação. O seu sertão é um sertão novo, porque visto de enfoque inédito, é realmente "um sertão construído na linguagem", como diz muito bem Dirce Cortes Riedl. E por ser um sertão construído na linguagem, os seus significados para quem vem "de fora", ou está a apreciar de longe, são inteiramente novos e por vezes "inacreditáveis". E o que ressalta, finalmente, o "regionalismo" de Guimarães Rosa e lhe dá validade universal, é o que poderíamos chamar de caracterização poética de seus personagens.

ADONIAS FILHO

A obra de ficção de Adonias Filho se compõe, até agora, de quatro romances e um volume de novelas. Os três primeiros estão associados por uma temática telúrica, a civilização do cacau no interior baiano, e são *Os servos da morte*, *Memórias de Lázaro* e *Corpo vivo*. Depois publicaria o romance *O forte* e as novelas de *Léguas da promissão*.

A trilogia, anunciada desde 1946, só mais de quinze anos depois se completaria, para se incorporar logo entre as raras obras de ficção de uma amadurecida literatura brasileira. Juntando-se aos poucos que trabalham o romance como forma, interessando suas experiências no campo da criação, Adonias Filho deve ser revelado agora para as novas gerações, e para os que não conhecem ainda a sua produção novelística.

Seu primeiro livro, por aparecer ainda em plena efervescência "regionalista", veio mostrar um escritor mais preocupado em dar à sua obra uma dimensão literária, artística, do que fotografar uma realidade circunstante e, por isso, abaixo do plano da criação.

Entre 1944 e 1946, estrearam Guimarães Rosa, Clarice Lispector e Adonias Filho, numa perspectiva nova da ficção brasileira, que teria a sua autonomia criadora acentuada a partir de 1956. Adonias Filho pertence a esta "classe" interessada na renovação formal do romance. Em seus três primeiros livros, a preocupação primordial é estabelecer um equilíbrio de concepção e realização. Seus livros são planejados e executados — há uma obediência a um roteiro predeterminado. Nos três primeiros romances, a preocupação técnica leva o autor a um aprimoramento em *Corpo vivo*, o mais funcional e completo em seu espaço criador. Nos três usa um recurso central para marcar os personagens ou recorrer a episódios passados: os personagens também contam; dialogam pouco; falam e, à proporção que falam, transfiguram a simples narrativa linear.

Usa o processo nos três romances. Em *Os servos da morte*, o narrador onisciente assume o primeiro plano, apesar das interferências constantes dos personagens. Ainda apegado a uma constante tradicional, Adonias Filho começa a romper com a história linear, de começo, meio e fim, interessando-se mais pelos pormenores não selecionados de um tema. De fato, em seus três primeiros romances não há propriamente uma trama a ser cumprida, embora haja a ação episódica.

É ainda em *Os servos da morte*, a par da técnica que se quer livrar dos chavões da concepção, que encontramos Adonias Filho tentando trabalhar a língua, para que expressões pobres — os adjetivos românticos de duas gerações — desaparecessem ou fossem substituídos de uma maneira mais inventiva a partir de *Memórias de Lázaro*. No primeiro romance alguns recursos limitados da expressão não chegam a prejudicar o estilo que se organiza, se sedimenta, para a narrativa tensa e de grandes efeitos dos livros posteriores.

Em *Memórias de Lázaro*, adotando a primeira pessoa, orienta a sua narrativa para uma autonomia mais determinada: o recurso de os personagens narrarem casos passados — que se integram na trama central — dá a esse romance uma maior força conceptiva; aqui os narradores não relatam mais orientados por uma visão neutra em relação a seus casos e sim em relação a um outro personagem, que tem as suas limitações e angústias. O chavão do monólogo indireto é evitado, e se cumpre a forma autônoma e definitiva. E *Memórias de Lázaro* também tem uma "arquitetura" planejada.

No espaço de mais de quinze anos, que vai de *Os servos da morte* a *Corpo vivo*, houve em Adonias Filho a afirmação de uma consciência criadora, atingindo o seu plano mais elevado neste livro excepcional que é *Corpo vivo*. Não contrariando as observações feitas, o autor usa aqui não só os recursos do narrador onisciente como o dos narradores diretos, construindo no plano do episódio o seu melhor trabalho de ficção. Embora adotando essa técnica, em *Corpo vivo*, Adonias Filho ultrapassa todos os obstáculos de uma narrativa acadêmica: o plano do romance, mais uma vez, é responsável por uma forma organizada que se "convencionou" para criar um novo mundo. Em sendo o seu romance mais episódico — chegando a atingir os planos cinematográficos — não cai no puro relato direto que a ação episódica parece sempre exigir do contador. Ainda mais uma vez o recurso dos personagens narradores consubstancia a técnica e evita o ramerrão dos narradores "objetivos".

Após a "Trilogia do cacau", Adonias Filho publica o romance *O forte*, menos vigoroso como tema, embora realizado e à altura dos romances anteriores. O arcabouço técnico segue de perto o de *Corpo vivo*. Encontra-se, no entanto, em *O forte*, uma tendência mais para o lírico do que para o trágico, mais para o descritivo e documental do que para a criação. O forte, como o Vale do Ouro, é o palco onde se desenrola o drama. Como o Vale do Ouro tem poder e influência sobre as pessoas — é um palco, é um mundo, onde a humanidade sofre e se redime. Romance de grande unidade técnica, Adonias Filho também reconstitui aqui não apenas um passado, mas duas faces do passado. Tragédia agora de tintas mais suaves, se levarmos em conta o pesadelo de sangue, terror e morte, de seus livros anteriores.

O quinto livro de ficção de Adonias Filho, *Léguas da promissão*, é formado de seis narrativas curtas, naquela linhagem trágico-lírica do escritor. Adonias continua o levantamento da "civilização" do cacau, e agora vai a eras mais primitivas, no território de Itajuípe. São narrativas do criador de *Corpo vivo* — os recursos estilísticos, a "arquitetura" formal e narrativa, a valorização literária do coloquial, e o corte em profundidade do homem e de sua tragédia, estão presentes em *Léguas da promissão*.

Entre os belos e fortes romances de Adonias Filho e este *Léguas da promissão*, há nele uma acentuação da feição lírica sobre a feição trágica, o que já se havia notado em relação a *O forte*. O que era "heroísmo" em *Corpo vivo* e tragédia em *Memórias de Lázaro* passou a ser quase exaltação lírica em Imboti e Simoa. O discurso está mais incisivo neste último livro de Adonias Filho, o épico em disponibilidade nas aventuras dos pioneiros à procura de fundar uma civilização. *Léguas da promissão* se incorpora à obra do escritor, fortalecendo-a, dando a Adonias Filho uma visão mais completa de seu mundo e de suas possibilidades artísticas.

CLARICE LISPECTOR

Pelo penúltimo romance (1964) de Clarice Lispector, podemos ter uma visão sintética de seu processo criador e de sua evolução como ficcionista. Embora *A paixão segundo G. H.* pareça, à primeira vista, um caminho novo ou diferente em sua obra, é o resultado, mais objetivo, de um *pensamento* desenvolvido no decorrer de todos os seus livros. Os personagens da romancista sempre tiveram uma dimensão em profundidade, sempre houve em sua obra o predomínio de um pensamento inquiridor.

Cada livro de Clarice Lispector traz sempre um domínio maior do mundo subjetivo sobre o mundo objetivo — cada vez mais, a cada livro, seus personagens olham de dentro para fora. Em *Perto do coração selvagem* e *O lustre*, os dois primeiros romances, já se notaria essa tendência que mais e mais se acentuaria. Mesmo em romance como *A cidade sitiada*, onde se destaca mais o painel de uma vida urbana, o mundo subjetivo das indagações e das perplexidades está presente e criando toda a atmosfera da obra.

Há uma coerência, pode-se dizer, *filosófica*, no mundo ficcional de Clarice Lispector; há, assim, de tal sorte uma predominância do aspecto inquiridor, indagatório, em face do sentido do ser e da vida, que a ficção propriamente dita, a criação, acaba por sair prejudicada. É claro que seu romance, *A maçã no escuro*, é o passo imediatamente anterior à *Paixão*, onde a autora tenta cristalizar o seu *pensamento*. A trama e o episódio, o enredo, mesmo a ação dramática, estão ausentes já em *A maçã no escuro*, devido àquele processo de subjetividade vir-se acentuando. Tudo o mais neste romance está já absorvido pelo *pensamento* do personagem Martim.

Para se compreender e aceitar esse processo de "descarne" dos romances de Clarice Lispector, e aceitar ainda o personagem G. H., há que partir do personagem Martim e, por ilação, do pensamento *primitivo* que tem norteado a obra de ficção de Clarice Lispector. Filosoficamente o *pensamento* de Clarice Lispector é primitivo: primeiro porque instintivo — seu personagem Martim, de *A maçã no escuro*, de caracterização psicológica mais definida em relação a G. H., é um primitivo: distante das ideias filosóficas preconcebidas, procura o deserto para compreender e mentar a sua realidade. G. H., ao contrário, tem certas "informações" culturais que não atingem a essência instintiva de seu pensamento. O cerne filosófico de *A paixão* é fetichista: G. H. come, no mais puro sentido fetichista, uma barata, ou melhor, come a "essência". Há uma ligação, assim, com o canibalismo fetichista, adotado — presume-se — instintivamente pela autora.

Em *A paixão segundo G. H.*, Clarice Lispector rompe a fronteira do mundo subjetivo da criação, a qual atingira em *A maçã no escuro*, e se deixa embalar, exclusivamente, pela *especulação* do pensamento. Seu penúltimo romance está situado, assim, num plano menor da criação. A narrativa não é um monólogo direto ou indireto. *A paixão* é, antes, uma narrativa plana, na primeira pessoa

— o personagem se confessa, pensa, e simplesmente narra para alguém "invisível", ou para alguém que possa ouvi-lo; a fim de quebrar a monotonia por vezes da narrativa, o personagem dirige-se, de preferência, a um esteio afetivo, à mãe, a um amor, etc. Clarice Lispector encadeia a última frase de um capítulo com a primeira do capítulo seguinte, ou a repete, dando uma unidade temporal ao relato. O livro começa com uma espécie de introdução; de tom mais ensaístico do que ficcional, onde o personagem se prepara para desenvolver seu pensamento ou a sua redescoberta.

A técnica narrativa de Clarice Lispector em *A paixão* é diferente no quadro de seus livros anteriores; não é melhor nem mais convincente do que qualquer outra usada antes pela autora; tampouco é suficiente como realização no plano criativo; não é orgânica nem se organiza com o pensamento central da obra; por vezes é arbitrária e não é atingida uma forma. De personagem há apenas G. H. — embora seja o personagem-pensamento do livro, apresenta-se como uma personalidade pobre, bem inferior às outras criações de Clarice Lispector. Embora G. H. *pense* e *diga* coisas mais importantes do que qualquer outro seu personagem, ela fica numa meia posição de intérprete e veículo.

Martim, personagem de *A maçã no escuro*, é bem mais denso e completo, no plano da criação. O importante não é o que o personagem diz ou pensa — assinala Wellek alhures — e sim como age. G. H. parece mais um esquema traçado antes da criação do personagem; desenvolve-se em *A paixão* um *pensamento*, não uma vida, por menor e mais insignificante que fosse a sua existência.

Embora estes pequenos reparos ao penúltimo romance de Clarice Lispector, ele é, como já dissemos, o resultado de uma experiência das mais novas e ousadas da ficção brasileira. E por isso Clarice Lispector se inscreve aqui, como um dos nomes que, a partir do marco proposto, 1956, constroem uma obra dentro de nova mentalidade e novos recursos estéticos.

II. A POESIA*

---

* É a seguinte a bibliografia dos poetas referidos nesta seção:
Lélia Coelho Frota: *Quinze poemas* (s.d.), *Alados idílios* (1958), *Caprichoso desacerto* (1965); Marli de Oliveira: *Cerco da primavera* (1957), *Explicação de Narciso* (1960), *A suave pantera* (1962), *A vida natural/ O sangue na veia* (1968); Mário Faustino: *O homem e sua hora* (1955) (Reedição póstuma com poemas recolhidos, 1966); Walmir Ayala: *Face dispersa* (1955); *Este sorrir, a morte* (1957), *O edifício e o verbo* (1961), *Cantata* (1966); Foed Castro Chamma: *O poder da palavra* (1959), *Labirinto* (1967); Décio Pignatari: *O carrossel* (1950), trabalhos em *Noigandres* (1952/1956), em *Invenção* (1962/1967), *Informação, linguagem, comunicação* (1968); Haroldo de Campos: *O auto do possesso* (1949), trabalhos em *Noigandres* (1952/1956), em *Invenção* (1962/1967), *Revisão de Sousândrade*, de parceria com Augusto de Campos (1964), *Panorama do Finnegans Wake*, de parceria com Augusto de Campos (1962); Augusto de Campos: *O rei menos o reino* (1951), trabalhos em *Noigandres* (1952/1956), em *Invenção* (1962/1967), *Balanço*

O quadro atual da poesia brasileira para alguns parece tumultuado. No entanto, pode-se constatar que não é verdade. Após os poetas que se ingressaram numa "geração de 45", a poesia brasileira já tomou rumos importantes e definidos. O nome que serviria de elo, para ligar o passado imediato às novas experiências, é o de João Cabral de Melo Neto, um poeta maior. De fato, a vanguarda poética brasileira parte de João Cabral como a referência mais positiva de uma "tradição" poética do "fazer novo".

Assim, João Cabral de Melo Neto estaria ligado ao ano de 1956 — ano do lançamento da Poesia Concreta — como uma espécie de precursor. Claro que os poetas concretos foram mais ao passado da poesia brasileira, para assinalar a presença dos grandes poetas inventores, que formariam um lastro cultural, um *paideuma*, onde eles poderiam assentar, mais comodamente em casa, as suas teorias. E se lembraram de Murilo Mendes. e Oswald de Andrade, e "desenterraram" Sousândrade.

Mas antes do irrompimento da Poesia Concreta, alguns poetas jovens, bons poetas — que não aderiram ao movimento mas se beneficiaram dele — já não estavam mais ligados a 45 e faziam uma poesia de interesse formal, na linha dos imagistas Pound, Eliot e outros. Estes jovens, que continuam hoje impassíveis em sua linha criadora, sem ser perturbados pelas correntes mais experimentais, devem ser citados aqui, pois sua obra merece certo destaque. São eles: Walmir Ayala, Lélia Coelho Frota, Foed Castro Chamma, o falecido Mário Faustino e Marli de Oliveira.

POESIA CONCRETA

Com o lançamento da Poesia Concreta, em 1956, o nome de alguns poetas, que estrearam com bons livros filiados à corrente dos imagistas, vieram à tona, como Décio Pignatari, Haroldo de Campos, Augusto de Campos e Ferreira Gullar. Este último, com seu livro *A luta corporal* (1954), fazia algumas experiências mais radicais e que se identificariam com o movimento de Poesia Concreta que se esboçava. Alguns novos poetas, inconformados já dentro de suas experiências isoladas, aderiram ao movimento, como Reinaldo Jardim,

---

da bossa (1968); Wlademir Dias-Pino: *Os corcundas* (1954), *A máquina* (1955), *A ave* (1956), *Poema espacional* (1957), *Sólida* (1962); José Lino Grünewald: *Um e dois* (1958), trabalhos em *Invenção* (1962/1967); Ferreira Gullar: *Um pouco acima do chão* (1949), *A luta corporal* (1954), *Poemas* (1958), *Teoria do não objeto* (1959), *João Boa-Morte, cabra marcado pra morrer* (1962); Mário Chamie: *Espaço inaugural* (1955), *O lugar* (1957), *Os rodízios* (1958), *Lavra-lavra* (1962), *Palavra-levantamento na poesia de Cassiano Ricardo* (1963), *Indústria* (1967); Mauro Gama: *Corpo verbal* (1964); Ione Giannetti Fonseca: *A fala e a forma* (1963); Armando Freitas Filho: *Palavra* (1963); *Dual* (1966); Antônio Carlos Cabral: *Diadiário cotidiano* (1964), *Texto práxis* (1967); Camargo Meyer: *Cartilha* (1964).

Ronaldo Azeredo e José Lino Grünewald. Reinaldo Jardim e Ferreira Gullar encabeçariam, posteriormente, um grupo dissidente, o Neoconcretismo, por razões de ordem estética, por não se conformarem com o pragmatismo da poesia concreta, diziam eles.

Em abril de 1957, dois meses antes da cisão pública do movimento, Haroldo de Campos escrevia:

> A função da poesia concreta não é — como se poderia imaginar — desprover a palavra de sua carga de conteúdos: mas sim utilizar essa carga como material de trabalho em pé de igualdade com os demais materiais a seu dispor. O elemento palavra é empregado na sua integridade e não mutilado através de uma unilateral redução à música descritiva (letrismo) ou à pictografia decorativa (caligrama ou qualquer outro arranjo gráfico-hedonista). O simples fato de lançar sobre um papel a palavra terra pode conotar toda uma geórgica. O que um leitor de um poema concreto precisa saber é que uma dada conotação é lícita (como até certo ponto inevitável) num plano exclusivamente material, na medida que ela reforme e corrobore os demais elementos manipulados; na medida em que ela participe, com seus efeitos peculiares — uma relação de sentidos qualitativa e quantitativamente determinada — na estrutura-conteúdo que é o poema. Qualquer outra "*démarrage* catártica", qualquer outro desvio subjetivista, é alheio ao poema e corre por conta da tendência à nomenclatura — à troca de objetos artísticos por vagas etiquetas nominativas. (Suplemento Dominical do *JB*, 28/4/57)

No seu manifesto de cisão do movimento, os poetas residentes no Rio, Ferreira Gullar, Reinaldo Jardim e o crítico Oliveira Bastos, disseram:

> A poesia concreta, tal como a concebemos e a defendemos, não é superior nem mais eficiente meio de expressão que as formas poéticas que a precederam; talvez mesmo seja, nesta fase de formação, menos rica e satisfatória que o verso medido e o verso livre em seus melhores momentos. Essas estratégias verbais dão testemunho dos interesses de um tempo cultural que já é o nosso. A poesia concreta não é a invenção caprichosa de A ou B, mas uma necessidade que escapa à órbita individual: é o resultado de uma evolução, verificável, da linguagem do poeta. Seu objetivo é substituir, sem prejuízo para a expressão, as formas poéticas fatigadas. E acrescentam: O poeta concreto não repele — ou melhor, não pretende repelir — a subjetividade sem a qual não é possível nenhuma criação. Ele distingue entre o subjetivismo, de que se encontra embebida toda uma retórica poética cloroformizada, e a subjetividade mesma; distingue entre o verbalismo e o conhecimento fenomenológico. O poema concreto é o novo meio de se controlar totalmente uma experiência. (Suplemento Dominical do *JB*, 23/6/57)

Depois da cisão do movimento, os dois grupos ficaram agindo em seus setores diversos. Os paulistas passaram a publicar suas novas experiências em *O Correio Paulistano*, sob o título geral de *Invenção*. Estamos por volta de 1961. O Suplemento Dominical do *Jornal do Brasil*, porque não "vendia "anúncios, foi extinto pela direção da empresa. Os poetas do grupo do Rio se dispersaram, continuando Ferreira Gullar e Reinaldo Jardim a fazer uma poesia tradicional, comprometida politicamente. Gullar vai da "cantiga" de feira popular nordestina a um longo poema sobre a guerra do Vietnã. Jardim reúne alguns poemas líricos anteriores à fase neoconcreta e os publica em livro, *Joana em flor*.

O grupo de São Paulo continuava coerente com a vanguarda e a experiência nova. Em 1962, a *página* de *O Correio Paulistano* se transforma na revista *Invenção*. No número 2 da revista, os poetas concretos dariam o que eles mesmos intitularam o "pulo da onça", "intentando uma poesia formal e conteudisticamente revolucionária". E veio um poema de Décio Pignatari sobre Cuba. Novos poetas concretos foram incorporados ao grupo, Edgar Braga e Pedro Xisto, os melhores. Nesta altura do segundo número de *Invenção*, em 1962, os poetas concretos trazem a si o grupo mineiro de *Tendência*, que, segundo eles, "vem procurando inserir sua reivindicação por uma literatura nacional na linha das pesquisas de vanguarda".

No número 3 de *Invenção* (1963), os poetas repudiam não só o mundo de "promoção de vendas" do capitalismo, como o "mercado oficial do consumo *ideológico*", e partem para uma poesia "internacional", para uma poesia de equipe. Os poemas continuam na área da palavra, mas a partir dos números 4 e 5 de *Invenção* (1964 e 1967, respectivamente), outros recursos gráficos começaram a ser usados, como desenhos, gráficos e figuras em fotomontagem. Esta "fuga" do sistema linguístico iria caracterizar o último movimento (1967) poético brasileiro, o do Poema-Processo. Ao final desta apreciação sintética da Poesia Concreta, temos a assinalar a sua importância também no exterior, pois os poetas brasileiros fazem parte hoje de importantes antologias internacionais e seu movimento é do conhecimento das mais importantes vanguardas estrangeiras. *Invenção*, a revista do grupo, que alcançou o seu 5º número (1967), é a mais importante publicação literária do país. Haroldo de Campos, Augusto de Campos e Décio Pignatari, os esteios deste grupo, continuam sua importante experiência literária.

POESIA-PRÁXIS

Enquanto os poetas concretos davam como "encerrado o ciclo histórico do verso", um novo grupo surgia, por volta de 1962, para restabelecer a validade do verso, claro que não exatamente o verso da poesia tradicional. A Poesia-Práxis se insurgia contra o concretismo naquilo em que o poema concreto era o objeto de si mesmo, e defendia a objetividade através da interiorização.

No "manifesto didático" lançado por Mário Chamie, líder do grupo, ele perguntava: "Que é poema-práxis? É o que organiza e monta, esteticamente, uma realidade situada, segundo três condições de ação: a) o ato de compor; b) a área de levantamento da composição; c) o ato de consumir. O poema-práxis tem seu primeiro momento no projeto semântico; ele é consciência constituinte e constituída porque, nesta condição, é autônomo e independente ainda da área de levantamento."

O termo práxis vem de Sartre, e é o jogo dialético entre o subjetivo e o objetivo que os poetas iriam adotar. A "interiorização do exterior e a exteriorização do interior". Na práxis a ideia é mais importante do que o jogo técnico e formal. Assim, repudiam em parte, os praxistas, a "estrutura matemática" dos concretos, e em vez do poema se realizar no "espaço em branco" da página, seria realizado no "espaço em preto", segundo Mário Chamie: "espaço em preto, mobilidade intercomunicante das palavras e suporte interno de significados".

O livro mais significativo de Mário Chamie e exatamente o que traz o seu "manifesto didático", é *Lavra-lavra*. A despeito das teorias praxistas, encontramos, além de Chamie, bons poetas que surgiram e se filiaram a essa área, tais como Mauro Gama, Ione Giannetti Fonseca, Armando Freitas Filho, Antônio Carlos Cabral, Camargo Meyer. O poeta veterano Cassiano Ricardo, depois de apoiar os concretistas, como o fizera Manuel Bandeira, passou-se par o lado dos praxistas, quando produziu alguns poemas na linha da nova "escola".

Embora considerando que a poesia-práxis é nova em relação a tudo quanto se fez antes do concretismo, não chega a se constituir em vanguarda, pelo fato de algum "conservadorismo" criativo: a volta ao verso e aos "significados" que são simplesmente suportes extra-artísticos.

POEMA-PROCESSO

Wlademir Dias-Pino veio de movimento anterior à Poesia Concreta, se filiou a esta e depois rompeu, fazendo suas próprias experiências, já num campo mais visual do que verbal — e esta seria a linha do grupo que iria liderar em 1967. Abandonado quase que totalmente o sistema linguístico, os poetas começaram a criar "formas" visuais inter-relacionadas, chegando à experiência da montagem fotográfica, que os poetas concretos — num outro sentido — andaram fazendo na sua última fase experimental.

Parece-nos, no entanto — porque todo movimento tem as suas "teorias" — que os poetas do Poema-Processo não andaram realmente identificando o que é estrutura, para a formalização de seus trabalhos.

Os poetas Wlademir Dias-Pino, Moacy Cirne, Sanderson Negreiros e Álvaro de Sá aparentemente se insurgem contra todas as correntes poéticas anteriores, mas quer queiram ou não os seus idealizadores, o poema-processo é uma consequência (não diríamos uma evolução) da Poesia Concreta. Há que distinguir, no entanto, os alvos propostos pelos dois movimentos — sem dúvida alguma importantes para a literatura brasileira.

O ideal da poesia concreta é a Forma — um conjunto de relações e tensões que se organizam em unidade. O ideal do poema-processo é a Estrutura — este mesmo conjunto de relações e tensões do objeto artístico, mas cuja organização ou procura de unidade não interessa ao poeta. O que lhe interessa é manter esta estrutura em constante processo, ou seja, em constante relacionamento de suas partes, para que o objeto artístico seja mostrado "por dentro", em seu processo. Como toda forma "encerra" uma estrutura dinâmica e tensa, o que os poetas de processo querem é não atingir nunca esta forma, mas apenas criar estruturas que se relacionem, numa espécie de "objetos em série", como se saíssem de uma máquina.

Eles querem a "visualização da funcionalidade" do processo criador, uma espécie de experiência nuclear, onde o átomo é desfeito em sua estrutura, advindo a explosão e a formação de novas estruturas. O movimento se quer popular — e foi lançado nas ruas com aparato promocional — mas não parece que o acesso à sua comunicação e compreensão seja fácil, como já acontecera com a poesia concreta.

Os movimentos de vanguarda, nesta "crise da velocidade" dos meios de comunicação, procuram a massa, o popular, mas sem deixar de lado "teorias" e "intelectualismos" que podem confundir esta mesma massa. Por exemplo: a substituição de Forma por Processo, a confusão do que eles entendem por Estrutura, a mistura entre Forma e Estrutura, etc.

Estamos em pleno reino da especulação estética, e a "popularização" deste tipo de arte só se dá pelos "significados" do poema, no caso, como já aconteceu com a poesia concreta e até hoje acontece com outras artes, a pintura, por exemplo. Se a ideia central do poema-processo é "comunicar" a um maior número, fazer o "povo" participar, mexendo em seus *objetos*, ele próprio construindo novas estruturas — como Lígia Clark já o fez e outros — esta participação é apenas de epiderme, imediatista, como quem lê um livro apenas interessado em sua trama.

Se o poema-processo almeja o "consumo" da massa, quer se integrar na corrida industrial de produção e consumo em série, seria melhor abolir as teorias, as explicações "estéticas" e partir diretamente para a Propaganda, onde o apelo dos significados não tem mistério. Moacy Cirne, em depoimento, diz que "a poesia sempre esteve mais próxima das artes plásticas do que da literatura". E cita Hegel, Pound e Sartre. O certo é que Platão, ao classificar as artes, inclui a poesia entre as artes plásticas. Mas Hegel disse, como um profeta, que com o advento da industrialização não seria mais necessário a arte, pois a indústria supriria o ideal do homem de criar, de construir. Talvez a criação de uma arte paralela à criação industrial seja o caminho certo hoje. Quem sabe?

Os poetas deste movimento editam a revista *Ponto*, já em seu segundo número, com poemas e teorias, e já receberam a adesão de poetas de outros estados. Sem dúvida alguma, entre o romance, a poesia e o conto brasileiros, é a poesia que está mais em efervescência e seus postulados mais em discussão, o que sem dúvida é benéfico para a nova literatura nacional.

III. O CONTO*

Quando Samuel Rawet lançou seu livro de contos em 1956, a crítica andou meio desarvorada em relação a ele, como já andara em relação ao *Grande sertão: veredas*, de Guimarães Rosa. É que a crítica não via, em *Contos do imigrante*, as costumeiras indicações do fazer tradicional, que tinha caracterizado o gênero até então no país. Samuel Rawet quebrava a tradição machadiana entre nós — embora Machado de Assis tenha um trunfo "moderno" a seu favor: foi o inventor do conto de flagrante, que Tchecov exploraria paralelamente ao escritor brasileiro — acabou com o *prosaísmo* narrativo e deu aos personagens uma autonomia maior como criações. Seus livros posteriores, *Diálogo* (1963) e *Os sete sonhos* (1967), são a afirmação de seu processo e a abertura para uma série de bons contistas novos que se têm apoiado na pesquisa para a realização de suas obras.

Dalton Trevisan, que já foi "arrolado" à geração de 45, pode ser incorporado na nova literatura brasileira, pois tem atuado com grande originalidade de concepção e feito do conto o seu único meio de expressão. Após a sua melhor fase, a chamada "provinciana", quando publicava seus livros em cadernos populares, foi descoberto pelos editores do Rio. Dalton Trevisan considera hoje válidas apenas as últimas edições revistas de seus livros, *Novelas nada exemplares* (1965), *A guerra conjugal* (1ª edição, 1969), *Cemitério de elefantes* (1970) e *O vampiro de Curitiba* (1970). Trevisan atinge a cristalização de sua arte no último livro publicado, *A guerra conjugal*, onde a ficção vai ao plano mais alto

---

* É a seguinte a bibliografia dos contistas referidos nesta seção:
Samuel Rawet: *Contos do imigrante* (1956), *Diálogo* (1963), *Abama* (1964), *Os sete sonhos* (1967); Dalton Trevisan: *Novelas nada exemplares* (1958), *A velha querida* (1959), *Minha cidade* (1960), *Cemitério de elefantes* (1962) (Reedição 1964), *O vampiro de Curitiba* (1964) (Reedição 1965), *Morte na praça* (s.d.), *Desastres de amor* (1968); José J. Veiga: *Os cavalinhos de Platiplanto* (1959), *A hora dos ruminantes* (1966), *A máquina extraviada* (1968); José Louzeiro: *Depois da luta* (1958), *Acusado de homicidio* (1960), *Judas arrependido* (1968); Jorge Medauar: *Água preta* (1958), *A procissão e os porcos* (1960), *Histórias de menino* (1961), *O incêndio* (1963); Rubem Fonseca: *Os prisioneiros* (1963), *A coleira do cão* (1965); José Edson Gomes: *As sementes de Deus* (1965), *Os ossos rotulados* (1966), *O ovo no teto* (1967); Maura Lopes Cançado: *Hospício é Deus* (1965), *O sofredor do ver* (1968); Luís Vilela: *Tremor de terra* (1967) (Reedição 1968).

de uma mitologia criadora. João e Maria são os protótipos da vida simples, cruel e misteriosa de seu mundo artístico.

José J. Veiga é ainda o excelente autor do livro *Os cavalinhos de Platiplanto* (1959). Depois de vagar por uma narrativa mais longa, *A hora dos ruminantes*, voltou ao conto com *A máquina extraviada* (1968). Embora seja encontrada pouca coisa neste livro do volume de estreia, as qualidades literárias do escritor estão presentes, como o seu domínio narrativo, o domínio do diálogo, a capacidade de criar "mundos infantis" e a aguda observação do comportamento humano.

José Louzeiro vem também da linhagem de Samuel Rawet e no fim de 1968 publicou seu segundo livro de contos, *Judas arrependido*. A unidade deste seu último livro é feita através de uma temática que sempre foi preocupação do autor: a infância. José Louzeiro estreou em 1959 com a coletânea *Depois da luta* e já fez uma incursão pela novela: *Acusado de homicídio*. Sua obra é de profunda crítica social e longe de apontar a crueldade e a sordidez da criatura humana, como um Dalton Trevisan, por exemplo, expõe as misérias humanas com um forte sentido de solidariedade.

Maura Lopes Cançado é uma das melhores estreias dos últimos tempos no Brasil, com a coletânea *O sofredor do ver* (1968). Ela é a autora do sério e pungente diário, *Hospício é Deus*. Dominando bem os seus recursos estilísticos, a autora realiza seus trabalhos em elevado nível artístico, agora com uma consciência literária que talvez não estivesse presente em seu diário. Do ponto de vista técnico, os contos de Maura Lopes Cançado podem ser agrupados, não à sombra, mas ao lado dos trabalhos de Mansfield/Virgínia Woolf, com um halo poético mais acentuado. Seus contos se realizam "dentro" dos personagens, numa grande luta interior para a sua realização existencial.

Nestes últimos dez anos, tendo como marco referencial 1956 e o livro de Samuel Rawet, *Contos do imigrante*, inúmeros outros bons contistas surgiram já completamente desvinculados da história curta tradicional, como é o caso de Jorge Medauar com a sua *Trilogia de Água Preta*. Ele retrata o interior da Bahia de maneira tecnicamente nova, dando ao coloquial um bom tratamento literário.

Temos em Minas Gerais dois nomes jovens, Ivan Ângelo e Luiz Vilela, já com uma boa experiência atrás deles, a de Murilo Rubião com o volume *O ex-mágico*. Ivan Ângelo estreou com *Duas faces*, uma experiência técnica nova, a versatilidade formal em todos os seus aspectos. Luiz Vilela, um jovem de 27 anos, já publicou três livros, *Tremor de terra* (1967), *No bar* (1968) e *Tarde da noite* (1970). É a melhor revelação de contista dos últimos anos: o poder narrativo aliado à observação lírica e contundente da vida.

Rubem Fonseca é outro contista de largos recursos que deve ser observado, já com três livros de elevado nível literário e inventivo, *O prisioneiro*, *A coleira do cão* e *Lúcia McCartney*. Também José Edson Gomes, principalmente com *As sementes de Deus*, seu livro de estreia (1965), entra para a melhor linha do conto brasileiro de hoje.

Entre os romancistas citados atrás, alguns se dedicaram ao conto com bons resultados, como é o caso de Clarice Lispector, Guimarães Rosa com suas últimas experiências, Adonias Filho, Osman Lins, Autran Dourado e Lígia Fagundes Teles. A experiência de Breno Acioli também deve ser considerada (*João Urso*), embora a sua influência, como a de Murilo Rubião, esteja adstrita à geração anterior onde se situaria também Lígia Fagundes Teles, num tempo entre a "mudança" pretendida e o novo experimental. Entre os mais novos estão José Alcides Pinto e Macedo Miranda, também com volumes de contos em sua bagagem e que não devem ser desprezados.

Depois da poesia, é o conto brasileiro o gênero que mais tem apresentado perspectivas novas. Os volumes desta última fase literária, que vem de 1956, são do mais alto nível, e o aparecimento sempre crescente de novos contistas mostra que o gênero não se esgotou.

Os poetas dos movimentos vanguardistas têm feito também alguma experiência na área da prosa, mas com mais comedimento e cautela. Haroldo de Campos tem publicado na revista *Invenção* alguns fragmentos do que ele chama de "livro de ensaios", uma obra em progresso. É uma experiência de prosa, algo assim como "palavra-puxa-palavra" numa tentativa de abolir o enredo e as referências psicológicas. Não deixa a experiência de ser curiosa, mas fica apenas na área da prosa, nunca atingindo a linguagem ficcional.

No campo dos praxistas, uma experiência na prosa também foi feita, é o livro *Dardará* (1965), de O. C. Louzada Filho. Difere da experiência de Haroldo de Campos e talvez esteja mais afim à ficção. Louzada Filho, ao contrário de Haroldo, conta uma "história", mas vai desfazendo esta ou destruindo toda referência episódica à proporção que os episódios começam a ser concatenados. No entanto, a prosa elaborada não tem bom nível literário e está cheia de frases-feitas e lugares-comuns. Entre as duas experiências de vanguarda na prosa, a ficção sai traída em proveito de uma prosa discursiva e sem profundidade. Se a meta dos autores é "acabar" com a ficção, cremos que eles estão confundindo os "significados" — enredo, episódio, trama, psicologismo — com a própria linguagem ficcional, que tem o seu mundo próprio. É um problema de linguagem, de sua renovação, e não um problema de abolir os "significados" da ficção.

De qualquer maneira é uma experiência e uma procura, nesta fase em que a arte também sofre da "crise da velocidade" e não pode mais parar. Aqui foram apontados alguns nomes, os mais salientes, outros apenas foram citados de passagem, neste caminho do novo.

O MODERNO E O NOVO

Os conceitos emitidos sobre o que entendo por Nova Literatura Brasileira continuam válidos nesta década de 1980. Admitindo que o Modernismo de 1922 encerrou o seu ciclo estético e histórico na década de 40 e inícios de década de 50, alguns escritores, quer fazendo uma espécie de *ligação* entre o Moderno e o Novo, ou estreando nesse período, fortaleceram a literatura brasileira. Assim, o *sistema* de obras evoluiu e cresceu com a participação dos veteranos, novos e novíssimos.

Poetas, romancistas, contistas, reafirmam a *série* literária, que não parou nas pesquisas (Vanguardas), nem rompeu com a *tradição* do novo, numa contínua procura de soluções estéticas originais. Embora nesse período a que estamos nos referindo não tenha havido, nos últimos dez anos, mudanças radicais, a literatura brasileira continua a se enriquecer, a partir mesmo da atividade de escritores mais velhos, como Herberto Sales, que saiu do regionalismo para as suas instigantes utopias urbanas. E a continuação da obra de escritores como Adonias Filho, Antonio Callado, Autran Dourado.

A poesia, por outro lado, após o cerebralismo das Vanguardas — crítica de muitos — abriu espaço novamente para o discurso lírico, a participação social e uma espécie de *populismo* prosaico. Mas a *matriz* de ligação, entre o Moderno e o Novo, continua sendo João Cabral de Melo Neto e ainda os poetas concretistas, principalmente Augusto de Campos e Haroldo de Campos.

O conto tem recebido um número enorme de novos e importantes autores, tendo também o ponto de irradiação estética em escritores veteranos como Dalton Trevisan, Murilo Rubião, José J. Veiga. Alguns saem para a narrativa mais longa, como Rubem Fonseca e o próprio José J. Veiga, e nomes como os de João Antônio e Duílio Gomes dão legitimidade ao gênero.

Assim, a Nova Literatura Brasileira não parou. Continua com os autores já consagrados pelo público e pela crítica, e com novos talentos emergentes. Não é mais uma literatura paroquial, de província, pois hoje é traduzida em todo o mundo e reconhecido o seu alto nível. Basta uma citação: na Tchecoslováquia, país de língua tão diferente da nossa, Clarice Lispector já teve programa na tevê, como Graciliano Ramos, além de serem traduzidos, juntamente com o considerado difícil João Guimarães Rosa. Dalton Trevisan já foi traduzido na Holanda, país onde se lança toda a obra romanesca de Machado de Assis. A evidência: o reconhecimento da *tradição* e do *novo* em nossa literatura.

I — A Poesia

Objetivando este registro: na poesia, os marcos dessa Nova Literatura continuam sendo os vanguardistas Augusto de Campos, Haroldo de Campos,

Décio Pignatari, Wlademir Dias-Pino, Mário Chamie, José Alcides Pinto, Ferreira Gullar.

Como o tempo passa e eles já completaram mais de vinte anos de atuação poética eficaz e significativa, publicaram a sua Obra Completa, ou o que entendem como tal, como no caso de Wlademir Dias-Pino, que editou, em 1982, um bem bolado *Catálogo*, ilustrado por ele mesmo — que é também grande artista plástico. O livro é uma síntese, uma *exposição* de sua obra poética, o seu grafismo, as suas teorias sobre a Vanguarda, contando com parte biográfica, bibliografia e iconografia.

Ferreira Gullar publica *Toda poesia/1950-1980* (reúne os livros anteriores, com exceção do livro de estreia, *Um pouco acima do chão*); Décio Pignatari junta a obra em *Poesia pois é poesia*, 1977. Ele continua com os seus ensaios sobre Comunicação. O último livro é *Signagem da televisão*. 1984. Toda a experiência poética de Augusto de Campos está em *Poesia/1949-1979*: ele tem sido o poeta mais radical do grupo, saindo da área da linguagem verbal, como é o caso de seus *Poemóbiles* (poemas-objetos manipuláveis, em colaboração com Júlio Plaza); Haroldo de Campos, por sua vez, reúne a obra em *Xadrez de estrelas* (percurso textual 1949/ 1974), editado em 1976. Ele continua com a sua atividade de ensaísta e tradutor: a experiência de Vanguarda, no Nordeste, é representada por José Alcides Pinto, também ficcionista. A obra poética foi reunida em *Antologia poética*. 1984, com poemas verbais e visuais; Mário Chamie, do movimento práxis, reúne a obra poética em *Objeto selvagem*, 1977.

Ao lado das vanguardas sempre houve uma linhagem de poetas imagistas. Linhagem esta que continua crescendo com a obra dos veteranos e dos mais novos. Os primeiros estão representados por Valmir Ayala, Marli de Oliveira, Foed Castro Chamma, Lélia Coelho Frota, Gilberto Mendonça Teles, Nauro Machado, Renata Palotini, Mário Faustino (morto), Jorge Tufic, Francisco Alvim, H. Dobai, Carlos Nejar, Anderson Braga Horta, Francisco Carvalho, José Godoi Garcia, Vítor Santos, Brasigóis Felício, Cícero Acaiaba, Reginal Valinho Alvarez, Olga Savari. Os mais novos poetas: Susana Vargas, Marcus Acioli, Antônio Carlos Secchin, Adriano Spínola, Luís de Miranda, Osvaldo André de Melo, Libério Neves, Sérgio de Castro Pinto, Francisco Miguel de Moura, Regina Célia Colônia. São autores de todos os quadrantes do Brasil.

Outros poetas, alguns remanescentes das vanguardas, e mais alguns novos, sustentam o experimentalismo, quer visual ou verbal, como Sebastião Nunes, um dos mais originais, Adailton Medeiros, Mauro Gama, José Paulo Pais, Alcides Buss, Armando Freitas Filho, Afonso Romano de Santana, Joaquim Branco (outro poeta original), Hugo Mund Jr., Max Martins, Claudio Feldman, Pedro Lira, Paulo Leminski, Chacal, este último representante de uma linhagem populista, oriunda das edições de mimeógrafo. Podemos dizer que a poesia nova brasileira continua pela mão firme e significativa desses autores citados, com os mortos ilustres: Mário Faustino, Torquato Neto, Lupe Cotrim.

Os nomes em destaque, nesta síntese crítica e histórica, são os que continuam a construir sua obra, já reconhecida nacionalmente:

Walmir Ayala não é somente o poeta, inventivo e sensível. É também romancista, contista e autor de literatura infantil. A sua obra é significativa, completando, neste 1985, 30 anos de boa poesia. Neste gênero, o último livro é de 1983, *Águas como espadas*.

Marli de Oliveira continua fiel à poesia emblemática culta, inteligente, que envolve qualquer leitor aberto à beleza. O último é de 1984: *A força da paixão* & *A incerteza das coisas*.

Gilberto Mendonça Teles, poeta e ensaísta. Grande domínio da técnica poética, sendo seus poemas "construídos". Seu último livro é de 1984: *Plural de nuvens*.

Nauro Machado continua a nos mandar, do Maranhão, todo ano, um livro de poemas. Faz. uma mistura entre o clássico e uma poesia metafórica mais livre, também com domínio técnico. A síntese da sua obra está na *Antologia poética*, de 1980.

José Alcides Pinto já passou pela experiência concretista, mas voltou ao verso, sendo também um bom ficcionista. O último livro de poesia é de 1984: *Guerreiros da fome/outros poemas*.

Francisco Carvalho é também do Ceará. Um grande prêmio de poesia deu-lhe repercussão nacional. Fiel à linguagem metafórica e ao veio clássico da poesia. O último livro é de 1984, *As visões do corpo*.

Rui Espinheira Filho se revela como poeta também através de concurso. Atuação na década de 70 com poesia inventiva, linguagem encantatória, sem ser hermética. *Morte secreta e poesia anterior,* de 1984, reúne toda a sua produção poética.

Carlos Nejar é a melhor revelação pós-modernista. Conserva-se fiel à "tradição da imagem", embora algumas incursões de caráter social mais objetivo e interessado. O último livro é de 1984, *Livro de gazéis*.

Foed Castro Chamma é da geração de Marli de Oliveira e Walmir Ayala. Sua poesia levanta um intrincado mundo metafórico, tendendo para o místico e a magia. Não tem publicado muito — os editores continuam arredios à poesia — mas um poema, em que vinha trabalhando há dez anos, acabou por lançá-lo de volta através de prêmio literário: *Pedra da transmutação*, de 1984.

Temos mais um grupo jovem que continua a se interessar por uma poesia experimental, quer na área verbal, quer na área plástica, mantendo a "tradição" dos movimentos de vanguarda da década de 60, com acentuação pessoal bem característica, como no caso os seguintes poetas novos:

Joaquim Branco, do grupo concreto de Cataguases, continua a produzir boa poesia experimental, com saída para soluções plásticas no espaço do poema. Seu último livro é de 1984, *Laser para lazer (poemas experimentais)*.

Claudio Feldman, "escondido" em Santo André, SP, não desiste e publica seus livros por conta própria. A sua poesia é uma mistura de prosa poética e experimento visual. Publicou, em 1984, *Avó, mãe, filho e palhaço*.

Max Martins está no Maranhão escrevendo a sua boa poesia. Mantendo-se na área verbal, a sua poesia não é mais o intrincado metafórico, mas uma saída para novas e criativas imagens linguísticas. Publicou, em 1982, *A fala entre parêntesis*.

Sebastião Nunes, poeta e artista plástico, tem interessado suas poesias experimentais na área visual, com grandes resultados inventivos e renovadores. É um grande poeta, que tenta a "reconciliação" entre a linguagem verbal e a plástica. Seu último livro é de 1985, *Papéis higiênicos (Estudos sobre guerrilha cultural e poética de provocação)*.

Pedro Lira, ensaísta e poeta. Tenta valorizar, ao máximo, a prosa no poema, numa linguagem que lembra João Cabral de Melo Neto. A sua concepção de poema é instigante e polêmica. O último livro é de 1983, *Decisão (poemas dialéticos)*.

Paulo Leminski, poeta e tradutor, vem do tempo dos concretistas. Seu último livro, de 1983, *Caprichos & relaxas (Saques, piques, toques & baques)* é uma espécie de antologia de toda a sua experiência verbal e visual. Um livro inventivo, que enriquece a poesia nova brasileira.

Alcides Buss, de Santa Catarina, continua também fiel à poesia metafórica e experimental. Publica sempre e participa de movimentos culturais de atualização da literatura. Seu último livro é de 1982, *O homem sem o homem*. Poesia também de cunho participante.

Chacal (Ricardo de Carvalho Duarte) representa aqui um tipo de poesia "marginal", ou seja, que não quer entrar no sistema editorial nem participar do que chamam de "literatura oficial". Começou publicando os livros mimeografados, sendo vendidos nos bares. É uma poesia que usa muita gíria e tenta revolver a literatura "gramatical", quase sempre caindo na pobreza de expressão, intencionalmente. O mais curioso da geração é Chacal, que acabou tendo seus poemas lançados por editora "oficial": *Drops de abril*, 1983.

Hilda Hilst. Tanto experimenta na prosa de ficção quanto na poesia e teatro. É um dos escritores mais experimentais e prolíferos de sua geração. Um de seus últimos livros de poemas, ilustrado pela autora, é *Da morte, odes mínimas*.

II — O Conto e o Romance

O conto novo, experimental, ainda tem o seu ponto de referência na obra de Dalton Trevisan e Samuel Rawet, este morto. Trevisan continua a publicar, perseguindo a síntese narrativa até chegar ao poema. Como ele mesmo disse, a sua meta é o hai-kai.

Outros narradores importantes não ficaram apenas na história curta, embora esta seja o seu ponto de referência nesta parte das nossas observações. Os exemplos: Rubem Fonseca, Murilo Rubião, Rodrigues Marques, Moreira Campos, Luís Vilela, José J. Veiga, Jorge Medauar, Miguel Jorge, José Édson Gomes, Alaor Barbosa, Elias José, Maria José Limeira, Salim Miguel, Caio Porfírio Carneiro, Sônia Coutinho, Artur Engrácio, Edilberto Coutinho, João Antônio.

Outros autores mais novos: Jeferson Ribeiro Andrade, Emanuel Medeiros Vieira, Deonísio da Silva, Flávio José Cardoso, Magalhães da Costa, Carlos Carvalho, João Gilberto Noll, Márcia de Almeida, Airton Monte, Sérgio Agra, Murilo Carvalho, Rosa Maria dos Santos, Maria Amélia Melo, Domingos Pellegrini Jr., Francisco Sobreira, Duílio Gomes, Dinorá do Vale, Luís Carlos Amorim, Caio Fernando Abreu, Rubem Mauro Machado, Jair Ferreira dos Santos, Moacir Scliar, Ieda Schmaltz, Charles Kiefer, João Nicolau Carvalho, Fernando Batinga. O grupo é grande e significativo e representa bem o conto novo brasileiro numa fase de muitas experiências.

No romance, podemos dizer, são ainda os autores veteranos da Nova Literatura que continuam a sustentar, e muito bem, o gênero, na variedade de suas pesquisas, como Herberto Sales (*Os pareceres do tempo*, 1984), Adonias Filho, Autran Dourado, José Cândido de Carvalho com o seu clássico *O coronel e o lobisomem*.

Alguns mortos deixaram a sua obra, inteiriça, definitiva, como João Guimarães Rosa, Geraldo Ferraz, Clarice Lispector, Macedo Miranda, Osman Lins. Eles também experimentaram a história curta, como Guimarães Rosa na originalidade das *Primeiras estórias* e *Tutaméia*; Clarice Lispector com *Laços de família*; Geraldo Ferraz com *KM 63*.

Na área da experimentação mais nova, na narrativa longa, estão Hilda Hilst, Jorge Mautner, Judith Grossmann, O. C. Louzada Filho, Helena Parente Cunha, W. J. Solha, Heloísa Maranhão, o cineasta Glauber Rocha. Importante a publicação de romances de Darci Ribeiro e Haroldo Bruno.

Outros romancistas que prosseguem em sua obra, já com muitos títulos: Gilvan Lemos, Tânia Jamardo Faillace, João Ubaldo Ribeiro, Fontes Ibiapina, Sérgio Santana, Holdemar Menezes, Benedito Monteiro, O. G. Rego de Carvalho, Osvaldo França Júnior. Ricardo L. Hoffmann ficou no meio do caminho com dois romances importantes, *A superfície* e *A crônica do medo*. E mais: Dolabela Chagas, Aécio Flávio Consolim, Josué Guimarães, Ari Quintela, José Carlos Oliveira, Agildo Monteiro, Sérgio Tapajós, Paulo Jacob, Moacir Scliar, Lourenço Cazarré, Nélida Piñon, Antônio Torres.

Entre os mais novos se destacam: Roberto Reis, Everaldo Moreira Veras, Renato Pompeu, José Lemos Monteiro, João Fernandes, Lia Luft, Sérgio Faraco, Nilto Maciel, Joice Cavalcante, Ronaldo Fernandes, Álvaro Alves de Faria.

Na prosa de ficção (conto, novela e romance) temos inúmeros autores, entre novos e mais velhos, que mantêm um bom e inventivo nível em nossa literatura. Deixando de citar mais uma vez os veteranos que continuam a publicar (Adonias Filho, Herberto Sales, Autran Dourado, Josué Montello, Antonio Callado) podemos destacar:

Osvaldo França Júnior se mantém fiel ao romance, já com uma obra de dez títulos, mas o seu último livro é de contos, *As laranjas iguais*, de 1985. Literatura sóbria, suficiente, pervagando a área do realismo e do fantástico.

Dalton Trevisan talvez seja um caso solitário na literatura brasileira, de fidelidade à narrativa curta. Seus contos cada vez ficam mais sintéticos, econômicos do ponto de vista da linguagem e dos temas. A sua última coletânea, *Contos eróticos*, de 1984, dá bem a ideia e a dimensão de sua arte. Posterior é o romance *A polaquinha* (1985).

Magalhães da Costa está na província piauiense. Não tem publicado muito por falta de oportunidade editorial, mas em 1985 editou a coletânea de contos, *Estação das manobras*, narrativas, mais uma vez, de sabor popular, retratando o mundo interiorano de seu estado.

Fontes ibiapinas é outro piauiense, contista e romancista, de largo fôlego literário. Suas narrativas curtas e inúmeros romances já publicados mostram a sua rica fonte de inspiração: o folclore do seu estado. O último romance, *Nas terras do Arabutã*, é de 1984.

Haroldo Maranhão, do Pará, é outro escritor que cultiva o conto e o romance. Premiado algumas vezes, é um escritor que domina a linguagem literária como poucos, interessando-se também pelo lado misterioso da existência. Última coletânea de contos publicada: *As peles frias*, de 1983.

Benedicto Monteiro é outro escritor do Norte. Tem obra pequena de romancista, mas bastante significativa quanto à linguagem e ao levantamento problemático dos temas amazônicos. Sobre seus personagens já se falou em "homem-rio" e "verde-homem-esperança". Último romance: *A terceira margem*, de 1983.

Everaldo Moreira Veras é outro ficcionista piauiense, mas que emigrou, sendo "cidadão" olindense. Há anos vem ganhando prêmios nacionais e publicando a sua prosa-ficcional-poética de grande teor inventivo. Suas narrativas são originais, inconfundíveis. Último livro: *Adriana e outras estórias mentirosas*.

João Ubaldo Ribeiro fica entre a intermediação dos veteranos e dos mais novos escritores. Tem sido fiel ao seu trabalho de ficcionista "regional", aproveitando com boa estilização os temas interioranos. Interessado por política, seu último romance, *Viva o povo brasileiro*, de 1984, é um painel sobre os acontecimentos sociais crônicos do seu país.

Nélida Piñon está na mesma situação histórica. Vem da década de 60, com narrativas algo poéticas, interessando-se pelos dramas interiores dos personagens. Seus romances, como o último, *A república dos sonhos*, de 1985, é um vasto painel metafórico sobre a vida social e a condição humana.

Roberto Reis é um nome meio esquecido, mas publicou duas obras de ficção instigantes e originais, a primeira em 1972, *A dor da bruxa*, e a segunda em 1982, A *hora da teia*. É dos poucos ficcionistas experimentais da atualidade, sendo também um bom ensaísta.

João Gilberto Noll foi a melhor estreia, no conto, em 1980, com a coletânea *O cego e a dançarina*. Depois publicou mais dois romances, sendo o último de 1985, *Bandoleiros*. Característica de sua ficção: uma linguagem coloquial, popular, com bons recursos de estilização literária, e os constantes conflitos do mundo moderno, violência e cordialidade, o dualismo complexo do homem.

Lourenço Cazarré é do Rio Grande do Sul e outro bom escritor da geração, podemos dizer, de 70. Entre o romance e o conto tem afirmado a sua carreira, ganhando prêmios e chamando a atenção da crítica. Exerce um domínio seguro da linguagem literária e tem técnica narrativa inventiva. Seu último livro publicado é de contos, premiado, *Enfeitiçados todos nós*, de 1984.

Moacir Scliar, gaúcho, é outro ficcionista, nestes últimos vinte anos, que tem valorizado a literatura brasileira. Seus livros, de contos, novelas e romances, levantam quase sempre a problemática judaica, sem que isso interfira na sua criação. A coletânea *Os melhores contos de Moacir Scliar*, publicada em 1984, é bem a dimensão da sua literatura.

Ronaldo Fernandes, entre dois romances e uma novela, afirmou o seu nome como grande escritor. Narrativa desenvolta, domínio técnico, é um narrador urbano por excelência, levantando o problema da crise da comunicação nos grandes centros. O último romance: *Retratos falados*, de 1984.

Holdemar Menezes também anda pela província meio escondido, mas já tem obra ficcional poderosa, significativa, domínio absoluto dos seus temas contundentes, como é o último romance, Os residentes, de 1982, quando retrata a dura realidade de uma maternidade.

Dinorá do Vale, do interior de São Paulo: prêmios, uma obra de ficção que se afirma. Escreve muito bem, um dos fatores primordiais para o bom ficcionista. Entre contos e novelas, sua ficção empolga o mais indiferente leitor. Seu último livro de contos: *Idade da cobra lascada*, de 1982.

Duílio Gomes, fiel ao conto, obra pequena, mas importante na renovação do gênero. Temas originais, narrativas sintéticas, algo poéticas às vezes. A última coletânea é de 1984, *Jantar envenenado*.

Renato Pompeu filia a sua ficção, realista/fantástica, aos temas urbanos, a grande cidade, Brasil, história e cultura, muitas vezes dando um tom jornalístico à sua literatura. O último romance é de 1982, *Samba-enredo*.

Francisco Sobreira, de Natal, tem publicado seus livros de contos na província, com exceção de *A noite mágica*, editado em São Paulo. Começou, com desenvoltura, cultivando o realismo mágico, passando, no último livro publicado em 1983, *Um dia... os mesmos dias*, a uma literatura mais realista, com problemas mais imediatos. Bom narrador, algo original.

Maria José Limeira é o caso mais contundente do bom ficcionista, com vários livros publicados, porém que nunca teve maior repercussão seu nome e sua literatura. Mas é um dos melhores escritores das últimas gerações, já tendo sido comparada, pela beleza do estilo, a Clarice Lispector. Mora em João Pessoa e seu último romance é *Luva no grito*, de 1985, um forte libelo contra o sistema político vigente. Um grito pela liberdade individual e social.

Gilvan Lemos. Já com dez romances publicados, o autor renova, sem dúvida, as desgastadas correntes tidas por "regionalistas". Os temas políticos e sociais não são meramente "objetivados", sob perspectiva ideológica, mas em função da condição humana, onde culpados e inocentes acabam por pagar o mesmo preço. Seu último romance, publicado em 1983, é *Os pardais estão voltando*.

Ari Quintela. Outro ficcionista que prima pelo experimentalismo, quer no conto, no romance ou na novela. É um dos poucos prosadores que se aventura fora do código verbal, incursionando também — em função de seus textos — na área do visual gráfico. Seu último livro, endereçado para os jovens, *Mamma Mia!*, é um painel ilustrado da Segunda Guerra Mundial. O livro é de 1984.

Hugo de Lara, romancista mineiro, é hoje uma das revelações mais interessantes e maduras de nossa prosa de ficção. Pertence à linha dos telúricos. Sua narrativa forte, ágil e bem estruturada mescla o real e o imaginário, compõe um universo coeso e renovador, ora mágico e sugestivo, ora doloroso e seco. Estes dados se observam em *Certidão da terra*, romance publicado em 1986, que o filia definitivamente à fecunda corrente dos ficcionistas latino-americanos.

Helena Parente Cunha, ensaísta, romancista, poeta e contista, transita com facilidade entre a poesia e a prosa. Nesta se revela criativa, utilizando-se de seus conhecimentos teóricos para exercer seu ofício literário, experimentando novas formas de desempenho, amalgamando recursos de poesia com os de prosa. Isto se vê claramente em seu último livro de contos *Cem mentiras de verdade*, de 1985. Sua ficção parte da observação da realidade mais prosaica, para um conhecimento mais profundo do humano e da vida coletiva dos fatos.

Heloísa Maranhão, romancista, poeta e dramaturga premiada (*Paixão da terra* — SNT, 1957 e *Inês de Castro, a rainha morta* — ABL, 1985), tem na prosa sua melhor expressão, pela singularidade com que apresenta seus temas, e pela perícia com que transfigura a História, manipulando o tempo na narrativa, reunindo o aparentemente distante: o antigo e o moderno. Neste teor, seus dois últimos romances, *Dona Leonor Teles*, 1985, e *A rainha de Navarra*, 1986, são a melhor expressão.

CONCLUSÃO

Com o texto anterior, escrito no fim da década de 60, esta síntese de agora (1985) tenta uma visão, não estanque, do que entendemos por Nova Literatura, após o ciclo histórico e estético do Modernismo de 1922, incluindo a fase de 45.

O certo é que a literatura brasileira não ficou parada nestes últimos quinze anos. Não se estagnou, quer no romance, no conto ou na poesia. Pelo contrário. Se o tempo novo, pós-modernista, continua, é porque novos autores sempre estão surgindo — os três gêneros, observados aqui, não delimitados em suas fronteiras estéticas problemáticas, têm sempre trazido variadas experiências.

No campo da ficção, o novo se evidencia sobretudo com a criação do romance-síntese, conforme demonstram os estudos de Eduardo de Faria Coutinho, a propósito de Guimarães Rosa, em evolução paralela ao que acontece nas literaturas hispano-americanas.

Ao contrário do que muitos pensam, a vanguarda poética continua viva, ao lado do que chamamos de *tradição do novo*, uma postura oscilante em toda literatura — há os autores ousados e os mais acomodados, o que é normal em toda série literária. Embora nestes últimos vinte anos não tenha havido, formalmente, movimentos estéticos, isto não quer dizer que a literatura brasileira tenha parado. Ela está viva, atuante, com a sua linguagem própria, mais rica e mais variada do que a linguagem comum, cotidiana, embora o escritor possa fazer uso desta, na variada estilização de suas concepções da realidade.

65. *Assis Brasil*
A NOVA LITERATURA

(Década de 80/Anos 90)

Escritores de maior atividade nesse período. Escritores veteranos pós-modernistas. Romancistas e contistas mais novos. Poetas veteranos em atividade. Poetas de província. Poetas novos com ligação com as vanguardas. A Poesia Alternativa dos anos 80.

INTRODUÇÃO

Complementando a nossa visão literária das décadas de 60 e 70, registrada noutro passo dessa obra — edições anteriores —, temos que assinalar que os conceitos sobre *A nova literatura* e/ou o *Pós-modernismo* nessa virada do século XX continuam ainda válidos, com a "tradição do novo" na obra de escritores veteranos, escritores novos e escritores emergentes.

Como já temos nos referido diversas vezes nesses 40 anos de militância crítica, poetas, contistas e romancistas engrossam e revalorizam a série literária, que não parou nas experiências das Vanguardas e por vezes tem retomado a "tradição" do moderno. Os escritores veteranos, pós-modernistas, continuam em atividade, como Herberto Sales, Antonio Callado, Autran Dourado, Josué Montello, Rubem Fonseca, Lygia Fagundes Telles, Dalton Trevisan, Jorge Medauar, Nélida Piñon, João Ubaldo Ribeiro e romancistas e contistas mais novos, para ficarmos, por enquanto, na área da ficção.

Estes, sucedendo-se as gerações, têm o nome de João Antônio, Sérgio Sant'Ana, José J. Veiga, Ivan Ângelo, Judith Grossmann, Luiz Vilela, Paulo Jacob, Haroldo Maranhão, Raimundo Carrero, Lourenço Cazarré, Roberto Reis, Dolabela Chagas, Jorge Mautner, Manoel Lobato, Agildo Monteiro, Benedito Monteiro, Francisco Sobreira, Nilton Maciel, João Gilberto Noll, Dinorah do Vale, Duílio Gomes, Sérgio Faraco, Salim Miguel, Francisco Miguel de Moura, Magalhães da Costa, Alaor Barbosa, Arthur Engrácio, Airton Maranhão, Geraldo Maciel, Roberto Gomes, Bariani Ortêncio, Carmo Bernardes, Anatole Ramos, Elias José e Paulo Condini. São escritores representativos de vários estados brasileiros, muitos sem terem "acontecido", editorialmente, no limitativo circuito do eixo Rio-São Paulo. As citações são necessárias, para que possamos aquilatar o número de bons escritores que, bem ou mal — editorialmente — têm publicado as suas obras, muitos ficando no "olvido" da província. Somente assinalamos aqui os escritores vivos, que estão atuantes e publicando livros, ou participando de eventos e movimentos literários.

Na área da poesia, o número de poetas menos novos, novos e emergentes é surpreendente, quase todos fora daquele circuito "metropolitano". Vamos das Vanguardas — que realmente quebraram o já longo "umbigo" do Modernismo de 22 — às gerações vinculadas às décadas de 60 e 70, e com alguns saindo para a década de 80 e anos 90, e ainda com o aparecimento de novos e importantes poetas, lá na província — "feudos" quase inacessíveis — e aqui, onde os editores tidos por "profissionais", desconhecem inteiramente os novos escritores brasileiros, com a exceção ridícula de dois ou três.

Assim é que temos ainda em atividade os veteranos "novos", vanguardistas João Cabral, Wlademir Dias-Pino, Ferreira Gullar, Augusto de Campos, Haroldo de Campos, Décio Pignatari, José Alcides Pinto, Mário Chamie, para desembocarmos em Nauro Machado, Chagas Val, Luís Augusto Cassas, Marly de Oliveira, Foed Castro Chamma, Lélia Coelho Frota, Renata Palotini, Alcenor Candeira Filho, Gilberto Mendonça Teles, Elmar Carvalho, Jorge Tufic, Francisco Alvim, H. Dobai, Francisco Carvalho, Carlos Nejar, Anderson Braga Horta, José Godoy Garcia, Vitto Santos, Fernando Mendes Viana, Brasigóis Felício, Cícero Acaiaba e Olga Savary.

Publicando livros na província e ficando por lá, inúmeros outros poetas se afirmam nos seus "feudos" culturais, com prejuízo para a própria literatura brasileira, como Adriano Spínola, Luiz de Miranda, Oswaldo André de Melo, Libério Neves, Pascoal Motta, Oswald Barroso, Horácio Dídimo, Regine Limaverde, Floriano Martins, Sérgio de Castro Pinto, Batista de Lima, Luciano Maia, Rosemberg Cariry, Carlos Augusto Viana, Dimas Macedo, Mário Catunda, Carlos Gildemar Pontes, Antísthenes Pinto, Elson Farias, Ednólia Fontenele, Elias Paz e Silva, Hardi Filho, Marcus Accioly, Rubervam do Nascimento, Rossini Corrêa e Regina Célia Colônia.

Alguns poetas mais novos que têm certa ligação com as Vanguardas: Sebastião Nunes, Joaquim Branco, José Paulo Paes, Alcides Buss, Fernando Py, Adailton Medeiros, Hugo Mund Jr., Max Martins, Cláudio Feldmann, Pedro Lyra, Durvalino Filho, Caetano Ximenes Aragão, Paulo Leminski, Chacal, João José de Oliveira, Maria Guiomar Galvão, Alex Brasil e mais alguns poetas que tiveram a chance de publicar livros no famigerado eixo Rio-São Paulo.

São eles, conhecidos e reconhecidos na sua limitativa área: Octávio Mora, Ivan Junqueira, Ivo Torres, Cláudio Murilo, Júlio José de Oliveira, Elisabeth Veiga, Denise Emmer, Reynaldo Valinho Alvarez, Armando Freitas Filho e poucos outros.

No começo da década de 80, há ainda um "rescaldo" do que se convencionou chamar de "poesia alternativa", ou seja, aquele "artefato" fora do circuito comercial autor/editor/distribuidor. Jornais alternativos, festivais, venda de livros em bares, deram suporte a esse tipo de literatura amadorística, fadada ao fracasso como "produto" — o fato é que o sistema capitalista não perdoa o amador, seja em que área for.

Em Ipanema, onde as moças lançaram o *topless*, o biquíni cavadão, o fio dental, houve a vez de uma passeata poética que levava o nome de *topless* literário, à frente poetas dos grupos Poetagem, Bandidos do Céu e Gandaia, que lançaram, na mesma ocasião, um Manifesto pornô. A coisa era tão violenta que alguns ditos poetas foram presos...

O poeta Paulo Leminski foi o primeiro a se voltar contra, com essa adição do subdesenvolvimento poético, com poetas sem livros, sem linguagem adequada, sem endereços, marginais dos modismos periféricos e muitas vezes alienígenas, como foi o caso de J. Medeiros (?) que lançou um rolo de papel higiênico como se fosse livro, e um tal de Hudinilson que publicou cópias xerox de seu pênis.

Esse fenômeno da contracultura teve ampla repercussão nos Estados Unidos, mas lá a coisa foi "industrializada" — principalmente nas artes plásticas — e os artistas marginais acabaram sumindo. Lá, a coisa aconteceu nos anos 50, 60 e o "rescaldo" acabou chegando por aqui. Daí que muitos brasileiros misturaram, nas suas letras e "poemas" miúdos, coisas da arte *pop* de braços com o cordel... "Poesia sexual brasileira"? Alguns professores universitários — sempre desinformados em relação à boa literatura brasileira — levantaram teses sobre o tema, estudando um livro chamado *Suruba*, de um tal de Tadeu Jungle.

Nada disso tem importância estética ou literária, e paramos ali naquele parágrafo que termina com Armando Freitas Filho. Mas a coisa cultural do Brasil é tão estranha e "alienada" em relação aos ditos meios de comunicação — "marginais" do sistema capitalista — que todos os poetas brasileiros, romancistas, contistas, ensaístas, críticos, devem se sentir marginais e marginalizados por sucessivos governos, que fazem da política e da economia estrábicas o seu leito de Jocasta...

ESCRITORES DE MAIOR ATIVIDADE NESSE PERÍODO

ALGUNS LIVROS

Rubem Fonseca: *A grande arte, Bufo e Spallanzani, Vastas emoções e pensamentos imperfeitos, O índio de casaca, Agosto.*

Autran Dourado: *A serviço de del-Rei, Lucas Procópio, Um artista aprendiz, Ópera dos fantoches, As imaginações pecaminosas, O meu mestre imaginário.*

Antonio Callado: *A expedição Montaigne, Memórias de Aldenham House, Sempreviva.*

Herberto Sales: *Einstein, o minigênio, Os pareceres do tempo, Na relva da tua lembrança, Rio dos morcegos.*

Josué Montello: *Aleluia, Uma varanda sobre o silêncio, Um beiral para os bem-te-vis, Pedra viva, Largo do Desterro, Diário da manhã.*

Dalton Trevisan: *Contos eróticos, Lincha tarado, Chorinho brejeiro, Essas malditas mulheres, Meu querido assassino.*

João Ubaldo Ribeiro: *Vila real, Livro de histórias, Viva o povo brasileiro, O sorriso do lagarto.*

João Gilberto Noll: *O cego e a dançarina, A fúria do corpo, Bandoleiros.*

Sérgio Sant'Anna: *Simulacros, Circo, Um romance de geração, O concerto de João Gilberto no Rio de Janeiro, Tragédia brasileira, A senhorita Simpson.*

Magalhães da Costa: *Estação das manobras, Casos contados, Casos contados e outros contos.*

Duílio Gomes: *Janeiro digestivo, O fino do conto* (antologia), *Fogo verde, Deus dos abismos.*

Paulo Jacob: *A noite cobria o rio caminhando, O gaiola tirante rumo ao rio da borracha, Um pedaço de lua caía na mata.*

Haroldo Maranhão: *O tetraneto Del-Rei, Os anões, As peles frias, Senhoras e senhores, Cabelos no coração.*

Lourenço Cazarré: *Enfeitiçados de todos nós, Obscuros através da noite, O calidoscópio e a ampulheta, Os bons e os justos, Agosto, sexta-feira treze.*

Victor Giudice: *Os banheiros, O museu Darbot e outros mistérios.*

Sérgio Faraco: *Manilha de espadas, Noite de matar um homem, Doce paraíso, A dama do Bar Nevada, Majestic Hotel, A lua com sede.*

Francisco Miguel de Moura: *Quinteto em mi(m), Sonetos da paixão, Poemas outonais, Os estigmas, Eu e meu amigo Charles Brown, Laços de poder, Ternura.*

Manoel Lobato: *Pagulogo, o Pontífice, O segredo do bilhete, O cântico do galo, Abraços para as árvores.*

Francisco Sobreira: *Um dia... os mesmos dias, O tempo está dentro de nós, Palavras manchadas de sangue, Clarita.*

João Antônio: *Dedo-Duro, Meninão do caixote, 10 contos escolhidos, Abraçado ao meu rancor, Lambões de caçarola.*

Marly de Oliveira: *A força da paixão e a incerteza das coisas, Invocação de Orpheu, Aliança, O retrato, Viagem a Portugal, O banquete, Obra poética reunida.*

Foed Castro Chamma: *Pedra de transmutação, Sons de ferraria.*

Gilberto Mendonça Teles: *Sociologia goiana, Plural de nuvens, Hora aberta* (Poemas reunidos).

Marcos Accioly: *Guriatã, Narciso, Érato/69 poemas eróticos e uma ode ao vinho.*

Carlos Nejar: *Um país o coração, Obra poética, Fausto, As parcas, Joana das Vozes, Miguel Pampa e Ulisses, Livro de Gazéis, A genealogia da palavra, A idade da aurora.*

Sebastião Nunes: *Somos todos assassinos, A velhice do poeta marginal, Papéis higiênicos (Estudos sobre guerrilha cultural e poética de provocação).*

Anderson Braga Horta: *Cronoscópio, O cordeiro e a nuvem, O pássaro no aquário.*

Ferreira Gullar: *Poema sujo, Toda poesia* (Obra reunida), *Barulhos.*

Nauro Machado: *O calcanhar do humano, O cavalo de Troia, O signo das tetas, Apiceram da clausura, Opus da agonia, O anafilático desespero da esperança, A rosa blindada, Mar abstêmio, Lamparina da aurora.*

Luís Augusto Cassas: *República dos becos, A paixão segundo Alcântara, Rosebud, O retorno da aura.*

Rossini Corrêa: *Canto Urbano da Silva, Sinfonia internacional para a pátria amada: liberdade, Saltério de três cordas* (parceria), *Baladas do polidor de estrelas, Almanaque dos ventos.*

Herculano Moraes: *Pregão, Amar, Legendas.*

Ribervan do Nascimento: *A profissão dos peixes, Florações poéticas, Sociedade de poetas vivos* (Antologia visual).

Artur Eduardo Benevides: *Inventário da tarde, Canto de amor ao Ceará, A rosa do caos ou canções de quase amanhecer, Os deltas do sono e o navegar das tardes de setembro, Noturnos de Mucuripe e poemas de êxtase e abismo, Cancioneiro da cidade de Fortaleza.*

Miguel Jorge: *Veias e vinhos, Urubanda, Atrás do morro azul, Inhumas: nossa cidade, Profugus.*

Jorge Tufic: *Lâmina agreste, Cordolin de alfarrábios, Os mitos da criação, Sagapanema, Oficina de textos, O traço e o verso, Poetagem, Retrato da mãe.*

Antísthenes Pinto: *É proibido perturbar os pássaros, Várzea dos afogados, Os suicidas, Porão das almas, Os garis das alturas, Poesia reunida.*

Agildo Monteiro: *As paisagens mortas, O peixe, Ponto Z, A verde rã, Um animal muito estranho, A promessa.*

Arthur Engrácio: *Contos do mato, Estórias do rio, 20 contos amazônicos, Áspero chão de Santa Rita, Outras estórias de submundo, A vingança do boto.*

Márcio Souza: *Operação silêncio, Mad Maria, A resistível ascensão do boto tucuxi, O brasileiro voador, O fim do terceiro mundo.*

Max Carphentier: *Nosso Senhor das águas, O sermão da selva, Orfeu do Nazareno, Tiara do verde amor.*

Aníbal Beça: *Filhos da várzea, Quem foi ao vento perdeu o assento, Marupiara, Itinerário poético da noite desmedida à mínima fratura.*

Alencar e Silva: *Território noturno, Sob Vésper, Sob o sol de Deus.*

Astrid Cabral: *Torna-viagem, Lição de Alice, Visgo da terra.*

Luciano Maia: *Um canto tempestada, Jaguaribe (Memorial das águas), Sol do espavento, Seara, Nau capitânia, Os quatro naipes.*

Juarez Leitão: *Urubu rosado, Tangenciais, Ignis, o inventário da paixão.*

Estes são escritores de todos os estados, pois fugimos dessa limitação amadorística, perplexa e irritante que se chama eixo Rio-São Paulo. Alguns aconteceram com seus livros fora da província — alguns mais felizes nascidos na chamada metrópole e por isso não menos desconhecidos da mídia burra e dos burocratas de gravata —, outros ficaram e vegetam por lá, publicando seus livros de forma artesanal e recebendo elogios e pequenos empurrões dos amigos das serestas e dos bares. Pois aqui, eles — alguns deles, pois são legião — têm a sua vez de existirem literariamente. Pode ser que algum editor inteligente leia estes nomes — principalmente dos mais novos — e se envergonhe por desconhecer a parte mais importante do seu país, ou seja, os seus escritores.

66. *Eduardo Portella*
VISÃO PROSPECTIVA DA LITERATURA NO BRASIL

Uma história predominantemente nacional. A crise da transição. Morfologia da exaustão. Emergência da paraliteratura. A voragem do consumo. A crônica. Alternativas vanguardistas. O signo radical. Indicações prospectivas.

O percurso da literatura brasileira identifica sempre, em cada manifestação nova ou em cada gesto apenas esboçado, o esforço permanente de constituição do nacional. Desde os primeiros instantes, mesmo submetida ao aparato de pressão ou de controle da metrópole, já se pode registrar a presença da palavra rebelada. E o que afirma esse discurso revoltoso é a opção irreversível de uma história predominantemente nacional. Aqui está o perfil sucinto de um tipo de desenvolvimento cultural que, em última análise, é inerente a todos os povos da periferia histórica.

Podemos repetir que este é ainda o traço peculiar do nosso tempo? A resposta é uma só: não. A era da ciência e da tecnologia instaurou uma única e absorvente verdade; mais que universal, planetária. Continuar trabalhando com a ideia convencional de nação é correr o risco de ser demitido historicamente. Por isso a história literária dos nossos dias terá de ser escrita em função do entendimento agudo de toda essa difícil problemática. De que modo compreender a literatura brasileira sem discutir hoje o ser literário e o ser brasileiro? É no interior desse quadro tenso e apenas previsível que estão as forças capazes de abrir o espaço da prospecção.

A CRISE DA TRANSIÇÃO

O domínio planetário da razão instrumental instalou, por todas as partes, modelo ou padrões transnacionais, ou até mesmo antinacionais. A prepotência desses padrões ou desses modelos conduz a história no arrastão do seu dinamismo. E a macroestrutura decorrente interfere tanto na configuração do nacional quanto na formalização do literário. Advirta-se logo que essa previsão aparentemente apocalíptica não se deixa enclausurar nos limites de uma prospecção nostálgica e passiva. Pelo contrário; recobra o seu sentido esperançoso quando surpreende na arte a nova função: a arte é o mais palpitante instrumento da contracultura. A contracultura é a resposta afirmativa a uma cultura monocêntrica, que se organizou na chave da metafísica ocidental e se entregou, desvanecido ou inerte, às ordens da racionalidade desenfreada e repressiva. A contracultura é a outra face da medalha de um saber comprometido, residual ou arqueológico. A contracultura não é o desvio ou a evasão; é o movimento positivo da crise. E toda crise é crise de transição. Ao mesmo tempo em que articula o *não* é o *sim* em gestação. E este *sim* já é a prospecção movendo-se, realizando-se como a função de futuro da estrutura do tempo: implanta-se no presente, recebe indicações do passado e projeta-se. Por isso se confunde com a crise, decretando a demolição do velho sistema e anunciando o novo código. A crise é a prospecção impondo-se como nova fase da história literária. Quando Nélida Piñon, Rubem Fonseca ou Louzada Filho dedicam-se a empreendimentos como *Fundador*, *Lúcia McCartney* e *Dardará*, o que estão querendo é transpor a crise através da prospecção criadora.

MORFOLOGIA DA EXAUSTÃO

A crise adquire a necessária transparência quando se pode constatar a exaustão das formas institucionalizadas. E toda vez que se instala um abismo entre experiência e forma, a forma passa a ser fôrma e desinforma literariamente. As demais ocorrências são manifestações dessa defasagem global. Porque aí não é a experiência poética que escolhe o modelo; o modelo é imposto à experiência. E a consequência é o fazer literário irreflexo ou improdutivo. O artificialismo dos modelos tem como desdobramento inevitável a obra fechada. Foi por este motivo que João Cabral de Melo Neto, afastando-se dos mecanismos de formalização frequentes na poesia brasileira, optou por uma construção ao nível da estrutura poemática. A estrutura não tem limites; gera os seus limites. E gera em composição com o conteúdo, restringindo-se ou ampliando, e naturalmente ultrapassando as barreiras convencionais. Por isso a estrutura não pode articular-se no nível dos elementos estruturados (forma e conteúdo). Ela é circular; está toda presente, inteira, em cada uma de suas posições de atuação (ou estruturação). Já a forma é limitada, não dispõe da faculdade da alternância, move-se linearmente; a tal ponto que o conteúdo e a forma são categorias diferenciadas mas dentro de um mesmo nível. É portanto uma construção acabada.

A ampla agenda da crise implica diferentes desdobramentos particulares, na medida em que toda cultura exaurida desemboca inevitavelmente num estuário de formas exauridas. A ausência de verticalidade da narrativa preferencial, a falta de consciência metodológica de uma crítica que não consegue superar as fronteiras do empirismo, aliadas àquela aventura formal equivocada, são justificativas suficientes para transformar radicalmente o fazer literário majoritário, para arrancar o poema da vala comum da normatividade agônica.

EMERGÊNCIA DA PARALITERATURA

O espaço vazio que separa a literatura exaurida da literatura por vir é frequentemente preenchido por variadas modalidades expressivas a que se procura denominar *paraliteratura*, ou se poderia chamar preliteratura, semiliteratura, antiliteratura ou mesmo posliteratura. A paraliteratura consiste, segundo a indicação inicial de seus formuladores, numa "massa escrita, que fica fora de toda literatura, ou que a Literatura (com L maiúsculo) recusa-se a reconhecer como sua",[1] seja qual for a intenção acionadora do discurso. A paraliteratura ou literatura de massa é assim qualquer texto de efeito sem ou com reduzida literariedade. Essa realização imprecisa ou fluida faz a felicidade e ocupa as horas de lazer do grande auditório do mundo. De um lado porque o fazer literário artificializado e ocioso assistiu passivamente à sua derrocada. De outro lado porque os produtos paraliterários emergentes foram adquirindo uma tal vibração expressiva — se comparados com a literatura oficial — que subverteu o clima de suspeição que os cercava. O que nos autoriza a proclamar a superioridade do poema predominante no Brasil contemporâneo sobre as canções de Caetano Veloso, Chico Buarque de Holanda, Geraldo Vandré ou Roberto Carlos?

Cada história, ou cada sociedade, elabora o seu signo poético, peculiar, mesmo que polissêmico. A nossa história, a nossa cultura, terá elaborado o seu? Evidentemente não. Daí o vazio; por isso a crise. A paraliteratura é, nas suas formas mais ostensivas, a presença da crise. Fiel à marca do tempo, adquiriu a feição do LSD, uma vez que, ao contrário de resolver, aprofunda a crise. Mas ao provocar alguma coisa que está adormecida dentro de nós, concede-nos a provisória sensação do triunfo. E por alguns instantes nos esquecemos de que as carências tendem a se dilatar, e a dependência e o vício são os efeitos inevitáveis. O LSD, como todo psicotrópico, é subproduto da crise total. Mas ao estimular possibilidades de riqueza que o homem em crise não pode usufruir, esconde o seu caráter atrofiador e engana o interlocutor apressado e comodista. A paraliteratura é, a partir desse momento, a literatura da crise da literatura. O que não quer dizer que se trate de um fenômeno sincrônico. De modo algum. O evento da paraliteratura data de períodos distantes, embora em todos eles houvesse uma consciência das próprias limitações. Foi a crise que devorou a autoconsciência. E fez emergir uma paraliteratura autossuficiente e prepotente, que se atribui um desempenho superlativo e único. Assim como o comerciante não é a origem do psicotrópico, assim também o paraliterato não é o fabricante exclusivo e criminoso da paraliteratura. A causa de todas essas desconcertantes projeções é a crise: e a literatura está em crise porque não pode subtrair-se à sorte da nossa sociedade ou da nossa história.

A VORAGEM DO CONSUMO

O mecanismo e a estrutura do consumo reduzem a criação artística a esquemas elementares de transmissão. A literatura perde a sua função formadora. Certa vez Heródoto afirmou que Homero educou a Grécia. É lícito fazer-se um cotejo, mesmo operacional, dessa formulação, com os padrões representados pela paraliteratura? Certamente não. Mas não resistimos à tentação de indagar: como será a sociedade educada pela paraliteratura? Estamos partindo do princípio de que se trata de uma manifestação cultural tópica, sustentada ou pressionada pelas grandes formações industriais e urbanas da modernidade. A paraliteratura é, em verdade, a terminologia honrosa que o espírito francês encontrou para denominar o que a precisão alemã chamara de *kitsch*: um sucedâneo cultural, comprometido e amparado pela engrenagem do consumo. Somente definindo historicamente o fenômeno, compreendendo a *arte-kitsch* como decorrência do *homem-kitsch*,[2] é possível reexaminar a questão à distância do preconceito elitizante. Sem dúvida o *kitsch* é um discurso cultural rudimentário e dogmático, que desembarcou no recinto da crise, impondo um sistema de código transnacional e exclusivista, subvertendo mesmo o quadro de referências da arte. De uma arte, convém insistir, tão exausta quanto parasitária. E a partir do instante em que uma nova estrutura de mercado passou a determinar a manufatura do bem facilmente comercializável, passou a advogar a veiculação acessível da mensagem consumível, a paraliteratura ou o *kitsch* emergiram vorazmente como a fala eficaz do tempo. Porque esse mecanismo controlado preserva, sob a forma de um superego arrogante, os valores da funcionalidade, da eficiência, da rentabilidade. Está claro que um equacionamento dessa natureza exclui a participação do desconhecido, do mistério, do inacessível. Como se o desconhecido não fosse, por tantos motivos, condição do conhecido. E como se nós não fôssemos atraídos precisamente pelo que nos escapa. O romance de alta voltagem artística — qualquer espécie poética poderia servir de exemplo — é um centro magnético, um núcleo de motivação para alguém que não se encontra nesse nível. Verifica-se a provocação da ausência. Não estar é querer estar. Procura-se mobilizar recursos para alcançar aquele nível. E essa operação, que implica um alargamento de horizonte cultural, acentua o cunho formador da literatura. Toda vez que nos deparamos com uma situação cultural perfeitamente acessível, estamos a meio passo do aniquilamento e da morte. A redundância absoluta não gera sistema.

Agora, talvez para atenuar o caráter apocalíptico de certos ângulos de visão, caberia uma pergunta: é possível estabelecer-se uma ponte entre a *função* da paraliteratura e a *natureza* da literatura? A resposta nos parece afirmativa, e pensamos imediatamente na crônica brasileira. A nossa literatura registra este caso peculiar de literatura de massa, que sendo de massa não deixa de ser literatura. Elaboramos, com a crônica, um pós-gênero literário, flexível e integrador, uma narrativa estruturalmente aberta.

A CRÔNICA, UM CASO PARTICULAR

Ainda não foi suficientemente enfatizada a importância da crônica na moderna literatura brasileira. E isto é tanto mais grave porque significa minimizar ou ignorar um esforço ponderável de configuração de um discurso poético qualificado.

A crônica brasileira, que desde Machado de Assis habita as colunas dos nossos jornais, vem fazendo um percurso sinuoso. De um instrumento de comunicação amorfo e incolor converteu-se num gênero literário extremamente matizado. A ponto de se ter ajustado à trama existencial complexa da sociedade de massa. Porque a crônica hoje se enriqueceu desta nova função: é elemento de contato entre a ânsia quantitativa da massa e a necessidade de evitar-se o desnível qualitativo da informação. Mas toda cultura caudatária da *mass media* compromete-se inevitavelmente com um auditório heterogêneo e se entrega passivamente às decisões soberanas das "médias de gosto". O que quer dizer que a capacidade criadora individual se vê submetida a forças externas, que a entorpecem e anulam. A consciência histórica da massa é emocional e essa submissão encurta o espaço humano, empobrece o ideal substantivo da criação. O que pode haver é a apreensão emocional de caráter revolucionário, como ocorre nitidamente no humanismo de Chaplin. Nunca uma nivelação do desnível, em que o homem se visse cada vez mais aprisionado, cada vez mais convertido em objeto. A crônica imunizou-se contra este perigo.

A crônica é, num dos seus movimentos, um dado redentor da informação, na medida em que retira desta a sua carga massificadora. A informação veiculada pela crônica se vê, através da palavra elaborada dos cronistas, redimida esteticamente. E a sua receptividade popular indica que a sociedade moderna, industrial e tecnológica, não é uma mera coletividade de robôs, insensível ao discurso vertical.

Para que se possa adiantar a caracterização do sentido e alcance da crônica em nossa moderna literatura é preciso que penetremos na organização estrutural da crônica, e isso normalmente se processa através de uma localização teórica no quadro geral dos gêneros literários. Como considerar a crônica um gênero literário autônomo, sem perguntar antes se ela é realmente literatura?

A crônica é literatura, e isto vale para qualquer gênero literário, toda vez que o cronista se resolve ao nível da linguagem. Rubem Braga diria que é toda vez que concretiza "essa faculdade de dar um sentido solene e alto às palavras de todo dia".[3] Mas não se dá esse sentido quando fraturamos a estrutura da linguagem e a reduzimos a um simples *significado* ou a um mero grafema. Por isso a crônica de Rubem Braga é literatura e a de Gustavo Corção não o é. Mesmo a crônica de Paulo Mendes Campos, onde se pode notar ainda a presença atuante do empenho *significador*, nós teríamos de reconhecer os *significados* em harmoniosa convivência com os dados *significantes*. Toda vez que esse equilíbrio se parte nós desintegramos a estrutura da linguagem e somos irremediavelmente confinados no território da *não literatura*, da *desliteratura* ou da *antiliteratura*. É o que ocorre frequentemente com os cronistas moralizantes, com esses barnabés da ética individual, agentes fiéis da ditadura do *significado*.

  Literatura é palavra poética e a crônica de Rubem Braga, Carlos Drummond de Andrade, Sérgio Porto, Fernando Sabino, Paulo Mendes Campos, Eneida ou José Carlos Oliveira, não é isto ou aquilo. Ela simplesmente *é*. Não quer buscar em outros domínios o aval ou o referendo para a sua verdade. Em muitas crônicas, sobretudo de Rubem Braga, seria difícil ou impossível encontrar-se a aventura temática. Muitas delas o tema é justamente a falta de tema. E nos comovem e carregamos pela vida afora. Por quê? É porque a obra de arte tem a sua própria verdade, é um *signo em si*. A crônica que assim proceda, que não esteja escrita por um pedagogo mas por um artista, que não seja a portaria do censor de costumes mas a palavra do escritor, essa crônica é arte literária, é literatura.

  Mas nós tentávamos uma aproximação do sistema dos gêneros literários. É já de si uma caminhada num território movediço, precário, flutuante. No caso da crônica essa precariedade se acentua, como para enfatizar o academicismo dessas teorizações. A estrutura da crônica é uma desestrutura; a ambiguidade é a sua lei. A crônica tanto pode ser um conto como um poema em prosa, um pequeno ensaio, como as três coisas simultaneamente. Essa delimitação quase didática tem maior interesse? Duvidamos. Os gêneros literários não se excluem; incluem-se.

  O que interessa é que a crônica, acusada injustamente como um desdobramento marginal ou periférico do fazer literário, é o próprio fazer literário. E quando não o é, não é por causa dela, a crônica, mas por culpa dele, o cronista. Aquele que se apega à notícia, que não é capaz de construir uma existência além do cotidiano, este se perde no dia a dia e tem apenas a vida efêmera do jornal. Os outros, esses transcendem e permanecem.

  A importância da crônica não fica aí: vai um pouco além. Num instante em que a ficção urbana fracassa, são precisamente os cronistas que vão ocupar este lugar vago nos quadros de nossas letras. O Rio de Janeiro, desertado de romancistas categorizados — mas fartamente habitado por falsos intérpretes —, estaria privado do grande trabalho de apreensão da realidade total, não fosse a contribuição dos seus cronistas. Porque os ficcionistas, que hoje se apresentam como tais, não passam de impotentes repórteres perdidos dentro, ou melhor, na periferia da vasta problemática carioca. São os cronistas que estão levantando o imenso mural da metrópole individual e coletiva, pessoal e anônima, que é o Rio de Janeiro. Está claro que esta constatação se refere àquele período amortecido que se localiza entre o esforço criador de Marques Rebelo e certas construções recentes de Antonio Callado ou Carlos Heitor Cony.

A crônica vitalizada a que nos referimos, com esse volume de gradações existenciais, não pode deixar de ser um capítulo a mais da história da literatura brasileira. Dessa história literária que não deve continuar a ser pensada dentro dos padrões convencionais de sempre, onde uma compreensão heroica do acontecimento cultural produzia grandes mitos individuais, reunindo fases ou períodos em torno do autor maior, e organizando pontos de referência teóricos em função do entendimento aumentativo de determinados gêneros literários. Esse juízo setorial ou compartimentado do fenômeno literário prejudica a noção de literatura como uma totalidade que se totaliza, como dinamismo, como processo, como permanente vir a ser. Qualquer historiador da fase contemporânea da literatura brasileira, que desconheça a crônica como um fato literário peculiar desse período, estará sujeito a nos apresentar apenas uma visão mutilada ou incompleta. A crônica, que invadiu a poesia, e se instalou no coloquial modernista, multiplicando a sua força expressiva, que, mais do que tudo, desenhou o seu próprio perfil autônomo, é, em face mesmo daquela ambiguidade congênita, uma manifestação superlativa da literatura.

ALTERNATIVAS VANGUARDISTAS

Com o propósito de responder afirmativamente ao desafio da crise, as correntes de vanguarda se constituem e progridem. É no espaço compreendido entre o ideal artístico que se perdera e a nova linguagem ainda não formalizada que se localizam as vanguardas. Mas para apreender o fenômeno, é preciso saber transitar por esse território movediço a que Enzensberger chama "as aporias da vanguarda".[4] O vanguardismo é gerado pelo mesmo mecanismo da paraliteratura, distinguindo-se como uma prática mais consciente, mais solidificada. Porque está de posse de um entendimento ponderável da crise. Podemos falar de vanguarda como um movimento uniforme e coeso? É claro que não. Pelo menos teremos de separar dois comportamentos vanguardistas. O primeiro nos indica a vanguarda a serviço da crise, e nele uma espécie de recusa profissionalizada constrói um *não* hemiplégico, um *não* sem *sim*. A mímica da solução ocupa o lugar da própria solução. Essa primeira atitude nos lembra a euforia da febre. E a aferição termométrica reconhece apenas a conveniência da substituição do sistema de equilíbrio da temperatura. Não desce ao centro genético da crise, não pergunta quais as causas que determinaram o desequilíbrio térmico. Rotulando-se como vanguarda, não ultrapassa o nível da paraliteratura.

Já o segundo comportamento representa a tentativa de sair da crise. E assim sendo, não deve ser apenas uma corrente literária, transitória e datada. Tem de ser o modo superlativo e único do exercício da literariedade. A literatura só tem sentido se for uma função futura no presente. A vanguarda historicamente gerada é a criatividade, e não a simples imitação dos efeitos[5] da arte — o *kitsch*. Confere, portanto, positividade à crise.

Toda alternativa vanguardista se equivoca quando relega o signo verbal a um papel supletivo ou demissionário. Como se houvesse um sistema de signo independente da língua, verbal, codificada. Quando o que há é exatamente o contrário: não existe sistema de signos tão amplo, nem tão fundamental, quanto o linguístico. Arte literária sem signo verbal não é vanguarda; é retaguarda.

O SIGNO RADICAL

Aqui está o núcleo da controvérsia vanguardista e o caminho insubstituível da prospecção literária. Nenhum sistema semiológico se sustenta sem o apoio do signo verbal. Reformulando uma conhecida antecipação saussuriana, Barthes preferiu identificar a Semiologia como um compartimento da Linguística,[6] partindo da premissa de que o signo verbal é o único signo pleno ou completo. Barthes analisa a predominância da palavra sobre diferentes manifestações icônicas. O cinema mudo foi uma insuficiência técnica. O filme mudo é incompleto porque é um sistema sem língua verbal. Para que se sustentasse necessitou recorrer à fundamentalidade da língua.

Para que a pioneira reflexão barthesiana adquira uma mais acentuada verticalidade, teríamos de pesquisar as razões da prevalência fenomenal do verbo. Como e por que se justifica? O signo verbal traz consigo características radicalmente próprias. Tem dentro de si a fonte de sua sustentação. Considerados sob esse aspecto, são parasitários todos os demais signos, na medida em que não dispõem do alimento indispensável às suas vidas. Tentemos precisar as características que dão função de autonomia ao signo verbal.

O signo verbal é o único capaz de apreender a totalidade. Enquanto o signo visual é, declaradamente, setorizante, porque só apreende uma parte ou um lado da totalidade do real. É todo o contrário do metafórico que, sendo pluridimensional, ou seja, estabelecendo um relacionamento com todas as dimensões ou níveis do real, não necessita encostar-se ou complementar-se com qualquer outro signo. Os outros sim, completam-se verbalmente. Explica-se por que Glauber Rocha, Nelson Pereira dos Santos, Joaquim Pedro de Andrade, Carlos Diegues, Rui Guerra, montaram um cinema tão devedor de sua própria qualidade textual.

O signo verbal é preciso; enquanto todos os outros são difusos. Tem as virtudes dos demais signos, na medida em que também é simbólico, mas dispõe de outras peculiaridades. Consegue ser, equilibradamente, total e preciso. Daí o seu caráter autônomo.

Somente o signo verbal é capaz de exprimir *diretamente* a interioridade, de expressar as vivências. Se alguém diz "estou triste", há uma imediata apreensão qualitativa por parte do interlocutor. O mesmo receptor pode não decodificar adequadamente um quadro triste, uma tela que diga alguma coisa semelhante à frase "estou triste". Falta à linguagem pictórica a nitidez do verbo. Não pronunciamos o quadro.

O único sistema de signos que dispõe de uma estrutura constante e sólida é o verbal. Os outros estão assistidos por um significante. Mas o significante não possui a constância da língua, nem a universalidade, ou a sociabilidade. O signo verbal é moeda de comunicação internacional; os outros são moedas nacionais.

As correntes vanguardistas, embora rediscutissem a propriedade dos sistemas de signos dados, não perceberam a radicalidade do signo verbal. Certas formulações fascinantes de Wlademir Dias-Pino[7] pecam precisamente por essa inversão.

INDICAÇÕES PROSPECTIVAS

Se a regressão da paraliteratura e a transgressão da vanguarda são desvios do fazer literário, a nova literatura brasileira é antes um *dever ser*. Podemos apenas adiantar, com a reduzida visibilidade histórica facultada pela transição, que esta literatura por vir terá de nascer do solo firme de uma nação planetária, onde o humanismo já não será a universalização do nacional. Terá de questionar-se no interior dos modelos de tensão, e recusar a estrutura binária da metafísica ocidental. No lugar do tom imperial ainda persistente, e por cima dos dualismos de raça, desenvolvimento, classe, haverá a criatividade humana. A poética terá de passar por uma porta estreita onde se encontrarão o ser e o fazer, a natureza e a função — o procedimento já não será o herói solitário da literariedade, como quis um dia o formalismo russo[8] —, a qualidade e a quantidade. E então a literatura terá contribuído para a construção do amanhã. Quando a literatura *do* Brasil será sempre mais uma literatura *no* Brasil.

NOTAS

1. Tortel, Jean. "Qu'est-ce que la paralittérature". In: Tortel, Jean et al. *Entretiens sur la paralittérature*. Paris: Plon, 1970, p. 15.
2. Broch, Hermann. *Kitsch, vanguardia y el arte por el arte*. Barcelona: Tusquets Editor, 1970, p. 15.
3. Braga, Rubem, *A traição das elegantes*. Rio de Janeiro: Sabiá, 1967, p. 8.
4. Enzensberger, Hans Magnos. As aporias da vanguarda. *Vanguarda e modernidade*. Rio de Janeiro: Tempo Brasileiro, 1971. (*Tempo Brasileiro* n. 26/27).
5. Greenberg, Clement. Vanguardia y Kitsch. In: Mac Donald et al. *La industria de la cultura*. Madrid: Alberto Corazón, 1969, p. 209 (Comunicación, 2).
6. Barthes, Roland. *Le degré zéro de l'écriture. Suivi de Éléments de sémiologie*. Paris: Gouthier, 1965.
7. Dias-Pino, Wlademir. Processo: *linguagem e comunicação*. Petrópolis: Vozes, 1971.
8. Ambrogio, Ignazio. *Formalismo e avanguardia in Russia*. Roma: Editori Riuniti, 1968, p. 28 ss.

67. Afrânio Coutinho
HISTORIOGRAFIA LITERÁRIA EM NOVO RUMO

Posição desta obra na historiografia literária brasileira. As várias fases da história literária no Brasil: a antológica e bibliográfica, a historicista, a sociológica. Varnhagen, Sílvio Romero. Outros historiadores. Orientação estética: A literatura no Brasil, um compromisso antirromeriano. Sua posição, suas características, suas consequências. O ensino literário. A crítica e a história literária.

Ao colocar o ponto final nesta obra de historiografia literária, será interessante tentar ligá-la à tradição da história literária brasileira. Como situá-la?

A historiografia literária é um ramo, com tendências cada vez maiores para a autonomia de princípios e métodos, da historiografia geral. Não obstante, dada a orientação doutrinária desta obra, seria irrelevante um capítulo dedicado ao estudo da historiografia geral, cabível somente numa história da historiografia brasileira. Isto, sem embargo de reconhecerem-se as relações entre os historiadores gerais e os historiadores literários, bem como as influências e relações das histórias geral e literária. Todavia, muitos historiadores tendo tido participação nas letras, aqui eles foram tratados como homens pertencentes à literatura. São os casos de Capistrano e Nabuco, entre outros, aos quais foi dedicado tratamento especial, do mesmo modo que Rui Barbosa ou Tobias Barreto ou Farias Brito, que receberam consideração, não como jurisconsultos ou filósofos, e sim pelo que a sua obra teve de participação ou influência nas letras.[1]

Como foi afirmado na "Introdução geral" desta obra, a historiografia literária no Brasil começou confundida com a historiografia geral. E é a Francisco Adolfo Varnhagen (1816-1878), Visconde de Porto Seguro, que cabe a paternidade de ambas.

É que, antes dele, a História literária se confundia com crestomatias, antologias, "parnasos", acompanhadas de notícias biobibliográficas e introduções históricas. Ou então com dicionários biobibliográficos. A essa fase empírica das antologias e dicionários pertence a maioria das obras surgidas antes de Varnhagen.

Merecem referência os nomes de Diogo Barbosa Machado (1682-1772) e Domingos Loreto do Couto (1716-1757),[2] cujas obras contêm grandes subsídios sobre os mais antigos cultores das letras nos tempos da Colônia.

No gênero dos parnasos, citem-se os principais de Almeida Garrett (1799-1854), Januário da Cunha Barbosa (1780-1864), Pereira da Silva (1817-1894).[3]

Ao lado dos parnasos e fontes bibliográficas, houve tentativas de exposição histórica, a princípio meros registros de nomes, entrosados em quadros mais amplos de outras literaturas. São exemplos as de Bouterwek e Sismondi, historiadores das literaturas setentrionais da Europa, e que incluíram alguns nomes de portugueses e brasileiros.[4]

Relatos históricos, sintéticos, de caráter já agora diacrônico, têm início com Almeida Garrett, Ferdinand Denis (1798-1890), Gonçalves de Magalhães (1811-1882), Joaquim Norberto (1820-1891).[5]

Desta forma, das antologias e ensaios sintéticos, os estudos literários avançaram para encarar a literatura em bases mais sérias. Inspirados pelo Romantismo, historiadores e críticos começaram a compreender a literatura como um fenômeno nacional, ou a expressão da nacionalidade. Da biografia como índice de personalidades passava-se à literatura nacional. O ponto culminante dessa evolução foi o prefácio (de 1847) de Varnhagen ao seu *Florilégio*. Seu ponto de vista eram as composições literárias de feição "mais tosca, mas brasileira, ao menos no assunto".[6] É a primeira manifestação de real espírito e método históricos, cuidado das fontes, informações e referências, "rigorosa e cuidadosa", como dela diz José Veríssimo, o primeiro trabalho de coordenação do passado literário do país, o que leva a colocar o visconde como o pai da historiografia literária, como o é da historiografia geral.

Pertencentes a essa fase são os livros de Fernandes Pinheiro (1825-1876), Ferdinand Wolf (1796-1866) e Sotero dos Reis (1800-1871).[7]

Da fase das antologias passou-se, portanto, à fase erudita, em que se faz uso do método histórico. Na década de 80, inicia-se outra fase, a sociológica e naturalista, com Sílvio Romero, Araripe Júnior, Capistrano de Abreu.

Ao empirismo sucedera o historicismo. A história literária era uma dependência da história política, e sua evolução enquadrava-se na dos fatos políticos e sociais. Era natural que se transferisse para o estudo do fenômeno literário o método histórico, pois a literatura não passaria de um reflexo ou produto das atividades humanas gerais. Sendo a literatura um fenômeno histórico, a história literária deveria ser parte da história geral, simples exposições descritivas, diacrônicas. É o primado do historicismo.

Na década de 80, entramos no primado do sociologismo.

A literatura não é mais o mero reflexo da história política e social. Passa a ser entendida como o "produto" do meio natural ambiente, da terra, da raça, das constantes sociais, dos fatores componentes da estática social. O filósofo e crítico francês Hipólito Taine (1828-1893) foi o codificador dessa doutrina, a que se juntaram Spencer, Darwin, Ratzel, Haeckel, constituindo o complexo doutrinário da "era materialista": naturalismo, determinismo, evolucionismo, geografismo, ambientalismo, sociologismo, racismo, monismo, positivismo.

Sílvio Romero foi o propugnador dessa doutrina, por ele aplicada em sua *História da literatura brasileira* (1888). Quaisquer que sejam as restrições que se lhe devam fazer, em consequência da superação da sua concepção do fenômeno literário, e de sua crítica e história, foi com ele sistematizada a historiografia literária, que passou a ser encarada em bases científicas, com preocupação conceitual e metodológica. Via ele a literatura como o resultado da formação etnológica e histórica dos povos, do gênio e caráter do povo que a produz. Para estudá-la, era necessário investigar as raízes materiais e ambientais, os fatores sociais, econômicos, biológicos, geológicos que "determinaram" aquele caráter. A seu ver a literatura se identificava com o gênio nacional, e sua evolução acompanhava a do sentimento nacional.

As teorias de Sílvio foram compartilhadas por seus companheiros de geração Araripe Júnior e Capistrano de Abreu e por José Veríssimo.[8]

A geração naturalista, portanto, Sílvio Romero à frente, consagrou a concepção historicista e sociológica da literatura, bem como a adoção do método histórico para a história literária. A história literária deveria começar pelo estudo da parte estática: raça, meio ambiental, meio social, daí a voga das introduções sociológicas aos livros de história literária, como o de Sílvio, veza a que não fugiu Veríssimo, apesar do seu decantado, mas aparente, beletrismo. O Romantismo, assim, continuou, ampliando-se, pelo naturalismo, no estudo das literaturas nacionais, e na subordinação da história literária à história geral (política, social). O marxismo viria mais tarde, prosseguindo essa mentalidade oitocentista, apenas acrescentar um novo elemento, o fator econômico, nessa subordinação da literatura aos elementos exteriores. Para todas essas teorias, ela não é mais do que um epifenômeno: dependente ou produto do social, do político, do econômico, do geográfico. "Vida", de um lado, literatura do outro.

Apesar de tudo, apesar da visão estreita do fenômeno literário, que era do seu tempo e que limitava a compreensão da literatura, reduzindo-a a um subproduto das condições do tempo e do meio, com Sílvio Romero estava consolidada a historiografia literária. Seu espírito científico, sua valorização da erudição e da técnica historiográfica, sua seriedade, marcaram profundamente os estudos literários no Brasil, a ponto de a concepção sociológica os dominar por mais de meio século.

Essa concepção sociológica, essa subordinação da literatura ao estilo da vida social marcarão as obras de história literária desde então. Oliveira Lima, José Veríssimo, Ronald de Carvalho (1893-1935), Artur Mota (1879-1936), Coelho Neto (1864-1934), João Ribeiro (1860-1934) Afrânio Peixoto (1876-1947), para citar somente alguns dos principais,[9] filiam-se a idêntica orientação.

O mesmo ocorre com autores mais modernos, como o português José Osório de Oliveira, em *História breve da literatura brasileira* (1956). Igual critério sociológico é o de Gilberto Freyre (1900-1987) em estudos de interpretação literária e em *Brazil; An Interpretation* (Nova York, Knopf, 1945); de Antonio

Candido (1918-2017), em *Formação da literatura brasileira* (São Paulo, Martins, 1959); e de Djacir Meneses, em *Evolução do pensamento literário no Brasil* (Rio de Janeiro, Simões, 1954). Outro não é o critério da *História da literatura brasileira* da José Olympio Editora, de que foram editados apenas alguns volumes.

*

Como já se disse antes,[10] *A literatura no Brasil* encerra um compromisso antirromeriano.

Seu princípio diretor, em vez de sociológico, é estético, a partir da noção de que o fenômeno literário não é um epifenômeno social, político ou econômico, mas, em vez disso, tem a sua especificidade e autonomia, participando da natureza dos fenômenos estéticos (música, pintura, arquitetura, escultura, etc.), com um meio próprio, a linguagem. A obra literária é uma obra de arte de linguagem. Do formalismo ao *new criticism* e à estilística teuto-suíça e espanhola, do estruturalismo à *nouvelle critique* francesa e italiana, em uma palavra, a "nova crítica" atual, a atual poética, a atual filosofia literária assim o entendem. E foi assim que o seu planejador e executor entendeu esta obra, imbuído que estava, ao concebê-la (1950-1951), das novas orientações das teorias estéticas e literárias contemporâneas, desde sua estada nos Estados Unidos entre 1942 e 1947.

Não somente o princípio diretor, como também sua divisão periodológica inspiraram-se na concepção estética, ao instituir a periodização por estilo de época. Também assim pensou ao minimizar os fatores extrínsecos (meio, raça, momento); ao libertar a evolução literária da tirania cronológica; ao enfatizar a temática brasileira na caracterização dos estilos individuais e de época e das variedades regionais; ao pôr em relevo as características e peculiaridades dos gêneros literários da nova literatura, pela criação de formas, estruturas e temas peculiares; ao valorizar ao máximo a erudição, a bibliografia, o rigor no *scholarship*, o cuidado metodológico.

Desta maneira, surgida a primeira edição desta obra na década de 50, ela se entrosa com o movimento da nova crítica, típico daquela década. Seus princípios ainda não foram superados. Suas diretrizes permanecem vivas. Suas consequências são óbvias. Ela é um tratado da história literária brasileira, inclusive pelo âmbito e totalidade de sua estrutura.

*

Haja vista o que acontece com o ensino literário. A revolução que se processou no ensino de letras, tanto no nível secundário quanto no superior foi sua notória consequência.

O ensino literário, até então atolado na memorização de nomes, títulos e datas, passou a basear-se na leitura e análise de textos, nas próprias obras, com ênfase especial na produção contemporânea, próxima do aluno e por isso muito mais motivadora.[11]

A adoção, pela maioria dos bons manuais, da periodização, por estilos de época, representa outro dado positivo.[12]

A filosofia desta obra é aliar a crítica e a história literária.

A história literária e a crítica marcham passo a passo na interpretação da literatura. As duas disciplinas não podem existir separadas, nem muito menos divorciadas e opostas.

Por outro lado, o estudo da literatura, crítico e histórico, é vão se não se prende à realidade. Não têm mais sentido as histórias literárias que não passavam de catálogos bibliográficos ou dicionários biográficos ou ensaios críticos em ordem cronológica, sem nexo nem continuidade.

O estudo crítico e histórico da literatura só se justifica na medida em que servir para criar ou codificar, na sociedade em causa, padrões de vida artística e tradições estético-literárias, que a dita sociedade reconhece como seus e que possuem uma existência dinâmica, ativa, criadora, em relação com a vida nela vivida. São os valores que presidem à existência de um grupo humano que se exprime pela literatura. E estes valores cabe à crítica e à história investigar, estabelecer, reconhecer, codificar, como seu objetivo precípuo.[13]

Como disse muito bem Franklin de Oliveira, o que a história literária deve buscar é o "especificamente artístico e o especificamente nacional em cada literatura".[14] Foi o que procurou fazer esta obra, unindo a pesquisa e interpretação da literariedade no seu quadro ambiente. Sua filosofia é a que define Spitzer numa das epígrafes no início desta obra.

Partiu da preocupação do problema kantiano do método, aqui aplicado ao estudo do fato literário. Compreendeu que a crítica e a história literárias não podem viver sem sólida base teórica. Buscou enfatizar a relação dos textos e conceitos literários com a história literária.

Procurou aliar a periodização estilística à descrição dos gêneros em suas convenções, tradições ou inovações.

Concebeu a história literária em termos da persistência do passado no mundo atual. Contudo, mesmo quando se usam elementos sociológicos, políticos, históricos, econômicos, estilísticos, o historiador literário deve agir como crítico, isto é, como intérprete da literatura.

Em suma, governam a dinâmica desta obra a presença do teorético e do prático, das interpretações do passado e das necessidades do presente. Daí que ela se dirija também à melhoria do ensino da literatura.

De qualquer modo, para finalizar, depois das fases antológica e biobibliográfica, historicista e sociológica, *A literatura no Brasil*, como obra de historiografia literária, inaugura e representa uma quarta fase — estético-literária —, além de procurar valorizar o *scholarship*,[15] na técnica da pesquisa, no respeito pela boa erudição, no cuidado da bibliografia, na reavaliação crítica de valores, na atualização do conhecimento literário. Essa concepção é a que preconizam os melhores teóricos do assunto, tal como ficou evidenciado nos mais recentes congressos e trabalhos dedicados ao problema. É o estabelecimento de uma história literária de natureza *literária*, para estudar e julgar a literatura *qua* literatura, com valor em si mesma, nas suas natureza e finalidade específicas, nos seus elementos intrínsecos ou artísticos, história literária e não história social da literatura, nem sociologia da literatura. História da literatura... literária.

NOTAS

1   A questão da história literária, e sua crise no século XX, estão estudadas na "Introdução geral" desta obra, vol. I, inclusive as soluções brasileiras do problema. Para a bibliografia sobre o assunto, ver a Bibliografia geral, nesta obra.
    Sobre a historiografia em geral, ver a Bibliografia Geral neste volume, "Teoria e método da História", Introdução 3. Merecem destaque especial: Glénisson, J. *Iniciação aos estudos históricos*. São Paulo: Difusão Europeia do Livro, 1961; Samaran, C. (org.). *L'Histoire et ses méthodes*. Paris: NRF, 1961 (Bibliotheque de la Pléiade).
    Para a historiografia brasileira, ver: Rodrigues J. Honório. *Teoria da História do Brasil*. 2 v. São Paulo: Cia. Ed. Nacional, 1957.
    Para o estudo da história literária brasileira, ver a Bibliografia Geral.
    Mota, A. As obras sobre a literatura brasileira. Bibliografia de caráter geral. In: *História da literatura brasileira*. São Paulo, 1930. v. I. p. 267-286; Simões dos Reis, A. *A bibliografia da história da literatura brasileira de Sílvio Romero*. Rio de Janeiro: Z. Valverde, 1944; Voigtlaender, M. L. Bibliografia da história da literatura brasileira. *Boletim Bibliográfico*. São Paulo, Biblioteca Municipal, 1950, n. 14; Moser, G. M. Histories of Brazilian Literature: a critical survey. *Revista Interamericana de Bibliografia*. Washington, Pan American Union, v. X, n. 2, abr./jun. 1960.
    Ver ainda, para mais detalhes, a indispensável *Introdução ao estudo da literatura brasileira*. Org. Brito Broca e J. Galante de Sousa. Rio de Janeiro: Instituto Nacional do Livro, 1963.
2   Machado, Diogo Barbosa. *Biblioteca lusitana, história, crítica e cronológica*. 4 v. Lisboa, 1741-1759; Couto, Domingos Loreto do. *Desagravos do Brasil e glória de Pernambuco*. In: *Anais da Biblioteca Nacional*. Rio de Janeiro, 1963-1964.
3   Garrett, Almeida. *Parnaso lusitano* (Com o prólogo: Bosquejo da história da poesia e da língua portuguesa). Paris, 1826; Barbosa, Januário da Cunha. *Parnaso brasileiro*. Rio de Janeiro, 1829-1930; Silva, J. M. Pereira da. *Parnaso brasileiro*. Rio de Janeiro, 1843-1848.

4   Bouterwek, Friederich. *Geschichte der Poesie und Beredsamkeit*. 4 v. Gottingen: J. F. Rower, 1805 (O 4º v. refere-se à literatura de língua portuguesa); Sismondi, J. C. L. Simonde de: *De la littérature du midi de l'Europe*. Aix-la-Chapelle: L. Kohnen, 1837 (1. ed. 1812).

5   Garrett, Almeida. Bosquejo da história da poesia e da língua portuguesa. In: Garrett, Almeida. *Parnaso lusitano*. Paris, 1826-1827; Denis, Ferdinand. *Résumé de l'histoire littéraire de Portugal suivi du résumé de l'histoire littéraire du Brésil*. Paris: Lecointe et Durey, 1826; Magalhães, D. J. Gonçalves de. *Discurso sobre a história da literatura do Brasil*. In: Magalhães, D. J. Gonçalves de. *Opúsculos Históricos e Literários* (t. VIII das Obras, Rio de Janeiro, 1865 (anteriormente publicado em Niterói. *Revista Brasiliense*, 1836); Norberto de Sousa e Silva, Joaquim. "Considerações sobre a literatura brasileira", "Estudos sobre a literatura brasileira no século XVII". *Minerva Brasiliense*, Rio de Janeiro, 1843; I. "Da inspiração que oferece a natureza do novo mundo a seus poetas", *Rev. Inst. Hist. Geogr. Bras.*, t. 16. Por uma referência na *Revista Popular* (Rio de Janeiro, 1862, t. 16, p. 261) sabe-se que Norberto projetava publicar uma história da literatura brasileira, cujos primeiros capítulos apareceram naquele periódico (Ver Afrânio Coutinho, *A tradição afortunada*, Rio de Janeiro, 1968, p. 45).

6   Varnhagen, Francisco Adolfo. *Florilégio da poesia brasileira*. Lisboa: Imprensa Nacional, 1850. Foi publicada uma segunda edição, Rio de Janeiro, Academia Brasileira de Letras, 1946, com prefácio de Afrânio Peixoto e notas de Rodolfo Garcia. A introdução traz notas biográficas e traça um quadro da evolução da literatura no Brasil desde os primórdios. Varnhagen também trata da literatura em vários capítulos de *História geral do Brasil* (1857).

7   Pinheiro, Joaquim Caetano Fernandes. *Curso elementar de literatura nacional*. Rio de Janeiro, 1862 (2. ed. da Liv. Garnier, 1883); Wolf, Ferdinand. *Le Brésil Littéraire*. Berlim: Ascher, 1863 (*O Brasil literário*. Trad., prefácio e notas de J. Almansur Haddad. São Paulo: Cia. Ed. Nacional, 1955). O Cônego Fernandes Pinheiro publicou ainda *Resumo de história literária*, 2 v. Rio de Janeiro: Garnier, 1873. Quanto a Francisco Sotero dos Reis, redigiu um *Curso de literatura portuguesa e brasileira*, 5 v. São Luís do Maranhão, 1866-1878. Deve ainda ser citado: Perié, Eduardo. *A literatura brasileira nos tempos coloniais*. Buenos Aires, 1885.

8   Ver os Caps. 26 e 29 desta obra.

9   Para uma lista mais completa dos livros de história literária brasileira, ver *Introdução*, de Brito Broca e J. Galante de Souza, p. 89-93.

10   Ver, desta obra: "Prefácio da Segunda Edição", "Introdução Geral" e os capítulos 49 (A Nova Crítica) e "Nota explicativa" do v. X.

11   Ver a propósito, e segundo essa orientação, os livros: Coelho, Nelly Novaes. *O ensino da literatura*. São Paulo: FTD, 1966; Moisés, Massaud. *A criação literária*. Belo Horizonte: Bernardo Álvares, 1965; Riedel, Dirce; Lemos, Carlos; Barbieri, Ivo; Castro, Terezinha. *Literatura brasileira em curso*. Rio de Janeiro: Bloch, 1968. Ainda sobre o ensino literário no Brasil ver os livros de Afrânio Coutinho.

12   Exemplos são os livros: Proença Filho, Domício. *Estilos de época na literatura*. Rio de Janeiro: Liceu, 1969; Coutinho, Afrânio. *Antologia brasileira de literatura*. 3 v. Rio de Janeiro: Editora Distribuidora de Livros, 1965-1966. Digno de nota, porque absolutamente na mesma linha e consoante as novas orientações, é o excelente livro de Vítor Manuel de Aguiar e Silva. *Teoria da literatura*. 2. ed. Coimbra: Livraria Acadêmica, 1969.

13   Coutinho, Afrânio. *A tradição afortunada*. Rio de Janeiro: José Olympio, 1968, p. XXIII.

14   Oliveira, Franklin de. "A revolução crítica", in *Correio da Manhã*. RJ, 1º maio 1971.

15 Sobre a metodologia da pesquisa e scholarship literários, ver a bibliografia sobre Crítica Literária neste volume.
Destacam-se aqui algumas das obras mais necessárias:
The Aims and Methods of Scholarship in Modern Languages and Literatures. Nova York: Modern Language Association, 1963; Alonso, M. *Ciencia del lengaje y arte del estilo.* Madrid, 1947; Amiet, W. A. *The Practice of Literary History.* Sidnei, 1936; Barzum, J.-Graff, H. F. *The Modern Researcher.* Nova York: Harcourt, Brace, 1957; Brandt-Corstins, J. C. *Introduction to the Comparative Studies of Literature.* Nova York, 1968; *The Disciplines of Literary Criticism.* ed. P. Dernetz, T. Greene, L. Nelson Jr. New Haven, 1968; Ermatinger, E. et al. *Filosofia de la ciencia literaria.* México, 1946; Foerster, N.; Wellek, R. et al. *Literary Scholarship; Its aims and Methods.* Chapel Hill, 1941; Gayley, C. M.; Scott, F. N. *Methods and Materials of Literary Criticism.* 2 v. Boston, 1901-1920; Hall, L. S. *A Grammar of Literary Criticism.* Nova York, 1965; Momigliano, A. *Problemi e orientamenti critici.* 4 v. Milão, 1948-1949; Morize, A. *Problems and Methods of literary History.* Boston, 1922; Rudler, G. *Les techniques de la critique et de l'histoire littéraire.* Oxford, 1923; Sanders, C. *An Introduction to Research in English Literary History.* Nova York, 1952; Stallman R. W. *The Critic's Notebook.* Minneapolis, 1950; Wehrli, M. *Introducción a la ciencia literaria.* Buenos Aires, 1966; Welleck, R.; Warren. A. *Theory of Literature.* Nova York, 1949; Zitner, S. P.; Glenview, S. P. *The Practice of Modern Literary Scholarship.* Nova York, 1966.
Inteiramente dedicada à história literária, publica-se nos Estados Unidos, três vezes por ano, desde outubro de 1969, pela Universidade de Virgínia, a revista *New Literary History*. Como diz a declaração editorial, inclui trabalhos de teoria, tratando das causas da mudança literária; as definições dos períodos e seus usos na interpretação; a evolução de estilos, convenções, gêneros e suas relações entre si e com os períodos em que florescem; a intercomunicação entre histórias literárias nacionais; o lugar da avaliação na história literária, etc.; trabalhos de outros assuntos que ajudem a interpretar ou definir os problemas da história literária, e trabalhos sobre as bases e função da história literária no ensino universitário. Já foram publicados números especiais sobre periodização, relações com a ficção, teoria da história literária, etc.

68. Afrânio Coutinho
AINDA E SEMPRE A LITERATURA BRASILEIRA

As teorias das origens. A expressão da Literatura Brasileira. Nossa literatura. Independência literária. Uma literatura emancipada. Raízes culturais. O Barroco na América.

AS TEORIAS DAS ORIGENS

Duas teorias se defrontam no que concerne às origens da literatura brasileira: a dos que defendem a origem precoce, na era romântica, e a dos que propugnam a origem remota, dirigida pelos escritores barrocos. Os primeiros fazem confundir a origem da literatura brasileira com a independência política nacional, por assim dizer colocando o fenômeno literário a reboque da política. Quando muito, esses críticos e historiadores recuam um pouco até o final do século XVIII, admitindo um pré-romantismo que se identificaria com o Arcadismo mineiro, tudo influenciado pelo iluminismo do século XVIII, especialmente da revolução francesa.

Ao invés disso, os segundos advogam a tese de que nossa literatura se originou pela mão barroca dos jesuítas, Anchieta à frente, e pelos grandes escritores da chamada escola baiana, Antônio Vieira e Gregório de Matos como principais. É verdade, diga-se de passagem, que os portugueses pretendem arrancar para a literatura de além-mar a figura genial e espetacular do padre, o que não se justifica tendo em vista que ele, embora nascido em Portugal, para aqui veio aos seis anos de idade e aqui permaneceu todos os seus quase 90 anos de vida, com as ligeiras ausências de viagens e dedicando ao Brasil, aos interesses brasileiros, toda a força de sua inteligência fabulosa. Vieira é brasileiro e assim o devemos entender para bem colocá-lo em nossa literatura. Essa é a tese de diversos críticos brasileiros como Afrânio Peixoto e Constâncio Alves, em livrinho precioso, *Vieira Brasileiro*, além de Eugênio Gomes e o signatário deste.

O Brasil não teve Renascimento; passou da Idade Média para o Barroco. Só o batismo renascentista lhe teria emprestado características lusitanas na sua origem. Porque o Portugal das navegações e do humanismo renascentista, erasmista, manuelino, racionalista, é inteiramente oposto ao espírito barroco.

O Barroco é espanhol. E Portugal e Espanha não se entendiam, a ponto de após 1580 até 1640 se formar a unidade tão odiada pelos lusos.

Não podia deixar de ser senão antiespanhola a restauração portuguesa. O espírito brasileiro iniciante foi assim marcado pela controvérsia luso-espanhola.

E se se quiser aceitar a nossa formação espiritual como tendência à autonomia, como é hoje em geral entendida, e não pode deixar de ser assim, na verdadeira compreensão da nossa mentalidade anticolonialista, já àquele tempo em desenvolvimento, não teremos dificuldade em sentir na nossa adaptação ao Barroco senão um recurso inconsciente de luta antilusa por parte dos brasileiros. E por brasileiro entenda-se todo aquele que, mesmo português de nascença, para cá se transportara de corpo e alma. Era esta a filosofia de Ortega y Gasset que sustentava ser americano todo o europeu que para cá se transportava definitivamente.

Assim, não hesitaremos em afirmar que o Brasil nasceu barroco, e que o espírito barroco gerou a nossa independência mental desde os primeiros momentos e marcou para sempre a nossa mentalidade.

Tudo o que fez o Brasil colonial deve a essa inspiração, inclusive o Romantismo.

Em vez disso, o Arcadismo do século XVIII pouco tem a ver conosco. Vindo de Portugal, originário da Itália, inspirado na Grécia clássica de Píndaro e Anacreonte, o Arcadismo foi uma rebelião em Portugal, em nome de Camões, contra o "estilo cativo" barroco. Nós, brasileiros, nunca nos adaptamos completamente a esse espírito. Os árcades foram abrasileirados, pouco mais do que isso. Os barrocos são brasileiros na essência e na forma, ao máximo. Eles são os promotores da nossa independência intelectual, os impulsionadores do nosso processo de descolonização mental e literária, pela boca de nossos Vieira e Gregório, de nosso Alencar, de nosso Rui Barbosa, de nossos Euclides e Guimarães Rosa.

(22/7/1982)

A EXPRESSÃO LITERATURA BRASILEIRA

Desde o começo do século XIX, sobretudo na década de 20, a expressão "literatura brasileira" foi sendo empregada por críticos e historiadores literários. Os escritores da fase anterior à Independência foram sendo considerados como pertencentes à literatura do Brasil. Assim aconteceu nos livros de Barbosa Machado, Loreto do Couto, Januário da Cunha Barbosa, Pereira da Silva, Varnhagen. O mesmo no livro de Ferdinand Denis, *Resumé de l'histoire littéraire du Portugal suivi du resumé de l'histoire littéraire du Brésil* (1826), no qual apareceu pela primeira vez a fórmula "história literária do Brasil".

Nesta década de 20, ainda vigorava o sistema de considerar pertencentes à literatura portuguesa os escritores nascidos no Brasil. Foi o que fez, por exemplo, Almeida Garrett, no livro *Parnaso lusitano* (1826), cujo prefácio o "Bosquejo" constitui a base da teoria de que a literatura portuguesa é enriquecida com as obras dos brasileiros. Essa tese foi contestada durante o Romantismo, e um dos pontos altos foi a polêmica travada por Santiago Nunes Ribeiro, na *Minerva*

Brasiliense em 1843, com Gama e Castro, defendendo a teoria de que a literatura brasileira já tinha a sua individualidade própria.

Mas a expressão "literatura brasileira", se não quisermos aceitá-la como equivalente ou implícita no livro de Ferdinand Denis, o *Resumé* (1826): "l'histoire littéraire du Brésil", também está esboçada no "Discurso sobre a história literária do Brasil" (1836), de Gonçalves de Magalhães, um dos primeiros pronunciamentos de brasileiro acerca da existência autônoma de nossa literatura.

Foi Santiago Nunes Ribeiro, na polêmica de 1843, na *Minerva Brasiliense*, quem primeiro empregou a expressão "literatura brasileira". Também, no mesmo ano, Joaquim Norberto de Sousa e Silva, na série publicada na *Revista Popular* (1843) de levantamento da história literária brasileira, com o objetivo de um livro sobre o assunto, que jamais foi lançado. O título dos capítulos é "literatura brasileira".

Desta maneira, a etiqueta "literatura brasileira", como definição da produção literária dos brasileiros desde o início da colonização, está definitivamente adotada e será seguida pelos historiadores e críticos a partir daí. A pergunta que se impõe é: por que razão não se adotou a expressão "língua brasileira" como denominação do idioma falado e escrito no Brasil quando as mesmas razões se impõem para os dois casos? É que a denominação da literatura e da língua de um povo é um ato político, é de natureza política.

Além disso, a literatura e a língua no Brasil tiveram desenvolvimento paralelo, a partir da formação da sociedade nova, em região nova do globo, com costumes, cultura, produção artística, sensibilidade, diversos dos existentes em Portugal. Por isto, são dois povos, dois países diferentes, com evolução histórica diversificada. Que razão terão os que advogam a unidade falsa entre os dois povos? Que razão terão ao defender a unidade da língua, que tudo prova serem diferentes nos dois países, em todos os aspectos linguísticos?

Se denominamos literatura brasileira, por que também não usamos língua brasileira?

Se a literatura brasileira é considerada um produto autônomo, peculiar, diverso da lusa, desenvolvido desde os primeiros tempos, a língua em que se expressou foi igualmente diferenciada a partir dos primeiros colonos. Hoje em dia, ela é de tal modo diversificada que não se reconhecem ou não se entendem os falantes dos dois lados do Atlântico. É verdadeiramente um anacronismo a teimosia dos defensores de uma unidade linguística inexistente na realidade. Por isso, impõe-se a adoção da denominação de "língua brasileira" já existente, para designar o idioma que falamos e escrevemos no Brasil.

(22/11/1987)

NOSSA LITERATURA

Quem observa cuidadosa e criteriosamente, mediante uma visão técnica, o estágio atual da Literatura Brasileira, há de convir haver ela atingido uma completa autonomia e uma fisionomia própria. E mais: que ela possui uma identidade nacional, em tudo identificada com a identidade do país. Correspondem-se intimamente, como a mão e a luva. Essa situação é o resultado da evolução histórica, segundo aquela "tradição afortunada" a que me referi em livro deste nome. E é isso que encontramos nos livros recentes de autores brasileiros: de Jorge Amado, Adonias Filho, Josué Montello, Herberto Sales, João Ubaldo Osório, Nélida Piñon, Rubem Fonseca, Salim Miguel, João Antônio, Dalton Trevisan, Autran Dourado, Márcio de Souza e muitos e muitos outros, conforme se pode ver acompanhando a série de reportagens de Cremilda Medina, "Escritor Brasileiro Hoje", expressamente intitulados "A Posse da Terra". Precisamente é o que se verifica: a posse da terra. Nenhum dos livros desses autores encontra parelha com os de qualquer outra literatura. São brasileiros. Têm o colorido da nossa gente, essa gente mestiça de alma, cultura e sangue; traduzem a nossa sensibilidade; falam a nossa língua brasileira, diferente da portuguesa; refletem os nossos costumes; traduzem o nosso lendário, a nossa mitologia, o sincretismo cultural e religioso que é nossa característica fundamental; expressam o nosso anticartesianismo, o nosso irracionalismo, o nosso ilogismo, bem típicos da nossa desordem, do nosso desrespeito inato por qualquer sistema, por quaisquer leis (de trânsito, penais, constitucionais...), a ponto de levar um personagem da *Tocaia grande* afirmar que "a gente pôde com a enchente e com a peste; com a lei não pôde não: sucumbiu". Foi o que saiu deste caldeirão, deste laboratório formidável que constitui o Brasil, esse país estranho e incompreensível.

Essa literatura, compreenda-se, não pode responder (para ser, como é, brasileira) senão a essa nova realidade criada em um novo contexto social e histórico, diferente do europeu em geral. Ela reflete uma nova consciência e se apropria dos mitos e símbolos que aqui se desenvolveram através dos séculos, pela mistura de três raças em contato com um mundo novo. A obra de arte — no caso da literária — é a forma de expressão do sonho coletivo, um sonho que tem dimensão histórico-cultural. Este sonho já foi, como resultado de séculos de luta de uma série de escritores, assumido pela nossa literatura, como se pode verificar nos escritores das últimas décadas.

Por isso, havemos de reconhecer que as nossas relações com as demais literaturas nacionais são de *contiguidade* e não de submissão. Nada temos, atualmente, a dever a qualquer outra literatura em termos de influência ou dependência. Não estamos isolados, é claro, nesse mundo unificado. Mas trabalhamos por nossa própria conta. E isso vale também para a Literatura Portuguesa. Para nós ela é estrangeira como qualquer uma das outras. E deve ser estudada no Brasil, em todos os níveis de ensino, em função da Brasileira, tanto quanto as demais literaturas. A não ser para o especialista, elas só interessam a nós se ensinadas em função da Brasileira, tanto quanto as demais literaturas estranhas. A não ser para o especialista, elas só interessam a nós se ensinadas em função da Brasileira, e não em si mesma ou pelo valor próprio.

E tanto isso é verdade que, doravante, não teremos que periodizar a nossa evolução literária por estilos de época europeus, como fizemos no passado, em virtude da nossa subordinação maior às literaturas estrangeiras. Teremos que encontrar definições e demarcações próprias para os períodos, após o encerramento do ciclo modernista por volta de 1960. O que veio depois deverá ter denominação e limites próprios, de acordo com as peculiaridades de cada um ou dos movimentos que forem surgindo, em relação aos quais ainda não possuímos a devida perspectiva histórica para ajuizar.

O problema da língua é outro. Quem ler qualquer um daqueles autores — o último romance de Nélida, por exemplo — não poderá deixar de reconhecer a existência da língua brasileira, com todas as inovações de sintaxe, sentimento íntimo e espírito que ela expõe.

Não posso deixar de concluir, portanto. A Literatura Brasileira, como a música popular, é a maior demonstração da autonomia mental brasileira, que não encontramos em outros setores da nossa vida. E com isso, ela é, no conjunto, a maior literatura das Américas.

(27/1/1985)

INDEPENDÊNCIA LITERÁRIA

Em verdade, a nossa autonomia literária foi sentida muito fortemente já em pleno Romantismo, sem embargo de que o canal subterrâneo no sentido da independência de há muito se vinha constituindo e se fazendo sentir. Agora, com a perspectiva histórica, estamos aptos a registrar a evolução do fenômeno desde os tempos iniciais da colonização. É claro que os colonizadores não consentiam que viesse à tona qualquer vestígio de libertação da mó que esmagava o sentimento nacional. Mas a consciência nacional se formou muito antes da Independência de 1822. A consciência do Estado, como acentua Afonso Arinos de Melo Franco, é que corporificou pelo século XVIII, com a Independência e outras manifestações, impregnadas da ideologia oriunda da França com os iluministas e enciclopedistas. Mas foi com o Barroco do século XVII que se foi configurando a consciência nacional em reação contra o colonizador.

Portugal, no época, estava em luta contra a Espanha, que o dominava. O Barroco foi uma criação ítalo-espanhola, daí o fato de não se haver desenvolvido em Portugal. Por isso, o Brasil foi mais receptivo à influência espanhola, com os grandes escritores do Século de Ouro: Góngora, Calderón, Quevedo,

Lopes, Cervantes, Gracián, Paravicino, mestres e orientadores dos brasileiros Gregório de Matos, Antônio Vieira, Botelho de Oliveira e outros, da escola baiana e das Academias. O Barroco, assim, ficou muito mais congenial à mente brasileira e serviu de instrumento ou fator de nacionalismo, desde quando ainda era nativismo, e mesmo de maneira inconsciente. O Renascimento, que foi forte em Portugal, nós não tivemos. Como mostrou Sérgio Buarque de Holanda, o Brasil não teve Renascimento, passou diretamente da Idade Média para o Barroco.

A marca barroca não se perdeu mesmo depois de cessado o seu período áureo, o século XVII. O instinto de nacionalidade continuou através dos árcades e pré-românticos, penetrando no século XIX. Pode-se segui-lo em Cláudio, Basílio, Durão e, depois, em José Bonifácio, e depois em Gonçalves de Magalhães e o grupo fluminense, até desabrochar vitorioso com os grandes Gonçalves Dias e José de Alencar e os seguintes que herdaram a flama e a conduziram até o século XX.

O nosso nacionalismo, a nossa identidade cultural, literária, a literatura brasileira é assim desde o início, diferenciada da lusa em sentimentos, linguagem, tipologia, assuntos, convenções, motivos, padrões, até se tornar uma literatura livre, autônoma, com características próprias, diferente de qualquer outra. Esta é a lição que depreendemos do trabalho dos escritores brasileiros contemporâneos, nos vários gêneros: romance, poesia, teatro e crônica.

(5/5/1985)

UMA LITERATURA EMANCIPADA

Ao observador não ingênuo, certamente se imporá a verificação de que a literatura brasileira atingiu neste final de século uma completa emancipação. O longo "processo de descolonização", mantido desde o início, primeiramente sob forma larvada, e depois conscientemente, embora sempre debaixo da mó colonialista presente mesmo depois da independência política, atingiu agora a plenitude da autonomia, emprestando à produção literária dos últimos decênios uma fisionomia própria, uma verdadeira identidade nacional literária. Depois do trabalho revolucionário do Modernismo, efetuado após 1922 com a Semana, a partir da década de 50, o que se assiste é uma verdadeira afirmação de caráter nacional nas obras e autores contemporâneos. Rubem Fonseca, João Antônio, Dalton Trevisan, Nélida Piñon, Luís Vilela, João Ubaldo Ribeiro, Antônio Torres, Guida Guerra, Murilo Rubião, Rui Mourão, José J. Veiga, Roberto Drummond, Márcio de Souza, Loyola Brandão, Antonio Callado, Autran Dourado, sem falar nos escritores de geração anterior como Jorge Amado, Herberto Sales, Adonias Filho, Josué Montello, Osman Lins, Érico Veríssimo, Lygia Fagundes Telles, Raquel de Queirós, e os dois grandes Guimarães Rosa e Clarice Lispector, todos eles são demonstrações evidentes da nova literatura que se produz no Brasil atual. Em prosa, é claro, pois igual situação renovadora e autonomista encontra-se também na poesia, com Cecília Meireles, Jorge de Lima, Murilo Mendes, Schmidt, Tasso, desde a geração de 1945, com João Cabral, Ledo Ivo, Afonso Romano de Sant'Anna, Geir Campos, até os mais novos. Acima de todos avultando a figura máxima de Carlos Drummond de Andrade.

Essa literatura nada tem a dever às estrangeiras, europeias ou outras, a não ser pelo caráter de contiguidade. É claro que não há literaturas estanques num mundo como o nosso, caracterizado pela intercomunicação. Mas, se dívidas existem, às estrangeiras como à tradição brasileira, o cunho de originalidade supera a tudo o mais. Nem podia deixar de ser assim, tendo-se em vista que ela é expressão de um país novo, de um povo que logrou um grau de absoluta autoconsciência nacional, com sensibilidade peculiar, falando e escrevendo uma língua própria, diferenciada de suas raízes lusas. Leia-se o último romance de Nélida Piñon (*A república dos sonhos*), como os de qualquer um daqueles autores citados, novos e menos novos, para se ver o que é língua brasileira.

E não se limita à língua a emancipação. Ela está nas inovações técnicas, nos recursos narrativos próprios, no "sentimento íntimo", nos assuntos bem brasileiros, tudo revelando o estágio de absoluta identidade nacional literária, inconfundível, às vezes até intraduzível. Tanto na poesia como na ficção, não creio que haja outra literatura das Américas maior que a nossa em seu conjunto, do passado ao presente. É o próprio Brasil, seus costumes, sua história, seu homem, sua vida original, traduzindo-se pela sua literatura.

(5/2/1988)

RAÍZES CULTURAIS

Uma das afirmações mais correntes do conservadorismo saudosista e sentimentalista brasileiro é de que as nossas raízes culturais estão em Portugal e sua literatura. Ora, isto somente em parte coincide com a realidade histórica. Bem sei que há muitos entre nós que gostariam de ter nascido além-mar, tais são as suas ligações emocionais e, às vezes, sociais. Mas esse ponto de vista não pode ser generalizado, como tem sido até hoje, mantido pela propaganda lusa e seus adeptos locais.

Sempre me pareceu uma verdadeira deformação histórica essa questão, tal como vigora tradicionalmente entre nós, ainda por cima consolidada por certa historiografia que vê a civilização brasileira como um mero prolongamento da portuguesa. E também confirmada pelo ensino oficial da língua e história.

O aluno secundarista de história geral era maciçamente doutrinado e informado sobre a história europeia nos seus mínimos detalhes. Personagens, fatos, conflitos, até a vida mais íntima dos reis e príncipes passava sob os nossos olhos, e transformava-se em elementos da nossa cultura, como se fosse da nossa convivência diária. Toda a história da Europa passava a ser nossa história, muito mais bem conhecida e mais familiar do que a própria história do nosso país, dos feitos dos nossos antepassados. Aprendíamos tudo dos egípcios e assírios, da vida em Babilônia, Alexandria, Tebas, dos Ptolomeus e piratas europeus. Nossas verdadeiras raízes eram esquecidas, abandonadas, negligenciadas. Nada aprendíamos, ou muito pouco, das nossas coisas, dos fatos da vida dos nossos antepassados no Brasil. A história oficial brasileira que se ensinava era a dos portugueses no Brasil, isto é, como eles "construíram" a sua colônia, a presa fácil que Deus lhes deu. Muito da nossa historiografia dominante e oficial era a história à luz dos documentos oficiais arquivados na Torre de Tombo e outros arquivos portugueses e europeus em geral.

Que nos ensinavam dos índios, seus costumes, sua experiência de primeiros habitantes da Terra? Às vezes sabíamos, vagamente, em geral coisas desprimorosas ou deprimentes ou pitorescas. A contribuição que puderam dar-nos era considerada bárbara e imprópria, a ser escondida e abandonada. E dos negros? A formidável contribuição que nos trouxeram com o seu trabalho, a sua cultura, os seus sentimentos, as suas reações contra o arbítrio, tudo isso soa desconsiderado, e só alguns estudiosos lhe deram alguma atenção, um Nina Rodrigues, um Artur Ramos, um Édison Carneiro. E a mestiçagem típica da nossa cultura e raça, quanto tempo tivemos de esperar para que um Sílvio Romero, com escândalo e, depois, Gilberto Freyre, abrissem os nossos olhos para que esse aspecto predominante de nossa civilização viesse a ser reconhecido sem motivo para envergonhar-nos, quando sabemos que outras grandes civilizações se construíram na base da mestiçagem e da aculturação? Foi mister que aparecesse um Mário de Andrade para reconhecermos o nosso retrato no *Macunaíma*. E um Oswald de Andrade para idealizar a antropofagia como força do nosso processo cultural, propondo uma literatura de exportação e não de importação, como era entendida. Antes já havia surgido a voz de José de Alencar, pouco ouvida, mostrando a evolução da nossa fala para uma língua brasileira, que todos nós falamos e escrevemos, divorciada da portuguesa, como a holandesa se separou da alemã, ambas oriundas do baixo alemão.

Quando vi os museus antropológicos do México e do Peru fiquei pasmado ao verificar o nosso erro, diante da riqueza de um passado que, embora superior ao nosso, exemplificava o desprezo correspondente em que incorríamos, ao sermos desatentos ao nosso passado. Não era apenas a parte aborígene que desprezávamos, mas todo o esforço dos nossos avós na abertura de caminhos, na instalação de fazendas, na exploração das minas, na criação da agricultura. Não ficaram na beira da costa explorando o comércio nem sempre lícito. Fomos adentro, corajosamente, com ardor e espírito de aventura, desbravando, assentando aqui e ali, fincando raízes, criando lendas, contos, cantos, festas, folguedos, danças, relacionamentos novos, inventando comidas, adaptando o paladar a frutas novas, criando novos tipos de convivência social. Não demos, não deu a nossa historiografia, senão mui superficial e ocasionalmente, atenção a esse aspecto de nossa vida. Ao contrário dos norte-americanos que o fizeram com a sua concepção historiográfica das "fronteiras" e com o cinema, com o qual retrataram o que foi a saga da conquista do oeste.

E assim esquecemos as nossas raízes locais, intoxicados das famigeradas "raízes" europeias.

Hoje, ainda há quem defenda a superior necessidade de darmos atenção maior ao que chamam de "nossas raízes", das quais somos — a nossa cultura, literatura, civilização — apenas prolongamento.

Não. A nossa cultura, a nossa literatura, tem um valor próprio, características peculiares e um futuro aberto, por isso merecendo o nosso estudo. Não vamos ao ponto de dar as costas aos ventos que nos vieram de leste. Mas procuremos mergulhar no passado, que é nosso, para tirar dele os valores que devemos cultivar e incorporar à nossa vida. Há raízes e raízes. As que penetram em nosso solo também exigem a nossa atenção.

(16-17/6/1984)

O BARROCO NA AMÉRICA

Fenômeno curioso da história das ideias literárias e mesmo culturais em geral é o da passagem do Barroco, estilo de vida e de arte, da Espanha para a América colonial, espanhola e portuguesa. O Barroco, como se sabe, é um fenômeno gerado na Espanha e desenvolvido na Itália, à luz da Contrarreforma e pela mão dos jesuítas.

Em literatura são os grandes espanhóis os luzeiros que irradiaram as concepções, a ideologia e as técnicas da Espanha para toda a parte. Helmut Hatzfeld fala da hispanização da Europa no século XVII. A vocação mediterrânea da Espanha teve na época filipina um resultado flagrante que foi a marcha do Barroco para a Itália e daí para o resto da Europa, Central, França e Inglaterra. A Alemanha era a terra dos infiéis reformados, cabendo à contrarreforma combatê-los de todo modo, daí a invasão jesuítica daquelas áreas centrais, deixando por toda a parte a marca de sua passagem em monumentos e ações indeléveis. Nada lhes escapou. Da França à Inglaterra, preciosos e metafísicos testemunham a chancela dos filhos de Santo Inácio, ardentes propagadores do espírito antirreformista, criado no Concílio de Trento. Artes e Letras, maneiras de pensar e sentir, de vestir e de fazer política deveram-lhes os impulsos e os modelos que até hoje apreciamos.

Em luta contra a Espanha, em nome do autonomismo luso antiespanhol, além de inspirado por sua vocação antes atlântica e ultramarina, a que deveu a sua grande empresa marítima, o Barroco passou por cima de Portugal, que ficou praticamente indiferente e imune, nas artes e letras, fiel ao manuelino e ao

Renascimento, que aí teve significado notável na aventura atlântica e conquista dos caminhos marítimos.

E passou por cima de Portugal, indo pela mão dos jesuítas instalar-se nos páramos americanos. Praticamente, o Barroco chegou às plagas americanas logo surgido Gongora, o grande poeta cordobês, que foi o primeiro a transplantar-se carreando consigo as fórmulas e o pensamento, a princípio chamado gongorismo, e hoje crismado Barroco. Os estudiosos desse fenômeno estético não mais separam, como foi usual até o século XIX, o conceitismo e o cultismo, pois esses dois aspectos existem em quem combatia um deles como em Vieira, que não teve peias ao condenar nos outros oradores da época o uso dos cultismos sem embargo de usá-los abundantemente. Aliás, essa característica barroca de Vieira é o que o faz, entre outros elementos, um grande da literatura brasileira e não da portuguesa, que nada tem a ver com o Barroco.

Oriundo, assim, da Espanha, o Barroco transplantou-se de imediato, no início do século XVII, o grande século barroco, para a América, e aqui produziu frutos que se elevam ao mais alto grau de eficiência artística. Haja vista o que ocorreu na arquitetura, com os edifícios religiosos que foram o máximo na sua produção, até a literatura. A Igreja da Companhia de Jesus em Quito, o Convento de Tepotzotalú, no México, o Sagrário no México, e outros monumentos em Lima, e no Brasil, a Igreja de São Francisco, na Bahia, e numerosas outras em Pernambuco, Rio de Janeiro e Minas Gerais, são uma prova do enraizamento do Barroco artístico nas Américas, sem falar em palácios de arquitetura civil que se espalharam por toda a parte.

Em literatura, é o mesmo fenômeno. No século XVII, estendendo-se pelo XVIII, especialmente no Brasil, o Barroco domina com figuras como Gregório de Matos, o Padre Antônio Vieira, Botelho de Oliveira, Nuno Marques Pereira, e toda a produção das academias daqueles séculos, já agora de um barroco decadente, em que a fórmula predomina, através do arrevesado do estilo, o uso e abuso dos artifícios exteriores na poesia e da pior retórica na oratória. Mas no melhor da obra daquelas figuras citadas, o estilo barroco sobe ao que há de mais elevado como arte do lirismo ou da perenética, em tudo idêntico ao que um Caviedes no Peru, ou uma Soror Joana Inês de la Cruz no México, rivalizando-se com os seus grandes mestres e modelos espanhóis, Gongora, Quevedo, Lope Gregório é o Quevedo brasileiro, o primeiro a dar o grito de independência antilusa na língua e assuntos, usando a sátira mais cáustica contra a população coeva; Caviedes fazia exatamente o mesmo em relação ao Peru. Pode-se destarte afirmar que o Barroco encontrou na América um clima propício, integrando-se os seus elementos no espírito "americano" como formas típicas de sentir e viver, ainda hoje vigentes.

(5/7/1984)

69. Afrânio Coutinho
AINDA E SEMPRE A LÍNGUA BRASILEIRA

Língua Portuguesa. Denominação da língua. Que é Língua Brasileira? Ensino da Língua. O professor de Língua. O processo de descolonização. Busca de identidade. Nossa língua. Por uma filologia brasileira. A revolução linguística. A nossa língua. O Português do Brasil. A língua que falamos. A língua do Brasil. O idioma e a constituição. Purismo e classe. Purismo linguístico.

INTRODUÇÃO

Por decreto presidencial nº 91.372, de 26 de junho de 1985, foi nomeada uma comissão para oferecer "diretrizes que promovam o aperfeiçoamento do ensino/aprendizagem da língua portuguesa". O parecer da comissão foi publicado pelo Ministério da Educação em janeiro de 1986 (Ministério da Educação. **Diretrizes para o aperfeiçoamento do ensino/aprendizagem da língua portuguesa. Janeiro 1986.**)

Em seguida, foi remetido ao Conselho de Educação para que o órgão apreciasse. Designou então o nobre Presidente do órgão uma comissão com esse objetivo. A comissão aprovou o parecer da Relatoria, Conselheira Zilma Parente de Barros, o qual foi levado ao Plenário. Nessa altura, o signatário deste, também membro da comissão, não tendo tomado conhecimento do mesmo por motivo de viagem, pediu vista do processo, e exarou um voto em separado, nos termos abaixo descritos.

O presente voto limita-se apenas a questões julgadas essenciais, de caráter genérico e teórico, às quais se prendem as demais, e em relação às quais discorda dos dois pareceres. São elas: a denominação da língua e da disciplina; a noção de norma culta; o ensino da língua e aperfeiçoamento do magistério.

A posição adotada pelo signatário deste voto refere-se apenas a essas três questões. Acredita ele que tudo o mais depende da fixação desses pontos.

O voto em separado é publicado adiante, acrescentado, em apêndice, de alguns artigos do seu autor, versando o mesmo assunto, anteriormente estampados na imprensa.

Conselho Federal de Educação, Brasília
em 4 de agosto de 1986
Afrânio Coutinho, relator
Documento (309), Brasília, set. 1986

LÍNGUA PORTUGUESA

O que veio a ser chamado "língua portuguesa" foi o resultado do desdobramento do latim, barbarização efetuada pelos soldados romanos em ocupação nos territórios do Império a partir da baixa Idade Média, processo este que, na Península, atingiu o século XV. Assim, a transformação procedeu-se lentamente, envolvendo o latim, o superestrato germânico por meio dos visigodos e suevos, e, mais tarde, o superestrato árabe. O latim clássico persistiu sob a forma de latim cristão na Igreja hispânica, e este, abastardado, nos documentos legais e judiciários, por sua vez substituídos, no século XIII, pelo vulgar, principalmente galego-português.

Em fins do século XV, estava pronto o cenário linguístico galego-português para a bifurcação que iria começar com o descobrimento das novas terras do futuro Brasil. Essa bifurcação é o dado fundamental para a compreensão do ocorrido com as realidades linguísticas da Europa e da América. Aliás, essa noção já foi bem assinalada pelo filólogo paulista Eduardo Carlos Pereira, em sua *Gramática Histórica*. A linha brasileira dessa bifurcação resultou do completo isolamento cultural do Brasil em relação à Metrópole, pois Portugal, durante três séculos, não desenvolveu nenhuma política educacional no território da Colônia, deixando livre atuação a todos os fatores de interação social.

No século XVI, com o descobrimento das novas terras, foi transportada para estas, pelos primeiros colonizadores, uma língua de gente população local. Inúmeros são os testemunhos que se referem a essa de baixa extração, com exceção talvez de algumas autoridades oficiais. Este falar não tinha unidade, ainda não alcançada pelo português, mesmo em Portugal, antes do final do século XVI. E de logo entrou em contato e mistura com os dialetos indígenas e negros, criando o que se conheceu como a "língua comum", prevalescente durante os três primeiros séculos.

Assustados com a situação da língua no Brasil, os colonizadores decidiram intervir no problema, o que levou o Marquês de Pombal, ministro "esclarecido" de D. José I, a baixar um alvará em 1759, tornando o Português a língua oficial em todo o Reino, confirmando a política iniciada por D. João V, desde o início do século XVIII. Em consequência, a partir daí e durante o século XIX, desencadeou-se uma reação no sentido da implantação das normas portuguesas no Brasil, mediante campanha pertinaz e ensino pelos chamados professores régios, subordinados ao gosto gramatical arcádico, como se vê no decreto pombalino de 30 de setembro de 1770. Foi este ato que constituiu em Portugal a Língua Portuguesa como língua nacional, 270 anos após a descoberta do Brasil. A filologia e a gramática portuguesas tornaram-se a regra, o que determinou uma ação vigorosa, por parte dos responsáveis pelo ensino brasileiro, em sentido oposto ao que existia na realidade, tentando corrigir o que consistia, para a lusofilia, verdadeira desgraça cometida no Português pelo que os portugueses chamavam de "uso" brasileiro. Por esse tempo, inaugurou-se também no Brasil o sistema dos consultórios gramaticais, de que o mais famoso foi o do pseudofilólogo Cândido de Figueiredo, de enorme influência, tal a divulgação que lhe dava a imprensa. Era a vitória do despotismo ilustrado, iluminista, no seio do uso linguístico brasileiro.

A reação culminou, em 1902, na famosa discussão sobre a redação do Código Civil, em que se digladiaram Rui Barbosa e Carneiro Ribeiro, aparentemente em oposição um ao outro, mas na verdade ambos pugnando pela mesma causa, o purismo da língua escrita segundo os cânones portugueses. Se um se abonava em Azurara, o outro procurava apoiar-se em Frei Luís de Sousa; e enquanto um expunha exemplo de Camilo, o outro citava Castilho. Em ambos primava o arcaísmo como modelo linguístico do certo ou do errado.

A despeito disso, alguns brasileiros tiveram a noção exata do caminho a ser trilhado pela língua no Brasil, à frente dos quais José de Alencar. Compreendia-se que a nossa língua tinha que seguir um curso diverso do português metropolitano. Numerosos escritores, no século XIX, escreveram segundo o uso corrente no país, incorporando à linguagem escrita formas da falada, embora sob a condenação dos mestres-escolas. Sustentou-se a teoria de que Machado de Assis, nas últimas obras, recuara no sentido do purismo lusitano, aventando-se a hipótese de que por influência da portuguesa Carolina, sua esposa. Raul Pompeia teve o seu *O ateneu* todo corrigido por um provável revisor português em Paris ou Lisboa, na edição de 1905 da Livraria Francisco Alves (Ver Afrânio Coutinho, *Introdução a O ateneu*. Rio de Janeiro, Civilização Brasileira, 1981).

Assim, o século XIX, como em muita coisa mais, permaneceu uma época portuguesa no Brasil, graças à predominância dos interesses lusos mantidos pela Corte bragantina, pela finança e pelos intelectuais e jornalistas, os quais, como disse admiravelmente Araripe Júnior, exerciam verdadeiro estado de sítio nas consciências. Só a República, assinalou-o Gilberto Amado, criou o Brasil dentro do Brasil, dando um impulso modernizador e descolonizador, movimento este consolidado na década de 1920. Mostrou Gilberto Amado, em *Minha formação no Recife*, um dos fatos mais importantes de nossa história espiritual: o nascimento do Brasil e o consequente esmorecer da Europa dentro de nós, a partir daquela década. Os brasileiros descobriram o Brasil.

Esse fenômeno foi muito bem posto em relevo pelo movimento modernista, de cunho fortemente nacionalista. Desde então consolidou-se a identidade nacional, e, tanto em língua como em literatura, o que o Brasil passou a apresentar foi um completo autodomínio, uma autonomia total. Em literatura, nada precisamos dever ao estrangeiro com uma notável plêiade de escritores criando da nossa realidade a maior literatura das Américas; em língua, falamos e escrevemos à nossa maneira um idioma brasileiro.

DENOMINAÇÃO DA LÍNGUA

Ficou no uso corrente, embora não no oficial, a denominação de "Língua Portuguesa" para os idiomas de Portugal e do Brasil. É o que defendem os filólogos, gramáticos, professores de um lado e outro do Atlântico. É que, desde a Independência, a denominação de língua do Brasil tem sido apenas a expressão "língua nacional", nas Constituições e nas leis, sem embargo, neste último caso, do uso da palavra "vernáculo" em lugar de nacional. A evolução do idioma no Brasil já entretanto justifica a mudança de denominação para "língua brasileira".

As línguas, em geral, tomam a denominação da nacionalidade que as usa. A língua é propriedade da comunidade que a fala. E quem faz a língua é o povo e não as gramáticas, meros repositórios dos fatos da linguagem de uma coletividade.

Quando o Latim foi dividido nos idiomas chamados neolatinos, estes assumiram a denominação das nações em que se fixaram: Francês na França; Italiano na Itália; Espanhol na Espanha; Português em Portugal; Romeno na Romênia. Esse fato ocorreu, oficialmente, a partir do momento em que se constituíram modernamente as nacionalidades europeias mais nítidas.

Idêntico fato ocorreu com as línguas de origem eslava: o Russo na Rússia; o Tcheco na Tchecoslováquia.

Assim, também as derivadas do baixo alemão: o Alemão na Alemanha; o Holandês na Holanda; o Dinamarquês na Dinamarca; o Norueguês na Noruega; o Sueco na Suécia.

A denominação do idioma é uma questão intrinsecamente ligada à soberania nacional.

No Brasil, tem sido diversas vezes tentado adotar-se a denominação "língua brasileira" e "brasileiro" para a língua que falamos e escrevemos.

Antes de adotar a etiqueta de "língua brasileira", havia muito que o fato da diferenciação vinha sendo objeto de registro e apreciação. Senão vejamos a opinião de um mestre acatado de Português do Colégio Pedro II, o Professor Silva Ramos. Em vez de um conservador empedernido, revela-se ele, no texto a seguir transcrito, um espírito aberto e sensível às mudanças que se vêm operando, através dos séculos, em nossa norma linguística. O texto faz parte do discurso de paraninfo aos formandos do Colégio Pedro II, da turma de 1918, publicado no *Anuário* (v. IV, 1918-1919, p. 152-153). Aqui vai todo o trecho, que julgo de maior importância para o debate em causa:

"*O que particularmente nos poderia interessar a nós brasileiros, como se depreende das consultas endereçadas frequentemente aos professores de Português, era saber se está próxima ou remota a emancipação do dialeto brasileiro, a ponto de se tornar língua independente.*

A dialetação, como bem sabeis, é um fenômeno natural que a ninguém é dado acelerar ou retardar, por maior autoridade que se arrogue; ao tempo, e só ao tempo, é que compete produzi-lo. As línguas românicas foram dialetos do Latim, um dos dialetos por sua vez do ramo itálico, dialeto ele próprio da língua dos árias; não pode haver, portanto, dúvida mínima, para quem aprendeu na aula de Lógica a induzir, que o idioma brasileiro, de dialeto português que ainda é, chegará a ser um dia a Língua própria do Brasil.

Que poderão, entretanto, fazer os mestres neste momento histórico da vida do Português na nossa terra?

Ir legitimando, pouco a pouco, com a autoridade das nossas gramáticas, as diferenciações que se vão operando entre nós, das quais a mais sensível é a das formas casuais dos pronomes pessoais regidos por verbos de significação transitiva e que nem sempre coincidem lá e cá; além da fatalidade fonética que origina necessariamente a deslocação dos pronomes átonos na frase, o que tanto horripila o ouvido afeiçoado à modulação de além-mar.

Consentiremos que os nossos alunos nos venham dizer que assistiram festas, responderam cartas, obedeceram ordens, perdoaram colegas, e que, em compensação, assegurem aos mestres que lhes *estimam, que se* lhes *não visitam com frequência, é que receiam incomodar-*lhes *e que, se* lhes *não saudaram na rua, foi que* lhes *não viram.*

Por mim, falece-me autoridade para sancionar tais regências, nem acredito que qualquer dos meus colegas se abalance a tanto. E, contudo, o que nenhum de nós teria coragem de fazer, não hão de consegui-lo os anos que se vão doando lentamente?

Quantos verbos atualmente reclamam a forma direta não exigiram outrora a indireta e vice-versa?

Alvitrei, uma vez unicamente, fazendo violência ao meu ouvido, que se tolerasse, nas provas de exame, a deslocação dos pronomes átonos, e logo me gritaram: não pode. E nada mais tentei."

Por aí se vê que nem todos os professores de Português pensam de maneira idêntica a respeito do problema. E os argumentos dos conservadores são facilmente rebatidos. De tão cediços, não resistem à menor discussão, pois se baseiam em preconceitos não científicos.

Outro fato muito importante relativo ao assunto foi a decisão tomada, em 1935, pela Câmara Municipal do antigo Distrito Federal, através do Decreto 25, de 16 de setembro daquele ano.

Diz o decreto:

"1º Os livros didáticos, relativos ao ensino da língua, serão adotados nas escolas primárias e secundárias do Distrito Federal quando denominarem de 'Brasileira' a

língua falada e escrita no Brasil; 2º Nos programas de ensino, os capítulos referentes à língua pátria deverão referir-se, exclusivamente, à língua brasileira; 3º As denominações das cadeiras de ensino da língua pátria, em todos os estabelecimentos de ensino mantidos pela Municipalidade, serão imediatamente substituídas pela denominação 'língua brasileira'." (*Diário Oficial*, 17 de setembro de 1935, Atos do Poder Legislativo da Prefeitura do Distrito Federal.)

Atos dessa natureza põem em destaque a convicção de boa parte da opinião brasileira, na área política, em concordância com a de muitos do setor filológico. Por isso é estranho e lamentável que se teime em não enxergar a evidência da transformação radical que está sendo operada na fala e na escrita usadas em nosso país. Continua-se na escola a ensinar uma língua totalmente defasada em relação ao uso. Quem faz uma língua é o povo, todos sabemos disso.

Desde o século XVI que a nossa vem se moldando pelas novas condições geográficas, políticas, sociais, literárias, interpretadas pela população local. Inúmeros são os testemunhos que se referem a essa transformação. E os escritores utilizam as formas novas e as interpretam, em sintonia com a fala corrente. Exemplo gritante é o de Gregório de Matos, criador de uma tradição nova que a linguagem literária adotaria e desenvolveria através dos séculos. O Padre Antônio Vieira escandalizou os ouvintes em Lisboa, ao pregar com o sotaque brasileiro (já no século XVII). Ele mesmo recomendava aos noviços na Bahia que seguissem a língua "brasílica" ao pregar aos silvícolas. No final da sua vida, em 1695, no "Sermão Xavier Acordado", e no Relatório sobre a situação social de São Paulo, reconhece Vieira a existência de uma realidade linguística no Brasil. Há um divórcio muito profundo entre o que ensinam os filólogos tradicionalistas e lusófilos e o que pensam e praticam os escritores. Os primeiros fazem finca-pé na defesa das normas lusas.

Enquanto isso, os escritores, na linguagem literária, há muito tempo, já oficializaram a língua falada, já a introduziram na sua escrita, já lhe deram foros de cidade. E a evolução dessa prática só tem sido crescente e alarga-se. Ninguém conseguirá deter essa onda, nem toda a filologia tradicional junta.

Por que não adotarmos a denominação "língua brasileira" para a nossa língua? Os holandeses assim o fizeram em relação à língua materna — o baixo alemão — e só falam em língua holandesa.

Afinal, durante os três primeiros séculos de nossa história, não houve nenhuma troca linguística entre as massas do Brasil e as de Portugal.

Muito se tem escrito sobre o assunto, através de acirrada polêmica: de um lado os que defendem a unidade linguística com Portugal e a conservação do uso tradicional da "língua portuguesa"; do outro, os que se hão debruçado sobre os fatos comprobatórios da diferenciação linguística, propugnando a adoção da designação "língua brasileira" e "brasileiro".

Para os efeitos da tese defendida neste trabalho, serão referidos apenas os do segundo grupo.

Já mestre João Ribeiro, em livrinho publicado em 1921, *A língua nacional*, incluindo artigos de várias datas anteriores, estampados na imprensa, defende com a coragem e segurança de argumentos que o caracterizavam e sobretudo com a sua incontestável autoridade a tese da diferenciação linguística entre Portugal e Brasil. Não adota ainda a designação "língua brasileira", porém "língua nacional"; entretanto, a sua posição é das mais importantes tendo em vista a época em que viveu e escreveu, quando o assunto era propriedade dos gramáticos conformistas. Seu trabalho sobre "o idioma português na América" ironiza o "êxito relativo dessas seções jornalísticas que nos instruem nas fantasias do bem falar ou do bem escrever, e nos dizem como se fala em... Coimbra ou em Lisboa", e considera os seus conselhos meras "impertinências". E continua: "Parece incrível que a nossa Independência ainda conserva essa algema nos pulsos...", "servilismo inexplicável", pois "falar diferentemente não é falar errado", e ideias ou sentimentos diferentes devem corresponder a expressões diferentes. E ainda: "Todos os fatos da linguagem, cá e lá, têm igual excelência, como fenômenos." "Expressões diferentes envolvem ou traduzem estados d'alma diversos." Acentua a maneira de dizer brasileira como dotada "de grande suavidade e doçura", pois "somos inimigos da ênfase e mais inclinados às intimidades". Supostos erros são "apenas expressão diversa da personalidade". Depois de apontar vários exemplos, reafirma que "o povo é o maior de todos os clássicos", e que a diferenciação fonética é uma parte apenas do fenômeno da língua nacional brasileira, responsável por "matizes criados sob a luz e o céu americano". Assim são a colocação dos pronomes, à maneira brasileira, o uso do pronome oblíquo no início da frase e outros fatos, expressões de recusa à ênfase e à dureza. Para ele, a língua nacional corresponde à "independência do nosso pensamento e de sua imediata expressão", contrária à "submissão voluntária e inexplicável" existente no Brasil ao "portuguesismo afetado e artificioso". Por último, João Ribeiro mostra que "muitos dos nossos brasileirismos, e muito de nossa gramática não passam de arcaísmos preservados na América". Mas "já possuímos os fundamentos de evolução própria, nova e independente", contra a "idolatria do português de lei" implantada como reação "desde os fins do século XVIII". Mas "os portugueses não abrem mão da sua hegemonia nessa matéria, e, a seu turno, não podem infletir e torcer a naturalidade e o império dos próprios fatos". E anota: "Alencar sempre se defendeu das arguições de alguns puristas".

Passo importante na caracterização e definição do idioma falado no Brasil foi o livro *Língua brasileira*, publicado pelo professor baiano de filosofia Edgard Sanches (São Paulo, C. Editora Nacional, 1940. Col. Brasiliana, n. 179). Seu trabalho foi elaborado como uma contribuição à discussão sobre o problema da denominação de nossa língua, debate travado no Congresso.

Defende ele a adoção da "língua brasileira" para o idioma que "aqui se formou ao contato da nossa natureza, dos nossos costumes, das atividades das nossas populações, dos nossos sentimentos, ao sopro da nossa própria alma" (p. XXV).

Seu estudo baseia-se na ciência da linguagem e não à luz dos preconceitos e conformismos dos puristas e classicizantes que colocam as gramatiquices e a influência do Português chamado clássico, e impõem as normas da gramática portuguesa, copiadas e recopiadas no Brasil, contra a individualidade e autonomia do nosso idioma.

Inspirado nos preceitos da ciência, do que ensinam os pesquisadores e observadores do idioma brasileiro, desde Pacheco Júnior, Batista Caetano, Silvio Romero, Pereira Coruja, Couto de Magalhães, Paulino Nogueira, Macedo Soares, Afonso Taunay, Chermont de Miranda, Baurepaire Rohan, Paranhos da Silva, Teodoro Sampaio, Bernardino de Sousa, Rodolfo Garcia, José de Alencar, João Ribeiro, Virgílio de Lemos, Amadeu Amaral, Jaques Raimundo, Clovis Monteiro, Antenor Nascentes, Carlos Teschauer, Joaquim Ribeiro, Mário Marroquim, Renato Mendonça, Silva Ramos, Artur Neiva, conclui Edgard Sanches pela legitimidade da denominação de "língua brasileira", além de que de conformidade com a palavra mais recente da linguística e da dialetologia.

Edgard Sanches traça um quadro muito vivo da situação:

"Traçamos um quadro em que o real e as ideias se desdobram na sua exata perspectiva.

Examinamos os critérios à face dos quais podemos falar da existência de uma língua *brasileira.*

As línguas não são uma substância. Têm realidade somente nos indivíduos que as falam.

Entre as maiores influências que nelas podem atuar, nenhuma iguala à do meio. Diante desta, a da própria hereditariedade acaba por desaparecer. Estudamos a diferenciação de uma língua em territórios separados. A bifurcação é consequência inevitável. Contra a descontinuidade geográfica não valem esforços.

Anotamos a velocidade com que evoluem as línguas. A linguística não conhece prazos certos e definidos para a evolução dos idiomas. A relatividade do tempo é completa. Uma língua pode levar muitos anos em alterar-se lentamente, e pode também em curto lapso apresentar grandes modificações. As circunstâncias imperam soberanas.

Nas páginas dos mais altos expoentes da Linguística apuramos a supremacia da língua falada. É ela "a única verdadeira língua" e a "norma pela qual todas devem ser medidas".

Assinalamos a relevância do elemento fonético, através do qual se formaram no latim o idioma Português e os outros idiomas românicos.

Salientamos o papel do vocabulário, onde, no dizer dos entendidos, melhor se faz sentir nas línguas a ação dos fatores externos. Nele é que se manifestam, ao vivo, os costumes, a crenças, a cultura inteira de uma nação. Nele se estampa o "caráter" de um idioma.

Duas línguas que divergissem totalmente apenas no léxico seriam forçosamente duas línguas diversas e distintas. Na diferença do vocabulário estará sempre uma dissemelhança entre duas ou mais línguas. O grau de semelhança resultará, no particular, da maior ou menor igualdade de vocabulário. O nosso vocabulário, formado aqui, é talvez mais numeroso que o de Portugal. Comunica à nossa língua uma fisionomia. própria que a torna inconfundível com a portuguesa.

Averiguamos que o ideal linguístico está naturalmente no porvir. "A propriedade da linguagem, a pureza da expressão", se encontram, segundo a linguística de hoje, no falar dos contemporâneos. A filologia relegou para a obscuridade dos erros a doutrina sentimental que timbrava em considerar a língua do passado como o padrão supremo das boas normas.

Para o estudo do idioma brasileiro fomos buscar também à ciência dos dialetos o material próprio. Fizemos passar os fatos da nossa linguagem pelos prismas da dialetologia. Analisamos as doutrinas, as opiniões que entre nós e em Portugal se têm sustentado com relação ao assunto. E se escritores nossos têm negado a existência do nosso dialeto, espíritos mais sensíveis à evidência empreenderam até o seu estudo. Não é apenas o dialeto brasileiro que reclama a atenção dos que pensam sem preconceitos. Os nossos subdialetos já inspiram trabalhos de valor.

A distinção entre língua e dialeto, dizemo-la com a ciência dos mais doutos.

Verificamos a inteira impossibilidade de os distinguir, se o quisermos extremar à luz de critérios exclusivamente linguísticos.

Só os dialetos são uma realidade na vida da linguagem.

Conquanto possamos chamar língua a qualquer "corpo de expressões que serve de instrumentos e de meio de comunicação do pensamento a uma sociedade por mais pequena e humilde que seja", a ninguém lembraria, fora de uma página técnica, chamar dialeto ao idioma de um país. Por virtude apenas política deixa um dialeto de ser dialeto para ser considerado língua. Dialeto de nação soberana é língua. Da mesma sorte torna uma língua à condição de dialeto, quando a gente que a fala deixa de formar uma nação soberana.

A nossa língua nacional é um dialeto do Português. A filologia portuguesa, de há muito, não a tem noutra conta.

Mas o nosso dialeto é o idioma de um povo livre e soberano. Da nossa soberania política resulta a independência do nosso dialeto. O dialeto brasileiro é a língua brasileira.

Da legitimidade de denominar língua brasileira o idioma do Brasil, dá-nos a própria história da língua portuguesa a mais cabal das justificações.

Malgrado a opinião contrária de certos filólogos portugueses, na qual se percebe vibrar nas entrelinhas o ponto de vista patriótico apenas, pois veem as coisas agora, depois de existir no povo Português uma forte e longa consciência de nacionalidade, a língua portuguesa é um dialeto do galego.

Graças à intensa luz derramada sobre esse aspecto do idioma de Portugal, através das páginas da história do país, pelos seus mais eminentes escritores, sabe-se que esse idioma nascera na Galiza, da qual a terra que foi mais tarde o condado de Portucale fazia parte até que se deu a "desmembração artificial" (Teófilo Braga).

A verdade histórica nos dá o testemunho de como a chamada língua portuguesa não resultou de um fenômeno essencialmente linguístico, mas a sua individualidade foi apenas consequência do curso dos acontecimentos políticos na Península.

Os fatos, na transparência da sua objetividade, demonstram que a nação portuguesa não teve, dentro da necessária relatividade, uma língua própria — criação exclusiva da sua gente, através de transformações diretas na dialetação do latim, no condado ou no Reino de Portugal.

A língua do povo português deriva do dialeto galego, do qual por tanto tempo foi a língua: o romance da plebe e da corte. Nele os poetas escreveram os primeiros monumentos da literatura lusitana.

Da consideração desses fatos, quer de ordem histórica, quer de natureza linguística, sucede que no exercício de idêntica soberania com que Portugal constituiu a autonomia do seu idioma, paralelamente à sua independência política, temos nós o mesmo direito de nos conferirmos a emancipação do nosso idioma em face do idioma de Portugal.

E mais ainda revela salientar que, do ponto de vista da filologia comparada, muito maiores são as diferenças entre a língua brasileira e o idioma português, do que as existentes entre o galego e a língua falada em Portugal na Idade Média, porquanto do século XII ao século XIV a Língua Portuguesa é a mesma galega. Só no século XVI é que o Português se diferençou completamente do idioma da Galiza. Ainda no século passado, era observada a existência de frases e estrofes galegas cuja linguagem se distinguia do Português tão somente por "variantes fonéticas secundárias" — a "coloração particular da pronúncia". Ainda hoje, em face de alguns documentos medievais, não pode o filólogo decidir se está em presença do idioma da Galiza ou de Portugal.

Não pode haver privilégios. Portugal tem um idioma individualizado politicamente desde o século doze, quando a sua língua era ainda o próprio faleziano. Os brasileiros têm idêntico direito de chamar língua brasileira *ao idioma que falamos.*

Não podem ser aplicados critérios antagônicos. A fatos equivalentes, em igualdade de condições, impõem-se igualdade de juízos.

Por que é lícito aos filólogos e gramáticos portugueses compreenderem, sob a denominação de língua portuguesa, o idioma galego, falado e escrito em Portugal no século XII, de cuja centúria datam eles a carta do nascimento da língua escrita, e não podemos nós considerar do mesmo modo o nosso idioma, denominando-o língua brasileira?

É ao "purismo inquisitorial" que os gramáticos submeteram a língua falada no Brasil, continua Sanches:

"As nossas questões de linguagem têm sido estudadas a uma luz imprópria. Pelos vidros deformantes da gramática portuguesa é que habitualmente se tem considerado a língua brasileira. Em hipótese alguma pode caber, no caso, a palavra a uma disciplina normativa. Mas é dessa maneira inadequada, destituída de qualquer valor, do ponto de vista da ciência, que os nossos gramáticos estudam a matéria.

São os gramáticos os mais arraigados em fazer vigorar entre nós o idioma português. São eles os maiores responsáveis pelo descaso em que ficaram mergulhados e perdidos, entre as coisas inúteis, os fatos da nossa linguagem.

Copiam servilmente a gramática portuguesa. Repetem, com ênfase e imensa vaidade, as regras e regrinhas das gramáticas de Portugal. Forçam o nosso idioma nos moldes da escrita clássica dos séculos XVI e XVII contam os nossos expressivos modos de dizer como erros, nódoas e cincas, do donairoso idioma. Sufocam todas as nossas formas originais no garrote dos exemplos clássicos. Anatemizam, flagelam, excruciam, na sua famigerada "boa linguagem", despedaçam, na estrapada vernácula do idioma português, todas as manifestações da nossa sensibilidade, do nosso ouvido, em coisas da nossa mais genuína maneira de falar, de nos exprimirmos brasileiramente. São os nossos gramáticos os grandes culpados da escravidão, sob o peso de cujas cadeias têm vivido, num arfar de peito opresso, as grandes energias criadoras do nosso gênio linguístico. São eles que têm desprezado a pujança de língua popular, que irrompe, forte, viva, numa caudal maravilhosa, cheia de naturalidade, de riquezas idiomáticas, que alargam o vocabulário, transformam a sintaxe, e exprimem, na sua brasilidade, a feição do nosso modo de pensar e de sentir.

A gramática, tal como entre nós se tem praticado, apresenta aos olhos do observador um quadro de incoerências.

As ideias estão em violento conflito com os fatos. As páginas dos compêndios formulam regras na mais flagrante violação dos princípios, conceitos e definições adotados ao assentar das bases. As notações mais elementares da lógica encontram na exposição dos seus capítulos uma verdadeira câmara de tortura.

Quanto à estrutura lógica das nossas gramáticas, basta-nos reproduzir o reparo de um dos mais doutos mestres: "Os nossos gramáticos depois de assentarem que registram fatos criam regras inflexíveis" (Said Ali). O estudo da língua, tal como é tradicionalmente feito entre nós, é também sempre incompleto. A vida da linguagem não é encarada em alguns dos seus aspectos principais. É o estudo do idioma pela metade. As nossas gramáticas cuidam unicamente da língua na sua feição discursiva. É a velha, insuficiente concepção nascida nos capítulos da lógica formal.

Com exceção de dois escritores, em páginas muito recentes, os trabalhos que há mais de trinta anos renovaram inteiramente o estudo dos idiomas permanecem inteiramente ignorados ou desprezados dos nossos especialistas.

Queremo-nos referir ao estudo desse aspecto da vida psíquica que os linguistas têm geralmente desconhecido: o aspecto emocional ou afetivo, *que tão intensamente se manifesta nos idiomas; o "valor efetivo dos fatos expressivos que concorrem para formar o sistema dos meios de expressão de uma língua".*

Houvéssemos nós já aplicado esses critérios, e de há muito haveriam os nossos gramáticos percebido claramente a existência de uma língua brasileira. Mas essa falha — acompanhada dos preconceitos da ortodoxia clássica do quinhentismo e do seiscentismo, e da submissão aos retapronúncias portugueses, a mandarem pela mala do correio as formas lídimas da língua que deve ser falada entre nós — tem impedido que os gramáticos brasileiros escrevam uma gramática brasileira.

Outro ponto que analisamos nestas páginas é o da 'superstição visual', isto é, o erro de considerar-se como a legítima expressão da língua, a língua escrita, ou, mais rigorosamente a língua literária (hoje ninguém mais as confunde). Só através dela, e o que é pior, tal como a escreveram e a escrevem os portugueses e os seus imitadores, têm os nossos gramáticos estudado o idioma. Acrescente-se ainda o fato de que essa língua de papel carbono é no Brasil puramente artificial. Não a fala o povo, nem os que a escrevem à força de canseiras e vigílias sobre as páginas quinhentistas.

Mas do infrutífero trabalho dos nossos gramáticos, subordinando a nossa linguagem aos cânones da gramática portuguesa, temos a prova no idioma que aqui vige e vive, formado da evolução em nossa terra da língua dos colonizadores, sob as influências do tupi e dos dialetos africanos que para cá vieram com os escravos, idioma que todos falamos, em desacordo com as gramáticas feitas à portuguesa, e muito diverso do idioma que hoje se fala em Portugal.

O artifício dos nossos clássicos falhou. A língua brasileira retomou os seus direitos na literatura: no romance, no conto e na poesia. São páginas de arte, de emoção e de beleza, onde o sentimento estético se traduz nos módulos e na riqueza da nossa gama verbal."

Acentua ainda o filósofo que a língua portuguesa foi imposta aos brasileiros por um decreto do governo português. Até o século XVIII, era a língua comum que se falava no Brasil, resultado da imigração dos primeiros colonizadores trazendo o galego-português oral dos séculos XV e XVI, não unificado como língua nacional. Apesar do esforço de expressão literária para a sua realidade linguística feito por Camões, no século XVI, e Bernardes, no século XVII, somente no século XVIII evidenciou-se em Portugal uma consciência de língua nacional. No Brasil, nos três primeiros séculos, não se criou, voltamos a insistir, nenhuma forma de prática linguística que dependesse daquela que, contemporaneamente, se fazia em Portugal.

Essa língua preponderantemente interagiu no Brasil com dialetos indígenas (mais de mil) e os duzentos dialetos africanos, e criou uma fala que constituiu o instrumento de comunicação no território brasileiro. A atividade dos "línguas", como se chamavam então mais comumente os intérpretes entre os locais e as autoridades, sendo que os bandeirantes não falavam o Português, permitiu esse alto grau de interação.

A implantação oficial da língua portuguesa, no século XVIII, foi de ordem política e absolutamente não de cunho linguístico.

Assim, a língua que os portugueses nos herdaram, nós a modificamos e continuamos a nosso modo "criando, com a mesma força de sentimentos e a mesma beleza de expressão outros moldes de linguagem".

Como resultado dos ensinamentos da história e da ciência da linguagem, opina afinal Edgard Sanches:

"*O idioma nacional é, de pleno direito, a Língua Brasileira. As lições da linguística justificam que assim o consideremos. A condição política lhe assegura e confere essa denominação. É o nosso idioma um dialeto do português. Mas esse dialeto é a linguagem de uma ação soberana na vida internacional. É a nossa "língua comum". É a nossa "língua escrita". É a língua que todos falamos. É a língua que todos escrevemos, com exceção apenas dos literatos que usam o dialeto dos clássicos portugueses. E, se acaso para o seu valor fosse preciso a existência de uma literatura, não deixaria por isso nosso dialeto de ser a Língua Brasileira. Nele já estão lavradas algumas das mais belas páginas das nossas letras, em todos os tempos*" (p. 338).

Destarte, fundado nas observações e pesquisas de historiadores, filólogos, dialetólogos e na lição das teorias modernas da ciência da linguagem, que mostraram a diferenciação entre os idiomas de Portugal e do Brasil, tanto na língua falada quanto na escrita, nas áreas morfológica, fonética, sintática, semântica, vocabular, Edgard Sanches conclui propondo a adoção da denominação de "língua brasileira" para o nosso idioma.

Outro grande estudioso do problema foi Herbert Parentes Fortes, um piauiense radicado na Bahia, e depois no Rio de Janeiro, professor de língua, chamado por um crítico, Cruz Cordeiro, "o nosso primeiro filósofo da língua brasileira".

De fato a obra de Herbert é um notável desenvolvimento do que até o seu tempo havia sido publicado, e só depois de morto é que ela vem sendo valorizada e justiçada devidamente.

Filólogo e educador, filósofo e sociólogo, homem de pensamento, extraordinário dialeta, era Herbert Parentes Fortes um espírito extremamente fecundo. Ninguém se lhe aproximava impunemente. Era um vulcão pensante, e nada resistia à capacidade de penetração de sua poderosa inteligência. Sua paixão das ideias e a paixão com que defendia as que lhe eram caras, aliada a uma ácida mordacidade, não eram nada propícias à criação de um clima de simpatia a seu respeito. Daí muitas incompreensões e muito combate que sofreu, causa certamente de não ter recebido em vida a consagração adequada ao seu grande merecimento.

Sua defesa de nossa autonomia linguística foi uma luta de sustentação sem tréguas mantida contra a filologia oficial, que não o tomava a sério, bem acastelada nas suas posições e na paz das doutrinas tradicionais firmemente estabelecidas. Tranquila, ela sorria superior diante daquele bárbaro de espírito que ousava desafiar teorias pacíficas, daquele inquieto e inconformado que não reconhecia a razão da autoridade e, o que era pior, fazendo a sua guerra solidamente, sobre um respeitável embasamento cultural. E se o futuro der razão aos que afirmam o nosso direito a uma diversificação de linguagem em relação a Portugal, Herbert Fortes terá de ser reconhecido então como um pioneiro da filosofia da linguagem e da filologia brasileira.

Para isso, nada mais valioso do que a publicação da sua obra, empreendida pelas Edições GRD graças à fidelidade de um seu amigo, Gumercindo Dórea. Saíram: *Filosofia da linguagem, A linguagem que falamos* (1957), *O ensino da língua e a crise didática na expressão e comunicação* (1957), *A questão da Língua Brasileira* (1957), *Uma interpretação da crase portuguesa* (1954). E outros virão, pois deixou ele em jornais e revistas uma massa imensa de trabalhos, extraordinariamente pródigo como era em desbaratar a fortuna de seu vasto saber, sem ter tido jamais tempo bastante para construir uma obra sistemática e universitária. Estava ele convencido — de uma convicção que nele assumia um cunho sagrado, religioso — de que era a verdadeira trilha a que seguia, na defesa da língua brasileira. Sua argumentação não se prendia ao âmbito filológico, mas se armava de perspectivas sociológicas e psicológicas, para compreender a inelutabilidade de uma tendência conforme as condições históricas, sociais, biológicas, climatéricas da civilização brasileira, isto é, uma "situação" diversa da que operava em Portugal. A esta situação tinha que corresponder uma fala que estivesse de acordo com as novas necessidades de expressão, com a sensibilidade que lhe coubesse traduzir.

A posição de Herbert Fortes é uma continuação da linha natural que sempre existiu no Brasil, desde que aqui pisou o primeiro colonizador e recebeu o impacto da nova situação, no sentido de transformar o idioma português, para adaptá-lo à nova alma que surgia. Até o final do século XIX essa linha dominava pacificamente, inclusive entre os escritores, que, sem exceção, Alencar à frente, não hesitavam em reivindicar a linguagem brasileira na teoria e na prática. Um deles, Araripe Júnior, chegou a declarar que a sua transplantação para a língua literária só era nociva à linha vernácula, "cujo desastre não me inquieta", pois o dever de escritor brasileiro era justamente o de "corromper" a língua portuguesa, abrindo a língua literária à influência do dialeto brasileiro.

Herbert Fortes foi o legítimo continuador dessa tradição, contra a qual se havia levantado a barreira lusitanense, sobretudo bem-sucedida depois da polêmica Rui-Carneiro, em 1902. Tradição que encontrou terreno fértil com o Modernismo. Como já assinalou Adonias Filho, a posição de Herbert Fortes é equivalente, no terreno linguístico, da que puseram em prática os modernistas na ficção e na linguagem. Ficará como o linguista do Modernismo, no desenvolvimento da linha de nacionalismo que é a ideia-força mais atuante e mais dinâmica da fase atual de nossa civilização. Como Edgard Sanches, a posição de Herbert Fortes no estudo da língua brasileira consistiu em delimitar as áreas de ação e compreensão da gramática, da filologia e da linguística. O erro, para ele e muitos dos que estudam o problema, é circunscrevê-lo no âmbito da gramática, sem ver que ele foge da gramática, porque está situado na esfera da linguística, e mesmo na da política. Não é submetendo a língua às regras gramaticais, e muito menos às da gramática portuguesa, que compreenderemos e definiremos a língua brasileira. Como já foi dito, a língua é propriedade da comunidade que a fala, e quem a faz é o povo. As gramáticas não fazem mais do que coletar as formas da linguagem vigentes na boca do povo. A língua falada é anterior e mais importante do que a escrita. Não só a língua comum como a literária. Fundando-se nas leis gramaticais, os puristas criaram a falsa noção de solecismo, de erro. A língua é um fenômeno vivo e segue uma evolução orgânica, de conformidade com os costumes, a sensibilidade, o ritmo, o meio, a cultura do povo. A língua deve ter o mesmo nome do povo que a fala. A transformação das línguas não é uma corrupção, mas uma modificação em consonância com o sentimento da pátria. Isso é contrário ao imobilismo e resulta da "sistematização oral, por força de fatores espirituais comuns".

Há, para Herbert Fortes, diferenças quantitativas e qualitativas incomensuráveis entre a língua falada em Portugal e a língua falada no Brasil. Essas diferenças mostram-se no vocabulário, na fonética, na sintaxe, na semântica. Tal como têm apontado outros especialistas.

O livro de Herbert Fortes *A questão da Língua Brasileira* (1957) é uma prova de que a história às vezes se repete. É que a Assembleia Nacional Constituinte de 1946 opinou que se ouvissem especialistas a respeito da denominação da língua nacional. Uma comissão de filólogos, nomeada pelo Ministro da Educação, chamada dos Sete Dias, porque neste espaço de tempo perpetrou o seu parecer, rejeitou a ideia de dar-se ao nosso idioma a denominação de "brasileiro". Todavia, no texto constitucional prevaleceu a designação de "língua nacional" em lugar de Português.

A decisão da comissão foi o ato mais importante até então da política do salazarismo linguístico, implantada no Brasil, cerca de nove anos antes pelo embaixador português Martinho Nobre de Melo. Tal política de domínio português no Brasil perdura até os nossos dias, com interferências diversas, como a oposição ao novo Currículo de Letras para o ensino universitário, aprovado pelo egrégio Conselho Federal de Educação, em 1984; e se repete depois na oposição radical contra o novo projeto de simplificação ortográfica de 1986, uma solução de compromisso da questão, proposta pelo grupo multinacional em defesa da lusofonia, pela qual se bate o nosso eminente patrício, o acadêmico Antônio Houaiss.

Com a sua habitual tendência polêmica, Herbert Fortes publicou um trabalho intitulado *Razões opostas ao parecer da Comissão nomeada para opinar sobre a denominação da língua nacional*. No trabalho contesta o autoritarismo com que a Comissão declarou que "a nossa língua nacional é a língua portuguesa com pronúncia nossa". A Comissão foi constituída de elementos declaradamente simpáticos à orientação lusófila, antecipadamente tendentes a essa posição, e que decidiram discricionariamente em matéria controvertida, como diz o prefácio do folheto com que o Instituto de Língua Brasileira publicou as "razões".

Ora, a mesma parcialidade e o mesmo discricionarismo, sem comprovar com a realidade linguística brasileira, são empregados pela Comissão que o Ministério da Educação designou, em 1985, para fornecer *diretrizes para o aperfeiçoamento do ensino/aprendizagem da língua portuguesa.*

Afirma-se aí, de modo tão categórico que parece assunto pacífico no Brasil: "Podemos adotar a perspectiva de que no Brasil se pratica uma variedade da língua portuguesa, vencida a etapa em que se procurou insinuar o designativo de 'língua brasileira' ou 'brasileiro' para aquela que serve de meio de comunicação e expressão em nosso país (ressalvado o que consta do tópico 17).

Torna-se consensual que, nos documentos ou textos expositivos, quando se empregam 'língua nacional', 'língua materna', 'língua pátria' ou 'língua vernácula', é à língua portuguesa, na sua variedade brasileira, que tais expressões se reportam, salvo entendimento contrário, decorrente do contexto.

Não padece dúvida, portanto, a opção por 'língua portuguesa' ou 'Português' como a disciplina em cujo ensino e aperfeiçoamento está empenhada a Comissão que subscreve o presente documento.

Recomendação
Será de toda conveniência que os diplomas legais que tratam de nosso idioma oficial se refiram expressamente à língua portuguesa ou Português, fazendo constar essas denominações nos programas de ensino de todos os graus admitidos em nosso sistema educacional."

A verdade histórica não está de acordo com o que afirma o Relatório da Comissão em seu segundo parágrafo no texto acima transcrito. É que, tanto em 1826 na Câmara dos Deputados quanto em 1934 e em 1946, a expressão "língua nacional", que terminou por ser usada, nega o consenso a que alude a comissão. O mesmo ocorreu na Carta de 1967. A Constituição de 1891 não tocou no assunto.

Que autoriza a Comissão a afirmar que foi "vencida a etapa em que se procurou insinuar o designativo de "língua brasileira ou "brasileiro"?

A obra de Herbert Fortes, fincada na Sociologia e na Linguística, encontrou eco em voto de Cassiano Ricardo ao defender a concessão de um prêmio da Academia Brasileira de Letras ao filólogo.

Disse o grande poeta: "O que reivindico para mim, como para Herbert Fortes, é o direito de falar e escrever portuguesmente errado, para falar e escrever brasileiramente certo". E mais: portugueses e brasileiros "somos separados por uma unidade linguística que já não se funda na realidade das coisas, tanto que tem sido objeto de graves dissensões entre escritores brasileiros e portugueses". "Em que se pode fundar a preferência do nome de um povo para a língua de outro povo?"

Afirma ainda Cassiano Ricardo que a Academia "desde a sua fundação" tem por objetivo "o estudo das diferenças".

Aliás, a propósito da Academia Brasileira de Letras, testemunhou Oliveira Lima que ela "criou-se mais para consagrar a futura língua brasileira do que a passada língua portuguesa" (In: *Impressões da América Espanhola* (1904-1906). Rio de Janeiro, J. Olympio, 1953. Ensaio "As línguas castelhanas e portuguesa na América".).

Foi das mais justas a homenagem do nosso grande poeta e acadêmico Cassiano Ricardo à posição de Herbert Fortes na defesa da autonomia de nosso idioma e da adoção da denominação "língua brasileira".

Diversos outros escritores e linguista hão tomado parte nesse debate. Um deles, Cruz Cordeiro, colocou-se na linha de frente. Dois artigos de sua lavra marcaram a sua posição como estudioso do problema: "Mestiçagem idiomática, base da língua brasileira" e "Fatos da língua brasileira" (*Jornal do Comércio*, Rio de Janeiro, 1/12/57 e 24/8/58). Entre outros argumentos, é importante a sua assertiva de que "justamente é este reajustamento entre a nossa atual linguagem escrita com a língua viva do fato social e coletivo da língua brasileira que vai se verificando no Brasil, não só através da Imprensa como, sobretudo, dos modernos escritores regionalistas". Essa observação é de suma relevância, porque registra um fato incontestável da atualidade literária, que é a incorporação da língua falada à escrita dos nossos melhores escritores a partir do Modernismo, penetrando no Pós-Modernismo, romancistas, poetas e contistas, bem como na língua da imprensa.

O crítico Temístocles Linhares acentua igualmente o divórcio entre as línguas de Portugal e do Brasil. Em artigo de jornal, diz ele: "No plano puramente literário, não há como deixar de comprovar, sem dúvida, a existência de um divórcio em escala crescente. (...) São os próprios intelectuais portugueses que ainda conosco convivem os que proclamam o fenômeno, achando que as nossas leituras de escritores portugueses pararam em Eça de Queirós. (...) O que os fatos atestam, pois, seja em que sentido for, é o afastamento de Portugal" ("Debate acadêmico", *O Estado de São Paulo*, São Paulo, 23/8/58).

Em artigo também o crítico Wilson Martins afirma que "os dois únicos e verdadeiros 'donos da língua', em esferas diferentes — o povo e o escritor — já não sentem espontaneamente a necessidade de uma unificação proposital e artificiosa que o bom senso repele". E acrescenta: "Nosso futuro linguístico não depende de qualquer harmonização com o Português de Portugal, depende, exclusivamente, do que soubermos, do que pudermos fazer com a nossa língua — com o nosso país. Os destinos do Português, no Brasil, resolver-se-ão no Brasil" ("Última Flor do Lácio", *O Estado de São Paulo*, SP, 17/11/58).

Outro estudo importante e que fornece ainda maiores razões em favor da língua brasileira é o de Paulo Duarte, como prefácio ao livro de Amadeu Amaral, *O dialeto caipira* (São Paulo, Anhembi, 1955).

Também não pode ser esquecido o estudo, sobre a matéria, da professora Edith Pimentel Pinto, que reúne grande número de textos que mostram a evolução do problema entre os estudiosos (*O Português do Brasil*. São Paulo, Edusp, 1978/81. 2 v.).

O mais recente estudo a respeito do problema da designação do idioma nacional como "língua brasileira" é de autoria do professor José Ariel Castro, titular de Filologia da Universidade Federal do Rio de Janeiro, em capítulo intitulado "Formação e Desenvolvimento da Língua Nacional Brasileira", do livro *A Literatura no Brasil*. Dir. Afrânio Coutinho. (Rio de Janeiro, J. Olympio, 1986. v. II.)

São do citado trabalho as seguintes conclusões:

"1 – A aproximação pelos europeus de povos desconhecidos se fazia, em fins do século XV, segundo táticas sociais e psicológicas assimiladas praticamente dos turgimões orientais.

2 – No Brasil, a primeira interação linguística se fez com o primeiro Português aqui deixado solitariamente, chamado esse português de língua em semelhança funcional com o turgimão, já que estabelecia pontes culturais com o nativo.

3 – Os jesuítas disseminaram em todo o território brasileiro a prática das pontes culturais, acrescentando, porém, a elas, deliberadamente, o hábito linguístico de falar arremedando o Português tal como era realizado pelo nativo, método do grande evangelizador São Francisco Xavier segundo a opinião corrente na época.

4 – Tanto essa prática quanto esse hábito, em contraste com a ausência de qualquer política educacional da parte dos portugueses durante dois séculos e meio, levaram à formação de uma realidade linguística brasileira inteiramente independente daquela que correspondia a processos linguísticos em desenvolvimento no solo português.

5 – Levada a coroa lusitana a assumir oficialmente, em pleno século XVIII, a língua portuguesa como língua nacional, *em repúdio à* língua instintiva, *de uso até então, defrontou-se com a existência concreta de uma realidade linguística brasileira diversa na América, classificando-a automaticamente como dialeto dentro, na época, do sentido dessa palavra, dependente do de língua nacional.*

6 – Por razões de Estado, foram os jesuítas expulsos do Brasil, deixando um vácuo no ensino público e na política indigenista, logo ocupado autoritariamente pelo governo português em face do peso econômico do Brasil e de seu potencial de libertação.

7 – Implantada a língua nacional portuguesa em contradição com a realidade da língua oral brasileira, única existente, criou-se uma tensão linguística não claramente conscientizada pelos brasileiros, a qual aflorou pela primeira vez no primeiro ano de funcionamento da Câmara dos Deputados.

8 – À solução implantada pelos portugueses de um regime monárquico no país, conduzindo de acordo com a índole portuguesa, correspondeu uma política linguística brasileira.

9 – A reação à política linguística da monarquia foi primeiro promovida por escritores românticos que precisavam de temas nacionais.

10 – A questão da língua do Brasil, posta inicialmente como questão dependente da literatura nacional, desprendeu-se desta e passou a existir autonomamente à medida que se precipitavam os ideais republicanos.

11 – Proclamada a República, a língua continuou dependente, agora a distância, do dirigismo cultural lusitano por força do ambiente de liberdade espontânea que se criou após a queda da monarquia, gerando uma contradição que forçava uma solução.

12 – O movimento modernista encaminhou essa solução, consagrando a língua brasileira como instrumento expressional por excelência e repudiando a persistente norma lusitana de língua escrita e de língua literária.

13 – Contra o movimento modernista da língua reagiu um grupo de intelectuais, solidário com a política salazarista, o qual usou, para a consecução de seus propósitos, o problema ortográfico, que sensibilizava a Academia Brasileira, e a política universitária de ensino vernáculo, tudo sob o apoio ostensivo do regime ditatorial brasileiro.

14 – Nas duas oportunidades de reconhecimento público da língua brasileira pela Assembléia Constituinte (1934 e 1946), foram seus defensores neutralizados por manobras inspiradas pelos lusófilos da linha filológico-gramatical.

15 – Consolidada a língua literária do Modernismo, foram, por sua vez, os adversários da língua brasileira neutralizados pela introdução no país de descrição linguísticas estruturalista, com o consequente banimento da gramática clássica e promoção generalizada da língua oral, reforçada pelos meios de comunicação modernos em revistas, jornais e telenovelas.

16 – A partir da promoção da pronúncia-padrão, no Brasil, através de congressos, encontros e projetos previamente direcionados, ou lusófilos, passaram a propagar a necessidade do estabelecimento de uma norma culta, ponto de apoio para a nova unificação ortográfica e gramatical, bem como para a retomada da política linguísticas salazarista. Neste estado se encontra, pois, agora, a questão da língua do Brasil: tentativa, pelos lusófilos, de recobrar o terreno perdido para os linguistas depois de terem tirado de cena os defensores da língua brasileira. Estes, porém, estão prontos para voltar com sua proposta de produção do ato político de denominar a língua nacional como língua brasileira."

QUE É LÍNGUA BRASILEIRA?

Não pode entrar nos objetivos deste trabalho fazer um levantamento das constantes linguísticas que constituem ou caracterizam a língua brasileira.

Tal coisa está sendo realizada pelos especialistas na matéria, e mesmo já existe grande cópia de dados nos livros dos autores que a ela se têm dedicado, alguns dos quais foram referidos em páginas anteriores.

Entretanto, um aspecto deve ser comentado: o da norma culta, que o relatório da douta Comissão Ministerial acentua como sendo fundamental. A noção de norma culta, que os filólogos defendem, corresponde à norma portuguesa (como também a espanhola na América Hispânica), que o ato metropolitano de 1759 obrigou o Brasil a aceitar. E para os filólogos brasileiros continuou ela a ser o dogma que comunica hierarquia social, como diz Angel Rama, em seu livro admirável *A cidade das letras* (São Paulo, Brasiliense, 1985). É a mesma atitude elitista, segundo a qual só é pura a língua superior, importada dos colonizadores, e que era veiculada pelas provisões e ordens metropolitanas, acostumando os nossos professores de língua e filólogos a não admitir a supremacia da língua oral, formada na Colônia pelas massas falantes, e que depois da Independência se espalhou pelo país, graças ao processo de diferenciação sobremodo intenso e firme. Processo este idêntico ao que levou os habitantes do ocidente da Península, no falar, a se diferenciarem do latim e, depois, do galego.

Pretender submeter a massa brasileira à norma culta de Portugal, que os gramáticos portugueses e brasileiros teimam em estabelecer, é um crime de leso-patriotismo e de lesa-ciência linguística.

Não quer isso significar que se deva adotar como norma o linguajar caipira, a língua dos analfabetos, os dialetos regionais, as gírias. Estas são formas o mais das vezes passageiras, ou então, vão sendo aos poucos incorporadas ao falar comum.

A norma culta, no sentido de Coseriu em *Teoria del lenguaje y linguistica general* (Madrid, Gredos, 1978), que estuda a noção ao lado de fala e sistema, não pode ser senão o conjunto de normas que se estabilizam num corpo social, produzidas pelo uso dos seus falantes e que se tornam gerais, constituindo a língua comum.

Por exemplo: não se diz mais, no Brasil, "assistir a um filme", porém "assistir um filme". Assim também "visar a". Outro exemplo forte: a mudança da regência verbal do acusativo para o dativo de uma quantidade de verbos, como visitar, ver, convidar, esperar, conhecer etc. Todos dizem no Brasil: eu vou lhe esperar, vou lhe visitar, ver, convidar. Estes e outros, como o uso do pronome oblíquo no início de frases, são formas correntes entre pessoas cultas e que, portanto, devem pertencer à norma culta, muito embora sejam considerados erros ou solecismos pelos puristas lusitanófilos. A conjugação verbal, a morfologia nominal, a pronúncia com repercussão no plano fonológico, o emprego geral do gerúndio em vez do infinitivo com a preposição são fatos amplos no plano da língua, inclusive nos escritores.

O que se impõe é a criação de uma filologia brasileira, entre cujas tarefas imediatas esteja uma pesquisa larga no país para a coleta dessas formas, pesquisa tanto mais importante quanto não é fácil em um país de extensão continental e larga população.

Existe, há mais de vinte anos, mas ainda não deu frutos, uma pesquisa denominada a Norma Urbana Culta (Projeto NURC), em curso de realização por cinco universidades brasileiras nas cidades de Porto Alegre, São Paulo, Rio de Janeiro, Bahia e Recife. Parece-me que parte de um pressuposto errôneo, que é considerar a linguagem de cinco grandes capitais como padrões da norma culta brasileira, preconceito que coincide com a ideia dos puristas de só admitir a norma portuguesa para a língua do Brasil. Além disso, como a língua é um fenômeno vivo e evolutivo, de rápida mudança, o tempo que tem ocorrido com essa investigação resultará em que já estará defasada quando for dada como finda.

Para encerrar essa parte deste estudo, vale transcrever a opinião de Eduardo Portella, o grande crítico literário que alia cultura e estilo da maneira mais feliz: "É um equívoco pensar-se que o problema da língua portuguesa no Brasil deve ficar circunscrito à reflexão menor dos gramáticos nacionais. Eles estão normalmente submersos na alienação, seja por insuficiência cultural, seja por excessivo apego aos velhos esquemas mentais metropolitanos" (*Literatura e realidade nacional.* Rio de Janeiro, Tempo Brasileiro, 1975).

ENSINO DA LÍNGUA

Diz Herbert Fortes, resumindo o pensamento de grande parte da intelectualidade brasileira: "O ensino da língua materna está, por toda a imensa vastidão do território nacional, reduzido a uma rotina fechada, graças a uma intimidação inconsciente em face da vida e do mundo" (*O ensino da língua e a crise didática na expressão e comunicação*, 1981, p. 31).

Percorre atualmente o país uma onda de críticas severas contra o estado a que chegou entre a mocidade o uso da língua materna. Sobretudo, o julgamento baseia-se nos resultados dos exames vestibulares para o nível superior em todas as especializações. Acusa-se o ensino secundário como responsável pela situação, especialmente depois que a disciplina de Português foi substituída pela de Comunicação e Expressão.

Chegamos a um ponto crítico, em que o ensino é dominado por uma contradição fundamental. Aí está a causa da crise atual do ensino do vernáculo em nosso país. É a contradição, é o conflito entre o que o menino ouve e diz, mesmo pelos pais pertencentes à média culta, e o que o professor ensina em classe. É a desmoralização do ensino por causa de um tipo de ensino errado ou mal-compreendido. Um ensino divorciado da prática do idioma, esse idioma que se faz nas ruas, nas praias, nos esportes, em casa, no trabalho, nos escritórios, nas oficinas. E que a maioria dos professores teima em violentar à custa de uma gramática superada e repetidora de leis estranhas.

Um povo fala a língua que lhe dita a sua sensibilidade, a sua história, o seu ambiente social. Só por um reacionarismo e uma mentalidade de subordinação colonialista é que é possível condenar formas de expressão correntes no uso da maioria, à luz de cânones de outro povo. Pode ele encarar como errôneas as nossas colocações de pronomes. Nós nada temos com isso. A origem do idioma pode ser a mesma, porém a história, à qual o devemos, também nos propiciou o direito de usar e transformar o idioma à nossa maneira, conforme a nossa psicologia e a sociologia que armou os nossos costumes e vida social.

É assim que ocorre com os holandeses em relação ao alemão. O ponto de partida é o mesmo. O uso fez diferentes os falares dos povos que os herdaram do tronco original.

Por isso é que devemos renunciar de uma vez por todas a pretender coagir o brasileiro a falar e escrever como os lusos. Já foi o tempo em que Cândido de Figueiredo ditava "o que se não deve dizer" para os brasileiros. E o pior é que, de tanto bater nas suas teclas, ele conseguiu influenciar a nossa filologia e nossos gramáticos que ficaram automatizados, ou antes, esclerosados, a repetir as lições do jornalista metido a filólogo. E isso em detrimento de pesquisas muito mais urgentes e importantes, como é a da criação de uma filologia brasileira. É um verdadeiro absurdo pretender forçar os jovens brasileiros a falar e escrever de acordo com as regras da gramática lusitana, como se nós fôssemos um povo morto a usar uma língua morta. Bem se sabe que os próprios portugueses não seguem as normas chamadas "clássicas", isto é, adotadas pelos escritores dos séculos XVI e XVII. É assim uma tolice querer impingir essas normas aos brasileiros de hoje em dia, quando sabemos o abismo que separa a língua falada no Brasil, com todo o seu vocalismo, da língua de Portugal, com o seu consonantismo. Como se a linguística moderna e a sociolinguística não já houvessem desbancado aquela noção cediça do "erro", ainda mais grave quando considerado em relação às regras de outro país e de outra época.

Evidentemente, a causa da degenerescência no uso do idioma reside no mau ensino que se vem ministrando nos últimos tempos. Puseram abaixo todos os bons costumes que regulavam este ensino. Jamais esqueço de um dito de um extraordinário professor de Português, da velha guarda do Colégio Pedro II, o saudoso professor Quintino do Vale. Sustentava ele, com a sua larga experiência, que a língua se aprende lendo e escrevendo. Não adiantavam para nada regras gramaticais decoradas, nem nomenclaturas, na maioria controversas entre os próprios professores. Era sabido e consabido, acrescentava ele, que ninguém escreve bem por saber regras.

O esquecimento dessa boa filosofia é que redundou no trágico resultado que hoje presenciamos. O ensino do vernáculo em nível de segundo grau tornou-se cada vez menos produtivo e entrou em completo caos. Não se lê mais em classe, não se faz mais ditado, não se escrevem redações nem descrições, nem se usa o dicionário. De falar, nem se fala. Os alunos transformam-se em tartamudos. São incapazes de traduzir em palavras o que lhes vai na cabeça, aliás muito pouco, porque lhes carece o hábito de raciocinar e usar vocabulário competente. Fica-se pasmado diante do engrolado que produzem. Se não dominam a língua também lhes falha o raciocínio. E, se não pensam bem, pior será o caçanje.

Do conflito aludido entre o ensino gramatical lusitanizante e a prática da língua resulta a situação catastrófica do nosso ensino da língua materna ou nacional. Ensinando-a pelos padrões lusos, cria-se um total divórcio com a língua falada no dia a dia pelos jovens. Esse divórcio surge toda a vez que eles são obrigados a redigir um texto, a falar em público, e, mais tarde, a expressar-se no trabalho, nas reuniões ou nas tribunas.

A culpa não é dos estudantes, mas do sistema anacrônico de ensino da língua. Querer impor uma norma gramatical caduca e estrangeira é um abuso que seria idêntico ao que, em Portugal, procurasse obrigar os jovens a falar como os brasileiros. Será que os professores de Portugal concordariam?

É claro que o caminho para a identificação da língua brasileira é procurar fazer o levantamento dos fatos de nossa linguagem entre as pessoas cultas, dentro do seu ambiente cultural, a fim de estabelecer a nossa norma culta. Antes disso, qualquer trabalho será inócuo, ou então sujeito aos cânones lusitanos, como atualmente ainda fazem os nossos professores e filólogos.

Está cada vez maior a linhagem dos estudiosos que se colocam na defesa da língua que se fala e escreve no Brasil, que na prática oral e escrita já se afastou das raízes lusitanas, tanto no plano morfológico quanto no fonológico, léxico, sintático e semântico.

A tradição filológica brasileira é subordinar a norma brasileira, através do ensino e das gramáticas, à portuguesa, isto é, numa distorção dupla, espacial e temporal, como demonstra muito bem o professor Hildo do Couto, num livro recente, *O que é Português Brasileiro* (São Paulo, Brasiliense, 1986). Acentua ele a separação das linguagens portuguesa e brasileira. Além de tudo, o uso comum é uma distorção social, porque, com ser de outro país e de um passado morto, é também de uma classe dominante minoritária sobre a maioria da população nacional brasileira.

Sempre se deve perguntar, quando os filólogos defendem, sobretudo nas suas gramáticas normativas, a norma culta como a que deve prevalecer no Brasil. Mas, qual norma culta? Que é norma culta no Brasil? Evidentemente, o que eles advogam como tal é a norma lusitana, arcaizante, porque a do passado. Não se sabe entre nós qual a norma culta brasileira, porque os nossos filólogos, em vez de observarem os fenômenos linguísticos do uso brasileiro, não fazem mais do que copiar as gramáticas portuguesas e se copiarem uns aos outros.

Por tudo isso é que merecem aplausos os que têm a coragem de defender os nossos hábitos linguísticos, que algum dia estarão codificados em gramáticas da língua brasileira.

O relatório da Comissão Ministerial insiste na teoria passadista. E não oferece qualquer orientação prática para o ensino da língua, porque preso ainda à norma antiga, arcaizante. O que não parece correto é identificar ou confundir a língua brasileira com os vários dialetos regionais ou com a fala do analfabeto ou do caipira. Essas permanecerão como tais e se constituirá um novo código culto, ou norma geral, que substituirá, com o desenrolar do tempo e o aumento da população brasileira (já com 145 milhões), a norma culta tradicional de modelo lusitano. Não é possível que uma população como a nossa continue a falar e escrever segundo os cânones puristas, há muito defasados, tanto na língua oral quando na escrita. Quem observa a linguagem literária atual não pode deixar de perceber a diferença entre os dois idiomas, o de Portugal e o do Brasil. Os usos estão aí, há muito apontados pelos que trataram do assunto. E essa marcha será cada vez mais rápida e mesmo violenta no sentido da diferenciação. É claro que o sistema linguístico permanecerá, como permaneceu do Latim para as línguas românicas. Mas, como apontou Coseriu, além do sistema, há a norma e a fala. Tudo isso é claríssimo.

Em suma, teremos no Brasil uma norma diversificada — a língua brasileira — diferente da portuguesa, com todas as características ditadas pela nossa sensibilidade, nossos hábitos, nosso ritmo, nosso modo de ser cordial e ameno, nossos valores e fatos, e realizações do nosso passado, que construímos a duras penas.

Para o estabelecimento dessa norma, é mister proceder à codificação da linguagem dominante no país, e que não foi ainda efetuada.

Para isso, tenhamos a consciência de que se impõe a criação e consolidação de uma filologia brasileira, dedicada ao estudo e à codificação da linguagem brasileira, não somente das capitais, fenômeno vivo de mais de 145 milhões de falantes. Ainda temos o vezo herdado de malsinar a fala corrente e coloquial dos brasileiros, sobretudo a dos jovens, que estão produzindo verdadeira revolução nesse particular, com a agravante de se espalhar através da televisão e outros meios de cultura de massa. Não há gramática tradicional que resista à profunda transformação que se está realizando graças à juventude, que não sofre o que sofreram os seus pais e avós — a escravização à norma tradicional através da escola, que era instrumento altamente reacionário e retrógrado. Para isso, concorre muito a decadência do ensino oficial arcaizante do Português.

Sem dúvida, como já se disse acima, que existe uma pequena mas alta linhagem de filólogos brasileiros independentes, cujo exemplo e lição têm que ser considerados quando se pensar em estabelecer uma filologia brasileira.

Nós temos uma boa plêiade de filólogos precursores da gramática da fala brasileira, que está na linha do pensamento de Alencar e Mário de Andrade.

Outro problema relacionado estreitamente com este é o da melhoria do professor de língua.

O PROFESSOR DE LÍNGUA

O que atualmente vigora é um ensino superficialíssimo para a formação do magistério. O ensino implantado nas faculdades de Letras, com o currículo mínimo de 1961 e cinco matérias, mais duas à escolha, é completamente inócuo. Desta maneira, nada se estuda em profundidade, a começar pelo vernáculo. Daí a clamorosa queda do nível desse estudo, verberada a todo o momento por quem a ele se refere. Com professores de dois a três semestres de curso de língua ninguém pode adquirir uma competência mínima para ensinar no nível médio. Desconhecem os rudimentos do idioma, não sabem escrever nem falar.

No mesmo nível universitário aconteceu outra tragédia que mudou completamente o método do ensino. Foi o aparecimento da Linguística, que instalou verdadeira poluição no aprendizado da linguagem. Antigamente, o mau professor, em vez de ensinar a ler e escrever fazendo ler e escrever intensamente os seus alunos, obrigava-os a decorar a terminologia gramatical. Hoje, neste país dos modismos, a tendência é fazer com que eles decorem a terminologia linguística. Ai do professor que não o fizer. Ficará marginalizado pelos colegas como inatual e ignorante. É claro que ninguém irá combater, em sã consciência, a Linguística. Mas querer encher a cabeça dos jovens com noções, nem sempre totalmente aceitas, e termos de recente entrada na ciência, é um absurdo. Elas deveriam ficar para os professores conhecerem melhor a disciplina e as técnicas de ensino.

Contra esse absurdo é que se pronunciou, no Conselho Federal de Educação, quando o integrava como dos mais ilustres, o ministro Abgar Renault, ao insistir na prática da redação e da leitura para o bom ensino da língua.

Pois essa é a situação. Mal-formados nos péssimos cursos de Letras, os professores, na sua maioria, não saberão jamais exercer o magistério com eficiência e preparo. É uma vasta simulação o que cumprem.

O que está, ao parecer, em jogo é a formação de um professorado de melhor qualidade, consciente dos diversos problemas envolvidos no uso do idioma como instrumento normal de comunicação. Isso porque o nível do professorado, tanto do primeiro quanto do segundo grau, caiu verticalmente nas últimas décadas por deficiência do preparo dos professores.

A ênfase é dada seja às gramatiquices, seja, agora, com a moda da Linguística, ao estudo da terminologia da nova ciência. Aquilo que deve ser essencial no ensino da língua — ler, escrever e falar — é posto de lado. Porque ninguém aprende a língua pela gramática. Da mesma maneira que nenhum escritor aprende a escrever pela gramática. A grande escola é a leitura dos textos literários.

Foi com o pensamento dirigido para a necessidade de melhorar o padrão do professor de língua materna que se elaborou o projeto de Reformulação do Currículo de Letras, aprovado unanimemente pelo Conselho Federal de Educação, e de autoria do autor deste.

Introduziram-se no projeto algumas medidas de grande alcance neste sentido.

Em primeiro lugar, a disciplina de língua vernácula passou a ser obrigatória nos oito semestres do curso, para todas as habilitações (vernácula e estrangeira). Ao longo dos oito semestres podem-se incluir todos os aspectos de estudo da língua.

A segunda exigência é colocar a ênfase na leitura e redação, como método de aprendizagem da língua.

A terceira proposta é basear o ensino da língua no primado do texto, isto é, através sobretudo da leitura e comentário das obras, exigindo-se outrossim exercícios sobre as mesmas. Com isso, propõe-se obrigar o aluno (futuro professor) a familiarizar-se com as obras literárias através da leitura intensiva e inteligente.

A quarta é o assunto da carga horária para a chamada licenciatura dupla, Português mais uma língua estrangeira, tentando evitar a burla que era a obtenção de dois diplomas, um dos quais de língua vernácula, com a carga horária menor do que o de Português-literaturas vernáculas. O diplomado na dupla fazia um curso de língua materna menor e obtinha um diploma que lhe dava o mesmo direito de ensinar a língua materna, tendo estudado menos.

Essas características, vê-se perfeitamente, visavam ao aperfeiçoamento do professor de língua vernácula, propiciando-lhe maior segurança e conhecimento. Não o reduz a um simples repetidor de regrinhas gramaticais, que não levam a nada.

Assim, o ensino de Letras, de acordo com o projeto do novo currículo, objetivaria melhorar o ensino da especialidade mediante aprofundamento do aprendizado, maior carga horária, maior tempo de estudo, currículo ampliado, tudo em função do melhor desempenho das faculdades de Letras.

Desta maneira, obter-se-ia, com certeza, um aperfeiçoamento real do professor de língua. Essas são propostas concretas e práticas para ir ao encontro da crise de aprendizagem do idioma, e não com um regresso ou intensificação do ensino de gramatiquices memorizadas em regras cediças e fora da realidade brasileira.

A norma culta que almejamos não é a de inspiração nos cânones lusos, porém uma nova, baseada nas pesquisas e estudos a serem empreendidos por uma filologia brasileira, que proceda ao levantamento da nossa realidade linguística, codificando as formas do nosso falar generalizado no país e que constituem a legítima maneira brasileira de expressar-se, quer pelas camadas ditas cultas, quer pela linguagem corrente, que, se bem examinadas, veremos coincidirem nos elementos mais gerais, conferindo unidade própria e novidade à língua do Brasil em relação à de Portugal.

O PROCESSO DE DESCOLONIZAÇÃO

As nações nascidas no pacto colonial europeu ainda não se libertaram de todos os estigmas que a dominação secular criou nos povos nos quais se implantou e nele viveram o regime colonial. Ao longo do tempo, criaram-se situações de dependência econômica, social, moral, intelectual, cultural, sendo ainda hoje, muitos casos, persistentes em seus efeitos que, benéficos ou maléficos, são característicos das civilizações que aqui se desenvolveram.

Todavia, a libertação da situação de dependência vem constituindo um processo contínuo e coerente, muito embora numa luta ementa e incruenta através da história, em obediência a uma ideia-força, que se tornou um impulso de causalidade interna, de vigor variável, mas eficiente e vitorioso a longo prazo.

Essa ideia-força foi a busca pertinaz da identidade nacional, da criação do caráter nacional, traduzível em todas as formas de atividade — social, política, espiritual, artística e linguística. Era uma forma de afirmação nacional.

É claro que essa afirmação encontrou sempre a oposição e a reação por parte dos colonizadores. Toda a sorte de medidas foi inventada — violentas ou sub-reptícias — para coibir os impulsos naturais de autonomia.

Mas, a despeito da reação castradora ou inibidora, a corrente autonômica jamais, em nenhuma parte, deixou de exercer-se com maior ou menor intensidade, às vezes em proporção ao grau de violência da reação.

O argumento mais falso da colonização era que estavam implantando a civilização contra a barbárie. Em nome dessa noção tudo se permitia: o massacre das populações aborígenes, a imposição fiscal, a espoliação econômica, o aniquilamento geográfico. A colonização significou exploração, e nenhuma nação europeia colonizadora ficou com as mãos limpas nesse sistema de conquista e domínio.

A afirmação autonômica anticolonialista, contudo, não se deteve apesar do esforço dos dominadores. A inteligência local não se deixou intimidar ante a violência da mão forte, tendo como resultado todo um processo de descolonização que abrangeu as diversas atividades do homem local. As raízes da luta anticolonial, originadas desde o início da colonização, foram penetrando cada vez mais fundo, criando verdadeira ideologia que alimentou os espíritos ao longo do desenvolvimento histórico. A reflexão sobre os países novos cresceu em importância, resultando uma verdadeira cultura autóctone.

Nas Américas, especialmente no Brasil, o processo anticolonial, ou de descolonização intelectual, teve continuidade desde o início. Entre nós, ele deu lugar a uma "tradição afortunada", rica e intensa. À literatura coube a maior parte na luta. E hoje em dia, desde o Romantismo, ela contém um núcleo de pensamento crítico e de reflexão consciente, após um longo período de instinto nativista, mantido na sujeição pela mó colonizadora.

O processo da descolonização continua. E deve prosseguir porque a tática mais recente da reação é o sentimentalismo em relação às chamadas mães-pátrias, que procuram manter os laços colonizadores até pelo domínio linguístico. Tanto na área espanhola quanto portuguesa, na América, há entre os dominados quem defenda a manutenção da sujeição linguística aos cânones europeus de fala e escrita, advogando uma unidade de língua impossível.

O maior empecilho ao desenvolvimento e consolidação do processo de descolonização é esse sentimentalismo, que mantém a sujeição contrária aos interesses dos povos novos. Sujeição que esconde ainda hoje uma mentalidade colonizadora por parte dos europeus e seus agentes. E, em muitos casos, interesses econômicos.

No estágio que atingiram os povos do Novo Mundo, o processo de descolonização é uma força que não pode ser minimizada nem posta de lado. É mister que continue em obras e ideias, em conceitos críticos e realizações práticas. Para isso, precisamos estar conscientes de sua necessidade em relação à realidade nacional.

(19/2/1981)

BUSCA DE IDENTIDADE

A um olhar retrospectivo, a literatura brasileira aparece como a evolução do espírito nacional em busca de sua identidade. Ela é um longo processo de nacionalização, pertinaz, coerente, progressivo. E assim ela se torna a maior expressão do espírito brasileiro. Em busca de sua independência. Hoje podemos considerar o processo como tendo atingido o seu termo. Todos os escritores trouxeram a sua contribuição por menor que fosse.

Desde Anchieta, o fundador de nossa literatura. A luta foi árdua, dada a mó colonizadora, que não dava azo à menor demonstração neste sentido, retirando da Colônia todo e qualquer instrumento cultural, toda oportunidade que porventura surgisse. Mas de nada adiantou pretenderem abafar o nosso nativismo, a nossa ânsia de independência cultural. E, diga-se de passagem, foi no terreno cultural que a independência se efetuou primeiro. Ela é que arrastou a independência política. O papel do intelectual teve a maior importância no processo.

O século XIX foi a grande encruzilhada, o divisor de águas definitivo. Polêmicas, críticas, ensaios, prefácios, posfácios, manifestos são testemunho de um grande momento do espírito brasileiro nessa conquista, ou antes, na consolidação de todo aquele esforço que vinha sendo desenvolvido para a libertação do espírito brasileiro. A polêmica da *Minerva Brasiliense*, em 1843, as manifestações de José de Alencar, a poesia romântica, as expressões regionais, todo o século XIX é um painel em que se grava a conquista, sonhada e secularmente trabalhada, da autonomia nacional.

E foi a literatura o grande fator dessa autonomia. Daí considerar a literatura a mais importante expressão do espírito brasileiro. Daí a afirmação de que o povo brasileiro é essencialmente literário. Literário por excelência. O prestígio da literatura, entre nós, não tem igual talvez em outros países. É que a literatura constituiu o motor da formação de nossa consciência nacional.

Basta lembrar o papel que tiveram os intelectuais nas lutas mais relevantes de nossa autonomia. Nisso o século XIX foi o grande laboratório. Além dos movimentos propriamente literários acima aludidos, não se deve esquecer a participação que tiveram nas refregas travadas pela Abolição e República. O século XIX ainda foi um momento português. A República é que tornou definitiva a nossa independência. As duas últimas décadas do século puseram à tona todo o trabalho que vinha sendo desenvolvido, e que a Abolição e a República, repelindo estruturas sociais e políticas arcaicas, introduziram formas novas de viver, que se criavam subterraneamente havia séculos, mas que não tinham vez por causa da maciça dominação lusa. O Brasil era defendido com unhas e dentes porque era considerado uma propriedade que mantinha cheio o tesouro português. Essa dependência não se coadunava com a rebeldia brasileira, que aspirava à independência. A atual literatura brasileira é uma demonstração do que acima se afirma. É uma literatura autônoma, peculiar, característica, de fisionomia própria, inconfundível, superior, em conjunto, a todas as demais da América. Isso foi o resultado e a confirmação do trabalho dos Anchieta e Gregório, dos Cláudio e Alencar, dos Machado e Castro Alves e que hoje é muito bem expresso nos nossos contemporâneos. Nossa literatura é uma afirmação original de um povo jovem, de uma realidade geográfica e social diferente, de uma situação moral e social bem típica.

E, ao lado da literatura, com ela identificada e por ela se traduzindo, a língua foi cada vez mais tornando-se diferenciada, ganhando foros de autonomia, de características próprias, peculiares, legítimas, de acordo com os nossos costumes e sensibilidade, por influência mesológica, social, econômica, pelo uso dos três elementos raciais que aqui se plantaram e dos que vieram mais tarde.

Em excelente artigo recente de José Carlos de Oliveira, põe o grande cronista, falecido há pouco, em justo relevo o fato insofismável de que a fala atual brasileira é uma decorrência do trabalho dos escritores do Modernismo. A reação de 1922, pela pena dos Andrades, Mário e Oswald principalmente, e mais Bandeira, pôs por terra a norma dominante do purismo lusitanizante, que a confundia com parnasianismo. A língua brasileira já se vinha corporificando desde o início da colonização, até que, após a oficialização do Português no século XVIII, a língua no Brasil entraria numa fase de reação lusófila, mediante o ensino posto em prática pelos mestres-escolas durante o século XIX, por determinação de Portugal. Esse estado, como foi apontado em páginas anteriores deste trabalho, culminou na discussão em torno da redação do Código Civil, em 1902, entre Carneiro Ribeiro e Rui Barbosa, ambos defendendo a mesma doutrina da subordinação aos cânones lusos na língua escrita brasileira, sem atentar para o fato de que a língua falada já se diferenciara sobremodo, como já haviam ressaltado especialistas, inclusive contemporâneos seus.

Essa reação desmontou o que já haviam feito José de Alencar e outros românticos no sentido da nacionalização linguística brasileira. E o domínio do purismo lusitanizante foi profundo, a ponto de se considerar como ignorante da língua quem não seguisse os rumos da purificação.

Depois do Modernismo acabou o domínio subserviente dos nossos escritores à norma lusa. Como Rubem Braga muito bem observou, depois da violência encabeçada por Mário de Andrade, trazendo para o oito o oitenta do conservadorismo pré-modernista, houve um reequilíbrio, com o uso tranquilo da norma brasileira pelos escritores atuais. Como diz excelentemente José Carlos de Oliveira, todo o mundo fala e escreve "com base numa estrutura (som) e numa claridade (significado) que só se tornou articulável por causa dos escritores de 1922 e dos que vieram deles". E continua: "Eis de onde vem o desembaraço e a universalidade do discurso popular espontâneo. Por conseguinte, os escritores produzem o falar moderno".

E afirma José Carlos de Oliveira, sem esse falar "não haveria intercomunicação, nem oferta, nem procura, nem comércio, nem indústria, nem jornalismo, nem radiofonia, nem televisão, nem publicidade, (...) Essa linguagem e nenhuma outra coisa assegura a marcha da sociedade para um futuro. Eis então a mercadoria que os escritores vendem: ela é a matéria-prima sem a qual a sociedade não anda".

Essas magníficas palavras mostram o estado de conscientização dos escritores brasileiros modernos em relação à linguagem. A língua quem faz é o povo e os escritores a apreendem e codificam. Por ela um povo se identifica e afirma a sua identidade nacional. Ela tem de ser diferente, autônoma, peculiar, diversa de toda e qualquer outra. Não pode guiar-se pelos cânones de outro povo. Por isso a língua nacional do Brasil é brasileira e não portuguesa. É a que o povo brasileiro fala e que os seus escritores usam e registram nas obras que criam e que circulam e são lidas, compreendidas e aplaudidas pelos leitores brasileiros e condenadas pelos portugueses.

A literatura já vinha, aliás, integrando, incorporando à escrita muitas formas que eram consideradas espúrias pelos gramáticos. Basta observarmos o que se passou no século XIX entre os maiores escritores para vermos a que ponto a diferenciação linguística já operava. E não era uma prática inconsciente, como o prova a pregação de José de Alencar, que sabia o que estava afirmando, senhor que era das teorias linguísticas de seu tempo. E como o demonstra a reação lusa contra a escrita brasileira, exemplificada no caso comprovado de Raul Pompeia, que teve o seu *O ateneu* corrigido por mão criminosa, em Paris, para enquadrá-lo nas normas lusas tradicionais.

E assim como consagramos desde cedo a denominação Literatura Brasileira, assim devemos fazer em relação à Língua Brasileira.

Concluímos, portanto, que já é tempo de os brasileiros terem a coragem dos holandeses, suecos, noruegueses, franceses, espanhóis, italianos, portugueses e outros povos modernos, adotando a designação Língua Brasileira para o seu idioma, na língua falada e escrita, a nossa língua comum no país de 145 milhões de habitantes.

Com a coragem de sermos brasileiros, estamos agora na crescente comprovação e conscientização da libertação dos laços arcaizantes em nosso mundo novo. Tanto a literatura quanto a língua, ao lado de outras manifestações de nossa alma, como a música popular, evidenciam que somos uma civilização nova, com defeitos graves, porém com muitas qualidades, reflexos do que podemos chamar o caráter brasileiro. Nossa literatura e nossa música popular são as maiores de toda a América. Nada devemos mais à Europa, no sentido de influência dominante. Não há dúvida que num mundo cada vez mais unido temos relações e recebemos contribuições válidas. Mas não somos dominados nem dependentes. Vivemos a nossa vida, que é peculiar e de características inconfundíveis, traduzidas em nossas formas de vida, como a literatura, a música popular, a língua. Que são inconfundíveis. Que são fortes e originais. De qualquer forma, somos a expressão de uma civilização distinta de todas as outras.

A denominação da língua nacional é um ato político e não linguístico. E somos um país dotado de soberania política nacional. Portanto, Língua Brasileira é a denominação que se impõe.

(15/10/1981)

NOSSA LÍNGUA

Minha posição de defensor da língua brasileira não tem sido isolada, sem embargo da filologia brasileira ainda continuar a reboque da teoria de uma falsa unidade linguística. Não há dúvida: há um divórcio entre a língua que se fala e a que ensinam os professores de português, em sua maioria, baseados na concepção lusa. As duas formas já estão muito divorciadas quanto à expressão falada, não só do ponto de vista fonológico, mas também no que se refere a numerosos torneios sintáticos. Essa teoria tem sido exposta ou esposada por diversos mestres brasileiros, como um Antenor Nascentes, que chegou a intitular um de seus livros como "língua nacional", possivelmente já prevendo o desdobramento futuro para a língua brasileira.

Pois bem, vou hoje apresentar a posição de um mestre acatado de português, catedrático do Colégio Pedro II. Em vez de um conservador empedernido, revela-se ele, no texto, um espírito aberto e sensível às mudanças que se vêm operando, através dos séculos em nossa norma linguística. O texto fez parte do discurso de paraninfo aos formandos do Colégio Pedro II, da turma de 1918, publicado no *Anuário* (v. IV, 1918- 1919, p. 152-3). Aqui vai todo o trecho que julgo da maior importância para o debate em causa. Seu autor foi o professor Silva Ramos.

"O que particularmente nos poderia interessar a nós brasileiros, como se depreende das consultas endereçadas frequentemente aos professores de português, era saber se está próxima ou remota a emancipação do dialeto brasileiro, a ponto de se tornar língua independente.

A dialetação, como bem sabeis, é um fenômeno natural que a ninguém é dado acelerar ou retardar, por maior autoridade que se arrogue; ao tempo, e só ao tempo, é que compete produzi-lo. As línguas romànicas foram dialetos do Latim, um dos dialetos por sua vez do ramo itálico, dialeto ele próprio da língua dos árias; não pode haver, portanto, dúvida mínima, para quem aprendeu na aula de lógica a induzir, que o idioma brasileiro, de dialeto português que ainda é, chegará a ser um dia a língua própria do Brasil.

Que poderão, entretanto, fazer os mestres neste momento histórico da vida do Português na nossa terra?

Ir legitimando, pouco a pouco, com a autoridade das nossas gramáticas, as diferenciações que se vão operando entre nós, das quais a mais sensível é a das formas casuais dos pronomes pessoais regidos por verbos de significação transitiva e que nem sempre coincidem lá e cá; além da fatalidade fonética que origina necessariamente a deslocação dos pronomes átonos na frase, o que tanto horripila o ouvido afeiçoado à modulação de além-mar.

Consentiremos que os nossos alunos venham dizer que assistiram festas, responderam cartas, obedeceram ordens, perdoaram colegas, e que, em compensação, assegurem aos mestres que lhes *estimam, que se* lhes *não visitam com frequência, é que receiam incomodar-lhes e que, se* lhes *não saudaram na rua, foi que lhes não viram?*

Por mim, falece-me autoridade para sancionar tais regências, nem acredito que qualquer dos meus colegas se abalance a tanto. E, contudo, o que nenhum de nós teria coragem de fazer, não hão de consegui-lo os anos que se vão doando lentamente?

Quantos verbos que atualmente reclamam a forma direta não exigiram outrora a indireta e vice-versa?

Alvitrei, uma vez unicamente, fazendo violência ao meu ouvido, que se tolerasse, nas provas de exame, a deslocação dos pronomes átonos, e logo me gritaram: não pode. E nada mais tentei."

Por aí se vê que nem todos os professores de português pensam de maneira idêntica a respeito do problema. E os argumentos dos conservadores são facilmente rebatidos. De tão cediços, não resistem à menor discussão, pois se baseiam em preconceitos não científicos. Eis aí mais uma opinião valiosa, pois partida de um mestre não considerado um revolucionário.

(13-14/5/1985)

POR UMA FILOLOGIA BRASILEIRA

A diferenciação linguística do Brasil é um fato insofismável, e a própria linguagem literária veio progredindo no mesmo sentido, tendo-se acelerado a partir do Romantismo. José de Alencar defendeu-a e o próprio Gonçalves Dias já fala em língua brasileira. Há um grande divórcio entre os escritores, que a praticam, e os filólogos, que propugnam uma intransigente fidelidade aos cânones portugueses. Sobretudo, no século XIX, os filólogos e gramáticos optaram por essa orientação, o que redundou num recuo em favor da norma lusa. A discussão em torno do Código Civil, em 1902, quando se digladiaram Rui Barbosa e Carneiro Ribeiro, constituiu o clímax dessa reação lusófila. Outro fator importante na mesma direção foi a influência de um pseudofilólogo, Cândido de Figueiredo, ao iniciar a moda dos consultórios gramaticais do que se deve ou não deve dizer, como se a linguagem de um povo fosse um fenômeno resultante de pressão de cima para baixo, consoante uma teoria do certo ou errado, que a linguística moderna pôs por terra.

Mas os consultórios difundiram-se por todo o país, e o ensino do vernáculo passou a se fazer com a linguagem submetida a uma camisa de força. Quem estudou a língua nas primeiras décadas do século XX sabe disso e sabe como foi grande o fosso entre a língua falada e a escrita. E assim foram também educados os professores de português.

Por isso, a codificação da linguagem dominante no país não foi efetuada. Poucos eram os que reagiam na defesa da fala brasileira.

Aos poucos, espaçadamente, sempre apareciam os que situavam do lado de cá. Não era fácil, porque a presença da filologia lusa era maciça e prestigiosa, e os que não a seguiam cegamente não eram levados a sério.

De qualquer modo, temos adquirido cada vez maior consciência de que se impõe a criação e consolidação de uma filologia brasileira, dedicada ao estudo e codificação da linguagem brasileira, fenômeno vivo de mais de 120 milhões de falantes. Ainda temos o vezo herdado de malsinar a fala corrente e coloquial dos brasileiros, sobretudo a dos jovens, que estão produzindo verdadeira revolução nesse particular, com a agravante de se espalhar através da televisão e outros meios de cultura de massa. Não há gramática tradicional que resista à profunda transformação que se está realizando graças à juventude, que não sofre o que sofreram os seus pais e avós — a escravização à norma tradicional através da escola, que era instrumento altamente reacionário e retrógrado, como ficou afirmado acima. Para isso, concorreu muito a decadência do ensino oficial arcaizante do Português.

Sem dúvida que existe uma pequena mas alta linhagem de filólogos brasileiros independentes, cujo exemplo e lição têm de ser considerados quando se pensar em estabelecer uma filologia brasileira. Pergunto sempre se os holandeses pensam no idioma alemão sempre que falam e redigem suas gramáticas da língua neerlandesa.

Nós temos uma boa plêiade de filólogos precursores da gramática da fala brasileira, que está na linha do pensamento de Alencar e Mário de Andrade. Aí se encontram um João Ribeiro e um Said Ali, um Antenor Nascentes e um Clóvis Monteiro. Este último, em tese notável, estudou as diferenças entre o Português da Europa e o da América, reconhecendo assim o processo de diferenciação, a que Nascentes, num gesto precursor em favor da nossa originalidade, chamou de idioma nacional, chamando a atenção para fatos como o "lheísmo" brasileiro, isto é, o uso de "lhe" em lugar do "o" com verbos de regência acusativa, fato generalizado no Brasil: eu vou lhe ver, visitar, convidar e inúmeros outros que se tornam característicos da linguagem brasileira. É um caso típico de anacronismo um professor marcar erro em trabalho de aluno que escreve "vou lhe visitar hoje", quando sabe que todo o mundo fala assim no Brasil. E este é um fato de sintaxe e não de vocabulário ou sotaque. Esses e outros fatos é que devem ser coletados na elaboração de uma filologia brasileira.

Mas a grande figura dessa luta foi um professor da Bahia, que, intimorato, enfrentou o maior bastião da reação, a congregação do Colégio Pedro II, com uma tese revolucionária na teoria e na prática que defendia os valores da linguagem brasileira. Chamou-se Herbert Parentes Fontes, e sua obra de vários volumes é um começo e um exemplo do que deverá ser um dia a filologia brasileira.

Vanguardista, ele tinha a coragem das ideias que formara, e as afirmava sem rebuços. Vi-o em atitude de verdadeiro espadachim, a esbravejar contra os preconceitos e doutrinas estabelecidas pela inércia e subserviência. Um bravo, cuja obra servirá de modelo aos estudiosos e pesquisadores futuros da nossa realidade linguística.

(10-11/7/1983)

A REVOLUÇÃO LINGUÍSTICA

Até que afinal surge, do próprio seio dos filólogos e professores de língua vernácula, um grito de alerta a favor da língua que se fala e escreve no Brasil. O fato é tão mais auspicioso quando nesse meio é que domina o maior reacionarismo no que concerne ao uso da língua entre nós. E é precisamente um grande professor, autor de numerosos livros dedicados ao assunto, que vem a público dizer aquilo que os não profissionais, os escritores, vêm há muito tempo afirmando e praticando. Refiro-me ao livro do professor gaúcho Celso Pedro Luft intitulado *Língua e liberdade* (L&PM Editores, 1985). No momento exato em que preocupa as autoridades o problema da língua materna, ao que dizem estropiada pela juventude, vem esse professor levantar a voz para mostrar que não são os jovens que estão errados, mas o ensino da língua, feito segundo critérios defasados em relação ao uso. A língua é fenômeno vivo, em constante mutação e renovação, graças à inventividade dos falantes.

O conflito é gerado precisamente porque há um divórcio brutal entre o uso corrente na maioria dos brasileiros e o que se insiste coercitivamente, ditatorialmente, em ensinar nas escolas, com intenção meramente corretiva, segundo padrões portugueses dos séculos e dos escritores chamados "clássicos'; para eles, e que nós, isto é, os professores nossos procuram impingir na mente dos educandos. Daí que estes consideram, como afirma com acerto Celso Luft, o aprendizado da língua, as aulas de vernáculo, a coisa mais cacete, mais inútil do mundo, e reagem não aceitando as normas estrangeiras que lhes querem obrigar a decorar. É o que faz a língua. E não é possível continuarmos a falar e escrever conforme os padrões lusos. Nós possuímos sensibilidade, ritmo, costumes diferentes, que nos ditam de dentro para fora o modo de falar. É o que explica o fato de dizermos — "Você quer ir comigo ao cinema? Então eu te pego em sua casa" — ou "Eu não posso lhe ver hoje"; é porque assim é que sentimos, é o nosso ritmo de falar. Como corrigir isso a esta altura? Jamais. Não há professor com todos os lápis vermelhos do mundo que consiga. Por isso os estudantes reagem. O que lhes querem ensinar é estranho à sua maneira, à sua sensibilidade. São regras de uma gramática antiquada, cediça, que nada tem a ver com o nosso sentimento, com o sentir de um povo de 130 milhões, que constrói sua própria civilização autônoma há cinco séculos e que não dá maior valor às semelhanças e sim às diferenças que caracterizam a sua vida, alma, cultura, raça, mestiças graças a Deus.

Por isso tudo está inteiramente desmoralizado o ensino gramaticalista, à maneira tradicional. Por isto, está causando tremendo impacto em Portugal a língua falada pelas personagens de nossas telenovelas. Para evitar essa revanche anticolonialista, terão que proibir a exibição das telenovelas. E não adianta nada enviarem ao Brasil comissões de corretores, num velho gesto de quem supõe ainda mandar no Brasil. Continuaremos a colocar "errado", isto é, à brasileira, os pronomes. Continuará a viúva Porcina a dizer "tu não tem vergonha!" e outras "barbaridades", contrárias às regras mumificadas que os gramáticos normativos e seus agentes nas salas de aula continuam a tentar impingir à luz de seu ensino teorista e em contraste com o uso.

Há muito venho pregando que a nossa língua brasileira está urgentemente precisando de uma filologia brasileira, que faça a coleta e codificação dos fatos da língua corrente, a fim de que não continuem os professores a torturar os garotos com as suas baboseiras de colorido lusitano, contrárias às usadas por eles, acoimadas de solecismos. Não há gente mais reacionária. A saída é gritar que a juventude não sabe falar a língua materna. Claro. Porque o que lhes ensinam não é a língua materna, porém, um idioma estrangeiro, cheio de regras de outro povo, divorciado do seu uso vital. É mister compreendermos isso de uma vez: não adianta fingirmos que a nossa é a língua portuguesa. Nossa língua chama-se língua brasileira. O mestre Nascentes já empregava "idioma nacional". Separação idêntica fizeram os holandeses em relação ao alemão: língua holandesa. Por que mantermos essa hipocrisia de dizer que falamos a língua portuguesa quando, lá e cá, não mais nos entendemos? O livrinho do professor Celso Luft, polêmico, insinuante, contundente, provocador da necessária discussão já atrasada do problema, é um passo de gigante no sentido do futuro, um futuro de uns trinta ou quarenta anos em que teremos a coragem de assumir a nossa identidade nacional linguística, como já assumimos a identidade literária, e de denominar língua brasileira, como já temos a literatura brasileira, independente da portuguesa.

(5/11/1985)

A NOSSA LÍNGUA

Excelente artigo de José Carlos Oliveira põe em justo relevo o fato insofismável de que a fala atual brasileira é uma decorrência do trabalho dos escritores do Modernismo. A reação de 1922, pela pena dos Andrades, Mário e Oswald principalmente, e mais Bandeira, pôs por terra a norma dominante do purismo lusitanizante, que a confundia com Parnasianismo. A língua brasileira já se vinha corporificando desde o início da colonização, até que, após a oficialização do Português no século XVIII, a língua no Brasil entraria numa fase de reação lusófila, mediante o ensino posto em prática pelos mestres-escola durante o século XIX, por determinação de Portugal. Esse estado culminou na discussão em torno da redação do Código Civil, em 1902, entre Carneiro Ribeiro e Rui Barbosa, ambos defendendo a mesma doutrina da subordinação aos cânones lusos na língua escrita brasileira, sem atender para o fato de que a língua falada já se diferenciara sobremodo.

Essa reação desmontou o que já haviam feito José de Alencar e outros românticos no sentido da nacionalização linguística brasileira. E o domínio do purismo lusitanizante foi profundo, a ponto de se considerar como ignorante da língua quem não seguisse os rumos da purificação. Até Machado de Assis, o maior prosador da língua em ficção, teve a sua última fase aplaudida porque interpretada como uma reação purista, que Lúcia Miguel Pereira atribuiu à influência de sua mulher, a portuguesa Carolina. Esse fato, aliás, pode ser entendido, como já fiz notar, como o resultado de revisões feitas por qualquer revisor português em Paris ou Lisboa, onde se faziam então as publicações de livros pelas editoras brasileiras, a famosa "personagem revisor" das obras de Pompeia e outros escritores brasileiros.

Depois do Modernismo acabou o domínio subserviente dos nossos escritores à norma lusa. Como Rubem Braga muito bem observou, depois da violência encabeçada por Mário de Andrade trazendo para oito o oitenta do conservadorismo pré-modernista, houve um reequilíbrio, como o uso tranquilo da norma brasileira pelos escritores atuais. Como diz excelentemente José Carlos Oliveira, todo o mundo fala e escreve "com base numa estrutura (som) e numa claridade (significado) que só se tornou articulável por causa dos escritores de 1922 e dos que vieram deles". E continua: "Eis de onde vem o desembaraço e a universalidade do discurso popular espontâneo. Por conseguinte, os escritores produzem o falar moderno."

E, reafirma José Carlos Oliveira, sem esse falar "não haveria intercomunicação, nem oferta, nem procura, nem comércio, nem indústria, nem jornalismo, nem radiofonia, nem televisão, nem publicidade. (...) Essa linguagem e nenhuma outra coisa assegura a marcha da sociedade para um futuro. Eis então a mercadoria que os escritores vendem: ela é a matéria-prima sem a qual a sociedade não anda."

Essas magníficas palavras mostram o estado de conscientização dos escritores brasileiros modernos em relação à linguagem. A língua quem faz é o povo e os escritores a apreendem e codificam. Por ela um povo se identifica e afirma a sua identidade nacional. Ela tem de ser diferente, autônoma, peculiar, diversa de toda e qualquer outra. Não pode guiar-se pelos cânones de outro povo. Por isso a língua nacional do Brasil é brasileira e não portuguesa. É a que o povo brasileiro fala e que os seus escritores usam e registram nas obras que criam e que circulam e são lidas, compreendidas e aplaudidas pelos leitores brasileiros.

(16-17/2/1986)

O PORTUGUÊS DO BRASIL

Recentemente, foi o livro do professor Celso Luft, *Língua e liberdade*. Agora, é o do professor Hildo do Couto, *O que é Português brasileiro* (Brasiliense, 1986). Está cada vez mais avançada a linhagem dos estudiosos que se colocam na defesa da língua que se fala e escreve no Brasil. Só ainda não chegaram a reivindicar a denominação de "língua brasileira" ou "brasileiro", destacando-a do Português, como na prática já se afastou das raízes lusitanas, tanto no plano morfológico quanto no fonológico, sintático e semântico.

A tradição filológica brasileira é de subordinar a norma brasileira, através do ensino e das gramáticas, à portuguesa, isto é, numa distorção dupla, espacial e temporal, como demonstra muito bem o professor Hildo do Couto. Além disso, é, como ainda acentua ele, uma distorção social, porque, com ser de outro país e de um passado morto, é também de uma classe dominante minoritária sobre a maioria da população nacional.

Sempre me pergunto quando ouço os filólogos defenderem, sobretudo nas suas gramáticas normativas, a norma culta como a que deve prevalecer no Brasil. Mas, qual norma culta? Que é norma culta no Brasil? Evidentemente, o que eles advogam como tal é a norma lusitana, arcaizante, porque a do passado. Não se sabe entre nós qual a norma culta brasileira, porque os nossos filólogos em vez de observarem os fenômenos linguísticos do uso brasileiro, não fazem mais do que copiar as gramáticas portuguesas e se copiarem uns aos outros.

Há um Projeto NURC (Norma Urbana Culta), em curso de execução por pesquisa, que vem rolando há cerca de vinte anos. Mas, pelo que se sabe, é de cunho limitado a algumas capitais, portanto, como acentua o Professor Couto, arbitrário por subordinar todo o país a um grupo reduzido de centros urbanos. Ademais, quando terminar já estará defasado e morto.

É claro que o caminho para a identificação da língua brasileira é procurar fazer o levantamento dos fatos de nossa linguagem entre as pessoas cultas, a fim de estabelecer a nossa norma culta. Antes disso, qualquer trabalho será inócuo, ou então sujeito aos cânones lusitanos, como atualmente ainda fazem os nossos professores e filólogos.

Daí a situação catastrófica do nosso ensino da língua materna ou nacional. Ensinando-a pelos padrões lusos, cria-se um total divórcio com a língua falada no dia a dia, em casa, nas praias, nos estádios, nos brinquedos, pelos jovens do país. Esse divórcio surge toda a vez que eles são obrigados a redigir um texto, a falar em público, e, mais tarde, a expressar-se no trabalho, nas reuniões ou nas tribunas.

A culpa não é dos estudantes, mas do sistema anacrônico de ensino da língua. Querer impor uma norma gramatical caduca e estrangeira é um abuso que seria idêntico ao que, em Portugal, procurasse obrigar os jovens a falar como os brasileiros. Será que os professores de Portugal concordariam?

Por tudo isso é que merece aplausos os que têm a coragem, como o professor Hildo do Couto, em desafiar a ira dos nossos autoritários mestres na defesa dos nossos hábitos linguísticos, que algum dia estarão codificados em gramáticas da língua brasileira.

(30-31/3/1986)

A LÍNGUA QUE FALAMOS

O anteprojeto de Constituição, elaborado pela Comissão Especial, reza em seu artigo IV que a língua portuguesa é o idioma nacional do Brasil. Se vingar essa proposta, será a primeira vez que um texto constitucional brasileiro inclui semelhante decisão. É um verdadeiro decreto ditatorial para uma Constituição democrática. Idêntico decreto foi adotado pela Comissão Ministerial nomeada para fornecer diretrizes com vistas ao aperfeiçoamento do ensino e da aprendizagem da língua portuguesa (1985). Alude o parecer a um consenso, inexistente no país, no sentido de que seja "de toda conveniência" a adoção da "língua portuguesa" e "Português", para definir o nosso idioma oficial.

Ora, nem o plano Stockler, encomendado por D. João, após a chegada ao Brasil, usou a denominação língua portuguesa, senão língua nacional. E isso, em meio a uma intensa polêmica: de um lado os que defendiam a expressão língua brasileira e do outro língua nacional.

Não existe, portanto, nenhum consenso quanto à denominação "língua portuguesa", como afirma a Comissão Ministerial. Há muito quem defenda, no Brasil, a expressão "língua brasileira", desde o século XIX. Por que, agora, neste final do século XX, teremos que regredir a uma posição inteiramente contrária à evolução histórica, às razões sociais, aos costumes, à nossa índole amena, e à realidade linguística e cultural? Só o espírito árcade-pombalino justifica deixarmo-nos dominar pelo interesse luso na matéria, um país de 140 milhões de habitantes contra dez milhões. Que eles fiquem com a língua deles, e nós com a nossa, que veio de uma mistura, operada intensamente desde o início do século XVI, entre o dialeto galego-português que veio com os primeiros colonizadores de baixa extração, e os indígenas e negros. Essa "língua comum", como é denominada, dominou até o Alvará de 1759 e o decreto de 1790 do "iluminista" Marquês de Pombal, aos quais se devem as medidas de reacionarismo lusófilo durante o século XIX, com a vinda dos professores régios para o Brasil.

Mas, a denominação de língua brasileira foi defendida por muita gente durante o século XIX e, sobretudo, no século XX, em face do desenvolvimento da discordância entre os falares português e brasileiro.

A Constituição de 1891 não trata do assunto.

Tanto na Assembleia Constituinte de 1934 quanto na de 1946, numerosas foram as vozes a favor da denominação de "língua brasileira". Em 1946, criou-se um Instituto da Língua Brasileira. O sábio Edgard Sanchez publicou um notável livro (Coleção Brasiliana) intitulado *Língua brasileira*. Outro estudioso da matéria, Herbert Parentes Fortes, filósofo, sociólogo e linguista, batalhou largamente em vários livros na defesa da denominação. Cruz Cordeiro e outros fizeram o mesmo. As Constituições, desde a de 1934, só falam em "língua nacional".

A Câmara Municipal do antigo Distrito Federal, por decreto de 16 de setembro de 1935, estipulou que será adotada "nas escolas primárias e secundárias do D. F.", nos livros didáticos e no nome da disciplina, a expressão "língua brasileira" (*D. Oficial*, 17/9/1935).

Para melhor aprofundamento do problema, ver: José Ariel Castro. "Formação e desenvolvimento da língua nacional brasileira" (In: *A literatura no Brasil*. Dir. Afrânio Coutinho. 3. ed. Rio de Janeiro, J. Olímpia, 1986. V. 1, p. 258).

Por que mantermos uma atitude em desacordo com a realidade linguística brasileira? Todo país soberano, com raras exceções, tem a língua com o nome da nação: francês, inglês, espanhol, italiano etc.

Já é tempo de adotarmos a denominação de "língua brasileira" e "brasileiro" para o idioma do Brasil.

(22-23/9/1986)

A LÍNGUA DO BRASIL

A evolução do falar típico dos brasileiros já vinha se consolidando desde o início da colonização, com a mistura do idioma trazido pelos colonizadores, em geral de baixa extração, com os idiomas indígenas e negros. No século XVIII, quando só então se podia reconhecer a unidade do idioma luso, os colonizadores se assustaram com o desenvolvimento que se verificava na Colônia e, então, resolveram interferir na questão, tendo o Marquês de Pombal baixado um alvará em 1759, tomando o Português a língua oficial em todo o reino. Era a confirmação da política de D. João V. A partir daí, desencadeou-se uma reação, que dominou todo o século XIX, no sentido da implantação das normas portuguesas no Brasil. Os chamados professores régios empenharam-se nessa campanha, de acordo com o gosto classicizante e arcádico.

Os brasileiros somos por demais subservientes em relação a tudo que vem de fora. De nada valeu a Independência, mesmo porque ficou no Brasil uma réplica da Corte portuguesa, em tudo resolvida a manter aqui os interesses e padrões da vida de além-mar. Por isso, durante todo o século, em matéria de língua, a regra absoluta era ditada pela filologia e gramática portuguesas, expressões do gosto dominante no país. O caso mais notável foi a influência draconiana de um pseudofilólogo, Cândido de Figueiredo, ouvido e seguido por gregos e troianos em nosso país, graças à penetração das suas teorias e normas produzidas pela imprensa de então, também ela dominada de fora. Lembrou muito bem Araripe Júnior "o cerco das consciências" que aquela imprensa exercia no país através dos inúmeros colaboradores cuja colaboração importava. Essa onda lusófila e chamada "purista" culminou na famosa polêmica entre Rui Barbosa e Carneiro Ribeiro, em torno da redação do Código Civil em 1902. Era o domínio maciço da linha lusa, indiferente ao espírito autonômico já bastante adiantado, inclusive na língua escrita expressa em nossa literatura por obras de grandes nomes, e não obstante a posição nítida de um José de Alencar.

Compreendia-se já então que a nossa língua devia seguir um curso diferente da falada em Portugal. Mas foi o movimento modernista de 1922 que pôs em relevo, mais uma vez, este fato. Era a revanche do espírito autonomista, que, desde então, só fez crescer e se consolidar.

A língua do Brasil, língua brasileira, é atualmente um fato incontestável. O essencial era que os nossos filólogos e gramáticos, em vez de copiarem as obras passadas, elaborassem compêndios novos, inspirados na realidade linguística do país, mediante pesquisas e levantamentos dos fatos, da língua que se fala e escreve no país. A língua é propriedade do povo que a fala. E não das gramáticas absolutas, copiadas de outras oriundas de povo estrangeiro.

E o que é mais importante é que essa língua brasileira é a que os nossos escritores atuais escrevem em seus romances, contos, poesias, crônicas. É a língua de todos nós que eles colocam em seus livros e na boca de seus personagens.

Já é tempo de esquecermos essa atitude de subordinação aos cânones do que chamam a norma culta, no caso uma norma culta estrangeira, para estabelecermos a nossa norma culta, codificada do falar e do escrever de nossa gente culta.

(28-29/6/1987)

O IDIOMA E A CONSTITUIÇÃO

Pelo que se observa no anteprojeto da nova Constituição, será a primeira vez que no texto da Carta Magna brasileira o idioma do Brasil terá a denominação de "português".

Desde 1826, a expressão usada em todos os textos foi de "língua nacional". Tanto em 1934, quanto em 1946, e depois em 1967, foi essa a norma seguida. A de 1891 não alude ao assunto.

Na Assembleia Nacional Constituinte de 1946 houve grande debate sobre o tema, e uma comissão de filólogos, nomeada pelo Ministro da Educação, perpetrou um parecer em sete dias rejeitando a ideia de se dar a denominação de "língua brasileira", proposta então. Mas, após as discussões, opinou-se pela adoção de "língua nacional".

Alguns filólogos sofismam que esta última fórmula quer dizer língua portuguesa. É um mero ardil polêmico. Também adiantam que a defesa da denominação de "língua brasileira" está superada pelos especialistas.

Ora, não há, entre os especialistas, nenhum consenso a esse respeito, como sustentam eles. Ao contrário. Muitos entendidos na matéria se têm colocado nitidamente a favor da tese da "língua brasileira" não somente como denominação do idioma falado e escrito no Brasil, como também na defesa da realidade linguística brasileira diferenciada frontalmente da portuguesa, do ponto de vista vocabular, fonético e também estrutural. Não é apenas no vocabulário que nos diferenciamos, mas sim no sintático, semântico e fonético.

Basta que leiamos os trabalhos de Artur Neiva, Edgard Sanches, Herbert Parentes Fortes, Cassiano Ricardo, Amadeu Amaral, sem falar nos de Clóvis Monteiro, Renato Mendonça, Macedo Soares, Paranhos da Silva e inúmeros outros. Até o mais recente estudo, elaborado pelo Professor José Ariel Castro, na 2ª edição de *A literatura no Brasil* (Rio de Janeiro, J. Olímpio, 1988, v. 1), que mostra a evolução da língua nacional brasileira, com argumentos históricos, sociais, filológicos e linguísticos irretorquíveis. Só mesmo pelo comodismo e o conformismo dos brasileiros, sempre indiferentes a analisar os problemas nacionais, é que se deixará prender pelo reacionarismo dos nossos filólogos e professores de português, que insistem em teses inteiramente sem racionalidade, fazendo finca-pé no que já está estabelecido pelo conservadorismo e subordinação à teoria dominante desde o Marquês de Pombal no século XVIII. Ao contrário do que se tomou o oficialismo no ensino brasileiro, a língua do

Brasil já se havia distanciado muito da portuguesa, desde o descobrimento àquele período, quando foi implantado o purismo lusófilo e arcádico em toda a parte do Reino.

Não há, portanto, como admitir-se ainda hoje a reação de denominar-se a nossa língua como "língua portuguesa".

(3/8/1987)

PURISMO E CLASSE

No estupendo livro de Arno Mayer, lançado no Brasil em 1987 (*A força da tradição*, Companhia das Letras.), fica demonstrado à exação, contrariando a interpretação antiga, que a chamada civilização burguesa, que a Revolução Francesa tentou instalar no mundo, não foi senão a continuação do sistema de hábitos e valores do Antigo Regime que pensou destruir. Na economia, deu-se a permanência da terra, da agricultura e da manufatura. Na política, as classes governantes foram praticamente as do Antigo Regime. Todo o século XIX foi marcado pela cultura e pelas concepções do mundo do passado. O historicismo dominou a cena social, política, econômica, cultural, a despeito das tentativas modernizantes, mortas ou abafadas pela tradição. A burguesia procurava adaptar-se, adquirindo os costumes e penetrando nos altos escalões. Por outro lado, o mundo aristocrático aceitava, para continuar no poder, os homens e os modos de vida que lhe oferecia. As formas arcaicas e a cultura clássica continuam a florescer como força de inércia e resistência. As convenções eram muito fortes, estabelecidas desde o período feudal, de modo a serem rompidas sem esforço. Houve uma verdadeira "simbiose ativa entre dois estratos sociais", em que a "monumentalização e a ornamentalidade" continuavam a caracterizar a vida. A burguesia emergente se via obrigada a adaptar-se à nobreza antiga na tentativa de passar ao domínio da civilização. Sua característica era a imitação, a emulação e a assimilação. Copiava "o tom, adotando sua pronúncia, porte, maneira, etiqueta, vestuário e estilo de vida". Os novatos transformavam-se em "puristas esnobes".

Todos os artifícios e cacoetes da antiga nobreza eram assimilados pela burguesia, como um meio de penetrar e subir na escala social, enobrecer-se. "Os mortos continuavam a dominar os vivos." Assim, a cultura oficial não perdeu a sua posição de defesa contra quaisquer tentativas de subversão nas artes visuais, pictóricas, arquitetônicas, teatrais literárias, todas elas resistentes à modernidade, marginalizando os esforços isolados que surgiram pela cabeça de alguns reformistas teimosos. Assim também a educação, secundária e superior, dominada pelo classicismo.

Aí nesta descrição sumária está toda a explicação do "purismo" linguístico implantado, com a divisão entre língua escrita e língua falada, entre o que se deve dizer e o que não se deve dizer, segundo a teoria do pseudofilólogo Cândido de Figueiredo. Essa doutrina foi implantada no Brasil graças ao predomínio do oficialismo oriundo de Portugal a partir do decreto do Marquês de Pombal no final do século XVIII.

Esse purismo é evidentemente uma herança da resistência à modernização que as classes dominantes europeias, de Portugal inclusive, viveram no século XIX. Era um cacoete aristrocratizante. O Brasil era algo novo, infenso à tradição aristocrática. Mas a nossa elite dirigente se esforçava por mostrar-se idêntica às europeias do Antigo Regime, adquirindo foros da nobreza (uma nobreza fajuta), mediante enriquecimento, grandes propriedades rurais, casamentos, postos de comando, etiqueta, vestimenta, lustre na vida social dos salões e dos grandes palácios urbanos.

Para essa gente, não era admissível uma linguagem senão culta, "pura", sem erros de sintaxe, "clássica". Daí a luta que os gramáticos sustentaram contra o que chamaram a degradação da linguagem feita no Brasil, e que precisava ser combatida. Os filólogos brasileiros não compreenderam a posição "brasileira" e se enfileiraram ao lado dos mestres portugueses. Não viram que aí estava uma questão de classe: uma classe europeia, europeizante, e uma nova classe brasileira, de uma nova comunidade que tinha e tem o direito a falar e escrever conforme a sua natureza, hábitos, sentimentos, uma comunidade de cento e cinquenta milhões de pessoas em ebulição civilizatória. E ficaram olhando para trás, a defender um purismo falso, fora da realidade linguística do país.

(18-19/10/1987)

PURISMO LINGUÍSTICO

O que se deduz do estudo de Arno Mayer — *A força da tradição* (Companhia das Letras, 1987) é que os processos e hábitos da aristocracia do Antigo Regime eram transferidos para a burguesia ascendente, num esforço de adaptação entre os dois estilos de vida, de um lado para a sobrevivência e do outro para a aquisição de *status* e o domínio social. O mesmo processo encontra-se no Brasil, como se pode ver pela análise notável do mestre Florestan Fernandes em seu livro *A revolução burguesa no Brasil* (Zahar, 1981).

Conforme o nosso mestre, a resistência do regime colonial e senhorial fez com que demorasse a desintegração da ordem social escravocrata, e foram sendo mantidos os cacoetes da nossa aristocracia de imitação. Era um meio, como se pode depreender da análise referida, de defesa da ordem estabelecida, o burguês procurando manter o estilo de vida senhorial. Era o esforço de ascensão do burguês para a alta esfera social, procurando imitar os padrões de vida arcaicos, demorando assim, como está demonstrado no livro, a implantação da nova ordem social e econômica e do novo estilo de vida e atrasando a modernização do país. Era a macaqueação dos modos de vida da classe alta para "fingir" de nobres. Era o princípio da acomodação para viver melhor, assim também respeitando "os interesses hegemônicos da classe senhorial". Sem dinamismo próprio, sem identidade, em situação de dependência, a burguesia tornou-se conservadora, imitativa, seguidora, propugnando na vida o arcaísmo em todos os seus aspectos. Para essa classe emergente, essencial era a conquista do prestígio social e do poder financeiro. Em vez de procurar implantar o seu regime e os seus princípios, macaqueava e se adaptava ao regime senhorial, perpetuando-se em busca de honorificação e nobilização.

Isto reflete-se até na linguagem. Procurava falar bonito, em língua pura, segundo os padrões "clássicos". Não compreendia que, no país novo, a modernização era a sua missão histórica, e acomodava-se. O luxo, as residências palacianas, o desprezo pela plebe, pela "gentinha" (sua linguagem), pelo mestiço, o esnobismo, o pernosticismo, falando francês, "voltando à Europa", e Europa significava Paris, os bulevares, o teatro, o modelo francês constituíam o seu tom de vida. Na vida comum, exaltava a "civilidade" como forma e estilo.

E toda essa atitude irreal tinha que traduzir-se na linguagem. Depois do decreto do Marquês de Pombal estabelecendo o português como língua oficial do Reino e colônias, uma onda de reação desencadeou-se pela mão dos professores régios para refazer o "descalabro" produzido no idioma colonizador nos três primeiros séculos, graças à mistura realizada pelos habitantes entre a linguagem trazida pelos primitivos colonos, um frouxo dialeto galaico-português, os dialetos indígenas e negros. Então, instalou-se a tendência à correção, à linguagem pura, o purismo, que os professores de vernáculo e os filólogos locais adotaram como padrão e inculcaram na escola e nos consultórios gramaticais. Era o primado do que "se deve dizer" e não do que "se não deve dizer". Esse purismo foi incorporado aos hábitos da classe dominante, como demonstração de *status* elevado, de língua de classe culta, de norma para destaque, de manutenção de estilo de nobreza, de tom senhorial, de situação de classe dominante. Com isso, a burguesia procurava o caminho da hegemonia social. Mediante um estilo de vida e de linguagem ela adquiria o domínio tomando-se dona da situação, assim entrando na posse dos cargos públicos, do oficialato militar, da diplomacia e do governo.

A linguagem purista, gramaticalmente correta, tomava-se o signo da conquista da classe dominante. Falar e escrever "bem" passa a ser o signo de classe alta, culta, o instrumento de valorização e a afirmação de poder econômico, cultural, social e político. Esse processo durou no Brasil todo o século XIX, culminando na polêmica Rui-Carneiro em 1902.

Homens como José de Alencar, rebelde ao purismo, tornaram-se o bode expiatório da reação conservadora. A evolução da linguagem brasileira, de que ele se fez o paladino, foi desrespeitada em nome de um arcaísmo que nem mesmo em Portugal existia mais. Os privilégios falsos e as ficções de nobreza, apoiados pela escola e a filologia nacional, bloquearam a língua brasileira. Só o Modernismo veio colocar um paradeiro a esse reacionarismo linguístico, e daí em diante a literatura brasileira rompeu com o divórcio entre a língua escrita e a falada, como se pode ver na imprensa e nos escritores atuais.

(25-26/10/1987)

70. *Afrânio Coutinho*
VISÃO FINAL

O "neoparnasianismo" da geração de 45. A procura de novos cânones. As revistas de vanguarda. A fase transitória dos congressos. As décadas de 50 e 60 — Grande sertão: veredas. A nova feição da crítica. A poesia alternativa pós-60. Fim do modernismo.

É possível traçar um quadro da literatura brasileira na atualidade. Em 1945, cessada a Segunda Guerra Mundial, ela foi percorrida por duas correntes.

1. De um lado, a constituída pelo grupo de poetas — sobretudo poetas — que passaram a ser conhecidos como "a geração de 45": Ledo Ivo, João Cabral de Melo Neto, Péricles Eugênio da Silva Ramos, Domingos Carvalho da Silva, Ciro Pimentel, André Carneiro, José Paulo Moreira da Fonseca, Geir Campos, Otávio Mora do Couto e Silva, Olímpio Monat da Fonseca, Fernando Ferreira de Loanda, Darci Damasceno, Afonso Felix de Sousa, uns de São Paulo outros do Rio de Janeiro; estes tiveram o seu porta-voz na revista *Orfeu* e na *Antologia poética da geração de 45*, publicada por Milton Godói Campos (1966); e, em São Paulo, o Clube da Poesia, com a *Revista Brasileira de Poesia*. A eles, podem juntar-se alguns prosadores, como Fernando Sabino (*O encontro marcado*, 1956).

A tendência desse grupo ou geração é caracterizada por uma continuação com aprofundamento e redirecionamento do Modernismo. É uma terceira fase do movimento iniciado em 1922, embora noutra pauta. Reagiu contra o caráter desleixado do Modernismo, contra o verso livre, procurava reencontrar a forma, as disciplinas formais, o rigor formal, e, por esta preocupação geral, foi acusada de neoparnasiana. Buscavam-se as raízes do fazer poético, a retórica do verso, do poema, ao mesmo tempo novos significados e conteúdos, através de um trabalho rigoroso e bem acabado, daí a preocupação com a poética e a retórica.

Não houve uma ruptura radical com o Modernismo, ao contrário, a geração é uma continuação dele, máxime porque surgiu depois do trabalho de reconstrução da geração que caracterizou a fase de 1930 a 1945. Mário de Andrade, morto em 1945, atravessara as duas fases, a primeira da rebelião e destruição da era pós-parnasiana, e a segunda, na qual se produziu uma reconstrução, por ele mesmo propugnada no ensaio "Elegia de abril".

A terceira fase, a da geração de 45, completou aprofundando esse trabalho de reconstrução. A modernidade está de pé. A tendência renovadora se faz sentir fortemente. Sob uma forma em que domina a preocupação estética, cessada a fase de pesquisa, a que se referiu Mário de Andrade. Essa mudança inclui as outras artes, como a pintura, com Scliar, e a música com Marlos Nobre e Cláudio Santoro.

Além disso, o período teve um sentido universalista, uma preocupação com o homem, graças a influências e leituras novas — Eliot, Proust, Valéry, Ungaretti, Fernando Pessoa, Rilke, Lorca, que produziram uma abertura grande para novos horizontes. Era, assim, pode-se dizer, uma geração aristocrática, que não rejeitava a contemporaneidade com os grandes da primeira e segunda fase do Modernismo. Foi, portanto, não a criadora de um novo período literário — o Neomodernismo — como a designou impropriamente Tristão de Athayde, mas a terceira fase do período modernista, terminada no final da década de 60.

2. A partir dessa década, o Brasil foi percorrido por uma inquietação renovadora entre os jovens, que se fazia sentir em toda a parte do país. Se a geração de 45 também se preocupa com inovar, em relação ao Modernismo, embora constituindo antes sua terceira fase, por outro lado notam-se sinais evidentes de uma ânsia de inovação muito mais radical. Estavam esgotados os cânones modernistas. Havia que procurar uma saída. E desde o início da década de 50 essa inquietação se fazia sentir, inclusive já com manifestações inequívocas e precursoras de algo novo a surgir.

Terminado o conflito mundial, por todo o país surgiram simultaneamente grupos com tendências e preocupações semelhantes, procurando abrir novos rumos para a criação literária e artística. Expressos em revistas de vanguarda, referem-se a seguir os grupos principais: *A Ilha*, em São Luís, MA; *Novo Mundo*, em Cuiabá, MT; *Cla e José*, em Fortaleza, CE; *Bando*, em Natal, RN; *Joaquim*, em Curitiba, PR; *Agora*, em Goiânia, GO; *Caderno da Bahia*, *Ângulos* e *Mapa*, em Salvador, BA; *Região*, *Nordeste*, *Presença* e *Letras Pernambucanas*, em Recife, PE; *Panorama*, *Kriterion*, *Alterosa* e *Acaiaca*, em Belo Horizonte, MG; *Orfeu*, *Cromos*, *Juventude*, *Esfera* e *Revista Branca*, no Rio de Janeiro; *Colégio*, *Revista Brasileira de Poesia*, *Artes Plásticas*, *Letras da Província*, *Palmeiras*, *Trópico* e *Paralelos*, em São Paulo; *Horizonte* e *Quixote*, em Porto Alegre, RS; *Sul*, em Florianópolis, SC.

Acontecimentos importantes também marcaram a fase, que se pode chamar de encruzilhada ou de trânsito: I e II Congresso de Poesia (Recife, 1941 e 1942); o I Congresso de Poesia (São Paulo, 1948), II Congresso de Poesia (Ceará, 1948). Os seguintes livros publicados também apontam para novas direções: *Sagarana* (1946), de Guimarães Rosa; *Novelas nada exemplares* (1943), de Dalton Trevisan; *Perto do coração selvagem* (1943), de Clarice Lispector. A partir desses sinais precursores, a linha se intensifica, através das décadas de 50 e 60, já produzindo obras de significação inteiramente nova, que culminaram na publicação de *Corpo de baile* (1956) e *Grande sertão: veredas* (1956), de Guimarães Rosa. O crítico Assis Brasil considera a data de 1956 como um marco da literatura brasileira moderna. É o fim do Modernismo e início de nova fase. Neste ano são publicados três livros que indicam mudança radical:

Contos do imigrante, de Samuel Rawet; *Doramundo*, de Geraldo Ferraz; *Grande sertão: veredas*, de Guimarães Rosa.

Nesta mesma data, outro acontecimento fundamental foi o surgimento da Poesia Concreta, com o Suplemento Literário do *Jornal do Brasil* (SDJB), entre 1956 e 1961. Esses fatos mostram a radical transformação de natureza estética por que passa a literatura brasileira, num clima de renovação e, sobretudo, de experimentação e vanguardismo, no plano da forma e da criação de uma linguagem nova e de preocupações técnicas na ordem ficcional e lírica. Desta maneira, podem-se considerar pertencentes à nova literatura os nomes dos seguintes escritores, em poesia lírica, ficção e crônica: Bueno de Rivera, Domingos Carvalho da Silva, Péricles Eugênio da Silva Ramos, Alphonsus de Guimaraens Filho, João Cabral de Melo Neto, Ledo Ivo, Mauro Mota, Geir Campos, Olímpio Monat da Fonseca, José Paulo Moreira da Fonseca, Antônio Rangel Bandeira, Darci Damasceno, Marcos Konder Reis, Afonso Félix de Sousa, Afrânio Zuccolotto, Alberto da Costa e Silva, Aluísio Medeiros, Artur Eduardo Benevides, Audálio Alves, Mário da Silva Brito, Bandeira Tribuzzi, Carlos Pena Filho, Ciro Pimentel, Dantas Mota, Fernando Ferreira de Loanda, Fernando Mendes Viana, Ferreira Gullar, Francisco Carvalho, Gilberto Mendonça Teles, Homero Homem, Idelma Ribeiro de Faria, João Francisco Ferreira, José Paulo Pais, José Santiago Naud, Lélia Coelho Frota, Lupe Cotrim Garaude, Marli de Oliveira, Otávio Mora, Godofredo Filho, Carvalho Filho, Osvaldino Marques, Paulo Mendes Campos, Renata Pallotini, Afonso Ávila, Rute Sílvia de Miranda Teles, Tiago de Melo, Afonso Romano de Sant'Ana, Walmir Ayala (na poesia); Mário Palmério, Maria Alice Barroso, Geraldo de Melo Mourão, Louzada Filho, Campos de Carvalho, Carlos Heitor Cony, Aníbal Machado, Ciro dos Anjos, Otávio de Faria, Érico Veríssimo, Jorge Amado, Marques Rabelo, Lúcio Cardoso, Josué Montello, Mário Pontes, Lígia Fagundes Teles, Fran Martins, Moreira Campos, Antonio Callado, Fernando Sabino, Otávio de Melo Alvarenga, Mário Filho, Isócrates de Oliveira, Rubens Teixeira Scavone, José Cândido de Carvalho, Ivan Vasconcelos, Braga Montenegro, José Mauro Vasconcelos, Ivan Pedro Martins, Dalcídio Jurandir, Permínio Ásfora, Gastão de Holanda, Diná Silveira de Queirós, Saldanha Coelho, Herberto Sales, Viana Moog, Moacir C. Lopes, José Condé, Patricia Galvão, Geraldo Ferraz, Adonias Filho, Reinaldo Moura, Dionélio Machado, Autran Dourado, Murilo Rubião, Mário Donato, Samuel Rawet, Breno Acioli, Maria de Lurdes Teixeira, Renard Perez, Otto Lara Resende, Ascendino Leite, Ricardo Ramos, Olavo Pereira, Osman Lins, Macedo Miranda, Rubem Fonseca, Rubem Miranda, Rubem Braga, Cornélio Pena (em ficção).

Também a crítica literária passou por idêntico esforço renovador. A velha crítica feita nos rodapés dos periódicos, aleatória, impressionista, jornalística, mero noticiário mais ou menos opiniático, sem profundidade e conteúdo doutrinário, mera recensão de livros publicados no momento, cedeu lugar à "nova crítica", poética, baseada na análise e julgamento estético do texto ou obra, em que se empenhou, a partir da década de 50, Afrânio Coutinho, em consequência de cujo trabalho as gerações novas de críticos vêm produzindo com seriedade nas universidades e nas revistas.

Destacam-se Eduardo Portela, Fausto Cunha, Assis Brasil, José Guilherme Merquior, Heitor Martins, Cassiano Nunes, Eugênio Gomes, Euríalo Canabrava, Gilberto Mendonça Teles, Silviano Santiago, Antônio Houaiss, Francisco de Assis Barbosa, Pedro Paulo Montenegro, Elisabete Marinheiro, Luiz Costa Lima, César Leal, Eduardo Frieiro, Carlos Burlamaqui Kopke, Vicente Ataíde, Eduardo de Faria Coutinho, Wilton Cardoso, José Aderaldo Castelo, Antonio Candido, Fábio Lucas, Fábio Freixieiro. Deve-se assinalar que muitos desses nomes atuam em mais de um gênero. A respeito dos críticos, alguns seguem linhas doutrinárias diversas, como o marxismo, o sociologismo, o existencialismo, o estruturalismo, a estilística, com influências variadas.

A partir de 1960, vários movimentos surgem com características peculiares, e realmente novas, mostrando diferentes tendências: Concretismo, Neoconcretismo, Poesia-práxis, Poema-processo, Poema-objeto, Catequese poética, e grupos de poesia "alternativa", e poesia marginal. Desde Guimarães Rosa que está em jogo a busca de uma nova linguagem ou expressão artística para a literatura. A palavra poética será para todos o objeto de uma pesquisa que leve a um aprofundamento, a uma valorização, em consequência do fato de se considerarem esgotados os recursos estilísticos tradicionais. Para isso muitos foram buscar a associação com outras artes do domínio do plástico, do figurativo e musical, a fim de torná-la mais apropriada às exigências da comunicação.

A consequência tem sido grande no campo das artes visuais, tornadas muito mais significativas, desfazendo a distância entre o emissor e o receptor, penetrando neste último fortemente, quase com agressividade, com capacidade de convicção. Ainda não possuímos perspectiva histórica para denominar o novo período, caracterizá-lo e delimitá-lo.

Mas por volta de 1960, o Modernismo está morto. Há que registrar e considerar as suas contribuições válidas e realizações positivas, que tiveram os seus efeitos benéficos nos posteriores. Nenhum movimento literário tem início e término fixos. Entrosam-se antecessores e sucessores, interpenetram-se os elementos de uns passando para os outros ou originários de antes. Ao mesmo tempo que o Modernismo termina pela terceira geração — a de 1945 — vão surgindo sinais de nova fase. Foi o que ocorreu nas décadas de 45 a 60. Superpõem-se as correntes antiga e nova. A geração de 45 legou aos seguintes a preocupação com a forma, a linguagem, a busca da expressão.

As novas aprofundaram e revolucionaram essa tendência, criando verdadeira revolução estético-estilística. Tanto na poesia quanto na ficção, o Brasil, atualmente, é visto em si mesmo, uma região do mundo que merece um mergulho de pesquisa para descobrir a sua magia, traduzida em mitos e símbolos. O fato é que, em resumo, a literatura brasileira, na altura do final do século XX, e à custa da produção dos escritores atuais, afirma-se como uma literatura própria, autônoma, peculiar, com autonomia e identidade nacionais, sem nada a dever às demais do Continente e da Europa. Já existe como literatura, que merece o respeito e consideração da crítica universal.

*

A autonomia literária, acima registrada, deve acompanhar-se do reconhecimento da autonomia linguística, para o que se impõe o desenvolvimento de uma filologia brasileira, libertada da subordinação à portuguesa, à qual caberá a tarefa inadiável da coleta e codificação dos fenômenos da linguagem brasileira falada e escrita, nos níveis fonético, morfológico, léxico, semântico, sintático, de conformidade com a lição maravilhosamente expressa por Machado de Assis, no seu magnífico ensaio "Instinto de nacionalidade" (1873):

> Devo acrescentar que neste ponto manifesta-se às vezes uma opinião que tenho por errônea: é a de que só reconhece espírito nacional nas obras que tratam de assunto local, doutrina que, a ser exata, limitaria muito os cabedais da nossa literatura.
> (...) Não há dúvida que uma literatura, sobretudo uma literatura nascente, deve principalmente alimentar-se dos assuntos que lhe oferece a sua região; mas não estabeleçamos doutrinas tão absolutas que a empobreçam. O que se deve exigir do escritor, antes de tudo, é certo sentimento íntimo, que o tome homem do seu tempo e do seu país, ainda quando trate de assuntos remotos no tempo e no espaço.
> (...) Não há dúvida que as línguas se aumentam e alteram com o tempo e as necessidades dos usos e costumes. Querer que a nossa pare no século de quinhentos é um erro igual ao de afirmar que a sua transplantação para a América não lhe inseriu riquezas novas. A este respeito a influência do povo é decisiva.

A mensagem da nossa máxima figura literária e maior prosador da língua constitui o rumo a ser seguido por todos os brasileiros investidos de autoridade intelectual.*

---

*   Consultar: Brasil. Assis. "A nova literatura brasileira". In: Coutinho, Afrânio. Cap. 63 desta obra; *id. A nova literatura.* 1973; *id. O livro de ouro da literatura brasileira.* 1980; *id. Dicionário prático da literatura brasileira.* 1979; Campos, Haroldo e Augusto de. "O grupo concretista". In *Poetas do Modernismo.* Brasília: INL, 1971. V. 6; Cardoso, Tanussi. "Viva ou morta, poesia marginal". In: *Jornal do Brasil.* Rio de Janeiro, 5 jan. 1986; Holanda, Heloísa Buarque de. *26 poetas hoje.* Rio de Janeiro: Labor, 1976; *id.* e Pereira, Carlos Alberto Messeder. *Poesia jovem anos 70.* São Paulo, abril, 1982; Lucas, Fábio. Vanguarda, história e ideologia literária, 1985; Matoso, Glauco. *O que é poesia marginal.* São Paulo: Brasiliense, 1986; Pereira, Carlos Alberto Messeder. *Retrato de época, poesia marginal anos 70.* Rio de Janeiro: MEC/FUNARTE, 1981: Soares. Ricardo. "A posição de São Paulo no mapa marginal". *Jornal do Brasil.* Rio de Janeiro. 15 dez. 1985.

BIBLIOGRAFIA SOBRE CRÍTICA LITERÁRIA

I — *OBRAS GERAIS DE INTRODUÇÃO E METODOLOGIA*

Aldridge, A. O. (ed.). *Comparative Literature (Matter and Method)*. Illinois Un. Press.
Allen, W. (ed.). *The Writer on his Art*. Nova York, 1948.
Alonso, D. *Poesía española. Ensayo de métodos y limites estilísticos*. Madri, 1950.
Alonso, M. *Ciencia del lenguaje y arte del estilo*. Madri, 1947.
Altick, R. D. *The Scholar Adventurers*. Nova York, 1950.
Altick, R. *The Art of Literary Research*. Nova York, 1963.
Ambrogio, I. *Formalismo e avanguardia in Russia*. Roma, 1968.
Amiet, W. A. *The Practice of Literary History*. Sidney, 1936.
Amora, A. Soares. *Teoria da literatura*. São Paulo, 1944, 1951.
Artz, F. B. *From the Renaissance to Romanticism*. Chicago, 1962.
Auzias, J. M. *Clefs pour le Structuralisme*. Paris, 1967.
Azevedo Filho, Leodegário A. *Estruturalismo e crítica da poesia*. Rio, 1970.
Babbitt, I. *The New Laokoon*. Boston, 1910.
Baldensperger, F. *La littérature*. Paris. 1913.
Barthes, R. *Le degrée zéro de l'écriture*. Paris, 1953.
Barthes, R. *Mythologies*. Paris, 1957.
Barthes, R. *Essais critiques*. Paris, 1964.
Barthes, R. *Elements de Semiologie*.
Barthes, R. *Critique et vérité*. Paris, 1966.
Barthes, R. S/Z. Paris, 1970.

Barzum, J.; Graff, H. F. *The Modern Researcher*. Nova York, 1957.
Bastide, R. (ed.). *Sens et usages du terme structure*. Haia, 1962.
Bethell, S. C. *Literary Criticism*. Londres, 1948.
Binni, W. *Poetica, critica e storia letteraria*. Bari, 1970.
Black, E. *Rhetorical Criticism*. Nova York, 1965.
Black, M. (ed.). *The Morality of Scholarship*. Ithaca, 1967.
Boecht, A. *On Interpretation and Criticism*. Norman, 1968-69.
Boas, G. *A Primer for Critics*. Baltimore, 1937.
Bonati, F. L. *La estrutura de la obra literaría*. Santiago, 1960.
Boudon, R. *A quoi sert la notion de Structure?* Paris, 1968.
Boynton, P. H. *The Challenge of Modern Criticism*.
Brandt-Corstins, J. C. *Introduction to the Comparative Studies of Literature*. Nova York, 1968.
Bregart, D. C. (ed.). *The Rhetorical Idiom*, Ithaca, 1958.
Bridgman, R. *The Colloquial Style in America*. Nova York, 1966.
Brightfield, M. F. *The Issue in Literary Criticism*. Berkeley, 1932.
Brooks, C.; Heilman, R. B. *Understanding Drama*. Nova York, 1945.
Brooks, C.; Warren, R. P. *Undestanding Poetry*. Nova York, 1938.
Brooks, C. *Understanding Fiction*. Nova York, 1945.

Brooks, C. *Modern Rhetoric*. Nova York, 1949.
Brown, W. K.; Olmsted, S. P. *Language and Literature*. Nova York, 1962.
Buck, P. M. *Literary Criticism*. Nova York, 1930.
Burke, K. *Grammar of Motives*. Nova York.
Burke, K. *Rhetoric of Motives*. Nova York.
Burke, K. *Language as Symbolic Action*. Berkeley.
Burnshaw, S. (ed.). *Varieties of Literary Experience*. Nova York, 1962.
Cairas, H. (ed.) *Lectures in Criticism*. Nova York, 1949.
Cargill, O. *Toward a Pluralistic Criticism*. Carbondale, 1965.
Casey, J. *The Language of Criticism*. Londres, 1966.
Castagnino, R. H. *El analisis literario*. Buenos Aires, 1953.
Castagnino, R. H. *Que es literatura*. Buenos Aires, 1954.
Castagnino, R. H. *El analisis literario*. Buenos Aires, 1965.
Chatman, S.; Levin, S. R. (ed.). *Essays on the Language of Literature*. Boston, 1967.
Chassang, A.; Senninger, C. *La dissertation littéraire*. Paris, 1955.
Church, R. W. *An Essay on Critical Appreciation*. Ithaca, 1938.
Corvez, M. *Les structuralistes*. Paris, 1969.
Craig, H. *Literary Study and the Scholarly Profession*. Seattle, 1944.
The Language of Criticism and the Structure of Poetry. Toronto, 1953.
Crane, R. S. *The Idea of Humanities*. Chicago, 1967. 2 v.
The Critical Moment. Londres, 1963.
Croll, M. *Style, Rhetoric and Rhythm*. Princeton, 1966.
Curti, M. (ed.). *American Scholarship in the Twentieth Century*. Cambridge, 1953.
Daiches, D. *A Study of Literature*. Ithaca, 1948.
Daix, P. *Nouvelle critique et art moderne*. Paris, 1968.
Damon, P. (ed.). *Literary Criticism and Historical Understanding*. Nova York, 1967. Daniel, R. W. *A Contemporary Rhetoric*. Boston, 1967.
Danziger, M. K.; Johnson, W. S. *An Introduction to Literary Criticism*. Boston, 1961.
Demetz, P.; Greene, T.; Nelson Jr., L. (ed.). *The Disciplines of Criticism*. (Literary Theory, Interpretation, History). New Haven, 1968.
Derrida, J. *L'écriture et la différence*. Paris, 1967.
Dingle, H. *Science and Literary Criticism*. Nova York, 1949.
Dragomirescu, M. *La science de la littérature*. Paris, 1938. 4 v.
Dresden, S. et. al. *La notion de structure*. Haia, 1961.
Dubois, J.; Edeline, F. et al. *Rhetorique Générale*. Paris, 1970.
Du Bos, C. *Qu'est ce que la littérature*. Paris, 1945.
Dubrovsky, S. *Pourquoi la nouvelle critique*. Paris, 1966.
Eco, U. *Obra aberta*. São Paulo, 1968.
Eco, U. *La strutura assente*. Milão, 1968.
Eco, U. *Apocalipticos e integrados*. São Paulo, 1970.
Edel, L. (ed.) *Literary History & Literary Criticism*. Nova York, 1965. (Ninth Congress of the Int. Federation for Modern Languages and Literatures)
Elton, W. (ed.). *Aesthetics and Language*. Oxford, 1954.
Empson, W. *Seven Types of Ambiguity*. Nova York, 1930.
Ermatinger, E. et al. *Filosofia de la ciencia literaria*. México, 1946.
Ermolaev, H. *Soviet Literary Theories — 1917-1935*. Berkeley, 1963.
Esprit. Structuralismes: Idéologie et méthode. Paris, mai. 1967.
Esprit. La pensée sauvage et le structuralisme. Paris, nov. 1963.
Estruturalismo. Tempo Brasileiro. Rio de Janeiro, n. 15-16.
Estruturalismo e marxismo. Div. autores. Rio de Janeiro, 1968.
Etienne, S. *Defense de la Philologie*. Bruxelas, 1947.
Eton, T. *The Semantics of Literature*. Haia, 1966.

Faccani, R.; Eco. U. (org.). *I sistemi di segno e lo struturalismo sovietico.* Milão, 1969.

Fager, J. B. *Compreendre le Structuralisme.* Paris, 1967.

Farrell, J. T. *A Note on Literary Criticism.* Nova York, 1936.

Faye, J. P.; Robel, L. (ed.). *Le Cercle de Prague.* Paris, 1969. (Change, n. 3)

Figueiredo, F. de. *A crítica literária como Ciência.* Lisboa, 1920.

Figueiredo, F. de. *Aristarcos.* Rio de Janeiro, 1941.

Figueiredo, F. de. *A luta pela expressão.* Coimbra, 1944.

Figueiredo, F. de. *Últimas aventuras.* Rio de Janeiro, s.d.

Foerster, N.; Wellek, R. et al. *Literary Scholarship; its aims and methods.* Chapel Hill, 1941.

Fowler, M. E. *Teaching Language, Composition, and Literature.* Nova York, 1965.

Fowler, R. (ed.). *Essays on Style and Language.* Londres, 1967.

Frye, N. *Anatomy of Criticism.* Princeton, 1957. (trad. francesa: *Anatomie de la Critique*)

Frye, N. *Fables of Identity.* Nova York, 1963.

Frye, N. *Fearful Symmetry.* Nova York, 1947.

Frye, N. *The Well Tempered Critic.* Bloomington, 1963.

Frye, N. *A Study of English Romanticism.* Nova York, 1968.

Frye, N. *The Educated Imagination.* Bloomington, 1964.

Frye, N. *The Modern Century.* Toronto, 1967.

Frye, N. *Mtyth and Symbol.* Lincoln, 1963.

Garcia, Othon Moacir. *Comunicação em prosa moderna.* Rio de Janeiro, 1967.

Gayley, C. M.; Scott, F. N. *Methods and Materials of Literary Criticism.* Boston, 1901-1920.

Giraud, V. *La critique littéraire.* Paris, 1945.

Gomme, A. *Attitudes to Criticism.* Carbondale, 1966.

Grabo, C. H. *The Creative Critic.* Chicago, 1946.

Gandillac, M. (ed.). et al. *Entretiens sur les notions de genèse et structure* (1959). Haia, 1965.

Grebstein, S. N. (ed.). *Perspectives in Contemporary Criticism.* Nova York, 1968.

Greene, T. M. *The Arts and the Art of Criticism.* Princeton, 1940.

Greene, W. C. *The Choices of Criticism.* Cambridge, 1965.

Greimas, A. J. *Sémantique structurale.* Paris, 1966.

Greimas, A. J. *Du Sens.* Paris, 1970.

Griti, J.; Toinet, P. *Le Structuralisme.* Paris, 1968.

Guerin, W. L., Labor, E. G., Morgan, L., Willingham, J. R. *A Handbook of Critical Approaches to Literature.* Nova York, 1966.

Hall, D. (ed.). *The Modern Stylistics.* Nova York, 1968.

Harris, Z. S. *Structure/Linguistics. Criticism.* Nova York, 1965.

Hamm, V. M. *The Patt ern of Criticism.* Milwaukee, 1951.

Hankiss, J. *La Littérature et la vie.* São Paulo, 1951.

Harris, Z. S. *Structurel Linguistics.* Chicago, 1951.

Hatzfeld, H. *Litterature Through Art.* Nova York, 1952.

Hazlitt, H. *The Anatomy of Criticism.* Nova York, 1933.

Henn, C. L. *The Idea of Comparative Literature.* Cambridge, 1968.

Hennequin, É. *La critique scientifique.* Paris, 1888.

Hobsbaum, P. *Theory of Criticism.* Bloomington, 1970.

Holland. N. *The Dynamics of Literary Response.* Nova York, 1968.

Hough, G. *An Essay on Criticism.* Nova York, 1966.

Howe, I. (ed.). *Literary Modernism.* Nova York, 1967.

Hughes, R. E.; Duhamel, P. A. *Rhetoric, Principles and Usage.* New Jersey, 1962.

Hussain, F. *Le jugement esthétique.* Paris, 1967.

Hytier, J. *Les arts de littérature*. Paris, 1945.

Jakobson, R. *Linguística e comunicação*. São Paulo, 1969.

Jakobson, R. *Linguística. Poética. Cinema*. São Paulo, 1970.

Jansen, F. J. B. *Esthétique de l'oeuvre d'art littéraire*. Copenhague, 1948.

Jean, R.; Mitterrand, H.; Chevallier, J.-C. et al. *Linguistique et littérature* (Colloque de Cluny). *La nouvelle critique*. 1968.

Johnson, J. W. *The Formation of English Neo-Classica/Thought*. Princeton, 1967.

Jones, R. E. *Panorama de la nouvelle critique en France*. Paris, 1968.

Johnson, C. F. *Elementss of Literary Criticism* Nova York, 1898,

Kayser, W. *Fundamentos da interpretação e da análise literária*. Coimbra, 1948. 2 v. Kennedy, G. *The Art of Persuasion in Greece*. Londres, 1963.

Krieger, M. *Northrop Frye in Modern Criticism*. Nova York, 1966.

Krieger, M. *The Play and Place of Criticism*. Baltimore, 1967.

Kwant, R. C. *Critique: its nature and Function*. Duquesne, 1967.

La Driere, J. C. *Directions in Contemporary Criticism and Scholarship*. Milwaukee, 1953.

Lane, M. (ed.). *Structuralism. A Reader*. Londres, 1970.

Lausberg, H. *Manual de retórica literária*. Madri, 1966. 2 v. (tr. portuguesa: Lisboa, 1966).

Leary, L. (ed.). *Contemporary Literary Scholarship*. Nova York, 1958.

Lemon, L. J. *The Partial Critics*. Nova York, 1965.

Le Sage, L. *The French New Criticism*. Pensilvânia, 1967.

Levin, H. (ed.). *Perspectives of Criticism*. Cambridge, Mass., 1950.

Lima, L. C. (org.). *O estruturalismo de Levi-Strauss*. Petrópolis, 1968.

Lukacs, G. *Sociología de la literatura*. Madri, 1966.

Lupasco, S. *Qu'est-ce qu'une structure?* Paris, 1967.

Macherey, P. *Pour une théorie de la production littéraire*. Paris, 1966.

Macksey, R.; Donato, E. (ed.). *The Languages of Criticism and Sciences of Man*. Baltimore, 1970.

Makwey, R.; Donato, E. *The Languages of Criticism and the Sciences of Man*. Baltimore, 1970.

Maier, N. R. F.; Reninger, H. W. *A Psychological Approach to Literary Criticism*, Nova York, 1933.

Margolis, J. *The Language of Art and Art of Criticism*. Detroit, 1965.

Mayhead, R. *Understanding Literature*. Cambridge, 1965.

O método estruturalista. Div. autores. Rio de Janeiro, 1967.

Michaud, G. *Introduction a une science de la littérature*. Istambul, 1950.

Michaud, G. *L'œuvre et ses techniques*. Paris, 1957.

Michiels, A. *Histoire des idées littéraires en France*. Paris, 1863. 2 v.

Miller, J. E. *The Arts and the Public*. Chicago.

Ellmann, R; Feidelson, C. (ed.). *The Modern Tradition*. Nova York, 1965. (Backgrounds of Modern Literature)

Momigliano, A. *Problemi ed orientamenti critici*. Milão, 1948-1949. 4 v.

Morize, A. *Problems and Methods of Literary History*. Boston, 1922.

Muller, H. J. *Science and Criticism*. New Haven, 1943.

Munteano, B. *Constantes dialectiques en littérature et en histoire*. Paris, 1967.

Nichols, M. H. *Rhetoric and Criticism*. Baton Rouge, 1967.

Ocampo, A. C. *Teoría y tecnica de la criación literaria*. Buenos Aires, 1966.

Pagnini, M. *Struttura letteraria e metodo critico*. Florença, 1967.

Pepper, S. C. *The Basis of Criticism in the Arts*. Cambridge, Mass, 1945.

Piaget, J. *Le structuralisme*. Paris, 1968.

Piaget, J. (ed.). *Logique et connaissance scientifique*. Paris, 1967. (Bibl. Pléiade)

Picard, R. *Nouvelle critique ou nouvelle imposture*. Paris 1965.

Picon G. *L'écrivain et son ombre*, Paris, 1953.

Pivot B. *Les critiques littéraires.* Paris, 1968.
Poetics. *I International Conference on Problems of Poetics.* Haia, 1961. 2 v.
Pouillon, J.; Greimas, A. J. et al. *Problemas do estruturalismo.* México, 1967.
Poulet, G. (dir.). *Les chémins actuels de la critique.* Paris, 1968.
Raimondi, E. *Techniche della Critica Letteraria.* Turim, 1967.
Ricardou, A. *La critique littéraire.* Paris, 1896.
Ricardou, J. *Problèmes du nouveau roman.* Paris, 1967.
Richard, A. *La critique d'art.* Paris, 1968.
Richards, I. A. *Principles of Literary Criticism,* Londres, 1924.
Richards, I. A. *Practical Criticism.* Londres, 1929.
Rosenfeld. A. *Texto/Contexto.* São Paulo, 1969.
Rouzaud, M. *Où va la critique.* Paris, 1929.
Rudler, G. *Les techniques de la critique et de l'histoire littéraire.* Oxford, 1923.
Russo, L. *La critica letteraria contemporanea.* 5. ed. Florença, 1967.
Salm. P. *Three Modes of Criticism.* Cleveland.
Sanders, C. *An Introduction to Research in English Literary History.* Nova York, 1952.
Saporta, S.; Chasca, E. (ed.). *Stylistics, Linguistics and Criticism.* Nova York, 1961.
Sartre, J. P. *Qu'est-ce que la littérature?* in *Situations II.* Paris, 1948. (ed. independente em Livres de Poche)
Schiller, J. P. I. A. *Richards Theory of Literature.* New Haven 1969.
Scott, W. *Five Approaches of Literary Criticism.* Nova York, 1963.
Sheran, W. *A Handbook of Literary Criticism.* Nova York, 1905.
Sears, L. *Principles and Methods of Literary Criticism.* Nova York, 1898.
Shumaker, W. *Elements of critical theory.* Berkeley, 1952.
Shumaker, W. *Literature and the Irrational.* Nova York, 1960.
Silva, Vítor Manuel de Aguiar e. *Teoria literária.* Coimbra, Liv. Almedina, 1969.
Situation de la critique. (1er. Colloque International, 1962). Paris, 1964.
Smith S. S. *The Craft of the Critic.* Nova York, 1931.
Sparshott, F. E. *The Concept of Criticism.* Oxford, 1967.
Spingam, J. E. *Creative Criticism.* Nova York, 1917.
Spitzer, L. *Linguistics and Literary History,* Princeton, 1948.
Spitzer, L. *A Method of Interpreting Literature.* Northampton. 1949.
Spitzer, L. *Études de style.* Paris, 1970.
Stallman, R. W. *The Critic's Notebook.* Minneapolis, 1950.
Staufer, D. (ed.). *The Intent of the Critic.* Princeton, 1941.
Strelka, J. P. *Yearbook of Comparative Criticism.* Pennsylvania State Un. Press, 1969. 2 v.
Structuralism. Yale French Studies. New Haven, 1966.
Tacca, O. *La historia literaria.* Madri, 1968.
Tavares, H. *Teoria literária.* Belo Horizonte, 1965.
Théorie d'ensemble. Div. autores. Paris, 1968.
Thorpe, J. E. (ed.). *The Aims and Methods of Scholarship in Modern Languages and Literatures.* Nova York, Modern Language Association, 1963.
Tribaudet. A. *Physiologie de la critique.* Paris, 1930.
Tribaudet. A. *Réflexions sur la critique.* Paris, 1939.
Thrall, W. F.; Hibbard, A. *A Handbook to Literature.* Nova York, 1936.
Todorov, T. *As estruturas narrativas.* São Paulo, 1969.
Todorov, T. *Littérature et signification.* Paris, 1967.
Todorov, T. et al. *Qu'est-ce que le structuralisme?* Paris, 1968.
Todorov, T. (org.). *Théorie de la littérature.* Paris, 1965.
Torre, G. de. *Problemática de la literatura.* Buenos Aires, 1951.
Torre, G. de. *Doctrina y estética literaria.* Madrid, 1970.

Vacket, J. (ed.). *A Prague School Render in Linguistic.* Bloomington, 1964.

Viet J. *Métodos estruturalistas nas ciências sociais.* Rio de Janeiro, 1967.

Vossler, K. et al. *Introducción a la estilística romance.* Buenos Aires, 1942.

Wallace, K. R. *Francis Bacon on Communication and Rhetoric.* Chapel Hill, 1943.

Weaver, R. *The Ethics of Rhetoric.* Chicago, 1965.

Weber, J. P. *Newcritique et Paléo Critique.* Paris 1966.

Wehrli, M. *Introducción a la ciencia literaria.* Buenos Aires, 1966.

Weitz, M. *Hamlet and the Philosophy of Literary Criticism.* Londres, 1964.

Wellek, R.; Warren, A. *Theory of Literature.* Nova York, 1949. (tr. espanhola, portuguesa)

Winchester, C. T. *Some Principles of Literary Criticism.* Nova York, 1899.

Winters, J. *The Function of Criticism.* Denver, 1957.

Worsfold, W. B. *The Principles of Criticism.* Nova York, 1902.

Zitner, S. P., Kissane, J. D., Libernean, M. M. *A Preface to Literary Analysis.* Chicago, 1964.

Zitner, S., Kissane, J. D., Liberman, M. M. (ed.). *The Practice of Criticism.* Chicago, 1966.

Zitner, S. P. (ed.). *The Practice of Modern Literary Scholarship.* Glenview, 1966.

II — *ANTOLOGIA E COLEÇÕES DE TEXTOS CRÍTICOS*

Quinnand, K.; Shattack, C. (ed.). *The Accent Anthology.* Nova York, 1946.

Aschenbrenner, K.; Isenberg, A. (ed.). *Aesthetic Theories.* Nova Jersey, 1961.

Levich, M. (ed.). *Aesthetics and the Philosophy of Criticism.* Nova York, 1963.

Philipson, M. (ed.). *Aesthetics Today.* Nova York, 1961.

Foerster, N. (ed.). *American Critical Essays.* Londres, 1930.

Glicksberg, C. I. (ed.). *American Literary Criticism.* 1900-1950. Nova York, 1951.

Leary, L. (ed.). *American Literary Essays.* Nova York, 1960.

Hoffman, D. G. (ed.). *American Poetry and Poetics.* Nova York, 1962.

Gautier, P. *Anthologie de l'Académie Françoise.* Paris, 1921. 2 v.

Anthologies des essayistes français contemporains. Paris, 1929.

Castaldo, A. (ed.). *Antologia crítica estética.* Florença, 1928.

Van Nostrand, A. (ed.). *Antologia de crítica literária.* Rio de Janeiro, 1968 (tr. de *Literary Criticism in America,* 1967).

Pidal, R. M. (ed.). *Antologia de prosistas españoles.* Buenos Aires, 1940.

Maeztu, M. (ed.). *Antologia del siglo XX. Prosistas españoles.* Buenos Aires, 1943.

Petronio, G. (ed.). *Antologia della critica letteraria.* Bari, 1963. 3 v.

Fubbini, M.; Bonora, E. (ed.). *Antologia della critica letteraria.* Turim, 1952. 3 v.

Binni, W.; Scrivano, R. (ed.). *Antologia della critica letteraria.* Milão, 1968.

Antologia della critica e dell'erudizione. Flamini, F. (ed.). Nápoles, 1912. 2 v.

Antologia della nostra critica letteraria moderna. Milão, 1938.

Hamed, J.; Goodwin N. (ed.). *Art and the Craftsman.* New Haven, 1961.

Lieder, P. R.; Withington, R. (ed.). *The Art of Literary Criticism.* Nova York, 1941.

West, R. B.; Stallman, R. W. (ed.). *The Art of Modern Fiction.* Nova York, 1949.

Chargier, J.; Seghers, P. (ed.). *Art poétique.* Paris, 1956.

Richman, R. (ed.). *The Arts in Mid-Century.* Nova York, 1954.

Bradley, S. (ed.). *The Arts in Renewal.* Filadélfia, 1951.

Kreuzer, J. R.; Cogan, L. (ed.). *The Bobbers-Merrill Reader.* Nova York, 1962.

Elledge, S.; Schier, D. (ed.). *The Continental Model.* (French Critical Essays of the 17th Century). Minneapolis, 1960.

Coutinho, A. *Antologia brasileira de literatura.* Rio de Janeiro, 1965-1967. 3 v.

Coutinho, A. *Caminhos do pensamento crítico*. Rio de Janeiro: Pallas.

Spingam, J. E. (ed.). *Critical Essays of the Seventeenth Century*. Londres, 1909. 3 v.

Hyman, S. E. (ed.). *The Critical Performance*. Nova York, 1956.

Weinberg, B. (ed.). *Critical Prefaces of the French Renaissance*. Evanston, 1950.

Crane, R. S. (ed.). *Critics and Criticism*. Chicago, 1952.

Schorer, G.; Miles, M., McKenzie, J. (ed.). *Criticism: The Foundation of Modern Literary Judgment*. Nova York, 1948.

Bate, W. J. (ed.). *Criticism: The Major Texts*. Nova York, 1952.

Peel, M. (ed.). *Criticism in Practice*. Londres, 1964.

Dembo, L. S. (ed.). *Criticism. Speculative and Analytical Essays*. Madison, 1968.

Kaplan, C. (ed.). *Criticism-Twenty Major Statements*. San Francisco, s.d.

Ryan, A. P. (ed.). *Critics who have influenced Taste*. Londres, 1965.

Stallman, R. W. (ed.). *Critiques and Essays in Criticism*. Nova York, 1949.

Aldridge, J. W. *Critiques and Essays on Modern Fiction* (1920-1951). Nova York, 1952.

Leavis, F. R. (ed.). *Determinations*. Londres, 1934.

Littlewood, S. R. (ed.). *Dramatic Criticism*. Londres, 1939.

Adams, H. H.; Hathaway, B. (ed.). *Dramatic Essays of the Neoclassic Age*. Nova York, 1950.

Elledge, S. (ed.). *Eighteenth Century Critical Essays*. Ithaca, 1961. 2 v.

Clifford, J. L. (ed.). *Eighteenth Century English Literature*. Nova York, 1959.

Swith, G. (ed.). *Elisabethan Critical Essays*. Londres, 1937. 2 v.

Spender, S.; Kristol, I.; Lasky, M. (ed.). *Encounters*. Nova York, 1963.

Clay, N. L. (ed.). *The English Critic*. Londres, 1939.

Jones, E. D. (ed.). *English Critical Essays*. (XVI-XIXc.). Londres, 1930-1932. 2 v.

Jones P. M. (ed.). *English Critical Essays*. (XXc.). Londres, 1940-1958.

Enright, D. J.; Chickera, E. (ed.). *English Critical Texts*. Londres, 1962.

Hardison Jr., O. B. (ed.). *English Literary Criticism — The Renaissance*. Nova York, 1963.

Hynes, S. (ed.). *English Literary Criticism — Restoration and 18th Century*. Nova York, 1963.

Hoffman, D. G.; Hynes, S. (ed.). *English Literary Criticism — Romantic and Victorian*. Nova York, 196 3.

Abrams, M. H. (ed.). *English Romantic Poetry*. (Essays in Criticism). Nova York, 1960.

Beaver, H. (ed.). *Ensaios críticos de literatura*. Rio de Janeiro, s.d.

West Jr.; R. B. (ed.). *Essays in Modern Literary Criticism*. Nova York, 1952.

Bailey, D. (ed.). *Essays on Rhetoric*. Nova York, 196 5.

Lo Gatto, E. (ed.). *L'Estetica e la poesia in Russia*. Florença, 1947.

Clark, B. H. (ed.). *European Theories of the Drama*. Nova York, 1947.

Expresión del pensamiento contemporaneo. Buenos Aires, 1965.

Forester, N. et al. *Humanism and America*. Nova York, 1930.

Oxenhandler, N. (ed.). *French Literary Criticism*. Nova Jersey, 1966.

Grat, Max. *Composer and Critic* (Musical Criticism). Nova York, 1946.

Belinskij, V.; Černyševskij, N. G.; Dobroljùbov, N. A. et al. *La grande stagione della critica letteraria russa*. Milão, 1962.

Grattan, C. H. et al. *The Critique of Humanism*. Nova York, 1930.

Smith, J. H.; Parks, E. W. (ed.). *The Great Critics*. Nova York, 1932.

Beckson, K. (ed.). *Great Theories in Literary Criticism*. Nova York, 1963.

Mocchino, A. (ed.). *Il gusto letterario e le teorie estetiche in Italia*. Milão, 1924.

Ransom, J. C. (ed.). *The Kenyon Critics*. Nova York, 1951.

Wimer, P. P.; Noland, A. (ed.). *Ideas in Cultural Perspective*. New Brunswick, 1962.

Vial, F; Denise, I. (ed.). *Idées et doctrines littéraires*. Paris, 1918-1925. 3 v.

Bentley, E. (ed.). *The Importance of Scrutiny*. Nova York, 1948.

Feidelson Jr., C; Brodtkorb Jr., P. (ed.). *Interpretations of American Literature*. Nova York, 1959.

Hospers, J. (ed.). *Introductory Readings in Aesthetics*. Nova York, 1969.

Stewart, J. S.; Burkett, E. M. (ed.), *Introductory Readings in Literary Criticism*. Reading, Mass., 1968.

Ranson, J. C. (ed.). *The Kenyon Critics*. Nova York, 1951.

Damon, P.; Spey, J.; Mulhauser, F. (ed.). *Language, Rhetoric and Style*. Nova York, 1966.

Gilbert, A. H. (ed.). *Literary Criticism: Plato to Dryden*. Nova York, 1940.

Allen, G. W.; Clark, H. H. (ed.). *Literary Criticism: Pope to Croce*. Nova York, 1941.

Zabel, M. D. (ed.). *Literary Opinions in America*. Nova York, 1937, 1951.

Saintsbury, G. (ed.). *Loci Critici*. Nova York, 1931.

George, A. G.; Rajan, B. (ed.). *Makers of Literary Criticism*. Londres, 1965-1967. 2 v.

Mitchell, B. (ed.). *Les manifestes littéraires de la Belle Époque*. Paris, 1966.

Herbert, R. L. (ed.). *Modern Artists on Art*. New Jersey, 1964.

Lewisohn, L. (ed.). *A Modern Book of Criticism*. Nova York, 1919.

Rader, M. (ed.). *A Modern Book of Esthetics*. Nova York, 1935.

Hardison Jr., O. B. (ed.). *Modern Continental Literary Criticism*. Nova York, 1962.

Hall, J. B.; Ulanov, B. (ed.). *Modern Culture and the Arts*. Nova York, 1967.

Brewster, W.T. (ed.). *Modern English Literary Criticism*. Nova York, 1916.

Gibson, R. (ed.). *Modern French Poets on Poetry*. Cambridge, 1961.

Howe, I. (ed.). *Modern Literary Criticism*. Boston, 1958.

Steinemann Jr., M. (ed.). *New Rhetoric*. Nova York, 1967.

Brown, F. (ed.). *Opinions and Perspectives* (from *The New York Times*). Baltimore, 1955.

Saraiva, A. (ed.). *Páginas de estética contemporânea*. Lisboa, 1966.

Philips, W.; Rahv, P. (ed.). *The Partisan Anthology*. Nova York, 1946.

Hoffman, F. J. (ed.). *Perspectives on Modern Literature*. Evanston, 1962.

Hofstadter, A.; R. Kuhns (ed.). *Philosophies of Art and Beauty*. Nova York, 1944.

Margolis, J. (ed.). *Philosophy Looks at the Arts*. Nova York, 1962.

Mc Dowell, F. P. W. (ed.). *The Poet as Critic*. Evanston, 1967.

Davies, H. S. (ed.). *The Poets and their Critics*. Londres, 19 60-1962. 2 v.

Gavin, P. L. (ed.). *A Prague School Reader on Esthetics, Literary Structure and Style*. Washington, 1964.

Bate, W. J. (ed.). *Prefaces to Criticism*. Nova York, 1959.

Weitz, M. (ed.). *Problems in Aesthetics*. 2. ed. Nova York, 1970.

Vivas, E.; Krieger, M. (ed.). *The Problem s of Aesthetics*. Nova York, 1953.

Schwartz, J (ed.). *The Province of Rhetoric*. Nova York, 1965.

Shrodes, C.; Josephson. C.; Wilson, J. R. (ed.). *Reading for Rhetoric*. Nova York, 1962.

Lemon, L. T.; Reis, M. J. (ed.). *Russian Formalist Criticism*. Lincoln, 1965.

Keast, W. R. (ed.). *Seventeenth Century English Poetry* (essays in criticism). Nova York, 1962.

Bradby, A.; Ridler, A. (ed.). *Shakespearean Criticism* (1919-35, 1935-60). Londres, 1936, 1963.

Smith, N. (ed.). *Shakespearean Criticism*. Londres, 1946.

Ward, A. C. (ed.). *Specimens of English Dramatic Criticism* (XVII-XX cent). Londres, 1945.

Doubleday, N. F (ed.). *Studies in Reading.* Boston, 1957.
Needharn, H. A. (ed.). *Taste and Criticism in the Eighteenth Century.* Londres, 195 2.
Thorpe, J. *Literary Scholarship.* Boston, 1964.
Knickerbocker, W. S. (ed.). *Twentieth Century English.* Nova York, 1946.
Peters, R. (ed.). *Victorians on Literature and Art.* Nova York, 1961.
Adsey B.; Lewis, A. O. (ed.). *Visions and revisions in Modern American Literary Criticism.* Nova York, 1962.
Sesonske A. (ed.). *What is Art.* Nova York, 1965.
Writers at Work . (Paris Review Interviews). Nova York, 1957, 1963, 1967. 3 v.
Sansom, C. (ed.). *The World of Poetry.* Londres, 1959.

III — HISTÓRIA DA CRÍTICA E TEORIAS LITERÁRIAS

Abrams, M. H. *The Mirror and the Lamp.* Nova York, 19 53 (tr. esp.).
Alfieri, V. E. *L'estetica dall'illuminismo al Romanticismo.* Milão, 1957.
Anceschi, L. *Le poetiche del Novecento in Itália.* Milano, 196 2.
Atkins, J. W. H. *Literary Criticism in Antiquity,* Cambridge, 1934. 2 v.
Atkins, J. W. H. *English Literary Criticism.* 3 v. Londres, 1943-1951.
Babbitt, I. *The Masters of Modern French Criticism.* Boston, 1912.
Bacci, O. *La critica litteraria* (Dall' Antichità Classica al Rinascimento). Milão, 1911.
Baldensperger, F. *La critique et l'histoire littéraires en France.* Nova York. 19 45.
Baldwin, C. S. *Ancient Rhetoric and Poetic.* Nova York, 1924.
Baldwin, C. S. *Medieval Rhetoric and Poetic.* Nova York, 1928.
Baldwin, C. S. *Renaissance Literary Theory and Practice.* Nova York, 1939.
Bate, W. J. *From Classic to Romantic.* Cambridge, Mass., 1946.
Bélis, A. *La critique française à la fin du XIX siècle.* Paris, 1926.

Binni, W. I *Classici Italiani nella Storia della Critica.* 2 v. Florença, 1954-1955.
Binni, W. (ed.). *I classici italiani nella storia della critica.* Florença, 1954. 2 v.
Blunt, A. *La théorie des arts en Italie de 1450 a 1600.* Paris, 1940.
Borgese, G. A. *Storia della critica romantica in Italia.* Milão, 1920.
Borland, H. *Soviet Literary Theory and Practice.* Nova York, 1950.
Bosker, A. *Literary Criticism in the Age of Johnson.* Londres, 1930.
Bradbury, J. M. *The Fugitives.* Chapel Hill, 1958.
Brown, C. A. *The Achievement of American Criticism.* Nova York, 1954.
Brunetiere, F. *L'évolution des genres dans histoire de la littérature.* Paris, 189 2.
Bruyne, E. *L'esthétique du Moyen Âge.* Louvain, 1947.
Bruyne, E. *Estudios de estetica medieval.* Madri, 1959. 3 v.
Bundy, M. W. *The Theory of Imagination in Classical and Medieval Thought.* Urbana, 1927.
Carloni, J. C.; Filloux, J. C. *La critique littéraire.* Paris, 1955.
Castor, G. *Pleiade Poetics.* Cambridge, 1964.
Chaitanya, K. *Sanskrit Poetics.* Londres, 1965.
Charvat, W. *The Origins of American Critical Thought* (1810-1835).
Clark D. C. *Rhetoric and Poetry in the Renaissance.* Nova York, 19 22.
Clark D. C. *Rhetoric at Rome.* Londres, 1953.
Clark, D. L. *Rhetoric in Greco-Roman Education.* Nova York, 19 57.
Clements, R. J. *Critical Theory and Practice of the Pleiade.* Cambridge, Mass., 1942.
Cohn, R. G. *The Writers Way in France.* Filadélfia, 1960.
Colum, M. M. *From These Roots.* Nova York, 1944.
Comparative Literature Studies. (Recent Criticism). I, 3-4, 1964. University of Maryland.
Cressatti, L. F. *Las corrientes de critica e histo-riografia literarias en la Italia actual.* Montevidéu, 1955.

Daiches. D. *Posições da crítica em face da Literatura*. Rio de Janeiro, 1967 (tr. de *Critical Approaches to Literature*, 1956).

D'Alton, J. F. *Roman Literary Theory and Criticism*. Londres, 1931.

De Mille, G. E. *Literary Criticism in America*. Nova York, 1931.

Dyson, J. P. *La evolución de la crítica literaria en Chile*. Santiago, 1965.

Egger, E. *L'histoire de la critique chez les Grecs*. Paris, 1886.

Encuesta: La crítica literaria en la Argentina. Rosario, 1963.

Erlich, U. *Russian Formalism*. Haia, 1955.

Faral, E. *Les arts poétiques du XIIe et du XIIIe siècle*. Paris, 1923.

Fayolle, R. *La critique*. Paris, 1964.

Figueiredo, F. de. *História da crítica literária em Portugal*. Lisboa, 1917.

Foerster, N. *American Criticism*. Boston, 1928.

Foerster, N. *Towards Standards*. Nova York, 1928.

Foster, R. *The New Romantics* (New Criticism). Bloomington, 1962.

Getto, G. *Storia delle storie letterarie*. Florença, 1969.

Gilman, M. *The Idea of Poetry in France*. Cambridge, Mass., 1958.

Grana, G. (dir.). *I Critica. Storia monografica della critica moderna in Italia*. Milão, 1969. 5 v.

Greinas, A. J. (ed.). *Sign. Language. Culture*. Haia, 1970.

Grube, G. M. A. *The Greek and Roman Critics*. Londres, 1965.

Hall Jr., V. *Renaissance Literary Criticism*. Nova York, 1945.

Hall Jr., V. *A Short History of Literary Criticism*. Londres, 1964.

Hathaway, B. *The Age of Criticism* (The Late Renaissance in Italy). Ithaca, 1962.

Henn, T. R. *Longinus and English Criticism*. Cambridge, 1934.

Highet, G. *The Classical Tradition*. Oxford, 1949.

Hipple Jr. W. J. *The Beautiful, The Sublime, The Picturesque in 18th Century Aesthetic Theory*. Carbondale, 1957.

Howell, W. S. *Logic and Rhetoric in England 1500-1700*. Princeton, 1956.

Hyman, S. E. *The Armed Vison*. Nova York, 1948.

Imbert, E. Anderson. *La crítica literaria contemporanea*. Buenos Aires, 1957.

Jannaco, C. *Filosofia e critica nella letteratura italiana*. Florença, 1953.

Krieger, M. *The Neil' Apologists for Poetry*. Minneapolis, 1956.

Jones, H. M. *The Theory of American Literature*. Ithaca, 1948. (tr. bras.).

Kazin, A. *On Native Grounds*. Nova York, 1942.

Labande-Jeanroy, T. *La question de la tangue en Italie*. Paris, 1925.

Levrault, L. *La critique littéraire*. Paris, s.d.

Luckacs, G. *Il marxismo e la critica letteraria*. 1953.

Marache, R. *La critique littéraire de langue latine en II siècle*. Paris, 1952.

Martins, W. *Les théories critiques dans l'histoire de la littérature française*. Curitiba, 1952.

Martins, W. *A crítica literária no Brasil*, São Paulo, 1952.

Maurocordato, A. *La critique classique en Angleterre*. Paris, 1964.

Mazzanmuto, P. *Rassegna bibliográfico-critica della letteratura italiana*. Florença, 1953.

Mckenzie, G. *Critical Responsiveness (Psychological Current in 18th Century)*. Berkeley, 1949.

Millet, F. B. *Contemporary American Authors*. Nova York, 1940.

Mocchino, A. *Il gusto letterario e le estetiche in Italia*. Milão, 1924.

Molho, R. *La critique littéraire en France au XIXe siècle*. Paris, 1963.

Moncallero, G. L. *L'Arcadia*. Florença, 1953.

Monk, S. H. *The Sublime: a study of Critical Theories in XVIII Century England*. Nova York, 1935.

Moreau, P. *La critique littéraire en France*, Paris, 1960.

Navarre, O. *Essai sur la rhétorique grecque*. Paris, 1900.

Needham, H. A. *Le développement de l'esthétique sociologique au XIXe siècle*. Paris, 1926.
Needham, H. A. *Taste and Criticism in the Eighteenth Century*. Londres, 1952.
Nivelle, A. *Les thévries esthétiques en Allemagne*. Paris, 1955.
Nott, K. *The Emperor's Cloth*. Bloomington, 1958.
Patterson, W. F. *Three Centuries of French Poetic Theories* (1328-1630). 2 v. Ann Arbor, 1935.
Petronio, G. (dir.). *Storia della critica*. Palermo, 1958-1965. 30 v.
Peyre, H. *Writers and their Critics*. Ithaca, 1944.
Pollak, G. *International Perspective in Criticism*. Nova York, 1914.
Pritchard, J. P. *Return to the Fountains*. Durham, 1942.
Pritchard, J. P. *Criticism in America*. Norman, 1955.
Ransom, J. C. *The New Criticism*. Norfolk, 1941.
Reys, A. *La critica en la edad ateniense*. México, 1941.
Reys, A. *La antigua retúrica*. México, 1943.
Ruschini, A. *Sommario de storia della estetica letteraria*. Milão, 1952.
Russo, L. *La critica letteraria contemporanea*. Bari, 1946. 3 v.
Saintsbury, G. *A History of Criticism and Literary Taste in Europe*, 2. ed. Londres, 1934. 3 v.
Saisselin, R. G. *Taste in Eighteenth Century France*. Syracuse, Nova York, 1965.
Scott-James, R. A. *The Making of Literature*. Nova York, s.d.
Seuderi, E. *Coscienza critica della poesia nella letteratura italiana*. Parma, 1957.
Simone Franco. *Per una storia della storiografia letteraria francese*. Torino, 1966.
Smith Bernard. *Forces in American Criticism*. Nova York, 1939.
Soreil, A. *Introduction à l'histoire de esthétique française*. Bruxelas, 1930.
Spina, Segismundo. *Introdução à poética clássica*. São Paulo, 1967.
Spingarn, J. E. *A History of Literary Criticism in the Renaissance*. Londres, 1899.
Stone, P. W. R. *The Art of Poetry 1750-1820*. Nova York, 1967.
Stoval, F. et al. *The Development of American Literary Criticism*. Chapel Hill, 1935.
Sutton, W. *Modern American Criticism*. New Jersey, 1963.
Sweeting, E. J. *Studies in Early Tudor Criticism*. Oxford, 1940.
Temple, R. Z. *The Critic's Alchemy*. Nova York, 1953.
Nizolio, M.; Patrizi, F.; Ramo, P. *Testi umanistici su la retorica*. Milão, 1953.
Tissot, E. *Les évolutions de la critique française*. Paris, 1890.
Tillotson, G. *Criticism and the Nineteenth Century*. Londres, 1951.
Trabalza, C. *La critica letteraria nel Rinascimento*. Milão, 1915.
Vachek, J. *The Linguistic School of Prague*. Bloomington, 1966.
Van O'Connor, W. *An Age of Criticism*. Chicago, 1952.
Van Tieghem, P. *Petite histoire des grandes doctrines littéraires en France*. Paris, 1946.
Venturi, L. *History of Art Criticism*. Nova York, 1936.
Vickers, B. *Classical Rhetoric in English Poetry*. Londres, 1970.
Volpe, G. della. *Poetica del Cinquecento*. Bari, 1954.
Volpe, G. della. *Critica del gusto*. 2. ed. Milão, 1964.
Warren Jr. A. H. *English Poetic Theory 1825-1865*. Princeton, 1950.
Warry, J. G. *Greek Aesthetic Theory*. Londres, 1962.
Watson, George. *The Literary Critic*. Londres, 1962.
Weinberg, B. *A History of Literary Criticism in the Italian Renaissace*. Chicago, 1961. 2 v.
Wellek, R. *The Rise of English Literary History*. Chapel Hill, 1941.
Wellek, R. *A History of Modern Criticism*. New Haven, 1955-1965. 4 v.

Wellek, R. *Concepts of Criticism*. New Haven, 1963.
Wellek, R. *Discriminations*. New Haven, 1970.
Wencelins, L. *La philosophic de Tart chez les neo-scolastiques de langue française*. Paris, 1932.
Willey, B. *Nineteenth Century Studies*. Londres, 1949.
Wimsatt Jr. W. K.; Brooks. C. *Literary Criticism*. (A short History). Nova York, 1957.
Wyllie, C. J. *Studies in the Evolution of English Criticism*. Boston, 1894.

Para o estudo da crítica universal, ver ainda as obras dos e sobre os grandes críticos, estetas e filósofos que têm significado para a crítica e a teoria literárias: Platão, Aristóteles, Horácio, Cícero, Quintiliano, Tácito, Dionisos, Longino, Dante, Boileau, Luzán, Pope, Vico, Lessing, Schlegel, Schelling, Dennis, Dryden, Addison, Stecle, Hazlitt, Dr. Johnson, Coleridge, Madame de Staël, Taine, Sainte-Beuve, Brunetière, Anatole France, Remy de Gourmont, Flaubert, Baudelaire, Arnold, Ruskin, De Sanctis, Croce, Kant, Hegel, Bielinsky, Brandeis, Thibaudet, Lanson, Richards, Eliot, etc.

IV — DICIONÁRIOS DE LITERATURA, TERMOS E CONCEITOS CRÍTICOS

Barnet, S. et al. *A Dictionary of Literary Termes*. Boston, 1960.
Barry, R. W.; A. J. Wright. *Literary Terms*. San Francisco, 1966.
Beckson, K.; Ganz, A. *A Reader's Guide to Literary Terms*. Londres, 1961.
Benet, W. R. (ed.). *The Reader's Encyclopedia*. Nova York, 1948.
Bompiani, V. *Dizionario letterario Bompiani-Opere e personaggi*. 1946. 9 v. *Autori*, 1956. 3 v. (Edição Francesa, Laffont-Bomfiani).
Braun, S. D. *Dictionary of French Literature*. Londres, 1959.
Bray, J. W. *A History of English Critical Terms*. Boston, 18 98.
Burack, A. S. (ed.). *The Writers Handbook*. Boston, 1966.
Campbell, O. J. (ed.). *The Reader's Encyclopedia of Shakespeare*. Nova York, 1966.
Campos. G. *Pequeno dicionário de arte poética*. Rio de Janeiro. 1960.
Cary, M. et al (ed.). *The Oxford Classical Dictionary*. Oxford, 1949.
Chamber, R. (ed.). Chambers Cyclopedia of English Literature. Londres, 1903. 3 v.
Clarac, P. (dir.). *Dictionnaire universel des lettres*. Paris, 1961.
Coelho, J. P. (dir.). *Dicionário das literatura portuguesa, brasileira e galega*. Porto, 1960.
Deutsch, B. *Poetry Handbook* (A Dictionary of Terms). Nova York, 1957.
Diccionario de literatura espanhola. 2. ed. Madri, Revista de Occidente, 1953.
Duffi, C.; H. Pettit. *A Dictionary of Literary Terms*. Denver, 1951.
Elton, W. *A Glossary of the New Criticism*. Chicago, 1949.
Freeman, W. *Dictionary of Fictional Characters*. Londres, 1963.
Fusco, E. M. *Scritori e idee*. Turi, 1956.
Gassner, J.; Quiann, E. (ed.). *The Reader's Encyclopedia of World Drama*. Londres, 1969.
Granville, W. *A Dictionary of Theatrical Terms*. Londres, 195 2.
Grente, G. (dir.). *Dictionnaires des lettres françaises*. Paris, 1951-1964. 5 v.
Grimal, P. *Dictionaire de la mythologie grecque et romaine*. Paris, 1951.
Goldberg, G. J.; Goldberg, N. M. (ed.). *The Modern Critical Spectrum*. New Jersey, 1962.
Harkins, W. *Dictionary of Russian Literature*. Londres, 1957.
Hart, J. D. (ed.). *The Oxford Companion to American Literature*. Nova York, 1965. *The* Hartnoll, P. (ed.). *The Oxford Companion to the Theater*. Oxford, 1951.
Harvey, P. (ed.). *Oxford Companion to English Literature*. 3. ed. Oxford, 1946.

Harvey, P.; Hesseline, J. E. (ed.). *The Oxford Companion to French Literature.* Oxford, 1959.

Langer, W. L. (ed.). *An Encyclopedia of World History.* Boston, 1940.

MacCall Jr., M. H. *Ancient Rhetorical Theories of Smile and Comparison.* Cambridge, Mass., 1970.

Martinet, A.; Martinet, J.; Walter, H. *Linguistique. Guide alphabétique.* Paris, 1969.

Morier, H. *Dictionaire de poétique et de rhétorique.* Paris, 1961.

Myers, R. *A Dictionary of Literature in the English Language.* Oxford, 1970.

Nagill, F. N. (ed.). *Cyclopedia of Literary Characters.* Nova York, 1963.

Newmark, M. *Dictionary of Spanish Literature.* Londres, 1957.

Norton, D. S.; Rushton, P. A. *Glossary of Literary Terms.* Nova York, 1941 (2.ª ed. 1957).

Perdigão, H. *Dicionário universal de literatura.* Porto, 1940.

Preminger, A. *Encyclopedia of Poetry and Poetics.* Princeton, 1965.

Runes, D. D.; Schrickel, H. G. (ed.). *Encyclopedia of the Arts.* Nova York, 1946.

Scott, A. F. *Current Literary Terms.* Nova York, 1965.

Shipley, J. T. (ed.) *Dictionary of World Literature.* Nova York, 1943 (2. ed. 1952).

Smith, H. (ed.). *Columbia Dictionary of Modern European Literature.* Nova York, 1947.

Steinberg, S. H. (ed.). *Cassell's Encyclopedia of Literature.* Londres, 1953. 2 v.

Sullivan, P. R. (ed.). *The Critical Matrix.* Washington, 1961.

Sutton, W.; Foster, R. (ed.). *Modern Criticism: Theory and Practice.* Nova York, 1963.

Shipley, J. T. (ed.). *Encyclopedia of Literature.* Nova York, 1946. 2 v.

Richards, R. F. *Concise Dictionary of American Literature.* Nova York, 1955.

Robles, S. de. *Ensayo de um diccionario de literatura.* Madri, 1954.

Robles, Sainz de. *Ensayo de un diccionario mitológico universal.* Madri, 1958.

Ruiz, L. A. (dir.). *Diccionario de la literatura universal.* Buenos Aires, 1955. 3 v.

Ruttkowski, W. V.; Blake, R. E. *Glossary of Literary Terms.* Filadélfia.

Thrall, W. F.; A. Hibbard. *A Handbook of Literature.* Nova York, 19 36.

Van Tieghem, Ph. *Dictionnaire des litteratures.* Paris, 1968. 3 v.

Yealland, H. L. et al. *A Handbook of Literary Terms.* Nova York, 1950.

V — *REVISTAS*

The Sewanee Review. The Kenyon Review. Scrutiny, Accent, Partisn Review, The Western Review, The Hopkins Review, The Hudson Review, The Journal of Aesthetics and Art Criticism, Essays in Criticism, Poetry, Revue d'Esthétique, Critique, Trivium, Revista de Ideias Estéticas, Quaderni dela "Crítica", Letterature Moderne, Rivista di Lifteratare Moderne. Criticism. Esthétique, Communications, Semiótica, Yale French Studies, Hispania, Publications of the Modern Language Association of America (PMLA), Modern Language Quarterly, Studies in Philology, English Literary History, Philological Quarterly, Modern Philology, Revue de Littérature Comparée, Comparative Literature, Comparative Literature Studies, Journal of the History of Ideas, Revue des Lettres Modernes, Diogene, Rivista di Letterature Moderne e Comparate, Books Abroad, Journal of English and Germanic Philology, Revista de Filologia Espahola, Revista Hispânica Moderna, Romance Philology, Langage, Tel Quel, Poétique, Criticism, New Literary History, Novel, British Journal of Aesthetics, Strumenti Critici.

VI — *CRÍTICA LITERÁRIA NO BRASIL*

Sobre a Crítica Literária no Brasil, ver desta obra: Prefácio da 2ª edição, e os capítulos 1, 2, 3, 23, 26, 38, 45, nos quais são estudados os diversos críticos brasileiros e as características da crítica nos vários períodos. Aí são encontradas notas bibliográficas exaustivas. Ver ainda Vol. III, p. 17, nota.

Sobre a crítica em geral no Brasil, ver os seguintes trabalhos:

Academia Brasileira de Letras. *Curso de crítica*. Rio de Janeiro, 1956.
Brito Broca, J.; Souza. J. Galante de (org.). *Introdução ao estudo da literatura brasileira*. Rio de Janeiro: Instituto Nacional do Livro, 1963.
Coutinho, A. *Correntes cruzadas*. Rio de Janeiro: A Noite, 1953.
Coutinho, A. *Da crítica e da nova crítica*. Rio de Janeiro: Civilização Brasileira, 1957.
Coutinho, A. *Euclides, Capistrano e Araripe*. Rio de Janeiro: MES, 1959.
Coutinho, A. *Conceito da literatura brasileira*. Rio de Janeiro: Liv. Acadêmica, 1960.
Coutinho, A. *Recepção de Afrânio Coutinho na Academia Brasileira de Letras*. Rio de Janeiro, 1962. (Refr. Discursos acadêmicos).
Coutinho, A. *No hospital das letras*. Rio de Janeiro: Edições Tempo Brasileiro, 1963.
Coutinho, A. *A tradição afortunada*. Rio de Janeiro: José Olympio, 1968.
Coutinho, A. *Crítica e poética*. Rio de Janeiro: Livraria Acadêmica, 1968.
Coutinho, A. *Crítica e críticos*. Rio de Janeiro: Simões, 1969.
Marques, Xavier. *Ensaios*. I. Rio de Janeiro: Academia Brasileira de Letras, 1964.
Martins. Wilson. *A crítica literária no Brasil*. São Paulo: Dep. Cultural, 1952.
De Alceu Amoroso Lima, ver:

"Iniciando", in *O Jornal*, RJ, 17 jun. 1919; in *Primeiros Estudos*. Rio de Janeiro: Agir, 1948.
"O crítico do Simbolismo" (1919), Idem, ibidem.
"Um grande crítico português" (1919), Idem, ibidem.
"A crítica de hoje (Prefácio a *Afonso Arinos*)", in Rio de Janeiro: Anuário do Brasil, 1922.
"Críticos (1927)", in *Estudos II*. Rio de Janeiro: Terra de Sol, 1928.
Tentativa de itinerário. Rio de Janeiro: Centro D. Vital, 1928.
"Melancolia da crítica (1929)", in *Estudos III*. Rio de Janeiro: A Ordem, 19 30.
"De volta (1935)", in O *espírito e o mundo*. Rio de Janeiro: José Olympio, 19 36.
"Nota sobre a evolução da crítica literária no Brasil", in *J. Commercio*. RJ, 8 nov. 1936.
"Prosseguindo", in *O Jornal*, 27/11/1938.
"O drama da crítica", in *O Jornal*. RJ, 13 ago. 1939.
"Críticos", in *O Jornal*. RJ, 14, 21, 28 dez. 1941.
A estética literária. Rio de Janeiro: Agir, 1943.
O crítico literário. Rio de Janeiro: Agir, 1944.
"Últimos estudos", in *O Jornal*. RJ, 9 abr. 1944.
"Ponto de partida", in *O Jornal*. RJ. 30 Abr. 1944.
"Crítica da nova geração", in *A Manhã*. RJ, 23 nov. 1944.
"O Romantismo e a crítica literária", in *Diário de Notícias*. RJ, 3 fev. 1952.
"Sílvio Romero e a crítica literária", in *Diário de Notícias*. RJ, 10 fev. 1952.
"Depois de Sílvio Romero", in *Diário de Notícias*. RJ, 2 mar. 1952.
A estética literária e o crítico. Rio de Janeiro: Agir, 1954 (2. ed. com prefácios novos).
"Saudade da critica", in *Diário de Notícias*. RJ, 3 abr. 1955.
A crítica literária no Brasil. Rio de Janeiro: Biblioteca Nacional, 1958 (Decimália).
"A crítica ontológica", in *Diário de Notícias*. RJ, 1º maio 1960.
"Mensagem ao Congresso do Recife (1960)" in *Crítica e história literária*. Anais do I Congresso Brasileiro (Recife, 1960). Rio de Janeiro: Tempo Brasileiro, 1964.
"Definição de crítica", in *Diário de Notícias*. RJ, 19 mar. 1961.
"As três críticas", in *Diário de Notícias*. RJ, 26 mar. 1961.

"Tipos e fases da crítica", in *Diário de Notícias*. RJ, 9 abr. 1961.

"A primeira fase", in *Diário de Notícias*. RJ, 16 abr. 1961.

"A fase central", in *Diário de Notícias*. RJ, 23 abr. 1961.

"A crítica recente", in *Diário de Notícias*. RJ, 30 abr. 1961.

"Saudação ao Congresso de Assis", in *Diário de Notícias*. RJ, 30jul. 1961.

"Agora é tarde", in *Diário de Notícias*. RJ, 26 maio 1963.

"Anteu e Prometeu", in *Diário de Notícias*. RJ, 1951.

"Aproximações", in *Diário de Notícias*. RJ, 1º fev.1953.

Ver também de diversos autores:

Adonias Filho. "A crítica literária no Brasil", in *Vamos Ler*. RJ, 28 dez. 1944.

Adonias Filho. "A crítica no Brasil", in *Letras e Artes* (Supl. *A Manhã*). RJ, 6 maio 1951.

Adonias Filho. "Dois críticos", in *J. Letras*. RJ, out. 1954.

Adonias Filho. "Presença da crítica", in *J. Commercio*. RJ, 21 ago. 1960.

Adonias Filho. "A cobertura na crítica", in *Estado São Paulo* (Supl. Lit.). SP, 11 dez. 1960.

Amora, A. S. "Juízos e prejuízos românticos", in *Estado São Paulo* (Supl. Lit.). SP, 1º jun. 1957.

Amora, A. S. Série de quatro artigos sobre as ideias críticas prepostas pelos colaboradores da *Niterói-Revista Brasiliense* e *O Panorama. Estado São Paulo* (Supl. Lit.). SP, 15, 22, 29 ago., 5 set. 1964.

Andrade, M. de. *O empalhador de passarinho*. São Paulo: Martins, s.d.

Anselmo M. "Caminhos e descaminhos da nova crítica", in *O Jornal*. 17 maio 1942.

Azevedo Filho, L. "A nova crítica no Brasil", in Rio de Janeiro: Acadêmica, 1965.

Barreto Filho. "Perspectivas de nossa revolução intelectual", in *D. Notícias*. RJ, 24 jan. 1943.

Barreto Filho. "Notas para um ensaio", in *D. Notícias*. RJ, 30 maio 1943.

Barreto Filho. "Críticos", in *D. Notícias*. RJ, 26 mar. 1939.

Barreto Filho. "Psicologia da crítica", in *D. Notícias*. RJ, 13 jun. 1943.

Barreto, L. "Fundamentos da crítica", in *Letra s e Artes* (Supl. *A Manhã*). RJ, 4 maio 1954.

Barreto, P. "Crítica", in *O Jornal*. RJ, 18 ago. 1945.

Bastos, H. "A crise de críticos", in *O Jornal*. RJ, 1º jan. 1956.

Bastos, O. "Da crítica, essa bela adormecida", in *D. Notícias*. RJ, 20 nov. 1955.

Broca, B. "Quando M. A. Almeida fez crítica literária", in *Letras e Artes* (Supl. *A Manhã*). RJ, 17 ago. 1952.

Bruno, H. "Duas notas", in *Cor. Manhã*. RJ, 30 nov. 1963.

Bruno, H. "Por uma crítica integral", in *Cor. Manhã*. RJ, 27 nov. 1965.

Cannabrava, E. *Estética da crítica*. Rio de Janeiro. Serviço Documentação do MEC, 1963.

Candido, A. "Crítica de poeta", in *O Jornal*. RJ, 10 mar. 1946.

Candido, A. Revistas. *O Jornal*. RJ, 9 jul. 1946.

Sobre Carlos Chiacchio. *A Tarde*. Salvador, 26 jul. 1947.

Carpeaux, O. M. "Limites da estilística", in *Cor. Manhã*. RJ, 17 nov. 1956.

Carpeaux, O. M. "Linha traçada", in *Cor. Manhã*. RJ, 12 dez. 1959.

Carpeaux, O. M. "Críticos novos", in *Estado São Paulo* (Supl. Lit.), SP, 15 out. 1960.

Castelo, J. A. "Dois críticos a Sílvio Romero; idem. "A significação do séc. XVII"; idem. "As origens da literatura brasileira: S. Romero": idem.

Definição do nosso pensamento crítico"; idem. "Inícios do nosso pensamento crítico"; idem. "A função crítica das Academias"; idem. "A obra de Loreto Couto"; idem. "Crítica pré-romântica"; idem. "Conceituação da literatura brasileira"; idem. "Definição da era colonial"; idem. "Caracterização da era colonial"; idem. "Notícias do Brasil"; idem. "Ferdinand Denis e Garrett"; idem. "As nossas primeiras revistas"; idem. "Afirmações críticas pré-românticas"; idem. "Álvares de Azevedo, crítico"; idem. "O pensamento crítico de Magalhães"; idem. *A Revista do Ensaio Filosófico*; idem. "A unidade da literatura brasileira"; idem. "Um crítico do Romantismo (Macedo Soares"; idem. "Antecedentes de Magalhães", Série de artigos em *Estado São Paulo* (Supl. Lit.). SP, 13 out., 24 nov., 29 dez. 1956; 12 dez. 1959; 16 jan., 6 fev., 19 mar., 9 abr., 7 maio, 4 jun., 25 jul., 13 ago., 3 set. 1960; 7, 28 jan., 11, 25 fev., 11 mar., 19 ago., 2, 9, 30 set., 1961.

Chagas, W. "O crítico A. Meyer", in *Estado São Paulo* (Supl. Lit.). SP, 13 abr., 1957.

Chamie, M. "Poesia sem crítica", in *Estado São Paulo* (Supl. Lit.). SP, 9 set, 1961.

Costa Filho, O. "Primeiro contato", in *D. Notícias*. RJ, 23 nov. 1952.

Coutinho, A. "Um conceito de crítica", in Amoroso Lima, A. *Estudos literários*. Rio de Janeiro: Aguilar, 1966 (Repr. in Coutinho, Afrânio. *Crítica & críticos*. Rio de Janeiro, Simões, 1969.

"Crítica literária brasileira: série de depoimentos a Ruth Silva", in *J. Brasil*. RJ. 1956-1957.

"A crítica militante fugiu dos suplementos", in *Tribuna das Letras*. RJ, 24/25 mar. 1956.

Cunha, E. da. "Críticos", in *Rev. Família Acadêmica*. RJ. Escola Militar. 1º maio 1888.

Cunha, F. A questão subjetiva na crítica", in *D. Notícias*. RJ, 1º jul. 1956.

Cunha, F. "Crítica & realidade", in *Cor. Manhã*. RJ, 20 dez. 1958.

Cunha, F. "Crítica", in *Cor. Manhã*. RJ, 30 mar. 196.

Cunha, F. "A obra e a crítica", in *Cor. Manhã*. RJ, 2/3 nov. 1963.

Dantas, Pedro. "Técnica e crítica", in *D. Carioca*. RJ, 6 jan. 1948.

David, C. "Problemática da crítica", in *D. Carioca*. RJ, 3 jan. 1960.

David, C. "Funerais da crítica impressionista", in *D. Carioca*. RJ, 17 jan. 1960.

Debate: "Posição da crítica literária", in *J. Letras*. RJ, ago. 1957.

Dutra, W. "Digressão sobre a crítica", in *Letras e Artes* (Supl. Lit. *A Manhã*), RJ, 15 jun. 1954.

Dutra, W. "Sobre a crítica", in *A Gazeta*. SP, 30 out. 1954.

"Falam os críticos. Série de reportagens", in *Vamos Ler*. RJ, out./dez. 1941.

Faria, M. A. de O. "Fontes francesas da crítica acadêmica paulistana", in *Rev. Inst. Estudos Brasileiros*, SP, n. 3, 1968.

Ferreira, Pinto. As bases da crítica", in *Folha Manhã*. Recife, jul./out. 1955.

Figueiredo, G. "Um crítico riograndense", in *D. Notícias*. RJ, 30 jan. 1944.

Figueiredo, G. "Um volume de ensaios críticos", in *D. Notícias*. RJ, 30 jul. 1944.

Franco, A. A. de M. "Introdução e itinerário", in *D. Notícias*. RJ, 15 mar. 1942.

Franco, A. A. de M. "Adeus à crítica", in *D. Notícias*. RJ, 10 jan. 1943.

Franco, A. A. de M. "Um crítico", in *O Jornal*. RJ, 22 jun. 1946.

Franco, A. *Estudos ligeiros sobre um livro de crítica*. Juiz de Fora: Progresso. 1900.

Freire, Laudelino. *Os próceres da crítica*. Rio de Janeiro: Fotomecânica do Brasil, 1911.

Freyre, G. "Falsos críticos", in *O Cruzeiro*. RJ, 24 fev. 1951.

Freyre, G. "A propósito do congresso de crítica do Recife", in *J. Commercio*. RJ, 17 jul. 1960.

Gersen, B. "Problemas de crítica", in *D. Notícias*. RJ, 21 set. 1952.

Gersen, B. "Crítica estética e *A literatura no Brasil*", in *D. Notícias*. RJ, 17 mar. 1957.

Gersen, B. Crítica como criação", in *D. Notícias*. RJ. 5 jan. 1958.

Gersen, B. "Técnicos de crítica e crítica técnica", in *D. Notícias*. RJ, 24, 31 jul. 1960.

Gersen, B. "Crítica literária no Brasil", in *Estado São Paulo* (Supl. Lit.). SP, 31 dez. 1960. 7 jan. 1961.

Gomes, E. "A crítica e o modernismo", in *O Globo*. RJ, 3 dez. 1960.

Gomes, P. de A. "A Bahia e os críticos", in *A Tarde*, Salvador, 9 dez. 19 44.

Grieco, A. "Críticos", in *O Jornal*, RJ, 27 set. 1945.

Grunewald, J. L. "Mário Faustino — poeta e crítico", in *Cor. Manhã*. RJ, 15 dez. 196 2.

Guerra, J. A. caminhos e descaminhos da crítica", in *Cor. Povo*. Porto Alegre, 24 abr. 1971.

Holanda, S. B. "Universalismo e provincianismo na crítica", in *D. Notícias*. RJ, 7 nov. 1948.

Holanda, S. B. "O mito de Anteu", in *D. Notícias*. RJ, 4, 11 set. 1949.

Houaiss, A. "Aspectos da crítica literária no Brasil", in *J. Letras*. RJ, nov. 19 59.

Jobim, R. "Crítica de rodapé", in *D. Carioca*. RJ, 26 maio 19 57.

Leal, C. "Perspectivas da crítica literária no Brasil", in *Estado São Paulo* (Supl. Lit.). SP, 23 ago. 1969.

Leão, M. "Plano de uma história de literatura brasileira", in *Autores e Livros* (Supl. *A Manhã)*. RJ, v. 5, p. 186.

Lima, O. A crítica literária moderna", in *O Fluminense*. Niterói, 19/20 out. 1969.

Linhares, T. "A presença do crítico", in *Letras e Artes* (Supl. *A Manhã*). RJ, 9 jan. 1949.

Linhares, T. "A crise da crítica", in *D. Carioca*. RJ, 7 out. 1951.

Linhares, T. "Os impasses da crítica estética", in *D. Notícias*. RJ, 13 jan. 1957.

Linhares, T. "Literatura mais literária", in *D. Notícias*. RJ, 10 fev. 1957.

Linhares, T. "Como ser bom crítico", in *D. Notícias*, RJ, 7 abr. 1957.

Linhares, T. "Alguns livros de crítica", in *D. Notícias*. RJ, 26 jul. 1959.

Linhares, T. "Crítica brasileira", in *Estado São Paulo* (Supl. Lit.). SP, 27 ago. 1960.

Linhares, T. "Ainda a crítica brasileira", in *Estado São Paulo* (Supl. Lit.). SP, 27 ago. 1960.

Linhares, T. "Crítica brasileira", in *D. Notícias*. RJ, 28 ago. 1960.

Linhares, T. "Mais crítica brasileira", in *D. Notícias*. RJ, 4 set. 1960.

Linhares, T. "Ainda a crítica brasileira", in *Estado São Paulo* (Supl. Lit.). SP 11 set. 1960.

Linhares, T. "Críticos", in *Estado São Paulo* (Supl. Lit.). SP, 21 jan. 1961.

Linhares, T. "Situação da crítica", in *Estado São Paulo* (Supl. Lit.). SP, 15 jun. 1963.

Linhares, T. "Dois críticos e dois poetas", in *Cor. Manhã*. RJ, 8 fev. 1964.

Linhares, T. "Alguns críticos", in *Estado São Paulo* (Supl. Lit.). SP, 6 jun. 1964.

Linhares, T. "Crítica de críticos", in *Estado São Paulo* (Supl. Lit.). SP, 1º maio 1965.

Linhares, T. "Ainda a crítica dos críticos", in *Estado São Paulo* (Supl. Lit.). SP, 15 maio 1965.

Linhares, T. "Dois críticos mortos", in *Estado São Paulo* (Supl. Lit.). SP, 23 jan. 1967 (Sérgio Milliet e Cavalcanti Proença).

Linhares, T. "Críticos bissextos", in *Estado São Paulo* (Supl. Lit.). SP, 14 fev. 1970.

Lopes, J. S. A crítica literária no Ceará", in *Clã 2*. Fortaleza.

Lucas, F. "A crítica e o ensaio", in *Boletim Bibliográfico Brasileiro*. RJ. jan./fev. 1959.

Lucas, F. "A propósito de um cinquentenário (Augusto Franco)", in *Estado São Paulo* (Supl. Lit.). SP, 16 maio 1959.

Lucas, F. "Eficácia da crítica universitária", in *Cor. Manhã*. RJ, 25 nov. 1961.

Lucas, F. "Crítica e Estruturalismo", in *Estado São Paulo* (Supl. Lit.). SP. 21 fev. 1971.

Martins, W. "Reflexões sobre a crítica de S. Milliet", in *Letras e Artes* (Supl. *A Manhã*). RJ, 1º dez. 1946.

Martins, W. À margem da crítica", in *Estado São Paulo*. SP, 20 set. 1953.

Martins, W. "Velho tema", in *Estado São Paulo*. SP, 13 dez. 1954.

Martins, W. "A jovem crítica", in *Estado São Paulo* (Supl. Lit.). SP, 13 jul. 1957.

Martins, W. "Um agente de ligação", in *Estado São Paulo* (Supl. Lit.) SP, 19 jul. 1958 (F. Denis).

Martins, W. "Dimensões de um crítico", in *Estado São Paulo* (Supl. Lit.). SP, 30 ago., 1958.
Martins, W. "Interrogar e afirmar", in *Estado São Paulo* (Supl. Lit.). SP, 14 nov. 1959.
Martins, W. "Um centenário (S. Romero)", in *Estado São Paulo* (Supl. Lit.). SP, 26 nov., 5 dez. 1959.
Martins, W. "Críticos", in *Estado São Paulo* (Supl. Lit.). SP, 21 maio 1960.
Martins, W. "O albatroz", in *Estado São Paulo* (Supl. Lit.). SP, 27 maio 1961.
Martins, W. "1961", in *Estado São Paulo* (Supl. Lit.). SP, 30 dez. 1961.
Martins, W. A literatura brasileira moderna", in *Humboldt*. 5, Hamburgo, 1962.
Martins, W. A velha senhora", in *Estado São Paulo* (Supl. Lit.). SP, 24 ago. 1963.
Martins, W. "A nova guarda", in *Estado São Paulo* (Supl. Lit.). SP, 13 nov. 1965.
Martins, W. "O passado útil", in *Estado São Paulo* (Supl. Lit.). SP, 8 ago. 1970.
Martins, W. "Depoimento", in *Momento*. RJ, 17 fev 1962.
Milliet, S. "Um crítico diante do crítico", in *D. Notícias*. RJ, 13 jan. 1946.
Montello. J. "A crítica de jornal", in *O Semanário*. RJ, mar./abr. 1957.
Montenegro, A. "A crítica literária no Ceará", in *D. Notícias*. RJ, 1º maio 1949.
Montenegro, O. "A formação da crítica", in *Rev. Brasil*. RJ, fev. 1942.
Nascimento, B. do. Problemática da Crítica Literária. (?).
Nascimento, B. do. "A propalada crise da crítica", in *D. Notícias*. RJ, 27 maio 1956.
Nascimento, B. do. "A situação da crítica literária no Brasil", in *O Semanário*. RJ, dez. 1956 e *Rev. Branca*. n. 32, RJ. 1957.
Nascimento, B. do. "Antecipação ao sr. Tristão de Athayde", in *D. Notícias*. RJ. 8 mar. 1958.
Nascimento, B. do. "Dimensões", in *J. Letras*. RJ. ago. 1958.
Navarra, Rubem. "Crítica literária no Brasil", in *Rev. Brasil*. RJ. nov. 1940.

Oberacker Jr. C. H. "O germanismo da Escola de Recife", in *Estado São Paulo* (Supl. Lit.). SP. 9 jan. 1960.
Olinto, A. A crítica literária", in *O Globo*. RJ. 14 abr. 196 2.
Oliveira, F. de. "A crítica, uma revolução permanente", in *Cor. Manhã*. RJ, 23 jun. 1956.
Oliveira, F. de. "Diagnose de uma literatura", in *Cor. Manhã*. RJ, 1º jul. 1956.
Oliveira, F. de. "Realismo socialista", in *Cor. Manhã*. RJ, 10 ago. 1957.
Ribeiro, J. "Renovação da crítica literária", in *J. Commercio*. RJ, 17 out. 1935.
Rizzini, J. "Ainda sobre a crítica no Brasil", in *Cor. Paulistano*. SP, 4 abr. 1954.
Rocha, H. "Da crítica e dos críticos", in *D. Notícias*. RJ, 12 maio 1963.
Rocha, H. "Duas correntes", in *D. Notícias*. RJ, 26 maio 1963.
Rocha, J. A crítica é que está farta de nossas letras", in *Letras e Artes* (Supl. *A Manhã*). RJ, 10 dez. 1950.
Rossi, E. "Crítica pura (de H. Abílio)", in *Estado São Paulo*. SP, 10 jan. 1942.
Safady, N. "A crítica literária no Brasil", in *Estado São Paulo* (Supl. Lit.). SP, 5 dez. 1959.
Safady, N. "História da literatura e crítica", in *Estado São Paulo* (Supl. Lit.). SP, 8 out. 1960.
Safady, N. "Nestor Vítor, o crítico", in *Estado São Paulo* (Supl. Lit.). SP, 14 out. 1961.
Silva, D. C. da. "O parnaso do Cônego Januário", in *Estado São Paulo* (Supl. Lit.). SP, 23 maio 1954.
Silva, D. C. da. "Notas sobre o novo Parnaso", in *Estado São Paulo* (Supl. Lit.). SP, 27 jun. 1959.
Silveira, A. "A professora, o crítico e o mandarim", in *Estado São Paulo* (Supl. Lit.). SP. 8 set. 1962.
Silveira. T. da. Dignidade e fecundidade da crítica", in *D. Notícias*. RJ, 30 jan. 1944.
Silveira. T. da. "Variações sobre a crítica", in *Letras e Artes* (Supl. *A Manhã*). RJ, 15 jan. 1950.

Simões, J. G. "Da tradição na crítica brasileira", in *Letras e Artes* (Supl. *A Manhã*). RJ, 11 nov. 1951.
Soares, J. M. "Da crítica brasileira", in *Revista Popular*. RJ, dez. 1860.
Sodré, N. W. "As ideias de Sílvio Romero", in *Cor. Paulistano*. SP, out./nov. 1954.
Sodré, N. W. "Crítica e psicologia", in *Cor. Paulistano*. SP, 14 nov. 1954.
Sodré, N. W. "As declarações de princípios na literatura e na arte", in *Cor. Paulistano*. SP, 6 mar. 1955.
Sodré, N. W. "Crítica e polêmica", in *Cor. Paulistano*. SP, 21 maio 1955.
Sodré, N. W. "Literatura e crítica", in *Última Hora*. RJ, 2 abr. 1956.
Sodré, N. W. "Ausência e presença", in *Última Hora*, RJ, 3 maio 1956.
Sodré, N. W. "Os húngaros", in *Cor. Manhã*. RJ, 24 ago. 1957.
Sodré, N. W. "Sete anos de pastor", in *J. Letras*. RJ, nov. 1957.
Sodré, N. W. "A brava função", in *Cor. Manhã*. RJ, 26 mar. 1960.
Paleólogo, C. "Duas faces do mesmo enigma", in *Rev. Branca*. RJ, n. 9, 10.
Peixoto, A. C. M. *Direção em crítica literária*. Rio de Janeiro: MES, 1951.
Portela, E. *Dimensões* I e II. Rio de Janeiro: Agir.
Portela, E. "Defesa da crítica", in *D. Pernambuco*. Recife, 19 jun. 1955.
Portela, E. "A crítica literária como problema", in *J. Commercio*. RJ, 14 abr. 1957.
Portela, E. "Conceito de crítica literária", in *J. Commercio*. RJ, 9 jun. 1957.
Portela, E. "Dignidade da crítica", in *J. Commercio*. RJ, 25 ago. 1957.
Portela, E. "Dimensão atual da crítica", in *J. Commercio*. RJ, 8 dez. 1957.
Portela, E. "A poesia e a crítica", in *J. Commercio*. RJ, 23 mar. 1958.
Portela, E. "O desespero e a evidência", in *J. Commercio*. RJ, 14/21 set. 1958.
Portela, E. "Acrítica e o jornal", in *J. Commercio*. RJ, 14 jun. 1959.
Portela, E. "Balanço de um I Congresso de crítica e história literária", in *J. Commercio*. RJ, 28 ago. 1960.
Portela, E. "A crítica, o metodo e a circunstância brasileira", in *J. Commercio*. RJ. 7 jan. 1962.
Portela, E. "Um projeto pessoal", in *J. Commercio*. RJ, 8 abril 1962.
Portela, E. "Crítica literária: brasileira e totalizante", in *Tempo Brasileiro*. n. 1, RJ, set. 1962.
Ramos, M. L. *Fenomenologia da obra literária*. Rio de Janeiro, 1969.
Rego, A. M. "Exercício ilícito da crítica literária", in *D. Carioca*, RJ, 13 fev. 1955.
Rego, A. M. "Apresentação", in *O Semanário*. RJ, 6/12 jun. 1959.
Vale, Á. do. "A nova crítica", in *O Semanário*. RJ, n. 149, 5/11 mar. 1959.
Valente, S. "Críticos", in *A Tarde*, Salvador, 12 jun. 1948.
Vieira, D. *A crítica na literatura*. Bahia: Reis, 1907.
Zagury, E. "Para onde vai a crítica literária brasileira", in *Cadernos Brasileiros*. RJ, ago. 1967.

Ver ainda as obras dos críticos modernos (cap. 45), em que são expressas as várias tendências da nova crítica, da fenomenologia, do formalismo, do estruturalismo.

A linha marxista em crítica, remanescente da estética sociológica do século XIX, é representada pela obra de Astrogildo Pereira, Nelson Werneck Sodré, Leandro Konder e outros.

BIOBIBLIOGRAFIA DOS COLABORADORES

ADERBAL JUREMA (João Pessoa, 1912--São Paulo, 1986). Crítico, ensaísta, poeta, professor universitário.

Bibliografia:
ENSAIO E CRÍTICA: *Insurreições negras no Brasil*. 1935: *O sentido da colonização portuguesa no Brasil*. 1942; *Provincianas*. 1949; *Poetas e romancistas do nosso tempo*. 1953; *Niponização da poesia*. 1954.

ADONIAS FILHO (Ilhéus, BA, 1915--1990). Romancista, crítico, ensaísta, jornalista. Ex-diretor da Editora A Noite, do Serviço Nacional de Teatro, do Instituto Nacional do Livro, da Agência Nacional, da Biblioteca Nacional. Membro da Academia Brasileira de Letras.

Bibliografia:
ROMANCE: *Os servos da morte*. 1946; *Memórias de Lázaro*. 1952; *Corpo vivo*. 1962; *O forte*. 1965. CRÍTICA: *Jornal de um escritor*. 1954; *Modernos ficcionistas brasileiros*. 1958; *O bloqueio cultural*. 1964; *O romance brasileiro de 30*. 1969. E numerosas traduções e artigos em jornais e revistas.

AFONSO ARINOS DE MELO FRANCO (Belo Horizonte, 1905--Rio de Janeiro, 1990). Jurista, crítico literário, ensaísta, memorialista, professor universitário, político, parlamentar. Deputado federal, Senador. Ministro das Relações Exteriores. Membro do Instituto Geográfico e Histórico Brasileiro e da Academia Brasileira de Letras.

Bibliografia:
CRÍTICA E ENSAIO: *Espelho de três faces*. 1937; *Roteiro lírico de Ouro Preto*. 1937; "Prefácio às cartas chilenas". 1940; *Dirceu e Marília*. 1942; *Mar de Sargaços*. 1944; *La Literatura del Brasil*. 1945; *Portulano*. 1945. HISTÓRIA E ESTUDOS BRASILEIROS: *Introdução à realidade brasileira*. 1934; *Preparação ao nacionalismo*. 1935; *Conceito de civilização brasileira*. 1936; *O índio brasileiro e a Revolução Francesa*. 1937; *Síntese da história econômica do Brasil*. 1938; *Terras do Brasil*. 1939; *Ideia e tempo*. 1939; *A maioridade*. 1940; *Um soldado do Reino e do Império*. 1942; *Desenvolvimento da civilização material do Brasil*. 1944; *Homens e temas do Brasil*. 1944; *História do Banco do Brasil*. 1947; *Um estadista da República*. 1955; *Barra do dia*. 1955; *História do povo brasileiro* (com Jânio Quadros). 1967. DIREITO: *Responsabilidade criminal das pessoas jurídicas*. 1930; *História e teoria do partido político*. 1948; *As leis complementares da Constituição*. 1948; *Estudo do Direito Constitucional*. 1957; *Curso de Direito Constitucional brasileiro*. 1957; *Pela liberdade de imprensa*. 1957; *Presidencialismo* 1958; *Estudos e discursos*. 1960. MEMÓRIAS: *A*

alma do tempo. 1961; *A escalada*. 1965; *Planalto*. 1968.

AFRÂNIO COUTINHO (Salvador, 1911- Rio de Janeiro, 2000). Crítico, ensaísta, jornalista e professor. Catedrático de Literatura do Colégio Pedro II e ex-professor de Teoria e Técnica Literárias da Faculdade de Filosofia, Ciências e Letras da Universidade do Distrito Federal. Catedrático de Literatura Brasileira da Faculdade Nacional de Filosofia. Redator-Chefe de *Coletânea*. Diretor Literário da Editora José Aguillar. Diretor da Faculdade de Letras da Universidade Federal do Rio de Janeiro. Membro da Academia Brasileira de Letras. Professor Visitante das Universidades de Columbia (EUA) e Colônia (Alemanha).

Bibliografia:
DISCURSO: *Aos doutorandos.* 1931. ENSAIO E CRÍTICA: *Danil-Rops e a ânsia do Sentido novo da existência*. 1935; *O humanismo, ideal de vida.* 1938; *"L'exemple du métissage" (in L'homme de Couleur,* Paris, 1939); *A filosofia de Machado de Assis.* 1940, 1959; *Aspectos da literatura barroca.* 1951; *O ensino da literatura.* 1952; *Correntes cruzadas* (Questões de literatura). 1953; *Por uma crítica estética.* 1953; *Araripe Júnior e o nacionalismo literário.* 1957; *Da crítica e da nova crítica.* 1957; *Obra crítica de Araripe Júnior.* 1958; *A literatura no Brasil* (ed.) 1955-1959; *Introdução à literatura no Brasil.* 1959; *Euclides, Capistrano e Araripe.* 1959; *Tradição e futuro do Colégio Pedro II* (Aula Magna de 1961) 1961; *Introdução à literatura no Brasil.* 1. ed. 1959; 5. ed. 1968; *A crítica.* 1959; *Machado de Assis na literatura brasileira.* 1960; *Conceito de literatura brasileira.* 1960; *Recepção de Afrânio Coutinho na Academia Brasileira de Letras.* 1962; *No hospital das letras.* 1963; *A polêmica Alencar-Nabuco.* 1965; *Antologia brasileira da literatura.* 3 v. 1965, 1966, 1967; *Crítica e poética.* 1968; *A tradição afortunada.* 1968; *An Introduction to Literature in Brazil.* 1969; *Crítica & críticos.* 1969. OBRAS DIRIGIDAS: *A literatura no Brasil.* 4 tomos 1955-1959. 2. ed. 6 v. 1968, 1969, 1970, 1971; *Biblioteca luso-brasileira.* 1958; *Obra crítica de Araripe Júnior.* 5 v. 1958, 1960, 1962, 1966, 1971. *Obra completa* de Jorge de Lima 1959; *Obra completa de Machado de Assis.* 1959; *Brasil e brasileiros de hoje* (Enciclopédia de Biografias). 2 v. 1961; *Romances completos* de Afrânio Peixoto 1962; *Obra completa de Carlos Drummond de Andrade.* 1. ed. 1964; 2. ed. 1967; *Estudos literários* de Alceu Amoroso Lima. 1966; *Obra completa de Euclides da Cunha.* 2 v. 1966; *Obra poética de Vinícius de Morais.* 1968. Biblioteca Luso-Brasileira da Editora José Aguilar (direção). Além de considerável número de estudos em periódicos vários, e traduções do francês e inglês.

ALBERTUS MARQUES (A. da Costa M.) (Rio de Janeiro, RJ, 1930). Diplomado em Comunicação, professor de comunicação gráfica visual, Diretor da Faculdade de Comunicação Estácio de Sá, Rio de Janeiro. Poeta, do grupo neoconcreto. Cursos de arte japonesa e cultura oriental zen. Participou de exposição neoconcreta (Rio de Janeiro, MEC, 1960 e São Paulo, MAM, SP, 1961). Suas experiências de vanguarda incluíram o livro-poema, o não objeto zen, o poema elétrico, o poema-infinito, os múltiplos lúdicos, o poema permutacional, utilizando todo tipo de material: da luz ao mármore, com participação ativa do leitor como elemento atuante e deflagrador das ações-mensagens.

ALCEU AMOROSO LIMA (Tristão de Athayde) (Rio de Janeiro, 1893-1985). Crítico literário, ensaísta, pensador, professor. Bacharel em ciências jurídicas e sociais. Catedrático da Faculdade Nacional de Filosofia da Universidade do Brasil e da Universidade Católica, Presidente do Centro Dom Vital. Membro da Academia Brasileira de Letras.

Bibliografia:
CRÍTICA: *Redenção.* 1918 (*poes.*); *Afonso Arinos.* 1922, *Estudos* (cinco séries: 1927, 1928, 1930, 1931, 1933), *O espírito e o mundo.* 1936; *Contribuição à história do modernismo.* 1939; *Três ensaios sobre Machado de Assis.* 1941; *Poesia brasileira contemporânea.* 1941; *Estética literária.* 1945; *O crítico literário.* 1945; *Primeiros estudos.* 1948; *Introdução à literatura brasileira.* 1956; *Quadro sintético da literatura brasileira.* 1956; *Olavo Bilac* (antologia). 1957; *Estudos literários.* Org. Afrânio Coutinho. 1966; *Teoria, crítica e história.* Org. G. M. Teles. 1980; *Meio século de presença literária.* 1969: RELIGIÃO. *Tentativa de itinerário.* 1929; *Adeus à disponibilidade.* 1929; *De Pio II a Pio XI.* 1929; *Freud.* 1929; *As repercussões do catolicismo.* 1932; *Contrarrevolução espiritual.* 1933; *Pela ação católica.* 1935; *Elementos de ação católica.* 2 v. 1938-1947; *Dois grandes bispos.* 1943-1944; *A igreja e o Novo Mundo.* 1943; *Mensagem de Roma.* 1950; *Meditação sobre o mundo interior.* 1954; *A vida sobrenatural e o mundo moderno.* 1956; *São Francisco de Assis.* 1983; *Tudo é mistério.* 1983. PROBLEMAS SOCIAIS: *Preparação à Sociologia.* 1931; *Problema da burguesia.* 1932; *Pela reforma social.* 1933; *Da tribuna e da imprensa.* 1935; *No limiar da idade nova.* 1935; *Meditação sobre o mundo moderno.* 1942; *Mitos de nosso tempo.* 1943; *O existencialismo.* 1951; *O problema do trabalho.* 1946; DIREITO E POLÍTICA: *Introdução à economia moderna.* 1930; *Introdução ao Direito moderno.* 1933; *Política* 1932; *Indicações políticas.* 1936. PEDAGOGIA, PSICOLOGIA, MEMÓRIAS: *Debates pedagógicos.* 1931; *Idade, sexo e tempo.* 1938; *Humanismo pedagógico.* 1944; *Voz de Minas* 1945; *Manhãs de São Lourenço.* 1950; *Europa de hoje.* 1951; *A realidade americana.* 1954; *Revolução, reação ou reforma.* 1964; *Memórias improvisadas.* 1973; *Diálogos.* Org. Dantas Mota, 1983 *Memorando dos 90.* Org. F. A. Barbosa, 1984. Vários pref. Colab. div. periód.: *Aut. e Liv., Bol. Ariel, D. Notícias, A Festa, A Ordem, Rev. do Br.,* obras trad. div. idiomas.

AMÉRICO JACOBINA LACOMBE (Rio de Janeiro, 1909-1993). Historiador, professor da Casa de Rui Barbosa. Membro do Instituto Histórico e Geográfico Brasileiro. Diretor da Coleção Brasiliana da Companhia Editora Nacional.

Bibliografia:
HISTÓRIA: *Paulo Barbosa e a fundação de Petrópolis.* 1940; *Um passeio pela História do Brasil.* 1943.

ÁLVARO DE SÁ (Rio de Janeiro, 1935-2001). Poeta, crítico. Diplomado em engenharia química e engenharia de óleos; cursos de extensão em termodinâmica e engenharia de óleos. Trabalhos no campo das artes visuais e experiências na poesia de vanguarda. Cofundador do movimento do poema-processo com Wlademir Dias-Pino (1965). Larga participação em exposições, congressos, festivais, filmes, no Brasil e no exterior.

Bibliografia:
POESIA: *Investidura.* 1960; *Terra deserta.* 1962; *Diversos existenciais.* 1963; *Antobruc.* 1965; *Mortossos.* 1966;

Alfabetos. 1966-67; *12x9.* 1967; *Poemas comestíveis.* 1967; *Guilhotina.* 1967; *Tempo.* 1967; *Lixo.* 1967; *Sólida.* 1968; *Trânsito.* 1968; *Alfaberto.* 1968; *Labirinto.* 1968; *Chãos.* 1969; *Viet-Play.* 1969; *Ruído.* 1975; *HQ SIP.* 1976; *Reflexões de Graúna e Orelhana.* 1977; *Aventuras semióticas.* 1977; *Comício.* 1979; *Letras de cantigas.* 1979; *Sonoremas e anagramas.* 1979; *Cantigas de paixão.* 1980; *Dois berros (não de meu conhecido Oduvaldo Viana Filho).* 1980; *Cantigas de dor.* 1981; *Poesias tituladas.* 1982. CRÍTICA: *Vanguarda — produto de comunicação.* 1977; *Poesia de vanguarda no Brasil.* 1983 (com A. S. L. Mendonça); além de numerosas colaborações em jornais, revistas, antologias nacionais e estrangeiras; participação em exposições com livros-poemas, filmes, etc. FILME: *Poema.* 1968 (com Anselmo Santos); *Rofil.* 1972: *Ama-3-luz.* 1972; *Luzir-luzir.* 1972; *Vermeluz.*1972.

ANDRADE MURICY (Curitiba, 1895-Rio de Janeiro, 1984). Bacharel em Direito, professor de História da Música e Estética Musical, crítico musical do *Jornal do Commercio,* crítico e historiador literário, conferencista. Fundador, com Tasso da Silveira, da revista modernista *Festa* 0928/1935). Ex-diretor do Teatro Municipal do Rio de Janeiro. Membro do Conselho Federal de Cultura.

Bibliografia:
FICÇÃO: *Sonata pagã.* 1913; *A festa inquieta,* 1926; *A festa inquieta seguida de Partida para a Europa.* 1958. CONFERÊNCIA: *A obra póstuma de Emiliano Perneta.* 1930; *Silveira Neto.* 1930. ENSAIO E CRÍTICA: *Literatura nacionalista.* 1916; *Alguns poetas novos.* 1918; *Emiliano Perneta.* 1919; *O suave convívio.* 1922; *Caminho de música.* 1ª série, 1946; *Caminho de música.* 2ª série, 1951; *La vida musical en el Brasil* (Rosario, Argentina), 1952; *Villa-Lobos, uma interpretação.* 1959. HISTÓRIA LITERÁRIA E ANTOLOGIA: *A nova literatura brasileira.* 1936; *Panorama do movimento simbolista brasileiro.* 3 v., 1952.

ANTONIO CANDIDO (Rio de Janeiro, 1918-São Paulo, 2017). Crítico, sociólogo e professor. Livre-docente e Assistente de Sociologia na Faculdade de Filosofia da Universidade de São Paulo.

Bibliografia:
HISTÓRIA E CRÍTICA LITERÁRIA: *Introdução ao método de Sílvio Romero.* 1945; *Brigada ligeira.* 1945; *Monte Cristo ou Da vingança.* 1952; *Ficção e confissão.* 1955; *Formação da literatura brasileira.* 1959; *O observador literário.* 1959; *Tese e antítese.* 1964; *Literatura e sociedade.* 1965; *Presença da literatura brasileira.* 1964. SOCIOLOGIA: *Opinião e classes sociais em Tietê.* 1947; *The Brazilian Family.* 1951; *A estrutura da escola.* 1953; *A vida familial do caipira.* 1954.

ANTONIO OLINTO (Ubá, MG, 1919-Rio de Janeiro, 2009). Poeta, crítico, jornalista. Diretor do Serviço de Documentação do Ministério da Viação. Adido Cultural na Nigéria e em Londres.

Bibliografia:
POESIA: *Presença.* 1949; *Resumo.* 1954; *Nagasaki.* 1956; *O homem do madrigal.* 1957; *O dia da ira.* 1958; *Antologia poética.* 1966; *As teorias.* 1967; *A paixão segundo Antônio.* 1967. CRÍTICA E ENSAIO: *Jornalismo e literatura.* 1955; *O jornal de André Gide.* 1955; *Cadernos de crítica.* 1958; *Brasileiros na África.* 1964; *Dois ensaios.* 1960; *A verdade da ficção.* 1966.

ANTÔNIO SOARES AMORA (São Paulo, 1917-1999). Crítico erudito e professor. Doutor em letras pela Faculdade de Filosofia, Ciências e Letras da Universidade de São Paulo. Catedrático de Literatura Portuguesa na mesma Faculdade, na Sedes Sapientiae e na Universidade Mackenzie. Fez viagens de estudos à Europa e ministrou um curso de Literatura Brasileira no Instituto Ibero-americano da Universidade de Hamburgo.

Bibliografia:
Dom Dinis, a poesia trovadoresca e a dignificação da mulher na Idade Média. 1943; Teoria da literatura. 1944. 2. ed. 1951; Vieira (seleção, pref. e notas). 1946; O nobiliário do conde D. Pedro de Barcelos (Sua concepção da história e sua técnica narrativa). 1948; El-Rei Dom Duarte e o "Leal Conselheiro", 1948; Grandes poetas românticos do Brasil (pref., notas). 1949; História da literatura brasileira. 1955; Classicismo e Romantismo no Brasil. 1966. Além de numerosas conferências e ensaios publicados em revistas e jornais.

ARMANDO DE CARVALHO (Porto, Portugal, 1903). Jornalista, poeta, ensaísta e professor. Redator da revista Vida Doméstica e colaborador assíduo da revista Coletânea, em assuntos sobre arte, história e literatura.

ASSIS BRASIL (Parnaíba, PI, 1932-Teresina, 2021). Jornalista, crítico literário e romancista. Crítico literário do Suplemento Dominical do Jornal do Brasil de 1956-1961. Crítico literário do Suplemento Literário do Diário de Notícias, RJ, de 1962-1963. Crítico literário do Jornal de Letras a partir de 1964. Conquista o Prêmio Nacional Walmap para romance em 1965, com o livro Beira rio beira vida. Lecionou jornalismo na Escola de Comunicação da Universidade Federal do Rio de Janeiro em 1968.

Bibliografia:
Beira rio beira vida. 1965 (rom.); A filha do Meio Quilo. 1966 (rom.); O salto do cavalo cobridor. 1968 (rom.); Pacamão. 1969 (rom.), ed. conjunta: TETRALOGIA PIAUIENSE (1979); Os que bebem como os cães. 1975 (rom.); O aprendizado da morte. 1976 (rom.); Deus, o sol, Shakespeare. 1978 (rom.); Os crocodilos. 1980 (rom.), ed. conjunta: CICLO DO TERROR (1984); O livro de Judas. 1970 (rom.), Ulisses, o sacrifício dos mortos. 1970 (rom.); A rebelião dos órfãos. 1975 (rom.) (FÁBULAS BRASILEIRAS); o destino da carne. 1982 (rom.); QUARTETO DE COPACABANA; Contos do cotidiano triste. 1955 (contos); A vida não é real. 1975 (contos); Na trilha dos elefantes verdes. 1981 (rom.); CICLO MINHA PÁTRIA: Verdes mares bravios. 1953 (lit. inf.); A volta do herói. 1974/83 (lit. inf.); Tiúbe, a mestiça. 1975/84 (lit. inf.). LITERATURA INFANTIL: AVENTURAS DE GAVIÃO VAQUEIRO: Um preço pela vida/1º episódio. 1980; O primeiro amor/2º episódio. 1980; O velho feiticeiro/3º episódio. 1980; A viagem proibida (reúne o 4º, 5º e 6º episódios, respectivamente): O sequestro, A viagem proibida e A pena vermelha do gavião. 1982; Tonico e Carniça. 1982; Mensagem às estrelas. 1983; O mistério de Kanitei. 1984; Zé Carrapeta, o guia de cego, 1984. CRÍTICA: Concretismo: literatura em pânico. 1960; Faulkner e a técnica do romance. 1964; Cinema e literatura. 1967; Graciliano Ramos. 1969; João Guimarães Rosa. 1969; Clarice Lispector. 1969; Adonias Filho. 1969; Carlos Drummond de Andrade. 1971; Joyce, o romance como forma. 1971; O romance. 1973; A poesia. 1975; O conto. 1975; A crítica. 1975; O Modernismo. 1976; Redação e criação. 1978; Vocabulário técnico de literatura. 1979; Dicionário prático de literatura

brasileira. 1979; *O livro de ouro da literatura brasileira.* 1980; *A técnica da ficção moderna.* 1982; *Estilos e meios de comunicação.* 1983; CICLO DO TERROR. 1984 (Rom. reunidos: *Os que bebem como os cães* i *O aprendizado da morte; Deus; O sol; Shakespeare; Os crocodilos).* partic. antol.; colab. div. periód.

AUGUSTO MEYER (Porto Alegre, 1902- Rio de Janeiro, 1970). Poeta, crítico, ensaísta, memorialista. Membro da Academia Brasileira de Letras.

Bibliografia:
POESIA: *A ilusão querida.* 1920; *Coração verde.* 1926; *Giraluz.* 1928; *Poemas de Bilu.* 1929; *Poesias.* 1957. CRÍTICA E ENSAIO: *Machado de Assis.* 1935; *Prosa dos pagos.* 1943; *À sombra da estante.* 1947; *Cancioneiro Gaúcho.* 1952; *Guia do folclore gaúcho.* 1952; *Preto e branco.* 1956; *Le bateau Ivre.* 1956; *Machado de Assis.* 1958; *Camões, o bruxo.* 1960; *A chave e a máscara.* 1964.

BANDEIRA DE MELLO (Caxias, MA, 1918-São Luís, 2008). Bacharel em Direito, jornalista, professor. Ex-redator-tradutor da agência francesa Havas (depois Havas-Telemondiale) e, mais tarde, agência inglesa Reuters. Ex-Chefe do Serviço de Imprensa e ex-Diretor da Divisão de Informação e Diretor-Geral interino da Agência Nacional. Ex-Diretor do Serviço de Documentação do DASP. Secretário-Geral do Conselho Federal de Cultura desde 1967 e professor de Literatura e Bibliografia Literária da Escola de Biblioteconomia e Documentação da Federação das Escolas Federais Isoladas do Estado da Guanabara. Detentor do prêmio "Olavo Bilac" da Academia Brasileira de Letras em 1969.

Bibliografia:
ENSAIOS: *Estética na obra de Machado de Assis.* 1936; *O centenário da "Origem das espécies".* 1959. ADMINISTRAÇÃO: *Formação e seleção dos funcionários da administração local.* 1959; *Problemas e reivindicações fundamentais dos municípios.* 1963/1964 (em colaboração com Araújo Cavalcanti). POESIA: *A viagem humana.* 1960; *O mergulhador.* 1963; *Canções da morte e do amor.* 1968.

BARRETO FILHO (Aracaju, 1908-1980). Poeta, ficcionista, crítico. Catedrático de Psicologia do Instituto de Educação do Distrito Federal. Exerceu a crítica literária no *Diário de Notícias* do Rio de Janeiro (1943). Membro e Presidente do Conselho Federal de Educação.

Bibliografia:
POESIA: *A catedral de ouro.* 1922. ROMANCE: *Sob o olhar malicioso dos trópicos.* 1929, 2. ed. 1934. CRÍTICA: *Introdução a Machado de Assis.* 1947. Tem escrito ensaios introdutórios a obras de Jackson de Figueiredo, Farias Brito, Sílvio Romero.

CÂNDIDO JUCÁ (filho) (Rio de Janeiro, 1900-1982). Bacharel em direito, professor, ficcionista, ensaísta, filólogo, tradutor. Pertenceu à Academia Carioca de Letras e à Academia de Filologia. Catedrático de Português no Colégio Pedro II.

Bibliografia:
FICÇÃO: *O crepúsculo de satanás.* 1938. FILOLOGIA: *O fator psicológico na evolução sintática.* 1953; *Grafia moderna, e dicionário de dificuldades.* 1933; *Novo método de análise da linguagem.* 1936; *Língua nacional.* 1937; *A pronúncia brasileira.* 1939; *Gramática brasileira do português contemporâneo.* 1944; *Gramática histórica do português contemporâneo.* 1945; *Curso de português* (*Gramática histórica*, 2. ed.

1954); *Estilística e literatura portuguesa.* 1954; *Literatura brasileira.* 1955; *A língua portuguesa.* 1954. CRÍTICA LITERÁRIA E FILOLÓGICA: *O pensamento e a expressão em Machado de Assis.* 1939; *Antônio José, o Judeu.* 1940; *A pronúncia reconstituída do latim.* 1943; *As categorias gramaticais.* 1953; *Uma obra clássica brasileira: "Iracema"*, 1949.

CARLOS BURLAMAQUI KOPKE (Rio de Janeiro, 1916-1989). Professor ensaísta. Colaborador das principais revistas de Linguística e de Filologia do Brasil e de Portugal. Pertence à Sociedade de Estudos Filológicos, de São Paulo. Foi um dos diretores da *Revista Brasileira de Poesia* (SP).

Bibliografia:
ENSAIO E CRÍTICA: *Caminhos poéticos de Jamil Almansur Haddad.* 1943; *Faces descobertas.* 1944; *Fronteiras estranhas.* 1946; *Temas para os homens efêmeros.* 1943; *Meridianos do conhecimento estético.* 1950; *História e solidão do homem.* 1952; *Antologia da poesia brasileira moderna.* 1953; *A forma e o tempo.* 1953; *Alguns ensaios de literatura.* 1958; *Do ensaio e de suas várias direções.* 1965.

CASSIANO RICARDO (S. José dos Campos, SP, 1895-Rio de Janeiro, 1974). Poeta e crítico. Formado em direito, dedicou-se à imprensa e à literatura. Fundador de *A Manhã*, do Rio de Janeiro. Membro da Academia Brasileira de Letras.

Bibliografia:
POESIA: *Dentro da noite.* 1915; *A flauta de Pã.* 1917; *Jardim das Hespérides.* 1920; *A mentirosa de olhos verdes.* 1924; *Borrões de verde e amarelo.* 1927; *Vamos caçar papagaios.* 1933; *Martim Cererê.* 1928; *Deixa estar, jacaré.* 1931; *Canções da minha ternura.* 1930; *Sangue das horas.* 1945; *A face perdida.* 1950; *Poemas murais.* 1950; *João Torto e a fábula.* 1956; *O arranha-céu de vidro.* 1956; *Poesias completas.* 1957; *Montanha-russa,* 1960; *Jeremias sem chorar.* 1964. PROSA: *O corrupira e o carão.* 1928; *O Brasil no original.* 1936; *O negro na bandeira.* 1938; *Elogio de Paulo Setúbal.* 1938; *Pedro Luís.* 1939; *Marcha para oeste.* 1940; *A Academia e a língua brasileira; Essa coisa estável; Questões brasileiras; O tratado de Petrópolis.* 1955.

DARCY DAMASCENO (Niterói, 1922-Rio de Janeiro, 1988). Professor. Poeta, ensaísta e tradutor. Fundador da revista *Ensaio.* Diretor da divisão de Manuscritos da Biblioteca Nacional.

Bibliografia:
POESIA: *Poemas.* 1946; *Fábula serena.* 1949; *A vida breve.* 195l; *Jogral caçurro e outros poemas.* 1958. ESTILÍSTICA: "Do cromatismo na poesia de Cecília Meirelles", in *Ensaio* n. 3; "Afetividade linguística nas *Memórias de um sargento de milícias*", in *Revista Brasileira de Filologia,* v. 2, t. 2); "Poesia do sensível e do imaginário" (introdução geral à *Obra poética de Cecília Meireles).* TRADUÇÃO: *O cemitério marinho,* de Paul Valéry. 1949; *Sonetos de D. Luís de Góngora y Argote.* 1958.

DÉCIO DE ALMEIDA PRADO (São Paulo, 1917-2000). Crítico de teatro, professor universitário. Licenciado em filosofia e ciências sociais, e bacharel em direito. Professor de Filosofia e de História do Teatro. Fundador do Grupo Universitário de Teatro (1943-1947), onde dirigiu peças de Gil Vicente, Martins Pena e outros. Tomou parte na criação do "Teatro Brasileiro de Comédia", tendo ali encenado a peça *O baile dos ladrões,* de Anouilh. Redator da seção de teatro da revista *Clima* (1941-1943). Crítico teatral de *O Estado de São Paulo,* desde 1946 .

Bibliografia:
CRÍTICA: *Teatro moderno.* 1946; *Impressões de teatro no estrangeiro.* 1949; *Apresentação do teatro brasileiro moderno.* 1956; *Teatro em progresso.*

DIRCE CORTES RIEDEL (Rio de Janeiro, 1915-2003). Professora universitária. Catedrática de Literatura Brasileira da Faculdade de Filosofia, Ciências e Letras da Universidade do Estado da Guanabara. Professora dos cursos de pós-graduação da Faculdade de Letras da Universidade Federal do Rio de Janeiro e do Instituto de Educação da Guanabara.

Bibliografia:
CRÍTICA: *Estudo de um documento medieval* (pesquisa orientada pelo Prof. Georges Millardet). 1937; *Evolução da língua portuguesa.* 1955; *Um personagem de Sófocles.* 1955; *O tempo no romance machadiano.* 1955; "O adolescente e o livro" em *Adolescência, idade da aventura.* 1958; "Aspectos da ficção brasileira" (Apostilas do curso ministrado no Departamento Cultural do Montanha Clube) 1961; "Machado de Assis e o tempo" (Palestra no Liceu Literário Português). 1961; "O mundo sonoro de Guimarães Rosa" (tese de concurso para a Cátedra de Português e Literatura do Instituto de Educação da Guanabara). 1961; "Introdução crítica" à 3ª edição de *Os caboclos*, de Valdomiro Silveira. 1962; "Formação do gosto estético" (Palestra no Centro de Estudos de Línguas da Faculdade de Filosofia, Ciências e Letras, da UEG). 1962; "Aspectos da imagística de Guimarães Rosa" (Tese de concurso para a cátedra de Literatura Brasileira da UEG). 1962; *Literatura brasileira em curso.* 1968; "Crítica literária" em *Jornal do Commercio.* RJ. 1964 e 1966; "Aspectos da música brasileira", in *Correio da Manhã*, RJ. 21 jun. 1966.

DOMINGOS CARVALHO DA SILVA (Vila Nova de Gaia, Portugal, 1915-São Paulo, 2003). Poeta e crítico. Bacharel em Direito, funcionário público federal. Desde 1924 residiu na capital paulista, e foi presidente do Clube de Poesia de São Paulo. Atualmente reside em Brasília, onde é professor do Instituto de Letras da UnB.

Bibliografia:
POESIA: *Bem-amada Ifigênia.* 1943; *Rosa extinta.* 1945; *Praia oculta,* 1949; *Girassol de outono.* 1952; *Poemas escolhidos.* 1956; *O vizinho do sono.* 1956.
CONFERÊNCIA: *Introdução ao estudo da poesia modernista.* 1950.
ESTUDO: "Introdução a Casimiro de Abreu", in *As primaveras.* 1955.
TRADUÇÃO: 20 *poemas de amor e uma canção desesperada,* de Pablo Neruda, 1946. ENSAIO: *Rodrigues de Abreu.* 1946; *Eros e Orfeu.* 1966.

EDGARD CAVALHEIRO (Pinhal, SP, 1911-São Paulo, 1958). Jornalista, biógrafo, crítico, historiador literário, contista.

Bibliografia:
BIOGRAFIA: *Fagundes Varela.* 1940; *Biografias e biógrafos.* 1942; *Testamento de uma geração.* 1944; *Fagundes Varela.* 1954; *Álvares de Azevedo.* 1954; *Monteiro Lobato, vida e obra.* 1955. Além de numerosas antologias, edições, artigos.

EDUARDO MATOS PORTELA (Salvador, 1932-Rio de Janeiro, 2017). Curso primário em Feira de Santana, BA (1947), secundário (1949) e superior no Recife, PE, e diplomado em Direito (1955), publicando na imprensa primeiros ensaios. Estudos de extensão Filologia Românica, Estilística, Letras, na Espanha, discípulo de Dâmaso Alonso e Carlos

Bousoño, quando recebeu a influência de Ortega y Gasset e de Dâmaso Alonso. Estudou ainda em Paris, Roma e na Universidade de Santander e fez cursos de Arte e Filosofia com X. Zubiri e Julián Marias. Transferindo-se para o Rio de Janeiro, nomeado Técnico de Educação do MEC e Assistente Gabinete Civil da Presidência da República; chefe de Gabinete da Secretaria de Educação da antiga Guanabara; regente de Cultura Brasileira da Faculdade Nacional Filosofia; Pesquisador do CNPq; Professor Titular por concurso de Teoria Literária da Faculdade Letras da UFRJ (1976); Diretor da Faculdade Letras da UFRJ (1978); membro da Academia Brasileira de Educação (1978); implantador e coordenador dos Cursos Pós-graduação da Faculdade Letras da UFRJ e membro Comissão Coordenadora Pós-graduação da Faculdade de Comunicação da UFRJ; membro do Conselho de Ensino Graduado da UFRJ; Ministro da Educação e Cultura (1979); Doutor Honoris Causa pela UF Ceará, UF Bahia, UF Espírito Santo (1981-1983); membro Conselho Consultivo do INL e do Museu da Imagem e do Som; membro e presidente do Conselho de Cultura e do Departamento de Cultura do Rio de Janeiro; colaborador de diversos jornais; *J. Commercio, Cor. Manhã, J Brasil, O Globo, D. Pernambuco*; Cidadão Carioca pela Assembleia Legislativa do Rio de Janeiro; membro da comissão julgadora do Prêmio Sérgio Porto da Associação dos Servidores Públicos (1983), da Comissão julgadora do Prêmio Contos do Instituto Joaquim Nabuco (1984), da Comissão julgadora do Prêmio Goethe de Literatura (1982), da Comissão julgadora do Prêmio Monileo Santista (1984); recebeu o Prêmio Golfinho de Ouro do MIS, Rio de Janeiro, Prêmio Crítica Literária da Academia Brasileira de Letras (1959), o Prêmio Renovação da Prefeitura do Rio de Janeiro (1959), o Prêmio F. Chinaglia da UBE (1971); a Medalha Massangana da Fundação Joaquim Nabuco (1984). Membro Academia Brasileira de Letras (1981). Crítico literário, ensaísta, professor, conferencista. Ministro da Educação e Cultura.

Bibliografia:
Aspectos de la poesía brasileña contemporánea. Madri, 1953 (crítica); *Dimensões I.* 1958 (crítica); *Dimensões II.* 1959 (crítica); *Dimensões III.* 1965 (crítica); *José de Anchieta* (poesia). 1959 (antologia crítica); *África, colonos e cúmplices.* 1961 (ensaio); A fábula em cinco tempos, in *Jorge Amado: 30 anos de literatura.* 1961 (crítica); *Nota prévia a Cruz e Sousa.* 1961 (crítica); *Literatura e realidade nacional.* 1963 (ensaio); *Política externa e povo livre.* 1963 (ensaio); *Teoria de comunicação literária.* 1970 (ensaio); *Crítica literária: método e ideologia.* 1970 (tese); *Teoria literária.* 1975 (crítica, em equipe); *O paradoxo romântico.* 1976 (crítica); "Literatura brasileira em processo (Maneirismo e Barroco)". 1977 (crítica) in *Rev. Tempo Brasileiro; Vanguarda e cultura de massa.* 1978 (ensaio); *A letra viva da universidade.* 1978 (ensaio); *Retrato falado da educação brasileira.* 1980 (educação); Romantismo e modernidade, in *O período moderno.* 1981 (ensaio) (Museu Belas Artes); Educação, meios e fins, in *Educação em mudança.* 1981 (educação); "La dimension culturelle du développement integrée." 1981 (ensaio) (UNESCO); UNESCO: interação e emancipação (ensaio), in *Anuário de Educação 80.* 1981; "Principalmente Raimundo de Oliveira" (crítica), in *Álbum RO.* 1982; Introdução a *Diário de bordo*, do artista José Paulo Moreira da Fonseca. 1982 (crítica); "Levels of participation

of intellectual community". 1982 (ensaio) (UNESCO); "Simon Bolivar, ação e comunicação". 1983 (ensaio) (UNESCO); "Participação intelectual e transição política" in *Anais de Iberoamerica Encuentro de la Democracia*. 1983 (ensaio); "Casa grande & Senzala 50 anos depois", in *Simpósio Comemorativo*. 1983 (crítica); "Guimarães Rosa: a adivinhação", in *Rosiana*. 1983. (crítica); *Confluências*. 1983 (ensaio); *Democracia transitiva*. 1983 (ensaio); *O intelectual e o poder*. 1983 (ensaio); "Jorge Amado, écrivain national", in *Europe*. 1984 (crítica); *Os melhores contos de Lígia Fagundes Telles*. Seleção, introdução 1984 (antologia crítica); *Brasil à vista* 1985 (ensaio); profere conferência de abertura em diversos congressos: Filosofia e abertura metodológica, 1981 (UF Bahia); "Oportunidade de desenvolvimento do homem no Brasil" (IV Congresso Brasileiro de Treinamento e Desenvolvimento, 1982); "Cultura, política e tecnocracia", 1982 (Aula Magna do curso de pós-graduação em Ciência Política, UF Pernambuco); "Ortega y Gasset, ideias e crenças" (Congresso de Professores de Língua e Literatura Espanhola, 1983); "Ortega y Gasset, razão e vida" (Semana comemorativa cent. OG, 1983); "Alceu Amoroso Lima, o humanismo crítico" (Semana de Alceu, 1983); "Roberto Alvim Correia, Prometeu e crítica" (painel em memória RAC, 1984); "Recursos humanos e identidade cultural" (XXV Congresso Mundial, INSEA e Sobreart, 1984); "A crônica brasileira da modernidade" (2ª Bienal Nestlé, 1984); *Revisão da teoria literária* (VII Congresso Brasileiro de Teoria e Crítica Literárias, 1984); "Cultura, ciência e poder" (Centro Brasil. Pesquisas Físicas, 1984); "Educação, cultura e poder" (Seminário Problemas Brasileiros, UFCE, 1984).

EMANUEL DE MORAIS (Rio de Janeiro, 1921). Poeta. crítico literário, jornalista.

Bibliografia:
POESIA: *O cântico dos cânticos*. 1949; *Catedral de barro*. 1952; *Triângulo e fuga*. 1954. CRÍTICA: *Manuel Bandeira* (Análise e interpretação literárias). 1962; "As várias faces de uma poesia" (C. Drummond de Andrade). Introdução in *Obra completa*. Aguilar, 1967.

EUGÊNIO GOMES (Ipirá, Bahia, 1897-Rio de Janeiro, 1972). Poeta, ensaísta e crítico. Ex-diretor da Biblioteca Nacional.

Bibliografia:
POESIA: *Moema*. 1928. ENSAIO E CRÍTICA: *D. H. Lawrence e outros*. 1937; *Influências inglesas em Machado de Assis*. 1939; *Espelho contra espelho*. 1949; *O romancista e o ventríloquo*. 1952; *Prata de casa*. 1953; *O romantismo inglês*. 1956; *Vieira (Nossos* Clássicos). 1957; *Machado de Assis*. 1958; *Visões e revisões*. 1958; *Machado de Assis*, crônicas (Nossos Clássicos). 1958; *Aspectos do romance brasileiro*. 1958; *Ensaios*. 1958; *Obra completa de Castro Alves*. 1960; *Castro Alves* (Nossos Clássicos). 1960; *A neve e o girassol*. 1967; *O enigma de Capitu*. 1968. *O mundo de minha infância*. 1967 (mem.).

EVARISTO DE MORAIS FILHO. (Rio de Janeiro, 1914-2016). Ensaísta, sociólogo, jurista, professor universitário. Catedrático da Faculdade de Direito da Universidade Federal do Rio de Janeiro. Membro do Instituto Brasileiro de Filosofia, do Instituto Brasileiro de Direito do Trabalho, da Sociedade Brasileira de Sociologia.

Bibliografia:
FILOSOFIA E DIREITO: *Trabalho em domicílio*. 1943; *O problema de uma sociologia do direito*. 1960; *O sindicato único no Brasil*. 1952; *Francisco Sanches na renascença portuguesa*. 1953; *Introdução ao direito do trabalho*. 1956; *Augusto Comte e o pensamento sociológico contemporâneo*. 1957; *La sociologia de los opúsculos de Augusto Comte*. 1957; *O ensino da filosofia no Brasil*. 1959; *A sucessão nas obrigações e a teoria da empresa*. 1960; *Tratado de direito do trabalho*. 1960; ENSAIO: *Profetas de um mundo que morre*. 1946; *Marcel Proust e o realismo dos dois lados*. 1950.

FAUSTO CUNHA (Recife, 1923-Rio de Janeiro, 2004). Crítico e ensaísta. Fundador e diretor da revista *Ensaio*. Crítico literário de *A Manhã*. 1949-1952. Redator-secretário de *Letras e Artes*. 1953-1954.

Bibliografia:
CRÍTICA: *Biografia crítica das letras mineiras*. 1959; *A luta literária*. 1964; *Aproximações estéticas do onírico*. 1967; *Vicente de Carvalho*. 1965; *Situações da ficção brasileira*. 1970.

FERNANDO DE AZEVEDO (São Gonçalo do Sapucaí, MG, 1894-São Paulo, 1974). Ensaísta, professor de ensino superior. Catedrático da Faculdade de Filosofia, Ciências e Letras da Universidade de São Paulo. Antigo secretário de Educação em São Paulo. Realizou numerosas conferências em universidades e instituições intelectuais e participado de congressos nacionais e internacionais. Membro da Academia Paulista de Letras e da Academia Brasileira de Letras.

Bibliografia:
Da educação física. 1920; *Antinous*. 1920; *No tempo de Petrônio*. 1922; *Jardins de Salústio*. 1924; *O segredo da renascença*. 1925; *Páginas latinas*. 1927; *A reforma do ensino no Distrito Federal*. 1929; *Ensaios, 1924-1925*; *A evolução do esporte no Brasil*. 1930; *Novos caminhos e novos fins*. 1932-1934; *Princípios de sociologia*. 1935; *A educação pública em São Paulo*. 1937; *A educação e seus problemas*. 1937; *Sociologia educacional*. 1940; *Velha e nova política*. 1942; *A cultura brasileira*. 1943; *Seguindo meu caminho*, 1945; *As universidades no mundo de amanhã*. 1947; *Canaviais e engenhos na vida política do Brasil*. 1948; *Um trem corre para o oeste*. 1950; *Na batalha do humanismo*. 1952; *A formação e conquista do público infantil*. 1952; *O problema universitário*. 1952; *Las universidades en el siglo XX y el problema del humanismo*. 1953; *A educação dos educadores*. 1953; *A universidade de São Paulo*. 1954; *Para a análise e interpretação do Brasil*. 1954; *Para um ensino criador de ideias e de sistemas*. 1954; *O ensino e as pesquisas sociológicas no Brasil*. 1954; *Educação e liberdade*. 1955; *As ciências do Brasil*. 1955, além de numerosos trabalhos na cátedra de Sociologia.

FRANKLIN DE OLIVEIRA (São Luís do Maranhão, 1916-Rio de Janeiro, 2000). Jornalista, crítico, ensaísta. Redator político e literário do *Correio da Manhã*.

Bibliografia:
CRÔNICA: *Sete dias*. 1946. CRÍTICA E ENSAIO: *A fantasia exata*. 1959; *Viola d'amore*. 1965; *Morte da memória nacional*, 1967. SOCIOLOGIA: *Rio Grande do Sul: um novo nordeste*. 1962; *Revolução e contrarrevolução no Brasil*. 1963; *Que é a revolução brasileira*. 1963. Além de numerosos ensaios em jornais e revistas.

HERMAN LIMA (Fortaleza, 1897-Rio de Janeiro, 1981). Contista, cronista, ensaísta, crítico, historiador literário, memorialista.

Bibliografia:
FICÇÃO: *Tigipió*. 1924; *Garimpos*. 1932; *A mãe d'água*. 1942. ENSAIO E CRÍTICA: *Variações sobre o conto*. 1952; *Olegário Mariano*, 1968; DIVERSOS: *Na ilha de John Buli*. 1941; *Outros céus e outros mares*. 1942; *Rui e a caricatura* (álbum). 1949; *J. Carlos* (álbum). 1950; *Roteiro da Bahia*. 1953; *Álvarus e seus bonecos*. 1954; *Imagens do Ceará*. 1959; *História da caricatura no Brasil*. 1963; *Poeira do tempo*. 1967.

HERNANI CIDADE (Redondo, Portugal, 1887-Évora, Portugal, 1975). Crítico, historiador literário, erudito, professor, conferencista. Catedrático da Universidade de Lisboa. Tem exercido o magistério em diversas universidades da Europa. Conferências em várias faculdades de letras do Brasil.

Bibliografia:
CRÍTICA E HISTÓRIA LITERÁRIA: *Ensaio sobre a crise mental portuguesa do século XVII* 1929; *A obra política do Dr. José Anastásio da Cunha*. 1930; *Fernão Lopes*. 1932; *Lições de cultura e literatura portuguesa*. 2 v. 1933 e 1940; *História de Portugal*. 1936; *Bocage*. 1936; *Luís de Camões*. 2 vs. 1936; *Poesia lírica e conceptista*. 1938; *Cantigas de amigo*. 1936; *Tendências do lirismo contemporâneo*. 1939; *Camões, Garrett e Gomes de Amorim*. 1929; *A marquesa de Alorna*, 1939; *A literatura portuguesa e a expansão ultramarina*. 1934; *O conceito da poesia como expressão de cultura*, 1946; *A literatura autonomista sob os Filipes*. 1940. Foi ainda colaborador (e/ capítulos) da *História de Portugal* (ed. Barcelos) e da *História da literatura portuguesa ilustrada* de Albino Forjaz Sampaio. Foi codiretor da *História da expansão portuguesa no mundo*.

HERON DE ALENCAR (Crato, CE, 1921-Rio de Janeiro, 1972). Professor de Literatura Brasileira, crítico e jornalista. Em 1954, com uma bolsa, fez estudos em França (Sorbonne) e Espanha. Professor de Estudos Brasileiros na Sorbonne. Livre-docente de Literatura Brasileira na Faculdade de Filosofia da Universidade da Bahia. Atualmente vive em Paris.

Bibliografia:
CRÍTICA: *Literatura — um conceito em crise* (tese de concurso). 1952; *O romance modernista e o contemporâneo*. 1953; *O romance do nordeste*, trabalho apresentado às II Jornadas de Literatura Hispano-Americana, Santiago de Compostela, 1954; "Aspectos de um romancista", in *Arquivos da Faculdade de Filosofia da Universidade da Bahia*, 1955.

IVO BARBIERI (Farroupilha, RS, 1934). Licenciado em Letras Neolatinas pela URGS. Especializado em Literatura Brasileira em Curso de Aperfeiçoamento de Língua e Literatura sob a direção de Afrânio Coutinho, no INEP, MEC, 1962 e 1963. Professor do Ensino Médio do Estado da Guanabara. Professor de Literatura Brasileira da Faculdade de Letras da UFRJ e da UEG.

Bibliografia:
Literatura brasileira em curso. 1968. (em colaboração com Dirce Riedel, Carlos Lemos e Teresinha de Castro). Seleção de textos de *Antologia escolar do conto brasileiro*.

JOÃO ALEXANDRE BARBOSA (Recife, PE, 1937-São Paulo, 2006). Crítico literário, professor universitário. Doutor em Letras pela Universidade de São Paulo (1970). Bacharel em Ciências Jurídicas e Sociais, pela Universidade de Pernambuco (1960). Professor Assistente da Faculdade de Filosofia, Ciências e Letras da Universidade de São Paulo. Exerceu ainda o magistério em diversas outras instituições de ensino em Pernambuco, Brasília, São Paulo.

Bibliografia:
João Francisco Lisboa, trechos escolhidos. Rio de Janeiro, Agir, 1967 (Col. Nossos Clássicos), além de numerosos artigos e estudos críticos em jornais e revistas literárias, especialmente no Suplemento Literário de *O Estado de São Paulo.*

JOAQUIM BRANCO (J. B. Ribeiro Filho) (Cataguases, MG, 25 maio 1940), poeta, crítico, diplomado em Letras e Direito, bancário, vários prêmios, membro da SBAT.

Bibliografia:
POESIA: *Concreções da fala.* 1969; *Consumito.* 1975. Colaboração em jornais e revistas.

JOSÉ ADERALDO CASTELO (Mombaça, CE, 1921-São Paulo, 2011). Crítico e professor. Catedrático de literatura brasileira da Faculdade de Filosofia, Ciências e Letras da Universidade de São Paulo. Colaborador da revista *Anhembi.*

Bibliografia:
CRÍTICA E HISTÓRIA LITERÁRIA: *Gonçalves de Magalhães.* Intr. seleção e notas. 1946; *A introdução do romantismo no Brasil* (tese de doutoramento). 1950; *A polêmica sobre "A Confederação dos tamoios"* (Críticas coligidas e introdução). 1953; *Machado de Assis, crítico* (Nossos Clássicos). 1953; *Homens e intenções.* 1959; *Textos que interessam à história do romantismo no Brasil.* 1960; *Aspectos do romance brasileiro.* 1961; *José Lins do Rego, modernismo e regionalismo.* 1961; *Manifestações literárias da era coloquial.* 1962; *Presença da literatura brasileira.* 1964; *Método e interpretação.* 1965; *Realidade e ilusão em Machado de Assis.* 1965.

JOSÉ PAULO MOREIRA DA FONSECA (Rio de Janeiro, 1922-2004). Poeta, pintor, teatrólogo, crítico de artes e literatura, ensaísta. Prêmio Graça Aranha de 1958; Prêmio Jabuti de 1959.

Bibliografia:
POESIA: *Elegia diurna.* 1947; *Poesias.* 1949; *Concerto.* 1950; *Dois poemas.* 1951; *Dido e Eneias.* 1953 (teatro em verso); *A tempestade e outros poemas.* 1956; *Raízes.* 1957; *Três livros.* 1958; *Sequência.* 1962; *Uma cidade.* 1965; *Antologia poética,* 1968; *O tempo e a sorte.* 1969. ENSAIO: *Breves memórias de Alexandre Apolônios.* 1960; *Temas gerais e artes plásticas no Brasil.* 1965.

JOSUÉ MONTELLO (São Luís do Maranhão, 1917-Rio de Janeiro, 2006). Romancista, novelista, contista, ensaísta, crítico, historiador literário, teatrólogo. Membro da Academia Brasileira de Letras. Conselheiro Cultural em Paris. Membro e ex-presidente do Conselho Federal de Cultura.

Bibliografia:
ROMANCE: *Janelas fechadas.* 1941; *A luz da estrela morta.* 1943; *Labirinto de espelhos.* 1952; *A décima noite.* 1959; *Os degraus do paraíso.* 1965. ENSAIOS E CRÍTICA: *Gonçalves Dias.* 1943; *Histórias da vida literária.* 1945; *O Hamlet de Antônio Nobre.* 1950; *Ricardo Palma.* 1954; *Caminho da fonte.* 1959; *A oratória atual do Brasil.* 1959; *Ainda uma vez Gonçalves Dias.* 1964. ANTOLOGIAS: *Aluísio Azevedo (Nossos Clássicos).* 1963; *Artur Azevedo* (Nossos Clássicos) 1963. Além de numerosas obras de literatura infantil, peças de teatro, prefácios, discursos e conferências.

LUÍS DA CÂMARA CASCUDO (Natal, 1898-1986). Bacharel em Direito, professor de direito, história e jornalista. É membro de várias instituições culturais e, em 1948, foi diplomado "Historiador da cidade de Natal". A Etnografia tradicional ou Folclore ergológico foi a sua ocupação.

Bibliografia:
HISTÓRIA E FOLCLORE: *Vaqueiros e cantadores.* 1939; *Antologia do folclore brasileiro.* 1944; *Os melhores contos populares de Portugal.* 1945; *Lendas brasileiras.* 1945; *Contos tradicionais do Brasil.* 1946; *Geografia dos mitos brasileiros.* 1947; *Literatura oral do Brasil.* 1952; *Cinco livros do povo.* 1953; *Dicionário do folclore brasileiro.* 1954; *História da cidade de Natal.* 1954; *História do Rio Grande do Norte.* 1954. TRADUÇÃO: Henry Koster. *Travels in Brasil;* Charles Frederik Hartt. *Amazonian Tortoise Myths;* Montaigne. *Les Cannibals.* ENSAIO E ETNOGRAFIA: Estudou a magia branca dos Catimbós, em *Meleagro* (1954) e a etnografia sistemática popular no *Anubis* e *outros ensaios.* 1951.

LUIZ COSTA LIMA (Recife, 1937). Crítico literário, professor.

Bibliografia:
CRÍTICA: *Dinâmica da literatura brasileira.* 1961; *Por que literatura,* 1966; *Lira e antilira.* 1968; *Estruturalismo e teoria da literatura.* 1975; *Metamorfose do silêncio.* 1974; *A perversão do trapezista.* 1976; *Mimesis e modernidade.* 1980; *Dispersa demanda.* 1981; *O controle do imaginário.* 1984; *Teoria da literatura nas suas fontes.* 1975 (ant.).

LUÍS DELGADO (Olinda, 1906-1974). Crítico, ensaísta, professor.

Bibliografia:
Um aspecto da monarquia. 1934; *Rui Barbosa.* 1945; *Gestos e vozes de Pernambuco.* Recife, 1970.

LUÍS VIANA FILHO (Paris, 1908-São Paulo, 1990). Historiador, ensaísta, jornalista, professor. Político, foi sido várias vezes deputado federal pela Bahia. Bacharel em ciências jurídicas e sociais, foi catedrático das Faculdades de Direito e de Filosofia da Universidade da Bahia. Governador da Bahia (1966-1971). Membro da Academia Brasileira de Letras.

Bibliografia:
HISTÓRIA E BIOGRAFIA: *A Sabinada.* 1938; *A vida de Rui Barbosa.* 1941; *O negro na Bahia.* 1946; *Rui & Nabuco.* 1949; *A vida de Joaquim Nabuco.* 1952; *A vida do Barão do Rio Branco.* 1959; *A vida de Machado de Assis.* 1964. *Afrânio Peixoto.* 1963 (ant.); *A vida de Machado de Assis.* 1965; *O último ano de Rui na Bahia.* 1972; *O governo Castelo Branco.* 1975; *A vida de José de Alencar.* 1979; *Três estadistas.* 1981; *A vida de Eça de Queirós.* 1984. ENSAIO: *A língua do Brasil.* 1936; *A verdade na biografia.* 1945. Além de trabalhos jurídicos, antologias, discursos, conferências.

MÁRIO DA SILVA BRITO (Dois Córregos, SP, 1916). Poeta, crítico, ensaísta, jornalista, historiador literário. Bacharel em direito. Consultor literário da editora Saraiva. Ex-presidente da Câmara Brasileira do Livro e do Clube de Poesia de São Paulo. Diretor da editora Civilização Brasileira.

Bibliografia:
POESIA: *Três romances da idade urbana.* 1946; *Biografia.* 1952; *Universo.* 1961; *Poemário.* 1966. HISTÓRIA LITERÁRIA E CRÍTICA: *História do modernismo brasileiro: Antecedentes*

da semana de arte moderna. 1958; *Ângulo e horizonte*. 1969; "Informe sobre o homem e o poeta Gonçalves Dias", introdução às *Poesias completas*. Saraiva, 1957. Além de numerosas introduções e antologias.

MOISÉS VELLINHO (Santa Maria, RS, 1901-Porto Alegre, 1980). Bacharel pela Faculdade de Direito da Universidade do Rio Grande do Sul. Exerceu a advocacia no interior do seu estado. Promotor público na cidade de Caxias do Sul e em Jaguarão, no Rio Grande do Sul. Chefe de gabinete do Secretário do Interior do Rio Grande do Sul. Oficial de gabinete do Ministro da Justiça, no Rio de Janeiro, em 1931. Deputado estadual (1935-37). Ex-membro do Conselho Federal de Cultura. Atualmente exerce o cargo de Ministro do Tribunal de Contas do Rio Grande do Sul. Membro do Instituto Histórico e Geográfico do Rio Grande do Sul.

Bibliografia:
CRÍTICA E ENSAIO: *Letras da província*. 1945; *Simões Lopes Neto*. 1958; *Machado de Assis*. 1939; *Histórias mal contadas e outros assuntos*. 1960; *O Rio Grande e o Prata: Contrastes*. 1962.

OTÁVIO DE FARIA (Rio de Janeiro, 1908-1980). Romancista, crítico, teatrólogo, cineasta.

Bibliografia:
ROMANCE: (*Tragédia burguesa*): *Mundos mortos*. 1937; *Os caminhos da vida*. 1939; *O lodo das ruas*. 1942; *O anjo de pedra*. 1944; *Os renegados*. 1947; *Os loucos*. 1952; *O senhor do mundo*. 1958; *Novela da masmorra*. 1966; *A sombra de Deus*. 1968. CRÍTICA E ENSAIO: *Maquiavel e o Brasil*. 1931; *Destino do socialismo*. 1933; *Dois poetas*. 1935.

PEREGRINO JÚNIOR (Natal, 1898-Rio de Janeiro, 1983). Cronista, ensaísta, conferencista, contista. médico. Membro da Academia Brasileira de Letras. Presidente da União Brasileira de Escritores. Ex-catedrático da Universidade Federal do Rio de Janeiro.

Bibliografia:
CRÔNICA: *Vida fútil*. 1923; *Jardim da melancolia*. 1926. FICÇÃO: *Drama no seringal*. 1928; *Pussanga*. 1929; *Matapá*. 1933; *A mata submersa*. 1960. ENSAIO E CRÍTICA: *Interpretação biotipológica das artes plásticas*. 1936; *Doença e constituição de Machado de Assis*. 1938; *Testamento de uma geração*. 1944; *O tempo interior na poesia brasileira*. 1946; *O movimento modernista*. 1954; *Origem e evolução do simbolismo*. 1957; *Biografia de J. F. Lisboa*. 1957; *Ronald de Carvalho* (Nossos clássicos). 1960. Além de discursos, conferências e obras científicas.

PÉRICLES EUGÊNIO DA SILVA RAMOS (Lorena, SP, 1919-1992). Poeta e crítico. Membro da Academia Paulista de Letras.

Bibliografia:
POESIA: *Lamentação floral*. 1946; *Sol sem tempo*. 1953. CRÍTICA: *O amador de poemas*. 1956; *Do barroco ao modernismo*. 1967. TRADUÇÃO: *Sonetos de Shakespeare*. 1953; *Hamlet de Shakespeare*. 1955. Antologia em série da poesia brasileira, pela Melhoramentos: barroca, do ouro, parnasiana. romântica, simbolista, moderna; com introduções e notas.

RENATO ALMEIDA (Santo Antônio, BA, 1895-Rio de Janeiro, 1981). Professor, jornalista, ensaísta, crítico literário, folclorista, musicista. Chefe do Serviço de Documentação do Ministério das Relações Exteriores;

Diretor do Colégio Franco-Brasileiro; Secretário Geral da Comissão Nacional do Folclore do Ministério da Educação e Cultura.

Bibliografia:
ENSAIO: *Em relevo.* 1917; *Formação moderna do Brasil.* 1923; *Fausto.* 1922; *Velocidade.* 1932; *Figuras e planos.* 1936; *Euclides da Cunha e o Itamarati.* 1955. MÚSICA: *História da música brasileira.* 1922; *Carlos Gomes.* 1936; *Compêndio da história da música brasileira.* 1948; *A América e o nacionalismo musical.* 1948. FOLCLORE: *Sobrevivências totêmicas nas danças dramáticas brasileiras.* 1956; *Inteligência do folclore.* 1957.

RODRIGO OTÁVIO FILHO (Rio de Janeiro, 1892-1969). Poeta e ensaísta. Membro da Academia Brasileira de Letras, de que foi presidente. Bacharel em ciências jurídicas e sociais. Advogado.

Bibliografia:
POESIA: Alameda *noturna.* 1922. ENSAIO: *O fundo da gaveta.* 1924; *Osório.* 1931; *O poeta Mário Pederneiras.* 1932; *A vida amorosa de Liszt.* 1937; *Velhos amigos.* 1938; *Prudente de Morais.* 1941; *Conversa sobre Graça Aranha,* 1944; *Figuras do Império e da República.* 1944; *A cadeira de Rodrigo Otávio na Academia Brasileira de Letras.* 1946; *Camilo, homem de vidro e de pimenta.* 1950; *Nova conversa sobre Graça Aranha.* 1955; *Inglês de Sousa.* 1955; *A missão do escritor e outros discursos.* 1957; *Mário Pederneiras* (Antologia). 1958; *Simbolismo e penumbrismo.* 1970. Além de numerosas conferências, discursos e obras jurídicas.

SEGISMUNDO SPINA (Itajobi, SP, 1921-São Vicente, SP, 2012). Professor e crítico. Licenciado em letras clássicas pela Faculdade de Filosofia, Ciências e Letras da Universidade de São Paulo, da qual é atualmente assistente de Literatura Portuguesa, Professor de Língua e Filologia Portuguesas e Literatura Portuguesa, na Faculdade de Filosofia Sedes Sapientiae.

Bibliografia:
Gregório de Matos. Introdução, seleção e notas, 1946. *Os marinícolas,* tentativa de interpretação de G. de M., in *Revista Brasileira.* 1946. *Fenômenos formais da poesia primitiva* (tese de doutoramento), in *Boletim de Letras.* 1951. *Apresentação da lírica trovadoresca.* Introd., notas críticas e glossário terminológico. 1955. Artigos em revistas e jornais.

SONIA BRAYNER (Rio de Janeiro, 1939). Professora universitária. Professora de Literatura Brasileira da Faculdade de Letras da Universidade Federal do Rio de Janeiro.

Bibliografia:
CRÍTICA: *O universo sensacionalista de Adelino Magalhães* (tese). 1968. *A metáfora do corpo no romance naturalista.* 1975; *Labirinto do espaço romanesco.* 1979.

VALTENSIR DUTRA (Ubá, MG, 1926-1994). Professor, crítico e ensaísta. Ex-professor do Colégio de Cataguases e do Ginásio Municipal de Belo Horizonte. Crítico literário do *Diário de Minas:* 1951-1952. Crítico literário de Letras e Artes: 1954.

Bibliografia:
A evolução de um poeta, ensaio sobre a poesia de Jorge de Lima. 1952; *Biografia crítica das Letras mineiras.* 1959. (Com Fausto Cunha).

WALMIR AYALA (Porto Alegre, 1933-Rio de Janeiro, 1991). Poeta, contista, romancista, crítico, teatrólogo.

Bibliografia:
POESIA: *Face dispersa.* 1955; *Este sorrir, a morte.* 1957; *O edifício e o verbo.* 1961; *Antologia poética.* 1965; *Cantata.* 1966; *Poemas da paixão.* 1967. TEATRO: *Sarça ardente.* 1959; *Peripécias na lua.* 1959; *Quatro peças em um ato.* 1961; *Teatro infantil.* 1965; *Chico Rei e a Salamanca do Jarau, etc.* 1965. ROMANCE: *À beira do lago.* 1964. DIÁRIO: *Diário I e II.* 1962, 1963. ANTOLOGIA: *A novíssima poesia brasileira I e II.* 1962, 1965.

WILSON LOUSADA (Rio de Janeiro, 1914-1979). Crítico literário.

Bibliografia:
CRÍTICA: *O caçador e as raposas.* 1953. ANTOLOGIAS: *Antologia do carnaval.* 1945; *Cancioneiro do amor.* 1950-1952.

WILSON MARTINS (São Paulo, 1921-Curitiba, 2010). Doutor em literatura francesa. Realizou cursos de especialização literária em Paris, no College de France e na École Normale Supérieure (1947-1948). Professor catedrático de língua e literatura francesas na Faculdade de Filosofia, Ciências e Letras da Universidade do Paraná. Exerceu igualmente, em Curitiba, o cargo de Juiz de Direito. Crítico literário do *Estado de São Paulo*. Professor visitante de diversas universidades norte-americanas.

Bibliografia:
Interpretações (ensaios de crítica). 1946; *Introdução à democracia brasileira.* 1951; *A revolta contra a inteligência e a missão da universidade* (Aula inaugural da Faculdade de Filosofia da Universidade do Paraná). 1951; *Criação de uma cadeira de crítica literária.* 1952; *Imagens da França* (Livros, homens, coisas). 1952; *Les théories critiques dans l'histoire de la litterature française* (tese de concurso). 1952; *A crítica literária no Brasil.* 1952; *Introdução ao estudo do simbolismo.* 1953; *Poesia e prosa. Distinção. Histórico dessa distinção.* 1954; *Um Brasil diferente* (Ensaio sobre fenômenos de aculturação no Paraná). 1955; *A palavra escrita.* 1957; *Teatro brasileiro contemporâneo.* 1966; *O modernismo.* 1967; *História da inteligência brasileira.* 1976-78, 7 v.; *A crítica literária no Brasil.* 1984. 2 v. (reedição). Além de colaborações em periódicos.

WILTON CARDOSO DE SOUSA (Entre Rios de Minas, 1916). Professor catedrático da Universidade Federal de Minas Gerais e do Colégio Estadual de Minas Gerais. Filólogo, crítico, ensaísta.

Bibliografia:
ENSAIO E CRÍTICA: *Os olhos de Capitu.* 1947; *O mito de Natércia na lírica de Camões.* 1949; *Origens da lírica medieval hispânica.* 1950; *A voz média em português.* 1954; *O tempo e a memória em Machado de Assis.* 1958; *Estado atual dos estudos sobre Gomes Eanes de Zurara.* 1960; *Guimarães Rosa.* 1966. Numerosa colaboração em periódicos.

XAVIER PLACER (Niterói, 1916-2008). Ficcionista, bibliógrafo e bibliotecário.

Bibliografia:
ROMANCE: *A escolha.* 1944. CONTO: *Doze histórias curtas.* 1946. CRÔNICA: *Imagens da cidade.* 1952. IMAGENS: *O navegador solitário.* 1955. CONFERÊNCIAS: *Duas conferências (J. A. Rimbaud e o pano rama do moderno romance brasileiro).* 1955. BIOBIBLIOGRAFIA: *Biobibliografia de Adelino Magalhães.* 1953; *A bibliografia e sua técnica.* 1955. BIBLIOTECONOMIA: *Como organizar a Biblioteca do Clube Agrícola.* 1953. REDAÇÃO: *Redação oficial para o Clube Agrícola.* 1954.